吉林人民出版社

卷八一——卷一三〇

（四）

［汉］司马迁 撰 ［宋］裴 骃 集解
［唐］司马贞 索隐 ［唐］张守节 正义
王 和 申 坚等 标点

简体字本二十六史

史记卷八一
列传第二一

廉颇蔺相如

廉颇者,赵之良将也,赵惠文王十六年,廉颇为赵将伐齐,大破之,取晋阳,①拜为上卿,以勇气闻于诸侯。

①[索隐]曰:阳晋,卫地,后属齐,今赵取之,司马彪《郡国志》曰今卫国阳晋城是也,有本作"晋阳",非也。晋阳在太原,虽亦赵地,非齐所取也。[正义]曰:故城在曹州乘氏县西北四十七里也。

蔺相如者,赵人也,为赵宦者令缪贤舍人。

赵惠文王时,得楚和氏璧。秦昭王闻之,使人遗赵王书,愿以十五城请易璧。赵王与大将军廉颇诸大臣谋:欲予秦,秦城恐不可得,徒见欺;欲勿予,即患秦兵之来。计未定,求人可使报秦者,未得。宦者令缪贤曰:"臣舍人蔺相如可使。"王问:"何以知之?"对曰:"臣尝有罪,窃计欲亡走燕,臣舍人相如止臣。曰:'君何以知燕王?'臣语曰:'臣尝从大王与燕王会境上,燕王私握臣手,曰:"愿结友。"以此知之,故欲往。'相如谓臣曰:'夫赵强而燕弱,而君幸于赵王,故燕王欲结于君。今君乃亡赵走燕,燕畏赵,其势必不敢留君,而束君归赵矣。君不如肉袒伏斧质请罪,则幸得脱矣。'臣从其计,大王亦幸赦臣。臣窃以为其人勇士,有智谋,宜可使。"于是王召见,问蔺相如曰:"秦王以十五城请易寡人之璧,可予不?"相如曰:"秦强而赵弱,不可不许。"王曰:"取吾璧,不予我城,奈何?"相如曰:"秦以城求璧而赵不许,曲在赵。赵予璧而秦不予赵城,曲在秦。均之二策,宁许以负秦曲。”王曰：“谁可使者？”相如曰：“王必无人，臣愿奉璧往使。城入赵而璧留秦；城不入，臣请完璧归赵。”赵王于是遂遣相如奉璧西入秦。

秦王坐章台见相如，相如奉璧奏秦王。秦王大喜，传以示美人及左右，左右皆呼万岁。相如视秦王无意偿赵城，及前曰：“璧有瑕，请指示王。”王授璧，相如因持璧却立，倚柱，怒发上冲冠，谓秦王曰：“大王欲得璧，使人发书至赵王，赵王悉召群臣议，皆曰‘秦贪，负其强，以空言求璧，偿城恐不可得。’议不欲予秦璧。臣以为布衣之交尚不相欺，况大国乎？且以一璧之故逆强秦之欢，不可。于是赵王乃斋戒五日，使臣奉璧，拜送书于庭。何者？严大国之威以修敬也。今臣至，大王见臣列观，礼节甚倨，得璧传之美人，以戏弄臣。臣观大王无意偿赵王城邑，故臣复取璧。大王必欲急臣，臣头今与璧俱碎于柱矣！”相如持其璧睨柱，欲以击柱。秦王恐其破璧，乃辞谢固请，召有司案图，指从此以往十五都予赵。相如度秦王特以诈佯为予赵城，实不可得，乃谓秦王曰：“和氏璧，天下所共传宝也。赵王恐，不敢不献。赵王送璧时斋戒五日，今大王亦宜斋戒五日，设九宾于廷，①臣乃敢上璧。”秦王度之，终不可强夺，遂许斋五日，舍相如广成传舍。②相如度秦王虽斋，决负约不偿城，乃使其从者衣褐，怀其璧，从径道亡，归璧于赵。

①韦昭曰：“九宾则《周礼》九仪。”[索隐]曰：《周礼》大行人别九宾，谓九服之宾客也。《列士传》云设九牢也。[正义]曰：刘伯庄云：“九宾者，周王备之礼，天子临轩，九服同会。秦、赵何得九宾？但亦陈设车辂文物耳。”

②[索隐]曰：广成是传舍之名。传，音张恋反。

秦王斋五日后，乃设九宾礼于廷，引赵使者蔺相如。相如至，谓秦王曰：“秦自缪公以来二十余君，未尝有坚明约束者也，臣诚恐见欺于王而负赵，故令人持璧归，间至赵矣。且秦强而赵弱，大王遣一介之使至赵，赵立奉璧来。今以秦之强而先割十五都予赵，赵岂敢留璧而得罪于大王乎？臣知欺大王之罪当诛，臣请就汤镬，唯大王与群臣熟计议之。”秦王与群臣相视而嘻。①左右或欲引相如去,秦王因曰:今杀相如,终不能得璧也,而绝秦赵之欢。不如因而厚遇之,使归赵,赵王岂以一璧之故欺秦邪?”卒廷见相如,毕礼而归之。

①[索隐]曰:音希,嘻乃惊而怒之辞也。

相如既归,赵王以为贤大夫,使不辱于诸侯,拜相如为上大夫。秦亦不以城予赵,赵亦终不予秦璧。

其后秦伐赵,拔石城。①明年,复攻赵,杀二万人。

①徐广曰:“惠文王十八年。”[索隐]曰:刘氏云盖谓石邑也。[正义]曰:故石城在相州林虑县南九十里也。

秦王使使者告赵王,欲与王为好会于西河外渑池。①赵王畏秦,欲毋行。廉颇、蔺相如计曰:“王不行,示赵弱且怯也。”赵王遂行,相如从。廉颇送至境,与王诀曰:“王行,度道里会遇之礼毕,还,不过三十日.三十日不还,则请立太子为王,以绝秦望,”王许之,遂与秦王会渑池。②

①[索隐]曰:在西河之南,故云“外”。按:表在赵惠文王二十年。

②徐广曰:“二十年。”

秦王饮酒酣,曰:“寡人窃闻赵王好音,请奏瑟。”赵王鼓瑟。秦御史前书曰:“某年月日,秦王与赵王会饮,令赵王鼓瑟。”蔺相如前曰:“赵王窃闻秦王善为秦声,请奉盆缻秦王,以相娱乐。”①秦王怒,不许。于是相如前进缻,因跪请秦王。秦王不肯击缻。相如曰:“五步之内,相如请得以颈血溅大王矣!”②左右欲刃相如,相如张目叱之,左右皆靡。于是秦王不怿,为一击缻。相如顾召赵御史书曰:“某年月日,秦王为赵王击缻。”秦之群臣曰:“请以赵十五城为秦王寿。”蔺相如亦曰:“请以秦之咸阳为赵王寿。”秦王竟酒,终不能加胜于赵。赵亦盛设兵以待秦,秦不敢动。

①《风俗通义》曰:“缶者,瓦器,所以盛酒浆,秦人鼓之以节歌也。”[索隐]曰:缻,音缶。[正义]曰:缻,音瓶。

②[正义]曰:溅,音赞。

既罢归国，以相如功大，拜为上卿，位在廉颇之右。①廉颇曰："我为赵将，有攻城野战之大功，而蔺相如徒以口舌为劳，而位居我上，且相如素贱人，吾羞，不忍为之下，"宣言曰："我见相如，必辱之！"相如闻，不肯与会。相如每朝时，常称病，不欲与廉颇争列。已而相如出，望见廉颇，相如引车避匿。于是舍人相与谏曰："臣所以去亲戚而事君者，徒慕君之高义也。今君与廉颇同列，廉君宣恶言而君畏匿之，恐惧殊甚，且庸人尚羞之，况于将相乎！臣等不肖，请辞去。"蔺相如固止之，曰："公之视廉将军孰与秦王？"曰："不若也。"相如曰："夫以秦王之威，而相如廷叱之，辱其群臣。相如虽驽，独畏廉将军哉？顾吾念之：强秦之所以不敢加兵于赵者，徒以吾两人在也。今两虎共斗，其势不俱生。吾所以为此者，以先国家之急而后私仇也。"廉颇闻之，肉袒负荆，②因宾客至蔺相如门谢罪曰："鄙贱之人，不知将军宽之至此也！"卒相与欢，为刎颈之交。③

①[索隐]曰：王劭按：董勋《答礼》曰："职高者名录在上，于人为右；职卑者名录在下，于人为左，是以谓下迁为左。"[正义]曰：秦汉以前用右为上。

②[索隐]曰：肉袒者，谓袒衣而露肉也。负荆者，荆，楚也，可以为鞭也。

③[索隐]曰：崔浩云："要齐生死而刎颈无悔也。"

是岁廉颇东攻齐，破其一军。居二年，廉颇复伐齐几，拔之。①后三年，廉颇攻魏之防陵、②安阳，拔之。后四年，蔺相如将而攻齐，至平邑而罢。③

①徐广曰："几，邑名也。"案：《赵世家》惠文王二十三年，颇将攻魏之几邑，取之；而《齐世家》及年表无"伐齐几，拔之"事，疑几是邑名，而或属齐或属魏耳。田单在齐，不得至于拔也。[索隐]曰：世家与此列传合。而《战国策》云秦败阏与反攻魏几，是几亦属魏。故裴骃云"或属齐属魏"也。[正义]曰：几，音祈。在相、潞之间。

②徐广曰：一作"房子"。[索隐]曰：按：防陵在楚之西，属汉中郡。魏有房子，盖"陵"字误也。[正义]曰：城在相州安阳县南二十里，因防水为名。

③[正义]曰：故城在魏州昌乐县东北三十里。

其明年，赵奢破秦军阏与下。赵奢者，赵之田部吏也。收租税，而平原君家不肯出，赵奢以法治之，杀平原君用事者九人。平原君怒，将杀奢。奢因说曰："君于赵为贵公子，今纵君家而不奉公则法削，法削则国弱，国弱则诸侯加兵，诸侯加兵是无赵也，君安得有此富乎？以君之贵，奉公如法则上下平，上下平则国强，国强则赵固，而君为贵戚，岂轻于天下邪？"平原君以为贤，言之于王。王用之治国赋，国赋太平，民富而府库实。

秦伐韩，军于阏与。王召廉颇而问曰："可救不？"对曰："道远险狭，难救。"又召乐乘而问焉，乐乘对如廉颇言。又召问赵奢。奢对曰："其道远险狭，譬之犹两鼠斗于穴中，将勇者胜。"王乃令赵奢将，救之。

兵去邯郸三十里，而令军中曰："有以军事谏者死！"秦军军武安西，①秦军鼓噪勒兵，武安屋瓦尽振。军中候有一人言急救武安，赵奢立斩之。坚壁，留二十八日不行，复益增垒。秦间来入，赵奢善食而遣之。间以报秦将，秦将大喜曰："夫去国三十里②而军不行，乃增垒，阏与非赵地也。"

①徐广曰："属魏郡，在邯郸西。"

②[正义]曰：国谓邯郸，赵都也。

赵奢既已遣秦间，乃卷甲而趋之，二日一夜至，令善射者去阏与五十里而军。军垒成，秦人闻之，悉甲而至。军士许历请以军事谏，赵奢曰："内之。"许历曰："秦人不意赵师至此，其来气盛，将军必厚集其阵以待之。不然，必败。"赵奢曰："请受令。"许历曰："请就铁质之诛。"赵奢曰："胥后令①邯郸。"许历复请谏，②曰："先据北山上者胜，③后至者败。"赵奢许诺，即发万人趋之。秦兵后至，争山不得上。"赵奢纵兵击之，大破秦军，秦军解而走。遂解阏与之围而归。

①[索隐]曰：按：胥、须，古人通用。今者"胥后令"谓"胥"为"须"，须者待也，待后令。谓许历之言更不拟诛之，故更待后令也。[正义]曰：胥犹须也，军去城都三十里而不行，未有计过险狭，恐人谏令急救武安，乃出此令。今垂战须得谋策，不用前令，故云"须后令"也。

②[索隐]曰:"邯郸"二字当为:欲战",谓临战之时,许历复谏也。王粲诗云"许历为完士,一言犹败秦",是言赵奢用其计,遂破秦军也。江遂曰:"汉令称完而不髡曰耐,是完士未免从军也。"

③[正义]曰:阏与山在洺州武安县西南五十里,赵奢距秦军于阏与,即此山也。按:《括地志》云"言拒秦军在此山,"疑其太近洺州。既去邯郸三十里而军,又云趋之二日一夜,至阏与五十里而军垒成,据今洺州去潞州三百里间而隔相州,恐潞州阏与聚城是所拒据处。

赵惠文王赐奢号为马服君,以许历为国尉。赵奢于是与廉颇、蔺相如同位。

后四年,赵惠文王卒,子孝成王立。七年,秦与赵兵相距长平,时赵奢已死,①而蔺相如病笃。赵使廉颇将攻秦,秦数败赵军,赵军固壁不战。秦数挑战,廉颇不肯。赵王信秦之间,秦之间言曰:"秦之所恶,独畏马服君赵奢之子赵括为将耳。"赵王因以括为将,代廉颇。蔺相如曰:"王以名使括,若胶柱而鼓瑟耳。括徒能读其父书传,不知合变也。"赵王不听,遂将之。

①张华曰:"赵奢冢在邯郸界西山上,谓之马服山。"

赵括自少时学兵法,言兵事,以天下莫能当。尝与其父奢言兵事,奢不能难,然不谓善。括母问奢其故,奢曰:"兵,死地也,而括易言之。使赵不将括即已,若必将之,破赵军者必括也。"及括将行,其母上书言于王曰:"括不可使将。"王曰:"何以?"对曰:"始妾事其父,时为将,身所奉饭饮而进食者以十数,①所友者以百数。大王及宗室所赏赐者尽以予军吏士大夫,受命之日,不问家事。今括一旦为将,东向而朝,军吏无敢仰视之者;王所赐金帛归藏于家,而日视便利田宅可买者买之。王以为何如其父?父子异心,愿王勿遣。"王曰:"毋置之,吾已决矣。"括母因曰:"王终遣之,即有如不称,妾得无随坐乎?"王许诺。

①[正义]曰:奉,音捧。

赵括既代廉颇,悉更约束,易置军吏。秦将白起闻之,纵奇兵,佯败走,而绝其粮道,分断其军为二,士卒离心。四十余日,军饿,赵括出锐卒自搏战,秦军射杀赵括。括军败,数十万之众遂降秦,秦悉坑之。赵前后所亡凡四十五万。明年,秦兵遂围邯郸。岁余,几不得脱,赖楚、魏诸侯来救,乃得解邯郸之围。赵王亦以括母先言,竟不诛也。

自邯郸围解五年,而燕用栗腹之谋,曰"赵壮者尽于长平,其孤未壮",举兵击赵。赵使廉颇将,击,大破燕军于鄗,杀栗腹,遂围燕。燕割五城请和,乃听之。赵以尉文①封廉颇为信平君,②为假相国。

①徐广曰:"邑名也。"

②[索隐]曰:信平,号也。徐广云:"尉文,邑名。"按:《汉书》表有尉文节侯,云在南郡。盖尉,官也;文,名也。谓取尉文所食之邑复以封颇,而号为信平君也。

廉颇之免长平归也,失势之时故客尽去。及复用为将,客又复至。廉颇曰:"客退矣。"客曰:"吁!君何见之晚也?夫天下以市道交,君有势我则从君,君无势则去,此固其理也,有何怨乎?"

居六年,赵使廉颇伐魏之繁阳,①拔之。

①徐广曰:"属魏郡。"[正义]曰:在相州内黄县东北也。

赵孝成王卒,子悼襄王立,使乐乘代廉颇。廉颇怒,攻乐乘,乐乘走。廉颇遂奔魏之大梁。其明年,赵乃以李牧为将而攻燕,拔武遂、方城。①

①[索隐]曰:《地理志》武遂属河间国,方城属广阳也。[正义]曰:武遂,易州遂城也。方城,幽州固安县南十里。

廉颇居梁久之,魏不能信用。赵以数困于秦兵,赵王思复得廉颇,廉颇亦思复用于赵。赵王使使者视廉颇尚可用否,廉颇之仇郭开多与使者金,令毁之。赵使者既见廉颇,廉颇为之一饭斗米,肉十斤,被甲上马,以示尚可用。赵使还报王曰:"廉将军虽老,尚善饭。然与臣坐,顷之三遗矢矣,"①赵王以为老,遂不召。

①[索隐]曰:谓数起便也。矢,一作"屎"。

楚闻廉颇在魏,阴使人迎之。廉颇一为楚将,无功,曰:"我思用赵人。"廉颇卒死于寿春。①

①[正义]曰:廉颇墓在寿州寿春县北四里。蔺相如墓在邯郸西南六里。

李牧者，赵之北边良将也。常居代雁门，备匈奴。①以便宜置吏，市租皆输入莫府，②为士卒费。日击数牛飨士，习射骑，谨烽火，多间谍，③厚遇战士。为约曰："匈奴即入盗，急入收保，有敢捕虏者斩！"匈奴每入，烽火谨，辄入收保，不敢战。如是数岁，亦不亡失，然匈奴以李牧为怯，虽赵边兵亦以为吾将怯。赵王让李牧，李牧如故。赵王怒，召之，使他人代将。

①[正义]曰：今雁门县在代地，故云代雁门也。

②如淳曰："将军征行无常处，所在为治，故言'莫府'。莫，大也。"[索隐]曰：如淳解"莫"为"大"，非也。崔浩云："古者出征为将帅，军还则罢，理无常处，以幕帟为府署，故曰莫府。"则"莫"当作"幕"字之误也。

③[索隐]曰：上纪苋反，下音牒。

岁余，匈奴每来，出战。出战数不利，失亡多，边不得田畜。①复请李牧，牧杜门不出，固称疾。赵王乃复强起使将兵。牧曰："王必用臣，臣如前，乃敢奉令。"王许之。

①[正义]曰：许又反。

李牧至，如故约。匈奴数岁无所得，终以为怯。边士日得赏赐而不用，皆愿一战。于是乃具选车得千三百乘，选骑得万三千匹，百金之士五万人，①彀者十万人，②悉勒习战。大纵畜牧，人民满野。匈奴小入，佯北不胜，以数千人委之。③单于闻之，大率众来入。李牧多为奇陈，张左右翼击之，大破杀匈奴十余万骑。灭襜褴，④破东胡，降林胡，单于奔走。其后十余岁，匈奴不敢近赵边城。

①管子曰："能破敌擒将者赏百金。"

②[索隐]曰：彀音古候反。彀谓能射也。

③[索隐]曰：委谓弃之，恣其杀略也。

④襜，都甘反。褴，路谈反。徐广曰："一作'临'。"骃又案：如淳曰"胡名也，在代地。"

赵悼襄王元年，廉颇既亡入魏，赵使李牧攻燕，拔武遂、方城。居二年，庞煖破燕军，杀剧辛。①后七年，秦破赵，杀将扈辄于武遂城，②斩首十万。赵乃以李牧为大将军，击秦军于宜安，③大破秦军,走秦将桓齮。④封李牧为武安君。居三年,秦攻番吾,⑤李牧击破秦军,南距韩、魏。

①[索隐]曰:爰即冯爰也。庞,音皮江反。爰,音况远反,又音喧。剧辛,本赵人仕燕者。

②[索隐]曰:扈,氏;辄,名。汉张耳时别有扈辄也。刘氏云:"武遂本韩地,在赵西,恐非《地理志》河间武遂也。"

③[正义]曰:在桓州槁城县西南二十里。

④[索隐]曰:齮,音蚁。

⑤[索隐]曰:县名。《地理志》在常山。音婆,又音盘。[正义]曰:在桓州房山县东二十里也。

赵王迁七年,秦使王翦攻赵,赵使李牧、司马尚御之。秦多与赵王宠臣郭开金,为反间,言李牧、司马尚欲反。赵王乃使赵葱及齐将颜聚代李牧。李牧不受命,赵使人微捕得李牧,斩之。废司马尚。后三月,王翦因急击赵,大破杀赵葱,虏赵王迁及其将颜聚,遂灭赵。

太史公曰:知死必勇,非死者难也,处死者难。方蔺相如引璧睨柱,及叱秦王左右,势不过诛,然士或怯懦①而不敢发。相如一奋其气,威信敌国;②退而让颇名重太山。其处智勇可谓兼之矣!

①徐广曰:"一作'掘懦'。"

②[索隐]曰:信,音申。

索隐述赞曰:清飙凛凛,壮气熊熊。各竭诚义,递为雌雄。和璧聘返,渑池好通。负荆知惧,屈节推工。安边定策,颇、牧之功。

史记卷八二
列传第二二

田单

田单者，齐诸田疏属也。①湣王时，单为临菑市掾，不见知。

①［索隐］曰：单，音丹。

及燕使乐毅伐破齐，齐湣王出奔，已而保莒城。燕师长驱平齐，而田单走安平，①令其宗人尽断其车轴末而傅铁笼，②已而燕军攻安平，城坏，齐人走，争途，以辖折车败，③为燕所虏。唯田单宗人以铁笼故得脱，东保即墨。燕既尽降齐城，唯独莒、即墨不下。燕军闻齐王在莒，并兵攻之。淖齿④既杀湣王于莒，因坚守，距燕军，数年不下。燕引兵东围即墨，即墨大夫出与战，败死。城中相与推田单，曰："安平之战，田单宗人以铁笼得全，习兵。"立以为将军，以即墨距燕。

①徐广曰："今之东安平也，在青州临菑县东十九里。古纪之酅邑，齐改为安平，秦灭齐改为东安平县，属齐郡。以定州有安平，故加'东'字。"［索隐］曰：《地理志》东安平属淄川国。

②徐广曰："傅，音附。"［索隐］曰：断，音都缓反。断其轴，恐长相拨也。以铁裹轴头，坚而易进也。傅者，截其轴与毂齐，以铁鍱附轴末，施辖于铁中以制毂也。又《方言》曰："车辖，齐谓之笼。"郭璞云"车轴也。"

③徐广曰："辖，车轴头也，音卫。"

④徐广曰："多作'悼齿'也。"

顷之，燕昭王卒，惠王立，与乐毅有隙。田单闻之，乃纵反间于燕，宣言曰："齐王已死，城之不拔者二耳。乐毅畏诛而不敢归，以伐齐为名,实欲连兵南面而王齐。齐人未附,故且缓攻即墨以待其事。齐人所惧,唯恐他将之来,即墨残矣。"燕王以为然,使骑劫代乐毅。乐毅因归赵,燕人士卒忿。

而田单乃令城中人食必祭其先祖于庭,飞鸟悉翔舞城中下食。燕人怪之。田单因宣言曰:"神来下教我。"乃令城中人曰:"当有神人为我师。"有一卒曰:"臣可以为师乎?"因反走。田单乃起,引还,东乡坐,师事之。卒曰:"臣欺君,诚无能也。"田单曰:"子勿言也!"因师之。每出约束,必称神师。乃宣言曰:"吾唯惧燕军之劓所得齐卒,置之前行,①与我战,即墨败矣。"燕人闻之,如其言。城中人见齐诸降者尽劓,皆怒,坚守,唯恐见得。单又纵反间曰:"吾惧燕人掘吾城外冢墓,僇先人,可为寒心。"燕军尽掘垄墓,烧死人。即墨人从城上望见,皆涕泣,其欲出战,怒自十倍。

①[正义]曰:故郎反。

田单知士卒之可用,乃身操版插,①与士卒分功,妻妾编于行伍之间,尽散饮食飨士。令甲卒皆伏,使老弱女子乘城,遣使约降于燕,燕军皆呼万岁。田单又收民金,得千溢,令即墨富豪遗燕将曰:"即墨即降,愿无虏掠吾族家妻妾,令安堵。"燕将大喜,许之。燕军由此益懈。

①[索隐]曰:操,音七高反。插,音初洽反。[正义]曰:古之军行,常负板插也。

田单乃收城中得千余牛,为绛缯衣,画以五彩龙文,束兵刃于其角,而灌脂束苇于尾,烧其端。凿城数十穴,夜纵牛,壮士五千人随其后。牛尾热,怒而奔燕军,燕军夜大惊。牛尾炬火光明炫耀,燕军视之皆龙文,所触尽死伤,五千人因衔枚击之,而城中鼓噪从之,老弱皆击铜器为声,声动天地。燕军大骇,败走。齐人遂夷杀其将骑劫。燕军扰乱奔走,齐人追亡逐北,所过城邑皆畔燕而归田单,兵日益多。乘胜,燕日败亡,卒至河上,①而齐七十余城皆复为齐。乃迎襄王于莒,入临菑而听政。

①[索隐]曰:齐之北界,近河东,盖齐旧地也。

襄王封田单,号曰安平君。①

①[索隐]曰:单初起安平,故以为号。

太史公曰:兵以正合,以奇胜。①善之者出奇无穷。②奇正还相生,③如环之无端。④夫始如处女,適人开户;⑤后如脱兔,適不及距。⑥其田单之谓邪!

①魏武帝曰:"先出合战为正,后出为奇也。正者当敌,奇兵击不备。"[索隐]曰:奇谓权诈也。注引魏武,盖亦军令也。

②[索隐]曰:兵不厌诈,故云"善之。"出奇无穷,谓权变多也。

③[正义]曰:当犹合也。言正兵当阵,张左右翼掩其不备,则奇正合败敌也。

④[索隐]曰:言用兵之术或用奇计,使前敌不可测量,如寻环中不知端际也。

⑤徐广曰:"適音敌。"[索隐]曰:言兵始如处女之软弱,则敌人轻侮,开户不为备。[正义]曰:敌人谓燕军也。言燕军被田单反间,易将及被卒烧垄墓,而令齐卒甚怒,是敌人为单开门户也。

⑥魏武帝曰:"如女示弱,脱兔往疾也。"[索隐]曰:克捷之后,卷甲而趋,有如兔之得脱而疾走也。敌不及距者,若脱兔忽过,而敌忘其所距也。

初,淖齿之杀湣王也,莒人求湣王子法章,得之太史嬓之家,①为人灌园。嬓女怜而善遇之。后法章私以情告女,女遂与通。及莒人共立法章为齐王,以莒距燕,而太史氏女遂为后,所谓"君王后"也。

①[正义]曰:嬓,音皎。

燕之初入齐,闻画邑人①王蠋贤,②令军中曰"环画邑三十里无入,"以王蠋之故。已而使人谓蠋曰:"齐人多高子之义,吾以子为将,封子万家。"蠋固谢。燕人曰:"子不听,吾引三军而屠画邑。"王蠋曰:"忠臣不事二君,贞女不更二夫。齐王不听吾谏,故退而耕于野。国既破亡,吾不能存。今又劫之以兵为君将,是助桀为暴也。与其生而无义,固不如烹!"遂经其颈于树枝,自奋绝脰而死。③齐亡大夫闻之曰:“王蠋布衣也,义不北面于燕,况在位食禄者乎!”乃相聚如莒,求诸子,立为襄王。

①刘熙曰:“齐西南近邑。画,音获。”[索隐]曰:音胡卦反。[正义]曰:《括地志》云:“戟里城在临淄西北三十里,春秋时棘邑,又云澅邑。”蠋所居即此邑,因澅水为名也。

②[索隐]曰:蠋,音触,亦音歜。

③[索隐]曰:经犹系也。何休云:“脰,颈,齐语也。音豆。”

索隐述赞曰:军法以正,实尚奇兵。断轴自免,反间先行。群鸟惑众,五牛扬旌。卒破骑劫,皆复齐城。襄王嗣位,乃封安平。

史记卷八三
列传第二三

鲁仲连邹阳

[索隐]曰：鲁连、屈原当六国之时，贾谊、邹阳在文景之日；事迹虽复相类，年代甚为乖绝。其邹阳不可上同鲁连，贾生亦不可下同屈平。宜抽鲁连同田单为传，其屈原与宋玉等为一传，其邹阳与枚乘、贾生等同传。

鲁仲连者，齐人也。好奇伟俶傥之画策，①而不肯仕宦任职，好持高节，游于赵。

①[索隐]曰：《广雅》云"俶傥，卓异也。"[正义]曰：俶，天历反。《鲁连子》云："齐辩士田巴，服狙丘，议稷下，毁五帝，罪三王，服五伯，离坚白，合同异，一日服千人。有徐劫者，其弟子曰鲁仲连，年十二，号'千里驹'，往请田巴曰：'臣闻堂上不奋，郊草不芸，白刃交前，不救流矢，急不暇缓也。今楚军南阳，赵伐高唐，燕人十万聊城不去，国亡在旦夕，先生奈之何？若不能者，先生之言有似枭鸣，出城而人恶之。愿先生勿复言。'田巴曰：'谨闻命矣。'巴谓徐劫曰：'先生乃飞兔也，岂直千里驹！'巴终身不谈。"

赵孝成王时，而秦王使白起破赵长平之军前后四十余万，秦兵遂东围邯郸。赵王恐，诸侯之救兵莫敢击秦军。魏安釐王使将军晋鄙救赵，畏秦，止于荡阴不进。①魏王使客将军新垣衍间入邯郸，②因平原君谓赵王曰："秦所为急围赵者，前与齐湣王争强为帝，已而复归帝；今齐湣王已益弱，方今唯秦雄天下，此非必贪邯郸，其意欲复求为帝。赵诚发使尊秦昭王为帝，秦必喜，罢兵去。"平原君犹预未有所决。

①《地理志》河内有荡阴县。[正义]曰:荡,天郎反,相州县。

②[索隐]曰:新垣,姓;衍,名也。为梁将。故汉有新垣平。

此时鲁仲连适游赵,会秦围赵,闻魏将欲令赵尊秦为帝,乃见平原君曰:"事将奈何?"平原君曰:"胜也何敢言事!前亡四十万之众于外,今又内围邯郸而不能去。魏王使客将军新垣衍令赵帝秦,①今其人在是。胜也何敢言事!"鲁仲连曰:"吾始以君为天下之贤公子也,吾乃今然后知君非天下之贤公子也。梁客新垣衍安在?吾请为君责而归之。"平原君曰:"胜请为绍介②而见之于先生。"平原君遂见新垣衍曰:"东国有鲁仲连先生者,今其人在此,胜请为绍介,交之于将军。"新垣衍曰:"吾闻鲁仲连先生,齐国之高士也。衍,人臣也,使事有职,吾不愿见鲁仲连先生。"平原君曰:"胜既已泄之矣。"新垣衍许诺。

①[索隐]曰:新垣衍欲令赵尊秦为帝也。

②郭璞曰:"绍介,相佑助者。"[索隐]曰:绍介犹媒介也。且礼,宾至必因介以传辞。绍者,继也。介不一人,故礼云"介绍而传命"。

鲁连见新垣衍而无言。新垣衍曰:"吾视居此围城之中者,皆有求于平原君者也。今吾观先生之玉貌,非有求于平原君者也。曷为久居此围城之中而不去?"鲁仲连曰:"世以鲍焦为无从颂而死者,皆非也。①众人不知,则为一身。②彼秦者,弃礼义而上首功之国也,③权使其士,虏使其民。④彼即肆然而为帝,过⑤而为政于天下,⑥则连有蹈东海而死耳,吾不忍为之民也。所为见将军者,欲以助赵也。"

①鲍焦,周之介士也。见《庄子》。[索隐]曰:从颂,音从容。言世人见鲍焦之死,皆以为不能自宽容而取死,此言非也。[正义]曰:《韩诗外传》云:"姓鲍,名焦,周时隐者也。饰行非世,廉洁而守。荷担采樵,拾橡充食,故无子胤,不臣天子,不友诸侯。子贡遇之,谓之曰:'吾闻非其政者不履其土,污其君者不受其利。今子履其地,食其利,其可乎?'鲍焦曰:'吾闻廉士重进而轻退,贤人易愧而轻死。'遂抱木立枯焉。"按:鲁仲连留赵不去者,非为一身。

②[索隐]曰:言众人不识鲍焦之意,焦以耻居浊世而避之,非是自为一身

而忧死。

③谯周曰："秦用卫鞅计，制爵二十等，以战获首级者计而受爵。是以秦人每战胜，老弱妇人皆死，计功赏至万数。天下谓之'上首功之国'，皆以恶之也。"[索隐]曰：秦法，斩首多为上功。谓斩一人首赐爵一级，故谓秦为"首功之国"也。

④[索隐]曰：言秦人以权诈使其战士，以奴虏使其人民。言无恩以恤下。

⑤[正义]曰：至"过"字为绝句。肆然其志意也。言秦得肆志为帝，恐有烹醢纳管，遍行天子之礼。过，失也。

⑥[索隐]曰：谓以过恶而为政也。[正义]曰：若赵、魏帝秦，得行政教于天下，鲁仲连蹈东海而溺死，不忍为秦百姓。

新垣衍曰："先生助之将奈何？"鲁连曰："吾将使梁及燕助之，齐楚则固助之矣。"新垣衍曰："燕则吾请以从矣。若乃梁者，则吾乃梁人也，先生恶能使梁助之？"鲁连曰："梁未睹秦称帝之害故耳。使梁睹秦称帝之害，则必助赵矣。"

新垣衍曰："秦称帝之害何如？"鲁连曰："昔者齐威王尝为仁义矣，率天下诸侯而朝周。周贫且微，诸侯莫朝，而齐独朝之。居岁余，周烈王崩，①齐后往，周怒，赴于齐②曰：'天崩地坼，天子下席。③东藩之臣因齐后至，则斮。'④齐威王勃然怒曰：'叱嗟！而母婢也！'⑤卒为天下笑。故生则朝周，死则叱之，诚不忍其求也。彼天子固然，其无足怪。"

①徐广曰："烈王七年崩，威王之十年。"[正义]曰：《周本纪》及年表云烈王七年崩，齐威之十年也，与徐不同。

②[正义]曰：郑玄云："赴，告也。"今文"赴"作"讣"。

③[索隐]曰：谓烈王太子安王骄也。下席，言其寝苫居庐也。

④《公羊传》曰："欺三军者其法斮。"何休曰："斮，斩也。"

⑤[正义]曰：骂烈王后也。

新垣衍曰："先生独不见夫仆乎？十人而从一人者，宁力不胜而智不若邪？畏之也。"①鲁仲连曰："呜呼！梁之比于秦若仆邪？"新垣衍曰："然。"鲁仲连曰："吾将使秦王烹醢梁王。"新垣衍怏然不悦曰：②"噫嘻，③亦太甚矣先生之言也！先生又恶能使秦王烹醢梁王?”鲁仲连曰:“固也,吾将言之。昔者九侯、鄂侯、[4]文王,纣之三公也。九侯有子而好,献之于纣,纣以为恶,醢九侯。鄂侯争之强,辩之疾,故脯鄂侯。文王闻之喟然而叹,故拘之牖里之库百日,[5]欲令之死。曷为与人俱称王,卒就脯醢之地?齐湣王将之鲁。夷维子为执策而从,[6]谓鲁人曰:‘子将何以待吾君?’鲁人曰:‘吾将以十太牢待子之君。’夷维子曰:‘子安取礼而来吾君?彼吾君者天子也。天子巡狩,诸侯辟舍,[7]纳管籥,[8]摄衽抱机,[9]视膳于堂下。天子已食,乃退而听朝也。’鲁人投其籥,不果纳。[10]不得入于鲁,将之薛,[11]假途于邹。当是时,邹君死,湣王欲入吊,夷维子谓邹之孤曰:‘天子吊,主人必将倍殡棺,设北面于南方,然后天子南面吊也。’[12]邹之群臣曰:‘必若此,吾将伏剑而死。’固不敢入于邹。邹、鲁之臣,生则不得事养,死则不得赙襚,[13]然且欲行天子之礼于邹、鲁,邹、鲁之臣不果纳。[14]今秦万乘之国也,梁亦万乘之国也。俱据万乘之国,各有称王之名,睹其一战而胜,欲从而帝之,是使三晋之大臣不如邹、鲁之仆妾也。且秦无已而帝,则且变易诸侯之大臣。彼将夺其所不肖而与其所贤,夺其所憎而与其所爱。彼又将使其子女谗妾为诸侯妃姬,处梁之宫。梁王安得晏然而已乎?而将军又何以得故宠乎?”

①[索隐]曰:言仆夫十人而从一人者,宁是力不胜,亦非智不如,正是畏惧其主耳。

②[正义]曰:怏,于尚反。

③[索隐]曰:上音依。噫者,不平之声。下音希。嘻者,惊恨之叹也。

④徐广曰:“邺县有九侯城。九,一作‘鬼’。鄂,一作‘邢’。”[正义]曰:九侯城在相州滏阳县西南五十里。

⑤[正义]曰:相州荡阴县北九里有羑城。

⑥[索隐]曰:维,东莱之邑,其居夷也,号夷维子。故晏子为莱之夷维人是也。[正义]曰:密州高密县,古夷安城。应劭云“故莱夷维邑也。”盖因邑为姓。子者,男子之美号。又云子,爵也。

⑦[索隐]曰:辟舍,避正寝。案:《礼》“天子适诸侯,必舍于祖庙。”

⑧[索隐]曰:音管药。

⑨[索隐]曰：机音纪。[正义]曰：衽，音而甚反。

⑩[索隐]曰：谓闭外门不入齐君。[正义]曰：籥即钥匙也。投钥匙于地。

⑪[正义]曰：薛侯故城在徐州滕县界也。

⑫[索隐]曰：倍，音佩。谓主人不在殡东，将背其殡棺立西阶上，北面哭，是倍也。天子乃于阼阶上，南面而吊之也。

⑬[正义]曰：衣服曰禭，货财曰赙，皆助生送死之礼。

⑭[索隐]曰：谓时君弱臣强，故邹、鲁君生时臣并不得尽事养，死亦不得行赙禭之礼。然齐欲行天子礼于邹、鲁，邹、鲁之臣皆不果纳之，是犹秉礼而存大体也。

于是新垣衍起，再拜谢曰："始以先生为庸人，吾乃今日知先生为天下之士也。吾请出，不敢复言帝秦。"秦将闻之，为却军五十里。适会魏公子无忌夺晋鄙军以救赵，击秦军，秦军遂引而去。

于是平原君欲封鲁连，鲁连辞让使者三，终不肯受。平原君乃置酒，酒酣起前，以千金为鲁连寿。鲁连笑曰："所谓贵于天下之士者，为人排患释难解纷乱而无取也。即有取者，是商贾之事也，而连不忍为也。"遂辞平原君而去，终身不复见。

其后二十余年，燕将攻下聊城，①聊城人或谗之燕，燕将惧诛，因保守聊城，不敢归。齐田单攻聊城②岁余，士卒多死而聊城不下。鲁连乃为书，约之矢以射城中，遗燕将。书曰：

①[索隐]曰：徐广云："年表以田单攻聊城在长平后十余年耳，二十余年误也。"[正义]曰：今博州县也。

②[索隐]曰：徐广曰："案年表，田单攻聊城在长平后十余年也。"

吾闻之：智者不倍时而弃利，勇士不怯死而灭名，①忠臣不先身而后君。今公行一朝之忿，不顾燕王之无臣，非忠也；杀身亡聊城，而威不信于齐，非勇也；功败名灭，后世无称焉，非智也。三者世主不臣，说士不载，故智者不再计，勇士不怯死。今死生荣辱，贵贱尊卑，此时不再至，愿公详计而无与俗同。

①[索隐]曰：怯死，犹避死也。

且楚攻齐之南阳，①魏攻平陆，②而齐无南面之心，以为亡南阳之害小，不如得济北之利大，③故定计审处之。今秦人下兵，魏不敢东面；衡秦之势成，④楚国之形危；齐弃南阳，断右壤，定济北，⑤计犹且为之也。且夫齐之必决于聊城，公勿再计。今楚魏交退于齐，而燕救不至。⑥以全齐之兵，无天下之规，与聊城共据期年之敝，则臣见公之不能得也。且燕国大乱，君臣失计，上下迷惑，栗腹以十万之众五折于外，⑦以万乘之国被围于赵，壤削主困，为天下僇笑。国敝而祸多，民无所归心。今公又以敝聊之民距全齐之兵，是墨翟之守也。⑧食人炊骨，士无反外之心，是孙膑之兵也，⑨能见于天下。虽然，为公计者，不如全车甲以报于燕。车甲全而归燕，燕王必喜。身全而归于国，士民如见父母，交游攘臂而议于世，功业可明。上辅孤主以制群臣，下养百姓以资说士，⑩矫国更俗，⑪功名可立也。亡意亦捐燕弃世，东游于齐乎？⑫裂地定封，富比乎陶、卫，⑬世世称孤，与齐久存，又一计也。此两计者显名厚实也，愿公详计而审处一焉。

①[索隐]曰：即济之淮北、泗上之地也。

②[索隐]曰：平陆，邑名，在西界。[正义]曰：兖州县也。

③[索隐]曰：即聊城之地也。[正义]曰：言齐无南面攻楚、魏之心，以为南阳、平陆之害小，不如聊城之利大，言必攻之。

④[索隐]曰：此时秦与齐和，故云“衡秦之势成”也。

⑤[索隐]曰：谓弃楚所攻之泗上也。又断绝魏之所攻齐右壤之地平陆是也。言右壤断弃而不能救，志在攻聊城而定济北也。

⑥[索隐]曰：交者，俱也。前时楚攻南阳，魏攻平陆，今二国之兵俱退，而燕救又不至，是势危也。

⑦徐广曰：“此事去长平十年。”

⑧[正义]曰：如墨翟守宋，却楚军。

⑨[正义]曰：言孙膑能抚士卒，士卒无二心。

⑩[索隐]曰：言既养百姓，又资说士，终拟强国也。刘氏云读“说士”为“锐士”，意虽便，不如依字也。

⑪[索隐]曰：欲令燕将归燕，矫正国事，改更弊俗也。

⑫[索隐]曰：亡，音无。言若必无还燕意，则捐燕而东游于齐乎？

⑬[索隐]曰：延笃注《战国策》云“陶，陶朱公也；卫，卫公子荆”，非也。王劭云“魏冉封陶，商君姓卫。”富比陶、卫，谓此尔。

且吾闻之：规小节者不能成荣名，恶小耻者不能立大功。昔者管夷吾射桓公中其钩，篡也；遗公子纠不能死，怯也；①束缚桎梏，辱也。若此三行者，世主不臣而乡里不通。乡使管子幽囚而不出，身死而不反于齐，则亦名不免为辱人贱行矣。臧获且羞与之同名矣，②况世俗乎？故管子不耻身在缧绁之中而耻天下之不治，不耻不死公子纠而耻威之不信于诸侯，故兼三行之过而为五霸首，③名高天下而光烛邻国。曹子为鲁将，④三战三北，而亡地五百里。乡使曹子计不反顾，议不还踵，刎颈而死，则亦名不免为败军禽将矣。曹子弃三北之耻，而退与鲁君计。桓公朝天下，会诸侯，曹子以一剑之任，枝桓公之心于坛坫之上，⑤颜色不变，辞气不悖，三战之所亡一朝而复之，天下震动，诸侯惊骇，威加吴、越。若此二士者，非不能成小廉而行小节也，以为杀身亡躯，绝世灭后，功名不立，非智也。故去感忿之怨，立终身之名；弃忿悁之节，⑥定累世之功。是以业与三王争流，而名与天壤相弊也。愿公择一而行之。

①[索隐]曰：遗，弃也。谓弃子纠而事小白也。[正义]曰：管仲傅子纠而鲁杀之，不能随子纠死，是怯懦畏死也。

②《方言》曰：“荆、淮、海、岱、燕、齐之间骂奴曰臧，骂婢曰获。”

③[正义]曰：按：齐桓最初得周襄王赐文武胙、彤弓矢、大辂，故为五伯首也。

④[索隐]曰：曹昧。

⑤[索隐]曰：枝犹拟也。

⑥[正义]曰：忿，敷粉反。悁，于缘反。

燕将见鲁连书，泣三日，犹豫不能自决。欲归燕，已有隙，恐诛；欲降齐，所杀虏于齐甚众，恐已降而后见辱。喟然叹曰：“与人刃我，宁自刃。”乃自杀。聊城乱，田单遂屠聊城。归而言鲁连，欲爵之。鲁连逃隐于海上，曰：“吾与富贵而诎于人，宁贫贱而轻世肆志焉。”①

①[索隐]曰:肆,放纵也。

邹阳者,齐人也。游于梁,与故吴人庄忌夫子、淮阴枚生之徒交。上书①而介于羊胜、公孙诡之间。②胜等嫉邹阳,恶之梁孝王。孝王怒,下之吏,将欲杀之。邹阳客游,以谗见禽,恐死而负累,③乃从狱中上书曰:

①[索隐]曰:忌,会稽人,姓庄氏,字夫子。后避汉明帝讳,改姓曰严。枚生名乘,字叔,其子皋,《汉书》并有传。盖以衔枚氏而得姓也。

②[索隐]曰:言邹阳上书自达,而游于二人之间,或往彼,或往此。介者,言有隔于其间,故杜预曰"介犹间"也。

③[正义]曰:诸不以罪死为累。

臣闻:忠无不报,信不见疑。臣常以为然,徒虚语耳。昔者荆轲慕燕丹之义,白虹贯日,太子畏之;①卫先生为秦画长平之事,太白蚀昴,而昭王疑之。②夫精变天地而信不喻两主,岂不哀哉!今臣尽忠竭诚,毕议愿知,③左右不明,④卒从吏讯,为世所疑。是使荆轲、卫先生复起,而燕、秦不悟也。愿大王孰察之!

①应劭曰:"燕太子丹质于秦,始皇遇之无礼,丹亡去,故厚养荆轲,令西刺秦王。精诚感天,白虹为之贯日也。"如淳曰:"白虹,兵象。日为君。"《烈士传》曰:"荆轲发后,太子自相气,见虹贯日不彻,曰:'吾事不成矣。'后闻轲死,事不立,曰:'吾知其然也'。"[索隐]曰:王劭又云"轲将入秦,待其客未发,太子丹疑其畏惧,故曰畏之,"其解不如见虹贯日不彻也。《战国策》云聂政刺韩傀,亦曰"白虹贯日"是也。

②苏林曰:"白起为秦伐赵,破长平军,欲遂灭赵,遣卫先生说昭王益兵粮,乃为应侯所害,事用不成。其精诚上达于天,故太白为之蚀昴。昴,赵分也。将有兵,故太白食昴。食,干历之也。"如淳曰:"太白乃天之将军也。"[索隐]曰:如淳云:"太白主西方,秦在西,败赵之兆也。"又王充云:"夫言白虹贯日,太白食昴,实也。言荆轲之谋,卫先生之策,感动皇天而贯日食昴,虚也。"

③张晏曰:"尽其计议,愿王知之也。"

④[索隐]曰:言左右之不明,不欲斥主。

昔卞和献宝，楚王刖之；①李斯竭忠，胡亥极刑。是以箕子佯狂，②接舆辟世，③恐遭此患也。愿大王孰察卞和、李斯之意，而后楚王、胡亥之听，④无使臣为箕子、接舆所笑。臣闻比干剖心，子胥鸱夷，⑤臣始不信，乃今知之！愿大王孰察，少加怜焉。

①应劭曰："卞和得玉璞，献之武王。武王示玉人，玉人曰：'石也'。刖右足。武王没，复献文王，玉人复曰：'石也'。刖其右足。至成王时，卞和抱璞哭于郊，乃使玉尹攻之，果得宝玉。"[索隐]曰：楚人卞和得玉璞事见《国语》及《吕氏春秋》。案世家，楚武王名熊通。文王名赀，成王名恽。

②[索隐]曰：佯音阳。谓诈为狂。司马彪曰"箕子名曰胥余"。

③张晏曰："楚贤人，佯狂避世也。"[索隐]曰：案：《高士传》曰"楚人陆通，字接舆"是也。

④[索隐]曰：谓以楚王、胡亥之听为谬，故后之而不用。后犹下也。

⑤[索隐]曰：韦昭云："以皮作鸱鸟形，名曰'鸱夷'，鸱夷，皮榼也。"服虔云："用马革作囊，以裹尸，投之于江。"

谚曰："有白头如新，倾盖如故。"①何则？知与不知也。故昔樊於期逃秦之燕，藉荆轲首以奉丹之事；②王奢去齐之魏，临城自刭以却齐而存魏。③夫王奢、樊於期非新于齐、秦而故于燕、魏也，所以去二国死两君者，行合于志而慕义无穷也。是以苏秦不信于天下，而为燕尾生；④白圭战亡六城，为魏取中山。⑤何则？诚有以相知也。苏秦相燕，燕人恶之于王，王按剑而怒，食以駃騠；⑥白圭显于中山，中山人恶之魏文侯，文侯投之以夜光之璧。何则？两主二臣，剖心坼肝相信，岂移于浮辞哉！

①桓谭《新论》曰："言内有以相知与否，不在新故也。"[索隐]曰：服虔云："人不相知才能，交至白头犹如新也。倾盖如故，如吴札、郑侨也。"《家语》："孔子遇程子于途，倾盖而语。"又《志林》云："倾盖者，道行相遇，軿车对语，两盖相切，小欹之义。故云倾盖也。"

②[索隐]曰：藉，音子夜反。韦昭云："谓於期逃秦之燕，以头与轲，使持入秦以示信也。"

③《汉书音义》曰:“王奢、齐人也,亡至魏。其后齐伐魏,奢登城谓齐将曰:‘今君之来,不过以奢之故也。夫义不苟生以为魏累。’遂自刭也。”

④[索隐]曰:服虔云:“苏秦于齐不出其信,于燕则出尾生之信。”韦昭云:“尾生,守信而死者”。案:言苏秦于燕独守信如尾生,故云“为燕之尾生”也。

⑤张晏曰:“白圭为中山将,亡六城,君欲杀之,亡入魏,文侯厚遇之,还拔中山。”[索隐]曰:事见《战国策》及《吕氏春秋》也。

⑥《汉书音义》曰:“駃騠,骏马也,生七日而超其母。敬重苏秦,虽有谗谤,而更膳以珍奇之味。”[索隐]曰:《字林》云“马父骡子,北狄之良马也”。[正义]曰:食,音寺。駃騠,音决蹄。北狄良马也。

故女无美恶,入宫见妒;士无贤不肖,入朝见嫉。昔者司马喜髌脚于宋,卒相中山;①范雎摺胁折齿于魏,卒为应侯。②此二人者,皆信必然之画,捐朋党之私,挟孤独之位,故不能自免于嫉妒之人也。是以申徒狄自沉于河,③徐衍负石入海。④不容于世,义不苟取比周于朝,以移主上之心。故百里奚乞食于路,缪公委之以政;宁戚饭牛车下,而桓公任之以国。⑤此二人者,岂借宦于朝,假誉于左右,然后二主用之哉?感于心,合于行,亲于胶漆,昆弟不能离,岂惑于众口哉?故偏听生奸,独任成乱。昔者鲁听季孙之说而逐孔子,⑥宋信子罕之计而囚墨翟。⑦夫以孔、墨之辩,不能自免于谗谀,而二国以危。何则?众口铄金,⑧积毁销骨也。⑨是以秦用戎人由余而霸中国,齐用越人蒙而强威、宣。⑩此二国岂拘于俗,牵于世,系阿偏之辞哉?公听并观,垂名当世。⑪故意合则胡越为昆弟,由余、越人蒙是矣;不合,则骨肉出逐不收,朱、象、管、蔡是矣。今人主诚能用齐、秦之义,后宋、鲁之听,则五伯不足称,三王易为也。

①晋灼曰:“司马喜三相中山。”苏林曰:“六国时人,被此刑也。”[索隐]曰:事见《战国策》及《吕氏春秋》。

②[索隐]曰:《应侯传》作“折胁摺齿”是也。《说文》云“拉,摧也”,音力答反。

③《汉书音义》曰:“殷之末世人。”[索隐]曰:《庄子》:“申徒狄谏而不用,

负石自投于河”。韦昭云“六国时人”。《汉书》云沉于雍河,服虔云雍州之河也。又《新序》作“抱瓮自沉于河,”不同也。

④《列士传》曰:“周之末世人。”

⑤应劭曰:“齐桓公夜出迎客,而宁戚疾击其牛角商歌曰:‘南山矸,白石烂,生不遭尧与舜禅。短布单衣适至骭,从昏饭牛薄夜半,长夜曼曼何时旦?’公召与语,说之,以为大夫。”[索隐]曰:事见《吕氏春秋》。商歌者,谓为商声而歌也,或云商旅人歌也,二说并通。矸,音公弹反。矸者,自净貌也。顾野王音岸。禅,音善,如字读,协韵失之也。《埤苍》云“骭,胫也。”《字林》音下谏反。

⑥[索隐]曰:《论语》“齐人归女乐,季桓子受之,三日不朝,孔子行”也。

⑦[索隐]曰:《左氏》司城子罕姓乐名喜,乃宋之贤臣也。《汉书》作“子冉”,不知子冉是何人。文颖曰“子冉,子罕也”。《荀卿传》云:“墨翟,孔子时人,或云在孔子后。”又襄二十九年《左传》“宋饥,子罕请出粟。”时孔子适八岁,则墨翟与子罕不得相辈。或以子冉为是,不知何如也。

⑧[索隐]曰:《国语》云:“众心成城,众口铄金。”贾逵云:“铄,消也。众口所恶,虽金亦为之消亡。”又《风俗通》云:“或说有美金于此,众人或共诋訿,言其不纯金,卖者欲其必售,同取锻烧以见其真,是为众口铄金也。”

⑨[索隐]曰:大颜云:“谗人积久谮毁,则父兄自相诛戮,骨肉为之消灭也。”

⑩[索隐]曰:越人蒙未见所出。《汉书》作“子臧”。又张晏云“子臧或是越人蒙字也。”

⑪[索隐]曰:小颜云:“公听,言不私;并观,谓所见同也。”

是以圣王觉寤,捐子之之心,①而能不说于田常之贤;②封比干之后,修孕妇之墓,③故功业复就于天下。何则?欲善无厌也。夫晋文公亲其仇,强霸诸侯;齐桓公用其仇,而一匡天下。④何则?慈仁殷勤,诚加于心,不可以虚辞借也。

①徐广曰:“燕王让国于其大臣子之也。”

②应劭曰:“田常事齐简公,简公说之,而杀简公。使人君去此心,则国家安全也。”

③应劭曰:“纣刳妊者,观其胎产也。”[索隐]曰:案:封比干之后,后谓子

也，不见其文。《尚书》作“封比干之墓”，又唯云刳剔孕妇，则武王虽反商政，亦未必修孕妇之墓也。

④谓晋寺人勃鞮、齐管仲也。

至夫秦用商鞅之法，东弱韩、魏，兵强天下，而卒车裂之；越用大夫种之谋，禽劲吴，霸中国，而卒诛其身。是以孙叔敖三去相而不悔，①於陵子仲辞三公为人灌园。②今人主诚能去骄傲之心，怀可报之意，披心腹，见情素，堕肝胆，施德厚，终与之穷达，无爱于士，则桀之狗可使吠尧，③而蹠之客可使刺由；④况因万乘之权，假圣王之资乎？然则荆轲之湛七族，要离之烧妻子，⑤岂足道哉！

①[索隐]曰：三得相不喜，知其才之自得也；三去相不悔，知非己之罪也。

②《列士传》曰：“楚於陵子仲，楚王欲以为相，而不许，为人灌园。”[索隐]曰：《孟子》云陈仲子，齐陈氏之族。兄为齐卿，仲子以为不义，乃适楚，居于於陵，自谓於陵子仲。楚王聘以为相，子仲遂夫妻相与逃，为人灌园。《列士传》字子终者是也。

③韦昭曰：“言恩厚无不使也。”

④应劭曰：“跖之客为其人使刺由。由，许由也。跖，盗跖也。”[索隐]曰：并见《战国策》。

⑤应劭曰：“荆轲为燕刺秦始皇，不成而死，其族坐之湛没。吴王阖闾欲杀王子庆忌，要离诈以罪亡，令吴王燔其妻子，要离走见庆忌，以剑刺之。”张晏曰：“七族，上至曾祖，下至曾孙。”[索隐]曰：湛，音沉。七族：父之姓一也，姑之子二也，姊妹之子三也，女之子四也，母之姓五也，从子六也，及妻父母凡七族也。要离事见《吕氏春秋》。

臣闻明月之珠，夜光之璧，以暗投人于道路，人无不按剑相眄者。何则？无因而至前也。蟠木根柢，轮囷离诡，①而为万乘器者。何则？以左右先为之容也。②故无因至前，虽出随侯之珠，夜光之璧，犹结怨而不见德。故有人先谈，则以枯木朽株树功而不忘。今夫天下布衣穷居之士，身在贫贱，虽包尧、舜之术，③挟伊、管之辩，怀龙逢、比干之意，欲尽忠当世之君，而素无根柢之容，虽竭精思，欲开忠信，辅人主之治，则人主必有按剑相眄之迹，是使布衣不得为枯木朽株之资也。

①张晏曰："根柢，下本也。轮囷离诡，委曲槃戾也。"[索隐]曰：孟康云："蟠结之木也。"晋灼云："槃柢，木根也。"

②[索隐]曰：左右先加雕刻，是为之容饰也。

③[索隐]曰：言蒙被尧舜之道也。

是以圣王制世御俗，独化于陶钧之上，①而不牵于卑乱之语，不夺于众多之口。故秦皇帝任中庶子蒙嘉之言，以信荆轲之说，而匕首窃发；②周文王猎泾、渭，载吕尚而归，以王天下。故秦信左右而杀，周用乌集而王。③何则？以其能越挛拘之语，驰域外之议，独观于昭旷之道也。今人主沉于谄谀之辞，牵于帷裳之制，④使不羁之士与牛骥同皂，⑤此鲍焦所以忿于世而不留富贵之乐也。⑥

①《汉书音义》曰："陶家名模下圆转者为钧，以其能制器为大小，比之于天。"[索隐]曰：张晏云："陶，冶；钧，范也。作器，下所转者名钧。"韦昭曰："陶，烧瓦之灶。钧，木长七尺，有弦，所以调为器具也。"崔浩云："以钧制器万殊，故如造化之运转裁成也。"

②[索隐]曰：《通俗文》云："其头类匕，故曰匕首，短而便用也。"

③《汉书音义》曰："太公望涂覯卒遇，共成王功，若乌鸟之暴集也。"[索隐]曰：韦昭云："吕尚适周，如乌之集也。"

④《汉书音义》曰："言为左右便辟侍帷裳臣妾所见牵制。"

⑤《汉书音义》曰："食牛马器，以木作，如槽也。"[索隐]曰：言骏足不可羁绊，以比喻逸才之人。应劭云："皂，历也。"韦昭云："皂，养马之官，下士也。"养马之官其衣皂也，又郭璞云"皂，养马之器也。"[正义]曰：颜云："不羁，言才识高远，不可羁系。皂，在早反。《方言》云：'梁、宋、齐、楚、燕之间谓枥曰皂'。"

⑥如淳曰："《庄子》云'鲍焦饰行非世，抱木而死。'"[索隐]曰：晋灼云："《列士传》鲍焦怨世不用己，采蔬于道。子贡难曰：'非其世而采其蔬，此焦之有哉？'弃其蔬，乃立枯洛水之上。"案：此事见《庄子》及《说苑》、《韩诗外传》，小有不同也。

臣闻盛饰入朝者不以利污义，砥厉名号者不以欲伤行；故县名胜母①而曾子不入，②邑号朝歌而墨子回车。③今欲使天下寥廓之士摄于威重之权，主于位势之贵，故回面污行以事谄谀之人④而求亲近于左右，则士伏死堀穴岩岩之中耳，⑤安肯有尽忠信而趋阙下者哉！

①《汉书》云里名胜母也。[正义]曰：《盐铁论》皆云里名，《尸子》及此传云县名，未详也。

②[索隐]曰：《淮南子》及《盐铁论》云里名胜母，曾子不入，盖以名不顺也。《尸子》以为孔子至胜母县，暮而不宿，其说不同。

③晋灼曰："朝歌者，不时也。"[正义]曰：朝歌，今卫州县也。

④[索隐]曰：杜预云："回，邪也。"

⑤《诗》云："节彼南山，维石岩岩。"

书奏梁孝王，王使人出之，卒为上客。

太史公曰：鲁连其指意虽不合大义，然余多其在布衣之位，荡然肆志，不诎于诸侯，谈说于当世，折卿相之权。邹阳辞虽不逊，然其比物连类，有足悲者，亦可谓抗直不桡矣。吾是以附之列传焉。

索隐述赞曰：鲁连达士，高才远致。释难解纷，辞禄肆志。齐将挫辩，燕军沮气。邹子遇谗，见诋狱吏。慷慨献说，时王所器。

史记卷八四
列传第二四

屈原贾生

屈原者，名平，楚之同姓也。①为楚怀王左徒，②博闻强志，明于治乱，娴③于辞令。入则与王图议国事，以出号令；出则接遇宾客，应对诸侯。王甚任之。

①[正义]曰：屈、景、昭皆楚之族。王逸云："楚王始都是，生子瑕，受屈为卿，因以为氏。"

②[正义]曰：盖今在左右拾遗之类。

③《史记音隐》曰："音闲。"

上官大夫与之同列，争宠而心害其能。怀王使屈原造为宪令，屈平属草稿二，①未定。上官大夫见而欲夺之，②屈平不与。因谗之曰："王使屈平为令，众莫不知。每一令出，平伐其功，曰以为非我莫能为也。"王怒而疏屈平。

①曰属，音烛。草稿，谓创制宪令之本。《汉书》作"草具"，崔浩谓发始造端也。

②[正义]曰：王逸云上官靳尚。

屈平疾王听之不聪也，谗谄之蔽明也，邪曲之害公也，方正之不容也，故忧愁幽思而作《离骚》。①离骚者，犹离忧也。夫天者，人之始也；父母者，人之本也。人穷则反本，故劳苦倦极，未尝不呼天也；疾痛惨怛，②未尝不呼父母也。屈平正道直行，③竭忠尽智以事其君，谗人间之，可谓穷矣。信而见疑，忠而被谤，能无怨乎？屈平之作《离骚》，盖自怨生也。《国风》好色而不淫，《小雅》怨诽而不乱。④若《离骚》者,可谓兼之矣!上称帝喾,下道齐桓,中述汤武,以刺世事。明道德之广崇,治乱之条贯,靡不毕见。其文约,其辞微,其志洁,其行廉。其称文小而其指极大,举类迩而见义远。其志洁,故其称物芳。其行廉,故死而不容。自疏濯淖污泥之中,⑤蝉蜕于浊秽,⑥以浮游尘埃之外,不获世之滋垢,皭然泥而不滓者也。⑦推此志也,虽与日月争光可也。⑧

①[索隐]曰:音素刀反,一音萧。应劭曰"离,遭也;骚,忧也。"又《离骚序》云"离,别也;骚,愁也。"

②[正义]曰:上七感反,下丁达反。惨,毒也。怛,痛也。

③[正义]曰:寒孟反。

④[正义]曰:诽,方畏反。

⑤[索隐]曰:濯,音浊。淖,音闹。污,音乌故反。泥,音奴计反。

⑥[正义]曰:蜕,音税,去皮也,又他卧反。

⑦徐广曰:"皭,疏静之貌。"[索隐]曰:皭,音自若反。泥,音涅。滓,音淄。又并如字。

⑧[正义]曰:言屈平之仕浊世,去其污垢,在尘埃之外。推此志意,虽与日月争其光明,斯亦可矣。

屈平既绌,其后秦欲伐齐,齐与楚从亲,①惠王患之。乃令张仪详去秦,厚币委质事楚,曰:"秦甚憎齐,齐与楚从亲。楚诚能绝齐,秦愿献商、於之地六百里。"楚怀王贪而信张仪,遂绝齐,使使如秦受地。张仪诈之曰:"仪与王约六里,不闻六百里。"楚使怒去,归告怀王。怀王怒,大兴师伐秦。秦发兵击之,大破楚师于丹阳,斩首八万,②虏楚将屈丐,③遂取楚之汉中地。④怀王乃悉发国中兵以深入击秦,战于蓝田。魏闻之,袭楚至邓。⑤楚兵惧,自秦归。而齐竟怒不救楚,楚大困。

①[正义]曰:上足松反。

②[索隐]曰:丹,淅,二水名也。谓于丹水之北,淅水之南。皆为县名,在弘农,所谓丹阳、淅是也。[正义]曰:丹阳,今歧江故城。

③[索隐]曰:屈,姓;丐,名,音盖。

④徐广曰:“楚怀王十六年,张仪来相。十七年,秦败屈丐。”[正义]曰:梁州。

⑤[索隐]曰:邓在汉水北,故邓侯城也。

明年,秦割汉中地与楚以和。楚王曰:“不愿得地,愿得张仪而甘心焉。”张仪闻,乃曰:“以一仪而当汉中地,臣请往如楚。”如楚,又因厚币用事者臣靳尚,而设诡辩于怀王之宠姬郑袖。怀王竟听郑袖,复释去张仪。是时屈平既疏,不复在位,使于齐。顾反,谏怀王曰:“何不杀张仪?”怀王悔,追张仪不及。①其后诸侯共击楚,大破之,杀其将唐眛。②

①[索隐]曰:《张仪传》无此语。

②徐广曰:“二十八年败唐眛也。”[正义]曰:眛,莫葛反。

时秦昭王与楚婚,欲与怀王会。怀王欲行,屈平曰:“秦虎狼之国,不可信,不如无行。”①怀王稚子子兰劝王行:“奈何绝秦欢!”怀王卒行。入武关,秦伏兵绝其后,因留怀王,②以求割地。怀王怒,不听。亡走赵,赵不内。复之秦,竟死于秦而归葬。

①[索隐]曰:《楚世家》昭睢有此言,盖二人同谏王,故彼此名随录之也。

②徐广曰:“三十年入秦。”

长子顷襄王立,①以其弟子兰为令尹。楚人既咎子兰以劝怀王入秦而不反也。

①[索隐]曰:名横。

屈平既嫉之,虽放流,眷顾楚国,系心怀王,不忘欲反,冀幸君之一悟,俗之一改也。其存君兴国而欲反覆之,一篇之中三致志焉。然终无可奈何,故不可以反,卒以此见怀王之终不悟也。人君无愚智贤不肖,①莫不欲求忠以自为,举贤以自佐。然亡国破家相随属,而圣君治国累世而不见者,其所谓忠者不忠,而所谓贤者不贤也。怀王以不知忠臣之分,故内惑于郑袖,外欺于张仪,疏屈平而信上官大夫、令尹子兰。兵挫地削,亡其六郡,身客死于秦,为天下笑。此不知人之祸也。《易》曰:“井泄不食,②为我心恻,③可以汲。王明,并受其福。”④王之不明,岂足福哉!⑤

①[索隐]曰:此已下太史公伤楚怀王之不任贤,信谗而不能反国之论也。

②向秀曰:"泄者,浚治去泥浊也。"[索隐]曰:向秀字子期,晋人,注《周易》。

③张璠曰:"可为恻然,伤道未行也。"[索隐]曰:张璠亦晋人,注《易》也。

④易象曰:"求王明受福也。"[索隐]曰:京房《易章句》言:"我之道可汲而用。上有明主,汲我道而用之,天下并受其福。故曰'王明并受其福'也。"

⑤徐广曰:"一云'不足福'。"[正义]曰:言楚王不明王忠臣,岂是受福,故屈原怀沙自沉。

令尹子兰闻之大怒,卒使上官大夫短屈原于顷襄王,顷襄王怒而迁之。①

①《离骚序》曰:"迁于江南。"

屈原至于江滨,被发行吟泽畔。颜色憔悴,形容枯槁。渔父见而问之①曰:"子非三闾大夫欤?②何故而至此?"屈原曰:"举世混浊而我独清,众人皆醉而我独醒,是以见放。"渔父曰:"夫圣人者,不凝滞于物而能与世推移。举世混浊,何不随其流而扬其波?③众人皆醉,何不铺其糟而啜其醨?何故怀瑾握瑜而自令见放为?"④屈原曰:"吾闻之:新沐者必弹冠,新浴者必振衣。人又谁能以身之察察,⑤受物之汶汶者乎!⑥宁赴常流而葬乎江鱼腹中耳,⑦又安能以皓皓之白而蒙世之温蠖乎!"⑧

①[索隐]曰:父音甫。

②《离骚序》曰:"三闾之职,掌王族三姓,曰昭、屈、景,序其谱属,率其贤良,以厉国士。"

③[索隐]曰:《楚词》"随其流"作"滑其泥"也。

④[索隐]曰:《楚词》"怀瑾握瑜"作"深思高举"也。

⑤王逸曰:"己静洁。"

⑥王逸曰:"蒙垢敝。"[索隐]曰:汶汶,音门门。汶汶,犹昏暗不明也。

⑦[索隐]曰:常流犹长流也。

⑧[索隐]曰:蠖,音乌廓反。温蠖犹惛愦,《楚词》作"蒙世之尘埃哉"。

乃作《怀沙》之赋。①其辞曰:

①[索隐]曰:《楚词·九怀》曰“怀沙砾以沉”,此其义也。

陶陶孟夏兮,草木莽莽。①伤怀永哀兮,汩徂南土。②眴兮窈窕,③孔静幽墨。④冤结纡轸兮,离愍之长鞠;⑤抚情效志兮,俛诎以自抑。

①王逸曰:“陶陶,盛阳貌。莽莽,盛茂貌。”[索隐]曰:莽,音姥。[正义]曰:莫古反。

②王逸曰:“汩,行貌。”[索隐]曰:《方言》曰:“汩谓疾行也。”

③徐广曰:“眴,眩也。”[索隐]曰:眴,音瞬。窈,音乌鸟反。

④王逸曰:“孔,甚也。墨,无声也。”[正义]曰:孔,甚。墨,无声。言江南山高泽深,视之眴;野甚清净,叹无人声。

⑤王逸曰:“鞠,穷。纡,屈也。轸,痛也。愍,病也。”

刓方以为圜兮,常度未替;①易初本由兮,君子所鄙。②章画职墨兮,前度未改;③内直质重兮,大人所盛。④巧匠不斫兮,孰察其揆正?玄文幽处兮,蒙谓之不章;⑤离娄微睇兮,瞽以为无明。⑥变白而为黑兮,倒上以为下。⑦凤皇在笯兮,鸡雉翔舞。⑧同糅玉石兮,一概而相量。⑨夫党人之鄙妒兮,羌不知吾所臧。⑩

①王逸曰:“刓,削;度,法;替,废也。言人刓削方木,欲以为圆,其常法度尚未废也。”[索隐]曰:刓,音五官反。

②王逸曰:“由,道也。”[正义]曰:本,常也。鄙,耻也。言人遭世不道,变易初行,违离常道,君子所鄙。

③王逸曰:“章,明也。度,法也。言上明于所画,念其绳墨,修前人之法,不易其道,则曲木直而恶木好。”[索隐]曰:画,计画也。《楚词》“职”作“志”。志,念也。余如注所解。

④王逸曰:“言人质性敦厚,心志正直,行无过失,则大人君子所盛美也。”

⑤王逸曰:“玄,黑也。蒙,盲者也。《诗》云‘蒙瞍奏公。’章,明也。”

⑥王逸曰:“离娄,古明视者也。瞽,盲也。”[正义]曰:睇,田帝反,眄也。

⑦[索隐]曰:下音户。

⑧徐广曰:“笯,一作‘郊’。”骃案:王逸曰“笯,笼落也。”[索隐]曰:笯,音奴,又音女加反,笼落,谓藤萝之相笼络也。《楚词》“雉”作“鹜”。[正义]曰:《应瑞图》云:“黄帝问天老曰:‘凤鸟何如?’天老曰:‘鸿前而鳞

后，蛇颈而鱼尾，龙文而龟身，燕颔而鸡喙，首戴德，颈揭义，背负仁，心入信，翼侯顺，足履正，尾系武，小音金，大音鼓，延颈奋翼，五光备举'。"

⑨王逸曰："忠佞不异。"

⑩王逸曰："莫昭我之善意。"[索隐]曰：按：王师叔云"羌，楚人语辞。"言卿何为也。[正义]曰：羌，音疆。

任重载盛兮，陷滞而不济；①怀瑾握瑜兮，穷不得余所示。②邑犬群吠兮，吠所怪也；诽骏疑桀兮，固庸态也。③文质疏内兮，众不知吾之异采；④材朴委积兮，莫知余之所有。重仁袭义兮，谨厚以为丰；⑤重华不可牾兮，孰知余之从容！⑥古固有不并兮，岂知其故也？⑦汤禹久远兮，邈不可慕也。惩违改忿兮，抑心而自强；离湣而不迁兮，愿志之有象。⑧进路北次兮，⑨日昧昧其将暮；含忧虞哀兮，限之以大故。⑩

①王逸曰："言己才力盛壮，可任用重载，而身陷没沉滞，不得成其本志也。"

②王逸曰："示，语也。"

③王逸曰："千人才为俊，一国高为桀也。庸，厮贱之人也。"[索隐]曰：《尹文子》云："千人曰俊，万人曰桀。"今乃诽骏疑桀，固是庸人之态也。

④徐广曰："异，一作'奥'。"骃案：王逸曰："采，文采也。"

⑤王逸曰："重，累也。袭，及也。"

⑥王逸曰："牾，逢也。"[索隐]曰：《楚词》"牾"作"遻"，并吾故反。

⑦[索隐]曰：《楚词》作"莫知其何故"。

⑧王逸曰："象，法也。"

⑨[正义]曰：北次将就。

⑩王逸曰："娱，乐也。大故谓死亡也。"[索隐]曰：《楚词》"含忧虞哀"作"舒忧娱哀"。娱，音虞。娱者，乐也。

乱曰：①浩浩沅、湘兮，②分流汩兮。③修路幽拂兮，④道远忽兮。曾唫恒悲兮，永叹慨兮。世既莫吾知兮，人心不可谓兮！⑤怀情抱质兮，独无匹兮。伯乐既殁兮，骥将焉程兮？⑥人生有命兮，各有所错兮。⑦定心广志，馀何畏惧兮？⑧曾伤爰哀，永叹喟兮。⑨世溷不吾知，心不可谓兮。知死不可让兮，愿勿爱兮。明以告君子兮，吾将以为类兮。⑩

①[索隐]曰：王师叔云："乱者，理也。所以发理辞指，总撮其要，而重理前意也。"

②[索隐]曰：二水名，《地理志》湘水出零陵海阳山，北入江。沅即湘之后流也。[正义]曰：《说文》云："沅水出牂牁，东北流入江。湘水出零陵县海山，北至入江。"按：二水皆经岳州而入大江也。

③王逸曰："汩，流也。"

④[索隐]曰：《楚词》作"幽蔽"也。

⑤王逸曰："谓，犹说也。"[索隐]曰：《楚词》无"曾唫"已下二十一字。

⑥王逸曰："程，量也。"

⑦王逸曰："错，安也。"

⑧[索隐]曰：《楚词》"馀"并作"余"。

⑨王逸曰："喟，息也。"

⑩王逸曰："类，法也。"[正义]曰：按：类，例也。以为忠臣不事乱君之例。

于是怀石遂自投沉汨罗以死。①

①应劭曰："汨水在罗，故曰汨罗也。"[索隐]曰：《地理志》长沙有罗县，罗子之所徙，《荆州记》"罗县北带汨水。"汨音觅，[正义]曰：故罗县城在岳州湘阴县东北六十里。春秋时罗子国，秦置长沙郡而为县也。按：县北有汨水及屈原庙。《续齐谐记》云："屈原以五月五日投汨罗而死，楚人哀之，每于此日以筒贮米投水祭之。汉建武中，长沙区回白日匆见一人，自称三闾大夫。谓回曰：'闻君常见祭，甚善。但常年所遗，并蛟龙所窃，今若有惠，可以练树叶塞上，以五色丝转缚之，此物蛟龙所惮。'回依其言。世人五月五日作粽，并带五色丝及练叶，皆汨罗之遗风。"

屈原既死之后，楚有宋玉、唐勒、景差①之徒者，皆好辞而以赋见称，然皆祖屈原之从容辞令，终莫敢直谏。其后楚日以削，数十年竟为秦所灭。

①徐广曰："或作'庆'。"[索隐]曰：扬子《法言》及《汉书·古今人表》皆作"景瑳"，今作"差"，是字省耳。又按徐、裴、邹三家皆无音，是如字读也。

自屈原沉汨罗后百有余年，汉有贾生，为长沙王太傅，过湘水，投书以吊屈原。

贾生名谊，洛阳人也。年十八，以能诵诗属书闻于郡中。吴廷尉为河南守，闻其秀才，①召置门下，甚幸爱。孝文皇帝初立，闻河南守吴公②治平为天下第一，故与李斯同邑而常学事焉，乃征为廷尉。廷尉乃言贾生年少，颇通诸子百家之书。文帝召以为博士。是时贾生年二十余，最为少。每诏令议下，诸老先生不能言，贾生尽为之对，人人各如其意所欲出。诸生于是乃以为能不及也。孝文帝说之，超迁，一岁中至太中大夫。

①[正义]曰：颜云："秀，美也。"应劭云："避光武讳改'茂才'也。"

②[索隐]曰：吴，姓。史失名，故称公。

贾生以为汉兴至孝文二十余年，天下和洽，而固当改正朔，易服色，法制度，定官名，兴礼乐。乃悉草具其事仪法，色尚黄，数用五，①为官名，悉更秦之法。孝文帝初即位，谦让未遑也。诸律令所更定，及列侯悉就国，其说皆自贾生发之。于是天子议以为贾生任公卿之位。绛、灌、东阳侯、冯敬之属尽害之，②乃短贾生曰："洛阳之人年少初学，专欲擅权，纷乱诸事。"于是天子后亦疏之，不用其议，乃以贾生为长沙王太傅。③

①[正义]曰：汉文帝时黄龙见成纪，故改为土也。

②)[正义]曰：绛、灌，周勃、灌婴也。东阳侯，张相如。冯敬时为御史大夫。

③[索隐]曰：谊为傅，是吴芮之玄孙差袭长沙王之时也，非景帝子长沙王发也。《荆州记》长沙城西北隅有贾谊祠及谊坐石床在也。

贾生既辞往行，闻长沙卑湿，自以寿不得长，又以適去，①意不自得。及渡湘水，为赋以吊屈原。其辞曰：

①徐广曰："竹革反。"韦昭曰："谪，谴也。"[索隐]曰：《字林》云："適，音丈厄反。"

共承嘉惠兮，①俟罪长沙。侧闻屈原兮，自沉汨罗。造托湘流兮，敬吊先生。②遭世罔极兮，乃陨厥身。呜呼哀哉！逢时不祥。鸾凤伏窜兮，鸱枭翱翔。③阘茸尊显兮，谗谀得志。④贤圣逆曳兮，方正倒植。[5]世谓伯夷贪兮，谓盗跖廉；[6]莫邪为顿兮，[7]铅刀为铦。[8]于嗟嚜嚜兮，生之无故。[9]斡弃周鼎兮，而宝康瓠；[10]腾驾罢牛兮，骖蹇驴；[11]骥垂两耳兮，服盐车。[12]章甫荐屦兮，[13]渐不可久。[14]嗟苦先生兮，独离此咎！[15]

①张晏曰："恭，敬也。"

②[索隐]曰：造，音七到反。

③[索隐]曰：窜，音七外反。

④[索隐]曰：阘，音天臈反。茸，音而陇反。应劭、胡广云："阘茸不才之人，无六翮翱翔之用而反尊贵。"《字林》曰："阘茸，不肖之人。"

⑤[索隐]曰：胡广云："逆曳，不得顺而行也。倒植，贤不肖颠倒而易位也。"

⑥[索隐]曰：《汉书》作"随、夷溷兮跖跻廉"，一句皆兼两人。随，卞随。夷，伯夷。跖，盗跖。跻，庄跻也。

⑦应劭曰："莫邪，吴大夫也，作宝剑，因以冠名。"瓒曰："许慎曰：莫邪，大戟也。"[索隐]曰：《吴越春秋》曰："吴王使干将造剑二枚，一曰干将，二曰莫耶。"莫耶、干将，剑名也。顿，读为钝也。

⑧徐广曰："思廉反"。骃案：《汉书音义》曰"铦谓利。"[索隐]曰：铅者，锡也。铦，利也。音纤，言其暗惑也。

⑨应劭曰："嚜嚜，不自得意。"瓒曰："生谓屈原也。"

⑩如淳曰："斡，转也。《尔雅》曰'康瓠谓之甈'，大瓠也。"应劭曰："康，容也。斡，音筦。筦，转也。康，空也。"[索隐]曰：斡，音乌活反。甈，音五列反。李巡云"康谓大瓠瓢也"。

⑪[正义]曰：罢，音皮。

⑫[索隐]曰：《战国策》曰："夫骥服盐车上太山，中坂迁延，负辕不能上，伯乐下车哭之者也。"

⑬应劭曰："章甫，殷冠也。"

⑭刘向《别录》曰："因以自谕自恨也。"

⑮应劭曰："嗟，咨嗟。劳苦屈原遇此难也。"

讯曰：[1]"已矣！国其莫我知，独堙郁兮[2]其谁语？凤漂漂其高逝兮，[3]夫固自缩而远去。袭九渊之神龙兮，[4]沕[5]深潜以自珍。[6]弥融爚[7]以隐处兮，[8]夫岂从蚁与蛭螾？[9]所贵圣人之神德兮，远浊世而自藏。使骐骥可得系羁兮，岂云异夫犬羊！⑩般纷纷其离此尤兮，⑪亦夫子之辜也。⑫瞝九州而相君兮，⑬何必怀此都也？凤皇翔于千仞之上兮，览德辉而焉下之。⑭见细德之险微兮，摇增翮⑮逝而去之。⑯彼寻常之污渎兮，⑰岂能容吞舟之鱼！横江湖之鳣鱏兮，⑱固将制于蝼蚁！⑲

①李奇曰："讯，告也。"张晏曰："讯，《离骚》下竟乱辞也。"[索隐]曰：讯，音信。刘伯庄音素对反。讯犹宣也，重宣其意。周成《解诂》音碎也。

②[索隐]曰：《汉书》作"壹郁"，亦通。

③[索隐]曰：遰，音逝。

④邓展曰："袭，重也。"或曰袭，覆也，犹言察也。[索隐]曰：《庄子》曰："千金之珠必在九重之渊，而骊龙颔下"，故云"九渊之神龙"也。

⑤徐广曰："亡笔反。"

⑥徐广曰："沕，潜藏也。"

⑦徐广曰："一云'偭蟂獭'。"[正义]曰：顾野王云："弥，远也。融，明也。爚，光也。"没深藏以自珍，弥远明光以隐处也。

⑧徐广曰："一本云'弥蝎蝓以隐处'也。"[索隐]曰：案：徐所注盖三本总不同也。苏林云："偭，音面。"应劭云"偭，背也。蟂獭，水虫，害鱼者。以言背恶从善也。"郭璞注《尔雅》云："似凫，江东谓之鱼鸡。"

⑨《汉书》"蚁"字作"虾"，韦昭曰："虾，蝦蟆也。蛭，水虫，蚓，丘蚓也。"[索隐]曰：蚁，音蚁。《汉书》作"虾"。言偭然绝于蟂獭，况从虾与蛭蚓也。蛭，音质。蚓，音引。[正义]曰：言宁投水合神龙，岂陆葬从蚁与蛭蚓。

⑩[正义]曰：使骐骥可得系缚羁绊，则与犬羊无异。责屈原不去浊世以藏隐。其文如纂也，骥，千里马。

⑪苏林曰："般，音盘。"孟康曰："般，音班。"或曰盘桓不去，纷纷构谗意也。[索隐]曰：尤，谓怨咎也。

⑫[索隐]曰：《汉书》"辜"作"故"。夫子谓屈原也。李奇曰："亦夫子不如麟凤翔逝之故，罹此咎也。"

⑬[索隐]曰：瞝，音丑知反。谓历观也。《汉书》作"历九州"。

⑭[索隐]曰：言凤皇翔，见人君有德乃下。故《礼》曰："德辉动乎内"是也。

⑮徐广曰："一云'遥增击'也。"

⑯[正义]曰：摇，动也。增，加也。言见细德之人，又有险难微起，则合加动羽翮，远逝而去之。

⑰应劭曰："八尺曰寻，倍寻曰常。"[索隐]曰：污，潢也。渎，小渠也。

⑱如淳曰："大鱼也。"瓒曰："鳣鱼无鳞，口近腹下。"

⑲[索隐]曰：《庄子》云庚桑楚谓弟子曰："吞舟之鱼，荡而失水，则蝼蚁能苦之。"《战国策》齐人说靖郭君亦同。案：以喻小国暗主不容忠臣，而为谗贼小臣之所见害也。

贾生为长沙王太傅①三年，有鸮飞入贾生舍，止于坐隅。楚人命鸮曰"服"。②贾生既以适居长沙，长沙卑湿，自以为寿不得长，伤悼之，乃为赋以自广。③其辞曰：

①[正义]曰：汉文帝年表云吴芮之玄孙差袭长沙王也。傅为长沙靖王差之二年也。《括地志》云："吴芮故城在潭州长沙县东南三百里。贾谊宅在县南三十步。《湘水记》云'谊宅中有一井，谊所穿，极小而深，上敛下大，其状如壶。傍有一局脚石床，容一人坐，形流古制，相承云谊所坐'。"

②晋灼曰："《异物志》有山鸮，体有文色，土俗因形名之曰服，不能远飞，行不出域。"[索隐]曰：邓展云"似鹊而大。"《荆州记》云"巫县有鸟如雌鸡，其雄为鸮，楚人谓之服。"《吴录》云"服，黑色也，鸣自呼其名。"

③[索隐]曰：姚氏云："广，犹宽也。"

单阏之岁兮，①四月孟夏，庚子日施兮，服集予舍。②止于坐隅，貌甚闲暇，异物来集兮，私怪其故；发书占之兮，策言其度。③曰"野鸟入处兮，主人将去。"请问于服兮：予去何之？④吉乎告我，凶言其灾。⑤淹数之度兮，语予其期。"⑥服乃叹息，举首奋翼，口不能言，请对以臆。⑦

①徐广曰："岁在卯曰单阏。文帝六年岁在丁卯。"[索隐]曰：李巡云："单阏，起也，阳气推万物而起，故曰单阏。"孙炎本作"蝉焉"。蝉犹伸也。[正义]曰：阏，乌曷反。

②徐广曰："施，一作'斜'。"[索隐]曰：施，音矢移反。犹西斜也。《汉书》作"斜。"

③[索隐]曰：汉书作"谶"。《说文》云"谶，验言也。"此作"策"，盖谶策之辞。[正义]曰：发策数之书，占其度验。

④[索隐]曰：于，于也。《汉书》作“予服”，小颜云“予，加美之辞。”

⑤[正义]音灾。

⑥徐广曰：“数，速也。”

⑦[正义]曰：协韵，音忆。

万物变化兮，固无休息。斡流而迁兮，或推而还。①形气转续兮，化变而嬗。②沕穆无穷兮，③胡可胜言！祸兮福所倚，④福兮祸所伏。⑤忧喜聚门兮，吉凶同域。⑥彼吴强大兮，夫差以败；越栖会稽兮，勾践霸世。斯游遂成兮，卒被五刑；⑦傅说胥靡兮，⑧乃相武丁。夫祸之与福兮，何异纠缍。⑨命不可说兮，孰知其极？水激则旱兮，矢激则远。⑩万物回薄兮，振荡相转。云蒸雨降兮，错缪相纷。大专槃物兮，⑪坱轧无垠。⑫天不可与虑兮，⑬道不可与谋。迟数有命兮，恶识其时？

①[索隐]曰：斡，音乌活反。斡，转也。

②服虔曰：“嬗，音如蝉反，变蜕也。”或曰蝉蔓相连也。[索隐]曰：韦昭云：“而，如也。如蝉之蜕化也。”苏林云：“嬗音蝉，谓其相传之也。”

③[索隐]曰：《汉书》“无穷”作“无间”。沕，音蜜，又音昧。沕穆，深微儿。以言其理深微，不可尽言也。[正义]曰：沕，音勿。

④[正义]曰：于牺反，依也。

⑤[索隐]曰：此《老子》之言，然“祸”字古作“旤”。案：倚者，立也。伏，下身也。以言祸福递来，犹如伏立也。

⑥[正义]曰：言祸福相因，吉凶不定。

⑦韦昭曰：“斯，李斯也。”

⑧徐广曰：“腐刑也。”[索隐]曰：晋灼云：“胥，相也。靡，随也。古者相随坐轻刑之名。”墨子云“傅说衣褐带索，佣筑于傅岩。”在河东大阳县。又夏靖书云“猗氏十里河西岸吴坂下，便得隐穴，是说所潜身处也。”

⑨应劭曰：“福祸相为表里，如纠缍绳索相附会也。”瓒曰：“纠，绞也。缍，索也。”[索隐]曰：韦昭云：“缍，徽也。”又《通俗文》云：“合绳曰纠。”《字林》云：“缍，三合绳也，音墨。”纠，音九。

⑩[索隐]曰：此《淮南子》及《鹖冠子》文也。彼作“水激则旱”。而《吕氏春秋》作“疾”，以言水激则去疾，不能浸润；矢激疾则去远也。《说文》“旱”与“悍”同音。以言水矢流飞，本以无碍为通利，今遇有物触之，则激怒，

更劲疾而远悍,犹人或因祸致福,倚伏无常也。

⑪《汉书》"专"字作"钧"。如淳曰:"陶者作器于钧上,此以造化为大钧。"[索隐]曰:《汉书》云"大钧播物",此"专"读曰"钧"。槃犹转也,与播义同。虞喜《志林》云:"大钧造化之神,钧陶万物,品授群形者也。"案:上《邹阳传》注云"陶家名模下圆转者为钧,言其能制器大小,以比之于天。"

⑫应劭曰:"其气坱轧,非有限齐也。"坱,音若央。轧,音若乙。[索隐]曰:案:无垠谓无有齐畔也。《说文》云:"垠,圻也。"郭璞注《方言》云"坱轧者,不利也。"王逸注《楚词》云:"坱轧,雾气昧也。"[正义]曰:坱,乌朗反。轧,于黠反。

⑬[索隐]曰:与,音预。

且夫天地为炉兮,造化为工;①阴阳为炭兮,万物为铜。②合散消息兮,安有常则?③千变万化兮,未始有极。④忽然为人兮,何足控抟?⑤化为异物兮,又何足患!⑥小知自私兮,贱彼贵我;⑦通人大观兮,物无不可。⑧贪夫徇财兮,烈士殉名;⑨夸者死权兮,⑩品庶冯生。⑪怵迫之徒兮,或趋西东;⑫大人不曲兮,亿变齐同。⑬拘士系俗兮,攌如囚拘;⑭至人遗物兮,独与道俱。⑮众人或或兮,好恶积意;⑯真人淡漠兮,独与道息。⑰释知遗形兮,超然自丧;⑱寥廓忽荒兮,与道翱翔。乘流则逝兮,得坻则止;⑲纵躯委命兮,不私与己。其生若浮兮,其死若休。⑳澹乎若深渊之静,氾乎若不系之舟。㉑不以生故自宝兮,养空而游;㉒德人无累兮,知命不忧。㉓细故慸葪兮,何足以疑!㉔

①[索隐]曰:此《庄子》文。

②[索隐]曰:既以陶冶喻造化,故以阴阳为炭,万物为铜也。

③[索隐]曰:《庄子》云:"人之生也,气之聚也,聚则为生,散则为死。"

④[索隐]曰:《庄子》云:"人者万化,而未始有极。"

⑤如淳曰:"控,引也。控抟,玩弄爱生之意也。"[索隐]曰:抟,音徒端反。又本作"控揣"。揣,音初委反,又音丁果反。揣者,量也。故晋灼云"或然为人,言此生甚轻耳,何足引物量度己年命之长短而爱惜之也。"

⑥[索隐]曰:谓死而形化为鬼,是为异物也。患,协韵,音环。

⑦[索隐]曰:《庄子》云"以物观之,自贵而相贱"也。

⑧[索隐]曰:《庄子》"物固有所然,物固有所可,无物不然,无物不可"。

⑨应劭曰:"徇,营也。"瓒曰:"以身从物曰徇。"[索隐]曰:此语亦出《庄子》。

⑩应劭曰:"夸,毗也。好荣死于权利。"瓒曰:"夸,泰也。《庄子》曰'权势不尤,则夸者不悲'也。"[索隐]曰:言好夸毗者死于权利,是言贪势以自矜夸者,至死不休也。尤,甚也。言势不甚用,则夸毗者可悲也。

⑪孟康曰:"冯,贪也。"[索隐]曰:《汉书》作"每生",音谋在反。服虔云"每,念生也"。邹诞本亦作"每",言唯念生而已。今此作"冯",冯亦持念之意也,然案《方言》"每"字合从手旁,音谋改反。[正义]曰:冯,音凭。

⑫孟康曰:"怵,为利所诱怵也。迫,迫贫贱,东西趋利也。"[索隐]曰:《汉书》亦有作"私东。"应劭云:"仕诸侯为私。时天子居长安,诸王悉在关东,小人怵然,内迫私家,乐仕诸侯,故云'怵迫私东'也。"李奇曰:"'私'多作'西'者,言东西趋利也。"怵,音黜。又怵者,诱也。

⑬[索隐]曰:张机云:"德无不包,灵府弘旷,故名'大人'。"

⑭徐广曰:"攌,音华板反,又音脘。"[索隐]曰:《说文》云"攌,大木栅也。"《汉书》作"僒",音去陨反。

⑮[索隐]曰:庄子云:"古之至人先存诸已,后存诸人,"张机云:"体尽于圣,德美之极,谓之至人。"

⑯李奇曰:"或或,东西也。所好所恶,积之万亿也。"瓒曰:"言众怀抱好恶,积之心意。"[正义]曰:意,合韵音忆。

⑰[索隐]曰:《庄子》云:"古之真人,不知悦生,不知恶死,不以心捐死,不以人助天。"《吕氏春秋》曰:"精气日新,斜气尽去,反其天年,谓之真人也。"

⑱服虔曰:"绝圣弃知而忘其身也。"[索隐]曰:遗形者,"形故可使如槁木"也。自丧者,"心若死灰"也。《庄周》云"今者吾丧我,汝知之乎?"

⑲徐广曰:"坻,一作'坎'。"骃案:张晏曰"坻,水中小洲也。"[索隐]曰:《汉书》"坻"作"坎"。《周易·坎》"九二,有险",言君子见险则止。

⑳[索隐]曰:《庄子》云"劳我以生,休我以死也。"

㉑[索隐]曰:出《庄子》。

㉒《汉书音义》曰:"如舟之空也。"[索隐]曰:邓展云:"自宝,自贵也。"养

空而游，言体道之人，但养空性而心若浮舟也。

㉓[索隐]曰：德人，谓上德之人，心中无物累，是得道之士也。

㉔韦昭曰："蔕，音士介反。"[索隐]曰：葪，音介。《汉书》作"介"。张揖云："蔕介，鲠刺也。以言细微事不足蔕介我心，故于此云'何足以疑'之者也。"[正义]曰：蔕，刃迈反。葪，如迈反。

后岁余，贾生征见。孝文帝方受釐，①坐宣室。②上因感鬼神事，而问鬼神之本。贾生因具道所以然之状。至夜半，文帝前席。既罢，曰："吾久不见贾生，自以为过之，今不及也。"居顷之，拜贾生为梁怀王太傅。③梁怀王，文帝之少子，爱，而好书，故令贾生傅之。

①徐广曰："祭祀福胙也。"骃案：如淳曰："汉唯祭天地五畤，皇帝不自行，祠还致福。"釐，音僖。

②苏林曰："未央前正室。"[索隐]曰：《三辅故事》云："宣室在未央殿北。"应劭云："釐，祭余肉也。"

③[索隐]曰：梁怀王名揖，文帝子。

文帝复封淮南厉王子四人皆为列侯。贾生谏，以为患之兴自此起矣。贾生数上疏，言诸侯或连数郡，非古之制，可稍削之。文帝不听。

居数年，怀王骑，堕马而死，①无后。贾生自伤为傅无状，哭泣岁余，亦死。贾生之死时年三十三矣。及孝文崩，孝武皇帝立，举贾生之孙二人至郡守。而贾嘉最好学，世世其家与余通书。至孝昭时列为九卿。

①徐广曰："文帝十一年。"

太史公曰：余读《离骚》、《天问》、《招魂》、《哀郢》。悲其志。适长沙，观屈原所自沉渊，①未尝不垂涕，想见其为人。及见贾生吊之，又怪屈原以彼其材，游诸侯，何国不容，而自令若是？读《服鸟赋》，同死生，轻去就，又爽②然自失矣。

①[索隐]曰：《荆州记》云："长沙罗县北带汨水。去县四十里是原自沉处，北岸有庙也。"

②徐广曰："一本作'奭'。"

索隐述赞曰:屈平行正,以事怀王。瑾瑜比洁,日月争光。忠而见放,谗者益章。赋《骚》见志,怀沙自伤。百年之后,空悲吊湘。

史记卷八五
列传第二五

吕不韦

吕不韦者，阳翟大贾人也。①往来贩贱卖买，②家累千金。

①[索隐]曰：翟音狄，俗又音宅。《地理志》县名，属颍川。《战国策》以不韦为濮阳人，又记其事迹亦多与此传不同。班固虽云太史公采《战国策》，然为此传当别有所闻见，故不全依彼说。或者刘向定《战国策》时，以己异闻改易彼书，遂令不与《史记》合之也。贾，音古。郑玄注《周礼》云“行曰商，处曰贾。”[正义]曰：阳翟，今河南府也。

②徐广曰：“一本云‘阳翟大贾也，往来贱买贵卖’也。”[索隐]曰：王劭“卖”作“鬻”，音育。案：育、卖义同，今如字读。

秦昭王四十年，太子死。其四十二年，以其次子安国君为太子。①安国君有子二十余人。安国君有所甚爱姬，立以为正夫人，号曰华阳夫人。华阳夫人无子。安国君中男名子楚，②子楚母曰夏姬，毋爱。

①[索隐]曰：名柱，后立，是为孝文王也。

②[索隐]曰：即庄襄王也。《战国策》曰本名异人，后从赵还，不韦使以楚服见，王后悦之，曰：“吾楚人也而子字之，”乃变其名曰子楚。

子楚为秦质子于赵，①秦数攻赵，赵不甚礼子楚。子楚秦诸庶孽孙，②质于诸侯，车乘进用不饶。③居处困，不得意。吕不韦贾邯郸，见而怜之，曰“此奇货可居。”④乃往见子楚，说曰：“吾能大子之门。”子楚笑曰：“且自大君之门，而乃大吾门！”吕不韦曰：“子不知也：吾门待子门而大。”子楚心知所谓，乃引与坐，深语。⑤吕不韦曰:"秦王老矣,安国君得为太子。窃闻安国君爱幸华阳夫人,华阳夫人无子,能立适嗣者,⑥独华阳夫人耳。今子兄弟二十余人,子又居中,不甚见幸,久质诸侯。即大王薨,安国君立为王,则子无几得与长子⑦及诸子旦暮在前者争为太子矣。"⑧子楚曰:"然。为之奈何?"吕不韦曰:"子贫,客于此,非有以奉献于亲及结宾客也。不韦虽贫,请以千金为子西游,事安国君及华阳夫人,立子为適嗣。"子楚乃顿首曰:"必如君策,请得分秦国与君共之!"

①[索隐]曰:质,旧音致,今读依此。《谷梁传》曰:"交质子不及二伯。"《左传》曰"信不由中,质无益也。"

②[索隐]曰:《韩信传》亦曰:"韩信,襄王之孽孙。"张晏曰:"孺子曰孽子。"何休注《公羊》"孽子,贱子也。以非嫡正之子曰孽"。

③[索隐]曰:下文又云:"以五百金为进用,"宜依小颜读为"賮",音才刃反。进者,财也,古字假借之也。

④以子楚方财货也。[正义]曰:《战国策》云:"濮阳人吕不韦贾邯郸,见秦质子异人,请其父曰:'耕田之利几倍?'曰:'十倍。''珠玉之赢几倍?'曰:'百倍'。'立主定国之赢几倍?'曰'无数。'不韦曰:'今力田疾作,不得暖衣饱食,今定国立君,泽可遗后世,愿往事之。'秦子异人质于赵,处于聊城,故往说之。乃说秦王后弟阳泉君曰:'君之罪至死,君知之乎?君门下无不居高官尊位,太子门下无贵者,而骏马盈外厩,美女充后庭。王之春秋高矣,一日山陵崩,太子用事,君危于累卵,而不寿于朝生。今有计可以使君富千万,宁于太山,必无危亡之患矣。'阳泉曰:'请闻其说。'不韦曰:'王年高矣,王后无子。子徯有承国之业,士仓又辅之。王一日山陵,子徯立,士仓用事,王之门必生蓬蒿。子楚异人,贤材也,弃在于赵,无母,引领西望,欲一得归。王后诚请而立之,是异人无国有国,王后无子有子。'阳泉曰:'诺。'入说王后,为请于赵而归之。"

⑤[索隐]曰:既解不韦所言之意,遂与密谋深语也。

⑥[正义]曰:適,音嫡。

⑦[正义]曰:言子楚无望得预长为太子。

⑧[索隐]曰:几,音冀。几,望也。《左传》曰"日月以几。"《战国策》曰"子徯承国之业,又有母在中。"高诱注云:"子徯,秦太子异人之异母兄弟也。"

吕不韦乃以五百金与子楚，为进用，结宾客；而复以五百金买奇物玩好，自奉而西游秦，求见华阳夫人姊，而皆以其物献华阳夫人。因言子楚贤智，结诸侯宾客遍天下，常曰"楚也以夫人为天，日夜泣思太子及夫人。"夫人大喜。不韦因使其姊说夫人①曰："吾闻之：以色事人者，色衰而爱弛，今夫人事太子，甚爱而无子，不以此时早自结于诸子中贤孝者，举立以为適而子之，②夫在则重尊，夫百岁之后，所子者为王，终不失势。此所谓一言而万世之利也。不以繁华时树本，即色衰爱弛后，虽欲开一语，尚可得乎？今子楚贤，而自知中男也，次不得为適，其母又不得幸，自附夫人，夫人诚以此时拔以为適，夫人则竟世有宠于秦矣。"华阳夫人以为然，承太子间，从容言③子楚质于赵者绝贤，来往者皆称誉之。乃因涕泣曰："妾幸得充后宫，不幸无子，愿得子楚立以为適嗣，以托妾身。"安国君许之，乃与夫人刻玉符，约以为適嗣。安国君及夫人因厚馈遗子楚，而请吕不韦傅之，子楚以此名誉益盛于诸侯。

①[索隐]曰：《战国策》作"说秦王后弟阳泉君"也。

②[索隐]曰：以此为一句。子谓养之为子也。然欲分"立以为適"作上句，而"子之夫在则尊重"作下句，意亦通。

③[索隐]曰：间，音闲。从，音七恭反。

吕不韦取邯郸诸姬绝好善舞者与居，①知有身。子楚从不韦饮，见而说之，因起为寿，请之。吕不韦怒，念业已破家为子楚，欲以钓奇，②乃遂献其姬。姬自匿有身，至大期时，③生子政。子楚遂立姬为夫人。

①[索隐]曰：言其姿容绝美而又善舞也。

②[索隐]曰：钓者，以取鱼喻也。奇，即上云"此奇货可居"也。

③徐广曰："期，十二月也。"[索隐]曰：谯周云"人十月生，此过二月，故云'大期'。"盖当然也。既云自匿有娠，则生政固当逾常期也。

秦昭王五十年，使王齮围邯郸，急，赵欲杀子楚。子楚与吕不韦谋，行金六百斤予守者吏，得脱，亡赴秦军，遂以得归。赵欲杀子楚妻子。子楚夫人赵豪家女也，得匿，以故母子竟得活。秦昭王五十六年,薨。太子安国君立为王,华阳夫人为王后,子楚为太子。赵亦奉子楚夫人及子政归秦。

秦王立一年,薨,谥为孝文王。太子子楚代立,是为庄襄王。庄襄王所养母华阳后为华阳太后,①真母夏姬尊以为夏太后。庄襄王元年,以吕不韦为丞相,封为文信侯,②食河南洛阳十万户。③

①[索隐]曰:刘氏本作"所生母","生"衍字,今检诸本并无"生"字也。

②[索隐]曰:下文"尊为相国"。案:《百官表》云"皆秦官,金印紫绶,掌承天子助理万机。秦署左右,高帝署一,后又更名相国,哀帝时更名大司徒。"

③[索隐]曰:《战国策》曰"食蓝田十二县。"而《秦本纪》庄襄王元年初置三川郡,《地理志》高祖更名河南。此秦代而曰"河南"者,《史记》后作,据汉郡而言之耳。

庄襄王即位三年,薨,太子政立为王,①尊吕不韦为相国,号称"仲父"。②秦王年少,太后时时窃私通吕不韦。不韦家僮万人。

①徐广曰:"时年十三。"

②[正义]曰:仲,中也,次父也。盖效齐桓公以管仲为仲父。

当是时,魏有信陵君,①楚有春申君,赵有平原君,齐有孟尝君,②皆下士喜宾客以相倾。吕不韦以秦之强,羞不如,亦招致士,厚遇之,至食客三千人。是时诸侯多辩士,如荀卿之徒,著书布天下。吕不韦乃使其客人人著所闻,集论以为八览、六论、十二纪,二十余万言。③以为备天地万物古今之事,号曰《吕氏春秋》。布咸阳市门,④悬千金其上,延诸侯游士宾客,有能增损一字者予千金。

①[正义]曰:年表云秦昭王五十六年,平原君卒;始皇四年,信陵君死;始皇九年,李园杀春申君。孟尝君当秦昭王二十四年已后而卒,最早。

②[索隐]曰:王劭云:"孟尝、春申死已久。"据表及传,孟尝、平原死稍在前。信陵将五国兵攻秦河外,正当在庄襄王时,不韦已为相。又春申与不韦并时,各相向十余年,不得言死之久矣。

③[索隐]曰:八览者,《有始》、《孝行》、《慎大》、《先识》、《审分》、《审应》、《离俗》、《时君》也。六论者,《开春》、《慎行》、《贵直》、《不苟》、《以顺》、

《士容》也。十二纪者，记十二月也，其书有《孟春》等纪。二十余万言，三十余卷也。

④[索隐]曰：《地理志》右扶风渭城县，故咸阳，高帝更名新城，景帝更名渭城。案：咸训皆，其地在渭水之北，北阪之南，水北曰阳，山南亦曰阳，皆在二者之阳也。

始皇帝益壮，太后淫不止。吕不韦恐觉祸及己，乃私求大阴人嫪毐以为舍人，时纵倡乐，使毐以其阴关桐轮而行，①令太后闻之，以啖太后。太后闻，果欲私得之。吕不韦乃进嫪毐，诈令人以腐罪告之。②不韦又阴谓太后曰："可事诈腐，则得给事中。"太后乃阴厚赐主腐者吏，诈论之，拔其须眉为宦者，遂得侍太后。太后私与通，绝爱之。有身，太后恐人知之，诈卜当避时，徙宫居雍。③嫪毐常从，赏赐甚厚，事皆决于嫪毐。嫪毐家僮数千人，诸客求宦为嫪毐舍人千余人。

①[正义]曰：以桐木为小车轮。

②[正义]曰：上音辅，谓宫刑胥靡也。

③[正义]曰：雍故城在岐雍县南七里，有秦都大郑宫。

始皇七年，庄襄王母夏太后薨。孝文王后曰华阳太后，与孝文王会葬寿陵。①夏太后子庄襄王葬芷阳，②故夏太后独别葬杜东，③曰"东望吾子，西望吾夫。后百年，旁当有万家邑。"④

①[正义]曰：秦孝文王陵在雍州万年县东北二十五里。

②[索隐]曰：芷，音止。《地理志》云京兆霸陵县故芷阳。案：在长安东也。[正义]曰：秦襄庄陵在雍州新丰县西南三十五里。始皇在北，故俗亦谓之"见子陵"。

③[索隐]曰：杜原之东也。[正义]曰：夏太后陵在万年县东南二十五里。

④[索隐]曰：宣帝元康元年起杜陵。《汉旧仪》武、昭、宣三陵皆三万户，计去此一百六十余年也。

始皇九年，有告嫪毐实非宦者，常与太后私乱，生子二人，皆匿之。与太后谋曰“王即薨,以子为后。”①于是秦王下吏治,具得情实,事连相国吕不韦。九月,夷嫪毐三族,杀太后所生两子,而遂迁太后于雍。②诸嫪毐舍人皆没其家而迁之蜀。③王欲诛相国,为其奉先王功大,及宾客辩士为游说者众,王不忍致法。

①《说苑》曰:“毐与侍中左右贵臣博饮酒,醉,争言而斗,瞋目大叱曰:‘吾乃皇帝假父也,窭人子何敢乃与我亢!’所与斗者走,行白始皇。”[索隐]曰:刘氏窭,音其矩反。今俗本多作“屡”字,盖相承错耳,不近词义。《说苑》作“窭子”,言轻诸侍中,以为穷窭家之子也。

②[索隐]曰:《说苑》云迁太后咸阳宫。《地理志》雍县有咸阳宫,秦昭王所起也。

③[索隐]曰:家谓家生资物,并没于官,人口则迁之蜀也。

秦王十年十月,免相国吕不韦。及齐人茅焦说秦王,秦王乃迎太后于雍,归复咸阳。①而出文信侯就国河南。

①徐广曰:“入南宫。”

岁余,诸侯宾客使者相望于道,请文信侯。秦王恐其为变,乃赐文信侯书曰:“君何功于秦?秦封君河南,食十万户。君何亲于秦?号称仲父。其与家属徙处蜀!”吕不韦自度稍侵,恐诛,乃饮鸩而死。①秦王所加怒吕不韦、嫪毐皆已死,乃皆复归嫪毐舍人迁蜀者。

①徐广曰:“十二年。”骃案:《皇览》曰“吕不韦冢在河南洛阳北邙道西大冢是也。民传言吕母冢。不韦妻先葬,故其冢名‘吕母’也。”

始皇十九年,太后薨,谥为帝太后,①与庄襄王会葬茝阳。②

①[索隐]曰:王劭云“秦不用谥法,此盖号耳。”其义亦当然也。始皇称皇帝之后,故其母号为帝太后,岂谓诔列生时之行乎!

②徐广曰:“一作‘芷阳’。”

太史公曰:不韦及嫪毐贵,封号文信侯。①人之告嫪毐,毐闻之。秦王验左右,未发。上之雍郊,毐恐祸起,乃与党谋,矫太后玺发卒以反蕲年宫。②发吏攻毐,毐败亡走,追斩之好畤,遂灭其宗。③而吕不韦由此绌矣。孔子之所谓“闻”者,其吕子乎?④

①[索隐]曰:文信侯,不韦封也。嫪毐封长信侯。上文已言不韦封,此赞中

言嫪毐得宠贵由不韦耳,合作"长信侯"。

②[正义]曰:蕲年宫在岐州城西故城内。

③[索隐]曰:《地理志》扶风有好畤县。

④《论语》曰:"夫闻也者,色取仁而行违,居之不疑,在邦必闻,在家必闻。"马融曰:"此言佞人也。"

索隐述赞曰:不韦钓奇,委质子楚。华阳立嗣,邯郸献女。及封河南,乃号仲父。徙蜀惩谤,悬金作语。筹策既成,富贵斯取。

史记卷八六
列传第二六

刺客

曹沫者，鲁人也，①以勇力事鲁庄公，庄公好力。

①[索隐]曰：沫音亡葛反。《左传》、《谷梁》并作"曹刿"然则沫宜音刿，沫刿声相近而字异耳。

曹沫为鲁将，与齐战，三败北。鲁庄公惧，乃献遂邑之地以和。①犹复以为将。

①[索隐]曰：《左传》"齐人灭遂"。杜预云："遂国在济北蛇丘县东北也。"[正义]曰：故城在兖州龙丘县西北七十六里也。

齐桓公许与鲁会于柯而盟，①桓公与庄公既盟于坛上，曹沫执匕首劫齐桓公，②桓公左右莫敢动，而问曰："子将何欲？"③曹沫曰："齐强鲁弱，而大国侵鲁亦以甚矣，今鲁城坏即压齐境，④君其图之！"桓公乃许尽归鲁之侵地。既已言，曹沫投其匕首下坛，北面就群臣之位，颜色不变，辞令如故。桓公怒，欲倍其约。⑤管仲曰："不可。夫贪小利以自快，弃信于诸侯，失天下之援。不如与之。"于是桓公乃遂割鲁侵地，曹沫三战所亡地尽复予鲁。

①[索隐]曰：杜预云："济北东阿，齐之柯邑，犹祝柯，今为祝阿也。"

②[索隐]曰：匕音比。刘氏云："短剑也。"《盐铁论》以为长尺八寸，其头类匕，故云"匕首"也。此事约《公羊》为说，然彼无其名，直云"曹子"而已。且《左传》鲁庄十年战长勺，用曹刿谋败齐，而无劫桓公之事。十三年盟于柯《公羊》始论曹子。《谷梁》此年惟云"曹刿之盟，信齐侯也，又不记其行事之时也。"

③[索隐]曰:《公羊传》曰:"管子进曰:'君何求?'"何休注云:"桓公卒不能应,管仲进为言之也。"

④[索隐]曰:齐鲁邻接,今齐数侵鲁,鲁之城坏,即压近齐之境也。

⑤[索隐]曰:倍音佩。

其后百六十有七年,而吴有专诸之事。

专诸者,吴堂邑人也。①伍子胥之亡楚而如吴也,知专诸之能。伍子胥既见吴王僚,说以伐楚之利。吴公子光曰:"彼伍员父兄皆死于楚,而员言伐楚,欲自为报私仇也,非能为吴。"吴王乃止。伍子胥知公子光之欲杀吴王僚,乃曰:"彼光将有内志,未可说以外事。"②乃进专诸于公子光。

①[索隐]曰:"专"字亦作"刬",音同。《左传》作"鲊设诸"。《地理志》临淮有堂邑县也。

②[索隐]曰:言其将有内难弑君之志,且对外事生文,《吴世家》作"知光有他志也。"

光之父曰吴王诸樊。诸樊弟三人:次曰余祭,①次曰夷昧,②次曰季子札。诸樊知季子札贤,而不立太子,以次传三弟,欲卒致国于季子札,诸樊既死,传余祭。余祭死,传夷昧,夷昧死,当传季子札,季子札逃不肯立,吴人乃立夷昧之子僚为王。公子光曰:"使以兄弟次邪,季子当立,必以子乎,则光真適嗣。当立。"故尝阴养谋臣以求立。

①[索隐]曰:祭音侧界反。

②[索隐]曰:昧,音亡曷反。《公羊》作"余末"。

光既得专诸,善客待之。九年而楚平王死。①春,吴王僚欲因楚丧,使其二弟公子盖余、属庸将兵围楚之潜;②使延陵季子于晋,以观诸侯之变。楚发兵绝吴将盖余、属庸路,吴兵不得还。于是公子光谓专诸曰:"此时不可失!不求何获!且光真王嗣,当立,季子虽来,不吾废也。"专诸曰:"王僚可杀也。母老子弱,而两弟将兵伐楚,楚绝其后。方今吴外困于楚,而内空无骨鲠之臣,是无如我何。"③公子光顿首曰:"光之身,子之身也。"

①[索隐]曰:《春秋》昭二十六年"楚子居卒"是也。《吴世家》云"十二年",

此云“九年”，并误。据表及《左传》合在僚之十一年也。

②[索隐]曰：属音烛。二子，僚之弟也。《左传》作掩余、属庸。掩盖义同，属烛字相乱耳。事在鲁昭二十七年，《地理志》庐江有潜县，天柱山在南，杜预《左传》注云“潜，楚邑，在庐江六县西南”[正义]曰：潜故城在寿州霍山县东二百步。

③[索隐]曰：《左传》直云“王可杀也，母老子弱，是无若我何”。则是专设诸度僚可杀，言其少援助，故云“无奈我何”。太史公采其意，且据上文，因复加以两弟将兵外困之辞，而服虔、杜预见《左氏》下文云“我尔身也”，“以其子为卿”。遂强解“是无如我何”，犹言“我无若是，谓专诸欲以老弱托光”，义非允惬，王肃之说亦依《史记》也。

四月丙子，光伏甲士，于窟室中，①而具酒请王僚。王僚使兵陈自宫至光之家；门户阶陛左右，皆王僚之亲戚也。夹立侍，皆持长铍。②酒既酣，公子光详为足疾，入窟室中，③使专诸置匕首鱼炙之腹中④而进之。既至王前，专诸擘鱼，因以匕首刺王僚，⑤王僚立死。左右亦杀专诸，王人扰乱。公子光出其伏甲以攻王僚之徒，尽灭之，遂自立为王，是为阖闾。阖闾乃封专诸之子以为上卿。

①徐广曰：“窟，一作‘空’。”[索隐]曰：僚之十二年夏也，《吴系家》以为十三年，非也。《左氏》经传唯言“夏四月”。《公羊》、《谷梁》无其文，此与《吴系家》皆称“丙子”，当有所据，不知出何书。《左传》云：伏甲士于窟室，杜预谓掘地为室也，所以下文云“出其伏甲以攻王”。

②音披，[索隐]曰：兵器也。刘逵《吴都赋》注“铍，两刃小刀”。

③[索隐]曰：详音阳，为如字。《左传》曰“光伪足疾”，此之“详”即伪也。或读“为”音伪，非也。岂详伪重言耶？

④徐广曰：“炙，一作‘炮’。”[正义]曰：炙，者夜反。

⑤[索隐]曰：刺音七赐反。

其后七十余年，而晋有豫让之事。①

①徐广曰：“阖闾元年至三晋灭智伯六十二年。豫让一作‘襄’。”

豫让者，晋人也。①故尝事范中行氏，而无所知名。②去而事智伯，③智伯甚尊宠之。

①[索隐]曰：案：此传所说，皆约《战国策》文。

②[索隐]曰：案：《左传》范氏谓昭子吉射也。自士会食邑于范，因为范氏。

中行氏，中行文子荀寅也。自荀林父将中行后，因以官为氏。

③[索隐]曰：案：智伯，襄子荀瑶也，襄子，林父弟荀首之后。范、中行、智伯事已具《赵系家》。

及智伯伐赵襄子，赵襄子与韩、魏合谋灭智伯；灭智伯之后而三分其地。赵襄子最怨智伯，①漆其头以为饮器。②豫让遁逃山中，曰："嗟乎！士为知己者死，女为说己者容。今智伯知我，我必为报仇而死，以报智伯，则吾魂魄不愧矣。"乃变名姓为刑人，入宫涂厕，中挟匕首，欲以刺襄子。襄子如厕，心动，执问涂厕之刑人，则豫让。内持刀兵，曰："欲为智伯报仇。"左右欲诛之。襄子曰："彼义人也，吾谨避之耳。且智伯亡无后，而其臣欲为报仇，此天下之贤人也。"卒释去之。③

①[索隐]曰：谓初以酒灌，后又率韩、魏水灌晋阳城，不没者三板，故怨深也。

②[索隐]曰：《大宛传》曰："匈奴破月支王，以其头为饮器。"裴氏注彼引韦昭云"饮器，椑榼也"。晋灼曰："饮器，虎子也。"皆非。椑榼所以盛酒耳，非用饮者。晋氏以为亵器者，以《韩子》、《吕氏春秋》并云襄子漆智伯头为溲杯，故也。[正义]曰：刘云："酒器也，每宾会设之，示恨深也。"按：诸先儒说恐非。

③[索隐]曰：卒，音足律反。

居顷之，豫让又漆身为厉，①吞炭为哑，②使形状不可知。行乞于市，其妻不识也。行见其友，其友识之，曰："汝非豫让邪？"曰："我是也。"其友为泣曰："以子之才，委质而臣事襄子，襄子必近幸子，近幸子，乃为所欲，顾不易邪？③何乃残身苦形，欲以求报襄子，不亦难乎！"豫让曰："既已委质臣事人，而求杀之，是怀二心以事其君也。且吾所为者极难耳！④然所以为此者，将以愧天下后世之为人臣怀二心以事其君者也。"⑤

①音赖。[索隐]曰：赖，恶疮病也。凡漆有毒，近之多患疮肿，若赖病然，故豫让以漆涂身，令其若癞耳，然厉赖声相近，古多假"厉"为"赖"，今之"癞"字从"疒"，故楚有赖乡，亦作"厉"也。字《战国策》亦作"厉"。

②[索隐]曰：哑音乌雅反，谓瘖病，《战国策》云："漆身为厉，灭须去眉，以

变其容,为乞食人。其妻曰:'状貌不似吾夫,何其音之甚相类也?'豫遂吞炭以变其音也。"

③[索隐]曰:欲谓因得杀襄子。顾,反也。邪,不定之辞。反不易耶,言其易也。

④[索隐]曰:刘氏云:"谓令为厉哑也。"

⑤[索隐]曰:言宁为厉而自刑,不可求事襄子而行杀,则恐伤人臣之义而近贼,非忠也。

既去,顷之,襄子当出,豫让伏于所当过之桥下。①襄子至桥,马惊,襄子曰:"此必是豫让也。"使人问之,果豫让也。于是襄子乃数豫让曰:"子不尝事范、中行氏乎?智伯尽灭之,而子不为报仇,而反委质臣于智伯,智伯亦已死矣,而子独何以为之报仇之深也?"豫让曰:"臣事范、中行氏,范、中行氏皆众人遇我,我故众人报之;至于智伯,国士遇我,我故国士报之。"襄子喟然叹息而泣曰:"嗟乎豫子! 子之为智伯,名既成矣,而寡人赦子亦已足矣,子其自为计,寡人不复释子。"使兵围之。豫让曰:"臣闻明主不掩人之美,而忠臣有死名之义。前君已宽赦臣,天下莫不称君之贤。今日之事,臣固伏诛,然愿请君之衣而击之焉,以致报仇之意,则虽死不恨。非所敢望也,敢布腹心。"于是襄子大义之,乃使使持衣与豫让。豫让拔剑三跃而击之,②曰:"吾可以下报智伯矣!"遂伏剑自杀。死之日,赵国志士闻之,皆为涕泣。

①[正义]曰:汾桥下架水,在并州晋阳县东一里。

②[索隐]曰:《战国策》云:"衣尽出血,襄子回车,车轮未周而亡。"此不言衣出血者,太史公恐涉怪妄,故略之耳。

其后四十余年,而轵有聂政之事。①

①自三晋灭智伯至杀侠累,五十七年。

聂政者,轵深井里人也。①杀人避仇,与母、姊如齐,以屠为事。

①[索隐]曰:《地理志》河内有轵县,深井,轵县之里名也。[正义]曰:在怀州济源县南三十里。

久之,濮阳严仲子事韩哀侯,①与韩相侠累有郤,②严仲子恐诛,亡去,游求人可以报侠累者。至齐,齐人或言聂政勇敢士也,避仇隐于屠者之间。严仲子至门请，数反，然后具酒自畅③聂政母前。酒酣，严仲子奉黄金百溢，前为聂政母寿，聂政惊怪其厚，固谢严仲子，严仲子固进，而聂政谢曰："臣幸有老母，家贫，客游以为狗屠，可以旦夕得甘毳④以养亲。亲供养备，不敢当仲子之赐。"严仲子辟人，因为聂政言曰："臣有仇，而行游诸侯众矣，然至齐，窃闻足下义甚高。故进百金者，将用为夫人粗粝之费，⑤得以交足下之欢，岂敢以有求望邪？"聂政曰："臣所以降志辱身⑥居市井屠者，徒幸以养老母，老母在，政身未敢以许人也。"⑦严仲子固让，聂政竟不肯受也。然严仲子卒备宾主之礼而去。

①[索隐]曰：高诱曰："严遂，字仲子。"案：《表》聂政杀侠累在列侯三年，列侯生文侯，文侯生哀侯，凡更三代，哀侯六年为韩严所杀，今言仲子事哀侯，恐非其实，且太史公闻疑传疑，闻信传信事难的据，欲使两存，故表、传各异也。

②[索隐]曰：侠，音古挟反，累，音力追反。《战国策》"侠累名傀也，傀相韩，严遂重于君，二人相害也，严遂举韩傀之过，韩傀叱之于朝，严遂拔剑趋之，以救解"。是有郤之由也。

③徐广曰："一作'赐'。"[索隐]曰：案：《战国策》作"觞"，近为得也。[正义]曰：数，色吏反。

④此芮反，[索隐]曰：邹氏音脆二义相通也。

⑤[正义]曰：粝犹粗米也，脱粟也。韦昭云："古者名男子为丈夫，尊大妪为夫人，《汉书·宣元六王传》'王过夫人益诵为夫人乞骸去'。按夫人宪王外祖母，古诗云'三日断五匹，夫人故言迟'是也。"

⑥[索隐]曰：言其心志与身本应高洁，今乃卑下其志，屈辱其身，《论语》孔子谓"柳下惠降志辱身"是也。

⑦[索隐]曰：《礼记》云："父母存，不许友以死。"

久之，聂政母死。既已葬，除服，聂政曰："嗟乎！政乃市井之人，①鼓刀以屠；而严仲子乃诸侯之卿相也，不远千里，枉车骑而交臣。臣之所以待之，至浅鲜矣，未有大功可以称者，而严仲子奉百金为亲寿，我虽不受，然是者徒深知政也。夫贤者以感忿睚眦之意，而亲信穷僻之人，而政独安得嘿然而已乎！且前日要政，政徒以老母，老母今以天年终,政将为知己者用。"乃遂西至濮阳,见严仲子,曰:"前日所以不许仲子者,徒以亲在,今不幸而母以天年终。仲子所欲报仇者为谁?请得从事焉!"严仲子具告曰:"臣之仇,韩相侠累,侠累又韩君之季父也。宗族盛多,居处兵卫甚设。臣欲使人刺之,众终莫能就。今足下幸而不弃,请益其车骑壮士可为足下辅翼者。"聂政曰:"韩之与卫,相去中间不甚远,②今杀人之相,相又国君之亲,此其势不可以多人,多人,不能无生得失,③生得失则语泄,语泄,是韩举国而与仲子为仇,④岂不殆哉!"遂谢车骑人徒,聂政乃辞独行。

①[正义]曰:古者相聚汲水,有物便卖,因成市,故云:"市井"

②[索隐]曰:高诱曰:"韩都颍川阳翟,卫都东郡濮阳,故曰'相去不甚远也'。"

③[索隐]曰:《战国策》作"无生情",言所将人多,或生异情,故语泄,此去"生得",言将人多往杀侠累后,又被生擒而事泄,亦两俱通也。

④徐广曰:"一作'难'。"[索隐]曰:《战国策》谯周亦同。

杖剑至韩,韩相侠累方坐府上,持兵戟而卫侍者甚众。聂政直入,上阶刺杀侠累,①左右大乱。聂政大呼,所击杀者数十人,因自皮面决眼,②自屠出肠,遂以死。

①徐广曰:"韩列侯三年三月,盗杀韩相侠累,侠累名傀,《战国策》曰'有东孟之会',又云'聂政刺韩傀兼中哀侯'。"[索隐]曰:《战国策》曰:"政直入,上阶刺韩傀,傀走而抱哀侯,聂政刺之,兼中哀侯。"高诱云:"东孟,地名也。"

②[索隐]曰:皮面谓以刀刺其面皮,欲令人不识,决眼谓出其眼睛,《战国策》作"抉眼",此"决"亦通,音乌穴反。

韩取聂政尸暴于市,①购问,莫知谁子。于是韩县购之,有能言杀相侠累者予千金。久之莫知也。

①[正义]曰:暴,蒲酷反。

政姊荣,①闻人有刺杀韩相者,贼不得,国不知其名姓,暴其尸而县之千金,乃于邑曰:②"其是吾弟与?嗟乎,严仲子知吾弟!"立起,如韩,之市,而死者果政也,伏尸哭极哀,曰:"是轵深井里所谓聂政者也。”市行者诸众人皆曰：“此人暴虐吾国相，王县购其名姓千金，夫人不闻与？何敢来识之也？”荣应之曰：“闻之。然政所以蒙污辱自弃于市贩之间者，为老母幸无恙，③妾未嫁也。亲既以天年下世，妾已嫁夫，严仲子乃察举吾弟困污之中④而交之。泽厚矣，可奈何！士固为知己者死，今乃以妾尚在之故，重自刑以绝从，⑤妾其奈何畏殁身之诛，终灭贤弟之名！”大惊韩市人。乃大呼天者三，卒于邑悲哀而死政之旁。

①一作“荌”。[索隐]曰：荣，其姊名也，《战国策》无“荣”字。

②[索隐]曰：刘氏云：“烦冤愁苦也。”

③[索隐]曰：《尔雅》云：“恙，忧也。”《楚词》云：“还及吾君之无恙。”《风俗通》云：“恙，病也，凡人相见及通书，皆云‘无恙’。”又《易传》云：“上古之时，草居露宿，恙，啮虫也，善食人心，俗悉患之，故相劳云‘无恙’。恙非病也。”

④[索隐]曰：案：察谓观察有志行乃举之，刘氏云察犹选也。

⑤徐广曰：“恐其姊从坐而死。”[索隐]曰：重，音持用反，重犹复也，为人报仇死，乃自以妾故复自刑其身，令人不识也，从，音踪，古字少，假借故无“足”旁，而徐氏以为从坐，非也，刘氏亦音足松反。[正义]曰：重，直龙反，自刑作“刊”。《说文》云：“刊，剟也。”按：重犹忧惜也，本为严仲子报仇，讫，爱惜其事，不令漏泄，以绝其踪迹，其姊妄云云为己隐，误矣。

晋、楚、齐、卫闻之，皆曰：“非独政能也，乃其姊亦烈女也。乡使政诚知其姊无濡忍之志，不重暴骸之难，①必绝险千里以列其名，姊弟俱僇于韩市者，亦未必敢以身许严仲子也。严仲子亦可谓知人能得士矣！”

①[索隐]曰：濡，润也，人性湿润则能含忍，故云“濡忍”，若勇躁则必轻死也。重难并如字，重犹惜也，言不惜暴骸之为难也。

其后二百二十余年，秦有荆轲之事。①

①徐广曰：“聂政至荆轲百七十年尔。”[索隐]曰：徐氏据《六国年表》，则谓此传率略而言二百余年，亦当时为不能细也。[正义]曰：按：年表从

始皇二十三年至韩景侯三百七十年,若至哀侯六年,六百四十三年。

荆轲者,卫人也。①其先乃齐人,徙于卫,卫人谓之庆卿;②而之燕,燕人谓之荆卿。

①[索隐]曰:案:赞论称"公孙季功、董生为余道之",则此传虽约《战国策》,而亦别记异闻。

②[索隐]曰:轲先齐人,齐有庆氏,则或本姓庆,春秋庆封,其后改姓贺,此亦至卫而改姓庆尔,荆庆声相近,故随在国而异其号也,卿者,时人尊重之号,犹如相尊美而称"子"然也。

荆卿好读书击剑,①以术说卫元君,卫元君不用。其后秦伐魏,置东郡,徙卫元君之支属于野王。②

①《吕氏剑技》曰:"持短入长,倏忽从横。"

②[正义]曰:怀州河内县。

荆柯尝游过榆次,①与盖聂论剑。②盖聂怒而目之,荆轲出。人或言复召荆卿。盖聂曰:"曩者吾与论剑,有不称者,吾目之。试往,是宜去,不敢留。"使使往之主人,荆卿则已驾而去榆次矣。使者还报,盖聂曰:"固去也,吾曩者目摄之。"③

①[正义]曰:并州县也。

②[索隐]曰:盖音古腊反,盖,姓,聂名。

③[索隐]曰:摄犹整也,谓不称己意,因怒视以摄整之也。[正义]曰:摄犹视也。

荆轲游于邯郸,鲁句践与荆轲博,争道;①鲁句践怒而叱之,荆轲嘿而逃去,遂不复会。

①[索隐]曰:鲁,姓,句践,名也,与越王同,或有意义,俗本"践"作"贱"非也。

荆轲既至燕,爱燕之狗屠及善击筑者高渐离。①荆轲嗜酒,日与狗屠及高渐离饮于燕市。酒酣以往,高渐离击筑,荆轲和而歌于市中,相乐也。已而相泣,旁若无人者。荆轲虽游于酒人乎,②然其为人沉深好书,其所游诸侯,尽与其贤豪长者相结。其之燕,燕之处士田光先生亦善待之,知其非庸人也。

①[索隐]曰:筑似琴,有弦,用竹击之,取以为名,渐音如字。[正义]曰:音

子廉反。

②徐广曰："饮酒之人。"

居顷之，会燕太子丹质秦亡归燕。燕太子丹者，故尝质于赵，而秦王政生于赵，其少时与丹欢，及政立为秦王，而丹质于秦，秦王之遇燕太子丹不善，故丹怨而亡归。归而求为报秦王者，国小，力不能，其后秦日出兵山东，以伐齐、楚、三晋，稍蚕食诸侯，且至于燕。燕君臣皆恐祸之至。太子丹患之，问其傅鞠武。①武对曰："秦地遍天下，威胁韩、魏、赵氏。北有甘泉、谷口之固，南有泾、渭之沃，擅巴、汉之饶，右陇、蜀之山，左关、殽之险，民众而士厉，兵革有余。意有所出，则长城之南，易水以北，②未有所定也。奈何以见陵之怨，欲批其逆鳞哉！"③丹曰："然则何由？"对曰："请入图之。"

①[索隐]曰：鞠，音麹，又如字，人姓名也。

②[正义]曰：以北谓燕国也。

③批音白结反。[索隐]曰：批谓触击之。

居有间，秦将樊於期得罪于秦王，亡之燕。太子受而舍之。鞠武谏曰："不可。夫以秦王之暴，而积怒于燕，足为寒心，①又况闻樊将军之所在乎？是谓'委肉当饿虎之蹊'也，祸必不振矣！②虽有管、晏，不能谓之谋也。愿太子疾遣樊将军入匈奴以灭口，请西约三晋，南连齐、楚，北购于单于，③其后乃可图也。"太子曰："太傅之计，旷日弥久，心惛然，④恐不能须臾。且非独于此也，夫樊将军穷困于天下，归身于丹，丹终不以迫于强秦而弃所哀怜之交，置之匈奴。是固丹命卒之时也。愿太傅更虑之。"鞠武曰："夫行危欲求安，造祸而求福，计浅而怨深，连结一人之后交，不顾国家之大害，此谓资怨而助祸矣。夫以鸿毛燎于炉炭之上，必无事矣。且以雕鸷之秦，行怨暴之怒，岂足道哉！燕有田光先生，其为人智深而勇沉，可与谋。"太子曰："愿因太傅而得交于田先生，可乎？"鞠武曰："敬诺。"出见田先生，道："太子愿图国事于先生也。"田光曰："敬奉教。"乃造焉。

①[索隐]曰：凡人寒甚则心战，恐惧亦战，今以惧譬寒，言可为心战。

②[索隐]曰：振，救也，言祸大而不可救也。

③[索隐]曰：《战国策》"购"作"讲"，讲，和也，今读"购"与"为燕媾"同，媾

合也,《汉》、《史》媾讲两字常杂,今言欲北与匈奴连和也,《陈轸传》亦曰“西购于秦”也。

④[正义]曰:惛音昏。

太子逢迎,却行为导,跪而蔽席。[①]田光坐定,左右无人,太子避席而请曰:“燕、秦不两立,愿先生留意也。”田光曰:“臣闻骐骥盛壮之时,一日而驰千里,至其衰老,驽马先之。今太子闻光盛壮之时,不知臣精已消亡矣。虽然,光不敢以图国事,所善荆卿可使也。”[②]太子曰:“愿因先生得结交于荆卿,可乎?”田光曰:“敬诺。”即起,趋出。太子送至门,戒曰:“丹所报,先生所言者,国之大事也,愿先生勿泄也!”田光俛而笑曰:“诺。”[③]

①徐广曰:“蔽,一作‘拨’,一作‘拔’。”[索隐]曰:蔽音匹结反,蔽犹拂也。

②[正义]曰:燕丹子云:“田光答曰:‘窃观太子客无可用者,夏扶血勇之人,怒而面赤,宋意脉勇之人,怒而面青,武阳骨勇之人,怒而面白,光所知荆轲神勇之人,怒而色不变。’”

③[正义]曰:俛音俯

偻行见荆卿曰:“光与子相善,燕国莫不知。今太子闻光壮盛之时,不知吾形已不逮也,幸而教之曰‘燕、秦不两立,愿先生留意也’。光窃不自外,言足下于太子也。愿足下过太子于宫。”荆轲曰:“谨奉教。”田光曰:“吾闻之:‘长者为行,不使人疑之。’今太子告光曰:‘所言者,国之大事也,愿先生勿泄。’是太子疑光也。夫为行而使人疑之,非节侠也。”欲自杀以激荆卿曰:“愿足下急过太子,言光已死,明不言也。”因遂自刎而死。

荆轲遂见太子,言田光已死,致光之言。太子再拜而跪,膝行流涕。有顷而后言曰:“丹所以诫田先生毋言者,欲以成大事之谋也。今田先生以死明不言,岂丹之心哉!”荆轲坐定,太子避席顿首曰:“田先生不知丹之不肖,使得至前,敢有所道,此天之所以哀燕而不弃其孤也。[①]今秦有贪利之心,而欲不可足也。非尽天下之地,臣海内之王者,其意不厌。今秦已虏韩王。尽纳其地;又举兵南伐楚,北临赵。王翦将数十万之众距漳、邺。而李信出太原、云中,赵不能支秦，必入臣；入臣，则祸至燕。燕小弱，数困于兵，今计举国不足以当秦。诸侯服秦，莫敢合从。丹之私计，愚以为诚得天下之勇士使于秦，窥以重利，②秦王贪，③其势必得所愿矣。诚得劫秦王，使悉反诸侯侵地，若曹沫之与齐桓公，则大善矣；则不可，因而刺杀之。彼秦大将擅兵于外，而内有乱，则君臣相疑，以其间，诸侯得合从，其破秦必矣。此丹之上愿，而不知所委命，唯荆卿留意焉。"久之，荆轲曰："此国之大事也，臣驽下，恐不足任使。"太子前，顿首，固请毋让，然后许诺。于是尊荆卿为上卿，舍上舍。太子日造门下，供太牢具，异物间进车骑美女，恣荆轲所欲，以顺适其意。④

①[索隐]曰：案：无父称孤，时燕王尚在而丹称孤者，或记者失辞，或诸侯嫡子时亦僭称孤也，又刘向云"丹，燕王喜之太子"。

②[索隐]曰：窥，视也，言以利诱之。

③[索隐]曰：绝句。

④[索隐]曰：《燕丹子》曰"轲与太子游东宫池，轲拾瓦投龟，太子捧金丸进之，又共乘千里马，轲曰'马肝美'，即杀马进肝，太子与樊将军置酒于华阳台，出美人能鼓琴，轲曰'好手也'，断以玉盘盛之，轲曰'太子遇轲甚厚'"是也。

久之，荆轲未有行意。秦将王翦破赵，虏赵王，尽收入其地。进兵北略地，至燕南界。太子丹恐惧，乃请荆轲曰："秦兵旦暮渡易水，则虽欲长侍足下，岂可得哉！"荆轲曰："微太子言，臣愿谒之。今行而毋信，则秦未可亲也。夫樊将军，秦王购之金千斤，邑万家。诚得樊将军首与燕督亢之地图，①奉献秦王，秦王必说见臣，臣乃得有以报。"太子曰："樊将军穷困来归丹，丹不忍以己之私而伤长者之意，愿足下更虑之！"

①徐广曰："方城县有督亢亭。"骃案：刘向《别录》曰"督亢，膏腴之地"。[索隐]曰：《地理志》广阳国有蓟县。司马彪《郡国志》曰："蓟县方城有督亢亭，徐说是也。"[正义]曰：督亢坡在幽州范阳县东南十里，今固安县南有督亢陌，幽州南界。

荆轲知太子不忍，乃遂私见樊於期曰："秦之遇将军可谓深矣，父母宗族皆为戮没。今闻购将军首金千斤，邑万家，将奈何？"於期仰天太息流涕曰:“於期每念之,常痛于骨髓,顾计不知所出耳!”荆轲曰:“今有一言可以解燕国之患,报将军之仇者,何如?”於期乃前曰:“为之奈何?”荆轲曰:“愿得将军之首,以献秦王,秦王必喜而见臣,臣左手把其袖,右手揕其匈,①然则将军之仇报,而燕见陵之愧除矣。将军岂有意乎?”樊於期偏袒搤腕而进②曰:“此臣之日夜切齿腐心也,③乃今得闻教!”遂自刭。太子闻之,驰往,伏尸而哭,极哀。既已不可奈何,乃遂盛樊於期首函封之。

①徐广曰:“揕音张鸩切,一作‘抗’。”[索隐]曰:揕谓以剑刺其胸也,抗音苦浪反,言抗拒也,其义非。

②徐广曰:“捥一作‘捾’。”[索隐]曰:搤音乌革反,捾音乌乱反,《字书》作“𢮿”,掌后曰腕,勇者奋厉,必先以左手扼右捾也。

③[索隐]曰:切齿,齿相磨切也。《尔雅》曰“治骨曰切”。腐音辅,腐亦烂也,犹今人事不可忍,云:“腐烂”然,皆奋怒之意。

于是太子豫求天下之利匕首,得赵人徐夫人匕首,①取之百金。使工以药焠之,②以试人,血濡缕,人无不立死者。③乃装为遣荆卿。燕国有勇士秦舞阳,年十三杀人,人不敢忤视。④乃令秦舞阳为副。荆轲有所待,欲与俱。其人居远,未来,而为治行。顷之,未发,太子迟之,疑其改悔,乃复请曰:“日已尽矣,荆卿岂有意哉?丹请得先遣秦舞阳。”荆轲怒,叱太子曰:“何太子之遣!往而不反者,竖子也。且提一匕首入不测之强秦,仆所以留者,待吾客与俱。今太子迟之,请辞决矣!”遂发。

①徐广曰:“徐,一作‘陈’。”[索隐]曰:徐,姓,夫人,名,谓男子也。

②[索隐]曰:焠,染也,音忽溃反,谓以毒药染剑锷也。

③言以匕首试人,人血出,足以沾濡丝缕,便立死也。

④[索隐]曰:忤者,逆也,音五故反,不敢逆视,言人畏之甚也。

太子及宾客知其事者,皆白衣冠以送之。至易水之上,既祖,取道,①高渐离击筑,荆轲和而歌,为变徵之声。②士皆垂泪涕泣。又前而歌曰:“风萧萧兮易水寒,壮士一去兮不复还!”复为羽声慷慨,士皆瞋目,发尽上指冠。于是荆轲就车而去,终已不顾。

①[正义]曰:易州在幽州归义县界。

②[正义]曰:徵,知雉反。

遂至秦,持千金之资币物,厚遗秦王宠臣中庶子蒙嘉。嘉为先言于秦王,曰:"燕王诚振怖大王之威,不敢举兵以逆军吏,愿举国为内臣,比诸侯之列,给贡职如郡县,而得奉守先王之宗庙。恐惧不敢自陈,谨斩樊於期之头,及献燕督亢之地图,函封,燕王拜送于庭,使使以闻大王。唯大王命之。"秦王闻之,大喜。乃朝服,设九宾,①见燕使者咸阳宫。②荆轲奉樊於期头函,而秦舞阳奉地图匣,以次进。③至陛,秦舞阳色变振恐。郡臣怪之。荆轲顾笑舞阳,前谢曰:"北蕃蛮夷之鄙人,未尝见天子,故振慑。愿大王少假借之,使得毕使于前。"秦王谓轲曰:"取舞阳所持地图。"轲既取图奏之。秦王发图,图穷而匕首见。因左手把秦王之袖,而右手持匕首揕之。未至身,秦王惊,自引而起,袖绝。拔剑,剑长,操其室;④时惶急,剑坚,故不可立拔。荆轲逐秦王,秦王环柱而走。群臣皆愕,卒起不意,尽失其度。而秦法,群臣侍殿上者,不得持尺寸之兵;诸郎中执兵,皆陈殿下,⑤非有诏召,不得上。方急时,不及召下兵,以故荆轲乃逐秦王。而卒惶急,无以击轲,而以手共搏之。是时,侍医夏无且⑥以其所奉药囊提荆轲也。⑦秦王方环柱走,卒惶急,不知所为,左右乃曰:"王负剑!"⑧负剑,遂拔,以击荆轲,断其左股。荆轲废,乃引其匕首以擿秦王;⑨不中,中桐柱。⑩秦王复击轲,轲被八创。轲自知事不就,倚柱而笑,箕倨以骂曰:"事所以不成者,以欲生劫之,必得约契以报太子也。"⑪于是左右既前杀轲,秦王不怡者良久。已而论功赏群臣及当坐者各有差;而赐夏无且黄金二百溢,曰:"无且爱我,乃以药囊提荆轲也。"

①[正义]曰:刘云:"设文物大备,即谓九宾,不得以《周礼》九宾义为释。"

②[正义]曰:《三辅黄图》云:"秦始兼天下,都咸阳,因北陵营宫殿,制紫宫象帝居,渭水贯都以象天汉,横桥南度以法牵牛也。"

③[索隐]曰:匣,音户甲反,匣亦函也。

④[索隐]曰:室谓鞘也。[正义]曰:《燕丹子》云:"左手揕其胸,秦王曰:'今日之事从子计耳,乞听琴而死',召姬人鼓琴,琴声曰'罗縠单衣,可

裂而绝，八尺屏风，可超而越，鹿卢之剑，可负而拔’，王于是奋袖超屏风走之。”

⑤[索隐]曰：诸郎中若今宿卫之官。

⑥[索隐]曰：且音即余反。

⑦[正义]曰：提，侄帝反。

⑧[索隐]曰：王劭曰：“古者带剑上长，拔之不出室，欲王推之于背，令前短易拔，故云‘王负剑’。”

⑨[索隐]曰：擿与“掷”同，古字耳，音持益反。

⑩[正义]曰：《燕丹太子》云：“荆轲拔匕首掷秦王，决耳入铜柱，火出。”

⑪《汉书·盐铁论》曰：“荆轲怀数年之谋而事不就者，尺八匕首不足恃也，秦王操于不意，列断贲育者，介七尺之利也。”

于是秦王大怒，益发兵诣赵，诏王翦军以伐燕。十月而拔蓟城。燕王喜、太子丹等尽率其精兵，东保于辽东。秦将李信追击燕王急，代王嘉乃遗燕王喜书曰：“秦所以尤追燕急者，以太子丹故也。今王诚杀丹献之秦王，秦王必解，而社稷幸得血食。”其后李信追丹，丹匿衍水中，①燕王乃使使斩太子丹，欲献之秦，秦复进兵攻之。后五年，秦卒灭燕，虏燕王喜。

①[索隐]曰：水名，在辽东。

其明年，秦并天下，立号为皇帝。于是秦逐太子丹、荆轲之客，皆亡。高渐离变名姓，为人庸保，匿作于宋子。①久之，作苦，闻其家堂上客击筑，傍徨不能去。每出言曰：“彼有善有不善。”从者以告其主，②曰：“彼庸乃知音，窃言是非。”家丈人召使前击筑，③一坐称善，赐酒。而高渐离念久隐畏约无穷时，④乃退，出其装匣中筑与其善衣，更容貌而前。举坐客皆惊，下与抗礼，以为上客，使击筑而歌，客无不流涕而去者。宋子传客之。⑤闻于秦始皇，秦始皇召见，人有识者，乃曰：“高渐离也。”秦皇帝惜其善击筑，重赦之，乃矐其目，⑥使击筑，未尝不称善。稍益近之。高渐离乃以铅置筑中，⑦复进得近，举筑朴秦皇帝，⑧不中。于是遂诛高渐离，终身不复近诸侯之人。

①徐广曰：“县名也，今属巨鹿。”[索隐]曰：《栾布传》曰“卖庸于齐，为酒

家人”,《汉书》作“酒家保”。案谓庸作于酒家,言可保信,故云“庸”,《鹖冠子》曰:“伊尹酒保也。”徐注云“宋子,县名,属钜鹿”者,据《地理志》而知也。[正义]曰:宋子故城在邢州平乡县北三十里。

②[索隐]曰:谓主人家之左右也。

③[索隐]曰:刘氏云:“谓主人翁也。”又韦昭云:“古者男子为丈夫,尊妇妪为丈人,故《汉书·宣元六王传》所云丈人,谓淮阳宪王外王母,即张博母也,故《古诗》曰‘三日断五匹,丈人故言迟’是也。”

④[索隐]曰:约谓贫贱俭约,既为庸保,常畏人,故云“畏约”,所以《论语》云“不可与久处约”也。

⑤徐广曰:“互以为客。”

⑥矐音海各反。[索隐]曰:一音角,说者云以马屎燻令失明。

⑦[索隐]曰:案:刘氏云“以铅为挺著筑中,令重以击人”。

⑧[索隐]曰:朴音普下反,朴,进也。

鲁勾践已闻荆轲之刺秦王,私曰:“嗟乎,惜哉其不讲于刺剑之术也!①甚矣,吾不知人也!曩者吾叱之,彼乃以我为非人也!”

①[索隐]曰:案:不讲,谓不论习之。

太史公曰:世言荆轲,其称太子丹之命,“天雨粟,马生角”也,①太过,又言荆轲伤秦王,皆非也。始公孙季功、董生与夏无且游,具知其事,为余道之如是,自曹沫至荆轲五人,此其义或成或不成,然其立意较然,②不欺其志,名垂后世,岂妄也哉!

①[索隐]曰:燕丹求归,秦王曰:“乌头白,马生角,乃许耳。”丹乃天叹,乌头即白,马亦生角。”《风俗通》及《论衡》皆有此说,仍云“厩门木,乌生肉足也”。

②[索隐]曰:较,明也。

索隐述赞曰:曹沫盟柯,返鲁侵地,专诸进炙,定吴篡位,彰弟哭市,报主涂厕,刎颈申冤,操袖行事,暴秦夺魄,懦夫增气。

史记卷八七
列传第二七

李斯

李斯者，楚上蔡人也。①年少时，为郡小吏，②见吏舍厕中鼠食不洁，近人犬，数惊恐之。斯入仓，观仓中鼠，食积粟，居大庑之下，不见人犬之忧。于是李斯乃叹曰："人之贤不肖譬如鼠矣，在所自处耳！"

①[索隐]曰：《地理志》汝南有上蔡县，云"古蔡国，周武王弟叔度所封，至十八代平侯徙新蔡"。二蔡皆属南汝，后二代至昭侯，徙上蔡，属沛，六国时为楚地，故曰楚上蔡也。

②[索隐]曰：郡，一作"乡"，刘氏云"掌乡内文书"。

乃从荀卿学帝王之术。学已成，度楚王不足事，而六国皆弱，无可为建功者，欲西入秦。辞于荀卿曰："斯闻得时无怠，今万乘方争时，游者主事。①今秦王欲吞天下，称帝而治，此布衣驰骛之时而游说者之秋也。②处卑贱之位而计不为者，此禽鹿视肉，人面而能强行者耳。③故诟莫大于卑贱，④而悲莫甚于穷困。久处卑贱之位、困苦之地，非世而恶利，⑤自托于无为，此非士之情也。⑥故斯将西说秦王矣。"

①[索隐]曰：言万乘争雄之时，存说者可以立功成名，当得典主事务也。刘氏云"游历诸侯，当觅强主以事之"，于文纡回，非也。

②[正义]曰：言秋时万物成孰，今争强时，亦说士成孰时。

③[索隐]曰：禽鹿犹禽兽也，言禽兽但知视肉而食之。《庄子》及《苏子》曰："人而不学，譬之视肉而食。"《扬子法言》曰："人而不学，如禽何

异?”言不能游说取荣贵,即如禽兽,徒有人面而能强行耳。

④[正义]曰:呼后反,耻辱也。

⑤[正义]曰:言讥世富贵,恶其荣利,自托于无为者,非士人之情,实力不能致此也。

⑥[索隐]曰:非者,讥也,所谓处士横议之时也。

至秦,会庄襄王卒,李斯乃求为秦相文信侯吕不韦舍人。不韦贤之,任以为郎。李斯因以得说,说秦王曰:“胥人者,去其几也。①成大功者,在因瑕衅而遂忍之。②昔者秦穆公之霸,终不东并六国者,何也?诸侯尚众,周德未衰,故五伯迭兴,更尊周室。自秦孝公以来,周室卑微,诸侯相兼,关东为六国,秦之乘胜役诸侯,盖六世矣。③今诸侯服秦,譬若郡县,夫以秦之强,大王之贤,由灶上骚除,④足以灭诸侯,成帝业,为天下一统,此万世之一时也。今怠而不急就,诸侯复强,相聚约从,虽有黄帝之贤,不能并也。”秦王乃拜斯为长史,听其计,阴遣谋士赍持金玉以游说诸侯。诸侯名士可下以财者,厚遗结之;不肯者,利剑刺之。离其君臣之计,秦王乃使其良将随其后。秦王拜斯为客卿。

①[索隐]曰:胥人犹胥吏,小人也,去犹失也,几者,动之微,以言君子见几而作,不俟终日,小人不识动微之会,故每失时也。刘氏解几为强,非也。[正义]曰:胥,相也,东谓察也,言关东六国与秦相敌者,君臣机密,并有瑕衅,可成大功,而遂忍之。

②[索隐]曰:言因诸侯有瑕衅,则忍心而翦除,故我将说秦以并天下也。

③[正义]曰:秦孝公、惠文王、武王、昭王、孝文王、庄襄王。

④徐广曰:“骚音扫。”[索隐]曰:言秦欲并天下,若炊妇扫除灶上之不净,不足为难也。

会韩人郑国来间秦,以作注溉渠,①已而觉。秦宗室大臣皆言秦王曰:“诸侯人来事秦者,大抵为其主游间于秦耳,请一切逐客。”②李斯议亦在逐中。斯乃上书曰:③

①[正义]曰:郑国渠首起雍州云阳县西南二十五里,自山邸瓠口为渠,傍北山,东注洛,三百余里以溉田,又曰韩苦秦兵,而使水工郑国间秦作注溉渠,令费人工,不东伐也。

②[索隐]曰：一切犹一例，言尽逐之也，言切者，譬若利刀之割，一运斤无不断者，解《汉书》者以一切为权时义，亦未为得也。

③[正义]曰：在始皇十年。

臣闻吏议逐客，窃以为过矣。昔缪公求士，西取由余于戎，东得百里奚于宛，①迎蹇叔于宋，②求丕豹、公孙支于晋。③此五者，不产于秦，而缪公用之，并国二十，遂霸西戎。④孝公用商鞅之法，移风易俗，民以殷盛，国以富强，百姓乐用，诸侯亲服，获楚、魏之师，举地千里，至今治强。惠王用张仪之计，拔三川之地，西并巴、蜀，⑤北收上郡，⑥南取汉中。⑦包九夷，制鄢、郢，⑧东据成皋之险，⑨割膏腴之壤，遂散六国之从，使之西面事秦，功施到今。昭王得范雎，废穰侯，逐华阳，⑩强公室，杜私门，蚕食诸侯，使秦成帝业。⑪此四君者，皆以客之功。由此观之，客何负于秦哉！向使四君却客而不内，疏士而不用，是使国无富利之实而秦无强大之名也。

①[索隐]曰：《秦本纪》云"晋献公以百里奚为秦穆公夫人媵于秦，奚亡走宛，楚鄙人执之"是也。[正义]曰：《新序》云："百里奚，楚宛人，仕于虞，虞亡入秦，号五羖大夫也。"

②[索隐]曰：《秦纪》又云"百里奚谓穆公曰'臣不如臣友蹇叔，蹇叔贤而世莫知'。穆公厚币迎之，以为上大夫。"今云"于宋"，未详所出。[正义]曰：《括地志》云："蹇叔岐州人也，时游宋，故迎之于宋。"

③[索隐]曰：丕豹自晋奔秦，《左氏传》有明文公孙支，所谓子桑也，是秦大夫而云自晋以来，亦未见其所出。[正义]曰：《括地志》云："公孙支，岐州人游晋，后归秦。"

④[索隐]曰：《秦本纪》穆公用由余谋，伐戎王，益国十二，开地千里，遂霸西戎，此都言五子之功，故云"并国二十"。或易为"十二"误也。

⑤[索隐]曰：案：惠王时张仪为相，请伐韩，下兵三川以临二周，司马错请伐蜀，惠王从之，果灭蜀，仪死后，武王欲通车三川，令甘茂拔宜阳，今并云张仪者，以仪为秦相，虽错灭蜀，甘茂通三川，皆归功于相，又三川是仪先请伐故也。

⑥[正义]曰：惠王十年，魏纳上郡十五县。

⑦[正义]曰：惠王十三年，攻楚汉中，取地六百里。

⑧[索隐]曰：九夷即属楚之夷也，《地理志》南郡江陵县云“故楚郢都”，又宜城县云“故鄢”也。[正义]曰：夷谓并巴蜀，收上都，取汉中，伐义渠、丹犂是也，九夷本东夷九种，此言者，文体然也。

⑨[正义]曰：河南府汜水县也。

⑩徐广曰：“华，一作‘莽’。”

⑪[索隐]曰：高诱注《淮南子》云：“蚕食尽无余也。”

今陛下致昆山之玉，①有随、和之宝，②垂明月之珠，服太阿之剑，③乘纤离之马，④建翠凤之旗，树灵鼍之鼓。⑤此数宝者，秦不生一焉，而陛下说之，何也？必秦国之所生然后可，则是夜光之璧不饰朝廷，犀象之器不为玩好，郑、卫之女不充后宫，而骏良駃騠不实外厩，⑥江南金锡不为用，西蜀丹青不为采。所以饰后宫充下陈⑦娱心意说耳目者，必出于秦然后可，则是宛珠之簪，傅玑之珥，⑧阿缟之衣，锦绣之饰⑨不进于前，而随俗雅化⑩佳冶窈窕赵女不立于侧也。

①[正义]曰：昆冈居于阗国东北四百里，其冈出玉。

②[正义]曰：《括地志》云：“溃山一名昆山，一名断蛇丘，在随州随县北二十五里”。《说苑》云“昔随侯行遇大蛇中断，疑其灵，使人以药封之，蛇乃能去，因号其处为断蛇丘”。岁余，蛇衔明珠，径寸绝白而有光，因号“随珠”。卞和璧，始皇以为传国玺也”。

③见《苏秦传》。

④徐广曰：“纤离、蒲稍，皆骏马名。”[索隐]曰：徐氏据《孙卿子》而为说。

⑤郑玄注《月令》云：“鼍皮可以冒鼓。”

⑥[索隐]曰：決音决。騠音提，《周书》曰“正北以駃騠为献”。《广雅》曰：“马属也”。郭景纯注《上林赋》云“生三日而超其母也”。

⑦[索隐]曰：下陈犹后列也，晏子曰“有二女，愿得入身于下陈”是也。

⑧[索隐]曰：宛音於阮反，傅，音附，即随珠也，宛者谓以珠宛转而装其簪，傅者以玑附着于珥，珥者，瑱也，玑是珠之不圆者，或云宛珠，宛地之珠也，随在汉水之南，宛亦近汉，故曰宛珠，玑者，女饰也，言女傅之珥，以玑为之，并非秦所有物也。

⑨徐广曰：“齐之东阿县，缯帛所出。”

⑩徐广曰：“随俗一作‘修使’。”[索隐]曰：谓闲雅变化而能随俗也。

夫击瓮叩缻弹筝搏髀，而歌呼呜呜快耳目者，真秦之声也；①《郑》、《卫》、《桑间》、《昭》、《虞》、《武》、《象》者，②异国之乐也。今弃击瓮叩缻而就《郑》、《卫》，退弹筝而取《昭》、《虞》，若是者何也？快意当前，适观而已矣。今取人则不然，不问可否，不论曲直，非秦者去，为客者逐。然则是所重者在乎色乐珠玉，而所轻者在乎人民也。此非所以跨海内制诸侯之术也。

①[索隐]曰：《说文》云："瓮汲缾也，音於贡反，缶瓦器也，秦人鼓之以节乐"，缻音甫有还。

②[索隐]曰："昭作'韶'。"

臣闻地广者粟多，国大者人众，兵强则士勇。是以太山不让土壤，故能成其大；河海不择细流，故能就其深；王者不却众庶，故能明其德。①是以地无四方，民无异国，四时充美，鬼神降福，此五帝、三王之所以无敌也。今乃弃黔首以资敌国，②却宾客以业诸侯，使天下之士退而不敢西向，裹足不入秦，此所谓"藉寇兵而赍盗粮"者也。③

①[索隐]曰：管子云："海不辞水，故能成其大；泰山不辞土石，故能成其高。"《文子》曰："圣人不让负薪之言，以广其名。"

②[索隐]曰：资犹给也。

③[索隐]曰：藉音积夜反，赍音子奚反，《说文》曰"赍持遗也"。赍或为"资"义亦能。

夫物不产于秦，可宝者多；士不产于秦，而愿忠者众。今逐客以资敌国，损民以益仇，内自虚而外树怨于诸侯，求国无危，不可得也。

秦王乃除逐客之令，复李斯官，①卒用其计谋。官至廷尉。二十余年，竟并天下，尊主为皇帝，以斯为丞相。夷郡县城，销其兵刃，示不复用。使秦无尺土之封，不立子弟为王，功臣为诸侯者，使后无战攻之患。

①《新序》曰："斯在逐中，道上上谏书，达始皇，始皇使人，逐至骊邑，得还。"

始皇三十四年，置酒咸阳宫，博士仆射周青臣等颂称始皇威德。齐人淳于越进谏曰:“臣闻之,殷周之王千余岁,封子弟功臣自为支辅。今陛下有海内,而子弟为匹夫,卒有田常、六卿之患,臣无辅弼,何以相救哉?事不师古而能长久者,非所闻也。今臣青等又面谀以重陛下过,非忠臣也。①始皇下其议丞相。丞相谬其说,绌其辞,乃上书曰:“古者天下散乱,莫能相一,是以诸侯并作,语皆道古以害今,饰虚言以乱实,人善其所私学,以非上所建立。今陛下并有天下,辨白黑而定一尊;②而私学乃相与非法教之制,闻令下,即各以其私学议之。入则心非,出则巷议,非主以为名,异趣以为高,率群下以造谤。如此不禁,则主势降乎上,党与成乎下。禁之便。臣请诸有文学《诗》《书》百家语者,蠲除去之。令到满三十日弗去,黥为城旦。所不去者,医药卜筮种树之书。若有欲学者,以吏为师。”始皇可其议,收去《诗》《书》百家之语以愚百姓,使天下无以古非今。明法度,定律令,皆以始皇起。同文书。③治离宫别馆,周遍天下。明年,又巡狩,外攘四夷,斯皆有力焉。

①[索隐]曰:重音逐用反,重者再也。

②[索隐]曰:刘氏云:“前时国异政,家殊俗,人造私语,莫辨其真,今乃分别白黑也。”秦始皇并六国,定天下,海内共尊立一帝,故云定一尊。

③[正义]曰:六国制令不同,今令同之。

斯长男由为三川守,诸男皆尚秦公主,女悉嫁秦诸公子。三川守李由告归咸阳,李斯置酒于家,百官长皆前为寿,门廷车骑以千数。李斯喟然而叹曰:“嗟乎!吾闻之荀卿曰:‘物禁太盛。’夫斯乃上蔡布衣,闾巷之黔首,上不知其驽下,遂擢至此。当今人臣之位无居臣上者,可谓富贵极矣。物极则衰,吾未知所税驾也!”①

①[索隐]曰:税驾犹解驾,言休息也,李斯言己今日富贵已极,然未知向后吉凶止泊在何处也。

始皇三十七年十月,行出游会稽,并海上,北抵琅邪。①丞相斯、中车府令赵高兼行符玺令事,皆从。始皇有二十余子,长子扶苏以数直谏上,上使监兵上郡,②蒙恬为将。少子胡亥爱,请从,上许之。余子莫从。③

①[正义]曰：今沂州。

②[正义]曰：上郡故城在绥州上县东南五十里。

③辩士隐姓名，遗秦将章邯书曰“李斯为秦王死，废十七兄而立今王”也，然则二世是秦始皇第十八子。此书在《善文》中。

其年七月，始皇帝至沙丘，①病甚，令赵高为书赐公子扶苏曰：“以兵属蒙恬，与丧会咸阳而葬。”书已封，未授使者，始皇崩。书及玺皆在赵高所，独子胡亥、丞相李斯、赵高及幸宦者五六人知始皇崩，余群臣皆莫知也。李斯以为上在外崩，无真太子，故秘之。置始皇居辒辌车中，②百官奏事上食如故，宦者辄从辒辌车中可诸奏事。③

①[正义]曰：沙丘台在邢州。

②徐广曰：“一作‘辎车’。”

③文颖曰：“辒辌车如今丧轜车也，孟康曰：“如衣车，有窗牖，闭之则温，开之则凉，故名之‘辒辌车’也。”如淳曰：“辒辌车，其形广大，有羽饰也。”

赵高因留所赐扶苏玺书，而谓公子胡亥曰：“上崩，无诏封王诸子而独赐长子书。长子至，即立为皇帝，而子无尺寸之地，为之奈何？”胡亥曰：“固也。吾闻之，明君知臣，明父知子，父捐命，不封诸子，何可言者！”赵高曰：“不然，方今天下之权，存亡在子与高及丞相耳，愿子图之。且夫臣人与见臣于人，制人与见制于人，岂可同日道哉！”胡亥曰：“废兄而立弟，是不义也；不奉父诏而畏死，是不孝也；能薄而材谫，①强因人之功，是不能也，三者逆德，天下不服，身殆倾危，社稷不血食。”高曰：“臣闻汤、武杀其主，天下称义焉，不为不忠。卫君杀其父，而卫国载其德，孔子著之，不为不孝。夫大行不小谨，盛德不辞让，乡曲各有宜而百官不同功。故顾小而忘大，后必有害；狐疑犹豫，后必有悔。断而敢行，鬼神避之，后有成功。愿子遂之！”胡亥喟然叹曰：“今大行未发，丧礼未终，岂宜以此事干丞相哉！”赵高曰：“时乎，时乎，间不及谋！赢粮跃马，唯恐后时！”

①《史记音隐》宰显反。[索隐]曰：刘氏音将浅反，则谫亦浅义，古人语自有重轻，所以文字有异。

胡亥既然高之言，高曰："不与丞相谋，恐事不能成，臣请为子与丞相谋之。"高乃谓丞相斯曰："上崩，赐长子书，与丧会咸阳而立为嗣。书未行，今上崩，未有知者也。所赐长子书及符玺皆在胡亥所，定太子在君侯与高之口耳。事将何如？"斯曰："安得亡国之言！此非人臣所当议也！"高曰："君侯自料能孰与蒙恬？功高孰与蒙恬？谋远不失孰与蒙恬？无怨于天下孰与蒙恬？长子旧而信之孰与蒙恬？"斯曰："此五者皆不及蒙恬，而君责之何深也？"高曰："高固内官之厮役也，幸得以刀笔之文进入秦宫，管事二十余年，未尝见秦免罢丞相功臣有封及二世者也，卒皆以诛亡。皇帝二十余子，皆君之所知。长子刚毅而武勇，信人而奋士，即位必用蒙恬为丞相，君侯终不怀通侯之印归于乡里，明矣。高受诏教习胡亥，使学以法事数年矣，未尝见过失。慈仁笃厚，轻财重士，辩于心而诎于口，尽礼敬士，秦之诸子未有及此者，可以为嗣。君计而定之。"斯曰："君其反位！斯奉主之诏，听天之命，何虑之可定也？"高曰："安可危也，危可安也。安危不定，何以贵圣？"斯曰："斯，上蔡闾巷布衣也，上幸擢为丞相，封为通侯，子孙皆至尊位重禄者，故将以存亡安危属臣也。岂可负哉！夫忠臣不避死而庶几，①孝子不勤劳而见危，人臣各守其职而已矣。君其勿复言，将令斯得罪。"高曰："盖闻圣人迁徙无常，就变而从时，见末而知本，观指而睹归。物固有之，安得常法哉！方今天下之权命悬于胡亥，高能得志焉。且夫从外制中谓之惑，从下制上谓之贼。故秋霜降者草花落，水摇动者万物作，②此必然之效也。君何见之晚？"斯曰："吾闻晋易太子，③三世不安；齐桓兄弟争位，④身死为戮；纣杀亲戚，⑤不听谏者，国为丘墟，遂危社稷。三者逆天，宗庙不血食。斯其犹人哉，安足为谋！"⑥高曰："上下合同，可以长久；中外若一，事无表里。君听臣之计，即长有封侯，世世称孤，必有乔松之寿，孔、墨之智。今释此而不从，祸及子孙，足以为寒心。善者因祸为福，君何处焉？"斯乃仰天而叹，垂泪太息曰："嗟乎！独遭乱世，既以不能死，安托命哉！"于是斯乃听高，高乃报胡亥曰："臣请奉太子之明命以报丞相，丞相斯敢不奉令！"

①[索隐]曰:斯言忠臣之节,本不避死,言己今日亦庶几尽忠不避死也。

②[索隐]曰:水摇者,谓水洋而摇动也,是春时而万物皆生也。

③[正义]曰:谓废申胜,立奚齐也。

④[正义]曰:谓小白与公子纠。

⑤[正义]曰:谓杀比干,囚箕子。

⑥[索隐]曰:言我今日犹是人,人道守顺,岂能为逆谋,故下文“安足与谋”。

于是乃相与谋,诈为受始皇诏丞相,立子胡亥为太子。更为书赐长子扶苏曰:“朕巡天下,祷祠名山诸神以延寿命。今扶苏与将军蒙恬将师数十万以屯边,十有余年矣,不能进而前,士卒多耗,无尺寸之功,乃反数上书直言诽谤我所为,以不得罢归为太子,日夜怨望。扶苏为人子不孝,其赐剑以自裁!将军恬与扶苏居外,不匡正,宜知其谋。为人臣不忠,其赐死,以兵属裨将王离。”封其书以皇帝玺,遣胡亥客奉书赐扶苏于上郡。

使者至,发书,扶苏泣,入内舍,欲自杀。蒙恬止扶苏曰:“陛下居外,未立太子,使臣将三十万众守边,公子为监,此天下重任也。今一使者来,即自杀,安知其非诈?请复请,复请而后死,未暮也。”使者数趣之。扶苏为人仁,谓蒙恬曰:“父而赐子死,尚安复请!”即自杀。蒙恬不肯死,使者即以属吏,系于阳周。①

①徐广曰:“属上郡。”[正义]曰:阳周,宁州罗川县之邑也。

使者还报,胡亥、斯、高大喜。至咸阳,发丧,太子立为二世皇帝。以赵高为郎中令,常侍中用事。

二世燕居,乃召高与谋事,谓曰:“夫人生居世间也,譬犹骋六骥过决隙也。吾既已临天下矣,欲悉耳目之所好,穷心志之所乐,以安宗庙而乐万姓,长有天下,终吾年寿,其道可乎?”高曰:“此贤主之所能行也,而昏乱主之所禁也。臣请言之,不敢避斧钺之诛,愿陛下少留意焉。夫沙丘之谋,诸公子及大臣皆疑焉,而诸公子尽帝兄,大臣又先帝之所置也。今陛下初立,此其属意怏怏皆不服,恐为变。且蒙恬已死,蒙毅将兵居外,臣战战栗栗,唯恐不终。且陛下安得为此乐乎?”二世曰:“为之奈何?”赵高曰:“严法而刻刑,令有罪者相坐诛，至收族，灭大臣而远骨肉；贫者富之，贱者贵之。尽除去先帝之故臣，更置陛下之所亲信者近之。此则阴德归陛下，害除而奸谋塞，群臣莫不被润泽，蒙厚德，陛下则高枕肆志宠乐矣。计莫出于此。”二世然高之言，乃更为法律。于是群臣诸公子有罪，辄下高，令鞠治之。杀大臣蒙毅等，公子十二人僇死咸阳市，十公主矺死于杜，①财物入于县官，相连坐者不可胜数。

①《史记正义》曰：“矺音贮格反。[索隐]曰：矺音宅，与“磔”同，古今字异耳。磔谓裂其支体而杀之。

公子高欲奔，恐收族，乃上书曰：“先帝无恙时，臣入则赐食，出则乘舆。御府之衣，臣得赐之；中厩之宝马，臣得赐之。臣当从死而不能，为人子不孝，为人臣不忠。不忠者无名以立于世，臣请从死，愿葬郦山之足。唯上幸哀怜之。”书上，胡亥大说，召赵高而示之，曰：“此可谓急乎？”赵高曰：“人臣当忧死而不暇，何变之得谋！”胡亥可其书，赐钱十万以葬。

法令诛罚日益刻深，群臣人人自危，欲畔者众。又作阿房之宫，治直道、驰道，赋敛愈重，戍徭无已。于是楚戍卒陈胜、吴广等乃作乱，起于山东，杰俊相立，自置为侯王，叛秦，兵至鸿门而却。李斯数欲请间谏，二世不许。而二世责问李斯曰：“吾有私议而有所闻于韩子也，曰‘尧之有天下也，堂高三尺，采椽不斫，①茅茨不翦，虽逆旅之宿不勤于此矣。冬日鹿裘，夏日葛衣，粢粝之食，②藜藿之羹，饭土匦，③啜土铏，④虽监门之养不觳于此矣。⑤禹凿龙门，通大夏，疏九河，曲九防，⑥决渟水致之海，⑦而股无胈，⑧胫无毛，手足胼胝，面目黎黑，遂以死于外，葬于会稽，臣虏之劳不烈于此矣’。然则夫所贵于有天下者，岂欲苦形劳神，身处逆旅之宿，口食监门之养，手持臣虏之作哉？此不肖人之所勉也，非贤者之所务也。彼贤人之有天下也，专用天下适己而已矣，此所以贵于有天下也。夫所谓贤人者，必能安天下而治万民，今身且不能利，将恶能治天下哉！故吾愿赐志广欲，长享天下而无害，为之奈何？”李斯子由为三川守，群盗吴广等西略地，过去弗能禁。章邯以破逐广等兵，使者覆案三川相属，诮让斯居三公位，如何令盗如此。李斯恐惧，重爵禄，不知所出，乃阿二世意，欲求容，以书对曰：

①徐广曰："采，一名栎，一作'柞'。"[索隐]曰：采，木名，即今之栎木也。

②[索隐]曰：粢音资，粝音郎曷反，粢者，稷也，粝者，麄粟饭也。

③徐广曰："一作'溜'。"

④音刑。

⑤徐广曰："觳音学。觳，一作'毂'，推也。"[索隐]曰：《尔雅》云"觳尽也"。言监门下人饭犹不尽此，若徐氏云"一作'毂'"。则字宜作"较"，邹氏音角。

⑥[正义]曰：谓河之九曲，别为堤防。

⑦徐广曰："致，一作'放'。"

⑧胈，肤毳皮。

夫贤主者，必且能全道而行督责之术者也。①督责之，则臣不敢不竭能以徇其主矣。此臣主之分定，上下之义明，则天下贤不肖莫敢不尽力竭任以徇其君矣。是故主独制于天下而无所制也，能穷乐之极矣，贤明之主也，可不察焉！

①[索隐]曰：督者察也，察其罪，责之以刑罚也。

故申子曰"有天下而不恣睢，①命之曰以天下为桎梏"者，②无他焉，不能督责，而顾以其身劳于天下之民，若尧、禹然，故谓之"桎梏"也。夫不能修申、韩之明术，行督责之道，专以天下自适也，而徒务苦形劳神，以身徇百姓，则是黔首之役，非畜天下者也，何足贵哉！夫以人徇己，则己贵而人贱；以己徇人，则己贱而人贵。故徇人者贱，而人所徇者贵，自古及今，未有不然者也。凡古之所为尊贤者，为其贵也；而所为恶不肖者，为其贱也。而尧、禹以身徇天下者也，因随而尊之，则亦失所为尊贤之心矣，夫可谓大缪矣。谓之为"桎"，不亦宜乎？不能督责之过也。

①[索隐]曰：恣音资二反，睢音呼季反，恣睢犹放纵也，谓肆情纵恣也。

②[正义]曰：言有天下不能自纵恣督责，乃劳身于天下若尧、禹，即以天下为桎梏于身也。

故韩子曰"慈母有败子而严家无格虏"者,何也?①则能罚之加焉必也。故商君之法,刑弃灰于道者。②夫弃灰,薄罪也,而被刑,重罚也。彼唯明主为能深督轻罪。夫罪轻且督深,而况有重罪乎?故民不敢犯也。是故韩子曰:"布帛寻常,庸人不释,③铄金百镒,盗跖不搏"者,④非庸人之心重,寻常之利深,而盗跖之欲浅也;又不以盗跖之行,为轻百镒之重也。搏必随手刑,则盗跖不搏百镒;而罚不必行也,则庸人不释寻常。是故城高五丈,而楼季不轻犯也;⑤泰山之高百仞,而跛牂牧其上。⑥夫楼季也而难五丈之限,岂跛牂也而易百仞之高哉?陗堑之势异也。⑦明主圣王之所以能久处尊位,长执重势,而独擅天下之利者,非有异道也,能独断而审督责,必深罚,故天下不敢犯也。今不务所以不犯,而事慈母之所以败子也,则亦不察于圣人之论矣。夫不能行圣人之术,则舍为天下役何事哉?可不哀邪!⑧

①[索隐]曰:格,强悍也;虏,奴隶也,言严整之家本无格悍奴仆也。

②[正义]曰:弃灰于道者黥也。《韩子》云:"殷之法,弃灰于衢者刑,子贡以为重,问之。仲尼曰:'灰弃于衢必燔,人必怒,怒则斗,斗则三族,虽刑之可也。'"

③[索隐]曰:寻常,以言其少也,庸人弗释者,谓庸人见则取之而不释,以其罪轻也,故下文"罚不必行则庸人弗释寻常"是也。

④[索隐]曰:《尔雅》云"铄,美也",言百镒之美金在于地,虽有盗跖之行亦不取者,为其财多而罪重也,故下云"搏必随手刑,盗跖不搏"也,搏犹攫也,取也,凡鸟翼击物必转,足取曰攫,故人取物亦云搏也。

⑤许慎曰:"楼季,魏文侯之弟。"王孙子曰:"楼季之兄也。"

⑥《诗》云:"牂羊坟首。"《毛传》曰:"牝曰牂。"

⑦[索隐]曰:陗,峻也,高也,音七笑反,堑音渐,以言峭峻则难登,故楼季难五丈之限,平堑则易涉,故跛牂牧于泰山也。

⑧[索隐]曰:舍犹废也,止也,言为人主不能行圣人督责之术,则已废止,何为勤身苦心,为天下所役,是何哉?"可不哀邪",言其非也。

且夫俭节仁义之人立于朝,则荒肆之乐辍矣;谏说论理之臣开于侧，则流漫之志诎矣；烈士死节之行显于世，则淫康之虞废矣。故明主能外此三者，而独操主术以制听从之臣，而修其明法，故身尊而势重也。凡贤主者，必将能拂世摩俗，而废其所恶，立其所欲，①故生则有尊重之势，死则有贤明之谥也。是以明君独断，故权不在臣也。然后能灭仁义之涂，掩驰说之口，困烈士之行，塞聪掩明，内独视听，故外不可倾以仁义烈士之行，而内不可夺以谏说忿争之辩。故能荦然独行恣睢之心而莫之敢逆。若此然后可谓能明申、韩之术，而修商君之法。法修术明而天下乱者，未之闻也。故曰"王道约而易操"也。唯明主为能行之。若此则谓督责之诚则臣无邪，臣无邪则天下安，天下安则主严尊，主严尊则督责必，督责必则所求得，所求得则国家富，国家富则君乐丰。故督责之术设，则所欲无不得矣。群臣百姓救过不给，何变之敢图？若此则帝道备，而可谓能明君臣之术矣。虽申、韩复生，不能加也。

①[索隐]曰：拂音扶弗反，磨音莫何反。拂世，言与世情乖戾，摩俗，言磨砺于俗使从己也。

书奏，二世悦。于是行督责益严，税民深者为明吏，二世曰："若此则可谓能督责矣。"刑者相半于道，而死人日成积于市，杀人众者为忠臣，二世曰："若此则可谓能督责矣。"

初，赵高为郎中令，所杀及报私怨众多，恐大臣入朝奏事毁恶之，乃说二世曰："天子所以贵者，但以闻声，群臣莫得见其面，故号曰：'朕'。且陛下富于春秋，未必尽通诸事，①今坐朝廷，谴举有不当者，则见短于大臣，非所以示神明于天下也。且陛下深拱禁中，与臣及侍中习法者待事，事来有以揆之。②如此则大臣不敢奏疑事，天下称圣主矣。"二世用其计，乃不坐朝廷见大臣，居禁中。赵高常侍中用事，事皆决于赵高。

①徐广曰："通，或宜作'照'。"

②徐广曰："揆，一作'拨'也。"

高闻李斯以为言，乃见丞相曰："关东群盗多，今上急益繇治阿房宫，①聚狗马无用之物。臣欲谏，为位贱。此真君侯之事，君何不谏？”李斯曰：“固也，吾欲言之久矣。今时上不坐朝廷，上居深宫，吾有所言者，不可传也，欲见无间。”赵高谓曰：“君诚能谏，请为君候上间语君。”于是赵高待二世方燕乐，妇女居前，使人告丞相：“上方间，可奏事，”丞相至宫门上谒，如此者三。二世怒曰：“吾常多间日，丞相不来。吾方燕私，丞相辄来请事。丞相岂少我哉？且固我哉？”②赵高因曰：“如此殆矣！夫沙丘之谋，丞相与焉。今陛下已立为帝，而丞相贵不益，此其意亦望裂地而王矣。且陛下不问臣，臣不敢言。丞相长男李由为三川守，楚盗陈胜等皆丞相傍县之子，以故楚盗公行，③过三川，城守不肯击。高闻其文书相往来，未得其审，故未敢以闻。且丞相居外，权重于陛下。”二世以为然。欲案丞相，恐其不审，乃使人案验三川守与盗通状。李斯闻之。

①[索隐]曰：房音旁，一如字。

②[索隐]曰：谓以我幼故轻我也，一云“固我”者，以我为短小，且固陋也，于义为疏。

③徐广曰：“公，一作‘讼’，音私。”

是时，二世在甘泉，方作觳抵优俳之观，①李斯不得见，因上书言赵高之短曰：“臣闻之，臣疑其君，无不危国，妾疑其夫，无不危家。今有大臣于陛下擅利擅害，与陛下无异，此甚不便。昔者司城子罕相宋，身行刑罚，以威行之，期年遂劫其君。田常为简公臣，爵列无敌于国，私家之富与公家均，布惠施德，下得百姓，上得群臣，阴取齐国，杀宰予于庭，即弑简公于朝，遂有齐国。此天下所明知也。今高有邪佚之志，危反之行，如子罕相宋也；私家之富，若田氏之于齐也。兼行田常、子罕之逆道而劫陛下之威信，其志若韩玘为韩安相也。②，陛下不图，臣恐其为变也。”二世曰：“何哉？夫高，故宦人也，然不为安肆志，不以危易心，洁行修善，自使至此。以忠得进，以信守位，朕实贤之，而君疑之，何也？且朕少失先人，无所识知，不习治民，而君又老，恐与天下绝矣。朕非属赵君，当谁任哉？且赵君为人精廉强力，下知人情，上能适朕，君其勿疑。”李斯曰：“不然,夫高,故贱人也,无识于理,贪欲无厌,求利不止,列势次主,求欲无穷,臣故曰殆。”二世已前信赵高,恐李斯杀之,乃私告赵高。高曰:“丞相所患者独高,高已死,丞相即欲为田常所为,”于是二世曰:“其以李斯属郎中令!”

①应劭曰:“战国之时,稍增讲武之礼,以为戏乐,用相夸示而秦更名曰角抵,角者,角材也。抵者,相抵触也。”文颖曰:“案:秦名此乐为角抵,两两相当,角力、角伎艺射御,故曰角抵也。”骃案:觳抵即角抵。

②[索隐]曰:玘亦作“起”,并音怡,韩大夫弑其君悼公者,然韩无悼公,或郑之嗣君。案表韩玘事昭侯,昭侯已下四代至王安其说非也。

赵高案治李斯。李斯拘执束缚,居囹圄中,仰天而叹曰:“嗟乎,悲夫!不道之君,何可为计哉!昔者桀杀关龙逢,纣杀王子比干,吴王夫差杀伍子胥。此三臣者,岂不忠哉!然而不免于死,身死而所忠者非也。今吾智不及三子,而二世之无道过于桀、纣、夫差,吾以忠死,宜矣。且二世之治岂不乱哉!日者夷其兄弟而自立也,杀忠臣而贵贱人,作为阿房之宫,赋敛天下。吾非不谏也,而不吾听也。凡古圣王,饮食有节,车器有数,宫室有度,出令造事,加费而无益于民利者禁,故能长久治安。今行逆于昆弟,不顾其咎;侵杀忠臣,不思其殃,大为宫室,厚赋天下,不爱其费。三者已行,天下不听。今反者已有天下之半矣,而心尚未寤也,而以赵高为佐,吾必见寇至咸阳,麋鹿游于朝也。”

于是二世乃使高案丞相狱,治罪,责斯与子由谋反状,皆收捕宗族宾客。赵高治斯,榜掠千余,不胜痛,自诬服。斯所以不死者,自负其辩,有功,实无反心,幸得上书自陈,幸二世之寤而赦之。李斯乃从狱中上书曰:“臣为丞相治民,三十余年矣,逮秦地之陕隘。先王之时秦地不过千里,兵数十万。臣尽薄材,谨奉法令,阴行谋臣,资之金玉,使游说诸侯,阴修甲兵,饰政教,官斗士,尊功臣,盛其爵禄,故终以胁韩弱魏,破燕、赵,夷齐、楚,卒兼六国,虏其王,立秦为天子,罪一矣。地非不广,又北逐胡、貉,南定百越,以见秦之强,罪二矣。尊大臣,盛其爵位,以固亲,罪三矣。立社稷,修宗庙,以明主之贤，罪四矣。更克画，平斗斛度量，文章布之天下，以树秦之名，罪五矣。治驰道，兴游观，以见主之得意，罪六矣。缓刑罚，薄赋敛，以遂主得众之心，万民戴王，死而不忘，罪七矣。若斯之为臣者，罪足以死固久矣。上幸尽其能力，乃得至今，愿陛下察之！"书上。

赵高使吏弃去不奏，曰："囚安得上书！"

赵高使其客十余辈诈为御史、谒者、侍中，更往覆讯斯。斯更以其实对，辄使人复榜之。后二世使人验斯，斯以为如前，终不敢更言，辞服。奏当上，二世喜曰："微赵君，几为丞相所卖。"及二世所使案三川之守至，则项梁已击杀之。使者来，会丞相下吏，赵高皆妄为反辞。

二世二年七月，具斯五刑，论腰斩咸阳市。斯出狱，与其中子俱执，顾谓其中子曰："吾欲与若复牵黄犬俱出上蔡东门逐狡兔，岂可得乎？"遂父子相哭，而夷三族。

李斯已死，二世拜赵高为中丞相，事无大小辄决于高。高自知权重，乃献鹿，谓之马。二世问左右："此乃鹿也？"左右皆曰"马也。"二世惊，自以为惑，乃召太卜，令卦之。太卜曰："陛下春秋郊祀，奉宗庙鬼神，斋戒不明，故至于此。可依盛德而明斋戒。"于是乃入上林斋戒。日游弋猎，有行人入上林中，二世自射杀之。赵高教其女婿咸阳令阎乐劾不知何人贼杀人移上林，高乃谏二世曰："天子无故贼杀不辜人，此上帝之禁也，鬼神不享，天且降殃，当远避宫以禳之。"二世乃出居望夷之宫。

留三日，赵高诈诏卫士，令士皆素服持兵内乡，入告二世曰："山东群盗兵大至！"二世上观而见之，恐惧，高即因劫令自杀，引玺而佩之，左右百官莫从，上殿，殿欲坏者三。高自知天弗与，群臣弗许，乃召始皇弟，授之玺。①

①徐广曰："一本曰'召始皇弟子婴，授之玺'。《秦本纪》云'子婴者，二世之兄子也'。"[索隐]曰：刘氏云："'弟'字误，当为'孙'，子婴也。"

子婴即位，患之，乃称疾不听事，与宦者韩谈及其子谋杀高。高上谒，请病，因召入，令韩谈刺杀之，夷其三族。

子婴立三月，沛公兵从武关入，至咸阳，群臣百官皆畔，不適。①子婴与妻子自系其颈以组，降轵道旁。②沛公因以属吏，项王至而斩之，遂以亡天下。

①徐广曰："適，音敌也。"

②[正义]曰：轵道在万年县东北十六里。

太史公曰：李斯以闾阎历诸侯，入事秦，因以瑕衅，以辅始皇，卒成帝业，斯为三公，可谓尊用矣。斯知六艺之归，不务明政以补主上之缺，持爵禄之重，阿顺苟合，严威酷刑，听高邪说，废適立庶。诸侯已畔，斯乃欲谏争，不亦末乎！人皆以斯极忠而被五刑死，察其本，乃与俗议之异。不然，斯之功且与周、邵列矣。

索隐述赞曰：鼠在所居，人固择地。斯效智力，功立名遂。置酒咸阳，人臣极位。一夫诳惑，变易神器。国丧身诛，本同末异。

史记卷八八
列传第二八

蒙恬

蒙恬者，其先齐人也。恬大父蒙骜，①自齐事秦昭王，官至上卿。秦庄襄王元年，蒙骜为秦将，伐韩，取成皋、荥阳，作置三川郡。二年，蒙骜攻赵，取三十七城。始皇三年，蒙骜攻韩，取十三城。五年，蒙骜攻魏，取二十城，作置东郡。始皇七年，蒙骜卒。骜子曰武，武子曰恬，恬尝书狱典文学。②始皇二十三年，蒙武为秦裨将军，与王翦攻楚，大破之，杀项燕。二十四年，蒙武攻楚，虏楚王。蒙恬弟毅。

①[索隐]曰：骜音遨，又邹氏音五到反。

②[索隐]曰：谓恬尝学狱法，遂作狱官文学。

始皇二十六年，蒙恬因家世得为秦将，攻齐，大破之，拜为内史。秦已并天下，乃使蒙恬将三十万众北逐戎狄，收河南。①筑长城，因地形，用制险塞，起临洮，②至辽东，③延袤万余里。于是渡河，据阳山，④逶蛇而北。暴师于外十余年，居上郡。是时蒙恬威振匈奴，始皇甚尊宠蒙氏，信任贤之，而亲近蒙毅，位至上卿，出则参乘，入则御前。恬任外事而毅常为内谋，名为忠信，故虽诸将相莫敢与之争焉。

①[正义]曰：谓灵及胜等州。

②徐广曰："属陇西。"

③[正义]曰：辽东郡在辽水东，始皇筑长城东至辽水，西南至海之上。

④徐广曰："五原西安阳县北，有阴山，阴山在河南，阳山在河北。"

赵高者，诸赵疏远属也。赵高昆弟数人，皆生隐宫，[①]其母被刑僇，世世卑贱。秦王闻高强力，通于狱法，举以为中车府令。高即私事公子胡亥，喻之决狱。高有大罪，秦王令蒙毅法治之。毅不敢阿法，当高罪死，除其宦籍，帝以高之敦于事也，[②]赦之，复其官爵。

①徐广曰："为宦者。"［索隐］曰：刘氏云："盖其父犯宫刑，妻子没为奴婢妻，后野合所生子皆承赵姓，并宫之，故云'兄弟生于隐宫'。"

②徐广曰："敦，一作'敏'。"

始皇欲游天下，道九原，[①]直抵甘泉，[②]乃使蒙恬通道，自九原抵甘泉，堑山堙谷，千八百里，道未就。始皇三十七年冬，行出游会稽，并海上，[③]北走琅邪，[④]道病，使蒙毅还祷山川，未反。始皇至沙丘崩，秘之，群臣莫知。

①［正义］曰：九原郡，今胜州连谷县是。

②［正义］曰：宫在雍州。

③［索隐］曰：并音白浪反。

④［索隐］曰：走音奏，走犹向也，邹氏音趋，趋亦向义，于字则乖。

是时，丞相李斯、公子胡亥、中车府令赵高常从。高雅得幸于胡亥，欲立之，又怨蒙毅法治之而不为己也，因有贼心，乃与丞相李斯、公子胡亥阴谋，立胡亥为太子。太子已立，遣使者以罪赐公子扶苏、蒙恬死。扶苏已死，蒙恬疑而复请之，使者以蒙恬属吏，更置，胡亥以李斯舍人为护军。

使者还报，胡亥已闻扶苏死，即欲释蒙恬。赵高恐蒙氏复贵而用事，怨之。毅还至，赵高因为胡亥忠计，欲以灭蒙氏，乃言曰："臣闻先帝欲举贤立太子久矣，而毅谏曰'不可'，若知贤而愈不立，则是不忠而惑主也。[①]以臣愚意，不若诛之。"胡亥听而系蒙毅于代。[②]前已囚蒙恬于阳周，丧至咸阳，已葬，太子立为二世皇帝，而赵高亲近，日夜毁恶蒙氏，求其罪过，举劾之。

①［索隐］曰：愈一作俞。俞即逾也，音臾，谓知太子贤而逾久不立，是不忠也。

②［正义］曰：今代州也，因祷山川至代而系之。

子婴进谏曰："臣闻故赵王迁杀其良臣李牧而用颜聚，燕王喜阴用荆轲之谋而倍秦之约，齐王建杀其故世忠臣而用后胜之议。此三君者，皆各以变古者失其国而殃及其身，今蒙氏，秦之大臣谋士也。而主欲一旦弃去之，臣窃以为不可。臣闻轻虑者不可以治国，独智者不可以存君。①诛杀忠臣而立无节行之人，是内使群臣不相信，而外使斗士之意离也，臣窃以为不可。”胡亥不听。

①徐广曰：“一无此字。”

而遣御史曲宫乘传之代，①令蒙毅曰：“先主欲立太子而卿难之，今丞相以卿为不忠，罪及其宗。朕不忍，乃赐卿死，亦甚幸矣。卿其图之！”毅对曰：“以臣不能得先主之意，则臣少宦顺，幸没世，可谓知意矣。②以臣不知太子之能，则太子独从，周旋天下，去诸公子绝远，臣无所疑矣。夫先主之举用太子，数年之积也，臣乃何言之敢谏，何虑之敢谋！非敢饰辞以避死也，为羞累先主之名，愿大夫为虑焉。使臣得死情实，且夫顺成全者，道之所贵也；刑杀者，道之所卒也。昔者秦穆公杀三良而死，罪百里奚而非其罪也，故立号曰‘缪’。昭襄王杀武安君白起，楚平王杀伍奢，吴王夫差杀伍子胥，此四君者，皆为大失，而天下非之，以其君为不明，以是籍于诸侯，③故曰‘用道治者不杀无罪而罚不加于无辜’，唯大夫留心！”使者知胡亥之意，不听蒙毅之言，杀之。

①[索隐]曰：曲，姓；宫，名。

②[索隐]曰：蒙毅言己少事始皇，顺旨蒙思幸，至始皇没世，可谓知上意也。

③[索隐]曰：言其恶声狼籍，布于诸国，而刘氏云：“诸侯皆记其恶于史籍”，非也。

二世又遣使者之阳周，令蒙恬曰：“君之过多矣，而卿弟毅有大罪，法及内史。”恬曰：“自吾先人，乃至子孙，积功信于秦三世矣。今臣将兵三十余万，身虽囚系，其势足以倍畔，然自知必死而守义者，不敢辱先人之教，以不忘先主也。昔周成王初立，未离襁褓，周公旦负王以朝，卒定天下。及成王有病甚殆，公旦自揃其爪以沉于河，曰：‘王未有识，是旦执事。有罪殃，旦受其不祥。’乃书而藏之记府，可谓信矣。及王能治国，有贼臣言：'周公旦欲为乱久矣，王若不备，必有大事。'王乃大怒，周公旦走而奔于楚。成王观于记府，得周公旦沉书，乃流涕曰：'孰谓周公旦欲为乱乎！'杀言之者而反周公旦。故《周书》曰：'必参而伍之'。①今恬之宗，世无二心，而事卒如此，是必孽臣逆乱，②内陵之道也。夫成王失而复振则卒昌，桀杀关龙逢，纣杀王子比干而不悔，身死则国亡，臣故曰过可振而谏可觉也。③察于参伍，上圣之法也。凡臣之言，非以求免于咎也，将以谏而死，愿陛下为万民思从道也。"使者曰："臣受诏行法于将军，不敢以将军言闻于上也。"蒙恬喟然太息曰："我何罪于天，无过而死乎？"良久，徐曰："恬罪固当死矣，起临洮属之辽东，城堑万余里，此其中不能无绝地脉哉？此乃恬之罪也。"乃吞药自杀。

①[索隐]曰：参谓三卿，伍即五大夫，欲参伍更议。

②徐广曰："一作'辞'。"

③[索隐]曰：此"故曰"者，必先志有此言，蒙恬引之以成说也，今不知出何书耳，振者，救也，然语亦倒，以言前人受谏可觉，则其过乃可救也。

太史公曰：吾适北边，自直道归，行观蒙恬所为秦筑长城亭障，堑山堙谷通直道，固轻百姓力矣。夫秦之初灭诸侯，天下之心未定，痍伤者未瘳，而恬为名将，不以此时强谏振百姓之急，养老存孤，务修众庶之和，而阿意兴功，此其兄弟遇诛，不亦宜乎？何乃罪地脉哉？

索隐述赞曰：蒙氏秦将，内史忠贤。长城首筑，万里安边。赵高矫制，扶苏死焉。绝地何罪？劳人是偾。呼天欲诉，三代良然。

史记卷八九
列传第二九

张耳陈余

[索隐]曰：张耳、吴芮，势侔楚汉；位埒齐韩，俱怀从沛之心。咸享誓河之业，爵在列侯之上，家传累代之基。长沙既曰令终赵王，亦谓善始，并可列同世家焉。

张耳者，大梁人也。①其少时，及魏公子毋忌为客。张耳尝亡命游外黄。②外黄富人女甚美，嫁庸奴，亡其夫，③去抵父客。④父客素知张耳，乃谓女曰："必欲求贤夫，从张耳。"女听，乃卒为请决，嫁之张耳。⑤张耳是时脱身游，女家厚奉给张耳，张耳以故致千里客。乃宦魏为外黄令。名由此益贤。

①[索隐]曰：臣瓒云："今陈留大梁城是也。"

②[索隐]曰：晋灼曰："命者，名也。谓脱名籍而逃。"崔浩曰："亡，无也。命，名也。逃匿则削除名籍，故以逃为亡命。"《地理志》外黄属陈留。

③徐广曰："一云'其夫亡'也。"

④如淳曰："父时故宾客。"[索隐]曰：如淳曰："抵，归也，音丁礼反。"

⑤[索隐]曰：谓女请父客为决绝其夫，而嫁之张耳。

陈余者，亦大梁人也。好儒术，数游赵苦陉。①富人公乘氏以其女妻之，亦知陈余非庸人也。余年少，父事张耳，两人相与为刎颈交。②

①张晏曰："苦陉，汉章帝改曰汉昌。"[索隐]曰：《地理志》属中山。[正义]曰：音邢，邢州唐昌县。

②[索隐]曰：崔浩云："言要齐生死，断颈无悔。"

秦之灭大梁也，张耳家外黄。高祖为布衣时，尝数从张耳游，客数月。秦灭魏数岁，已闻此两人魏之名士也，购求有得张耳千金，陈余五百金。张耳、陈余乃变名姓，俱之陈，为里监门①以自食。两人相对。里吏尝有过笞陈余，陈余欲起，张耳蹑之，②使受笞。吏去，张耳乃引陈余之桑下而数之曰："始吾与公言何如？今见小辱而欲死一吏乎？"陈余然之。秦诏书购求两人，两人亦反用门者以令里中。③

①张晏曰："监门，里正卫也。"

②徐广曰："一作'摄'。"

③[索隐]曰：案：门者即余、耳也。自以其名而号令里中，诈更别求也。

陈涉起蕲，至入陈，兵数万。张耳、陈余上谒陈涉。涉及左右生平数闻张耳、陈余贤，未尝见，见即大喜。

陈中豪杰父老乃说陈涉曰："将军身被坚执锐，率士卒以诛暴秦，复立楚社稷，存亡继绝，功德宜为王。且夫监临天下诸将，不为王不可，愿将军立为楚王也。"陈涉问此两人，两人对曰："夫秦为无道，破人国家，灭人社稷，绝人后世，罢百姓之力，尽百姓之财。将军瞋目张胆，出万死不顾一生之计，为天下除残也。今始至陈而王之，示天下私。愿将军毋王，急引兵而西，遣人立六国后，自为树党，为秦益敌也。敌多则力分，与众则兵强。如此野无交兵，县无守城，诛暴秦，据咸阳以令诸侯。诸侯亡而得立，以德服之，如此则帝业成矣。今独王陈，恐天下解也。"①陈涉不听，遂立为王。

①[正义]曰：解，纪卖反，言天下诸侯见陈胜称王王陈，皆解堕不相从也。

陈余乃复说陈王曰："大王举梁、楚而西，务在入关，未及收河北也。臣尝游赵，知其豪桀及地形，愿请奇兵北略赵地。"于是陈王以故所善陈人武臣为将军，邵骚为护军，以张耳、陈余为左右校尉，予卒三千人，北略赵地。

武臣等从白马渡河，①至诸县，说其豪桀曰：②"秦为乱政虐刑以残贼天下，数十年矣。北有长城之役，南有五岭之戍，③外内骚动，百姓罢敝，头会箕敛，④以供军费，财匮力尽，民不聊生。重之以苛法峻刑，使天下父子不相安。陈王奋臂为天下倡始，王楚之地，方二千里，莫不响应，家自为怒，人自为斗，各报其怨而攻其仇，县杀其令丞，郡杀其守尉。今已张大楚，王陈，使吴广、周文将卒百万西击秦。于此时而不成封侯之业者，非人豪也。诸君试相与计之！夫天下同心而苦秦久矣。因天下之力而攻无道之君，报父兄之怨而成割地有土之业，此士之一时也。”豪桀皆然其言，乃行收兵，得数万人，号武臣为武信君。

①[索隐]曰：案：郦食其云：“白马之津”，白马津是渡，其地与黎阳对岸。

②邓展曰：“至河北县说之。”

③《汉书音义》曰：“岭有五，因以为名，在交阯界中也。”[索隐]曰：裴氏《广州记》云“大庾、始安、临贺、桂阳、揭阳斯五岭。”

④《汉书音义》曰：“家家人头数出谷，以箕敛之。”

下赵十城，余皆城守，莫肯下。

乃引兵东北击范阳。范阳人蒯通说范阳令曰：①窃闻公之将死，故吊。虽然，贺公得通而生。”范阳令曰：何以吊之？”对曰：“秦法重，足下为范阳令十年矣，杀人之父，孤人之子，断人之足，黥人之首，不可胜数。然而慈父孝子莫敢倳刃②公之腹中者，③畏秦法耳。今天下大乱，秦法不施，然则慈父孝子且倳刃公之腹中以成其名，此臣之所以吊公也。今诸侯畔秦矣，武信君兵且至，而君坚守范阳，少年皆争杀君，下武信君。君急遣臣见武信君，可转祸为福，在今矣。”

①《汉书》曰：“范阳令徐公。”

②徐广曰：“倳音菑。”

③李奇曰：“东方人以物插地皆为倳。”

范阳令乃使蒯通见武信君曰：“足下必将战胜然后略地，攻得然后下城，臣窃以为过矣。诚听臣之计，可不攻而降城，不战而略地，传檄而千里定，可乎？”武信君曰：“何谓也？”蒯通曰：“今范阳令宜整顿其士卒以守战者也，怯而畏死，贪而重富贵，故欲先天下降，畏君以为秦所置吏，诛杀如前十城也。然今范阳少年亦方杀其令，自以城距君。君何不赍臣侯印，拜范阳令，范阳令则以城下君，少年亦不敢杀其令。令范阳令乘朱轮华毂，使驱驰燕、赵郊。燕、赵郊见之，皆曰此范阳令，先下者也，即喜矣，燕、赵城可毋战而降也。此臣之所谓传檄而千里定者也。”武信君从其计，因使蒯通赐范阳令侯印。赵地闻之，不战以城下者三十余城。

至邯郸，张耳、陈余闻周章军入关，至戏却；①又闻诸将为陈王徇地，多以谗毁得罪诛，怨陈王不用其策不以为将而以为校尉。乃说武臣曰：“陈王起蕲，至陈而王，非必立六国后。将军今以三千人下赵数十城，独介居河北，②不王无以填之。且陈王听谗，还报，恐不脱于祸。又不如立其兄弟；不，即立赵后。将军毋失时，时间不容息。”③武臣乃听之，遂立为赵王。以陈余为大将军，张耳为右丞相，邵骚为左丞相。

①苏林曰：“戏，地名；却，兵退也。”[正义]曰：戏音羲，出骊山。

②晋灼曰：“介音戛。”瓒曰：“《方言》云介，特也。”

③[索隐]曰：以言举事不可失时，时机之迅速，其间不容一喘息顷也。

使人报陈王，陈王大怒，欲尽族武臣等家，而发兵击赵。陈王相国房君谏曰：“秦未亡而诛武臣等家，此又生一秦也。不如因而贺之，使急引兵西击秦。”陈王然之，从其计，徙系武臣等家宫中，封张耳子敖为成都君。

陈王使使者贺赵，令趣发兵西入关。张耳、陈余说武臣曰：“王王赵，非楚意，特以计贺王。楚已灭秦，必加兵于赵。愿王毋西兵，北徇燕、代，南收河内以自广。赵南据大河，北有燕、代，楚虽胜秦，必不敢制赵。”赵王以为然，因不西兵，而使韩广略燕，李良略常山，张黡略上党。

韩广至燕，燕人因立广为燕王。①赵王乃与张耳、陈余北略地燕界。赵王间出，为燕军所得。燕将囚之，欲与分赵地半，乃归王。使者往，燕辄杀之以求地。张耳、陈余患之。有厮养卒谢其舍中曰：②“吾为公说燕，与赵王载归。”舍中皆笑曰：“使者往十余辈，辄死，若何以能得王？”乃走燕壁，燕将见之，问燕将曰：“知臣何欲？”燕将曰：“若欲得赵王耳，”曰：“君知张耳、陈余何如人也？”燕将曰：

“贤人也。”曰：“知其志何欲?”曰：“欲得其王耳。”赵养卒乃笑曰：“君未知此两人所欲也。夫武臣、张耳、陈余杖马箠下赵数十城，③此亦各欲南面而王，岂欲为卿相终已邪？夫臣与主岂可同日而道哉，顾其势初定，未敢参分而王，且以少长先立武臣为王，以持赵心。今赵地已服，此两人亦欲分赵而王，时未可耳。今君乃囚赵王，此两人名为求赵王，实欲燕杀之，此两人分赵自立。夫以一赵尚易燕，况以两贤王左提右挈，而责杀王之罪，④灭燕易矣。”燕将以为然，乃归赵王，养卒为御而归。

①徐广曰：“九月也。”

②如淳曰：“厮，贱者也。《公羊传》曰：‘厮役扈养’。”韦昭曰：“析薪为厮，炊烹为养。”晋灼曰：“以辞相告曰谢也。”[索隐]曰：谓其同舍中之人也。《汉书》作“舍人”。

③张晏曰：“言其不用兵革，驱策而已也。”[索隐]曰：杖音丈。箠音之委反。

④徐广曰：“《平原君传》曰‘事成执右券以责’也，券契义同耳。”

李良已定常山，还报，赵王复使良略太原。至石邑，①秦兵塞井陉，未能前。秦将诈称二世使人遗李良书，不封，②曰：“良尝事我得显幸。良诚能反赵为秦，赦良罪，贵良。”良得书，疑不信。乃还之邯郸，益请兵。未至，道逢赵王姊出饮，从百余骑。李良望见，以为王，伏谒道旁。王姊醉，不知其将，使骑谢李良。李良素贵，起，惭其从官。从官有一人曰：“天下叛秦，能者先立。且赵王素出将军下，今女儿乃不为将军下车，请追杀之。”李良已得秦书，固欲反赵，未决，因此怒，遣人追杀王姊道中，乃遂将其兵袭邯郸。邯郸不知，竟杀武臣、邵骚。赵人多为张耳、陈余耳目者，以故得脱出。收其兵，得数万人。客有说张耳曰：“两君羁旅，而欲附赵，难；独立赵后，扶以义，可就功。”③乃求得赵歇，④立为赵王，居信都。⑤李良进兵击陈余，陈余败李良，李良走归章邯。

①[索隐]曰：《地理志》属常山。

②张晏曰：“欲其漏泄，君臣相疑。”

③[索隐]曰：案：羁旅势弱，难以立功也。谓独有立六国赵王之后，可以成

功。

④徐广曰:“正月也,音乌锗反。”骃案:张晏曰:“赵之苗裔。”

⑤徐广曰:“后项羽改曰襄国。”

章邯引兵至邯郸,皆徙其民河内,夷其城郭。张耳与赵王歇走入钜鹿城,王离围之。陈余北收常山兵,得数万人,军钜鹿北。章邯军钜鹿南棘原,筑甬道属河,饷王离。王离兵食多,急攻钜鹿。钜鹿城中食尽兵少,张耳数使人召前陈余,陈余自度兵少,不敌秦,不敢前。数月,张耳大怒,怨陈余,使张黡、陈泽①往让陈余曰:“始吾与公为刎颈交,今王与耳旦暮且死,而公拥兵数万,不肯相救,安在其相为死!苟必信,胡不赴秦军俱死?且有十一二相全。”②陈余曰:“吾度前终不能救赵,徒尽亡军。且余所以不俱死,欲为赵王、张君报秦。今必俱死,如以肉委饿虎,何益?”张黡、陈泽曰:“事已急,要以俱死立信,安知后虑!”陈余曰:“吾死顾以为无益。必如公言。”乃使五千人令张黡、陈泽先尝秦军,③至皆没。

①[正义]曰:音释。

②[正义]曰:十中冀一两胜秦。

③[索隐]曰:崔浩云:“尝犹试。”

当是时,燕、齐、楚闻赵急,皆来救。张敖亦北收代兵,得万余人,来,皆壁余旁,未敢击秦。项羽兵数绝章邯甬道,王离军乏食,项羽悉引兵渡河,遂破章邯。①章邯引兵解,诸侯军乃敢击围钜鹿秦军,遂虏王离。涉间自杀。卒存钜鹿者,楚力也。

①徐广曰:“三年十二月也。”

于是赵王歇、张耳乃得出钜鹿,谢诸侯。张耳与陈余相见,责让陈余以不肯救赵,及问张黡、陈泽所在。陈余怒曰:“张黡、陈泽以必死责臣,臣使将五千人先尝秦军,皆没不出。”张耳不信,以为杀之,数问陈余,陈余怒曰:“不意君之望臣深也!①岂以臣为重去将哉?”②乃脱解印绶,推予张耳。张耳亦愕不受。陈余起如厕。客有说张耳曰:“臣闻‘天与不取,反受其咎’。③今陈将军与君印,君不受,反天不祥,急取之!”张耳乃佩其印,收其麾下。而陈余还,亦望张耳不让,[4]遂趋出。张耳遂收其兵。陈余独与麾下所善数百人之河上泽中渔猎。由此陈余、张耳遂有隙。

①[索隐]曰:望,怨责也。

②[索隐]曰:案:重训难也。或云重,惜也。

③[索隐]曰:此辞出《国语》。

④[正义]曰:言陈余如厕还,亦怨望张耳不让其印。

赵王歇复居信都,张耳从项羽诸侯入关。汉元年二月,项羽立诸侯王,张耳雅游,[1]人多为之言,项羽亦素数闻张耳贤,乃分赵立张耳为常山王,治信都。信都更名襄国。陈余客多说项羽曰:"陈余、张耳一体有功于赵。"项羽以陈余不从入关,闻其在南皮,[2]即以南皮旁三县以封之,而徙赵王歇王代。[3]

①韦昭曰:"雅,素也。"[索隐]曰:郑氏云:"雅,故也。"韦昭云:"雅,素。"然素亦故也,雅游,言惯游从,故多为人所称誉。

②[索隐]曰:《地理志》属勃海。[正义]曰:故城在沧州南皮县北四里也。

③徐广曰:"都代县。"

张耳之国,陈余愈益怒,曰:"张耳与余功等也,今张耳王,余独侯,此项羽不平。"及齐王田荣畔楚,陈余乃使夏说说田荣曰:[1]"项羽为天下宰不平,尽王诸将善地,徙故王王恶地,今赵王乃居代!愿王假臣兵,请以南皮为扞蔽。"田荣欲树党于赵以反楚,乃遣兵从陈余。陈余因悉三县兵袭常山王张耳,张耳败走,念诸侯无可归者,曰:"汉王与我有旧故,[2]而项羽又强,立我,我欲之楚。"[3]甘公曰:[4]汉王之入关,五星聚东井,东井者,秦公也。先至必霸,楚虽强,后必属汉。"故耳走汉,[5]汉王亦还定三秦,方围章邯废丘。张耳谒汉王,汉王厚遇之。

①[正义]曰:上"说"音悦,下武锐反。

②张晏曰:"汉王为布衣时,尝从张耳游。"

③张晏曰:"羽既强盛,又为所立,是以狐疑莫知所往也。"

④文颖曰:"善说星者甘氏也。"[索隐]曰:《天官书》云"齐甘公",《艺文志》云"楚有甘公,齐楚不同。"刘歆《七略》云"公一名德"。

⑤徐广曰:"二年十月也。"

陈余已败张耳，皆复收赵地，迎赵王于代，复为赵王。赵王德陈余，立以为代王。陈余为赵王弱，国初定，不之国，留傅赵王，而使夏说以相国守代。

汉二年，东击楚，使使告赵，欲与俱，陈余曰："汉杀张耳乃从。"于是汉王求人类张耳者斩之，持其头遗陈余。陈余乃遣兵助汉。汉之败于彭城西，陈余亦复觉张耳不死，即背汉。

汉三年，韩信已定魏地，遣张耳与韩信击破赵井陉，①斩陈余泜水上，②追杀赵王歇襄国。汉立张耳为赵王。③

①徐广曰："三年十月。"

②徐广曰："在常山。音迟，一音丁礼反。"[索隐]曰：苏林音祗。晋灼音邸，今俗呼此水则然。案：《地理志》音脂，则苏音为得。郭景纯注《山海经》云"泜水出常山中丘县"。[正义]曰：在赵州赞皇县界。

③徐广曰："四年十一月。"骃案：《汉书》"四年夏"。

汉五年，张耳薨，谥为景王。子敖嗣立为赵王。高祖长女鲁元公主为赵王敖后。

汉七年，高祖从平城过赵，赵王朝夕袒韝蔽，①自上食，礼甚卑，有子婿礼，高祖箕倨詈，甚慢易之。②赵相贯高、赵午等年六十余，③故张耳客也。生平为气，乃怒曰："吾王孱王也！"④说王曰："夫天下豪桀并起，能者先立。今王事高祖甚恭，而高祖无礼，请为王杀之！"张敖啮其指出血，⑤曰："君何言之误！且先人亡国，赖高祖得复国，德流子孙，秋豪皆高祖力也。愿君无复出口。"贯高、赵午等十余人皆相谓曰："乃吾等非也。吾王长者，不倍德，且吾等义不辱，今怨高祖辱我王，故欲杀之，何乃污王为乎？⑥令事成归王，事败独身坐耳。"

①徐广曰："韝者，臂捍也。"

②[索隐]曰：崔浩云："屈膝坐，其形如箕。"

③徐广曰："《田叔传》云'赵相赵午等数十人皆怒'，然则或宜言六十余人。"

④孟康曰："音如'潺湲'之'潺'，冀州人谓懦弱为孱。"韦昭曰："仁谨貌。"[索隐]曰：案：服虔音钽闲反，弱小貌也，小颜音仕连反。

⑤[索隐]曰：案：小颜曰："啮指以表至诚，为其约誓。"

⑥[索隐]曰：《汉书》作汙，萧该音一故反。《说文》云："汙，秽也。"

汉八年，上从东垣还，过赵，贯高等乃壁人柏人，①要之置厕。②上过欲宿，心动，问曰："县名为何？"曰："柏人。""柏人者，迫于人也！"不宿而去。

①[索隐]曰：谓于柏人县馆舍壁中著人，欲为变也。[正义]曰：柏人故城在邢州柏人县西北十二里，即高祖宿处也。

②韦昭曰："为供置也。"[索隐]曰：文颖云："置人厕壁中，以伺高祖也。"张晏云："凿壁空之，令人止中也。"今按云："置厕"者，置人于复壁中，谓之置厕，厕者，隐侧之处，因以为言也。亦音恻。

汉九年，贯高怨家知其谋，乃上变告之。于是上皆并逮捕赵王、贯高等。十余人皆争自刭，贯高独怒骂曰："谁令公为之？今王实无谋，而并捕王；公等皆死，谁白王不反者！"乃轞车胶致，①与王诣长安，治张敖之罪，上乃诏赵群臣宾客有敢从王皆族。贯高与客孟舒等十余人，皆自髡钳，为王家奴，从来。贯高至，对狱，曰："独吾属为之，王实不知。"吏治榜笞数千，刺剟，②身无可击者，终不复言，吕后数言张王以鲁元公主故，不宜有此。上怒曰："使张敖据天下，岂少而女乎！"不听，廷尉以贯高事辞闻，上曰："壮士！谁知者，以私问之。"③中大夫泄公曰：④臣之邑子，素知之。此固赵国立名义不侵为然诺者也。"上使泄公持节问之箯舆前。⑤仰视曰："泄公邪？"泄公劳苦如生平欢，与语，问张王果有计谋不。高曰："人情宁不各爱其父母妻子乎？今吾三族皆以论死，岂以王易吾亲哉！顾为王实不反，独吾等为之。"具道本指所以为者王不知状，于是泄公入，具以报，上乃赦赵王。

①[正义]曰：谓其车上著板，四周如槛形，膠密不得开，送致京师也。

②徐广曰："丁劣反。"[索隐]曰：案：掇亦刺也，《汉书》作"刺爇"。张晏云"爇，灼也"。《说文》云"烧也"。应劭云"以铁刺之"。

③瓒曰："以私情相问。"

④[正义]曰：泄，姓也。史有泄私。

⑤徐广曰："箯音鞭。"骃案：韦昭曰"舆如今舆床，人舆以行。"[索隐]曰：

服虔云“音编，编竹木如今峻，可以粪除也”。何休注《公羊》“筍音峻，筍者，竹篾，一名编，齐、鲁已北名为筍”。郭璞《三仓注》云：“篾舆，土器。”

上贤贯高为人能立然诺，使泄公具告之，曰：“张王已出。”因赦贯高，贯高喜曰：“吾王审出乎？”泄公曰：“然。”泄公曰：“上多足下，故赦足下。”贯高曰：“所以不死一身无余者，白张王不反也。今王已出，吾责已塞，死不恨矣。且人臣有篡杀之名，何面目复事上哉！纵上不杀我，我不愧于心乎？”乃仰绝肮，遂死。①当此之时，名闻天下。

①韦昭曰：“肮，咽也。”[索隐]曰：苏林云：“肮，颈大脉也，俗所谓胡脉，音下郎反。”肃该或音下浪反。

张敖已出，以尚鲁元故，封为宣平侯。①于是上贤张王诸客，以钳奴从张王入关，无不为诸侯相、郡守者，及孝惠、高后、文帝、孝景时，张王客子孙皆得为二千石。

①[索隐]曰：韦昭曰：“尚，奉也。不敢言取。”崔浩云“奉事公主”。小颜云“尚，配也”。《易》：“‘得尚于中行’，王弼亦以尚为配，恐非其义。”

张敖高后六年薨。①子偃为鲁元王。以母吕后女故，吕后封为鲁元王。②元王弱，兄弟少，及封张敖他姬子二人：寿为乐昌侯，③侈为信都侯。高后崩，诸吕无道，大臣诛之，而废鲁元王及乐昌侯、信都侯。孝文帝即位，复封故鲁元王偃为南宫侯，续张氏。④

①《关中记》曰：“张敖冢在安陵东。”[正义]曰：鲁元公主墓在咸阳县西北二十五里，次东有张敖冢，与公主同域。又张耳墓在咸阳县东三十三里。

②[索隐]曰：案：谓偃以其母号而封也。

③徐广曰：“《汉纪·张酺传》曰：‘张敖之子寿封乐昌侯，食细阳之池阳乡也。’”

④张敖谥武侯，张偃之孙有罪绝。信都侯名侈，乐昌侯名寿。

太史公曰：张耳、陈余，世传所称贤者；其宾客厮役，莫非天下俊桀，所居国无不取卿相者。然张耳、陈余始居约时，①相然信以死，岂顾问哉。[2]及据国争权，卒相灭亡，何乡者相慕用之诚，后相倍之戾也！岂非以利哉？[3]名誉虽高，宾客虽盛，所由殆与太伯、延陵季子异矣。

①《汉书音义》曰："在贫贱时也。"

②[索隐]曰：葛洪《要用字宛》云"然犹尔也"。谓相和同诺者何也。谓然诺相信，虽死不顾也。

③[索隐]曰：有本作"私利交"，《汉书》作"势利交"，故《廉颇传》云"天下以市道交，君有势则从君，无势则去，此固其理"也。

索隐述赞曰：张既、陈余，天下豪俊。忘年羁旅，刎颈相信，耳围钜鹿，余兵不进。张耳望深，陈乃去印。势利倾夺，隙末成衅。

史记卷九〇
列传第三〇

魏豹彭越

魏豹者，故魏诸公子也。其兄魏咎，故魏时封为宁陵君。①秦灭魏，迁咎为家人。陈胜之起王也，②咎往从之。陈王使魏人周市徇魏地，魏地已下，欲相与立周市为魏王。周市曰："天下昏乱，忠臣乃见。③今天下共叛秦，其义必立魏王后乃可。"齐、赵使车各五十乘，立周市为魏王，市辞不受，迎魏咎于陈。五反，陈王乃遣立咎为魏王。④

①[索隐]曰：案：《彭越传》云"魏豹，魏王咎从弟，真魏后也"。[索隐]曰：案：晋灼云："宁陵，梁国县也，即今宁陵是。"

②[正义]曰：王，于放反。

③[索隐]曰：《老子》曰"国家昏乱有忠臣"，此取以为说也。

④徐广曰："元年十二月也。"

章邯已破陈王，乃进兵击魏王于临济。①魏王乃使周市出请救于齐、楚。齐、楚遣项它、田巴将兵随市救魏。②章邯遂击破杀周市等军，围临济。咎为其民约降。约定，咎自烧杀。

①[正义]曰：故城在淄州高苑县北二里，本汉县。

②[索隐]曰：案：项它，楚将；田巴，齐将也。[正义]曰：它，徒多反。

魏豹亡走楚。①楚怀王予魏豹数千人，复徇魏地。项羽已破秦，降章邯。豹下魏二十余城。立豹为魏王。豹引精兵从项羽入关。汉元年，项羽封诸侯，欲有梁地，乃徙魏王豹于河东，都平阳，②为西魏王。

①徐广曰："二年六月。"

②[正义]曰：今晋州。

汉王还定三秦，渡临晋，①魏王豹以国属焉，遂从击楚于彭城。汉败，还至荥阳，豹请归视亲病，至国，即绝河津叛汉。汉王闻魏豹反，方东忧楚，未及击，谓郦生曰："缓颊往说魏豹，能下之，吾以万户封若。"郦生说豹，豹谢曰：人生一世间，如白驹过隙耳。②今汉王慢而侮人，骂詈诸侯群臣如骂奴耳，非有上下礼节也，吾不忍复见也。"于是汉王遣韩信击虏豹于河东，③传诣荥阳，以豹国为郡。④汉王令豹守荥阳，楚围之急，周苛遂杀魏豹。

①[正义]曰：临晋在同州朝邑县界。

②[索隐]曰：《庄子》云"无异骐骥之驰过隙"，则谓马也。小颜云："白驹谓日影也。隙，壁隙也。"以言速疾，若日影过壁隙也。

③徐广曰："二年九月也。"

④《高祖本纪》曰："置三郡：河东、太原，上党。"

彭越者，昌邑人也，①字仲。常渔钜野泽中，为群盗。陈胜、项梁之起，少年或谓越曰："诸豪杰相立叛秦，仲可以来，亦效之。"彭越曰："两龙方斗，且待之。"

①[正义]曰：汉武更山阳为昌邑国，有梁丘乡。梁丘故城在曹州城武县东北三十三里。

居岁余，泽间少年相聚百余人，往从彭越，曰："请仲为长。"越谢曰："臣不愿与诸君。"少年强请，乃许。与期旦日日出会，后期者斩。①旦日日出，十余人后，后者到日中。于是越谢曰："臣老，诸君强以为长。今期而多后，不可尽诛，诛最后者一人。"令校长斩之，皆笑曰："何至是？请后不敢。"于是越，乃引一人斩之，设坛祭，乃令徒属。徒属皆大惊，畏越，莫敢仰视。乃行略地，收诸侯散卒，得千余人。

①[索隐]曰：旦日谓明日之朝日出时也。

沛公之从砀北①击昌邑，彭越助之。昌邑未下，沛公引兵西。彭越亦将其众居钜野中，收魏散卒。项籍入关，王诸侯，还归，彭越众万余人毋所属。

①[正义]曰:砀音徒郎反。宋州砀山县。

汉元年秋,齐王田荣叛项王,汉乃使人赐彭越将军印,使下济阴以击楚。楚命萧公角①将兵击越,越大破楚军。汉王二年春,与魏王豹及诸侯东击楚,彭越将其兵三万余人归汉于外黄。汉王曰:"彭将军收魏地得十余城,欲急立魏后。今西魏王豹亦魏王咎从弟也,真魏后,"乃拜彭越为魏相国,擅将其兵,略定梁地。②

①[正义]曰:萧县令。楚县令称公。角,名。

②[索隐]曰:擅犹专也。

汉王之败彭城解而西也,彭越皆复亡其所下城,独将其兵北居河上。①汉王三年,彭越常往来为汉游兵,击楚,绝其后粮于梁地。汉四年冬,项王与汉王相距荥阳,彭越攻下睢阳、外黄十七城。②项王闻之,乃使曹咎守成皋,③自东收彭越所下城邑,皆复为楚。④越将其兵北走谷城。⑤汉五的秋,项王之南走阳夏,⑥彭越复下昌邑旁二十余城,得谷十余万斛,以给汉王食。

①[正义]曰:滑州河上。

②[正义]曰:睢阳,宋州宋城也。外黄在汴州雍丘县东。

③[正义]曰:河南府汜水是。

④[正义]曰:为,于伪反。

⑤[正义]曰:在齐州东阿县东二十六里是。

⑥[正义]曰:夏,古雅反。陈州太康县也。

汉王败,使使召彭越并力击楚。越曰:"魏地初定,尚畏楚,未可去。"汉王追楚,为项籍所败固陵。①乃谓留侯曰:"诸侯兵不从,为之奈何?"留侯曰:"齐王信之立,非君王之意,信亦不自坚。彭越本定梁地,功多。始君王以魏豹故,拜彭越为魏相国。今豹死毋后,且越亦欲王,而君王不早定。与此两国约:即胜楚,睢阳以北至谷城,②皆以王彭相国;从陈以东傅海,③与齐王信。齐王信家在楚,此其意欲复得故邑。君王能出捐此地许二人,二人今可致;即不能,事未可知也。"于是汉王乃发使使彭越,如留侯策。使者至,彭越乃悉引兵会垓下,④遂破楚。五年,项籍已死。春,立彭越为梁王,都定陶。⑤

①[正义]曰:固陵,地名,在陈州宛丘县西北三十二里。

②[正义]曰:从宋州以北至郓州西,曹、濮、汴、滑并与彭越。

③[正义]曰:从陈、颖州北以东,亳、泗、徐、淮北之地,东至海,并淮南、淮阴之邑,尽与韩信。韩信又先有故齐旧地。

④[正义]曰:在亳州也。

⑤[正义]曰:曹州。

六年,朝陈。九年,十年,皆来朝长安。

十年秋,陈豨反代地,高帝自往击,至邯郸,征兵梁王。梁王称病,使将将兵诣邯郸。高帝怒,使人让梁王。梁王恐,欲自往谢。其将扈辄曰:"王始不往,见让而往,往则为擒矣。不如遂发兵反。"梁王不听,称病。

梁王怒其太仆,欲斩之。太仆亡走汉,告梁王与扈辄谋反。于是上使使掩梁王,梁王不觉。捕梁王,囚之雒阳。有司治反形已具,①请论如法。上赦以为庶人,传处蜀青衣。②西至郑,③逢吕后从长安来,欲之雒阳,道见彭王。彭王为吕后泣涕,自言无罪,倾处故昌邑。吕后许诺,等俱东至洛阳。吕后白上曰:"彭王壮士,今徙之蜀,此自遗患,④不如遂诛之。妾谨与俱来。"于是吕后乃令其舍人告彭越复谋反。廷尉王恬开奏请族之。上乃可,遂夷越宗族,国除。

①张晏曰:"扈辄劝越反,不听,而云'反形已见',有司非也。"瓒曰:"扈辄劝越反,而越不诛辄,是反形已具。"

②文颖曰:"青衣,县名,在蜀。"瓒曰:"今汉嘉是也。"[索隐]曰:苏林曰:"县名今为临邛。"瓒说为是。

③[索隐]曰:《地理志》郑属京兆。[正义]曰:华州。

④[正义]曰:上唯季反。

太史公曰:魏豹、彭越虽故贱,然已席卷千里,①南面称孤,喋血②乘胜日有闻矣。怀叛逆之意,及败,不死而虏囚,身被刑戮,何哉?中材已上且羞其行,况王者乎!彼无异故,智略绝人,独患无身耳。得摄尺寸之柄，其云蒸龙变，欲有所会其度，以故幽囚而不辞云。

①[正义]曰：言魏地阔千里，台席卷舒。

②徐广曰："喋，一作'唼'。《韩传》亦有'喋血'语也。"[索隐]曰：音牒，喋犹践也，杀敌践血而行，《孝文纪》"喋血京师"是也。

索隐述赞曰：魏咎兄弟，因时而王。豹后属楚，其国遂亡。仲起昌邑，归汉外黄。往来声援，再续军粮。征兵不往，俎醢何伤。

史记卷九一
列传第三一

黥布

黥布者，六人也，①姓英氏。②秦时为布衣。少年，有客相之曰："当刑而王。"及壮，坐法黥。布欣然笑曰："人相我当刑而王，几是乎？"③人有闻者，共俳笑之。④布已论输丽山。⑤丽山之徒数十万人，布皆与其徒长豪杰交通，乃率其曹偶，⑥亡之江中为群盗。

①[索隐]曰：《地理志》庐江有六县。苏林曰："今为六安也。"

②[索隐]曰：按：布本姓英，英、国名也，咎繇之后。布以少时有人相云"当刑而王"，故《汉杂事》云"布改姓黥，以厌当之"也。[正义]曰：故六城在寿州安丰县西南百三十三里。按：黥布封淮南王，都六，即此城。又《春秋传》六与蓼，咎繇之后，或封于英、六，盖英后改为蓼也。

③徐广曰："几，一作'岂'。"骃案谓几，近也。[索隐]曰："臣瓒音机。"《楚汉春秋》作"岂是乎"，故徐广云一作"岂"，刘氏作"祈"，祈者语辞也，亦通。

④[索隐]曰：谓众共以俳优辈笑之。

⑤[正义]曰：言布论决受黥竟，丽山作陵也。时会稽郡输身徒。

⑥[索隐]曰：曹，辈也。偶，类也。谓徒之辈类。

陈胜之起也，布乃见番君，与其众叛秦，聚兵数千人。番君以其女妻之。章邯之灭陈胜，破吕臣军，布乃引兵北击秦左右校，破之清波，引兵而东。闻项梁定江东会稽，①涉江而西。陈婴以项氏世为楚将，乃以兵属项梁，渡淮南，英布、蒲将军亦以兵属项梁。项梁涉淮而西，击景驹、秦嘉等，布常冠军。

①[正义]曰:时会稽郡所理在吴阖闾城中。

项梁至薛,①闻陈王定死,乃立楚怀王。项梁号为武信君,英布为当阳君。②项梁败死定陶,怀王徙都彭城,诸将英布亦皆保聚彭城。当是时,秦急围赵,赵数使人请救。怀王使宋义为上将,范曾为末将,项籍为次将,英布、蒲将军皆为将军,悉属宋义,北救赵。项籍杀宋义于河上,怀王因立籍为上将军,诸将皆属项籍,项籍使布先渡河击秦,布数有利,籍乃急引兵涉河从之,遂破秦军,降章邯等。楚兵常胜,功冠诸侯。诸侯兵皆以服属楚者,以布数川少败众也。

①[正义]曰:薛古城在徐州滕县界也。

②[正义]曰:南郡当阳县也。

项籍之引兵西至新安①又使布等夜击坑章邯秦卒二十余万人。至关,不得入,又使布等先从间道②破关下军,遂得入,至咸阳。布常为军锋。③项王封诸将,立布为九江王,都六。

①[正义]曰:新安故城在河南府渑池县东二十二里。

②[索隐]曰:邹氏云:"间犹闲也,谓私也。"今以间音纪苋反,间道即他道,犹若反间之义。

③[索隐]曰:案:《汉书》作"楚军前簿"。簿者卤簿。

汉元年四月,诸侯皆罢戏下,各就国。项氏立怀王为义帝,徙都长沙,乃阴令九江王布等行击之。其八月,布使将击义帝,追杀之郴县。①

①[正义]曰:上丑林反。今郴州有义帝冢及祠。

汉二年,齐王田荣叛楚,项王往击齐,征兵九江,九江王布称病不往,遣将将数千人行。汉之败楚彭城,布又称病不佐楚。项王由此怨布,数使使者诮让①召布,布愈恐,不敢往。项王方北忧齐、赵,西患汉,所与者独九江王,又多布材,欲亲用之,以故未击。

①《汉书音义》曰:"诮,责也。"

汉三年,汉王击楚,大战彭城,不利,出梁地,至虞,①谓左右曰:"②如彼等者,无足与计天下事。"谒者随何进曰:"不审陛下所谓。"汉王曰:"孰能为我使淮南,令之发兵背楚,留项王于齐数月,我之取天下可以百全。"随何曰:"臣请使之。"乃与二十人俱,使淮南。

①[正义]曰：今宋州虞城也。

②[索隐]曰：案：谓随何。

至，因太宰主之，①三日不得见。随何因说太宰曰："王之不见何，必以楚为强，以汉为弱，此臣之所以为使。使何得见，言之而是邪，是大王所欲闻也；言之而非邪，使何等二十人伏斧质淮南市，以明王背汉而与楚也。"太宰乃言之王，王见之。

①《汉书音义》曰："背淮南太宰作内主也。"韦昭曰："主，舍也。"[索隐]曰：太宰，掌膳食之官。"

随何曰："汉王使臣敬进书大王御者，窃怪大王与楚何亲也。"淮南王曰："寡人北向而臣事之。"随何曰："大王与项王俱列为诸侯，北向而臣事之，必以楚为强，可以托国也。项王伐齐，身负板筑，①以为士卒先，大王宜悉淮南之众，身自将之，为楚军前锋，今乃发四千人以助楚。夫北面而臣事人者，固若是乎？夫汉王战于彭城，项王未出齐也，大王宜骚②淮南之兵渡淮，日夜会战彭城下，大王抚万人之众，无一人渡淮者，垂拱而观其孰胜。夫托国于人者，固若是乎？大王提空名以向楚，而欲厚自托，臣窃为大王不取也。然而大王不背楚者，以汉为弱也。夫楚兵虽强，天下负之以不义之名，③以其背盟约而杀义帝也。然而楚王恃战胜自强，汉王收诸侯，还守成皋，荥阳，下蜀，汉之粟，深沟壁垒，分卒守徼乘塞，④楚人还兵，间以梁地，深入敌国八九百里，⑤欲战则不得，攻城则力不能，老弱转粮千里之外，楚兵至荥阳，成皋，汉坚守而不动，时则不得攻，退则不得解。故曰楚兵不足恃也。⑥使楚胜汉，则诸侯自危惧而相救。夫楚之强，适足以致天下之兵耳。故楚不如汉，其势易见也。今大王不与万全之汉而自托于危亡之楚，臣窃为大王惑之。臣非以淮南之兵足以亡楚也。夫大王发兵而背楚，项王必留；留数月，汉之取天下可以万全。臣请与大王提剑而归汉，汉王必裂地而封大王，又况淮南，淮南必大王有也。故汉王敬使使臣进愚计，愿大王之留意也。"淮南王曰："请奉命。"阴许叛楚与汉，未敢泄也。

①李奇曰:“板,墙板也。筑,杵也。”

②音埽。

③[索隐]曰:负犹被也,以不义被其身。

④[索隐]曰:徼谓边境亭鄣。以徼绕边陲,常守之也。乘者,登也,登塞垣而守之。

⑤张晏曰:“羽从齐还,当经梁地八九百里,乃得羽地。”[索隐]曰:案:服虔曰:“梁在楚汉之中间。”

⑥徐广曰:“恃,一作‘罢’,言其已困,不足复苦也。”[索隐]曰:案:《汉书》作“罢”,音皮。

楚使者在,①方急责英布发兵,舍传舍。随何直入,坐楚使者上坐,曰:九江王已归汉,楚何以得发兵?”布愕然,楚使者起。何因说布曰:“事已构,②可遂杀楚使者,无使归而疾走汉,③并力。”布曰:“如使者教,因起兵而击之耳。”于是杀使者,因起兵攻楚。楚使项声、龙且攻淮南,项王留而攻下邑。④数月,龙且击淮南,破布军。布欲引兵走汉,恐楚王杀之,故间行与何俱归汉。

①文颖曰:“在淮南王所。”

②[索隐]曰:按:构训成也。

③[索隐]曰:走音奏,向也。

④[正义]曰:宋州砀山县。

淮南王至,①上方踞床洗,召布入见,布甚大怒,悔来,欲自杀。出就舍,帐御饮食从官如汉王居,布又大喜过望。②于是乃使人入九江。楚已使项伯收九江兵,尽杀布妻子。布使者颇得故人幸臣,将众数千人归汉,汉益分布兵而与俱北,收兵至成皋。

①徐广曰:“三年十二月。”

②[正义]曰:高祖以布先分为王,恐其自尊大,故峻礼令布折服;已而美帷帐,厚其饮食,多其从官,以悦其心,权道也。

四年,七月,立布为淮南王,与击项籍。

汉五年,布使人入九江,得数县。六年,布与刘贾入九江,诱大司马周殷,周殷反楚,遂举九江兵与汉击楚,破之垓下。

项籍死,天下定,上置酒。上折随何之功,谓何为腐儒,为天下安用腐儒。①随何跪曰:“夫陛下引兵攻彭城,楚王未去齐也。陛下发步卒五万人,骑五千,能以取淮南乎?”上曰:“不能”。随何曰:“陛下使何与二十人使淮南,至,如陛下之意,是何之功贤于步卒五万人骑五千也。然而陛下谓何腐儒,为天下安用腐儒,何也?”上曰:“吾方图子之功。”乃以随何为护军中尉。布遂剖符为淮南王,都六,九江、庐江、衡山、豫章郡皆属布。

①[索隐]曰:腐音辅,谓之腐儒者,言如腐败之物不任用。

七年,朝陈。八年,朝雒阳。九年,朝长安。

十一年,高后诛淮阴侯,布因心恐。夏,汉诛梁王彭越,醢之,盛其醢遍赐诸侯。至淮南,淮南王方猎,见醢,因大恐,阴令人部聚兵,候伺旁郡警急。①

①张晏曰:“欲有所会。”

布所幸姬疾,请就医,医家与中大夫贲赫①对门,姬数如医家,贲赫自以为侍中,乃厚馈遗,从姬饮医家。姬侍王,从容语次,誉赫长者也。王怒曰:“汝安从知之?具说状,王疑其与乱,赫恐,称病。王愈怒,欲捕赫。赫言变事,乘传诣长安,布使人追,不及。赫至,上变,言布谋反有端,可先未发诛也。上读其书,语萧相国。相国曰:“布不宜有此,恐仇怨妄诬之。请系赫,使微②验淮南王,”淮南王布见赫以罪亡,上变,固已疑其言国阴事;汉使又来,颇有所验,遂族赫家,发兵反。反书闻,上乃赦贲赫,以为将军。

①徐广曰:“贲音肥。”[索隐]曰:贲音肥,人姓名也。

②一作“徵”。

上召诸将问曰:“布反,为之奈何?”皆曰:“发兵击之,坑竖子耳,何能为乎!”汝阴侯滕公召故楚令尹问之。令尹曰:“是故当反。”滕公曰:“上裂地而王之,疏爵而贵之,①南面而立万乘之主,其反何也?”令尹曰:“往年杀彭越,前年杀韩信,②此三人者,同功一体之人也。自疑祸及身,故反耳。”滕公言之上曰:“臣客故楚令尹薛公者,其人有筹策之计,可问。”上乃召见问薛公。薛公对曰:“布反不足怪也。使布出于上计,山东非汉之有也;出于中计,胜败之数未可知也;出于下计,陛下安枕而卧矣。"上曰:"何谓上计?"令尹对曰:"东取吴,[3]西取楚,[4]并齐取鲁,传檄燕、赵,固守其所,山东非汉之有也。""何谓中计?""东取吴,西取楚,并韩取魏,据敖庾之粟,[5]塞成皋之口,胜败之数未可知也。""何谓下计?""东取吴,西取下蔡,[6]归重于越,身归长沙,[7]陛下安枕而卧,汉无事矣。"[8]上曰:"是计将安出?"令尹对曰:"出下计。"上曰:"何谓废上中计而出下计?"令尹曰:"布故丽山之徒也,自致万乘之主,此皆为身,不顾后为百姓万世虑者也,故曰出下计。"上曰:"善。"封薛公千户。[9]乃立皇子长为淮南王。上遂发兵将东击布。

①书音义曰:"疏,分也,'禹决江疏河'是也。"[索隐]曰:《尚书》曰:"列爵惟五,分土惟三。"按:裂地是对文,故知疏即分也。

②张晏曰:"往年,前年同耳,使文相避也。"

③[正义]曰:荆王刘贾都吴,苏州阖庐城也。

④[正义]曰:楚王刘交都徐州下邳。

⑤[索隐]曰:案:《太康地记》云"秦建敖仓于成皋"。又云"庾",故云"敖庾"也。

⑥[正义]曰:古州来国。

⑦[正义]曰:今潭州。

⑧桓谭《新论》曰:"世有围棋之戏,或言是兵法之类也。及为之上者,远棋疏张,置以会围,因而成多,得道之胜。中者,则务相绝遮要,以争便求利,故胜负狐疑,须计数而定。下者,则守边隅,趋作罫,以自生于小地,然亦必不如。"察薛公之言上计,云取吴、楚,并齐、鲁及燕、赵者,此广道地之谓。中计云取吴、楚并韩、魏、塞成皋,据敖仓,此趋遮要争利者也。下计,云取吴、下蔡,据长沙,以临越,此守边隅,趋作罫才也。[索隐]曰:罫音乌卦反。

⑨[索隐]曰:刘氏云:"薛得封千户,盖关内侯也。"

布之初反,谓其将曰:"上老矣,厌兵,必不能来。使诸将,诸将独患淮阴、彭越,今皆已死,余不足畏也。"故遂反。果如薛公筹之,东击荆,荆王刘贾走死富陵。[1]尽劫其兵,渡淮击楚。楚发兵与战徐、僮间,[2]为三军,欲以相救为奇。或说楚将曰:"布善用兵,民素畏之。且兵法，诸侯战其地为散地。③今别为三，彼败吾一军，余皆走，安能相救？”不听。布果破其一军，其二军散走。

①[正义]曰：故城在楚州盱眙县东北六十里。

②如淳曰：“地名也。”[索隐]曰：案：《地理志》临淮有徐县、僮县。[正义]曰：杜预云：“徐在下邳僮县东。”《括地志》云：“大徐城在泗州徐城县北四十里，古徐国也。”

③《汉书音义》曰：“谓散灭之地。”[正义]曰：魏武帝注《孙子》曰：“卒恋土地道近而易败散。”

遂西，与上兵遇蕲西会甀。①

①[索隐]曰：上古外反，下持瑞反。韦昭云：“蕲之乡名。”《汉书》用“罊”应劭音保，非也。[正义]曰：蕲音机。沛郡蕲城也。甀，逐瑞反。

布兵精甚，上乃壁庸城，①望布军置陈如项籍军，上恶之。与布相望见，遥谓布曰：“何苦而反？”布曰：“欲为帝耳。”上怒骂之，遂大战。布军败走，渡淮，数止战，不利，与百余人走江南。布故与番君婚，以故长沙哀王②使人绐布，伪与亡，诱走越，故信而随之番阳。番阳人杀布兹乡③民田舍，遂灭黥布。④

①邓展曰：“地名也。”

②徐广曰：“表云成王臣，吴芮之子也。”骃案：晋灼曰：“芮之孙固。”或曰是成王，非哀王也，传误也。

③[索隐]曰：番阳鄱县之乡。

④[正义]曰：英布冢在饶州鄱阳县北百五十二里十三步。

立皇子长为淮南王。封贲赫为期思侯，①诸将率多以功封者。②

①[正义]曰：斯思故城在光州固始县界。

②《汉书》曰：“将率封者六人。”

太史公曰：英布者，其先岂《春秋》所见楚灭英、六，皋陶之后哉？”身彼刑法，何其拔兴①之暴也！项氏之所坑杀人以千万数，而布常为首虐。功冠诸侯，用此得王，亦为免于身为世大僇。祸之兴自有姬殖，妒媢②生患，竟以灭国！

①[索隐]曰:拔,白曷反,疾也。

②媢音冒,媢亦妒也。[索隐]曰:《汉书·外戚传》亦云"成结宠妾妒媢之诛"。又《论衡》云"妒夫媢妇",则媢是妒之别名,今原英布之诛为疑贲赫与其妃有乱,故至灭国,所以不得言妒媢是媚也。一云男妒曰媢。

索隐述赞曰:九江初筮,当刑而王。既免徒中,聚盗江上。每雄楚卒,频破秦将,病为羽疑,归受汉杖,贲赫见毁,卒致无妄。

史记卷九二
列传第三二

淮阴侯

淮阴侯韩信者，淮阴人也。①始为布衣时，贫无行，不得推择为吏，②又不能治生商贾，常从人寄食饮，人多厌之者。

①[正义]曰：楚州淮阴县也。

②李奇曰："无善行可推举选择。"

常数从其下乡①南昌亭长②寄食，数月，亭长妻患之，乃晨炊蓐食。③食时信往，不为具食。信亦知其意，怒，竟绝去。

①张晏曰："下乡，县，属淮阴也。"

②[索隐]曰：案：《楚汉春秋》南昌作"新昌亭长"者主亭之吏也。

③张晏曰："未起而床蓐中食。"

信钓于城下，①诸母漂，②有一母见信饥，饭信，竟漂数十日。信喜，谓漂母曰："吾必有以重报母。"母怒曰："大丈夫不能自食，③吾哀王孙而进食，④岂望报乎！"

①[正义]曰：淮阴城北临淮水，昔信去下乡而钓于此。

②韦昭曰："以水击絮为漂，故曰漂母。"

③[正义]曰：音寺。

④苏林曰："如言公子也。"[索隐]曰：刘德曰："秦末多失国，言王孙、公子，尊之也。张晏云"字王孙"非也。

淮阴屠中少年有侮信者，曰："若虽长大，好带刀剑，中情怯耳。"众辱之曰："信能死，刺我；不能死，出我袴下。"①于是信熟视之，俯出袴下，匍匐。②一市人人皆笑信，以为怯。

①徐广曰:"袴一作'胯'胯,股,也,音同,"又云《汉书》作"跨",同耳。[索隐]曰:胯音枯化反,然寻此文作"袴",欲依字读,何为不通,袴下即胯下也,亦何必须要作"胯下"。

②[正义]曰:俛音俯,伏,蒲北反。

及项梁渡淮,信杖剑从之,居麾下,①无所知名。项梁败,又属项羽,羽以为郎中。数以策干项羽,羽不用。

①徐广曰:"戏,一作'麾'。"

汉王之入蜀,信亡楚归汉,未得知名,为连敖。①坐法当斩,其辈十三人皆已斩,次至信,信乃仰视,适见滕公,曰:"上不欲就天下乎?何为斩壮士!"滕公奇其言,壮其貌,释而不斩。与语,大说之。言于上,上拜以为治粟都尉,上未之奇也。

①徐广曰:"典客也。"[索隐]曰:李奇云:"楚官名。"张晏云:"司马也。"

信数与萧何语,何奇之。至南郑,诸将行道亡者数十人,信度何等已数言上,上不我用,即亡。何闻信亡,不及以闻,自追之。人有言上曰:"丞相何亡。"上大怒,如失左右手。居一二日,何来谒上,上且怒且喜,骂何曰:"若亡,何也?"何曰:"臣不敢亡也,臣追亡者。"上曰:"若所追者谁?"何曰:"韩信也。"上复骂曰:"诸将亡者以十数,公无所追;追信,诈也。"何曰:"诸将易得耳。至如信者,国士无双。王必欲长王汉中,无所事信;①必欲争天下,非信无所与计事者。顾王策安所决耳。"王曰:"吾亦欲东耳,安能郁郁久居此乎?"何曰:"王计必欲东,能用信,信即留;不能用,信终亡耳。"王曰:"吾为公以为将。"何曰:"虽为将,信必不留。"王曰:"以为大将。"何曰:"幸甚。"于是王欲召信拜之。何曰:"王素慢无礼,今拜大将如呼小儿耳,此乃信所以去也。王必欲拜之,择良日,斋戒,设坛场,具礼,乃可耳。"王许之。诸将皆喜,人人各自以为得大将。至拜大将,乃韩信也,一军皆惊。

①文颖曰:"事犹业也。"张晏曰:"无事用信。"

信拜礼毕,上坐。王曰:"丞相数言将军,将军何以教寡人计策?"信谢,因问王曰:"今东向争权天下,岂非项王邪?"汉王曰:

"然。"曰:"大王自料勇悍仁强孰与项王?"汉王默然良久,曰:"不如也。"信再拜贺曰:"惟信亦为大王不如也。然臣尝事之,请言项王之为人也。项王暗恶①叱咤,②千人皆废,③然不能任属贤将,此特匹夫之勇耳。项王见人恭敬慈爱,言语呕呕,④人有疾病,涕泣分食饮,至使义有功当封爵者,印刓弊,忍不能予;⑤此所谓妇人之仁也。项王虽霸天下而臣诸侯,不居关中而都彭城,有背义帝之约,而以亲爱王,诸侯不平。诸侯之见项王迁逐义帝置江南,亦皆归逐其主而自王善地。项王所过无不残灭者,天下多怨,百姓不亲附,特劫于威强耳。名虽为霸,实失天下心。故曰其强易弱。今大王诚能反其道,任天下武勇,何所不诛!⑥以天下城邑封功臣,何所不服?以义兵从思东归之士,何所不散!⑦且三秦王为秦将,将秦子弟数岁矣,所杀亡不可胜计,又欺其众降诸侯,至新安,项王诈坑秦降卒二十余万,唯独邯、欣、翳得脱,秦父兄怨此三人,痛入骨髓。今楚强以威王此三人,秦民莫爱也。大王之入武关,秋豪无所害,⑧除秦苛法,与秦民约法三章耳,秦民无不欲得大王王秦者。于诸侯之约,大王当王关中,关中民咸知之。大王失职入汉中,秦民无不恨者。今大王举而东,三秦可传檄而定也。"⑨于是汉王大喜,自以为得信晚。遂听信计,部署诸将所击。

①[索隐]曰:上于金反,下乌路反,暗哑,怀怒气。

②[索隐]曰:"咤"字或作"嗟",上昌栗反,下卓嫁反,叱咤,发怒声。

③晋灼曰:"废,不收也。"[索隐]曰:喑,于鸩反,噁,乌路反,叱,昌栗反,咤,卓嫁反,或作吒。喑噁,怀怒气叱咤,发怒声。孟康曰:"废,伏也。"张晏曰:"废,偃也。"

④音凶于反。[索隐]曰:呕,音吁,呕呕犹区区也。《汉书》作"姁姁"。邓展曰:"姁姁,和好貌也。"

⑤《汉书音义》曰:"不忍授。"

⑥[索隐]曰:何不诛,按:刘氏云:"言何所不诛也。"

⑦[索隐]曰:何不散,刘氏云:"用东归之兵,击东方之敌,此敌无不散败也。"

⑧[索隐]曰:案:秋毫秋乃成,王逸注《楚词》云"锐毛为毫,夏落秋生也"。

⑨[索隐]曰：案：《说文》云“檄，二尺书也”。此云“传檄”谓为檄书以责所伐者。

八月，汉王举兵东出陈仓，①定三秦。汉二年，出关，②收魏，河南，韩、殷王皆降。合齐、赵共击楚。四月，至彭城，汉兵败散而还。信复收兵与汉王会荥阳，复击破楚京，索之间，以故楚兵卒不能西。

①[正义]曰：汉王从关北出岐州陈仓县。

②[正义]曰：出函谷关。

汉之败却彭城，①塞王欣、翟王翳亡汉降楚，齐、赵欲反汉与楚和。六月，魏王豹谒归视亲疾，至国，即绝河关，②反汉，与楚约和。汉王使郦生说豹，不下。其八月，以信为左丞相，击魏。魏王盛兵蒲坂，塞临晋。③信乃益为疑兵，④陈船欲渡临晋，⑤而伏兵从夏阳以木罂缻渡军，⑥袭安邑。⑦魏王豹惊，引兵迎信，信遂虏豹，⑧定魏为河东郡。⑨汉王遣张耳与信俱，引兵东，北击赵、代。后九月，破代兵，擒夏说阏与。⑩信之下魏破代，汉辄使人收其精兵，诣荥阳以拒楚。

①[正义]曰：兵败散彭城而却退。

②[索隐]曰：今蒲津关。

③[索隐]曰：塞音先得反，临晋，县名，在河东之东岸，对旧关也。

④《汉书音义》曰：“益张旍旗，以疑敌者。”

⑤[索隐]曰：刘氏云：“陈船地名在旧关之西，今之朝邑非也。”案：京兆有船司空县，不名“陈船”。陈船者，陈列船艘欲渡河也。

⑥徐广曰：“缻，一作‘缶’。”服虔曰：“以木柙缚罂缻以渡。”韦昭曰：“以木为器如罂缻，以渡军，无船且尚密也。”[正义]曰：按：韩信诈陈列船艘于临晋欲渡河，即此从夏阳木押罂缻渡军，袭安邑，临晋，同州东朝邑界。夏阳在同州北渭城界。

⑦[正义]曰：安邑故城在绛州夏县东北十五里。

⑧[索隐]曰：刘氏云：“夏阳旧无船，豹不备之，而防临晋耳，今安邑被袭，故豹遂降也。”

⑨[正义]曰：理安邑县故城。

⑩徐广曰：“音余。”骃案：李奇曰：“夏说代相也。”[索隐]曰：司马彪郡国志上党沾县有阏与聚，阏音曷，又音嫣，与音余，又音预，沾音他廉反。

[正义]曰：阏与聚城在潞州铜鞮县西北二十里。

信与张耳以兵数万，欲东下井陉击赵。①赵王，成安君陈余闻汉且袭之也，聚兵井陉口，②号称二十万。广武君李左车说成安君曰："闻汉将韩信涉西河，虏魏王，擒夏说，新喋血③阏与，今乃辅以张耳，议欲下赵。此乘胜而去国远斗，其锋不可当。臣闻千里馈粮，士有饥色；樵苏后爨，④师不宿饱。今井陉之道，车不得方轨，骑不得成列，行数百里，其势粮食必在其后。愿足下假臣奇兵三万人，从间路绝其辎重；足下深沟高垒，坚营勿与战。彼前不得斗，退不得还，吾奇兵绝其后，使野无所掠，不至十日，而两将之头可致于麾下。愿君留意臣之计。否，必为二子所擒矣。"成安君，儒者也，常称义兵不用诈谋奇计，曰："吾闻兵法十则围之，倍则战。今韩信兵号数万，其实不过数千。能千里而袭我，亦已罢极。今如此避而不击，后有大者，何以加之！则诸侯谓吾怯，而轻来伐我。"不听广武君策，广武君策不用。

①[索隐]曰：案：《地理志》常山石邑县，井陉山在西，又《穆天子传》云"至于陉山之隧，升于三道，之磴"是也。

②[正义]曰：井陉故关在并州石艾县陉东十八里，即井陉口。

③[索隐]曰：喋，旧音鄗，非也，案：《陈汤传》"喋血万里之外"。如淳云："杀人血流滂沱也。"韦昭，音徒协反。

④《汉书音义》曰："樵，取薪也，苏取草也。"

韩信使人间视，知其不用，还报，则大喜，乃敢引兵遂下。①未至井陉口三十里，止舍。夜半传发，②选轻骑二千人，人持一赤帜，从间道萆山而望赵军，③诫曰："赵见我走，必空壁逐我。若疾入赵壁，拔赵帜，立汉赤帜。"令其裨将传飧，④曰："今日破赵会食！"⑤诸将皆莫信，佯应曰："诺"。谓军吏曰："赵已先据便地为壁，且彼未见吾大将旗鼓，未肯击前行，恐吾至阻险而还。"信乃使万人先行，出，背水陈。⑥赵军望见而大笑。平旦，信建大将之旗鼓，鼓行出井陉口。赵开壁击之，⑦大战良久。于是信、张耳佯弃鼓旗，走水上军。水上军开入之，复疾战。赵果空壁争汉鼓旗，逐韩信、张耳。韩信、张耳已入水上军，军皆殊死战，不可败。信所出奇兵二千骑，共候赵空壁逐利，则驰入赵壁，皆拔赵旗，立汉赤帜二千。赵军已不胜，不能得信等，欲还归壁，壁皆汉赤帜，而大惊，以为汉皆已得赵王将矣，兵遂乱，遁走，赵将虽斩之，不能禁也。于是汉兵夹击，大破虏赵军，斩成安君泜水上，⑧擒赵王歇。

①[正义]曰：引兵入井陉狭道，出赵。

②休《汉书音义》曰："传令军中使发。"

③如淳曰："萆音蔽，依山自覆蔽。"[索隐]曰：案：谓令从间道小路向前，望见陈余军营即往，仍须隐山自蔽，勿令赵军知也，蔽者，盖覆也，《楚汉春秋》作"卑山"，《汉书》作"萆"《说文》云"萆，蔽也，从草竹声"。

④徐广曰："音飧也。"[索隐]曰：如淳曰："小饭曰飧，谓立驻传飧，待破赵乃大食也。"

⑤服虔曰："立驻传飧食也。"如淳曰："小饭曰飧，言破赵后乃当共饱食也。"

⑥[正义]曰：绵蔓水，一名阜将，一名洄星，自并州流入井陉界，即信背水阵陷之死地，即此水也。

⑦[正义]曰：恒州鹿泉县，即六国时赵壁也。

⑧徐广曰："泜音。"[索隐]曰：徐广音迟，刘氏音脂。

信乃令军中毋杀广武君，有能生得者购千金。于是有缚广武君而致麾下者，信乃解其缚，东向坐，西向对，师事之。

诸将效首虏，①休毕贺，因问信曰："兵法右倍山陵，前左水泽，今者将军令臣等反背水陈，曰破赵会食，臣等不服。然竟以胜，此何术也？"信曰："此在兵法，顾诸君不察耳。兵法不曰'陷之死地而后生，置之亡地而后存？'且信非得素拊循士大夫也，此所谓'驱市人而战之'，其势非置之死地，使人人自为战；今予之生地，皆走，宁尚可得而用之乎！"诸将皆服曰："善。非臣所及也！"

①[索隐]曰：如淳云："效致也。"晋灼云："效数也"，郑玄注礼"效犹呈见也"。

于是信问广武君曰："仆欲北攻燕，东伐齐，何若而有功？"广武君辞谢曰："臣闻败军之将，不可以言勇，亡国之大夫，不可以图存。

今臣败亡之虏，何足以权大事乎！”信曰：“仆闻之，百里奚居虞而虞亡，在秦而秦霸，非愚于虞而智于秦也；用与不用，听与不听也。诚令成安君听足下计，若信者亦已为擒矣。以不用足下，故信得侍耳。”因固问曰：“仆委心归计，愿足下勿辞。”广武君曰：“臣闻智者千虑，必有一失；愚者千虑，必有一得。故曰‘狂夫之言，圣人择焉’。顾恐臣计未必足用，愿效愚忠。夫成安君有百战百胜之计，一旦而失之，军败鄗下，①身死泜上，今将军涉西河，②虏魏王，擒夏说阏与，一举而下井陉，不终朝破赵二十万众，诛成安君。名闻海内，威震天下，农夫莫敢辍耕释耒，褕衣甘食，③倾耳以待命者。④若此，将军之所长也。然而众劳卒疲，其实难用。今将军欲举倦弊之兵，顿之燕坚城之下，欲战恐久力不能拔，情现势屈，旷日粮竭，而弱燕不服，齐必距境以自强也。燕齐相持而不下，则刘项之权未有所分也。若此者，将军所短也。臣愚，窃以为亦过矣。故善用兵者不以短击长，而以长击短。”

①李奇曰：“鄗音臛，今高邑是也。”

②[索隐]曰：此之西河当冯翊也。[正义]曰：即同州龙门河，从夏阳度者。

③[索隐]曰：褕，邹氏音瑜，美也，恐灭亡不久，故废止作业而事美衣、甘食，一曰偷苟且也，虑不图，久故也《汉书》作“美衣媮食”也。

④如淳曰：“恐灭亡不久故也。”

韩信曰：“然则何由？”广武君对曰：“方今为将军计，莫如按甲休兵，镇赵抚其孤，百里之内牛酒日至，以飨士大夫醳兵。①北首燕路，②而后遣辩士奉咫尺之书，③暴其所长于燕，④燕必不敢不听从。燕已从，使谖言者东告齐，齐必从风而服，虽有智者，亦不知为齐计矣。如是，则天下事皆可图也。兵固有先声而后实者，此之谓也。”韩信曰：“善。”从其策，发使使燕，燕从风而靡。乃遣使报汉，因请立张耳为赵王，以镇抚其国。汉王许之，乃立张耳为赵王。

①《魏都赋》曰：“肴醳顺时。”刘逵曰：“醳酒也。”[索隐]曰：刘氏依刘逵作，醳酒谓以酒食养兵士也，案：《史记》古“释”字皆如此，岂亦谓以酒食醳兵士，故字从酉乎？

②[正义]曰：首音狩，向也。

③[正义]曰:咫,八寸,言其简牍或长尺也。

④[正义]曰:暴音仆。

楚数奇兵渡河击赵,赵王耳、韩信往来救赵,因行定赵城邑,发兵诣汉。楚方急围汉王于荥阳,汉王南出,之宛、叶间,①得黥布,走入成皋,楚又复急围之。六月,汉王出成皋,东渡河,独与滕公俱,从张耳军修武,至,宿传舍。晨自称汉使,驰入赵壁。张耳、韩信未起,即其卧内上夺其印符,以麾召诸将,易置之。信、耳起,乃知汉王来,大惊。汉王夺两人军,即令张耳备守赵地,拜韩信为相国,收赵兵未发者击齐。②

①[正义]曰:宛在邓州,叶在许州。

②文颖曰:"谓赵人未尝见发者。"

信引兵东,未渡平原,①闻汉王郦食其已说下齐,韩信欲止。范阳辩士蒯通说信曰:"将军受诏击齐,而汉独发间使下齐,宁有诏止将军乎?何以得毋行也!且郦生一士,伏轼②掉三寸之舌,下齐七十余城,将军将数万众,岁余乃下赵五十余城,为将数岁,反不如一竖儒之功乎?"于是信然之,从其计,遂渡河。齐已听郦生,即留纵酒,罢备汉守御。信因袭齐历下军,③遂至临菑。齐王田广以郦生卖己,乃烹之,而走高密,使使之楚请救。韩信已定临菑,遂东追广至高密西。楚亦使龙且将,号称二十万,救齐。齐王广、龙且并军与信战,未合。

①[正义]曰:怀州有平原津。

②韦昭曰:"轼,今小车中隆起者。"

③徐广曰:"济南历城县。"

人或说且曰:"汉兵远斗穷战,其锋不可当。齐、楚自居其地战,兵易败散。①不如深壁,令齐王使其信臣招所亡城,亡城闻其王在,楚来救,必反汉。汉兵二千里客居,齐城皆反之,其势无所得食,可无而降也。"龙且曰:"吾平生知韩信为人,易与耳。且夫救齐不战而降之,吾何功?今战而胜之,齐之半可得,何为止!"遂战,与信夹潍水陈。②

①[正义]曰:近其室家,怀顾望也。

②徐广曰:"出东莞而东北流,至海都昌县入海。"[索隐]曰:潍音维,《地理志》潍水出琅邪箕县东北,至都昌入海,徐所引盖据水经与此小不同。

韩信乃夜令人为万余囊,满盛沙,壅水上流,引军半渡,击龙且,佯不胜,还走。龙且果喜曰:"固知信怯也。"遂追信渡水。信使人决壅囊,水大至。龙且军大半不得渡,即急击,杀龙且。龙且水东军散走,齐王广亡去。信遂追北至城阳,①皆虏楚卒。

①[正义]曰:城阳雷泽县是也,在濮州南南九十一里。

汉四年,遂皆降平齐,使人言汉王曰:"齐伪诈多变,反覆之国也,南边楚,不为假王以镇之,其势不定。愿为假王便,"当是时,楚方急围汉王于荥阳,韩信使者至,发书,①汉王大怒,骂曰:"吾困于此,旦暮望若来佐我,乃欲自立为王!"张良、陈平蹑汉王足,因附耳语曰:"汉方不利,宁能禁信之王乎?不如因而立,善遇之,使自为守。不然,变生。"汉王亦悟,因复骂曰:"大丈夫定诸侯,即为真王耳,何以假为!"乃遣张良往立信为齐王,②征其兵击楚。

①张晏曰:"发信使者所赍书。"

②徐广曰:"四年二月。"

楚已亡龙且,项王恐,使盱眙人武涉①往说齐王信曰:"天下共苦秦久矣,相与戮力击秦。秦已破,计功割地,分土而王之,以休士卒。今汉王复兴兵而东,侵人之分,夺人之地,已破三秦,引兵出关,收诸侯之兵以东击楚。其意非尽吞天下者不休,其不知厌足如是甚也。且汉王不可必,身居项王掌握中数矣,②项王怜而活之,然得脱,辄背约,复击项王,其不可亲信如此。今足下虽自以与汉王为厚交,为之尽力用兵,终为之所擒矣。足下所以得须臾至今者,以项王尚存也。当今二王之事,权在足下。足下右投则汉王胜,左投则项王胜。项王今日亡,则次取足下。足下与项王有故,何不反汉与楚连和,三分天下王之?今释此时,而自必于汉以击楚,且为智者固若此乎!"韩信谢曰:"臣事项王,官不过郎中,位不过执戟,③言不听,划不用,故背楚而归汉。汉王授我上将军印,予我数万众,解衣衣我，推食食我，言听计用，故吾得以至于此。夫人深亲信我，我背之不祥，虽死不易。幸为信谢项王。”

①张华曰：“武涉墓在盱眙城东十五里。”

②[正义]曰：数，色庚反。

③张晏曰：“郎中，宿卫执戟之人也。”

武涉已去，齐人蒯通知天下权在韩信，欲为奇策而感动之，以相人说韩信曰：“仆尝受相人之术，”韩信曰：“先生相人何如？”对曰：“贵贱在于骨法，忧喜在于容色，成败在于决断，以此参之，万不失一。”韩信曰：“善。先生相寡人何如？”对曰：愿少间。”信曰：“左右去矣。”通曰：“相君之面，不过封侯，又危不安。相君之背，贵乃不可言。”①韩信曰：“何谓也？”蒯通曰：“天下初发难也，俊雄豪桀建号一呼，天下之士云合雾集，鱼鳞杂沓，熛至风起。当此之时，忧在亡秦而已。今楚汉分争，使天下无罪之人肝胆涂地，父子暴骸骨于中野，不可胜数。楚人起彭城，转斗逐北，至于荥阳，乘利席卷，威震天下。然兵困于京、索之间，迫西山，而不能进者，三年于此矣。汉王将数十万之众，据巩、洛，阻山河之险，一日数战，无尺寸之功，折北不救，②败荥阳，伤成皋，③遂走宛、叶之间，此所谓智勇俱困者也。夫锐气挫于险塞，而粮食竭于内府，百姓疲极怨望，容容无所倚。以臣料之，其势非天下之贤圣固不能息天下之祸。当今两主之命悬于足下。足下为汉则汉胜，与楚则楚胜，臣愿披腹心，输肝胆，效愚计，恐足下为能用也。诚能听臣之计，莫若两利而俱存之，三分天下鼎足而居，其势莫敢先动。夫以足下之贤圣，有甲兵之众，据强齐，从燕、赵，出空虚之地而制其后，因民之欲，西向④为百姓请命⑤则天下风走而响应矣，孰敢不听！割大弱强，以立诸侯，诸侯已立，天下服听而归德于齐，案齐之故，有胶、泗之地，怀诸侯以德，深拱揖让，则天下之君王相率而朝于齐矣。盖闻天与弗取，反受其咎；时至不行，反受其殃。愿足下熟虑之。”

①张晏曰：“背叛则大贵。”

②张晏曰：“折衄败也，北奔北。”

③张晏曰："于成皋伤胸也。"臣瓒曰："谓军折伤。"

④[正义]曰：乡音向，齐国在东，故曰西向也。

⑤[正义]曰：止楚汉之战斗，士卒死亡，故云请命。

韩信曰："汉王遇我甚厚，载我以其车，衣我以其衣，食我以其食。吾闻之，乘人之车者，载人之患，衣人之衣者怀人之忧，食人之食者死人之事，吾岂可以向利背义乎！"蒯生曰："足下自为善汉王，欲建万世之业，臣窃以为误矣。始常山王、成安君为布衣时，相与为刎颈之交，后争张厌、陈泽之事，二人相怨。常山王背项王，奉项婴头而窜，逃归于汉王。汉王借兵而东下，杀成安君泜水之南，头足异处，卒为天下笑。此二人相与，天上至欢也。然而卒相擒者，何也？患生于多欲而人心难测也。今足下欲行忠信以交于汉王，必不能固于二君之相与也，而事多大于张厌、陈泽。故臣以为足下必汉王之不危己，亦误矣。大夫种、范蠡存亡越，霸勾践，立功成名而身死亡。野兽已尽而猎狗亨。夫以交友言之，则不如张耳之与成安君者也；以忠信言之，则不过大夫种、范蠡之于句践也。此二人者，足以观矣。愿足下深虑之。且臣闻勇略震主者身危，而功盖天下者不赏。臣请言大王功略：足下涉西河，虏魏王，擒夏说，引兵下井陉，诛成安君；徇赵；胁燕，定齐，南摧楚人之兵二十万；东杀龙且，西向以报，此所谓功无二于天下，而略不世出者也。今足下戴震主之威，挟不赏之功，归楚，楚人不信；归汉，汉人震恐；足下欲持是安归乎？夫势在人臣之位而有震主之威，名高天下，窃为足下危之！"韩信谢曰："先生且休矣，吾将念之。"

后数日蒯通复说曰："夫听者事之候也，计者事之机也；听过计失而能久安者，鲜矣。听不失一二者，不可乱以言；计不失本末者，不可纷以辞。夫随厮养之役者，失万乘之权；守儋石之禄者，①阙卿相之位。故知者决之断也，疑者事之害也；审毫厘之小计，遗天下之大数，智诚知之，决弗敢行者，百事之祸也。故曰'猛虎之犹豫，不若蜂虿之致螫；②骐骥之跼躅，③不如驽马之安步；孟贲之狐疑，不如庸夫之必至也；虽有舜禹之智，吟而不言，④不如瘖聋之指挥也'。

此言贵能行之。夫功者难成而易败,时者难得而易失也。时乎时,不再来。愿足下详察之。"韩信犹豫不忍背汉,又自以为功多,汉终不夺我齐,遂谢蒯通。蒯通说不听,已佯狂为巫。⑤

①晋灼曰:"扬雄《方言》'海贷之间名罂为儋'石,斗石也。"苏林曰:"齐人名小罂为儋,石如今受鲐鱼石罂不过一二石耳,一说,一儋与一斛之余。"[索隐]曰:儋音都滥反,石斗也,苏林解为得之。鲐音胎。

②[正义]曰:音适。

③徐广曰:"跼,一作'蹢'也。"

④[索隐]曰:邹氏吟音巨荫反,又音琴。

⑤徐广曰:"一本'遂不用蒯通,蒯通曰:"夫迫于细苛者,不可与图大事,拘于臣虏者,固无君王之意。"说不听,因去详狂'也。"[索隐]曰:案:《汉书》及《战国策》皆有此文。

汉王之困固陵,用张良计,召齐王信,遂将兵会垓下。项羽已破,高祖袭夺齐王军。①

①徐广曰:"以齐为平原、千乘、东莱、齐郡。"

汉五年正月,徙齐王信为楚王,都下邳。信至国,召所从食漂母,赐千金。①及下乡南昌亭长,赐百钱,曰:"公,小人也,为德不卒。"召辱己之少年令出胯下者以为楚中尉。告诸将相曰:"此壮士也。方辱我时,我宁不能杀之邪?杀之无名,故忍而就于此。"

①张华曰:"漂母家在泗口南岸。"

项王亡将钟离昧家在伊庐,①素与信善。项王死后,亡归信。汉王怨昧,闻其在楚,诏楚捕昧。信初之国,行县邑,陈兵出入。汉六年,人有上书告楚王信反。高帝以陈平计,天子巡狩会诸侯,南方有云功梦,发使告诸侯会陈:"吾将游云梦。"实欲袭信,信弗知。高祖且至楚,信欲发兵反,自度无罪;欲谒上,恐见擒。人或说信曰:"斩昧谒上,上必喜,无患。"信见昧计事。昧曰:"汉所以不击取楚,以昧在公所。若欲捕我以自媚于汉,吾今日死,公亦随手亡矣,"乃骂信曰:"公非长者!"卒自刭。信持其首,谒高祖于陈。上令武士缚信,载后车。信曰:"果若人言,'狡兔死,良狗烹;②高鸟尽,良弓藏;敌国破,谋臣亡。'天下已定,我固当亨!"上曰:"人告公反。"遂械击信。至洛阳，赦信罪，以为淮阴侯。

①徐广曰："东海朐县有伊庐乡。"骃案：韦昭曰："今中庐县。"[索隐]曰：徐注出司马彪《郡国志》。[正义]曰：《括地志》云："中庐在义清县北二十里，本春秋时庐戎之国也，秦谓之伊庐，汉为中庐县，项羽之将钟离昧冢在焉。"韦昭及《括地志》云皆说之也。

②张晏曰："狡犹猾。"[索隐]曰：《吴越春秋》作"郊免"《战国策》曰："东郭逡，海内狡兔也。"

信知汉王畏恶其能，常称病不朝从。信由此日夜怨望，居常怏怏，羞与绛、灌等列。信尝过樊将军哙，哙跪拜送迎，言称臣，曰："大王乃肯临臣！"信出门，笑曰："生乃与哙等为伍！"上常从容与信诸将能否，各有差。上问曰："如我能将几何？"信曰："陛下不过能将十万。"上曰："于君何如？"曰："臣多多而益善耳，"上笑曰："多多益善，何为为我擒？"信曰："陛下不能将兵，而善将将，此乃信之所以为陛下擒也。且陛下所谓天授，非人力也。"

陈豨拜为钜鹿守，①辞于淮阴侯。淮阴侯挈其手，避左右与之步于庭，仰天叹曰："子可与言乎？欲与子有言也。"豨曰："唯将军令之"。淮阴侯曰："公所居，天下精兵处也；而公，陛下之信幸臣也。人言公之叛，陛下必不信；再至，陛下乃疑矣；三至，必怒而自将。吾为公从中起，天下可图也。"陈豨素知其能也，信之，曰："谨奉教！"

①徐广曰："表云赵相国，将兵守代也。"

汉十年，陈豨果反。上自将而往，信病不从。阴使人至豨所，曰："弟举兵，吾从此助公。"信乃谋与家臣夜诈诏赦诸官徒奴，欲发以袭吕后、太子。部署已定，待豨报。其舍人①得罪于信，信囚，欲杀之。舍人弟上变，告信欲反状于吕后。吕后欲召，恐其党不就，乃与萧相国谋，诈令人从上所来，言豨已得死，列侯郡臣皆贺。相国绐信曰："虽疾，强入贺。"信入，吕后使武士缚信，斩之长乐钟室。②信方斩，曰："吾悔不用蒯通之计，乃为儿女子所诈，岂非天哉！"遂夷三信族。

①[索隐]曰：按：晋灼曰："《楚汉春秋》云谢公也。"姚氏案《功臣表》云慎阳侯乐说，淮阴舍人，告信反，未知孰是。

②[正义]曰:长乐宫悬钟之室。

高祖已从豨军来,至,见信死,且喜且怜之,问:“信死亦何言?”品后曰:“信言恨不用蒯通计,”高祖曰:“是齐辩士也。”乃诏齐捕蒯通。蒯通至,上曰:“若教淮阴侯反乎?”对曰:“然。臣固教之。竖子不用臣之策,故令自夷于此。如彼竖子用臣之计,陛下安得而夷之乎!”上怒曰:“烹之。”通曰:“嗟乎,冤哉烹也!”上曰:“若教韩信反,何冤?”对曰:“秦之纲绝而维弛,山东大扰,异姓并起,英俊乌集。失其鹿,天下共逐之,①于是高材疾足者先得焉。跖之狗吠尧,尧非不仁,狗固吠非其主。当是时,臣唯独知韩信,非知陛下也。且天下锐精持锋欲为陛下所为者甚众,顾力不能耳。又可尽烹之邪?”高帝曰:“置之。”乃释通之罪。

①张晏曰:“以鹿喻帝位也。”

太史公曰:吾如淮阴,淮阴人为舍言,韩信虽为布衣时,其志与众异。其母死,贫无以葬,然乃行营高敞地,令其旁可置万家。余视其母冢,良然。假令韩信学道谦让,不伐己功,不矜其能,则庶几哉,于汉家勋可以比周、召、太公之徒,后世血食矣。不务出此,而天下已集,乃谋叛逆,夷灭宗族,不亦宜乎!

索隐述赞曰:君臣一体,自古所难。相国深荐,策拜登坛。沉沙决水,拔帜传飧。与汉汉重,归楚楚安。三分不议,伪游可叹。

史记卷九三
列传第三三

韩信卢绾

韩王信者,①故韩襄王孽孙也,②长八尺五寸。及项梁之立楚后怀王也,燕、齐、赵、魏皆已前王,唯韩无有后,故立韩诸公子横阳君子成③为韩王,④欲以抚定韩故地。项梁败死定陶,成奔怀王。沛公引兵击阳城,⑤使张良以韩司徒⑥降下韩故地,得信,以为韩将,将其兵从沛公入武关。

①徐广曰:"一云'信都'。"[索隐]曰:《楚汉春秋》云韩王信都,恐谬也,诸书不言有韩信都,案:韩王信初为韩司徒,后讹云"申徒",因误以为韩王名耳。

②张晏曰:"孺子为孽。"[索隐]曰:何休注《公羊》以为"孽,贱子,犹树之有孽生也。"《汉书》晁错云"孽子悼惠王"是也。

③[正义]曰:故横城在宋州城县西南三十里。

④徐广曰:"二年六月也。都阳翟。"

⑤[正义]曰:河南县也。

⑥徐广曰:"他本多作申徒,申与司声相近,字由上杂乱耳,今有申徒,云是司徒之后,言司声转为申。"

沛公立为汉王,韩信从入汉中,乃说汉王曰:"项王王诸将近地,而王独远居此,此左迁也。士卒皆山东人,跂而望归,①及其锋东向,②可以争天下。"汉王还定三秦,乃许信为韩王,先拜信为韩太尉,将兵略韩地。

①[索隐]曰:跂音企,起踵也。[正义]曰:跂音歧。

②文颖曰:“锋锐欲东向。”[索隐]曰:郑氏云:“锋军中将士气锋。”韦昭曰:“其气锋锐欲东也。”

项籍之封诸王皆就国,韩王成以不从无功,不遣就国,更以为列侯。①及闻汉遣韩信略韩地,乃令故项籍游吴时吴令郑昌②为韩王以拒汉。汉二年,韩信略定韩十余城。汉王至河南,韩信急击韩王昌阳城。昌降,汉王乃立韩信为韩王,③常将韩兵从。三年,汉王出荥阳,韩王信、周苛等守荥阳。及楚败荥阳,信降楚,已而得亡,复归汉,汉复立以为韩王,竟从击破项籍,天下定。五年春,遂与剖符为韩王,王颍川。

①徐广曰:“元年十一月,诛成。”骃案:《汉书》曰:“封为穰侯。”[索隐]曰:《地理志》穰县属南阳。

②[正义]曰:项籍在吴时,昌为吴县令。

③徐广曰:“二年十一月。”

明年春,①上以韩信材武,所王北近巩、洛,南迫宛、叶,东有淮阳,皆天下劲兵处,乃诏徙韩王信王太原以北,备御胡,都晋阳。信上书曰:“国被边,②匈奴数入,晋阳③去塞远,请治马邑。”④上许之,信乃徙治马邑。秋,匈奴冒顿⑤大围信,信数使使胡求和解。汉发兵救之,疑信数间使,有二心,使人责让信。信恐诛,因与匈奴约共攻汉,反,以马邑降胡,击太原。

①徐广曰:“即五年之二月。”骃案:《汉书》曰“六年春”。

②李奇曰:“‘被’音被马也。”

③[正义]曰:并州。

④[正义]曰:朔州。

⑤[索隐]曰:冒音墨,又音莫报反。

七年冬,上自往击,破信军铜鞮,①斩其将王喜。信亡走匈奴。与其将白土人②曼丘臣、王黄等立赵苗裔赵利为王,复收信败散兵,而与信及冒顿谋攻汉。匈奴使左右贤王将万余骑与王黄等屯广武以南,③至晋阳,与汉兵战,汉大破之,追至于离石,④后复破之。匈奴复聚兵楼烦⑤西北,汉令车骑击破匈奴。匈奴常败走,汉乘胜追北,闻冒顿居代上谷,⑥高皇帝居晋阳,使人视冒顿,还报曰“可击”。上遂至平城。⑦上出白登，⑧匈奴骑围上，上乃使人厚遗阏氏。⑨阏氏乃说冒顿曰：“今得汉地，犹不能居，且两主不相戹。居七日，胡骑稍引去。时天大雾，汉使人往来，胡不觉。护军中尉陈平言上曰：“胡者全兵，⑩请令强弩傅两矢外向，⑪徐行出围。”入平城，汉救兵亦到，胡骑遂解去。汉亦罢兵归。韩信为匈奴将兵往来击边。

①[正义]曰：潞州县。

②张晏曰：“白土，县名，属上郡。”

③[正义]曰：广武故城在代州雁门县界也。

④[正义]曰：石州县。

⑤[正义]曰：雁门郡楼烦县。

⑥[正义]曰：今妫州。

⑦[正义]曰：朔州定襄县是也。

⑧服虔曰：“白登，台名，去平城七里。”如淳曰：“平城旁之高地，若丘陵也。”[索隐]曰：姚氏按：《北疆记》“桑干河北有白登山，冒顿围汉高之所，今犹有垒壁”。

⑨[正义]曰：阏，于连反，又音燕，氏音支，单于嫡妻号若皇后。

⑩《汉书音义》曰：“言唯弓矛，无杂杖也。”

⑪[索隐]曰：傅音附。

汉十年，信令王黄等说误陈豨。十一年春，故韩王信复与胡骑入居参合，①据汉。汉使柴将军击之，②遗信书曰：“陛下宽仁，诸侯虽有叛亡，而复归，辄复故位号，不诛也。大王所知。今王以败亡走胡，非有大罪，急自归！”韩王信报曰：“陛下擢仆起闾巷，南面称孤，此仆之幸也。荥阳之事，仆不能死，囚于项籍，此一罪也。及寇攻马邑，仆不能坚守，以城降之，此二罪也。今反为寇将兵，与将军争一旦之命，此三罪也。夫种、蠡无一罪，身死亡；③今仆有三罪于陛下，而欲求活于世，此伍子胥所以偾于吴也。④今仆亡匿山谷间，旦暮乞贷蛮夷，仆之思归，如痿人不忘起，⑤盲者不忘视也，势不可耳。”遂战。柴将军屠参合，斩韩王信。

①苏林曰：“代地也。”[正义]曰：故城在朔州定襄县北。

②邓展曰：“柴奇也。”[索隐]曰：应劭曰柴武，邓展云柴奇，晋灼云奇，武

之子,应劭说为得,此时奇未为将。

③文颖曰:“大夫种、范蠡也。”

④[索隐]曰:苏林曰:“偾音奋。”张晏曰:“偾,僵仆也。”[正义]曰:信知归汉必死,故引子胥以为辞。

⑤[索隐]曰:痿,音,耳谁反,旧音,耳睡反,于义为疏,张楫云“痿不能行”,哀纪云“帝即位痿痺”是也。

信之入匈奴,与太子俱;及至颓当城,①生子,因名曰颓当。韩太子亦生子,命曰婴。至孝文十四年,颓当及婴率其众降汉。汉封颓当为弓高侯,②婴为襄城侯。③吴楚军时,弓高侯功冠诸将。④传子至孙,孙无子,失侯。婴孙以不敬失侯。⑤颓当孽孙韩嫣,⑥贵幸,名富显于当世。其弟说,再封,数称将军,卒为案道侯。子代,⑦岁余坐法死。后岁余,说孙曾⑧拜为龙额侯,续说后。⑨

①《汉书音义》曰:“县名。”韦昭曰:“在匈奴地。”

②《地理志》河间有弓高县也。[索隐]曰:《汉书·功臣表》属荣陵。[正义]曰:沧州县。

③[索隐]曰:按:服虔云:“县名,《功臣表》属魏都。”

④徐广曰:“谥曰壮。”

⑤徐广曰:“表云婴子泽之,元朔四年不敬国除。”

⑥《汉书音义》曰:“音‘鄢陵’之‘鄢’。”[索隐]曰:音偃,又一言反,又休延反,并通。

⑦徐广曰:“名长君”。

⑧徐广曰:“长君之子也。”[索隐]曰:“案《博物志》,字季君也。

⑨[索隐]曰:额,五格反作“雒”,音洛,县名。[正义]曰:《史记》表;卫青传及《汉书》表云韩说,元朔五年,从大将军有功,封龙额侯,以酎金坐免,元封元年,击东越有功,封按道侯,征和二年,孙子曾复封为龙额侯,《汉书·功臣表》云武后元年,说孙曾绍封龙额侯,汉表是也。

卢绾者,丰人也,与高祖同里。卢绾亲与高祖太上皇相爱,①及生男,高祖、卢绾同日生,里中持羊酒贺两家。及高祖、卢绾壮,俱学书,又相爱也。里中嘉两家亲相爱,生子同日,壮又相爱,复贺两家羊酒。高祖为布衣时,有吏事避匿,卢绾常随出入上下。及高祖初起沛,卢绾以客从,入汉中为将军,常侍中。从东击项籍,以太尉常从，出入卧内。衣被饮食常赐，群臣莫敢望，虽萧曹等，特以事见礼，至其亲幸，莫及卢绾。绾封为长安，长安，故咸阳也。②

①如淳曰："亲谓父也。"

②[正义]曰：秦咸阳在渭北，长安在渭南，萧何起未央宫处也。

汉五年冬，以破项籍，乃使卢绾别将，与刘贾击临江王共尉，①破之。七月还，从击燕王臧荼，臧荼降。高祖已定天下，诸侯非刘氏而王者七人。欲王卢绾，为群臣觖望。②及虏臧荼，乃下诏诸将相列侯，择群臣有功者以为燕王。群臣知上欲王卢绾，皆言曰："太尉长安侯卢绾常从平定天下，功最多，可王燕。"诏许之。汉五年八月，乃立卢绾为燕王。诸侯王得幸莫如燕王。

①李奇曰："共敖子。"

②如淳曰："觖音'辞别'之'决'，望犹怨也。"瓒曰："觖谓相觖而怨望也。"韦昭曰："觖犹冀也。"[索隐]曰：觖，望犹怨望也，又音企，韦昭音冀。

汉十一年秋，陈豨，反代地，高祖邯郸击豨兵，燕王绾亦击其东北。当是时，陈豨使王黄求救匈奴。燕王绾亦使其臣张胜于匈奴，言豨等军破。张胜至胡，故燕王臧荼子衍出亡在胡，见张胜曰："公所以重于燕者，以习胡事也。燕所以久存者，以诸侯数反，兵连不决也。今公为燕欲急灭豨等，豨等已尽，次亦至燕，公等亦且为虏矣。公何不令燕且缓陈豨而与胡和？事宽，得长王燕；即有汉急，可以安国，"张胜以为然，乃私令匈奴助豨等击燕。燕王绾疑张胜与胡反，上书请族张胜。胜还，具道所以为者。燕王寤，乃诈论它人，脱胜家属，使得为匈奴间，而阴使范齐之陈豨所，欲令久亡，①连兵勿决。

①晋灼曰："使陈豨久亡叛。"

汉十二年，东击黥布，豨常将兵居代，汉使樊哙击斩豨。其裨将降，言燕王绾使范齐通计谋于豨所。高祖使使召卢绾，绾病。上又使辟阳侯审食其、御史大夫赵尧往迎燕王，因验问左右。绾愈恐，闭匿，谓其幸臣曰："非刘氏而王，独我与长沙耳。往年春，汉族淮阴，夏，诛彭越，皆吕后计。今上病，属任吕后。吕后妇人，专欲以事诛异姓王者及大功臣。"乃遂称病不行。其左右皆亡匿。语颇泄，辟阳侯闻之,归具报上,上益怒。又得匈奴降者,降者言张胜亡在匈奴,为燕使。于是上曰:卢绾果反矣!”使樊哙击燕。燕王绾悉将其宫人家属骑数千居长城下,候伺,幸上病愈,自入谢。四月,高祖崩,卢绾遂将其众亡入匈奴,匈奴以为东胡卢王,绾为蛮夷所侵夺,常思复归。居岁余,死胡中。

高后时,卢绾妻子亡降汉,会高后病,不能见,舍燕邸,为欲置酒见之。高后竟崩,不得见。卢绾妻亦病死。

孝景中六年,卢绾孙他之,①以东胡王降,②封为亚谷侯。③

①[正义]曰:他徒何反。

②如淳曰:“为东胡王来降也。《汉记》东胡,乌丸也。”

③徐广曰:“亚,一作‘恶’。”[正义]曰:《汉表》在河内。

陈豨者,宛朐人也,①不知始所以得从。及高祖七年冬,韩王信反,入匈奴,上至平城还,乃封豨为列侯,②以赵相国将监赵、代边兵,边兵皆属焉。

①[索隐]曰:《地理志》属济阴。下又云“梁人”是褚先生之说异也。[正义]曰:宛朐,曹州县也。太史公云“陈豨,梁人”。按:宛朐,六国时属梁。

②徐广曰:“《功臣表》曰陈豨以特将将卒五百人,前元年起宛朐,至霸上,为侯,以游击将军别定代,已破臧荼,封为阳夏侯。”

豨常告归过赵,赵相周昌见豨宾客随之者千余乘,邯郸官舍皆满。豨所以待宾客如布衣交,皆出客下。①豨还之代,周昌乃求入见。见上,具言豨宾客盛甚,擅兵于外数岁,恐有变。上乃令人覆案豨客居代者财物诸不法事,多连引豨。豨恐,阴令客通使王黄、曼丘臣所。②及高祖七年七月,太上皇崩,使人召豨,豨称病甚。九月,遂与王黄等反,自立为代王,劫略赵、代。

①[正义]曰:“言屈已礼之,有用富贵自尊大。

②[正义]曰:二人韩王信将。

上闻,乃赦赵、代吏人为豨所诖误劫略者,皆赦之。上自往,至邯郸,喜曰:“豨不南据漳水,北守邯郸,知其无能为也。”赵相奏斩常山守、尉曰:“常山二十五城,豨反,亡其二十城。”上问曰:“守、尉反乎?”对曰:“不反。”上曰:“是力不足也。”赦之,复以为常山守、尉。上问周昌曰:“赵亦有壮士可令将者乎?”对曰:“有四人。”四人谒,上谩骂曰:“竖子能为将乎?”四人惭伏。上封之各千户,以为将。左右谏曰:“从入蜀、汉,伐楚,功未遍行,今此何功而封?”上曰:“非若所知!陈豨反,邯郸以北皆豨有,吾以羽檄征天下兵,①未有至者,今唯独邯郸中兵耳。吾胡爱四千户封四人,不以慰赵子弟!”皆曰:“善。”于是上曰:“陈豨将谁?”曰:“王黄、曼丘臣,皆故贾人。”上曰:“吾知之矣。”乃各以千金购黄、臣等。

①魏武帝奏事曰:“今边有小警,辄露檄插羽,飞羽檄之意也。”骃案:推此言,则鸟羽插檄书,谓之羽檄,取其急速若飞鸟也。

十一年冬、汉兵击斩陈豨将侯敞、王黄于曲逆下,①破豨将张春于聊城,②斩首万余。太尉勃入定太原、代地。十二月,上自击东垣,东垣不下,卒骂上;东垣降,卒骂者斩之,不骂者黥之。更命东垣为真定。王黄曼丘臣其麾下受购赏之,皆生得,以故陈豨军遂败。

①[正义]曰:定州北平县东南十五里蒲阴故城是也。

②[正义]曰:博州县。

上还至洛阳。上曰:“代居常山北,赵乃从山南有之,远。”乃立子恒为代王,①都中都,②代、雁门皆属代。

①徐广曰:“十一年正月。”

②[正义]曰:中都故城在汾州于遥县西南十二里。

高祖十二年冬,樊哙军卒追斩豨于灵丘。①

①[正义]曰:蔚州是。

太史公曰:韩信、卢绾非素积德累善之世,徼一时权变,以诈力成功,遭汉初定,故得列地,南面称孤。内见疑强大,外倚蛮貊以为援,是以日疏自危,事穷智困,卒赴匈奴,岂不哀哉!陈豨,梁人,其少时数称慕魏公子;及将军守边,招致宾客而下士,名声过实。周昌疑之,疵瑕颇起,惧祸及身,邪人进说,遂陷无道。於戏悲夫!夫计之生孰成败于人也深矣!

索隐述赞曰:韩襄遗孽,始从汉中。剖符南面,徙邑北通。颓当归国,龙雒有功。卢绾亲爱,群臣莫同。旧燕是王,东胡计穷。

史记卷九四
列传第三四

田儋

田儋者，狄人也，①故齐王田氏族也。儋从弟田荣，荣弟田横，皆豪，宗强，能得人。②

①徐广曰："今乐安临济县也。"[正义]曰：淄州高苑县西北北狄故县城。

②[索隐]曰：儋子市，从弟荣，荣子广，荣弟横，各递为王，荣并王三齐。

陈涉之初起王楚也，使周市略定魏地。北至狄，狄城守。田儋详为缚其奴，从少年之廷，欲谒杀奴。①见狄令，因击杀令，而召豪吏子弟曰："诸侯皆反秦自立。齐，古之建国，儋，田氏，当王。"遂自立为齐王，②发兵以击周市。周市军还去，田儋因率兵东略定齐地。

①服虔曰："古杀奴婢皆当告官，儋欲杀令，故诈缚奴而谒也。"

②徐广曰："二世元年九月也。"

秦将章邯围魏王咎于临济，急。魏王请救于齐，齐王田儋将兵救魏。①章邯夜衔枚击，大破齐、魏军，杀田儋于临济下。儋弟田荣收儋余兵东走东阿。齐人闻王田儋死，乃立故齐王建之弟田假为齐王，田角为相，田间为将，以拒诸侯。

①徐广曰："二年六月。"

田荣之走东阿，章邯追围之。项梁闻田荣之急，乃引兵击破章邯军东阿下。章邯走而西，项梁因追之。而田荣怒齐之立假，乃引兵归，击逐齐王假。假亡走楚。齐相角亡走赵，角弟田间前求救赵，因留不敢归。田荣乃立田儋子市为齐王，①荣相之，田横为将，平齐地。

①徐广曰:"二年八月。"

项梁既追章邯,章邯兵益盛,项梁使使告赵、齐,发兵共击章邯。田荣曰:"使楚杀田假,赵杀田角、田间,乃肯出兵。"楚怀王曰:"田假与国之王,穷而归我,杀之不义。"赵亦不杀田角、田间以市于齐。齐曰:"蝮螫手则斩手,螫足则斩足。何者?为害于身也。①今田假、田角、田间于楚、赵,非直手足戚也,②何故不杀?且秦复得志于天下,则齮龁用事者坟墓矣。"③楚、赵不听,齐亦怒,终不肯出兵。章邯果败杀项梁,破楚兵,楚兵东走,而章邯渡河围赵于钜鹿。项羽往救赵,由此怨田荣。

①应劭曰:"蝮一名虺,螫人手足,则割去其肉,不然则致死。"[索隐]曰:蝮音芳伏反,螫音矐,又音释。[正义]曰:按:蝮毒蛇,长二三丈,岭南北有之,虺长一二尺,头腹皆一遍。《说文》云"虺博三寸,首大如擘"。擘,手大指也,音步历反。

②文颖曰:"言将亡身,非手足忧也。"瓒曰:"于楚、赵非手足之亲。"

③如淳曰:"齮龁犹齚啮。"[索隐]曰:齮音蚁,龁音纥,齮,侧齿龁也。[正义]曰:按:秦重得志,非但辱身,坟墓亦发掘矣,若子胥鞭荆平王墓。一云坟墓,言死也。

项羽既存赵,降章邯等,西屠咸阳,灭秦而立侯王也,乃徙齐王田市更王胶东,治即墨。齐将田都从共救赵,因入关,故立都为齐王,治临淄。故齐王建孙田安,项羽方渡河救赵,田安下济北数城,引兵降项羽,项羽立田安为济北王,治博阳。田荣以负项梁不肯出兵助楚、赵攻秦,故不得王。赵将陈余亦失职,不得王:二人俱怨项王。

项王既归,诸侯各就国,田荣使人将兵助陈余,令反赵地,而荣亦发兵以拒击田都,田都亡走楚。田荣留齐王市,无令之胶东。市之左右曰:"项王强暴,而王当之胶东,不就国,必危。"市惧,乃亡就国。田荣怒,追击杀齐王市于即墨,还攻杀济北王安。于是田荣乃自立为齐王,尽并三齐之地。①

①[索隐]曰:田市王胶东,田都王齐,田安王济北。

项王闻之大怒,乃北伐齐。齐王田荣兵败,走平原,①平原人杀荣。项王遂烧夷齐城郭，所过者尽屠之。②齐人相聚叛之。荣弟横，收齐散兵，得数万人，反击项羽于城阳。③而汉王率诸侯败楚，入彭城。项羽闻之，乃醳齐④而归，击汉于彭城，因连与汉战，相拒荥阳。以故田横复得收齐城邑，⑤立田荣子广为齐王，而横相之，专国政，政无巨细皆断于相。

①徐广曰："三年正月。"[正义]曰：平原，德州也。

②徐广曰："立故王田假也。"

③徐广曰："假走楚，楚杀之。"[正义]曰：城阳，濮州雷泽是。

④[索隐]曰：此岂亦以"醳酒"之义？并古"释"字。

⑤徐广曰："四月。"

横定齐三年，汉王使郦生往说下齐王广及其相国横。横以为然，解其历下军。汉将韩信引兵且东击齐。齐初使华无伤、田解军于历下以拒汉，汉使至，乃罢守战备，纵酒、且遣使与汉平。汉将韩信已平赵、燕，用蒯通计，度平原，击破齐历下军，因入临淄。齐王广、相横怒，以郦生卖己，而烹郦生。齐王广东走高密，①相横走博阳，守相田光走城阳，将军田既军于胶东，楚使龙且救齐，齐王与合军高密。汉将韩信与曹参破杀龙且，②虏齐王广。汉将灌婴追得齐守相田光。至博阳，而横闻齐王死，自立为齐王，还击婴，婴败横之军于嬴下。③田横亡走梁，归彭越。彭越是时居梁地，中立，且为汉，且为楚。韩信已杀龙且，因令曹参进兵破杀田既于胶东，使灌婴破杀齐将田吸于千乘。④韩信遂平齐，乞自立为齐假王，⑤汉因而立之。

①徐广曰："高，一作'假'。"

②徐广曰："四年十一月。"

③晋灼曰："泰山嬴县也。"[正义]曰：故嬴城在兖州博城县东北百里。

④[正义]曰：千乘故城淄州高苑县北二十五里。

⑤徐广曰："二月也。"

后岁余，汉灭项籍，汉王立为皇帝，以彭越为梁王。田横惧诛，而与其徒属五百余人入海，居岛中。①高帝闻之，以为田横兄弟本定齐，齐人贤者多附焉，今在海中不收，后恐为乱，乃使使赦田横罪而召之。田横因谢曰:“臣烹陛下之使郦生,今闻其弟郦商为汉将而贤,臣恐惧,不敢奉诏,请为庶人,守海岛中。”使还报,高皇帝乃诏诏尉郦商曰:“齐王田横即至,人马从者敢动摇者致族夷!”乃复使使持节具告以诏商状,曰:“田横来,大者王,小者乃侯耳;不来,且举兵加诛焉。”田横乃与其客二人乘传诣洛阳。②

①韦昭曰:“海中山曰岛。”[正义]曰:按:海州东海县有岛山,去岸八十里。

②如淳曰:“四马下足为乘传。”

未至三十里,至尸乡厩置,①横谢使者曰:“人臣见天子当洗沐。”止留,谓其客曰:“横始与汉王俱南面称孤,今汉王为天子,而横乃为亡虏而北面事之,其耻固已甚矣。且吾烹人之兄,与其弟并肩而事其主,纵彼畏天子之诏,不敢动我,我独不愧于心乎?且陛下所以欲见我者,不过欲一见吾面貌耳。今陛下在洛阳,今斩吾头,驰三十里间,形容未能败,犹可观也。”遂自刭,令客捧其头,②从使者驰奏之高帝。高帝曰:“嗟乎,有以也夫!起自布衣,兄弟三人更王,岂不贤乎哉!”为之流涕。而拜其二客为都尉,发卒二千人,以王者礼葬田横。③

①应劭曰:“尸乡在偃师。”瓒曰:“厩置,置马以传驿也。”

②[正义]曰:奉音捧。

③[正义]曰:齐田横墓在偃师西十五里。崔豹古今注云:“《薤露》《蒿里》,送哀歌也,出田横门人,横自杀,门人伤之而作悲歌,言人使如薤上露,易晞灭。至李延年乃公为二曲,《薤露》送王公贵人,《蒿里》送士大夫庶人,使挽逝者歌之,俗呼为挽歌。”

既葬,二客穿其冢旁孔,皆自刭,下从之。高帝闻之,乃大惊,以田横之客皆贤。吾闻其余尚五百人在海中,使使召之。至则闻田横死,亦皆自杀。于是乃知田横兄弟能得士也。

太史公曰:甚矣蒯通之谋,乱齐骄淮阴,其卒亡此两人!①蒯通者,善为长短说,②论战国之权变,为八十一首。③通善齐人安期生,安期生尝干项羽,项羽不能用其筴。已而项羽欲封此两人,两人终不肯受，亡去。田横之高节，宾客慕义而从横死，岂非至贤！余因而列焉。不无善画者，莫能图，何哉？④

①韩信、田横。

②[索隐]曰：言欲令此事长，则长说之；欲令此事短，则短说之：故《战国策》亦名曰："短长书"是也，

③《汉书》曰："号为《隽永》。"永，一作"求"，[索隐]曰：《隽永》，书名也，隽音松兖反。

④[索隐]曰：言天下非无善画之人，而不知图画田横及其党慕义死节之事，何故哉？叹画人不知画此也。

索隐述赞曰：秦项之际，天下交兵。六国树党，自置豪英。田儋殒寇，立市相荣。楚封王假，齐破郦生。兄弟更王，海岛传声。

史记卷九五
列传第三五

樊郦滕灌

舞阳侯①樊哙②者，沛人也。③以屠狗为事，④与高祖俱隐。

①[正义]曰：舞阳在许州叶县东十里。

②[正义]曰：音快，又吉外反。

③[正义]曰：沛，徐州县。

④[正义]曰：时人食狗亦与羊豕同，故哙专屠以卖之。

初从高祖起丰，攻下沛。高祖为沛公，以哙为舍人。从攻胡陵、方与，①还守丰，击泗水监丰下，②破之。复东定沛，破泗水守薛西。③与司马尼④战砀东，⑤却敌，斩首十五级，赐爵国大夫。⑥常从，沛公击章邯军濮阳，攻城先登，斩首二十三级，赐爵列大夫。⑦复常从，从攻城阳。⑧先登。下户牖，⑨破李由军，首十六级，赐上间爵。⑩从攻围东郡守尉于成武，⑪却敌，斩者十四级，捕虏十一人，赐爵五大夫。从击秦军，出亳南。⑫河间守军于杠里，⑬破之。击破赵贲军开封⑭北，以却敌先登，斩侯一人，首六十级，捕虏二十七人，赐爵卿。从攻破杨熊军于曲遇。⑮攻宛陵。⑯先登，斩首八级，捕虏四十四人，赐爵封号贤成君。⑰从攻长社、轘辕，⑱绝河津，⑲东攻秦军于尸，⑳南攻秦军于犨，㉑破南阳守齮于阳城。东攻宛城。先登。西至郦，㉒以却敌，斩首二十四级，捕虏四十人，赐重封。㉓攻武关，至霸上，斩都尉一人，首十级，捕虏百四十六人，降卒二千九百人。

①[正义]曰:房预二音。

②[索隐]曰:案:监者,秦时御史监郡也。丰下,丰县之下也。[正义]曰:泗水,郡名。

③[索隐]曰:谓破其守于薛县之西也。

④张晏曰:"秦司马。"[正义]曰:秦将章邯司马巨。

⑤[正义]曰:砀,宋州县也。

⑥文颖曰:"即官大夫也。"[正义]曰:爵第六级也。

⑦文颖曰:"即公大夫,爵第七。"

⑧徐广曰:"年表二年七月,破秦军濮阳东,屠城阳也。"[正义]曰:按:城阳近濮阳,而《汉书》作"阳城",大错误。

⑨[正义]曰:户牖,汴州东陈留县东北九十一里东昏故城是。

⑩孟康曰:"不在二十爵中,如执圭、执帛比也。"如淳曰:"间,或作'闻',《吕氏春秋》曰'魏文侯东胜齐于长城,天子赏文侯以上闻爵'。"[索隐]曰:张晏云:"得径上闻。"晋灼曰:"名通于天子也。"如淳引《吕氏春秋》,当证"证上闻","间"音"中间"之"间"。

⑪[正义]曰:曹州县。

⑫[索隐]曰:案:亳汤所都,今河南偃师有汤亳是也。[正义]曰:亳故城在宋州谷熟县西南十里。

⑬[正义]曰:地名,近城阳。

⑭[正义]曰:汴州县。

⑮[索隐]曰:音龋颙二音,邑名也。[正义]曰:曲,丘雨反。遇,牛恭反。郑州中牟县有曲遇聚。

⑯[索隐]曰:《地理志》属河南。[正义]曰:苑陵故城在郑州新郑县东北三十八里。

⑰徐广曰:"时赐爵有执帛、执圭,又赐爵封而加美名以为号也。又有功,则赐封列侯。"骃:张晏曰:"食禄比封君而无邑。"瓒曰:"秦制,列侯乃有封爵也。"[索隐]曰:小颜云:"楚汉之际,权设宠荣,假其位号或得邑地,或空受爵,此例多矣,约以秦制于义不通。"

⑱[正义]曰:许州理县也,轘辕门在缑氏县东南三十里。

⑲[正义]曰:古平阴津在河南府东北五十里也。

⑳[正义]曰:在偃师南。

㉑[正义]曰:在汝州鲁山县东南。

㉒[正义]曰:郦音擲,在邓州新城县西北四十里。

㉓张晏曰:"益禄也,"如淳曰:"正爵名也。"瓒曰:"增封也。"[索隐]曰:张晏云"益禄也"。臣瓒以为增封,义亦近是。如淳曰正爵名,非也。小颜以为重封者,兼二号,盖为得也。

项羽在戏下,欲攻沛公。沛公从百余骑因项伯面见项羽,谢无有闭关事。项羽既飨军士,中酒,①亚父谋欲杀沛公,令项庄拔剑舞坐中,欲击沛公,项伯常肩蔽之。时独沛公与张良得入坐,樊哙在营外,闻事急,乃持铁盾入到营。营卫止哙,哙直撞入,②立帐下。③项羽目之,问为谁。张良曰:"沛公参乘樊哙。"项羽曰:"壮士!"赐之卮酒彘肩。哙既饮酒,拔剑切肉食,尽之。项羽曰:"能复饮乎?"哙曰:"臣死且不辞,岂特卮酒乎!且沛公先入定咸阳,暴师霸上,以待大王。④大王今日至,听小人之言,与沛公有隙,臣恐天解,⑤心疑大王也。"项羽默然。沛公如厕,麾樊哙去。既出,沛公留车骑,独骑一马,与樊哙等四人步从,从间道山下归走霸上军,而使张良谢项羽。项羽亦因遂已,无诛沛公之心矣。是日微樊哙奔入营诮让项羽,⑥沛公事几殆。⑦

①张晏曰:"酒酣也。"

②《汉书音义》曰:"撞音撞钟。"[正义]曰:撞,直江反。

③徐广曰:"一本作'立帷下,瞋目而视,眥皆血出'。"

④[正义]曰:时羽未为王,史追书。

⑤[正义]曰:纪买反,至此为绝句。

⑥[索隐]曰:诮,责也,亦或作"谯"。

⑦[正义]曰:几音祈。

明日,项羽入屠咸阳,立沛公为汉王。汉王赐哙爵为列侯,号临武侯。①迁为郎中,从入汉中。

①[正义]曰:桂阳临武县。

还定三秦,别击西丞白水北,①雍轻车骑于雍南,破之。②从攻雍、斄③城,先登。击章平军好畤,④攻城,先登陷阵,斩县令丞各一人,首十一级,虏二十人,迁郎中骑将。从击秦军骑壤东,⑤却敌,迁为将军。攻赵贲,下郿、⑥槐里、柳中、⑦咸阳;灌废丘,最。⑧至栎阳，⑨赐食邑杜之樊乡。⑩从攻项籍，屠煮枣。⑪击破王武、程处军于外黄。攻邹，鲁、瑕丘、薛。⑫

①徐广曰："陇西有西县，白水在武都。"骃案：如淳曰："皆地名也。"晋灼曰："白水，今广平魏县也。《地理志》无'西丞'似秦将名。"[索隐]曰：案：西谓陇西之西县，白水，水名，出武都，经西县东南流，言哙击西县之丞在白水之北耳，徐广等说皆非也。[正义]曰：《括地志》云："白马水源出文州曲水县西南，会经孙山下。"

②[正义]曰：上"雍"于拱反。

③斄音胎。

④[索隐]曰：案：斄，音胎。[索隐]曰：案：雍即扶风雍昌县，斄台，即后稷所封，今之武功故斄城是。章平即章邯子也。

⑤[索隐]曰：小颜亦以为地名。[正义]曰：壤乡在武功县东南二十里。

⑥[正义]曰：岐州县。

⑦[索隐]曰：按：柳中即细柳也在长安西也。

⑧李奇曰："以水灌废丘也。"张晏曰："最，功第一也。"晋灼曰："京辅治华阴，灌北也。"[索隐]曰：灌谓以水灌废丘，城陷，其功最上也。李奇曰："废丘即槐里也，上有槐里此，又言者，疑此是小槐里。"非也。按：文云："攻赵贲，下郿、槐里，柳中、咸阳。"总言所攻陷之邑，别言以水灌废丘，其功特最也，何者？初云槐里，称其新名，后言功最，是重举，不欲再见其文，故因旧称废丘也。[索隐]曰：案：柳中即细柳也，在长安西也。

⑨[正义]曰：雍州县。

⑩[索隐]曰：案：杜陵有樊乡。《三秦记》曰："长安正南，山名秦岭，谷名子午，一名樊川，一名御宿"，樊乡即樊川也。

⑪[索隐]曰：晋灼云：检《地理志》无"煮枣"。《功臣表》有煮枣侯，云清河有煮枣城，小颜以为"攻项籍，屠煮枣，合在河南，非清河之城明矣"，今案《续汉书·郡国志》，在济阴宛朐也。[正义]曰：案：其时项羽未渡河北，冀州信都县东北五十里煮枣非矣。

⑫[正义]曰：兖州县，在州东南六十二里，鲁，兖州曲阜县，瑕丘，兖州县，薛在徐州滕县界。

项羽败汉王于彭城，尽复取鲁、梁地。哙还荥阳，益食平阴二千户，①以将军守广武。一岁，项羽引而东。从高祖击项籍，下阳夏，②

虏楚周将军卒四千人。围项籍于陈,③大破之,屠胡陵。④

①[正义]曰:平阴故城在济阳东北五里。

②[正义]曰:夏音假,陈州太康县。

③[正义]曰:陈州。

④[正义]曰:在兖州南。

项籍既死,汉王为帝,以哙坚守战有功,益食八百户。从高帝攻反燕王臧荼,虏荼,定燕地。楚王韩信反,哙从至陈,取信,定楚。①更赐爵列侯,与诸侯剖符,世世勿绝,食舞阳,号为舞阳侯,除前所食。

①[正义]曰:徐州。

以将军从高祖攻反韩王信于代。自霍人以往①至云中,②与绛侯等共定之,益食所千五百户。因击陈豨与曼丘臣军,③战襄国,④破柏人,⑤先登,降定清河、常山凡二十七县,残东垣。⑥迁为左丞相。破得綦毋卬、尹潘军于无终、广昌。⑦破豨别将胡人王黄军于代南,因击韩信军于参合。⑧军所将卒斩韩信,破豨胡骑横谷,⑨斩将军赵既,虏代丞相冯梁、守孙奋,大将王黄、将军、太卜,太仆解福⑩等十人。与诸将共定代乡邑七十三。其后燕王卢绾反,哙以相国击卢绾,破其丞相,抵蓟南,⑪定燕地,凡县十八,乡邑五十一。益食邑千三百户,定食舞阳五千四百户。从,斩首百七十六级,虏二百八十八人。别,破军七,下城五,定郡六,县五十二,得丞相一人,将军十二人,二千石已下至三百石十一人。

①[正义]曰:先累反,又苏果反,又山寡反。杜预云"霍人,晋邑也。'霍人'当作'葰',《地理志》云葰人县属太原郡。"《括地志》云:"葰人故城在代州繁畤县界也。"

②[正义]曰:云中郡县,皆朔州善阳县北三百八十里定襄故城是也。

③徐广曰:"曼,一作'宁'字。"

④[正义]曰:邢州城。

⑤[正义]曰:邢州县。

⑥张晏曰:"残,有所毁也。瓒曰:"残谓多所杀伤也,孟子曰'害义谓之残也'。"

⑦[正义]曰：在蔚州飞狐县北七里。

⑧[正义]曰：在朔州定襄县界。

⑨[正义]曰：谷音欲，盖在代。

⑩[正义]曰：人姓名。

⑪[索隐]曰：抵音丁礼反，抵训至，一云抵者，丞相之名。”

哙以吕后女弟吕须为妇，生子伉，故其比诸将最亲。

先黥布反时，高祖尝病甚，恶见人，卧禁中，诏户者无得入群臣，群臣绛、灌等莫敢入。十余日，哙乃排闼直入，①大臣随之。上独枕一宦者卧。哙等见上流涕曰：“始陛下与臣等起丰沛，定天下，何其壮也！今天下已定，又何惫也！且陛下病甚，大臣震恐，不见臣等计事，顾独与一宦者绝乎？且陛下独不见赵高之事乎？”高帝笑而起。

①[正义]曰：闼，宫小门。

其后卢绾反，高帝使哙以相国击燕。是时高帝病甚，人有恶哙党于吕氏，即上一日宫车晏驾，则哙欲以兵尽诛灭戚氏、赵王如意之属。高帝闻之大怒，乃使陈平载绛侯代将，而即军中斩哙。陈平畏吕后，执哙诣长安，至则高祖已崩，吕后释哙，使复爵邑。

孝惠六年，樊哙卒，谥为武侯。子伉代侯。而伉母吕须亦为临光侯，高后时用事专权，大臣尽畏之。伉代侯九岁，高后崩。大臣诛诸吕、吕须媭①属，因诛伉，舞阳侯中绝数月。孝文帝既立，乃复封哙他庶子市人为舞阳侯，复故爵邑。市人立二十九岁卒，谥为荒侯。子他广代侯，六岁，侯家舍人得罪他广，怨之，乃上书曰：“荒侯市人病不能为人，②令其夫人与其弟乱而生他广，他广实非荒侯子，不当代后。”诏下吏。孝景中六年，他广夺侯为庶人，国除。③

①[索隐]曰：媭音眷。

②[正义]曰：言不能行人道。

③[索隐]曰：案：《汉书》平帝元始二年，封哙玄孙之子章为舞阳侯，邑千户。

曲周侯①郦商者，高阳人。②陈胜起时，商聚少年东西略人，得数千。沛公略地至陈留，六月余，③商以将卒四千人属沛公于岐。④

从攻长社,先登,赐爵封信成君。从沛公攻缑氏,绝河津,破秦军洛阳东。从攻下宛,穰,定十七县。别将攻旬关,⑤定汉中。

①[正义]曰:故城在洛州曲周西南十五里。

②[索隐]曰:郦音历,高阳,聚名,属陈留,[正义]曰:雍州西南聚邑人也。

③徐广曰:"《月表》曰:二世元年九月,沛公起兵;二世三年二月,袭陈留,用郦食其策。起兵至此十九月矣。《食其传》曰既说高帝已,乃言其弟商,使从沛公也。"[索隐]曰:事与《郦生传》及年表小不同,盖史官意异也。正义曰徐注非也。言商先东西略得数千人,及沛公略地至陈留,商起兵,乃六月余得四千人,以将军从高祖也。

④[索隐]曰:此地名阐,盖在河南陈、郑之界。[正义]曰:《高纪》云:"郦食其说沛公袭袭陈留,乃以食其为广野君,郦商为将,将陈留兵,与偕攻开封。"《郦生传》云:"沛公引兵随之,乃下陈留,为广阳君。言其弟郦商,使将数千人从沛公西南略地。"此传云"属沛公于岐,从攻长社。"案:纪传此说,岐当与陈留、高阳相近也。

⑤《汉书音义》曰:"汉中旬阳县,音询。"[索隐]曰:案:在汉中旬阳县,旬水上之关。

项羽灭秦,立沛公为汉王。汉王赐商爵信成君,以将军为陇西都尉。别将定北地、①上郡。②破雍将军焉氏,③周类军栒邑,④苏驵军于泥阳。⑤赐食邑武成六千户。⑥以陇西都尉从击项籍军五月,出钜野,与钟离眛战,疾斗,受梁相国印,益食邑四千户。以梁相国将从击项羽二岁三月,攻胡陵。

①[正义]曰:宁州。

②[正义]曰:鄜州。

③音支。[索隐]曰:乌音于然反,氏音支,县名,属安定。《汉书》云破章邯别将也。[正义]曰:县在泾州安定县东四十里。

④[索隐]曰:栒邑在豳州。《地理志》属右扶风,栒音荀。

⑤徐广曰:"驵,一作'騠'。"[索隐]曰:北地县名,驵者,龙马也。[正义]曰:故城在宁州罗川县北在三十一里。泥谷水源出罗川县东北泥阳。源侧有泉,于泥中潜流二十余步而流入泥谷。又有泥阳湫,在县东北四十里。

⑥[正义]曰:县在华州郑县东十三里。

项羽既已死，汉王为帝。其秋，燕王臧荼反，商以将军从击荼，战龙脱，①先登陷阵，破荼军易下，②却敌，迁为右丞相，赐爵列侯，与诸侯剖符，世世勿绝，食邑涿五千户，③号曰涿侯。

①徐广曰："在燕赵之界。"骃按：《汉书音义》曰"地名"。[索隐]曰：其地阙。

②[正义]曰：易州易县。

③[正义]曰：涿，幽州。

以右丞相别定上谷，①因攻代，受赵相国印。以右丞相赵相国别与绛侯等定代、雁门，得代丞相程纵、守相郭同、将军已下至六百石十九人。还，以将军为太上皇卫一岁七月。以右丞相击陈豨，残东垣。又以右丞相从高帝击黥布，攻其前拒，②陷两阵，得以破布军。更食曲周五千一百户，除前所食。凡别破军三，降郡六，县七十三，得丞相、守相、大将各一人，小将二人，二千石已下至六百石十九人。

①[正义]曰：妫州。

②徐广曰："一作'和'。"骃谓拒，方陈。拒音矩。[索隐]曰：音巨，又音矩。邹氏引《左传》有"左拒右拒"。徐云"一作'和'。和，军门也。"《汉书》作"前垣，"小颜以为攻其壁垒之前垣也。李奇以为"将锋坚蔽若垣墙"，非也。

商事孝惠、高后时，商病，不治。①其子寄，字况，②与吕禄善。及高后崩，大臣欲诛诸吕，吕禄为将军，军于北军，太尉勃不得入北军，于是乃使人劫郦商，令其子况绐吕禄，③吕禄信之，故毋出游，而太尉勃乃得入据北军，遂诛诸吕。是岁商卒，谥为景侯。子寄代侯。天下称郦况卖交也。④

①文颖曰："不能治官事。"

②[索隐]曰：郦寄字也，邹氏本作"兄"，亦音况。

③[索隐]曰：绐，欺也，诈也。音待。

④班固曰："夫卖交者，谓见利而忘义也。若寄父为功臣，而又执劫，虽摧吕禄以安社稷，谊存君亲可也。"

孝景前三年，吴、楚、齐、赵反，上以寄为将军，围赵城，十月不能下。得俞侯①栾布自平齐来,乃下赵城,灭赵,王自杀,除国。孝景中二年,寄欲取平原君为夫人,②景帝怒,下寄吏,有罪,夺侯。景帝乃以商他子坚封为缪侯,③续郦氏后。缪靖侯卒,子康侯遂成立。遂成卒,子怀侯世宗立。④世宗卒,子侯终根立,为太常,坐法,国除。

①俞音舒。[索隐]曰:俞音,鄃县名,又音输,在河东。

②苏林曰:"景帝王皇后母臧儿也。"

③徐广曰:"缪者,更封邑名,谥曰靖。"[索隐]曰:缪音穆,邑也,《汉书》无谥。

④徐广曰:"世,一作'他'。"

汝阴侯①夏侯婴,沛人也。为沛厩司御。②每送使客还,过沛泗上亭,与高祖语,未尝不移日也。婴已而试补县吏,与高祖相爱。高祖戏而伤婴,人有告高祖。③高祖时为亭长,重坐伤人,④告故不伤婴,⑤婴证之。后狱覆,⑥婴坐高祖系岁余,掠笞数百,终以是脱高祖。

①[正义]曰:汝阴即今阳城。

②[索隐]曰:案:《楚汉春秋》云滕公为御也。

③韦昭曰:"告,白也,白高祖伤人。"

④如淳曰:"为吏伤人,其罪重也。"

⑤邓展曰:"律有故乞鞫,高祖自告不伤人。"[索隐]曰:案:晋灼云:"狱结竟,呼囚鞫语罪状,囚其称枉欲乞鞫者,许之也。"

⑥[索隐]曰:案:韦昭曰:"高帝自言不伤婴,婴证之。是狱辞翻覆也。"

高祖之初与徒属欲攻沛也,婴时以县令史为高祖使。①上降沛一日,②高祖为沛公,赐婴爵七大夫,以为太仆。从攻胡陵,婴与萧何降泗水监平,③平以胡陵降,赐婴爵五大夫。从击秦军砀东,攻济阳,下户牖,破李由军雍丘下,以兵车趣攻战疾,赐爵执帛。常以太仆奉车从击章邯军东阿、濮阳下,以兵车趣攻战疾,破之,赐爵执珪。复常奉车从击赵贲军开封,杨熊军曲遇。婴从捕虏六十八人,降卒八百五十人,得印一匮。④因复常奉车从击秦军洛阳东,以兵车趣攻战疾,赐爵封转为滕公。⑤因复奉车从攻南阳,战于蓝田、芷阳,⑥以兵车趣攻战疾,至霸上。项羽至,灭秦,立沛公为汉王。汉王赐婴爵列侯，号昭平侯，复为太仆，从入蜀、汉。

①[正义]曰：上为，于伪反，使，所吏反。

②[正义]曰：父老开城门迎高祖。

③张晏曰："胡陵，平所止县，何尝给之，故与降也。"

④[索隐]曰：案：《说文》云"匰，匣也"。谓得其地处厢部署之印。

⑤徐广曰："令也。"骃案：邓展曰："今沛郡公丘。"《汉书》曰婴为胜令奉车，故号滕公。[正义]曰：滕即公丘故城是，在徐州滕县西南十五里。

⑥[索隐]曰：芷音止，地名，今霸陵也，在京兆县。

还定三秦，从击项籍。至彭城，项羽大破汉军。汉王败，不利，驰去。见孝惠、鲁元，载之。汉王急，马疲，虏在后，常蹶两儿①欲弃之，婴常收，竟载之，徐行面拥树乃驰。②汉王怒，行欲斩婴者十余，卒得脱，而致孝惠、鲁元于丰。

①[索隐]曰：蹶音厥，又音巨月反，一音居卫反，《汉书》作"蹳"，音拨。

②服虔曰："高祖欲斩之，故婴围树走也。面，向树也。"应劭曰："古者皆立乘，婴恐小儿坠，各置一面拥持之。树，立也。"苏林曰："南阳人谓抱小儿为'拥树'。面者，大人以面首向临之，小儿抱大人颈似悬树也。"[索隐]曰：苏林与晋灼皆同，今则无其言，或当时有此说。其应、服之说，盖疏也。

汉王既至荥阳，收散兵，复振，赐婴食祈阳。①复常奉车从击项籍，追至陈，卒定楚，至鲁，益食兹氏。②

①徐广曰："祈，一作'沂'。"[索隐]曰：盖乡名也，《汉书》作"沂"，楚无其县。

②[索隐]曰：县名也，《地理志》属太原。

汉王立为帝。其秋，燕王臧荼反，婴以太仆从击荼，明年，从至陈，取楚王信。更食汝阴，剖符世世勿绝。以太仆从击代，至武泉、云中，①益食千户。因从击韩信军胡骑晋阳旁，大破之。追北至平城，为胡所围，七日不得通。高帝使使厚遗阏氏，冒顿开围一角。高帝出欲驰，婴固徐行，弩皆持满外向，卒得脱。益食婴细阳②千户。复以太仆从击胡骑句注北，大破之。以太仆击胡骑平城南，三陷陈，功为多，赐所夺邑五百户。③以太仆击陈豨、黥布军，陷陈却敌，益食千户，定食汝阴六千九百户，除前所食。

①[索隐]曰：《地理志》武泉属云中。[正义]曰：二县，在朔州善阳县界。

②[索隐]曰：《地理志》属汝南。

③《汉书音义》曰："时有罪过夺邑者，以赐之。"

婴自上初起沛，常为太仆，竟高祖崩。以太仆事孝惠。孝惠帝及高后德婴之脱孝惠、鲁元于下邑之间也。①乃赐婴县北第第一，曰"近我"，以尊异之。孝惠帝崩，以太仆事高后。高后崩，代王之来，婴以太仆与东牟侯入清宫，废少帝，以天子法驾迎代王代邸，与大臣共立为孝文皇帝，复为太仆。八岁卒，谥为文侯。②子夷侯灶立，七年卒。子共侯赐立，三十一年卒。子侯颇尚平阳公主。立十九岁，元鼎二年，坐与父御婢奸罪，自杀，国除。

①[正义]曰：宋州砀山县。

②[索隐]曰：案：姚氏云"《三辅故事》曰'滕文公墓在饮马桥东大道南，俗谓之马冢。'《博物志》曰'公卿送婴葬，至东都门外，马不行，踣地悲鸣得石椁，有铭曰："佳城郁郁，三千年见白日，于嗟滕公居此室。"乃葬之'。"

颍阴侯①灌婴者，睢阳贩缯者也。②高祖之为沛公，略地至雍丘下，章邯败杀项梁，而沛公还军于砀，婴初以中涓从击破东郡尉于成武及秦军于扛里，疾斗，赐爵七大夫。从攻秦军亳南、开封，曲遇，战疾力。③赐爵执帛，号宣陵君。从攻阳武以西至洛阳，破秦军尸北，北绝河津，南破南阳守齮阳城东，遂定南阳郡。西入武关，战于蓝田，疾力，至霸上。赐爵执珪，号昌文君。④

①[正义]曰：今陈州南颍县西北十三里颍阴故城是。

②[正义]曰：睢阳，宋州宋城县。

③服虔曰："疾攻之。"

④[索隐]曰：亦称宣陵君，皆非爵士，加美号耳。

沛公立为汉王，拜婴为郎中，从入汉中，十月，拜为中谒者。从还定三秦，下栎阳，降塞王。还围章邯于废丘，未拔。从东出临晋关，击降殷王，定其地。击项羽将龙且、魏相项他军定陶南，疾战，破之。赐婴爵列侯，号昌文侯，食杜平乡。①

①[索隐]曰:谓食杜县之平乡。

复以中谒者从降下砀,以至彭城。项羽击,大破汉王。汉王遁而西,婴从还,军于雍丘。王武、魏公申徒反,①从击破之。攻下黄,②西收兵,军于荥阳。楚骑来众,汉王乃择军中可为车骑将者,皆推故秦骑士重泉人③李必、骆甲④习骑兵,今为校尉,可为骑将。汉王欲拜之,必、甲曰:“臣故秦民,恐军不信臣,臣愿得大王左右善骑者傅之。”⑤灌婴虽少,然数力战,乃拜灌婴为中大夫,令李必、骆甲为左右校尉,将郎中骑兵击楚骑于荥阳东,大破之。受诏别击楚军后,绝其饷道,起阳武至襄邑。击项羽之将项冠于鲁下,破之,所将卒斩右司马、骑将各一人。⑥击破柘公王武,⑦军于燕西,所将卒斩楼烦将五人,连尹一人。⑧击王武别将桓婴白马下,破之,所将卒斩都尉一人。以骑渡河南,送汉王到洛阳,使北迎相国韩信军于邯郸。还至敖仓,婴迁为御史大夫。

①张晏曰:“秦将,降为公,今反。”

②[正义]曰:故城在曹州考城县东二十四里。

③徐广曰:“重泉属冯翊。”[正义]曰:故城在同州蒲城县东地四十五里。

④[索隐]曰:必、甲,二人名也。姚氏案:《汉纪》桓帝延熙三年,追录高祖功臣李必后黄门丞李遂为晋阳关内侯也。

⑤如淳曰:“傅音附,犹言随从者。”

⑥张晏曰:“王右方之马,左亦如之。”

⑦徐广曰:“柘属陈。”[索隐]曰:案:武,柘县令也。[正义]曰:柘属淮阳国。案:滑州胙城,本南燕国也。

⑧李奇曰:“楼烦,县名,其人善骑射,故以名射士为‘楼烦’取其美称,未必楼烦人也。”张晏曰:“楼烦,胡国名也。”

三年,以列侯食邑杜平乡。以御史大夫①受诏将郎中骑兵东属相国韩信,击破齐军于历下,所将卒虏车骑将军华毋伤及将吏四十六。降下临淄,得齐守相田光。追齐相田横至嬴、博,破其骑,所将卒斩骑将一人,生得骑将四人。攻下嬴、博破齐将军田吸于千乘,所将卒斩吸,东从韩信攻龙且、留公于高密,②卒斩龙且,③生得右司马、连尹各一人,楼烦将十人,身生得亚将周兰。

①张晏曰："大夫，楚官。"[索隐]苏林曰："楚官也。"《左传》："莫敖、连尹、宫厩尹"是。

②[索隐]曰：留，县，令称公，旋其各也。高密，县名，在北海，《汉书》作"假密"，假密，地名，不知所在，未知孰是。[正义]曰：留县在沛郡，公，其令。

③文颖曰："所将卒。"

齐地已定，韩信自立为齐王，使婴别将击楚将公杲于鲁北，破之。转南，破薛郡长，身虏骑将一人。攻博阳，前至下相以东南僮、取虑，徐。①度淮，尽降其城邑，至广陵。②项羽使项声、薛公、郯公复定淮北。婴度淮北，击破项声、郯公下邳，③斩薛公，下下邳，击破楚骑于平阳，④遂降彭城，虏柱国项佗，降留、薛、沛、酂、萧、相。攻苦，谯，⑤复得亚将周兰。与汉王会颐乡，⑥从击项籍军于陈下，破之，所将卒斩楼烦将二人，虏骑将八人。赐益食邑二千五百户。

①[索隐]曰：取音秋，虑音间，取又音趣，僮、徐是二县，取虑是一县名。

②《汉书音义》曰："住广陵以御敌。"[正义]曰：谓从下相以东南，尽降城邑，乃至广陵，皆平定也。

③[正义]曰：郯音谈，东海县。

④[索隐]曰：小颜云："此平阳在东郡。"《地理志》太山有东平县。[正义]曰：南平阳县城，今兖州邹县也，在兖州东南六十二里。案：邹县去徐州滕县界四十余里也。

⑤[索隐]曰：户焦二音。

⑥徐广曰："苦县有颐乡。"[索隐]曰：音以之反。

项籍败垓下去也，婴以御史大夫受诏将车骑别追项籍至东城，①破之。所将卒五人共斩项籍，皆赐爵列侯。降左右司马各一人，卒万二千人，尽得其军将吏。下东城，历阳。②渡江，破吴郡长吴下，③得吴守，遂定吴、豫章、会稽郡。还定淮北，凡五十二县。

①[正义]曰：县在濠州定远县东南五十五里。

②[正义]曰：和州历县，即今州城是也。

③如淳："'雄长'之'长'也。"[索隐]曰：下有郡守，此长即令也。如淳以为雄长，非也。[正义]曰：今苏州也。案：如说非也，吴郡长即吴郡守也，一

破吴郡长兵于吴城下而得吴郡守身也。

汉王立为皇帝，赐益婴邑三千户。其秋，以车骑将军从击破燕王臧荼。明年，从至陈，取楚王信。还，剖符，世世勿绝，食颍阴二千五百户，号曰颍阴侯。

以车骑将军从击反韩王信于代，至马邑，受诏别降楼烦以北六县，斩代左相，破胡骑于武泉北。①复从击韩信胡骑晋阳下，所将卒斩胡白题将一人。②受诏并将燕、赵、齐、梁、楚车骑，击破胡骑于硰石，③至平城，为胡所围，从还军东垣。

①[正义]曰：县名，在朔州北二百二十里。

②服虔曰："胡名也。"

③服虔曰："硰音沙。"[索隐]曰：刘氏音千卧反。

从击陈豨，受诏别攻豨丞相侯敞军曲逆下，破之，卒斩敞及特将五人。①降曲逆、卢奴、上曲阳，安国、安平。②攻下东垣。

①文颖曰："'特一'之'特'也。"

②[正义]曰：卢奴，定州安喜县是。曲阳定州曲阳县是，定平，定州安平县。

黥布反，以车骑将军先出，攻布别将于相，破之，斩亚将楼烦将三人。又进击破布上柱国军及大司马军。又进破布别将肥诛。①婴身生得左司马一人，所将卒斩其小将十人，追北至淮上。益食二千五百户。布已破，高帝归，定令婴食颍阴五千户，除前所食邑。凡从得二千石二人，别破军十六，降城四十六，定国一，郡二，县五十二，得将军二人，柱国、相国各一人，二千石十人。

①徐广曰："一作'铢'。"[索隐]曰：案：《汉书》作"肥铢"。

婴自破布归，高帝崩。婴以列侯事孝惠帝及吕太后。太后崩，吕禄以赵王自置为将军，军长安，为乱。齐哀王闻之，举兵西，且入诛不当为王者。上将吕禄等闻之，乃遣婴为大将，将军往击之。婴行至荥阳，乃与绛侯等谋，因屯兵荥阳，风齐王以诛吕氏事，①齐兵止不前。绛侯等既诛诸吕，齐王罢兵归，婴亦罢兵自荥阳归，与绛侯、陈平共立代王为孝文皇帝。孝文皇帝于是益封婴三千户，赐黄金千斤,拜为太尉。

①[正义]曰:风,方凰反。

三岁绛侯勃免相就国,婴为丞相,罢太尉官。是岁,匈奴大入北地,上郡,令丞相婴将骑八万五千往击匈奴。匈奴去,济北王反,诏乃罢婴之兵。后岁余,婴以丞相卒,谥曰懿侯。子平侯阿代侯,二十八年卒,子强代侯。十三年,强有罪,绝二岁。元光三年,天子封灌婴孙贤为临汝侯,续灌氏后,八岁,坐行赇有罪,国除。

太史公曰:吾适丰沛,问其遗老,观故萧、曹、樊哙、滕公之家,及其素,异哉所闻!方其鼓刀屠狗卖缯之时,岂自知附骥之尾,垂名汉廷,德流子孙哉?余与他广通,为言高祖功臣之兴时若此云。①

①[索隐]曰:案:他广樊哙之孙,后失封,盖尝讶太史公序萧、曹、樊、滕之功委具,则从他广而得其事,故备也。

索隐述赞曰:圣贤影响,云蒸龙变。屠狗贩缯,攻城野战。扶义西上,受封南面。郦况卖交,舞阳内援。滕灌更王,奕叶繁衍。

史记卷九六
列传第三六

张丞相

张丞相苍者，阳武人也。①好书律历。秦时为御史，主柱下方书。②有罪，亡归。及沛公略地过阳武，苍以客从攻南阳。苍坐法当斩，解衣伏质，③身长大，肥白如瓠，时王陵见而怪其美士，乃言沛公，赦勿斩。遂从西入武关，至咸阳。

①[索隐]曰：案：县名，属陈留。[正义]郑州阳武县也。

②如淳曰："方，版也，谓书事在版上者也。秦以上置柱下史，苍为御史，主其事。或曰四方文书。"[索隐]曰：周秦皆有柱下史，谓御史也。所掌及侍立恒在殿柱之下，故老聃为周柱下史。今苍在秦代亦居斯职。方书者，方板，谓小事书之于板也，或曰主四方文书也。姚氏以为下云"明习天下图书计籍，主郡上计"。则方为四方文书是也。

③[索隐]曰：小颜云："质。锧也。"

沛公立为汉王，入汉中，还定三秦。陈余击走常山王张耳，耳归汉，汉乃以张苍为常山守。从淮阴侯击赵，苍得陈余。赵地已平，汉王以苍为代相，备边寇。已而徙为赵相，相赵王耳。耳卒，相赵王敖。复徙相代王。燕王臧荼反，高祖往击之，苍以代相从攻臧荼有功，以六年中封为北平侯，食邑千二百户。

迁为计相。①一月，更以列侯为主计四岁。②是时萧何为相国，而张苍乃自秦时为柱下史，明习天下图书计籍。苍又善用算律历，故令苍以列侯居相府，领主郡国上计者。黥布反亡，汉立皇子长为淮南王，而张苍相之。十四年，迁为御史大夫。

①文颖曰:"能计,故号曰计相。"

②张晏曰:"以列侯典校郡国簿书。"如淳曰:"以其所主,因以为官号,与计相同。时所卒立,非久施也。"[索隐]曰:谓改计相之名,更名主计也。此盖权时立号也。

周昌者,沛人也。其从兄曰周苛,秦时皆为泗水卒史。及高祖起沛,击破泗水守监,于是周昌、周苛自卒史从沛公,沛公以周昌为职志,①周苛为客。②从入关,破秦。沛公立为汉王,以周苛为御史大夫,周昌为中尉。

①徐广曰:"主旗帜之属。"[索隐]曰:官名也。职,主也。志,旗帜也。谓掌旗帜之官也。音昌志反。

②张晏曰:"为帐下宾客,不掌官。"

汉王四年,楚围汉王荥阳荥急,汉王遁出去,而使周苛守荥阳城。楚破荥阳城,欲令周苛将。苛骂曰:"若趣降汉王!不然,今为虏矣"!项羽怒,烹周苛。①于是乃拜周昌为御史大夫。常从击破项籍。以六年中与萧,曹等俱封:封周昌为汾阴侯;周苛子周成以父死事,封为高景侯。②

①徐广曰:"四年三月也。"

②徐广曰:"元年封,封三十九年,文帝后元四年谋反死,国除。"

昌为人强力,敢直言,自萧、曹等皆卑下之。昌尝燕时入奏事,①高帝方拥戚姬,昌还走。高帝逐得,骑周昌项,问曰:"我何如主也?"昌仰曰:"陛下即桀纣之主也。"于是上笑之,然尤惮周昌。及帝欲废太子,而立戚姬子如意为太子,大臣故争之,莫能得;上以留侯策即止。而周昌廷争之强,上问其说,昌为人吃,又盛怒,曰:"臣口不能言,然臣期期知其不可。②陛下虽欲废太子,臣期期不奉诏。"上欣然而笑。既罢,吕后侧耳于东厢听,③见周昌,为跪谢曰:"微君,太子几废。"④

①《汉书音义》曰:"以上宴时入奏事。"

②[正义]曰:昌以口吃,每语故重言期期也。

③韦昭曰:"殿东堂也。"[索隐]曰:小颜云:"正寝之东西室,皆号曰厢,言似箱箧之形。"

④[索隐]曰：几，钜依反。

是后戚姬子如意为赵王，年十岁，高祖忧即万岁之后不全也。赵尧年少，为符玺御史。赵人方与公①谓御史大夫周昌曰："君之史赵尧，年虽少，然奇才也，君必异之，是且代君之位。"周昌笑曰："尧年少，刀笔吏耳，②何能至是乎！"居顷之，赵尧侍高祖。高祖独心不乐，悲歌，群世不知上之所以然。赵尧进请问曰：陛下所为不乐，非为赵王年少而戚夫人与吕后有隙邪？备万岁之后而赵王不能自全乎?"高祖曰："然。吾私忧之，不知所出。"③尧曰："陛下独宜为赵王置贵强相，及吕后、太子、群臣素所敬惮乃可。"高祖曰："然。吾念之欲如是，而群臣谁可者?"尧曰："御史大夫周昌，其人坚忍质直，且自吕后、太子及大臣皆素敬惮之。独昌可。"高祖曰："善。"于是乃召周昌，谓曰："吾欲固烦公，公强为我相赵王。"④周昌泣曰："臣初起从陛下，陛下独奈何中道而弃之于诸侯乎?"高祖曰："吾极知其左迁，⑤然吾私忧赵王，念非公无可者。公不得已强行！"于是徙御史大夫周昌为赵相。

①孟康曰："方与，县名，公，其号。"瓒曰："方与县令也。

②[正义]曰：古用简牍书有错谬，以刀削之，故号曰"刀笔吏"。

③[索隐]曰：谓不知其计所出也。

④[正义]曰：《桓谈世论》云："使周相赵，不如使取吕后家女为妃，令戚夫人善事吕后，则如意无毙也。"

⑤[索隐]曰：按：诸侯王表有左官之律。韦昭以为"左犹下也，禁不得下仕于诸侯王也"。然地道尊右，右贵左贱，故谓贬秩为"左迁"。他皆类此。

既行久之，高祖持御史大夫印弄之，曰："谁可以为御史大夫者?"熟视赵尧，曰："无以易尧，"遂拜赵尧为御史大夫。①尧亦前有军功食邑，及以御史大夫人从击陈豨有功，封为江邑侯。②

①徐广曰："十年也。"

②徐广曰："十一年。"

高祖崩，吕太后使使召赵王，其相周昌令王称疾不行，使者三反，周昌为不遣赵王。于是高后患之，行使使召周昌。周昌至，谒高后，高后怒而骂周昌曰："尔不知我之怨戚氏乎？而不遣赵王，何?"

昌既征，高后使使召赵王，赵王果来。至长安月余，饮药而死。周昌因谢病不朝见，三岁而死。①

①徐广曰："谥悼也。"[索隐]曰：按：《汉书列传》及表咸言周昌谥悼。韦昭云"或谥惠"，非也。《汉书》又曰："传子至孙意，有罪，国除。景帝复封昌孙左车为安阳侯，有罪，国除。"

后五岁，①高后闻御史大夫江邑侯赵尧高祖时定赵王如意之划，乃抵尧罪，②以广阿侯任敖为御史大夫。

①[正义]曰：高后之年。

②徐广曰："吕后元年，国除。"

任敖者，故沛狱吏。高祖尝辟吏，①吏系吕后，遇之不谨。任敖素善高祖，怒，击伤主吕后吏。及高祖初起，敖以客从为御史，守丰二岁。高祖立为汉王，东击项籍，敖迁为上党守。陈豨反时，敖坚守，封为广阿侯，食千八百户。高后时为御史大夫。三岁免，②以平阳侯曹窋为御史大夫。高后崩，不与大臣共诛吕禄等。免，以淮南相张苍为御史大夫。

①[正义]曰：辟音避。

②徐广曰："文帝二年，任敖卒，谥懿侯。曾孙越人，元鼎二年为太常，坐酒酸，国除。"骃案：《汉书》任敖孝文元年薨，徐误也。[索隐]曰：皆徐氏据《汉书》为说，而误云"二年"。裴骃又引《任安书》证，为得其实。[正义]曰：按：《史记》书表云"孝文二年卒，《汉表》又云封九十年卒，计高祖十一年封，到文帝二年则十九矣。而《汉书》误，裴氏不考，乃云徐误，何其贰过也！"

苍与绛侯等尊立代王为孝文皇帝。四年，丞相灌婴卒，张苍为丞相。

自汉兴至孝文二十余年，会天下初定，将相公卿皆军吏。张苍为计相时，绪正律历。①以高祖十月始至霸上，因故秦时本以十月为岁首，弗革。推五德之运，以为汉当水德之时，尚黑如故。②吹律调乐，人之音声，及以比定律令。③若百工，天下作程品。④至于为丞相，卒就之，故汉家言律历者，本之张苍。苍本好书，无所不观，无所不通，而尤善律历。⑤

①文颖曰："绪，寻也。或曰绪，业也。"

②[正义]曰：姚察云："苍是秦人，犹用推五胜之法，以周赤乌为火，汉胜火以水也。"

③如淳曰："比谓五音清浊各有所比也。以定十二月律之法令于乐官，使长行之。"瓒曰："谓以比故取类，以定法律与条令也。"[正义]曰：比音鼻，或音必复反，谓比方也。

④如淳曰："若，顺也。百工为器物皆尺有斤两，皆使得宜，此之谓顺。"晋灼曰："若，预及之辞。"[索隐]曰：按：晋灼说为得。

⑤《汉书》曰："著书十八篇，言阴阳律历事。"

张苍德王陵。王陵者安国侯也。及苍贵，常父事王陵，陵死后，苍为丞相，洗沐，常先朝陵夫人上食，然后敢归家。

苍为丞相十余年，鲁人公孙臣上书言汉土德时，其符有黄龙当现。诏下其议张苍，张苍以为非是，罢之。其后黄龙现成纪，于是文帝召公孙臣以为博士，草土德之历制度，更元年。张丞相由此自绌，谢病称老。苍任人为中候，①大为奸利，上以让苍，苍遂病免。苍为丞相十五岁而免。孝景前五年，苍卒，谥为文侯。子康侯代，八年卒。子类②代为侯。八年，坐临诸侯丧后就位不敬，国除。③

①张晏曰："所选保任者也。"瓒曰："中候，官名。"

②徐广曰："一作'颟'，音聩。"

③[索隐]曰：案：《汉书》云传子至孙类有罪，国除，今此云康侯代，八年卒，子颟代侯。则颟即类，与《汉书》略同。

初，张苍父长不满五尺，及生苍，苍长八尺余，为侯、丞相。苍子复长。①及孙类，长六尺余，坐法失侯。苍之免相后，老，口中无齿，食乳，女子为乳母。妻妾以百数，尝孕者不复幸。苍年百又余岁而卒。

①《汉书》云长八尺。

申屠丞相嘉者，梁人，以材官蹶张①从高帝击项籍，迁为队率。②从击黥布军，为都尉。孝惠时，为淮阳守。孝文帝元年，举故吏士二千石从高皇帝者，悉以为关内侯，食邑二十四人，而申屠嘉食邑五百户。张苍已为丞相，嘉迁为御史大夫。张苍免相，③孝文帝欲用皇后弟窦广国为丞相，曰："恐天下以吾私广国。"广国贤有行，故欲相之，念久之不可，而高帝时大臣又皆多死，余见无可者，及以御史大夫嘉为丞相，因故邑封为故安侯。④

①徐广曰："勇健有材力开张。"骃按：如淳曰："材官之多力，能脚踏强弩张之，故曰蹶张，律有蹶张士。"[索隐]曰：孟康云："主张强弩。"蹶音其月反。《汉令》曰有蹶张士百人也。

②[索隐]曰：所类反。

③徐广曰："后二年八月。"

④[正义]曰：今易州界武阳城或东南隅故城是也。

嘉为人廉直，门不受私谒。是时太中大夫邓通方隆爱幸，赏赐累巨万。文帝尝宴饮通家，其宠如是。是时丞相入朝，而通居上傍，有怠慢之礼。丞相奏事毕，因言曰："陛下爱幸臣，则富贵之。至于朝廷之礼，不可以不肃！"上曰："君勿言，吾私之。"罢朝坐府中，嘉为檄召邓通诣丞相府，不来，且斩通。通恐，入言文帝。文帝曰："汝第往，吾今使人召若。"通至丞相府，免冠，徒跣，顿首谢。嘉坐自如，故不为礼，责曰："夫朝廷者，高皇帝之朝廷也。通小臣，戏殿上，大不敬，当斩。吏今行斩之！"①通顿首，首尽出血，不解。文帝度丞相已困通，使使者持节召通，而谢丞相曰："此吾弄臣，君释之。"邓通既至，为文帝泣曰："丞相几杀臣。

①如淳曰："嘉语其吏曰：'今便行斩之。'"

嘉为丞相五岁，孝文帝崩，孝景帝即位。二年，晁错为内史，贵幸用事，诸法令多所请变更，议以谪罚侵削诸侯。而丞相嘉自绌所言不用，疾错。错为内史，门东出，不便，更穿一门南出。南出者，太上皇庙堧垣。①嘉闻之，欲因此以法错擅穿宗庙垣为门，奏请诛错。错客有语错，错恐，夜入宫上谒，自归景帝。②至朝，丞相奏请诛内史错。景帝曰："错所穿非真庙垣，乃外堧垣，故他官居其中，③且又我使为之，错无罪。"罢朝，嘉谓长史曰："吾悔不先斩错，乃先请之，为错所卖，"至舍，因欧血而死。谥为节侯。子共侯蔑代，三年卒。子侯去病代，三十一年卒。④子侯臾代，六岁，坐为九江太守受故官送有罪,国除。

①服虔曰:"宫外垣也。"如淳曰:"堧音'畏愞'之'愞'。"[索隐]曰:愞音乃唤反。韦昭音而缘反,又音软。

②[正义]曰:自归帝首露。

③[索隐]曰:《汉书》作"冗官"谓散官也。

④徐广曰:"一本无此去病,而云共侯蔑三十三年,子臾改封靖安侯。"

自申屠嘉死之后,景帝时开封侯陶青、桃侯刘舍为丞相。①及今上时,柏至侯许昌、②平棘侯薛泽、③武强侯庄青翟、高陵侯赵周④等为丞相。皆以列侯继嗣,娖,娖⑤廉谨,为丞相备员而已,无所能发明功名有著于当世者。

①徐广曰:"陶青,高祖功臣陶舍之子也,谥夷。刘舍,本项氏亲也,赐姓刘氏,父襄佐高祖有功。舍谥哀侯。"

②徐广曰:"高祖功臣许温之孙,谥哀侯。"

③徐广曰:"高祖功臣广平侯薛欧之孙平棘节侯薛泽。"

④徐广曰:"高祖功臣庄不识之孙。"

⑤徐广曰:"娖音七角反,一作'断',一作'龊'。"[索隐]曰:娖音侧角反。小颜云"持整之貌"《汉书》作"龊"龊,音初角反,断音都乱反。义如《尚书》"断断猗无他技"。

太史公曰:张苍文学律历,为汉名相,而绌贾生、公孙臣等言正朔服色事而不遵,明用秦之《颛顼历》,何哉?①周昌,木强人也。②任敖以旧德用。③申屠嘉可谓刚毅守节矣,然无术学,殆与萧、曹、陈平异矣。

①张晏曰:"不考经典,专用颛顼历,何哉?"

②[正义]曰:言其质直倔强如木石焉。

③张晏曰:"谓伤辱吕后吏。"

孝武时,丞相多甚,不记,莫录其行起居状略,且纪征和以来。

有车丞相,长陵人也。①卒而有韦丞相代。②

①名千秋。

②[索隐]曰：自车千秋已下，皆褚先生等所记。然《丞相传》都省略，《汉书》则备。

韦丞相贤者，鲁人也。以读书术为吏，至大鸿胪。有相工相之，当至丞相。有男四人，使相工相之，至第二子，其名玄成，相工曰："此子贵，当封。"韦丞相言曰："我即为丞相，有长子，是安从得之？"后竟为丞相。病死，而长子有罪论，不得嗣，而立玄成。玄成时佯狂，不肯立，竟立之，有让国之名。后坐骑至庙，不敬，有诏夺爵一级，为关内侯，失列侯，得食其故国邑。韦丞相卒，有魏丞相代。

魏丞相相者，济阴人也。以文吏至丞相。其人好武，皆令诸吏带剑，带剑前奏事。或有不带剑者，当入奏事，至乃借剑而敢入奏事。其时京兆尹赵君，①丞相奏以免罪，使人执魏丞相，欲求脱罪而不听。复使人胁恐魏丞相，以夫人贼杀侍婢事而私独奏请验之，发吏卒至丞相舍，捕奴婢笞击问之，实不以兵刃杀也。而丞相司直繁君②奏京兆尹赵君迫胁丞相，诬以夫人贼杀婢，发吏卒围捕丞相舍，不道；又得擅屏骑士事，赵京兆坐要斩。又有使掾陈平等劾中尚书，疑以独擅劫事而坐之，大不敬，长史以下皆坐死，或下蚕室。而魏丞相竟以丞相病死。子嗣。后坐骑至庙，不敬，有诏夺爵一级，为关内侯，失列侯，得食其故国邑。魏丞相卒，以御史大夫邴吉代。

①名广汉。

②[索隐]曰：繁，姓也，音婆。

邴丞相吉者，鲁国人也。以读书好法令至御史大夫。孝宣帝时，以有旧故，封为列侯，而因为丞相。明于事，有大智，后世称之。以丞相病死。子显嗣。后坐骑至庙，不敬，有诏夺爵一级，失列侯，得食故国邑。显为吏至太仆，坐官耗乱，身及子男有奸赃，免为庶人。

邴丞相卒，黄丞相代。长安中有善相工田文者，与韦丞相、魏丞相、邴丞相微贱时会于客家，田文言曰："今此三君者，皆丞相也。"其后三人竟更相代为丞相，何见之明也！

黄丞相霸者，淮阳人也。以读书为吏，至颍川太守。治颍川，以礼义条教喻告化之。犯法者，风晓令自杀。化大行，名声闻。孝宣帝下制曰:“颍川太守霸,以宣布诏令治民,道不拾遗,男女异路,狱中无重囚。赐爵关内侯,黄金百斤。”征为京兆尹而至丞相,复以礼义为治。以丞相病死。子嗣,后为列侯。黄丞相卒,以御史大夫于定国代,于丞相已有廷尉传,在“张廷尉”语中。于丞相去,御史大夫韦玄成代。

韦丞相玄成者,即前韦丞相子也。代父,后失列侯。其人少时好读书,明于《诗》、《论语》。为吏至卫尉,徙为太子太傅。御史大夫薛君免,①为御史大夫。于丞相乞骸骨免,而为丞相,因封故邑为扶阳侯。数年,病死。孝元帝亲临丧,赐赏甚厚。子嗣后。其治容容随世俗浮沉,而见谓谄巧。而相工本谓之当为侯代父,而后失之;复自游宦而起,至丞相。父子俱为丞相,世间美之,岂不命哉!相工其先知之。韦丞相卒,御史大夫匡衡代。

①名广德也。

丞相匡衡者,东海人也。好读书,从博士受《诗》,家贫,衡佣作以给食饮。才下,数射策不中,至九,乃中丙科。其经以不中科故明习。补平原文学卒史。数年,郡不尊敬。御史征之,以补百石属荐为郎,而补博士,拜为太子少傅,而事孝元帝。孝元好《诗》,而迁为光禄勋。居殿中为师,授教左右,而县官坐其旁听,甚善之,日以尊贵。御史大夫郑弘坐事免,而匡君为御史大夫。岁余,韦丞相死,匡君代为丞相,封乐安侯。以十年之间,不出长安城门而至丞相,岂非遇时而命也哉!

深惟①士之游宦所以至封侯者,微甚。②然多至御史大夫即去者。诸为大夫而丞相次也,其心冀幸丞相物故也。③或乃阴私相毁害,欲代之。然守之日久不得,或为之日少而得之,至于封侯,真命也夫!御史大夫郑君守之数年不得,匡君居之未满岁,而韦丞相死,即代之矣,岂可以智巧得哉!多有贤圣之才,困戹不得者众甚也。

①[索隐]曰:案:此论匡衡已来事,则后人所述也。或亦称“太史公”,其序述浅陋,一何诬也!

②徐广曰:“微,一作‘徵’。”

③高堂隆答魏朝访曰:“物,无也,故,事也。言无复所能于事。”

索隐述赞曰:张苍主计,天下作程。孙臣始绌,秦历尚行。御史亚相,相国阿衡。申屠面折,周子廷争。其他娖娖,无所发明。

史记卷九七
列传第三七

郦生陆贾

郦生食其者，①陈留高阳人也。②好读书，家贫落魄，③无以为衣食业，为里监门吏。④然县中贤豪不敢役，县中皆谓之狂生。

①[正义]曰：历异几三音也。

②徐广曰："今在圉县。"[索隐]曰：案：高阳属陈留圉县，圉高阳乡名也，故《耆旧传》云："食其，高阳乡人。"[正义]曰：陈留《风俗传》云高阳在雍丘西南。"《括地志》云："圉城在汴州雍丘县西南。食其墓在雍丘西南二十八里。"盖谓此也。

③应劭曰："落魄，志行衰恶之貌也。"晋灼曰："落薄，落托，义同也。"[索隐]曰：案：郑氏云："魄音薄。"

④[正义]曰：监音甲衫反。《战国策》云王蠋对齐宣曰："夫监门闾里，士之贱也。"

及陈胜、项梁等起，诸将徇地过高阳者数十人。①郦生闻其将皆龌龊②好苛礼③自用，不能听大度之言，郦生乃深自藏匿。后闻沛公将兵略地陈留郊，沛公麾下骑士适郦生里中子也，④沛公时时问邑中贤士豪俊。骑士归，郦生见谓之曰："吾闻沛公慢而易人，多大略，此真吾所愿从游，莫为我先。⑤若见沛公，谓曰'臣里中有郦生。年六十余，长八尺，人皆谓之狂生，生自谓我非狂生。'"骑士曰："沛公不好儒，诸客冠儒冠来者，沛公辄解其冠，溲溺⑥其中。与人言，常大骂。未可以儒生说也。"郦生曰："弟言之，骑士从容言如郦生所诫者。

①[正义]曰:徇,略也。

②应劭曰:"握齱,急促之貌。"[索隐]曰:应劭云:齱音若"促",邹氏音鹿角反。韦昭云:"握齱,小节也。"

③[索隐]曰:案:苛亦作"荷",贾陆云"苛,烦也。"小颜云:"苛,细也。"

④服虔曰:"食其里中子适作沛公骑士。"[索隐]曰:适音释,服虔、苏林皆云沛公骑士适是食其里中人也。案:言适近作骑士也。

⑤[索隐]曰:案:先谓先容,言无人为我作绍介也。[正义]曰:为于伪反。

⑥[索隐]曰:溲所由反,溺乃吊反,亦如字,溲即溺也。

沛公至高阳传舍,①使人召郦生。郦生至入谒,沛公方倨床使两女子洗足,②而见郦生。郦生入,则长揖不拜,曰:"足下欲助秦攻诸乎?且欲率诸侯破秦也?"沛公骂曰:"竖儒!③夫天下同苦秦久矣,故诸侯相率而攻秦,何谓助秦攻诸侯乎?"郦生曰:"必聚徒合义兵诛无道秦,不宜倨见长者。"于是沛公辍洗,起摄衣,④延郦生上坐,谢之。郦生因言六国纵横时,沛公喜,赐郦生食,问曰:"计将安出?"郦生曰:"足下起纠合之众,⑤收散乱之兵,不满万人,欲以径入强秦,此所谓探虎口者也。夫陈留,天下之冲,四通五达之郊也,⑥今其城又多积粟。臣善其令,⑦请得使之,令下足下。⑧即不听,足下举兵攻之,臣为内应。"于是遣郦生行,沛公引兵随之,遂下陈留。号郦食其为广野君。

①徐广曰:"二世三年二月。"

②[索隐]曰:案:乐彦云边床曰倨。

③[索隐]曰:案:竖者,僮仆之称,沛公轻之,以比奴竖,故曰"竖儒"也。

④[正义]曰:摄犹言敛著也。

⑤一作"鸟合",一作"瓦合"。

⑥如淳曰:"四面中央,凡五达也。"瓒曰:"四通五达,言无险阻也。"

⑦[正义]曰:言食其与陈留县令相善也。

⑧[正义]曰:令力征反,下谓降之也。

郦生言其弟郦商,使将数千人从沛公西南略地。郦生常为说客,驰使诸侯。

汉三年秋,项羽击汉,拔荥阳,汉兵遁保巩、洛。楚人闻淮阴侯破赵，彭越数反梁地，①则分兵救之。淮阴方东击齐，汉王数困荥阳、成皋，计欲捐成皋以东，屯巩，洛以拒楚。郦生因曰："臣闻知天之天者，王事可成；不知天之天者，王事不可成。王者以民人为天，②而民人以食为天。夫敖仓，天下转输久矣，臣闻其下乃有藏粟甚多。楚人拔荥阳，不坚守敖仓，乃引而东，令适卒③分守成皋，此乃天所以资汉也。方今楚易取而汉反却，自夺其便，④臣窃以为过矣。且两雄不俱立，楚汉久相持不决，百姓骚动，海内摇荡，农夫释耒，工女⑤下机，天下之心未有所定也。愿足下急复进兵，收取荥阳，据敖仓之粟，⑥塞成皋之险，⑦杜大行之道，⑧距蜚狐之口，⑨守白马之津，以示诸侯效实形制之势，则天下知所归矣。方今燕，赵已定，唯齐未下。今田广据千里之齐，田间将二十万之众，军于历城，诸田宗强，负海阻河济，南近楚，人多变诈，足下虽遣数十万师，未可以岁月破也。臣请得奉明诏说齐王，使为汉而称东藩。"上曰："善。"乃从其划，复守敖仓。

①[索隐]曰：数者朔。

②[索隐]曰：王，案：此语出管子。

③[索隐]曰：适音直革反。案：《通俗文》云"罚罪云"即所谓谪戍又音陟革反。卒，音租忽反。

④[索隐]曰：以言不取敖仓，是汉却，自夺其便利。

⑤[索隐]曰：谓女工工巧也。《汉书》作"红"音功。

⑥[正义]曰：敖仓在郑州荥阳县西十五里，石门之东，北临汴水，南带三皇山。秦时置仓于敖山上，故名敖仓也。

⑦[正义]曰：即汜水县山也。

⑧韦昭曰："在河内野王北也。"

⑨如淳曰："上党壶关也。"骃案：蜚狐在代郡西南。[正义]曰：案：蔚州飞狐县北百五十里有秦汉故郡城，西南有山，俗号飞狐口也。

而使郦生说齐王曰："王知天下之所归乎？"王曰："不知也。"曰："王知天下之所归，则齐国可得而有也；若不知天下之所归，即齐国未可得保也。"齐王曰："天下何所归？"曰："归汉。"曰："先生何以言之？"曰："汉王与项王戮力西面击秦，约先入咸阳者王之。汉王先入咸阳，项王负约不与而王之汉中。项王迁杀义帝，汉王闻之，起蜀汉之兵击三秦，出关而责义帝之处，收天下之兵，立诸侯之后。降城即以侯其将，得赂即以分其士，与天下同其利，豪英贤才皆乐为之用。诸侯之兵四面而至，蜀汉之粟方船而下。①项王有背约之名，杀义帝之负，于人之功无所记，于人之罪无所忘；战胜而不得其赏，拔城而不得其封，非项氏莫得用事；为人刻印，刓而不能授，②攻城得赂，积而不能赏：天下叛之，贤才怨之，而莫为之用。故天下之士归于汉王，可坐而策也。夫汉王发蜀汉，定三秦；涉西河之外，援上党之兵；③下井陉，诛成安君；破北魏，④举三十二城：此蚩尤之兵也，非人之力也，天之福也。今已据敖仓之粟，塞成皋之险，守白马之津，杜太行之阪，距蜚狐之口，天下后服者先亡矣。王疾先下汉王，齐国社稷可得而保也；不下汉王，危亡可立而待也。”田广以为然，乃听郦生，罢历下兵守战备，与郦生日纵酒。

①[索隐]曰：案：方船谓并舟也。《战国策》“方船积粟，循江而下”也。

②孟康曰：“刓断无复廉锷也。”瓒曰：“项羽吝于爵赏，刓惜侯印，不能以封其人也。”[索隐]曰：刓音五官反。案：郭象注《庄子》云立法而刓断无圭角。《汉书》作“玩”，言玩惜不忍授人也。

③[正义]曰：援音爰。

④[索隐]曰：北谓魏豹，豹在河北故也。亦谓之西魏，以大梁在河南故也。

淮阴侯闻郦生伏轼下齐七十余城，乃夜度兵平原袭齐。齐王田广闻汉兵至，以为郦生卖己，乃曰：“汝能止汉军，我活汝，不然，我将烹汝！”郦生曰：“举大事不细谨，盛德不辞让。而公不为若更言！”齐王遂烹郦生，引兵东走。

汉十二年，曲周侯郦商以丞相将兵击黥布有功。高祖举列侯功臣，思郦食其。郦食其子郦疥①数将兵，功未当侯，上以其父故，封疥为高梁侯。后更食武遂，嗣三世。元狩元年中，武遂侯平②坐诈诏衡山王取百斤金，当弃市，病死，国除也。

①[索隐]曰：疥音界。《地理志》武遂属河间。案：《汉书》作“武阳子遂”，衍文也。

②[正义]曰：年表云“卒，子教嗣。卒，子平嗣，元年有罪，国除”，而《汉书》

云"更食武阳,子遂嗣",恐《汉书》误也。

陆贾者,楚人也。①以客从高祖定天下,名为有口辩士,居左右,常使诸侯。

①[索隐]曰:案:陈留《风俗传》云:"陆氏,春秋,时陆浑国之后。晋侯伐之,故陆浑子奔楚。贾其后。"又《陆氏谱》云:"齐宣公支子达食菜于陆。乡号曰陆侯,达生发,发生皋,适楚。贾其孙也。"

及高祖时,中国初定,尉他①平南越,因王之。高祖使陆贾赐尉他印为南越王。陆生至,尉他魋结②箕倨见陆生。陆生因进说他曰:"足下中国人,亲戚昆弟坟墓在真定。③今足下反天性,弃冠带,欲以区区之越与天子抗衡④为敌国,祸且及身矣。且夫秦失其政,诸侯豪杰并起,唯汉王先入关,据咸阳。项羽背约,自立为西楚霸王,诸侯皆属,可谓至强。然汉王起巴蜀,鞭笞天下,劫略诸侯,遂诛项羽灭之。五年之间,海内平定,此非人力,天之所建也。天子闻君王王南越,不助天下诛暴逆,将相欲移兵而诛王,天子怜百姓新劳苦,故且休之,遣臣授君王印,剖符通使。君王宜郊迎,北面称臣,乃欲以新造未集之越,屈强于此。汉诚闻之,掘烧王先人冢,夷灭宗族,使一偏将将十万众临越,则越杀王降汉,如反覆手耳。

①[索隐]曰:赵他为南越尉,故曰:"尉他。"他音驰。

②服虔曰:"魋音椎,今兵士椎头结。"[索隐]曰:魋,直追反。结音计。谓为髻一撮以椎而结之,故字从结,且案其"魋结"二字,依字读之亦得。谓夷人本披发左衽,今他同其风俗,但魋其发而结之。

③[索隐]曰:赵地也,本名东垣,属常山。

④[索隐]曰:案:崔浩云"抗,对也。衡,车扼上横木也。抗衡,言两衡相对拒,率不相避下。"

于是尉他乃蹶然①起坐,谢陆生曰:"居蛮夷中久,殊失礼义,"因问陆生曰:"我孰与萧何、曹参、韩信贤?"陆生曰:"王似贤。"复曰:"我孰与皇帝贤?"陆生曰:"皇帝起丰沛,讨暴秦,诛强楚,为天下兴利除害,继五帝三皇之业,统理中国。中国之人以亿计,地方万里,居天下之膏腴,人众车舆,万物殷富,政由一家,自天地剖泮未始有也。今王众不过数十万,皆蛮夷,崎岖山海间,譬若汉一郡,王何乃比于汉!”尉他大笑曰:“吾不起中国,故王此。使我居中国,何渠不若汉?”②乃大说陆生,留与饮数月。曰:“越中无足与语,至生来,令我日闻所不闻。”赐陆生橐中装③值千金,他送亦千金。④陆生卒拜尉他为南越王,令称臣奉汉约。归报,高祖大悦,拜贾为太中大夫。

①[索隐]曰:苏林音厥。《礼记》“子夏蹶然而起”,埤苍云:“蹶,起也。”

②渠音讵。[索隐]曰:《汉书》作“遽”字。小颜以为“有何迫促不如汉也。”

③张晏曰:“珠玉之宝也,装,裹也。”[索隐]曰:橐音托。案:如淳云以为明月珠之属也。又案:《诗传》曰:“大曰橐,小曰囊。”《埤苍》云:“有底曰囊,无底曰橐。”谓以宝物装裹以入囊橐也。

④苏林曰:“非橐中物,故曰‘他送’也。”

陆生时时前说称《诗》《书》。高帝骂之曰:“乃公居马上而得之,安事《诗》《书》!”陆生曰:“居马上得之,宁可以马上治之乎?且汤武逆取而以顺守之,文武并用,长久之术也。昔者吴王夫差、智伯极武而亡,秦任刑法不变,卒灭赵氏。①向使秦已并天下,行仁义,法先圣,陛下安得而有之?”高帝不怿而有惭色,乃谓陆生曰:“试为我著秦所以失天下,吾所以得之者何,及古成败之国。”陆生乃粗述存亡之征,凡著十二篇。每奏一篇,高帝未赏不称善,左右呼万岁,号其书曰“新语”。②

①赵氏秦姓也。[索隐]曰:案:韦昭云:“秦伯繄后,与赵同出非廉,造父,有功周穆王,封之赵城,由此一姓赵氏。”

②[正义]曰:《七录》云《新语》二卷,陆贾撰也。

孝惠帝时,吕太后用事,欲王诸吕,畏大臣有口者,陆生自度不能争之,乃病免家居。以好畤田地善,①可以家焉。有五男,乃出所使越得橐中装卖千金,②分其子,子二百金,令为生产。陆生常安车驷马,从歌舞鼓琴瑟侍者十人,宝剑值百金,谓其子曰:“与汝约:③过汝,汝给吾人马酒食,极欲,十日而更。所死家,得宝剑车骑侍从者。一岁中往来过他客,率不过④再三过,数见不鲜,⑤无久慁公为也。”⑥

①[正义]曰:畤音止,雍州县也。

②[正义]曰：汉制一金值千贯。

③徐广曰："汝，一作'公'。"

④[索隐]曰：率音律，过音戈。

⑤[索隐]曰：朔见音数现，谓时时来见汝也，不鲜，言必令鲜美作食，莫令见不鲜之物也。《汉书》作"数击鲜"。如淳云："新杀曰鲜。"

⑥韦昭曰：慁，污辱。"[索隐]曰：慁，患也。公，贾自谓也。言汝诸子无久厌患公也。

吕太后时，王诸吕，诸吕擅权，欲劫少主，危刘氏。右丞相陈平患之，力不能争，恐祸及己，常燕居深念。陆生往请，①直入坐，而陈丞相方深念，②不时见陆生。陆生曰："何念之深也？"陈平曰："生揣我何念？"③陆生曰："足下位为上相，三万户④侯，可谓极富贵无欲矣。然有忧念，不过患诸吕、少主耳。"陈平曰："然。为之奈何？"陆生曰："天下安，注意相；天下危，注意将。将相和调，则士务附；士务附，⑤天下虽有变，即权不分。为社稷计，在两君掌握耳，臣常欲谓太尉绛侯，绛侯与我戏，易吾言。君何不交欢太尉，深相结？"为陈平画吕氏数事。陈平用其计，乃以五百金为绛侯寿，厚具乐饮；太尉亦报如之。此两人深相结，则吕氏谋益衰。陈平乃以奴婢百人，车马五十乘，钱五百万，遗陆生为饮食费。陆生以此游汉廷公卿间，名声藉甚。⑥

①《汉书音义》曰："请若问起居。"

②[索隐]曰：深念，深思之也。

③孟康曰："揣，度也。"韦昭曰："揣音初委反。"

④[索隐]曰：案：《陈平传》食户五千以曲逆秦时有三万户，恐复业至此，故称。

⑤徐广曰："务，一作'豫'。"

⑥《汉书音义》曰："言狼藉甚盛。"

及诛诸吕，立孝文帝，陆生颇有力焉。孝文帝即位，欲使人之南越。陈丞相等乃言陆生为太中大夫，往使尉他，令尉他去黄屋称制，令比诸侯，皆如意旨。语在《南越》语中。陆生竟以寿终。

平原君朱建者，楚人也。故尝为淮南王黥布相，有罪去，后复事黥布。布欲反时，问平原君，平原君非之。布不听而听梁父侯，遂反。①汉已诛布，闻平原君谏不与谋，②得不诛。语在《黥布》语中。③

①[索隐]曰：梁父侯，史失名。如淳注《汉书》云“遂，布臣”，非也。臣瓒曰“布用梁父侯计遂反耳”。其说是也。

②[正义]曰：与音预。

③《黥布列传》无此语。

平原君为人辩有口，刻廉刚直，家于长安。行不苟合，义不取容。辟阳侯行不正，得幸吕太后。时辟阳侯欲知平原君，平原君不肯见。及平原君母死，陆生素与平原君善，过之。平原君家贫，未有以发丧，①方假贷服具，陆生令平原君发丧。陆生往见辟阳侯，贺曰：“平原君母死。”辟阳侯曰：“平原君母死？何乃贺我乎？”陆贾曰：“前日君侯欲知平原君，平原君义不知君，以其母故。②今其母死，君诚厚送丧，则彼为君死矣。”辟阳侯乃奉百金往税。③列侯贵人以辟阳侯故，往税凡五百金。

①[索隐]曰：案：刘氏云谓欲葬时，须启其殡宫，故云“发丧”也。

②张晏曰：“相知当同恤灾危，母在，故义不知君。”[索隐]曰：案：崔浩云“建以母在，义不以身许人也”。

③韦昭曰：“衣服曰税，税当为‘襚’。”[索隐]曰：案：《说文》“税，赠终服也”。襚音式芮反，亦音遂。

辟阳侯幸吕太后，人或毁辟阳侯于孝惠帝，孝惠帝大怒，下吏，欲诛之。吕太后惭，不可以言。大臣多害辟阳侯行，欲遂诛之。辟阳侯急，使人欲见平原君。平原君辞曰：“狱急，不敢见君。”乃求见孝惠幸臣闳籍孺，①说之曰：“君所以得幸帝，天下莫不闻。今辟阳侯幸太后而下吏。道路皆言君谗，欲杀之。今日辟阳侯诛，旦日太后含怒，亦诛君。何不肉袒为辟阳侯言于帝？帝听君出辟阳侯，太后大欢，两主共幸君，君贵富益倍矣。”于是闳籍孺大恐，从其计，言帝，果出辟阳侯。辟阳侯之囚，欲见平原君，平原君不见辟阳侯，辟阳侯以为背己，大怒。及其成功出之，乃大惊。

①[索隐]曰:案:《佞幸传》云高祖时有籍孺,孝惠时有闳孺,今总言“闳籍孺”,误也。

吕太后崩,大臣诛诸吕,辟阳侯于诸吕至深,①而卒不诛。计划所以全者,皆陆生、平原君之力也。

①如淳曰:“辟阳侯与诸吕相亲信也。为罪宜诛者至深。”[索隐]曰:案:如淳说,以为宜诛,非也。小颜云:“辟阳侯与诸吕相知情义至深重,得其理也。”

孝文帝时,淮南厉王杀辟阳侯,以诸吕故。文帝闻其客平原君为计策,使吏捕欲治。闻吏至门,平原君欲自杀。诸子及吏皆曰:“事未可知,何早自杀为?”平原君曰:“我死祸绝,不及而身矣。”遂自刭。孝文帝闻而惜之,曰:“吾无意杀之。”乃召其子,拜为中大夫。①使匈奴,单于无礼,乃骂单于,遂死匈奴中。

①[索隐]曰:案:下文所谓与太史公善者。

初,沛公引兵过陈留,郦生踵军门上谒曰:“高阳贱民郦食其,窃闻沛公暴露,将兵助楚讨不义,敬劳从者,愿得望见,口划天上便事。”使者入通,沛公方洗,问使者曰:“何如人也?”使者对曰:“状貌类大儒,衣儒衣,冠侧注。”①沛公曰:“为我谢之,言我方以天下为事,未暇见儒人也。”使者出谢曰:“沛公敬谢先生等,方以天下为事,未暇见儒人也。”郦生瞋目案剑叱使者曰:“走!复入言沛公;吾高阳酒徒也,②非儒人也!”使者惧而失谒,跪拾谒,还走,复入报曰:“客,天下壮士也。叱臣,臣恐,至失谒。曰‘走”复入言,而公高阳洒徒也’。”沛公踞雪足杖矛曰:“延客入!”

①徐广曰:“侧注冠一名高山冠,齐王所服,以赐谒者。”

②徐广曰:“一本言‘而公高阳酒徒’。”

郦生入,揖沛公曰:“足下甚苦,暴衣露冠,将兵助楚讨不义,足下何不自喜也?臣愿以事见,而曰‘吾方以天下为事,未暇见儒人也’。夫足下欲兴天下之大事而成天下之大功,而以目皮相,恐失天下之能士。且吾度足下之智不如吾,勇又不如吾。若欲就天下而不相见,窃为足下失之。”沛公谢曰:“向者闻先生之容,今见先生之意矣。”

乃延而坐之,问所以取天下者。郦生曰:“夫足下欲成大功,不如止陈留。陈留者,天下之据冲也,兵之会地也,积粟数千万石,城守甚坚。臣素善其令,愿为足下说之。不听臣,臣请为足下杀之,而下陈留,足下将陈留之众,据陈留之城,而食其积粟,招天下之从兵;从兵已成,足下横行天下,莫能有害足下者矣,”沛公曰:“敬闻命矣。”

于是郦生乃夜见陈留令,说之曰:“夫秦为无道而天下叛之,今足下与天下从则可以成大功。今独为亡秦婴城而坚守,臣窃为足下危之。”陈留令曰:“秦法至重也,不可以妄言;妄言者无类,吾不可应。先生所以教臣者,非臣之意也,愿勿复道,”郦生留宿卧,夜半时斩陈留令首,逾城而下报沛公。沛公引兵攻城,县令首于长竿以示城上人,曰:“趣下!而令头已断矣!今后下者必先斩之!”于是陈留人见令已死,遂相率而下沛公。沛公舍陈留南城门上,因其库兵,食积粟,留出入三月,从兵以万数,遂入破秦。

太史公曰:世之传郦生书,多曰汉王已拔三秦,东击项籍而引军于巩洛之间,郦生披儒衣往说汉王。乃非也。自沛公未入关,与项羽别而至高阳,得郦生兄弟。余读陆生《新语书》十二篇,固当世之辩士。至平原君子与余善,是以得具论之。

索隐述赞曰:广野大度,始官侧注。踵门长揖,深器重遇。说齐历下,趣鼎何惧。陆贾使越,尉他慑怖。相说国安,书成主悟。

史记卷九八
列传第三八

傅靳蒯成

阳陵侯①傅宽，以魏五大夫骑将从，为舍人，起横阳。②

①《地理志》云冯翊阳陵县。

②[索隐]曰：按：横阳，邑名，在韩，韩公子成初封横阳君，张良立为韩王也。[正义]曰：《括地志》云："故横城在宋州宋城县西南三十里，按盖横阳也。"

从攻安阳、①杠里，击赵贲军于开封，及击杨熊曲遇、②阳武，③斩首十二级，赐爵卿。从至霸上。沛公立为汉王，汉王赐宽封号共德君。④从入汉中，迁为右骑将。从定三秦，赐食邑雕阴。⑤从击项籍，待怀，⑥赐爵通德侯。从击项冠、周兰、龙且，所将卒斩骑将一人敖下，⑦益食邑。

①[正义]曰：后魏《地形志》云："巳氏有安阳城，隋改巳氏为楚丘。"今宋州楚丘县西十里安阳故城是也。

②[正义]曰：曲，丘羽反，遇，牛恭反。司马彪《郡国志》云："中牟有曲遇。"按：郑州中牟县也。

③[正义]曰：郑州县。

④[索隐]：谓美号耳，非地邑，共音恭。

⑤徐广曰："属上郡。"[索隐]曰：案：孟康、徐广云县名。[正义]曰：鄜州洛交县三十里雕阴故城是也。

⑥服虔曰："待高帝于怀。"[索隐]曰：小颜案《地理志》，怀属河内，今怀州也。

⑦徐广曰："敖仓之下。"

属淮阴，①击破齐历下军，击田解。属相国参，残博，②益食邑。因定齐地，剖符世世勿绝，封为阳陵侯，二千六百户，除前所食，为齐右丞相，备齐。③五岁为齐相国。④

①[索隐]曰：张晏云："信时为相国，云'淮阴'者，终言之也。"

②[索隐]曰：博，太山县也。顾秘监云："属曹参以残破博县也。"

③张晏曰："时田横未降，故设屯备，"[正义]曰：按：为齐王韩信相。

④[正义]曰：为齐悼惠王刘肥相五岁也。

四月，击陈豨，属太尉勃。以相国代丞相哙击豨。一月，徙为代相国，将屯。①二岁，为代丞相，将屯。

①如淳曰："既为相国，有警则将卒而屯守也。"案：律谓勒兵而守曰屯。[索隐]曰：如淳云："汉初诸王官属如汉朝，故代有丞相。"案：孔文祥云："这郡有屯兵，宽为代相国兼屯兵，后因置将屯将军也。"

孝惠五年卒，谥为景侯。子顷侯精立，二十四年卒。子共侯则立，十二年卒。子侯偃立，二十一年坐与淮南王谋反，死，国除。

信武侯靳歙，①以中涓从，赵宛朐。②攻济阳。③破李由军。击秦军亳南、开封东北，斩骑千人将一人，④首五十七级，捕虏七十三人，赐爵封号临平君。又战蓝田北，斩车司马二人，⑤骑长一人，⑥首二十八级，捕虏五十七人。至霸上。

①[索隐]曰：翕音"翕然"之"翕"。

②[正义]曰：上于元反，下求俱反。曹州县也。

③[正义]曰：曹州宛朐县西南三十五里济阳故城。

④徐广曰："将一作'候'。"

⑤张晏曰："主官车。"

⑥张晏曰："骑之长。"

沛公立为汉王，赐歙爵建武侯，迁为骑都尉。从定三秦。别西击章平军于陇西，破之，定陇西六县。所将卒斩车司马、候各四人，骑长十二人。从东击楚，至彭城。汉军败还，保雍丘，去击反者王武等。略梁地，别将击邢说军①菑南，破之②身得说都尉二人，司马，候十二人，降吏卒四千六百八十人，破楚军荥阳东。三年，赐食邑四千二百户。

①张晏曰："特起兵者也，说音悦。"[索隐]曰：邢，姓。说，名，音悦。

②徐广曰："今日考城。"[索隐]曰：菑音灾，今为考城，属济阴也。

别之河内，击赵将贲郝军①朝歌，破之，所将卒得骑将二人，车马二百五十四。从攻安阳以东，至棘蒲，下七县。别攻破赵军，得其将司马二人，候四人，降吏卒二千四百人。从攻下邯郸。别下平阳，②身斩守相，所将卒斩兵守、郡守各一人，③降邺。从攻朝歌、邯郸，及别击破赵军，降邯郸六县。④

①上音肥，古音释。[索隐]曰：《汉书》作"赵贲军"。案：此在河北，非曹参、樊哙之所击也。

②徐广曰："邺有平阳城。[正义]曰：《括地志》云："平阳故城在相州临漳县西二十五里。"

③孟康曰："将兵郡守。"

④徐广曰："邯郸，高帝改曰赵国。"

还军敖仓，破项籍军成皋南，击绝楚饟道，起荥阳至襄邑。破项冠军鲁下。①略地东至缯、郯、下邳，②南至蕲、竹邑。③击项悍济阳下。还击项籍陈下，破之。别定江陵，降江陵柱国、大司马以下八人，身得江陵王，④生致之洛阳，因定南郡。从至陈，取楚王信，剖符世世勿绝，定食四千六百户，号信武侯。

①[正义]曰：鲁城之下，今兖州曲阜县也。

②[索隐]曰：案：《地理志》，缯属东海。[正义]曰：今缯城在沂州丞县，下邳，泗水县，郯县属海州。

③[索隐]曰：二邑名。蕲在沛音机。竹即竹邑。

④[索隐]曰：案：孔文祥云："共敖子共尉。"

以骑都尉从击代，攻韩信平城下，还军东垣。有功，迁为车骑将军，并将梁、赵、齐、燕、楚车骑。别击陈豨丞相敞，破之，①因降曲逆。从击黥布有功，益封定食五千三百户。凡斩首九十级，虏百三十二人。别破军十四，降城五十九、定郡、国各一，县二十三；得王、柱国各一人，二千石以下至五百石②三十九人。

①[索隐]曰：小颜云侯敞。

②徐广曰:“一本无此五字。”

高后五年,歙卒,谥为肃侯。子亭代侯。二十一年,坐事国人过律,①孝文后三年,夺侯,国除。

①[索隐]曰:案:刘氏云:“事,役使也。谓使人违律数多也。”

蒯成侯緤者,①沛人也,姓周氏。常为高祖参乘,以舍人从起沛。

①服虔曰:“蒯音‘菅蒯’之‘蒯’。”[索隐]曰:姓周,名緤,音薛。蒯者,乡名。案:三苍云“蒯乡在城父县,音裴。”《汉书》作“鄘”从崩,从邑。今书本并作‘菅蒯’。音‘奸’,非也。苏林音簿催反。晋灼案:《功臣表》,属长沙。崔浩音簿坏反。《楚汉春秋》作“凭成侯”,则裴凭声相近,此得其实也。[正义]曰:《括地志》云:“蒯亭在河南西十四里苑中。《舆地志》云蒯成县故陈仓县之故乡聚名也,周緤所封也。晋武帝咸宁四年,分陈仓立蒯成县,属始平郡也。”

至霸上,西入蜀、汉,还定三秦,食邑池阳。①东绝甬道,从出度平阴,遇淮阴侯兵襄国,军乍利乍不利,终无离上心。②以緤为信武侯,食邑,三千三百户。

①[正义]曰:雍州泾阳县西北三里,池阳故城是也。

②徐广曰:“蒯成侯,表云遇淮阴侯军襄国,楚汉约分,鸿沟,以緤为信武侯,战不利,不敢离上。”

高祖十二年,以緤为蒯成侯,除前所食邑。

上欲自击陈豨,蒯成侯泣曰:“始秦攻破天下,未尝自行。今上常自行,是为无人可使者乎?”上以为“爱我”,赐入殿门不趋,杀人不死。

至孝文五年,緤以寿终,谥为贞侯。①子昌代侯,有罪,国除。至孝景中二年,封緤子居代侯。②至元鼎三年,居为太常,有罪,国除。

①[正义]曰:谥为尊侯,一作“卓”。

②徐广曰:“表云‘孝景中元年,封緤子应为郸侯,谥康,中二年,侯居立’。沛郡有郓县。郓,一作‘郸’。”[索隐]曰:郸,苏林音多,属陈国。《地理志》云沛郡有郸县。案,此文云.“子居”表云“子应”不同也。

太史公曰：阳陵侯傅宽、信武侯靳歙皆高爵，①从高祖起山东，攻项籍，诛杀名将，破军降城以十数，未尝困辱，此亦天授也。蒯成侯周緤操心坚正，②身不见疑，上欲有所之，未尝不垂涕，此有伤心者③然，可谓笃厚君子矣。

①徐广曰："一无'高'字，又一本'皆从高祖'。"

②[索隐]曰：操音仓高反。

③徐广曰："此，一作'比'。"

索隐述赞曰：阳陵、信武，结发从汉。动叶人谋，功实天赞。定齐破项，我军常冠。蒯成委质，夷险不乱。主上称忠，人臣扼腕。

史记卷九九
列传第三九

刘敬叔孙通

刘敬[①]者，齐人也。汉五年，戍陇西，过洛阳，高帝在焉。娄敬脱輓辂，[②]衣其羊裘，见齐人虞将军曰："臣愿见上言便事。"虞将军欲与之鲜衣，[③]娄敬曰："臣衣帛，衣帛见；衣褐，衣褐见：终不敢易衣。"于是虞将军入言上。上召入见，赐食。

①[索隐]曰：敬本姓娄，《汉书》作"娄敬"。

②苏林曰："一木横鹿车前，一人推之。"孟康曰："辂胡格反，輓间晚。"[索隐]曰：輓者，牵也。辂者，鹿车前横木，二人前輓，一人后推之。

③[索隐]曰：上音仙，鲜衣，美服也。

已而问娄敬，娄敬说曰："陛下都洛阳，岂欲与周室比隆哉？"上曰："然。"娄敬曰："陛下取天下与周室异，周之先自后稷，尧封之邰，[①]积德累善十有余世。公刘避桀居豳。太王以狄伐故，去豳，杖马箠居岐，[②]国人争随之。及文王为西伯，断虞芮之讼，始受命，吕望、伯夷自海滨来归之。[③]武王伐纣，不期而会孟津之上八百诸侯，皆曰纣可伐矣，遂灭殷。成王即位，周公之属傅相焉，乃营成周洛邑，[④]以此为天下之中也，诸侯四方纳贡职，道里均矣，有德则易以王，无德则易以亡。凡居此者，欲令周务以德致人，不欲依阻险，令后世骄奢以虐民也。及周之盛时，天下和洽，四夷向风，慕义怀德，附离[⑤]而并事天子。不屯一卒，不战一士，八夷大国之民莫不宾服，效其贡职。及周之衰也，分而为两，[⑥]天下莫朝，周不能制也。非其德薄也，而形势弱也。今陛下起丰击沛，收卒三千人，以之径往而卷蜀汉，定三秦，与贡羽战荥阳，争成皋之口，大战七十，小战四十，使天下之民肝脑涂地，父子暴骨中野不可胜数，哭泣之声未绝，伤痍者未起，而欲比隆于成康之时，臣窃以为不牟也。且夫秦地被山带河，西塞以为固，卒然有急，百万之众可具也。因秦之故，资甚美膏腴之地，此所谓天府⑦者也。陛下入关而都之，山东虽乱，秦之故地可全而有也。夫与人斗，不搤其肮，⑧拊其背，未能全其胜也。今陛下入关而都，按秦之故地，此亦搤天下之肮而拊其背也。"

①[正义]曰：邰音胎，雍州，武功县西南二十三里故斄城是也。《说文》云："邰，炎帝之后，姜姓所封国，弃外家也。"毛苌云："邰，姜嫄国，尧见天因邰而生后稷，故因封于邰也。"

②张晏曰："言马箠，示约。"

③[正义]曰：吕望宅及庙在苏州海盐县西也，伯夷孤竹国在平州。皆滨东海也。

④[正义]曰：《括地志》云："故王城一名河南城，本郏鄏，周公所筑，在洛州河南县北九里苑中东北隅，《帝王纪》云武王伐纣，营洛邑而定鼎焉。"按此即营都城也。《书》云"乃营成周。"《括地志》云："洛阳故城在洛州洛阳城东二十六里，周公所筑，即成周城也。《尚书》曰：'成周既成，迁殷顽民'。《帝王世纪》云'居邶鄘之众'。"按：刘敬说周之美，岂言居顽民之所？以此而论(汉书)《书序》非也。

⑤《庄子》曰："附离，不以胶漆"也。[索隐]曰：按：谓使离者相附也。

⑥[正义]曰：《公羊传》云："东周者何？成周也。西周者何？王城也。"按：周自平王东迁，以下十二王皆都王城，至敬王乃迁都成周，王赧又居王城也。

⑦[索隐]曰：案：《战国策》苏秦说惠王曰："大王之国，地势形便，此所谓天府。"高诱注云："府，聚也。"

⑧张晏曰："肮，喉咙也。"[索隐]曰：搤音戹，肮音胡浪反。一音胡刚反。苏林以为肮，颈大脉，俗所谓"胡脉"也。

高帝问群臣，皆山东人，争言周王数百年，秦二世即亡，不如都周。上疑未能决。及留侯明言入关便，即日车驾西都关中。①于是上曰："本言都秦地者娄敬，'娄'者乃'刘'也。"赐姓刘氏，拜为郎中，号为奉春君。[2]

①[索隐]曰:案:谓即日西都之计定也。

②[索隐]曰:案:张晏云:“春为岁之始,以其谋首都关中,故号奉春君。”

汉七年,韩王信反,高帝自往击之。至晋阳,闻信与匈奴欲共击汉,上大怒,使人使匈奴。匈奴匿其壮士肥牛马,但见老弱及羸畜。[1]使者十辈来,皆言匈奴可击。上使刘敬复往使匈奴,还报曰:“两国相击,此宜夸矜见所长。[2]今臣往,徒见羸瘠[3]老弱,此必欲见短,伏奇兵以争利。愚以为匈奴不可击也。”是时汉兵已逾句注,[4]二十余万兵已业行。上怒,骂刘敬曰:“齐虏!以口舌得官,今乃妄言沮吾军!”[5]械击敬广武。[6]遂往。至平城,匈奴果出奇兵围高帝白登,七日然后得解。高帝至广武。赦敬,曰:“吾不用公言,以困平城。吾皆已斩前使十辈言可击者矣。”乃封敬二千户,为关内侯,号为建信侯。

①[正义]曰:上力为反,下许又反也。

②韦昭曰:“夸,张;矜,大也。”

③[索隐]曰:羸,力为反,瘠音稷,瘠,瘦也,《汉书》作“胔”,音渍,“胔”,肉也,恐非。

④[正义]曰:句注山在代州雁门县西北三十里。

⑤[索隐]曰:沮音才叙反,《诗传》曰:“沮,止也,坏也。

⑥[索隐]曰:《地理志》县名,属雁门。[正义]曰:广武县在勾注山南也。

高帝罢平城归,韩王信亡入胡。当是时,冒顿为单于,兵强,控弦三十万,[1]数苦北边。上患之,问刘敬。刘敬曰:“天下初定,士卒罢于兵,未可以武服也。冒顿杀父代立,妻群母,以力为威,未可以仁义说也。独可以计久远子孙为臣耳,然恐陛下不能为。”上曰:“诚可,何为不能!顾为奈何?”刘敬对曰:“陛下诚能以适长公主妻之,厚奉遗之,彼知汉适女送厚,蛮夷必慕以为阏氏,生子必为太子,代单于。何者?贪汉重币。陛下以岁时汉所余彼所鲜数问遗,因使辩士风谕以礼节。冒顿在,固为子婿,死,则外孙为单于。岂尝闻外孙敢与大父抗礼者哉?兵可无战以渐臣也。若陛下不能遣长公主,而令宗室及后宫诈称公主，彼亦知，不肯贵近，无益也。”高帝曰：“善。”欲遣长公主。吕后日夜泣，曰：“妾唯太子、一女，奈何弃之匈奴！”上竟不能遣长公主，而取家人子名为长公主，妻单于。使刘敬往结和亲约。

①应劭曰：“控，引也。”

刘敬从匈奴来，因言：“匈奴河南白羊、楼烦王，①去长安近者七百里，轻骑一日一夜可以至秦中。秦中新破，少民，地肥饶，可益实。夫诸侯初起时，非齐诸田，楚昭、屈、景莫能兴。今陛下虽都关中，实少人。北近胡寇，东有六国之族，宗强，一日有变，陛下亦未得高枕而卧也。臣愿陛下徙齐诸田，楚昭、屈、景、燕、赵、韩、魏后，及豪杰名家居关中。无事，可以备胡，诸侯有变，亦足率以东伐。此强本弱末之术也。”上曰：“善。”乃使刘敬徙所言关中十余万口。②

①张晏曰：“白羊，匈奴国名。”[索隐]曰：案：张晏云白羊，国名。”二者并在河南，河南者，案在朔方之河南，旧并匈奴地也，今谓新秦中。

②[索隐]曰：案：小颜云：“今高陵、栎阳诸田，华阴，好畤诸景，及三辅诸屈诸怀尚多，此时所徙也。”

叔孙通者，①薛人也。②秦时以文学征，待诏博士。数岁，陈胜起山东，使者以闻。二世召博士诸儒生问曰：“楚戍卒攻蕲入陈，于公如何？”博士诸生三十余人前曰：“人臣无将，将即反，罪死无赦。③愿陛下急发兵击之。”二世怒，作色。叔孙通前曰：“诸生言皆非也。夫天下合为一家，毁郡县城，铄其兵，示天下不复用。且明主在其上，法令具于下，使人人奉职，四方辐辏，安敢有反者！此特群盗鼠窃狗盗耳，何足置之齿牙间。郡守尉今捕论，何足忧！”二世喜曰：“善”。尽问诸生，诸生或言反，或言盗。于是二世令御史按诸生言反者下吏，非所宜言。诸言盗者皆罢之。乃赐叔孙通帛二十匹，衣一袭，④拜为博士。叔孙通已出宫，反舍，诸生曰：“先生何言之谀也？”通曰：“公不知也，我几不脱于虎口！”⑤乃亡去，之薛，薛已降楚矣。及项梁之薛，叔孙通从之。败于定陶，从怀王。怀王为义帝，徙长沙，叔孙通留事项王。

①晋灼曰:"《楚汉春秋》名何。"

②[索隐]曰:楚,县名,属鲁国,

③瓒曰:"将谓逆乱也,《公羊传》曰'君亲无将,将而必诛'。"

④[索隐]曰:案:《国语》谓之"一称",贾逵按《礼记》"袍必有表不单,衣必有裳,谓之一称"。杜预云:"衣单复具云称也。"

⑤[正义]曰:几音祈。

汉二年,汉王从五诸侯入彭城,叔孙通降汉王。汉王败而西,因竟从汉。叔孙通儒服,汉王憎之;乃变其服,服短衣,楚制,①汉王喜。

①[索隐]曰:案:孔文祥云:"短衣便事,非儒者衣服。高祖楚人,故从其俗裁制。"

叔孙通之降汉,从儒生弟子百余人,然通无所言进,专言诸故群盗壮士进之。弟子皆窃骂曰:"事先生数岁,幸得从降汉,今不能进臣等,专言大猾,①何也?"叔孙通闻之,乃谓曰:"汉王方蒙矢石争天下,②诸生宁能斗乎?故先言斩将搴旗③之士。诸生且待我,我不忘矣。"汉王拜叔孙通为博士,号稷嗣君。④

①[索隐]曰:案:《类集》云:"猾,狡也。音滑。"

②《汉书音义》曰:"谓发石以投人。"

③张晏曰:"搴,卷也。"瓒曰:"拔取曰搴,《楚辞》曰'朝搴阰之木兰'。"[索隐]曰:褰音起焉反,又己勉反。案:《方言》云:"南方取物云搴。"许慎云:"褰,取也。"王逸云:"阰,山名。"又案:埤苍云:"山在楚,音毗。"

④徐广曰:"盖言其德业足继踪齐稷下之风流也。"骃案:《汉书音义》曰:"稷嗣,邑名。"

汉五年,已并天下,诸侯共尊汉王为皇帝于定陶,叔孙通就其仪号。高帝悉去秦苛仪法,为简易。群臣饮酒争功,醉或妄呼,拔剑击柱,高帝患之。叔孙通知上益厌之也,说上曰:"夫儒者难与进取,可与守成。臣愿征鲁诸生,与臣弟子共起朝仪。"高帝曰:"得无难乎?"叔孙通曰:"五帝异乐,三王不同礼。礼者,因时世人情为之节文者也。故夏、殷、周之礼所因损益可知者,谓不相复也。臣愿颇采古礼与秦仪杂就之。"上曰:"可试为之,令易知,度吾所能行为之。"

于是叔孙通使征鲁诸生三十余人。鲁有两生不肯行,曰:"公所事者且十主,皆面谀以得亲贵。今天下初定,死者未葬,伤者未起,又欲起礼乐。礼乐所由起,积德百年而后可兴也。吾不忍为公所为。公所为不合古,吾不行。公往矣,无污我!"叔孙通笑曰:"若真鄙儒也,不知时变。"遂与所征三十人西,及上左右为学者与其弟子百余人为绵蕞①野外。

①徐广曰:"表位标准。音子外反。"骃案:如淳曰:"置设绵索,为习肄处。蕞谓以茅翦树地为纂位。《春秋传》曰:'置茅蕝'也。"韦昭云:"引绳为绵,立表为蕞。音兹会反。"按:贾逵云束茅以表位为蕝。又《纂文》云:"蕝,今之'纂'字,包恺音即悦反,又音纂。"

习之月余,叔孙通曰:"上可试观。"上既观,使行礼,曰:吾能为此。"乃令群臣习肄,①会十月。

①[索隐]曰:肄亦习也,音异。

汉七年,长乐宫成,诸侯群臣皆朝十月。①仪:先平明,谒者治礼,引以次入殿门,廷中陈车步骑卒卫宫,设兵张旗志。②传言"趋"。③殿下郎中侠陛,陛数百人。功臣列侯诸将军军吏以次陈西方,东向。文官丞相以下陈东方,西向。大行设九宾,胪传。④于是皇帝辇出房,⑤百官执职,⑥传警,⑦引诸侯王以下至吏六百石以次奉贺。自诸侯王以下莫不振恐肃敬。至礼毕,复置法酒。⑧诸侍坐殿上皆伏抑首,⑨以尊卑次起上寿。觞九行,谒者言"罢酒。"御史执法,举不如仪者辄引去。竟朝置酒,无敢喧哗,失礼者。于是高帝曰:"吾乃今日知为皇帝之贵也。"乃拜叔孙通为太常,赐金五百斤。

①[索隐]曰:小颜云:"汉以十月为正,故行朝岁之礼,史家追书十月也。"案:诸书并云十月为岁首,不言以十月为正月。《古今注》亦云"群臣始朝十月"也。

②徐广曰:"一作'帜'。"

③[索隐]曰:案:小颜云:"传声教入者皆令趋,趋,疾行致敬也。"

④《汉书音义》曰:"传从上下为胪。"[索隐]曰:苏林云:"上传语告下为胪,下传语告上为句。"胪,犹行者矣。韦昭云:"大行人掌宾客之礼,今谓之鸿胪也。九宾,则《周礼》九仪也,谓公、侯、伯、子、男、孤、卿、大

夫、士也。”汉依此以为胪传,依次传令上也。向秀注《庄子》云“从上语下为胪”音间。句音九注反。

⑤[索隐]曰:案:《舆服志》云“殷周以辇载军器,职载刍豢,至秦始去其轮而舆为尊”也。

⑥徐广曰:“一作‘帜’。”

⑦职音帜,亦音试。传警者,《汉仪》云“帝辇动,则左右侍帷幄者称警”是也。

⑧文颖曰:“作酒令法。”苏林曰:“常会,须天子中起更衣,然后入置酒矣。”[索隐]曰:姚氏云:“进酒有礼也。古人饮酒不过三爵,君臣百拜,终日宴不为乱也。”

⑨如淳曰:“抑屈。”

叔孙通因进曰:“诸弟子儒生随臣久矣,与臣共为仪,愿陛下官之。”高帝悉以为郎。叔孙通出,皆以五百斤金赐诸生。诸生乃皆喜曰:“叔孙生诚圣人也,知当世之要务。”

汉九年,高帝徙叔孙通为太子太傅。汉十二年,高祖欲以赵王如意易太子,叔孙通谏上曰:“昔者晋献公以骊姬之故废太子,立奚齐,晋国乱者数十年,为天下笑。秦以不早定扶苏,令赵高得以诈立胡亥,自使灭祀,此陛下所亲见。今太子仁孝,天下皆闻之。吕后与陛下攻苦食啖,①其可背哉?陛下必欲废适而立少,臣愿先伏诛,以颈血污地!”②高帝曰:“公罢矣,吾直戏耳。”叔孙通曰:“太子天下本,本一摇天下振动,奈何污天下为戏!”高帝曰:“吾听公言。”及上置酒,见留侯所招客从太子入见,上乃遂无易太子志矣。

①徐广曰:“攻犹今人言击也。啖,一作‘淡’。”骃案:如淳曰:“食无菜茹为啖。”[索隐]曰:案:孔文祥云:“与帝共攻冒苦难,俱食淡也。”案:《说文》云:“淡,薄味也。”音唐敢反。

②[索隐]曰:《楚汉春秋》:“叔孙何云‘臣三谏不从,请以身当之’。抚剑将自杀。上离席云‘吾听子计,不易太子’。”

高帝崩,孝惠即位,乃谓叔孙生曰:“先帝园陵寝庙,群臣莫能习。”徙为太常,定宗庙仪法。及稍定汉诸仪法,皆叔孙生为太常所论著也。

孝惠帝为东朝长乐宫,①及间往,数跸②烦人,乃作复道,方筑武库南。③叔孙生奏事;因请间曰:“陛下何自筑复道高寝,衣冠月出游高庙?高庙,汉太祖,奈何令后世子孙乘宗庙道上行哉?”④孝惠帝大惧,曰:“急坏之,”叔孙生曰:“人主无过举。⑤今已作,百姓皆知之,今坏此,则示有过举。愿陛下为原庙渭北,衣冠月出游之,益广多宗庙,大孝之本也。”上乃诏有司立原庙。原庙起,以复道故。

①《关中记》曰:“长乐宫本三秦之兴乐宫也,汉太后常居之。”

②[索隐]曰:韦昭云:“跸,止人行也。”长乐、未央宫东相去稍远,间往谓非时也。中间往来,清道烦人也。

③韦昭曰:“阁道也。”如淳曰:“作复道,方始筑武库南。”

④应劭曰:“月出高帝衣冠,备法驾,名曰游衣冠。”如淳曰:“《三辅黄图》高寝在高庙西,高祖衣冠藏在高寝。”月出游于高庙,其道值所宗庙道上行。

⑤[索隐]曰:案:谓举动有过也。《左传》云:“君举必书。”

孝惠帝曾春出游离宫,叔孙生曰:“古者有春尝果,方今樱桃熟,可献,①愿陛下出,因取樱桃献宗庙。”上乃许之。诸果献由此兴。

①[索隐]曰:案:《吕氏春秋》“仲春羞以含桃先荐寝庙”。高诱云“进含桃也。鸎鸟所含,故曰含桃”,今之朱樱即是也。

太史公曰:语曰“千金之裘,非一狐之腋也,台榭之榱,非一木之枝也。三代之际,非一士之智也。”信哉!夫高祖起微细,定海内,谋计用兵,可谓尽之矣。然而刘敬脱輓辂一说,建万世之安,智岂可专邪!叔孙通希世度务制礼,进退与时变化,卒为汉家儒宗。“大直若诎,①道固委蛇。”②盖谓是乎?

①[索隐]音屈。

②[索隐]曰:音移。

索隐述赞曰:厦藉众干,裘非一狐。委辂献说,绵蕝陈书。皇帝始贵,车驾西都。既安太子,又和匈奴。奉春、稷嗣,其功可图。

史记卷一〇〇
列传第四〇

季布栾布

季布者，楚人也。为气任侠，①有名于楚。项籍使将兵，数窘汉王。②

①孟康曰："信交道曰任。"如淳曰："相与信为任，同是非为侠，所谓'权行州里，力折公侯'者也。"或曰任，气力也，侠，俜也。[索隐]曰：任，而禁反，侠音协。如淳曰："说为近，俜音普名反，其义难喻。

②如淳曰："窘，困也。"

及项羽灭，高祖购求布千金，敢有舍匿，罪及三族。季布匿濮阳周氏。周氏曰："汉购将军急，迹且至臣家。将军能听臣，臣敢献计；即不能，愿先自刭。"季布许之。乃髡钳季布，衣褐衣，置广柳车中，①并与其家僮数十人，之鲁朱家所卖之。朱家心知是季布，乃买而置之田。诫其子曰："田事听此奴，必与同食。"朱家乃乘轺车②之洛阳，见汝阴侯滕公。滕公留朱家饮数日。因谓滕公曰：季布何大罪，而上求之急也？"滕公曰："布数为项羽窘上，上怨之，故必欲得之。"朱家曰："君视季布何如人也？"曰："贤者也。"朱家曰："臣各为其主用，季布为项籍用，职耳。项氏臣可尽诛邪？今上始得天下，独以己之私怨求一人，何示天下之不广也！且以季布之贤而汉求之急如此，此不北走胡即南走越耳。夫忌壮士以资敌国，此伍子胥所以鞭荆平王之墓也。君何不从容为上言邪？"汝阴侯滕公心知朱家大侠，意季布匿其所，乃许曰："诺。"待间，果言如朱家指。上乃赦季布。当是时，诸公皆多季布能摧刚为柔，朱家亦以此名闻当世。季布召见，谢上，拜为郎中。

①服虔曰："东郡谓广辙车为'柳'。"邓展曰："皆棺饰也，载以丧车，欲人不知也。"李奇曰："大牛车也。"车上覆为柳。"瓒曰："《茂陵书》中有广柳车，每县数百乘，是今运转大车是也。"[索隐]曰：案：服虔、臣瓒所据，则凡是大车任载运者，通名广柳车，然则柳为车通名。邓展所说，"事义相协，最为通允。故《礼》曰："设柳翣，为使人勿恶也。"郑玄注《周礼云》："柳，聚也，诸色所聚也。"则是丧车称柳，后人通谓车为柳也。

②徐广曰："马车也。"[索隐]曰：案：谓轻车，一马车也。

孝惠时，为中郎将。单于尝为书嫚吕后，不逊，吕后大怒，召诸将议之。上将军樊哙曰："臣愿得十万众，横行匈奴中。"诸将皆阿吕后意，曰："然。"季布曰："樊哙可斩也！夫高帝将兵四十余万众，困于平城，今哙奈何以十万众横行匈奴中，面欺！且秦以事于胡，陈胜等起。于今创痍未瘳，哙又面谀，欲摇动天下。"是时殿上皆恐，太后罢朝，遂不复议击匈奴事。

季布为河东守，孝文时，人有言其贤者，孝文召，欲以为御史大夫。复有言其勇，使酒难近。①至，留邸一月，见罢。季布因进曰："臣无功窃宠，待罪河东。②陛下无故召臣，此人必有以臣欺陛下者；今臣至，无所受事，罢去，此人必有买以毁臣者。夫陛下以一人之誉而召臣，一人之毁而去臣，臣恐天下有识闻之有以窥陛下也。"③上默惭，良久曰："河东吾股肱郡，故时召君耳。"布辞之官。

①[索隐]曰：使者如字。近音其靳反。因酒纵性谓之使酒，即酗酒也。

②[索隐]曰：季布言己无功能，窃承恩宠，得待罪河东。其词典省而文也。

③韦昭曰："窥见陛下深浅也。"

楚人曹丘生，辩士，数招权顾金钱。①事贵人赵同等。②与窦长君善。季布闻之，寄书谏窦长君曰："吾闻曹丘生非长者，勿与通。"及曹丘生归，欲得书请季布。③窦长君曰："季将军不说足下，足下无往。"固请书，遂行。使人先发书，季布果大怒，待曹丘。曹丘至，即揖季布曰："楚人谚曰'得黄金百斤，不如得季布一诺'，足下何以得此声于梁楚间哉？且仆楚人，足下亦楚人也。仆游扬足下之名于天下,顾不重邪?何足下据仆之深也!"季布乃大说,引入,留数月,为上客,厚送之。季布名所以益闻者,曹兵扬之也。

①孟康曰:"招求也,以金钱事权贵,而求得其形势以自炫耀也。"文颖曰:"事权贵也。与通势,以其所有辜较,请托,金钱以自顾。"[索隐]曰:义如孟康、文颖所说。辜较音姑角。[正义]曰:言曹丘生依倚贵人,用权势属请,数求他人。顾钱,赏金钱也。

②徐广曰:"《汉书》作'赵谈'司马迁以其父名谈,故改之。"

③张晏曰:"欲使窦长君介于布,请见。"

季布弟季心,①气盖关中,遇人恭谨,为任侠,方数千里,士皆争为之死。尝杀人,亡之吴,从袁丝②匿。长事袁丝,弟畜灌夫、籍福之属。尝为中司马,③中尉郅都不敢不加礼。少年多时时窃籍其名④以行。当是时,季心以勇,布以诺,著闻关中。

①徐广曰:"一作'子'。"

②[索隐]曰:盎字丝。

③如淳曰:"中尉之司马。"[索隐]曰:《汉书》作"中尉司马"。

④[索隐]曰:籍音子亦反。

季布母弟丁公,①为楚将。丁公为项羽逐窘高祖彭城西,短兵接,高祖急,顾丁公曰:"两贤岂相厄哉!"于是丁公引兵而还,汉王遂解去。及项王灭,丁公谒见高祖。高祖以丁公徇军中,曰:"丁公为项王臣不忠,使项王失天下者,乃丁公也!"遂斩丁公,曰:"使后世为人臣者无效丁公!"

①晋灼曰:"《楚汉春秋》云薛人,名固。"

栾布者,梁人也。始梁王彭越为家人时,①尝与布游。穷困,赁佣于齐,为酒人保。②数岁,彭越去之巨野中为盗,而布为人所略卖,为奴于燕。为其家主报仇,燕将臧荼举以为都尉。臧荼后为燕王,以布为将。及臧荼反,汉击燕,虏布。梁王彭越闻之,乃言上,请赎布以为梁大夫。

①[索隐]曰:谓居家之人,无官职也。

②《汉书音义》曰:"酒家作保佣也,可保信,故谓之保。"

使于齐,未还,汉召彭越,责以谋反,夷三族。已而枭彭越头于洛阳下，诏曰："有敢收视者，辄捕之。"布从齐还，奏事彭越头下，祠而哭之。吏捕布以闻，上召布，骂曰："若与彭越反邪？吾禁人勿收，若独祠而哭之，与越反明矣。趋[①]烹之！"方提趋[②]汤，布顾曰："愿一言而死。"上曰："何言？"布曰："方上之困于彭城，败荥阳，成皋间，项王所以遂不能西，徒以彭王居梁地，与汉合纵苦楚也。当是之时，彭王一顾，与楚则汉破，与汉而楚破。且垓下之会，微彭王，项氏不亡。天下已定，彭王剖符受封，亦欲传之万世。今陛下一征兵于梁，彭王病不行，而陛下疑以为反，反形未见，以苛小[③]按诛灭之，臣恐功臣人人自危也。今彭王已死，臣生不如死，请就烹。"于是上乃释布罪，拜为都尉。

①[索隐]曰：趣，音促，亨，音普盲反。谓疾令赴镬也。

②徐广曰："趣一作'走'。"[索隐]曰：上音啼，下音趋。徐广云一作"走"，走亦趣向之也。

③徐广曰："小，一作'峭'。"

孝文时，为燕相，至将军。布乃称曰："穷困不能辱身下志，非人也；富贵不能快意，非贤也。"于是尝有德者厚报之，有怨者必以法灭之。吴军反时，以军功封俞侯，[①]复为燕相。燕齐之间皆为栾布立社，号曰栾公社。

①徐广曰："击齐有功也。"

景帝中五年薨。子贲嗣，为太常，牺牲不如令，国除。

太史公曰：以项羽之气，而季布以勇显于楚，身屡典军[①]搴旗者数矣，可谓壮士。然被刑戮，为人奴而不死，何其下也！彼必自负其才，故受辱而不羞，欲有所用未足也，故终为汉名将。贤者诚重其死。夫婢妾贱人感慨而自杀者，[②]非能勇也，其计划无复之耳。[③]栾布哭彭越，趋汤如归者，彼诚知所处，[④]不自重其死。虽往古烈士，何以加哉！

①徐广曰："屦，一作'屡'，一曰'覆'。"骃案：孟康曰："屦，履蹈之也。"瓒曰："屡，数也。"[索隐]曰：身履军按：徐氏云一作"覆"，按下云"搴旗"，则"覆军"，为是，胜于"屡"之与"履"。

②徐广:“或作‘概’字,音义同。”

③徐广曰:“复,一作‘冀’。”

④如淳曰:“非死者难,处死者难。”

索隐述赞曰:季布、季心,有声梁、楚。百金然诺,十万致距。出守河东,股肱是与。栾布哭越,犯禁见虏。赴鼎非冤,诚知所处。

史记卷一〇一
列传第四一

袁盎晁错

袁盎者，楚人也，①字丝。父故为群盗，徙处安陵。高后时，盎尝为吕禄舍人。及孝文帝即位，盎兄哙任盎为中郎。②

①[索隐]曰：盎音如周礼“盎齐”，乌浪反。

②如淳曰：“盎为兄所保任，故得为中郎。”

绛侯为丞相，朝罢趋出，意得甚。上礼之恭，常自送之。①袁盎进曰：“陛下以丞相何如人？”上曰：“社稷臣。”盎曰：“绛侯所谓功臣，非社稷臣。社稷臣主在与在，②主亡与亡。③方吕后时，诸吕用事，擅相王，刘氏不绝如带。是时，绛侯为太尉，主兵柄，弗能正。吕后崩，大臣相与共畔诸吕，太尉主兵，适会其成功，所谓功臣，非社稷臣。丞相如有骄主色，陛下谦让，臣主失礼，窃为陛下不取也。”后朝，上益庄，④丞相益畏。已而绛侯望袁盎曰：⑤“吾与而兄善。今儿廷毁我！”盎遂不谢。

①徐广曰：“自，一作‘目’。”

②如淳曰：“人主在时，与共治在时之事。”

③如淳曰：“不以主亡而不行其政令。”[索隐]曰：如淳说为得。

④[索隐]曰：庄，严也。

⑤[正义]曰：望，怨也。

及绛侯免相之国，国人上书告以为反，征系清室，①宗室诸公莫敢为言，唯袁盎明绛侯无罪。绛侯得释，盎颇有力。绛侯乃大与盎结交。

①《汉书》作“请室”。应劭曰:“‘请室’,请罪之室,若今钟下也。”如淳曰:“请室,狱也,若古刑于甸师氏也。”

淮南厉王朝,杀辟阳侯,居处骄甚。袁盎谏曰:“诸侯大骄必生患,可适削地。”上弗用。淮南王益横。及棘蒲侯柴武太子谋反事觉,治连淮南王,淮南王征,上因迁之蜀,槛车传送。袁盎时为中郎将,乃谏曰:“陛下素骄淮南王,弗稍禁,以至此。今又暴摧折之,淮南王为人刚,如有遇雾露行道死,陛下竟为以天下之大弗能容,有杀弟之名。奈何?”上弗听,遂行之。淮南王至雍,病死,闻,上辍食,哭甚哀。盎入,顿首请罪。上曰:“以不用公言至此!”盎曰:“上自宽,此往事,岂可悔哉!且陛下有高世之行者三,此不足以毁名。”上曰:“吾高世行三者何事?”盎曰:“陛下居代时,太后尝病,三年,陛下不交睫,不解衣,汤药非陛下口所尝弗进。夫曾参以布衣犹难之,今陛下亲以王者修之,过曾参孝远矣。夫诸吕用事,大臣专制,然陛下从代乘六乘传驰不测之渊,①虽贲育之勇不及陛下。②陛下至代邸,西向让天子位者再,南面让天子位者三,夫许由一让,而陛下五以天下让,过许由四矣。且陛下迁淮南王,欲以苦其志,使改过,有司卫不谨,故病死。”于是,上乃解,曰:“将奈何?”盎曰:“淮南王有三子,唯在陛下耳。”于是文帝立其三子皆为王,盎由此名重朝廷。

①瓒曰:“大臣共诛诸吕,祸福尚未可知,故曰不测也。”

②孟康曰:“孟贲、夏育,皆古勇者也。”[索隐]曰:《尸子》云:“孟贲水行不避蛟龙,陆行不避虎兕。”《战国策》云:“夏育叱呼骇三军,身死庸夫。”高诱曰:“育卫人为申繻所杀。”贲音奔。

袁盎常引大体慷慨,宦者赵同①以数幸,常害袁盎,袁盎患之。盎兄子种为常侍骑,持节夹乘,②说盎曰:“③君与斗,廷辱之,使其毁不用。”孝文帝出,赵同参乘,袁盎伏车前曰:“臣闻天子所与共六尺舆者,皆天下豪英。今汉虽乏人,陛下独奈何与刀锯余人载!”于是上笑,下赵同。赵同泣下车。

①徐广曰:“《汉书》作‘谈’字。”

②[索隐]曰:案:《汉书旧仪》云:“持节夹乘舆车骑从者云常侍骑也。”

③徐广曰:“说,一作‘谋’。”

文帝从霸陵上，欲西驰下峻阪。袁盎骑，并车擥辔，上曰："将军怯邪？"盎曰："臣闻千金之子坐不垂堂，①百金之子不骑衡，②圣主不乘危而侥幸。今陛下骋六騑，③驰下峻山，如有马惊车败，陛下纵自轻，奈高庙、太后何？"上乃止。

①[索隐]曰：案：张揖云"恐檐瓦堕中人"，或云临堂边垂，恐堕坠也。

②徐广曰："一作'行'。"骃案：服虔曰："自惜身，不骑衡。"如淳曰："骑，倚也，楼殿边栏楯也。"韦昭曰："衡，车衡。[索隐]曰：稀木行马也。如淳云："骑音於歧反。"韦昭云："骑音奇"。案：诸家说如淳为长如云栏楯者。按：《纂要》云："宫殿四面栏纵者云栏横者云楯是也。"

③如淳曰："六马之疾若飞。"

上幸上林，皇后、慎夫人从。其在禁中，常同席坐。及坐，郎署长布席，①袁盎引却慎夫人坐。②慎夫人怒，不肯坐。上亦怒，起，入禁中，盎因前说曰："臣闻尊卑有序则上下和。今陛下既已立后，慎夫人乃妾，妾主岂可与同坐哉！且陛下幸之，即厚赐之。陛下所以为慎夫人，适所以祸之。陛下独不见'人彘'乎？"③于是上乃说，召语慎夫人，慎夫人赐盎金五十斤。

①[正义]曰：苏林云："郎署，上林中直卫之署。"

②如淳曰："盎时为中郎将，天子幸署豫设供待之，故得却慎夫人坐。"

③张晏曰："戚夫人。"

然袁盎亦以数直谏，不得久居中，调为陇西都尉。①仁爱士卒，士卒皆争为死，迁为齐相。徙为吴相，辞行，种谓盎曰："吴王骄日久，国多奸，今苟欲劾治，彼不上书告君，即利剑刺君矣。南方卑湿，君能日饮，毋苛，时说王曰毋反而已，如此幸得脱。"盎用种之计，吴王厚遇盎。

①如淳曰："调选。"

盎告归，道逢丞相申屠嘉，下车拜谒，丞相从车上谢袁盎。袁盎还，愧其吏，乃之丞相舍上谒，求见丞相。丞相良久而见之，盎因跪曰："愿请间。"丞相曰："使君所言公事，之曹与长史掾议，吾且奏之，即私邪，吾不受私语。"袁盎即跪说曰："君为丞相，自度孰与陈平、绛侯？"丞相曰："吾不如。"袁盎曰："善君即自谓不如。夫陈平、绛侯辅翼高帝定天下，为将相，而诛诸吕，存刘氏。君乃为材官蹶张，迁为队率，积功至淮阳守，非有奇计攻城野战之功。且陛下从代来，每朝，郎官上书疏，未尝不止辇受其言。言不可用置之，言可受采之，未尝不称善。何也？则欲以致天下贤士大夫。上日闻所不闻，明所不知，日益圣智，君今自闭钳天下之口而日益愚。夫以圣主责愚相，君授祸不久矣！”丞相乃再拜曰：“嘉鄙野人，乃不知将军幸教。”引入与坐，为上客。

盎素不好晁错。晁错所居坐，盎去；盎坐，错亦去。两人未尝同堂语，及孝文帝崩，孝景帝即位，晁错为御史大夫，使吏案袁盎受吴王财物，抵罪，诏赦以为庶人。吴楚反闻，晁错谓丞史曰：①“夫袁盎多受吴王金钱，专为蔽匿，言不反，今果反，欲请治盎宜知计谋。”丞史曰：“事未发，治之有绝。②今兵西乡，治之何益？且袁盎不宜有谋。”③晁错犹与未决，人有告袁盎者，袁盎恐，夜见窦婴，为言吴所以反者，愿至上前口对状。窦婴入言上，上乃召袁盎入见。晁错在前，及盎请辟人赐间，错去，固恨甚。袁盎具言吴所以反状，以错故，独急斩错以谢吴，吴兵乃可罢，其语具在“吴事”中。使袁盎为太常，窦婴为大将军，两人素相与善。逮吴反，诸陵长者长安中贤大夫争附两人，车随者日数百乘。

①如淳曰：“《百官表》御史大夫有两丞，丞史，丞相史也。”

②如淳曰：“事未发之时治之乃有所绝。”[索隐]曰：案：谓有绝吴反心也。

③如淳曰：“盎，大臣，不宜有奸谋。”

及晁错已诛，袁盎以太常使吴。吴王欲使将，不肯。欲杀之，使一都尉以五百人围守盎军中。袁盎自其为吴相时，尝有从史，从史尝盗爱盎侍儿，①盎知之弗泄，遇之如故。人有告从史，言“君知尔与侍者通”，乃亡归，袁盎驱自追之，遂以侍者赐之，复为从史。及袁盎使吴见守，从史适为守盎校尉司马，乃悉以其装赍置二石醇醪。会天寒，士卒饥渴，饮酒醉，西南陬卒皆卧。司马夜引袁盎起曰：“君可以去矣！吴王期旦日斩君。”盎弗信曰：“公何为者？”司马曰：“臣故为从史盗君侍儿者。”盎乃惊谢曰：“公幸有亲，②吾不足以累公。"司马曰:"君弟去,臣亦且亡,避吾亲,③君何患!"乃以刀决张道,④从醉卒直隧出,司马与分背。袁盎解节毛怀之,⑤杖步行七八里,明,见梁骑,骑驰去,⑥遂归报。

①文颖曰:"婢也。"

②文颖曰:"言汝有亲老。"

③如淳曰:"藏匿吾亲,不使遇害也。[索隐]曰:案:张晏云:"辟,隐也,言自隐辟我亲不拟遇祸也。"

④如淳曰:"决开当所从亡者之道。"张音帐,[索隐]曰:案:帐,军幕也,决之以出也。

⑤如淳曰:"不欲令人见也。"

⑥文颖曰:"梁骑击吴楚者也,或曰得梁马驰去也。

吴楚已破,上更以元王子平陆侯礼为楚王,袁盎为楚相。尝上书有所言,不用。袁盎病免居家,与闾里浮沈,相随行,斗鸡走狗。雒阳剧孟尝过袁盎,盎善待之。安陵富人有谓盎曰:"吾闻剧孟博徒,①将军何自通之?"盎曰:"剧孟虽博徒,然母死,客送葬车千余乘,此亦有过人者。且缓急人所有,夫一旦有急叩门,不以亲为解,②不以存亡为辞,天下所望者独季心、剧孟耳。今公常从数骑,③一旦有缓急,宁足恃乎!"骂富人,弗与通。诸公闻之,皆多袁盎。

①如淳曰:"博荡之徒。"或曰博戏之徒。

②张晏曰:"不语云'亲不听'也。"瓒曰:"凡人之于赴难济危,多以有父母为解,而孟兼行之。"[索隐]曰:案:谓不以亲为辞也,今此云解者,亦谓不以亲在而自解。

③徐广曰:"常,一作'详'。"

袁盎虽家居,景帝时时使人问筹策。梁王欲求为嗣,袁盎进说,其后语塞。①梁王以此怨盎,曾使人刺盎。刺者至关中,问袁盎,诸君誉之皆不容口。乃见袁盎曰:"臣受梁王金来刺君,君长者,不忍刺君。然后刺君者十余曹,②备之!"袁盎心不乐,家又多怪,乃之棓生所问占。③还,梁刺客后曹辈果遮刺杀盎安陵郭门外。

①[索隐]曰:邹氏云:"'塞'当作'露'。"非也。案:以盎言不宜立弟之义,

其后立梁王之语塞绝也。

②如淳曰："曹，辈也。"

③徐广曰："掊，一作'服'。"骃案：文颖曰："掊音陪，秦时贤士，善术者。"[索隐]曰：韦昭云："掊，姓也。"

晁错者，颍川人也。①学申商刑名于轵张恢先所，②与雒阳宋孟及刘礼同师，以文学为太常掌故。③

①[索隐]曰：上音朝，错音厝，一如字读，案：晁氏出南阳，今西鄂晁氏，自谓子晁之后也。

②徐广曰："先即先生。"[索隐]曰：轵人张恢先生所学申商之法。

③应劭曰："掌故，百石吏，主故事。"[索隐]曰：服虔云："百石卒吏。"《汉旧仪》云："太常博士弟子试射策，中甲科补郎中，乙科补掌故也。

错为人峭直刻深。①孝文帝时，天下无治《尚书》者，独闻济南伏生故秦博士，治《尚书》，年九十余，老不可征，乃诏太常使人往受之。太常遣错受《尚书》伏生所。②还，因上便宜事，以《书》称说。诏以为太子舍人、门大夫，家令。③以其辩得幸太子，太子家号曰："智囊。"数上书孝文，时言削诸侯事，及法令可更定者。书数十上，孝文不听，然奇其材，迁为中大夫。当是时，太子善错计策，袁盎诸大功臣多不好错。

①韦昭曰："术岸高曰峭。"瓒曰："峭峻。"[索隐]曰：按：韦昭注本无"术"字，或云术，道路也，峭，音七笑反。

②[正义]曰：卫宏诏定《古文尚书序》云："征之，老不能行，遣太常掌故晁错往读之，年九十余，不能正言，言不可晓，使其女传言教错，齐人语多与颍川异，错所不知者凡十二三，略以其意属读而已也。"

③服虔曰："太子称家。"瓒曰："茂陵书太子家令秩八百石。"

景帝即位，以错为内史。错常数请间言事，辄听。宠幸倾九卿，①法令多所更定。丞相申屠嘉心弗便，力未有以伤。内史府居太上庙壖中门，东出不便，错乃穿两门南出，凿庙壖垣。②丞相嘉闻，大怒，欲因此过为奏请诛错。错闻之，即夜请间，且为上言之。丞相奏事，因言错擅凿庙垣为门，请下廷尉诛。上曰："此非庙垣，乃壖中垣，③不致于法。”丞相谢，罢朝，怒谓长史曰：“吾当先斩以闻，乃先请，为儿所卖，固误。”丞相遂发病死，错以此愈贵。

①徐广曰：“九，一作‘公’。”

②[索隐]曰：壖音乃乱反，谓墙外之短垣也，又音而缘反。

③[正义]曰：上，人缘反，石，壖者，庙内垣外游地也。

迁为御史大夫，请诸侯之罪过，削其地，①收其枝郡。奏上，上令公卿列侯宗室集议，莫敢难，独窦婴争之，由此与错有隙。错所更令三十章，诸侯皆喧哗疾晁错，错父闻之，从颍川来，谓错曰：“上初即位，公为政用事，侵削诸侯，别疏人骨肉，人口议②多怨公者，何也？”晁错曰：“固也。不如此，天子不尊，宗庙不安。”错父曰：“刘氏安矣，而晁氏危矣。吾去父归矣！”遂饮药死，曰：“吾不忍见祸及吾身。”死十余日，吴楚七国果反，以诛错为名。及窦婴、袁盎进说，上令晁错衣朝衣斩东市。

①徐广曰：“一云言景帝曰‘诸侯或连数郡，非古之制非久长策，不便，请削之’，上令公卿云云。”

②徐广曰：“一作谨。”

晁错已死，谒者仆射邓公①为校尉，击吴楚军为将。还，上书言军事，谒见上。上问曰：“道军所来，②闻晁错死，吴楚罢不？”邓公曰：“吴王为反数十年矣，发怒削地，以诛错为名，其意非在错也。且臣恐天下之士噤口，不敢复言也！”③上曰：“何哉？”邓公曰：“夫晁错患诸侯强大不可制，故请削地以尊京师，万世之利也。计画始行卒受大戮，内杜忠臣之口，外为诸侯报仇，臣窃为陛下不取也。”于是景帝默然良久曰：“公言善，吾亦恨之。”乃拜邓公为城阳中尉。

①[正义]曰：《汉书》作“邓先”，孔文祥云“名先”。

②如淳曰：“道路从吴军所来也。”瓒曰：“道，由也。”

③[索隐]曰：噤音其锦反，又音其禁反。

邓公，成固人也，①多奇计。建元中，上招贤良，公卿言邓公，时邓公免，起家为九卿。一年，复谢病免归。其子章以修黄老言显于诸公间。

①[正义]曰：梁州成固县也。《括地志》云：“成固故城在梁州成固县东六

里，汉成固城也。”

太史公曰：袁盎虽不好学，亦善傅会，仁心为质，引义忼慨。遭孝文初立，资适逢世。①时以变易，②及吴楚一说，说虽行哉，然复不遂。好声矜贤，竟以名败。晁错为家令时，数言事不用；后擅权，多所变更。诸侯发难，不急匡救，欲报私仇，反以亡躯。语曰：“变古乱常，不死则亡。”岂错等谓邪！

①张晏曰：“资，才也，适值其世，得骋其才。”

②张晏曰：“谓景帝立。”

索隐述赞曰：袁盎公直，亦多附会。揽辔见重，却席翳赖。晁错建策，屡陈利害。尊主卑臣，家危国泰。悲彼二子，名立身败！

史记卷一〇二
列传第四二

张释之冯唐

张廷尉释之者，堵阳人也，①字季。有兄仲同居。以訾为骑郎，②事孝文帝，十岁不得调，无所知名。释之曰："久宦减仲之产，不遂。"欲自免归。中郎将袁盎知其贤，惜其去，乃请徙释之补谒者。③释之既朝毕，因前言便宜事。文帝曰："卑之，毋甚高论，令今可施行也。"④于是释之言秦汉之间事，秦所以失而汉所以兴者久之。文帝称善，乃拜释之为谒者仆射。

①[索隐]曰：韦昭堵音赭，又音如字。地名，属南阳。[正义]曰：应劭曰："哀帝改为顺阳，水东南入蔡。"《括地志》云："顺阳故城在邓州穰县西三十里，楚之郇邑也。及《苏秦传》云'楚北有郇阳'并谓此也。"

②苏林曰："雇钱若出谷也。"如淳曰："《汉仪注》訾五百万得为常侍郎。"[索隐]曰：訾，音子移反。《字苑》云："赀，积财也。"

③[正义]曰：《百官表》云"谒者，掌宾赞受事，员十七人，秩比六百石"也。

④[索隐]曰：案：卑，下也。欲令且卑下其志，无甚高谈论语，但令依今时事，无说古远也。

释之从行，登虎圈。①上问上林尉②诸禽兽簿，十余问，尉左右视，尽不能对。虎圈啬夫③从旁代尉对上所问禽兽簿甚悉，欲以观其能口对响应无穷者。文帝曰："吏不当若是邪？尉无赖！"④乃诏释之拜啬夫为上林令。释之久之前曰："陛下以绛侯周勃何如人也？"上曰："长者也。"又复问："东阳侯张相如何如人也？"上复曰："长者。"释之曰："夫绛侯、东阳侯称为长者，此两人言事曾不能出口，岂敩此啬夫喋喋⑤利口捷给哉！且秦以任刀笔之吏，吏争以亟疾苛察相高，然其敝徒文具耳，⑥无恻隐之实。以故不闻其过，陵迟而至于二世，天下土崩。今陛下以啬夫口辩而超迁之，臣恐天下随风靡靡，争为口辩而无其实。且下之化上疾于景响，举错不可不审也。”文帝曰：“善”。乃止不拜啬夫。

①[正义]曰：求远反。

②[索隐]曰：《汉书表》上林有八丞十二尉。《百官志》云尉秩三百石。

③[正义]曰：掌虎圈。《百官表》有乡啬夫，此其类也。

④张晏曰：“才无可恃。”

⑤晋灼曰：“音牒。”[索隐]曰：《汉书》作“喋喋”。喋喋，多言也。

⑥[索隐]曰：案：谓空具其文而无其实。

上就车，召释之参乘，徐行，问释之秦之敝。具以质言。①至宫，上拜释之为公车令。

①如淳曰：“质，诚也。”

顷之，太子与梁王共车入朝，不下司马门，①于是释之追止太子、梁王无得入殿门。遂劾不下公门不敬，奏之。薄太后闻之，文帝免冠谢曰：“教儿子不谨。”薄太后乃使使承诏赦太子、梁王，然后得入。文帝由是奇释之，拜为中大夫。

①如淳曰：“宫卫令‘诸出入殿门公车司马门，乘轺传者皆下。不如令，罚金四两’。”

顷之，至中郎将。从行至霸陵，居北临厕。①是时慎夫人从，上指示慎夫人新丰道，曰：“此走邯郸道也。”②使慎夫人鼓瑟，上自倚瑟而歌，③意惨凄悲怀，顾谓群臣曰：“嗟乎！以北山石为椁，④用纻絮斮陈，蕠漆其间，⑤岂可动哉！”左右皆曰：“善。”释之前进曰：“使其中有可欲者，虽锢南山犹有隙；⑥使其中无可欲者，虽无石椁，又何戚焉！”文帝称善。其后拜释之为廷尉。

①李奇曰：“霸陵北头厕近霸水，帝登其上，以远望也。”如淳曰：“居高临垂边曰厕也。”苏林曰：“厕，边侧也。”韦昭曰：“高岸夹水为厕。”[索隐]曰：刘氏，厕，音初吏反。包恺音侧，义亦两通。

②张晏曰：“慎夫人，邯郸人也。”如淳曰：“走，音奏。趋也。”[索隐]曰：案：

走犹向也。

③《汉书音义》曰："声气依倚瑟也。《书》曰'声依咏'。"[索隐]曰：倚，于绮反。案：谓歌声合于瑟声，相依倚也。

④[正义]曰：颜师古云："美石出京师北山，今宜州石是。"

⑤徐广曰："斮，一作'错'。"骃案：《汉书音义》曰："斮絮，以漆著其间也。"[索隐]曰：纻，音竹吕反。絮，音息虑反。斮，音侧略反。絮，音女居反。案：斮陈絮以漆著其间也。

⑥张晏曰："锢，铸也。帝北向，故云'北山'；回顾南向，故云'南山'。"[索隐]曰：案：大颜云："北山青石肌理细密堪为碑椁，至今犹然。"故《秦本纪》云作阿房作郦山发北山石椁，乃写是也。故帝欲北山之石为椁，取其精牢。释之答言，但使薄葬，冢中无可贪，虽无石椁，有何忧焉。若使厚葬，冢中有物，虽并锢南山，犹为人所发掘也。言"南山"者，取其高厚之意，张晏殊失其旨也。

顷之，上行出中渭桥，①有一人从桥下走出，乘舆马惊。于是使骑捕，属之廷尉。释之治问。曰："县人来，②闻跸，匿桥下。久之，以为行已过，即出，见乘舆车骑，即走耳。"廷尉奏当一人犯跸，当罚金。③文帝怒曰："此人亲惊吾马，吾马赖柔和，令他马，固不败伤我乎？而廷尉乃当之罚金！"释之曰："法者，天子所与天下公共也。④今法如此而更重之，是法不信于民也。且方其时，上使立诛之则已。今既下廷尉，廷尉，天下之平也，一倾而天下用法皆为轻重，民安所错其手足？唯陛下察之。"良久，上曰："廷尉当是也。"

①张晏曰："在渭桥中路。"瓒曰："中渭桥两岸之中。"[索隐]曰：张晏、臣瓒之说皆非也。案：今渭桥有三所。一所在城西北咸阳路，曰西渭桥；一所在东北高陵路，曰东渭桥；其中渭桥在故城之北也。

②如淳曰："长安县人。"

③如淳曰："乙令'跸先至而犯者罚金四两'。跸，止行人。"[索隐]曰：崔浩云："当谓处其罪也。"案：《百官志》云"廷尉掌平刑罚，奏当所应。郡国谳疑罪，皆处当以报之"也。

④[索隐]曰：小颜云："公谓不私也。"

其后，有人盗高庙坐前玉环，捕得，文帝怒，下廷尉。廷尉治，释之案律盗宗庙服御物者为奏，奏当弃市。上大怒曰："人之无道，乃盗先帝庙器！吾属廷尉者，欲致族之，而君以法奏之，①非吾所以共承宗庙意也。”释之免冠顿首谢曰：“法如是足也。②且罪等，③然以逆顺为差。今盗宗庙器而族之，有如万分之一，假令愚民取长陵一抔土，④陛下何以加其法乎？”久之，文帝与太后言之，乃许廷尉当。是时中尉条侯周亚夫与梁相山都侯王恬开⑤见释之持议平，乃结为亲友。张廷尉由此天下称之。

①[索隐]曰：案：以法者，谓依律以断也。

②徐广曰：“足，一作‘止’也。”

③如淳曰：“俱死罪也，盗玉环不若盗长陵土之逆也。”

④张晏曰：“不欲指言，故以取土譬也。”[索隐]曰：抔，音步侯反。案：《礼运》云：“污尊而抔饮”。郑氏云：“抔，手掬之，字从手。”字本或作“盃”，言一勺一杯，两音并通。又音普回反。坯者，砖之未烧之名也。张晏云：“不欲指言”，故以取土譬”者，盖不欲言盗开长陵及侵柩，恐伤迫切先帝故也。

⑤徐广曰：“一作‘间’。《汉书》作‘启’。启者，景帝讳也，故或为开。”

后文帝崩，景帝立，释之恐，①称病。欲免去，惧大诛至；欲见谢，则未知何如。用王生计，卒见谢，景帝不过也。

①[索隐]曰：景帝为太子时，与梁王入朝不下司马门，释之曾奏劾，故恐也。

王生者，善为黄老言，处士也。尝召居廷中，三公九卿尽会立，王生老人曰“吾袜解”，①顾谓张廷尉：“为我结袜。”②释之跪而结之。既已，人或谓王生曰：“独奈何廷辱张廷尉，使跪结袜？”王生曰：“吾老且贱，自度终无益于张廷尉。张廷尉方今天下名臣，吾故聊辱廷尉，使跪结袜，欲以重之。”诸公闻之，贤王生而重张廷尉。

①[正义]曰：上万越反，下闲买反。

②[索隐]曰：结，音如字，又音计。

张廷尉事景帝岁余，为淮南王相，犹尚以前过也。久之，释之卒。其子曰张挚，字长公，官至大夫，免。以不能取容当世，故终身不仕。①

①[索隐]曰：谓性公直，不能曲屈见容于当世，故至免官不仕也。

冯唐者，其大父赵人。父徙代，汉兴徙安陵。唐以孝著，为中郎署长，①事文帝。文帝辇过，②问唐曰："父老何自为郎？③家安在？"唐具以实对。文帝曰："吾居代时，吾尚食监高祛数为我言赵将李齐之贤，战于巨鹿下。今吾每饭，意未尝不在巨鹿也。④父知之乎？"唐对曰："尚不如廉颇、李牧之为将也。"上曰："何以？"唐曰："臣大父在赵时为官卒将，⑤善李牧。臣父故为代相，善赵将李齐，知其为人也。"上既闻廉颇、李牧为人，良说，⑥而搏髀曰："嗟乎！吾独不得廉颇、李牧！时为吾将，吾岂忧匈奴哉？"唐曰："主臣！⑦陛下虽得廉颇、李牧，弗能用也。"上怒，起入禁中。良久，召唐让曰："公奈何众辱我，独无间处乎？"唐谢曰："鄙人不知忌讳。"

①应劭曰："此云孝子郎也。"或曰以至孝闻。[索隐]曰：案：谓为郎署之长也。

②[索隐]曰：过，音戈。谓文帝乘辇过郎署也。

③[索隐]曰：案：崔浩云："自，从也。帝询唐何从为郎。"又小颜云："年老矣，何乃自为郎，怪之也。"

④张晏曰："每食念监所说李齐在巨鹿时。"

⑤徐广曰："一云'官士将'。"骃案：晋灼曰："百人为彻行，亦皆师将也。"[索隐]曰：案：《国语》阖闾卒百人为彻行，行头皆官师。贾逵云"百人为一队也。官师，队大夫也"。

⑥如淳曰："良，善也。"

⑦[索隐]曰：案：乐彦云："人臣进对前称'主臣'，犹上书前云'昧死'。"案：《志林》云"冯唐面折万乘，何言不惧"，主臣为惊怖，其言益著也。又魏武谓陈琳云"卿为本初檄，何乃上及父祖"，琳谢曰"主臣"，益明主臣是惊怖也。解已见前篇。

当是之时，匈奴新大入朝那，①杀北地②都尉昂。③上以胡寇为意，乃卒复问唐曰："公何以知吾不能用廉颇、李牧也？"唐对曰："臣闻上古王者之遣将也，跪而推毂，曰：'阃以内者，④寡人制之；阃以外者、将军制之。'军功爵赏皆决于外，归而奏之。此非虚言也。臣大父言，李牧为赵将居边，军市之租皆自用飨士，⑤赏赐决于外，不从中扰也。委任而责成功，故李牧乃得尽其智能，遣选车千三百乘，⑥彀骑万三千，⑦百金之士十万。⑧是以北逐单于，破东胡，灭澹林，⑨西抑强秦，南友韩、魏。当是之时，赵几霸。⑩其后会赵王迁立，其母倡也。⑪王迁立，乃用郭开谗，卒诛李牧，⑫令颜聚代之。⑬是以兵破士北，为秦所禽灭。今臣窃闻魏尚为云中守，⑭其军市租尽以飨士卒，私养钱⑮五日一椎牛，飨宾客军吏舍人。⑯是以匈奴远避，不近云中之塞。虏曾一入，尚率车骑击之，所杀甚众。夫士卒尽家人子，⑰起田中从军，安知尺籍五符。⑱终日力战，斩首捕虏，上功莫府；⑲一言不相应，⑳文吏以法绳之。其赏不行而吏奉法必用。臣愚，以为陛下法太明，赏太轻，罚太重。且云中守魏尚坐上功首虏差六级，陛下下之吏，削其爵，罚作之。由此言之，陛下虽得廉颇、李牧，弗能用也。㉑臣诚愚，触忌讳，死罪！死罪！”文帝说。是日令冯唐持节赦魏尚，复以为云中守，而拜唐为车骑都尉，主中尉及郡国车士。㉒

①[索隐]曰：上音朝遥。下音乃何反。县名，属河西安定也。[正义]曰：在原州百泉县西北十里，汉朝那县是也。

②[正义]曰：北地郡，今宁州也。

③[索隐]曰：案：都尉姓孙。

④韦昭曰：“此郭门之阃也。门中橛曰阃。”[索隐]曰：橛，音其月反。[正义]曰：阃，音苦本反。谓门限也。

⑤[索隐]曰：案：谓军中立市，市有税。税即租也。

⑥[索隐]曰：案：《六韬》书云有选车之法十。

⑦[索隐]曰：如淳云：“彀，音构。彀骑，张弓之骑也。”

⑧服虔曰：“良士直百金也。”或曰直百金，言重。[索隐]曰：晋灼云：“百金，喻其贵重也。”注云“或”者，服晋之说也。刘氏云“其功可赏百金者”。事见《管子》及《小尔雅》。

⑨徐广曰：“澹，一作‘襜’。”[索隐]曰：崔浩云：“东胡，乌丸之先也。国在匈奴之东，故云东胡。”澹，音丁甘反。一本作“襜褴”。

⑩[索隐]曰：几，音祈。

⑪[索隐]曰：案：《列女传》云“邯郸之倡”也。[正义]曰：赵幽王母，乐家之女也。

⑫[索隐]曰:案:开是赵王宠臣。《战国策》云秦多与开金,使为反间。

⑬[索隐]曰:聚,音似喻反。《汉书》作"最"。最本齐将。[正义]曰:绝瘦反。

⑭《汉书》曰:尚,槐里人也。"[正义]曰:云中郡故城在胜州榆林县东北三十里。

⑮服虔曰:"私廪假钱。"[索隐]曰:案:汉市肆租税之入为私奉养,服虔云"私廪假钱"是也。或云官所别廪给也。

⑯[索隐]曰:椎,音直追反,击也。

⑰[索隐]曰:案:谓庶人之家子也。

⑱如淳曰:"《汉军法》曰吏卒斩首,以尺籍书下县移郡,令人故行,不行夺劳二岁。伍符亦什伍之符,约节度也。"或曰以尺简书,故曰尺籍也。[索隐]曰:案:尺籍者,谓书其斩首之功于一尺之板。伍符者,命军人伍伍相保,不容奸诈也。"故行不行",谓故命人行而身不自行,夺劳一岁也。"故"与"雇"同。

⑲[索隐]曰:案:莫训大也。又崔浩云:"古者出征为将,治无常处,以幕为府舍,故云莫府。""莫"当为"幕",古字少耳。

⑳[索隐]曰:应,音乙陵反。谓数不同也。

㉑班固称:"扬子曰:'孝文帝亲诎帝尊以信亚夫之军',曷为不能用颇、牧?彼将有激。"

㉒服虔曰:"车军之士。"

七年,景帝立,以唐为楚相,免。

武帝立,求贤良,举冯唐。唐时年九十余,不能复为官,乃以唐子冯遂为郎。遂字王孙,亦奇士,与余善。

太史公曰:张季之言长者,守法不阿意。冯公之论将率,有味哉,有味哉!《语》曰"不知其人,视其友"。二君之所称诵,可著廊庙。《书》曰"不偏不党,王道荡荡;不党不偏,王道便便"。①张季、冯公近之矣。

①徐广曰:"一作'辨'。"

索隐述赞曰:张季未偶,见识袁盎。太子惧法,啬夫无状。惊马罚金,盗环悟上。冯公白首,味哉论将。因对李齐,收功魏尚。

史记卷一〇三
列传第四三

万石张叔

万石君[①]名奋。其父赵人也,[②]姓石氏,赵亡徙居温。高祖东击项籍,过河内,时奋年十五,为小吏,侍高祖。高祖与语,爱其恭敬,问曰:"若何有?"对曰:"奋独有母,不幸失明。家贫。有姊,能鼓琴。"高祖曰:"若能从我乎?"曰:"愿尽力。"于是高祖召其姊为美人,以奋为中涓,[③]受书谒,徙其家长安中戚里,[④]以姊为美人故也。其官至孝文时,积功劳至太中大夫。无文学,恭谨无与比。

①[正义]曰:以父及四子皆二千石,故号奋为万石君。

②[正义]曰:故温城在怀州温县三十里,汉县在也。

③[正义]曰:颜师古云:"中涓,官名。居中而涓洁也。"如淳云:"主通书谒出入命也。"

④[索隐]曰:小颜云:"于上有姻戚者皆居之,故名其里为戚里。"《长安记》戚里在城内。

文帝时,东阳侯张相如为太子太傅,免。选可为傅者,皆推奋,奋为太子太傅。及孝景即位,以为九卿。迫近,惮之,[①]徙奋为诸侯相。奋长子建,次子甲,次子乙,[②]次子庆皆以驯行孝谨,[③]官皆至二千石。于是景帝曰:"石君及四子皆二千石,人臣尊宠乃集其门。"号奋为万石君。

①张晏曰:"以其恭敬履度,故难之。"

②徐广曰:"一作'仁'。"[正义]曰:颜师古云:"史失其名,故云甲乙耳,非其名也。"

③徐广曰:"驯,一作'训'。"[索隐]曰:驯,音巡。

孝景帝季年,万石君以上大夫禄归老于家,以岁时为朝臣。过宫门阙,万石君必下车趋,见路马必式焉。子孙为小吏,来归谒,万石君必朝服见之,不名。子孙有过失,不谯让,为便坐,对案不食。①然后诸子相责,因长老肉袒固谢罪。改之,乃许。子孙胜冠者在侧,虽燕居必冠,②申申如也。僮仆䜣䜣如也,③唯谨。上时赐食于家,必稽首俯伏而食之,如在上前。其执丧,哀戚甚悼。子孙遵教,亦如之。万石君家以孝谨闻乎郡国,虽齐鲁诸儒质行,皆自以为不及也。

①[索隐]曰:谯,音才笑反。谯让,责让也。为,音于伪反。便,音婢绵反。盖谓为之不处正室,别坐他处,故曰便坐。坐,音如座。便坐,非正坐处也。故王者所居有便殿、便房,义亦然也。又音婢见反,亦通。

②[索隐]曰:燕,谓间燕之时。燕,安也。

③晋灼曰:"䜣,许慎曰古'欣'字。"韦昭曰:"声和貌。"

建元二年,郎中令①王臧以文学获罪。皇太后以为儒者文多质少,今万石君家不言而躬行,乃以长子建为郎中令,少子庆为内史。②建老白首,万石君尚无恙。建为郎中令,每五日洗沐归谒亲,③入子舍,④窃问侍者,取亲中裙厕牏,身自浣涤,⑤复与侍者,不敢令万石君知,以为常。建为郎中令,事有可言,屏人恣言,极切;至廷见,如不能言者。是以上乃亲尊礼之。

①[正义]曰:《百官表》云郎中令秦官,掌居宫殿门户。武帝太初元年更名光禄勋也。

②[正义]曰:《百官表》云内史,周官,秦因之,掌治京师。景帝分置左内史。武帝太初元年,更名京兆尹,左内史名左冯翊也。

③文颖曰:"郎五日一下。"[正义]曰:孔文祥云:"建为郎中令,即光禄勋,九卿之职也。直五日一下也。"按:五日一下直洗沐。

④[索隐]曰:案:刘氏谓小房内,非正堂也。小颜以为诸子之舍,若今诸房也。

⑤徐广曰:"牏,筑垣短板也,音住。厕牏,谓厕溷垣墙,建隐于其侧浣涤也。一读'牏'为'窦'。"窦,音豆。言建又自洗荡厕窦。厕窦,泻除秽恶之穴也。"吕静曰:"椷窬,亵器也,音威豆。"骃案:苏林曰:"牏,音投。贾

逵解《周官》，楲，虎子也。窬，行清也。”孟康曰：“厕，行清；窬，行中受粪者也。东南人谓凿木空中如曹谓之窬。”晋灼曰：“今世谓反闭小衫袖为‘侯窬厕’，此最厕近身之衣也。”[索隐]曰：案：亲谓父也。中裙，近身衣也。徐广云：“牏，短板，以筑厕墙。”未知其义何从，恐非也。

万石君徙居陵里。①内史庆醉归，入外门不下车。万石君闻之，不食。庆恐，肉袒请罪，不许。举宗及兄建肉袒，万石君让曰：“内史贵人，入闾里，里中长老皆走匿，而内史坐车中自如，固当！”乃谢罢庆。庆及诸子弟入里门，趋至家。

①徐广曰：“陵，一作‘邻’。”[索隐]曰：小颜云：“陵里，里名，在茂陵，非长安之戚里也。”[正义]曰：茂陵邑中里也。茂陵故城，汉茂陵县也，在雍州始平县东北二十里。

万石君以元朔五年中卒。长子郎中令建哭泣哀思，扶杖乃能行。岁余，建亦死。诸子孙咸孝，然建最甚，甚于万石君。建为郎中令，书奏事，事下，建读之，曰：“误书！‘馬’字与尾当五，今乃四，不足一。①上谴死矣！”甚惶恐。其为谨慎，虽他皆如是。

①服虔曰：“作‘馬’字下曲而五，建时上事书误作四。”[正义]曰：颜师古云：“‘馬’字下曲者尾，并四点为四足，凡五。”

万石君少子庆为太仆，御出，上问车中几马，庆以策数马毕，举手曰：“六马。”庆于诸子中最为简易矣，①然犹如此。为齐相，举齐国皆慕其家行，不言而齐国大治，为立石相祠。

①[正义]曰：《汉书》：“庆为太仆，御出，上问车中几马，庆以策数马毕，举手曰‘六马’。”按：庆于兄弟最为简易矣，然犹如此也。

元狩元年，上立太子，选群臣可为傅者，庆自沛守为太子太傅。七岁，迁为御史大夫。

元鼎五年秋，丞相有罪，罢。①制诏御史：“万石君先帝尊之，子孙孝，其以御史大夫庆为丞相，封为牧丘侯。”是时汉方南诛两越，东击朝鲜，北逐匈奴，西伐大宛，中国多事。天子巡狩海内，修上古神祠，封禅，兴礼乐。公家用少，桑弘羊等致利，王温舒之属峻法，兒宽等推文学至九卿，更进用事，事不关决于丞相，丞相醇谨而已。在位九岁，无能有所匡言。尝欲请治上近臣所忠、九卿减宣罪，②不能服,反受其过,赎罪。

①赵周坐酎金免。[索隐]曰:案:《汉书》而知也。

②服虔曰:"音'减损'之'减'。"

元封四年中,关东流民二百万口,无名数者四十万,①公卿议欲请徙流民于边以适之。上以为丞相老谨,不能与其议,乃赐丞相告归,而案御史大夫以下议为请者。丞相惭不任职,乃上书曰:"庆幸得待罪丞相,罢驽无以辅治,城郭仓库空虚,民多流亡,罪当伏斧质。上不忍致法,愿归丞相侯印,乞骸骨归,避贤者路。"天子曰:"仓廪既空,民贫流亡,而君欲请徙之,摇荡不安,动危之,而辞位,君欲安归难乎?"②以书让庆,庆甚惭,遂复视事。

①[索隐]曰:案:小颜云:"无名数,若今之无户籍。"

②[索隐]曰:难,音乃弹反。言欲归于何人。

庆文深慎审谨,然无他大略,为百姓言。后三岁余,太初二年中,丞相庆卒,谥为恬侯。庆中子德,庆爱用之,上以德为嗣,代侯。后为太常,坐法当死,赎免为庶人。庆方为丞相,诸子孙为吏更至二千石者十三人。及庆死后,稍以罪去,孝谨益衰矣。

建陵侯①卫绾者,代大陵人也。②绾以戏车为郎,③事文帝,功次迁为中郎将,醇谨无他。孝景为太子时,召上左右饮,而绾称病不行。④文帝且崩时,属孝景曰:"绾长者,善遇之。"及文帝崩,景帝立,岁余不谯呵绾,⑤绾日以谨力。

①[正义]曰:《括地志》云:"汉建陵县故城在沂州丞县界也。"

②[索隐]曰:《地理志》县名,在代。[正义]曰:《括地志》云:"大陵县城在并州文水县北十三里。"按:代王耳时都中都,大陵属焉,故言代大陵人也。

③应劭曰:"能左右超乘也。"如淳曰:"栎机辖之类。"[索隐]曰:案:今亦有,弄车之戏是也。栎,音历,谓超逾之也。辖,音卫,谓车轴头也。

④张晏曰:"恐文帝谓豫有二心以事太子。"

⑤[索隐]曰:谯呵,音谁何,犹借访也。一曰谯呵,责让也。不谯呵,言不嗔责绾也。

景帝幸上林,诏中郎将参乘,还而问曰:"君知所以得参乘乎?"

绾曰:“臣从车士幸得以功次迁为中郎将,不自知也。”上问曰:“吾为太子时召君,君不肯来,何也?”对曰:“死罪!实病。”上赐之剑。绾曰:“先帝赐臣剑凡六,剑不敢奉诏。”上曰:“剑,人之所施易,独至今乎?”①绾曰:“具在。”上使取六剑,剑尚盛,未尝服也。郎官有谴,常蒙其罪,不与他将争;有功,常让他将。上以为廉,忠实无他肠,②乃拜绾为河间王太傅。

①如淳曰:“施读曰移。言剑者人之所好,杖多数移易货换之也。”[索隐]曰:施,音移。易,音亦。

②[索隐]曰:案:小颜云:“心肠之内无他恶也。”

吴楚反,诏绾为将,将河间兵击吴楚有功,拜为中尉。三岁,以军功,孝景前六年中封绾为建陵侯。

其明年,上废太子,诛栗卿之属。①上以为绾长者,不忍,乃赐绾告归,而使郅都治捕栗氏。既已,上立胶东王为太子,召绾,拜为太子太傅。久之,迁为御史大夫。五岁,代桃侯舍②为丞相,朝奏事如职所奏。③然自初官以至丞相,终无可言。天子以为敦厚,可相少主,尊宠之,赏赐甚多。

①苏林曰:“栗太子舅也。”如淳曰:“栗氏亲属也。卿,其名也。”[索隐]曰:栗姬之族也。[正义]曰:颜师古云:“太子废为临江王,故诛其外家亲属也。”

②[正义]曰:故桃城在滑州胙城县东三十里,刘舍所封也。

③[索隐]曰:以言但守职分而已,不别有所奏议也。

为丞相三岁,景帝崩,武帝立。建元年中,丞相以景帝疾时诸官囚多坐不辜者,而君不任职,免之。其后绾卒,子信代。坐酎金失侯。

塞侯①直不疑者,南阳人也。②为郎,事文帝。其同舍有告归,误持同舍郎金,已去,而金主觉,妄意不疑,③不疑谢有之,买金偿。而告归者来而归金,而前郎亡金者大惭,以此称为长者。文帝称举,稍迁至太中大夫。④朝廷见,人或毁曰:“不疑状貌甚美,然独无奈其善盗嫂何也!”⑤不疑闻,曰:“我乃无兄。”然终不自明也。

①[正义]曰:上音先代反。古塞国,今陕州桃林县以西至潼关,皆桃林塞地也。

②[索隐]曰：案：塞，国名，今桃林之塞也。直，姓也；不疑，名也。与㒨不疑同字。

③[索隐]曰：谓妄疑其盗取将也。

④徐广曰："《汉书》云称为长者，稍迁至太中大夫，无'文帝称举'四字也。"

⑤[索隐]曰：案：小颜云："盗谓私之。"

吴楚反时，不疑以二千石将兵击之。景帝后元年，拜为御史大夫。天子修吴楚时功，乃封不疑为塞侯。武帝建元年中，与丞相绾俱以过免。

不疑学《老子》言。其所临为官如故，唯恐人知其为吏迹也。不好立名称，称为长者。不疑卒，子相如代。孙望，坐酎金失侯。①

①[索隐]曰：《汉书》作"彭祖"，坐酎金，国除。

郎中令周文者，名仁，其先故任城人也。①以医见。景帝为太子时，拜为舍人，积功稍迁，孝文帝时至太中大夫。景帝初即位，拜仁为郎中令。

①[正义]曰：任城，兖州县也。

仁为人阴重不泄，裳衣敝补衣溺袴，①期为不洁清，②以是得幸。景帝入卧内，于后宫秘戏，③仁常在旁。至景帝崩，仁尚为郎中令，终无所言。上时问人，④仁曰："上自察之。"然亦无所毁，以此景帝再自幸其家。家徙阳陵。上所赐甚多，然常让，不敢受也。诸侯群臣赂遗，终无所受。

①服虔曰："质重不泄人之阴谋也。"张晏曰："阴重不泄，下湿，故溺裤，是以得比宦者，得入后宫。仁有子孙，先未得此病时所生。"韦昭曰："阴重，如今带下病泄利。"[索隐]曰：案：其解二，亦各有异。小颜云："阴，密也。为性密重，不泄人言也。霍去病少言不泄，亦其类也。"其人又常衣弊补衣及溺袴，故为不洁清之服，是以得幸入卧内也。二者未知谁得其实。

②[索隐]曰：谓心中常期不洁之服，则"期"是"故"之意也。小颜亦同。[正义]曰：清，清净。期，犹常也。言为不洁净，下湿，故得入卧内后宫，比宦者。

③[索隐]曰:谓后宫中戏剧宜可秘也。

④[正义]曰:颜师古云:“问以他人之善恶也。”

武帝立,以为先帝臣,重之。仁乃病免,以二千石禄归老,子孙咸至大官矣。

御史大夫张叔者,名欧,①安丘侯说之庶子也。②孝文时以治刑名言③事太子。然欧虽治刑名家,④其人长者。景帝时尊重,常为九卿。至武帝元朔四年,韩安国免,诏拜欧为御史大夫。自欧为吏,未尝言案人,专以诚长者处官。官属以为长者,亦不敢大欺。上具狱事,有可却,却之;不可者,不得已,为涕泣面对而封之。其爱人如此。

①《史记音隐》曰:“欧于友反。”[索隐]曰:欧,音乌后反。《汉书》作“欧”,孟康音驱也。

②徐广曰:“张说起于方与县,从高祖以入汉也。”[索隐]曰:说,音悦。

③韦昭曰:“有刑名之书,欲令名实相副也。”[索隐]曰:案:刘向《别录》云:“申子学号曰刑名者,循名以责实,其尊君卑臣,崇上抑下合于《六经》也。”说者云刑名家即太史公所说六家之二也。

④[正义]曰:刑,刑家也。名家在太史公自有传,言治刑法及名实也。

老病笃,请免。于是天子亦策罢,以上大夫禄归老于家。家于阳陵。子孙咸至大官矣。

太史公曰:仲尼有言曰“君子欲讷于言①而敏于行”,其万石、建陵、张叔之谓邪?是以其教不肃而成,不严而治。塞侯微巧,②而周文处谄,③君子讥之,为其近于佞也。然斯可谓笃行君子矣!

①徐广曰:‘讷’字多作‘诎’,音同耳。古字假借。”

②[正义]曰:不疑学《老子》,所临官,恐人知其为吏迹,不好立名称,称为长者,是微巧也。

③[索隐]曰:案:直不疑以吴楚反时为二千石将,景帝封之,微巧也。周文处谄者,谓为郎中令,阴重,得幸出入卧内也。故班固曰“石建之澣衣,周仁之垢污,君子讥之”是也。[正义]曰:上时问人,仁曰:“上自察之”;上所赐,常不受;又诸侯群臣赂遗,终无所受;此为处谄。故君子讥此二

人，为其近于佞也。

索隐述赞曰：万石孝谨，自家形国。郎中数马，内史匍匐。绾无他肠，塞有阴德。刑名张欧，垂涕恤狱。敏行讷言，俱嗣芳躅。

史记卷一〇四
列传第四四

田叔

田叔者,赵陉城人也。①其先,齐田氏苗裔也。

①[索隐]曰:案下文,字少卿。陉,音刑。县名,属中山。

叔喜剑,学黄老术于乐巨公所。①叔为人刻廉自喜,喜游诸公。②赵人举之赵相赵午,午言之赵王张敖所,赵王以为郎中。数岁,切直廉平,赵王贤之,未及迁。

①[索隐]曰:本燕人,乐毅之后。[正义]曰:乐,姓;巨公,名。

②[正义]曰:喜,音许记反。诸公谓文人行也。

会陈豨反代,①汉七年,高祖往诛之。过赵,赵王张敖自持案进食,礼恭甚,高祖箕踞骂之。是时赵相赵午等数十人皆怒,谓张王曰:"王事上礼备矣。今遇王如是,臣等请为乱。"赵王啮指出血曰:"先人失国,微陛下,臣等当虫出。②公等奈何言若是!毋复出口矣!"于是贯高等曰:"王长者,不倍德。"卒私相与谋弑上。会事发觉,③汉下诏捕赵王及群臣反者。于是赵午等皆自杀,唯贯高就系。是时汉下诏书:"赵有敢随王者辠三族。"唯孟舒、田叔等十余人赭衣自髡钳,称王家奴,随赵王敖至长安。贯高事明白,赵王敖得出,废为宣平侯,乃进言田叔等十余人。上尽召见,与语,汉廷臣毋能出其右者。上说,尽拜为郡守、诸侯相。叔为汉中守十余年,会高后崩,诸吕作乱,大臣诛之,立孝文帝。

①徐广曰:"七年,韩王信反,高帝征之。十年,代相陈豨反。"

②[索隐]曰:案:谓死而虫出也。《左传》"齐桓死,未葬,虫流于户外"是也。

③徐广曰:"九年十二月捕贯高等也。"

孝文帝既立,召田叔问之曰:"公知天下长者乎?"对曰:"臣何足以知之!"上曰:"公长者也,宜知之。"叔顿首曰:"故云中守孟舒,长者也。"是时孟舒坐虏大入塞盗劫,云中尤甚,免。上曰:"先帝置孟舒云中十余年矣,虏曾一入,孟舒不能坚守,毋故士卒战死者数百人。长者固杀人乎?公何以言孟舒为长者也?"叔叩头对曰:"是乃孟舒所以为长者也!夫贯高等谋反,上下明诏:赵有敢随张王,罪三族。然孟舒自髡钳,随张王敖之所在,欲以身死之,岂自知为云中守哉!汉与楚相拒,士卒罢敝,匈奴冒顿新服北夷来为边害,孟舒知士卒罢敝,不忍出言,士争临城死敌,如子为父,弟为兄,以故死者数百人。孟舒岂故驱战之哉!是乃孟舒所以为长者也。"于是上曰:"贤哉孟舒!"复召孟舒以为云中守。

后数岁,叔坐法失官。梁孝王使人杀故吴相袁盎,景帝召田叔案梁,具得其事,还报。景帝曰:"梁有之乎?"叔对曰:"死罪有之。"上曰:"其事安在?"田叔曰:"上毋以梁事为也。"上曰:"何也?"曰:"今梁王不伏诛,是汉法不行也;如其伏法,而太后食不甘味,卧不安席,此忧在陛下也。"景帝大贤之,以为鲁相。

鲁相初到,民自言相,讼王取其财物百余人。田叔取其渠率二十人,各笞五十,余各搏二十,①怒之曰:"王非若主邪?何自敢言若主!"鲁王闻之大惭,发中府钱,②使相偿之。相曰:"王自夺之,使相偿之,是王为恶而相为善也。相毋与偿之。"于是王乃尽偿之。

①[索隐]曰:搏,音博。

②[正义]曰:王之财物所藏也。

鲁王好猎,①相常从入苑中,②王辄休相就馆舍,相出,常暴坐③待王苑外。王数使人请相休,终不休,曰:"我王暴露苑中,我独何为就舍!"鲁王以故不大出游。

①[正义]曰:鲁共王,景帝子,都兖州曲阜县故鲁城中。

②[正义]曰:《括地志》云:“矍相圃在兖州曲阜县南三十里。”《礼记》云:“孔子射于矍相之圃,观者如堵,堵,墙也。”

③[索隐]曰:上音步卜反。

数年,叔以官卒。鲁以百金祠,少子仁不受也,曰:“不以百金伤先人名。”

仁以壮健为卫将军舍人,①数从击匈奴。卫将军进言仁,仁为郎中。数岁,为二千石丞相长史,失官。其后使刺举三河。②上东巡,仁奏事有辞,上说,拜为京辅都尉。③月余,上迁拜为司直。④数岁,坐太子事。⑤时左丞相自将兵,⑥令司直田仁主闭守城门,⑦坐纵太子,下吏诛死。仁发兵,长陵令车千秋上变仁,仁族死。陉城今在中山国。⑧

①张晏曰:“卫青也。”

②[正义]曰:《百官表》云:“监御史,秦官,掌监郡,汉省,丞相遣御史分刺州,不常置也。”案:三河,河南、河东、河内也。

③[正义]曰:《百官表》云:“右扶风、左冯翊、京兆尹是为三辅。元鼎四年,置三辅都尉。”服虔云:“皆治长安城中也。”

④[正义]曰:《百官表》云:“武帝元狩五年,初置司直,秩比二千石,掌佐丞相举不法也。”

⑤[正义]曰:谓戾太子。

⑥徐广曰:“刘屈氂时为丞相也。”

⑦《汉书·百官表》曰:“武帝元狩五年,初置司直,秩比二千石,掌佐丞相举不法。”

⑧徐广曰:“陉城,县名也。”[正义]曰:今定州也。

太史公曰:孔子称曰“居是国必闻其政”,田叔之谓乎?义不忘贤明主之美以救过,仁与余善余故并论之。

索隐述赞曰:田叔长者,重义轻生。张王既雪,汉中是荣。孟舒见废,抗说相明。案梁以礼,相鲁得情。子仁坐事,刺举有声。

褚先生曰:臣为郎时,闻之曰田仁故与任安相善。任安,荥阳人也。少孤贫困,为人将车之长安,①留,求事为小吏,未有因缘也,因占著名数。家于武功。②武功，扶风西界小邑也，谷口蜀划道近山。③安以为武功小邑，无豪，易高也，④安留，代人为求盗亭父。⑤后为亭长。⑥邑中人民俱出猎，任安常为人分麋鹿雉兔，部署老小当壮剧易处。众人皆喜，曰："无伤也，任少卿⑦分别平，有智略。"明日复合会，会者数百人。任少卿曰："某子甲何为不来乎？"诸人皆怪其见之疾也。其后除为三老，⑧举为亲民，出为三百石长，⑨治民。

①[索隐]曰：将车，犹御车也。

②[索隐]曰：言卜日而自占著家口名数，隶于武功，犹今附籍然也。占，音之艳反。

③[正义]曰：《括地志》云："汉武功县在渭水南，今盩厔县西界也。骆谷间在雍州县盩厔县西南二十里，开骆谷道以通梁州也。"按：行谷有栈道也。

④[索隐]曰：易，音以豉反。言邑小无豪，易得高名也。

⑤郭璞曰："亭卒也。"[正义]曰：安留武功，替人为求盗亭父也。应劭云："旧时亭有两卒，其一为亭父，掌关闭扫除；一为求盗，掌逐捕盗贼也。"

⑥[正义]曰：《百官表》云："十里一亭，亭有长也。"

⑦[正义]曰：少卿，安字。

⑧[正义]曰：《百官表》云："十亭一乡，乡有三老一人，掌教化也。"

⑨[正义]曰：《百官表》云："万户已上为令，秩千石至六百石。减万户为长，秩五百石至三百石。皆有丞、尉也。"

坐上行出游共帐不办，斥免。乃为卫将军舍人，与田仁会，俱为舍人，居门下，同心相爱。此二人家贫，无钱用以事将军家监，家监使养恶啮马。两人同床卧，仁窃言曰："不知人哉，家监也！"任安曰："将军尚不知人，何乃家监也！"卫将军①从此两人过平阳主，主家令两人与骑奴同席而食，此二子拔刀列断席别坐。主家皆怪而恶之，莫敢呵。

①[正义]曰：卫青也。

其后，有诏募择卫将军舍人以为郎，将军取舍人中富给者，令具鞍马绛衣玉具剑，欲入奏之。会贤大夫少府赵禹来过卫将军，将军呼所举舍人以示赵禹。赵禹以次问之，十余人无一人习事有智略者。赵禹曰:“吾闻之:将门之下必有将类。《传》曰‘不知其君视其所使,不知其子视其所友。’今有诏举将军舍人者,欲以观将军而能得贤者文武之士也。今徒取富人子上之,又无智略,如木偶人衣之绮绣耳,将奈之何?”于是赵禹悉召卫将军舍人百余人,以次问之,得田仁、任安,曰:“独此两人可耳,余无可用者。”卫将军见此两人贫,意不平。赵禹去,谓两人曰:“各自具鞍马新绛衣。”两人对曰:“家贫无用具也。”将军怒曰:“今两君家自为贫,何为出此言?鞅鞅如有移德于我者,何也?”①将军不得已,上籍以闻。有诏召见卫将军舍人,此二人前见,诏问能略相推第也。田仁对曰:“提桴鼓立军门,使士大夫乐死战斗,仁不及任安。”任安对曰:“夫决嫌疑,定是非,辩治官,使百姓无怨心,安不及仁也。”武帝大笑曰:“善。”使任安护北军,使田仁护边田谷于河上。此两人立名天下。

①徐广曰:“移犹施。”

其后用任安为益州刺史,①以田仁为丞相长史。②

①[正义]曰:《地理志》云武帝改曰梁州。《百官表》云:“元封五年,初置部刺史,掌奉诏条察州,秩六百石,员十三。”按:若今采访按察六条也。

②[正义]曰:《百官表》云:丞相有两长史,秩千石。

田仁上书言:“天下郡太守多为奸利,三河尤甚,臣请先刺举三河。三河太守皆内倚中贵人,与三公有亲属,无所畏惮,宜先正三河以警天下奸吏。”是时河南、河内太守皆御史大夫杜父兄子弟也,①河东太守石丞相子孙也。②是时石氏九人为二千石,方盛贵。田仁数上书言之。杜大夫及石氏使人谢,谓田少卿曰:“吾非敢有语言也,愿少卿无相诬污也。”仁已刺三河,三河太守皆下吏诛死。仁还奏事,武帝说,以仁为能不畏强御,拜仁为丞相司直,威振天下。

①杜,杜周也。

②[正义]曰:谓石庆。

其后逢太子有兵事,丞相自将兵,使司直主城门。司直以为太子骨肉之亲,父子之间不甚欲近,去之诸陵过。是时武帝在甘泉,使御史大夫暴君①下责丞相何为纵太子,丞相对言:“使司直部守城门而开太子。”上书以闻，请捕系司直。司直下吏，诛死。

①徐广曰：“暴胜之为御史大夫。”

是时任安为北军使者护军，太子立车北军南门外，召任安，与节令发兵。安拜受节，入，闭门不出。武帝闻之，以为任安为佯邪，①不傅事，何也？②任安笞辱北军钱官小吏，小吏上书言之，以为受太子节，言“幸与我其鲜好者”。③书上闻，武帝曰：“是老吏也。见兵事起，欲坐观成败，见胜者欲合从之，有两心。安有当死之罪甚众，吾常活之，今怀诈，有不忠之心。”下安吏，诛死。

①徐广曰：“佯，或作‘详’也。”[索隐]曰：详，音羊。邪，弋奢反。佯谓诈受节不发兵，不傅会太子也。

②[索隐]曰：傅，音附。谓不附会也。

③[索隐]曰：鲜，音仙。谓太子请其鲜好之兵甲也。

夫月满则亏，物盛则衰，天地之常也。知进而不知退，久乘富贵，祸积为祟。故范蠡之去越，辞不受官位，名传后世，万岁不忘，岂可及哉！后进者慎戒之！

史记卷一〇五
列传第四五

扁鹊仓公

[索隐]曰:王劭云:"医方宜与日者、龟策相接,不合列于此,后人误之也。"[正义]曰:此传是医方,合与龟策、日者相次。以淳于意孝文帝时医,奉诏问之,又为齐太仓令,故太史公以次述之。扁鹊乃春秋时良医,不可别序,故引为传首。太仓公次之也。

扁鹊者,①勃海郡郑人也,②姓秦氏,名越人。少时为人舍长。③舍客长桑君过,④扁鹊独奇之,常谨遇之。长桑君亦知扁鹊非常人也。出入十余年,乃呼扁鹊私坐,间与语曰:⑤"我有禁方,年老,欲传与公,公毋泄。"扁鹊曰:"敬诺。"乃出其怀中药予扁鹊:"饮是以上池之水,三十日当知物矣。"⑥乃悉取其禁方书,尽与扁鹊。忽然不见,殆非人也。扁鹊以其言饮药三十日,视见垣一方人。⑦以此视病,尽见五藏症结,⑧特以诊脉为名耳。⑨为医或在齐,⑩或在赵。在赵者名扁鹊。

①[正义]曰:《黄帝八十一难序》云:"秦越人与轩辕时扁鹊相类,仍号之为扁鹊。又家于卢国,因命之曰卢医也。"

②徐广曰:"'郑'当为'鄚'。鄚,县名,今属河间。"[索隐]曰:案:勃海无鄚县,徐说是也。

③[索隐]曰:刘氏云:"守客馆之师,故号云舍长也。"[正义]曰:长,音丁文反。

④[索隐]曰:隐者,盖神人也。[正义]曰:过,音戈。

⑤[正义]曰:间,音闲。

⑥[索隐]曰：案：旧说云上池水，谓水未至地，盖承取露及竹木上水，取之以和药，服之三十日，当见鬼物也。

⑦[索隐]曰：方，犹边也。言能隔墙见彼边之人，则服通神也。

⑧[正义]曰：五藏，谓心、肺、脾、肝、肾也。六府，谓大肠、胃、胆、膀胱、三焦也。王叔和《脉经》云："左手脉横，症在左；右手脉横，症在右。脉，头大者在上，头小者在下。两手脉，结上部者濡，结中部者缓，结三里者豆起。阳邪来见浮洪，阴邪来见沉细，水谷来见坚实。"

⑨[索隐]曰：诊，邹氏音文忍反，刘氏音陈忍反。司马彪云："诊，占也。"

⑩[正义]曰：号卢医。今济州卢县。

当晋昭公时，①诸大夫强而公族弱，赵简子为大夫，专国事。简子疾，五日不知人，②大夫皆惧，于是召扁鹊。扁鹊入视病，出，董安于问扁鹊，扁鹊曰："血脉治也，③而何怪！昔秦穆公尝如此，七日而寤。寤之日，告公孙支与子舆④曰：'我之帝所甚乐。吾所以久者，适有所学也。⑤帝告我"晋国且大乱，五世不安。其后将霸，未老而死。霸者之子且令而国男女无别"。'公孙支书而藏之，秦策于是出。夫献公之乱，文公之霸，而襄公败秦师于殽而归纵淫，此子之所闻。今主君之病与之同，不出三日必间，间必有言也。"

①[索隐]曰：案《左氏》，简子专国在定、顷二公之时，非当昭公之世。且《赵系家》叙此事亦在定公之初。

②[索隐]曰：案：《韩子》云"十日不知人"，所记异也。

③[正义]曰：下云色废脉乱，故形静如死状也。

④[索隐]曰：案：二子皆秦大夫。公孙支，子桑也。子舆未详。

⑤[索隐]曰：适，音释。言我适来有所受教命，故云学也。

居二日半，简子寤，语诸大夫曰："我之帝所甚乐，与百神游于钧天，广乐九奏万舞，不类三代之乐，其声动心。有一熊欲援我，帝命我射之，中熊，熊死。有罴来，我又射之，中罴，罴死。帝甚喜，赐我二笥，皆有副。吾见儿在帝侧，帝属我一翟犬，曰：'及而子之壮也，以赐之。'帝告我：'晋国且世衰，七世而亡。①嬴姓将大败周人于范魁之西，②而亦不能有也'。"董安于受言，书而藏之。以扁鹊言告简子，简子赐扁鹊田四万亩。

①[正义]曰:晋定公、出公、哀公、幽公、烈公、孝公、静公为七世。静公二年,为三晋所灭。据此及《赵世家》,简子疾在定公之十一年也。

②[索隐]曰:范魁,地名,未详。[正义]曰:羸,赵氏本姓也。周人谓为卫也。晋亡之后,赵成侯三年,伐卫,取乡邑七十三是也。贾逵云"月阜曰魁"也。

其后扁鹊过虢。①虢太子死,②扁鹊至虢宫门下,问中庶子喜方者③曰:"太子何病,国中治穰过于众事?"中庶子曰:"太子病血气不时,交错而不得泄,暴发于外,则为中害。精神不能止邪气,邪气畜积而不得泄,是以阳缓而阴急,故暴蹶而死。"④扁鹊曰:"其死何如时?"曰:"鸡鸣至今。"曰:"收乎?"曰:"未也,⑤其死未能半日也。"言:"臣齐海勃海秦越人也,家在于郑,未尝得望精光侍谒于前也。闻太子不幸而死,臣能生之。"中庶子曰:"先生得无诞之乎?可以言太子可生也!臣闻上古之时医有俞跗,⑥治病不以汤液醴洒,⑦镵石挢引,案杬毒熨,⑧一拨见病之应,因五藏之输,⑨乃割皮解肌,诀脉结筋,搦髓脑,揲荒⑩爪幕,⑪湔浣⑫肠胃,漱涤五藏练精易形。先生之方能若是,则太子可生也;不能若是而欲生之,曾不可以告咳婴之儿。"终日,扁鹊仰天叹曰:"夫子之为方也,若以管窥天,以郄视文。越人之为方也,不待切脉、⑬望色、⑭听声、⑮写形,⑯言病之所在。闻病之阳,论得其阴;闻病之阴,论得其阳。⑰病应见于大表,不出千里,决者至众,不可曲止也。⑱子以吾言为不诚,试入诊太子,当闻其耳鸣而鼻张,⑲循其两股以至于阴,当尚温也。"

①[正义]曰:陕州城,古虢国。又陕州河北县东北下阳故城,古虢,即晋献公灭者。又洛州汜水县古东虢国。而未知扁鹊过何者,盖虢至此并灭也。

②[索隐]曰:案:傅玄云"虢是晋献所灭先此百二十余年,此时焉得有虢",则此云"虢太子",非也。然案虢后改称郭,春秋有郭公,盖郭之太子也。

③[索隐]曰:喜,音许既反。喜,好也,爱也。方,方伎之人也。[正义]曰:中庶子,古官号也。喜方,好方术,不书姓名也。

④[索隐]曰:蹶,音厥。[正义]曰:《释名》云:"蹶,气从下蹶起上行,外及心胁也。"

⑤收谓棺敛。

⑥[索隐]曰:音臾附,下又音趺。[正义]曰:臾附二音。应劭云:"黄帝时将也。"

⑦[正义]曰:上音礼,下山解反。

⑧[索隐]曰:鑱,音仕咸反,谓石针也。挢,音九兆反,谓为按摩之法,夭挢引身,如熊顾鸟伸也。杬,音玩。亦谓按摩而玩弄身体使调也。毒熨,谓毒病之处以药物熨帖也。

⑨[索隐]曰:音束注反。[正义]曰:《八十一难》云:"肺之原出于太渊,心之原出于太陵,肝之原出于太冲,脾之原出于太白,肾之原出于太谿,少阴之原出于兑骨,胆之原出于丘虚,胃之原出于冲阳,三焦之原出于阳池,膀胱之原出于京骨,大肠之原出于全谷,小肠之原出于腕骨。十二经皆以输为原也。"按:此五藏六府之输也。

⑩徐广曰:"揲,音舌。"[索隐]曰:搦,音女角反。揲荒,膏荒也。

⑪[正义]曰:以爪决其阑幕也。

⑫[正义]曰:上子钱反,下胡管反。

⑬[正义]曰:《黄帝素问》云:"待切脉而知病。寸口六脉,三阴三阳,皆随春秋冬夏观其脉之变也,则知病之逆顺也。"杨玄操云:"切,按也。"

⑭[正义]曰:《素问》云:"面色青,脉当弦急;面色赤,脉当浮而短;面色黑,脉当沉浮而滑也。"

⑮[正义]曰:《素问》云:"好哭者肺病,好歌者脾病,好妄言者心病,好呻吟者肾病,好叫呼者肝病也。"

⑯[正义]曰:《素问》云:"欲得温而不欲见人者藏家病,欲得寒而见人者府家病也。"

⑰[正义]曰:《八十一难》云:"阴病行阳,阳病行阴,故令募在阴,俞在阳。"杨玄操云:"肠为阴,五藏募皆在腹,故云募皆在阴。背为阳,五藏俞皆在背,故云俞皆在阳。内藏有病则出行于阳,阳俞在背也。外体有病则入行于阴,阴募在腹也。"《针法》云:"从阳引阴,从阴引阳也。"

⑱[索隐]曰:止,语助也。不可委曲具言。[正义]曰:言病皆有应见,不可曲言病之止住所在也。

⑲[正义]音涨。

中庶子闻扁鹊言，目眩然而不瞚，舌挢然而不下。乃以扁鹊言入报虢君，虢君闻之大惊，出见扁鹊于中阙，曰："窃闻高义之日久矣，然未尝得拜谒于前也。先生过小国，幸而举之，偏国寡臣幸甚！①有先生则活，无先生则弃捐填沟壑，长终而不得反。"言未卒，因嘘唏服臆，②魂精泄横，流涕长潸，③忽忽承䀹，④悲不能自止，容貌变更。扁鹊曰："若太子病，所谓'尸蹷'者也。夫以阳入阴中，动胃⑤缠缘，⑥中经维络，⑦别下于三焦、膀胱，⑧是以阳脉下遂，⑨阴脉上争，⑩会气闭而不通，⑪阴上而阳内行，下内鼓而不起，上外绝而不为使，上有绝阳之络，下有破阴之纽，⑫破阴绝阳之色已废，⑬脉乱，故形静如死状。太子未死也。夫以阳入阴支兰藏者生，⑭以阴入阳支兰藏者死。凡此数事，皆五藏蹷中之时暴作也。良工取之，⑮拙者疑殆。"

①[索隐]曰：谓虢君自谦，云已是偏远之国，寡小之臣也。

②[索隐]曰：上音皮力反，下音忆。

③徐广曰："一云'言未卒，因涕泣交流，嘘唏不能自止'也。"[索隐]曰：潸音山长，潸谓长垂泪也。

④[索隐]曰：音接。䀹即睫也。承䀹，言泪恒垂以承于睫也。

⑤[正义]曰：《八十一难》云："脉居阴部反阳脉见者，为阳入阴中，是阳乘阴也。脉虽时沉濇而短，此谓阳中伏阴也。脉居阳部而阴脉见者，是阴乘阳也。脉虽时浮滑而长，此谓阴中伏阳也。胃，水谷之海也。"

⑥[正义]曰：上音直延反。缠缘，谓脉缠绕胃也。《素问》云："延缘，落络脉也"，恐非此义也。

⑦徐广曰："维，一作'结'。"[索隐]曰：缠，音直延反。[正义]曰：《八十一难》云："十二经脉，十五络脉，阳维阴维之脉也。"

⑧[正义]曰：《八十一难》云："三焦者，水谷之道路，气之所终始也。上焦在心下，下鬲在胃上口也。中焦在胃中脘，不上不下也。下焦在脐下，当膀胱上口也。膀胱者津液之府也，溺九升九合也。"言经络下于三焦及膀胱也。

⑨徐广曰："一作'队'。"

⑩[正义]曰：遂，音直类反。《素问》云："阳脉下遂难反，阴脉上争如弦

也。”

⑪[正义]曰:《八十一难》云:“府会太仓,藏会季肋,筋会阳陵泉,髓会绝骨,血会鬲俞,骨会大杼,脉会大渊,气会三焦,此谓八会也。”

⑫[正义]曰:“女九反。《素问》云“纽,赤脉也。”

⑬徐广曰:“一作‘发’。”

⑭[正义]曰:《素问》云:“支者顺节,兰者横节,阴支兰,胆藏也。”

⑮[正义]曰:《八十一难》云:“知一为下工,知二为中工,知三为上工。上工者十全九,中工者十全八,下工者十全六。”吕广云:“五藏一病辄有五,解一藏为下工,解三藏为中工,解五藏为上工也。”

扁鹊乃使弟子子阳厉鍼砥石,以取外三阳五会。①有间,太子苏。乃使子豹为五分之熨,以八减之齐和煮之,以更②熨两胁下。③太子起坐,更适阴阳,但服汤二旬而复故。故天下尽以扁鹊为能生死人。扁鹊曰:“越人非能生死人也,此自当生者,越人能使之起耳。”④

①[索隐]曰:阳,扁鹊之弟子也。鍼,音针。厉,谓磨也。砥,音脂。[正义]曰:《素问》云:“手足各有三阴三阳:太阴、少阳、厥阴,太阳、少阳、阳明也。五会,谓百会、胸会、听会、气会、臑会也。”

②[正义]曰:格彭反。

③[索隐]曰:案:言五分之熨者,谓熨之令温暖之气入五分也。八减之齐者,谓药之齐和所减有八。并越人当时有此方也。

④傅玄曰:“虢自晋献公时先是百二十余年灭矣,是时焉得有虢。”

扁鹊过齐,齐桓侯客之。①入朝见曰:‘君有疾,在腠理,②不治将深。”桓侯曰:“寡人无疾。”扁鹊出。桓侯谓左右曰:“医之好利也,欲以不疾者为功。”后五日,扁鹊复见,曰:“君有疾在血脉,不治恐深。”桓侯曰:“寡人无疾。”扁鹊出,桓侯不悦。后五日,扁鹊复见,曰:“君有疾在肠胃间,不治将深。”桓侯不应。扁鹊出,桓侯不悦。后五日,扁鹊复见,望见桓侯而退走。桓侯使人问其故,扁鹊曰:“疾之居腠理也,汤熨之所及也;在血脉,针石之所及也;其在肠胃,酒醪之所及也;其在骨髓,虽司命无奈之何。今在骨髓,臣是以无请也。”后五日,桓侯体病,使人召扁鹊,扁鹊已逃去。桓侯遂死。③

①[索隐]曰:案:傅玄曰:"是时齐无桓侯。"裴骃云:"谓是齐侯田和之子桓公午也",盖与赵简子颇亦相当。

②[正义]曰:上音凑,谓皮肤。

③傅玄曰:"是时齐无桓侯。"骃谓是齐侯田和之子桓公午也。

使圣人预知微,能使良医得蚤从事,则疾可已,身可活也。人之所病,病疾多;①而医之所病,病道少。②故病有六不治:骄恣不论于理,一不治也;轻身重财,二不治也;衣食不能适,三不治也;阴阳并,藏气不定,四不治也;形羸不能服药,五不治也;信巫不信医,六不治也。有此一者,则重难治也。

①[正义]曰:病厌患多也,言人厌患疾病多甚也。

②徐广曰:"所病,犹疗病也。"

扁鹊名闻天下。过邯郸,闻贵妇人,即为带下医。过雒阳,闻周人爱老人,即为耳目痺医。①来入咸阳,闻秦人爱小儿即为小儿医,随俗为变。秦太医令李醯自知伎不如扁鹊也,使人刺杀之。至今天下言脉者,由扁鹊也。

①[索隐]曰:痺,音必二反。

太仓公者,齐太仓长,临菑人也。姓淳于氏,名意。①

①[正义]曰:《括地志》云:"淳于国城在密州安丘县东北三十里,古之斟灌国也。《春秋》'公如曹',《传》云'冬,淳于公如曹'。《注水经》云'淳于县,故夏后氏之斟灌国也。周武王以封淳于公,号淳于国也'。"

少而喜医方术。高后八年,更受师同郡元里公乘阳庆。①庆年七十余,无子,使意尽去其故方,更悉以禁方予之,传黄帝、扁鹊之脉书,五色诊病,②知人死生,决嫌疑,定可治,及药论甚精,受之三年为人治病决死生多验。然左右行游诸侯,不以家为家。或不为人治病,病家多怨之者。

①[正义]曰:《百官表》云公乘,第八爵也。颜师古云:"言其得乘公之车也。"

②[正义]曰:《八十一难》云:"五藏有色,皆见于面,亦当与寸口尺内相应也。"其面色与相应,已见前也。

文帝四年中,人上书言意,以刑罪当传西之长安。①意有五女,随而泣。意怒，骂曰："生子不生男，缓急无可使者！"于是少女缇萦伤父之言，[②]乃随父西。上书曰："妾父为吏，齐中称其廉平，今坐法当刑。妾切痛死者不可复生而刑者不可复续，[③]虽欲改过自新，其道莫由，终不可得。妾愿入身为官婢，以赎父刑罪，使得改行自新也。"书闻，上悲其意，此岁中亦除肉刑法。[④]

①[索隐]曰：传，音竹恋反。传，乘传送之。

②[索隐]曰：缇，音啼。萦，音纡营反。

③徐广曰："一作'赎'。"

④徐广曰："案《年表》，孝文帝十二年除肉刑。"[正义]曰：《汉书·刑法志》云："孝文帝即位十三年，除肉刑三。"孟康云："黥劓二，左右趾一，凡三也。"班固诗曰："三王德弥薄，惟后用肉刑。太仓令有罪，就递长安城。自恨身无子，困急独。小女痛父言，死者不可生。上书诣阙下，思古歌《鸡鸣》。忧心摧折裂，晨风扬激声。圣汉孝文帝，恻然感至情。百男何愦愦，不如一缇萦！"

意家居，诏召问所为治病死生验者几何人，主名为谁。诏问故太仓长臣意："方伎所长，及所能治病者？[①]有其书无有？皆安受学？受学几何岁？尝有所验，何县里人也？何病？医药已，其病之状皆何如？具悉而对。"臣意对曰：

①徐广曰："一作'为'，为亦治。"

自意少时，喜医药，医药方试之多不验者。至高后八年，[①]得见师临菑元里公乘阳庆。庆年七十余，意得见事之。谓意曰："尽去而方书，非是也。庆有古先道遗传黄帝、扁鹊之脉书，五色诊病，知人生死，决嫌疑，定可治，及药论书，甚精。我家给富，心爱公，欲尽以我禁方书悉教公。"臣意即曰："幸甚！非意之所敢望也。"臣意即避席再拜谒，受其脉书上下经、五色诊奇咳[②]术、揆度阴阳外变、药论、石神、接阴阳禁书，受读解验之，可一年所。明岁即验之，有验，然尚未精也。要事之三年所，即尝已为人治，诊病决死生，有验，精良。今庆已死十年所，臣意年尽三年，年三十九岁也。

①徐广曰："意年二十六。"

②奇，意羁。咳，音该。[正义]曰：《八十一难》云："奇经八脉者，有阳维，有阴维，有阳跻，有阴跻，有冲，有督，有任，有带之脉。凡此八者，皆不拘于经，故云奇经八脉也。"顾野王云："賅当宍也。"又云："賅指毛皮也。"《艺文志》有《五音奇賅用兵》二十六卷。许慎云："賅，军中约也。"

齐侍御史成自言病头痛，臣意诊其脉，告曰："君之病恶，不可言也。"即出，独告成弟昌曰："此病疽①也，内发于肠胃之间。后五日当臃肿，②后八日呕脓③死。"成之病得之饮酒且内。成即如期死。所以知成之病者，臣意切其脉，得肝气。肝气浊④而静，⑤此内关之病也。⑥脉法曰："脉长而弦，不得代四时者，⑦其病主在于肝。和即经主病也，⑧代则络脉有过。"⑨经主病和者，其病得之筋髓里。其代绝而脉贲者，病得之酒且内。所以知其后五日而臃肿，八日呕脓死者，切其脉时，少阳初代。代者经病，病去过人，人则去。络脉主病，当其时，少阳初关一分，故中热而脓未发也。及五分，则至少阳之界。⑩及八日，则呕脓死。故上二分而脓发，至界而臃肿，尽泄而死。热上则熏阳明，烂流络，流络动则脉结发，脉结发则烂解，故络交。热气已上行，至头而动，故头痛。

①七如反。

②[正义]曰：上于恭反，下之勇反。

③[正义]曰：女东也。

④徐广曰："一作'黾'。"

⑤徐广曰："一作'清'。"

⑥[正义]曰：《八十一难》云："关遂入尺为内关。"吕广云："脉从关至尺泽，名内关也。"

⑦[正义]曰：王叔和《脉经》云："来数而中止，不能自还，因而复动者，名曰代。代者死。"《素问》云："病在心，愈在夏，甚于冬；病在脾，愈在秋，甚于春；病在肺，愈在冬，甚于夏；病在肾，愈在春，甚于夏；病在肝，愈在夏，甚于秋也。"

⑧[正义]曰：王叔和《脉经》云："脉长而弦，病于肝也。"《素问》云："得病于筋，肝之和也。"

⑨[正义]曰:《素问》云:“脉有不及,有太过,有经,有络。和即经主病,大则络有过也。”《八十一难》云:“关之前者,阳之动也,脉当见九分而浮。过者法曰太过,减者法曰不及。遂上鱼为溢,为外关内格,此阴乘之脉也。关以后者,阴之动也,脉当见一寸而沉。过者法曰太过,减者法曰不及。遂入尺为覆,为内关外格,此阳乘之脉也。故曰覆溢,是其真藏之脉,人不病而死也。”吕广云:“过九分,出一寸各名太过也。不及九分,至二分或四分五分,此太过。不满一寸,见八分或五分六分,此不及。”

⑩徐广曰:“一作‘分’。下章曰‘肝与心相去五分,故曰五日尽’也。”[正义]曰:王叔和《脉经》云:“分别三门镜界脉候所主,云从鱼际至高骨,却行一寸,其中名曰寸口。其骨自高从寸至尺,名曰尺泽,故曰尺。寸后尺前名曰关。阳出阴入,以关为界,阳出三分,故曰三阴三阳。阳生于尺,动于寸,阴生于寸,动于尺。寸主射上焦,出头及皮毛,竟手。关主射中焦,腹及于腰。尺主射下焦,少腹至足也。”

齐王中子诸婴儿小子病,召臣意诊切其脉,告曰:“气鬲病。病使人烦懑,食不下,时呕沫。病得之少忧,数忔食饮。”①臣意即为之作下气汤以饮之,一日气下,二日能食,三日即病愈。所以知小子之病者,诊其脉,心气也,浊②躁而经也,此络阳病也。脉法曰:“脉来数病去难而不一者,病主在心。”周身热,脉盛者,为重阳。③重阳者,逿心主。④故烦懑食不下则络脉有过,络脉有过则血上出,血上出者死。此悲心所生也,病得之忧也。

①[索隐]曰:忔,音疑乞反。忔者,风痺忔然不得动也。

②徐广曰:“一作‘黾’,又作‘猛’。”

③[索隐]曰:上音直陇反。

④徐广曰:“逿,音唐。逿者,荡也。谓病荡心者,犹刺其心。”[索隐]曰:逿,依字读。[正义]曰:《八十一难》云:“手心主中宫,在中部。”杨玄操云:“手心主胞络也。自脐已上至带鬲为中焦也。”

齐郎中令循病,众医皆以为蹶人中,而刺之。臣意诊之,曰:“涌疝也,①令人不得前后溲。②循曰:“不得前后溲三日矣。”臣意饮③以火齐汤,一饮得前溲,再饮大溲,三饮而疾愈。病得之内。所以知循病者,切其脉时右口气急,④脉无五藏气,右口[⑤]脉大而数。数者中下热而涌，左为下，右为上，皆无五藏应，故曰涌疝。中热，故溺赤也。[⑥]

①[索隐]曰：上音勇。下音讪，所谏反。邹诞生疝，音山也。

②[索隐]曰：溲，音所留反。前溲谓小便，后溲大便也。

③[正义]曰：于禁反。

④ 徐广曰："右，一作'有'。"[正义]曰：王叔和《脉经》云"右手寸口气口也"。

⑤[正义]曰：谓右手寸口也。

⑥[正义]曰：上徒吊反。

齐中御府长信病，臣意入诊其脉，告曰："热病气也。然暑汗，脉少衰，不死。"曰："此病得之当浴流水而寒甚，已则热。"信曰："唯然。往[①]冬时，为王使于楚。至莒县[②]阳周水，而莒桥梁颇坏，信则擥[③]车辕未欲渡也。马惊，即堕，信身入水中，几死。吏即来救信，出之水中，衣尽濡。有间而身寒，已热如火，至今不可以见寒。"臣意即为之液汤火齐逐热，一饮汗尽，再饮热去，三饮病已。即使服药，出入二十日，身无病者。所以知信之病者，切其脉时，并阴。脉法曰："热病阴阳交者死。"切之不交，并阴。并阴者，脉顺清而愈，其热虽未尽，犹活也。肾气有时间浊，[④]在太阴脉口而希，是水气也。肾固主水，故以此知之。失治一时，即转为寒热。

①[正义]曰：唯，惟癸反。

②[正义]曰：莒，密州县。

③[正义]音牵。

④徐广曰："一作'黾'。"

齐王太后病，召臣意入诊脉，曰："风瘅客脬，[①]难于大小溲，溺赤。"臣意饮以火齐汤，一饮即前后溲，再饮病已，溺如故。病得之流汗出滫。[②]滫者，去衣而汗晞也。所以知齐王太后病者，臣意诊其脉，切其太阴之口，湿然风气也。脉法曰："沉之而大坚，[③]浮之而大紧者，[④]病主在肾。"肾切之而相反也，脉大而躁。大者，膀胱气也；躁者，中有热而溺赤。

①[索隐]曰：瘅，病也，音亶。脬，音普交反，字或作“胞”。[正义]曰：瘅音单，旱也。脬亦作“胞”，膀胱也。言风瘅之病客居在膀胱。
②[索隐]曰：刘氏音巡。
③[正义]曰：沉，一作“深”。王叔和《脉经》云：“脉大而坚，病出于肾也。”
④[正义]曰：紧，音吉忍反。《素问》云：“脉短实而数，有似切绳，名曰紧也。”

齐章武里曹山跗病，①臣意诊其脉，曰：“肺消瘅也，加以寒热。”即告其人曰死，不治。适其共养，此不当医。②治法曰：“后三日而当狂，妄起行欲走。后五日死。”即如期死。山跗病得之盛怒而以接内。所以知山跗之病者，臣意切其脉，肺气热也。脉法曰：“不平不鼓，形弊。”③此五藏高之远数以经病也，故切之时不平而代。④不平者，血不居其处；代者，时参击并至，乍躁乍大也。此两络脉绝，故死不治。所以加寒热者，言其人尸夺。尸夺者，形弊；形弊者，不当关灸镵石及饮毒药也。臣意未往诊时，齐太医先诊山跗病，灸其足少阳脉口，而饮之半夏丸，病者即泄注，腹中虚；又灸其少阴脉，是坏肝刚绝深，如是重损病者气，以故加寒热。所以后三日而当狂者，肝一络连属结绝乳下阳明，⑤故络绝，开阳明脉，阳明脉伤，即当狂走。后五日死者，肝与心相去五分，故曰五日尽，尽即死矣。

①[索隐]曰：跗，方符反。
②[索隐]曰：适，音释。共，音恭。案：谓山跗家适近所持财物共养我，我不敢当，以言其人不堪疗也。
③[正义]曰：王叔和《脉经》云：“平谓春肝木王，其脉细而长；夏心火王，其脉洪大而散；六月脾土王，其脉大阿阿而缓；秋肺金王，其脉浮濇而短；冬肾水王，其脉沉而滑。名平脉也。”
④[正义]曰：《素问》云：“血气易处曰不平，脉候动不定曰代。”
⑤[正义]曰：《素问》云：“乳下阳明，胃络也。”

齐中尉潘满如病少腹痛，①臣意诊其脉，曰：“遗积瘕也。”②臣意即谓齐太仆臣饶、内史臣繇曰：“中尉不复自止于内，则三十日死。”后二十余日，溲血死。病得之酒且内，所以知潘满如病者，臣意切其脉深小弱，其卒然合③合也，是脾气也。④右脉口气至紧小，⑤见瘕气也。以次相乘，故三十日死。三阴俱搏者，⑥如法；不俱搏者，决在急期；一搏一代者，近也。故其三阴搏，溲血如前止。⑦

①[正义]曰：少，音式妙反。王叔和《脉经》云："脉急，疝瘕少腹痛也。"

②[索隐]曰：刘氏音加雅反，旧音遐，邹氏音嫁。[正义]曰：《龙鱼河图》云："犬狗鱼鸟不熟食之，成瘕痛。"

③徐广曰："一云'来然合然合'。"

④[正义]曰：卒，音葱忽反。卒，一本作"来"。《素问》云："疾病之生于五藏。五藏之合，合于六府。肝合气于胆，心合气于小肠，脾合气于胃，肺合气于大肠，肾合气于膀胱。三焦内主劳。"

⑤[正义]曰：上音结忍反。

⑥[正义]曰：如淳云："音徒端反。"《素问》云："左脉口曰少阴，少阴之前名厥阴，右脉口曰太阴，此三阴之脉也。"

⑦徐广曰："前一作'筋'也。"

阳虚侯相赵章病，召臣意。众医皆以为寒中，臣意诊其脉，曰："迵风。"①迵风者，饮食下嗌②而辄出不留。法曰："五日死"，而后十日乃死。病得之酒。所以知赵章之病者，臣意切其脉，脉来滑，是内风气也。饮食下嗌而辄出不留者，法五日死，皆为前分界法。③后十日乃死，所以过期者，其人嗜粥，故中藏实，中藏实故过期。师言曰："安谷者过期，不安谷者不及期。"

①迵，音洞。言洞彻入四支。[索隐]曰：下云"饮食下嗌辄出之"，是风疾洞彻五藏，故曰迵风。

②音益，谓喉下也。

③[正义]曰：分，扶问反。

济北王病，召臣意诊其脉，曰："风蹶胸满。"即为药酒，尽三石，病已。得之汗出伏地。所以知济北王病者，臣意切其脉时，风气也，心脉浊。①病法："过入其阳，阳气尽而阴气入。"阴气入张，则寒气上而热气下，故胸满。汗出伏地者，切其脉，气阴。阴气者病必入中，出及瀺水也。②

①徐广曰："一作'黾'。"

②[索隐]曰：瀺，音士咸反。[正义]曰：顾野王云："手足液，身体汋。音常灼也。"

齐北宫司空命妇出于病，①众医皆以为风入中，病主在肺，②刺其足少阳脉。臣意诊其脉，曰："病气疝，客于膀胱，难于前后溲，而溺赤。病见寒气则遗溺，使人腹肿。"出于病得之欲溺不得。因以接内。所以知出于病者，切其脉大而实，其来难，是蹶阴之动也。③脉来难者，疝气之客于膀胱也。腹之所以肿者，言蹶阴之络结小腹也。蹶阴有过则脉结动，动则腹肿。臣意即灸其足蹶阴之脉，左右各一所，即不遗溺而溲清，小腹痛止。即更为火齐汤以饮之，三日而疝气散，即愈。

①徐广曰："一作'奴'，奴盖女奴。"[正义]命妇名也。

②徐广曰："一作'肝'。"

③[正义]曰：邹："厥阴之脉也。"

故济北王阿母①自言足热而懑，臣意告曰："热蹶也。"则刺其足心各三所，案之无出血，病旋已。②病得之饮酒大醉。

①徐广曰："济，一作'齐王'。"[索隐]曰：案：是王之奶母也。[正义]曰：服虔云："乳母也。"郑："兹已者。"

②[索隐]曰：言寻则已止也。[正义]曰：谓旋转之间，病则已止也。

济北王召意诊脉诸女子侍者，至女子竖，竖无病。臣意告永巷长曰："竖伤脾，不可劳，法当春呕血死。"臣意言王曰："才人女子竖何能？"王曰："是好为方，多伎能为所是案法新，①往年市之民所四百七十万，曹偶四人。"②王曰："得毋有病乎？"臣意对曰："竖病重，在死法中。"王召视之，其颜色不变，以为不然，不卖诸侯所。至春，竖奉剑从王之厕，王去，竖后，王令人召之，即仆于厕，呕血死。③病得之流汗。流汗者，同法病内重，毛发而色泽，脉不衰，此亦关内之病也。

①徐广曰："所，一作'取'。"[索隐]曰：谓于旧方伎能生新意也。

②[索隐]曰：案：当今之四千七百贯也。曹偶，犹等辈也。

③[索隐]曰：仆，音赴，又音步北反。

齐中大夫病龋齿，①臣意灸其左太阳明脉，即为苦参汤，日嗽三升，出入五六日，病已。得之风，及卧开口，食而不嗽。

①[正义]曰：上丘羽反。《释名》云："龋，朽也。虫啮之，缺朽也。"

菑川王美人怀子而不乳，①来召臣意。臣意往，饮以莨礍②药一撮，以酒饮之，旋乳。③臣意复诊其脉，而脉躁。躁者有余病，即饮以消石一齐，出血，血如豆比五六枚。④

①[索隐]曰：乳，音人喻反。乳，生也。

②[正义]曰：浪宕二音。

③[索隐]曰：旋乳者，言回旋即生也。

④[索隐]曰：比，音必利反。

齐丞相舍人奴从朝入宫，臣意见之食闺门外，望其色有病气。臣意即告宦者平。平好为脉，学臣意所，臣意即示之舍人奴病，告之曰："此伤脾气也。当至春鬲塞不通，不能食饮，法至夏泄血死。"宦者平即往告相曰："君之舍人奴有病，病重，死期有日。"相君曰："卿何以知之？"曰："君朝时入宫，君之舍人奴尽食闺门外，平与仓公立，即示平曰病如是者死。"相即召舍人奴而谓之曰："公奴有病不？"舍人曰："奴无病，身无痛者。"至春果病。至四月，泄血死。所以知奴病者，脾气周乘五藏，伤部而交，故伤脾之色也，望之杀然黄，①察之如死青之兹。众医不知，以为大虫，②不知伤脾。所以至春死病者，胃气黄，黄者土气也，土不胜木，故至春死。所以至夏死者，脉法曰："病重而脉顺清者曰内关。"内关之病，人不知其所痛，心急然无苦。若加以一病，死中春；一愈顺，及一时。其所以四月死者，诊其人时愈顺。愈顺者，人尚肥也。奴之病得之流汗数出，灸于火而以出见大风也。

①徐广曰："杀，音苏葛反。"[正义]曰：杀，苏亥反。

②[索隐]曰：即蚘虫也。

菑川王病，召臣意诊脉，曰："蹶上①为重，头痛身热，使人烦懑。"②臣意即以寒水拊其头，③刺足阳明脉，左右各三所，病旋已。病得之沐发未干而卧。诊如前，所以蹶，头热至肩。

①[正义]义时掌反。蹶，逆气上也。

②[正义]曰：亡本反。止但有烦也。

③[索隐]曰：拊，音附，又音抚。

齐王黄姬兄黄长卿家有酒召客，召臣意。诸客坐，未上食。臣意望见王后弟宋建，告曰："君有病。往四五日，君要胁痛不可俛仰，①又不得小溲。不亟治，病即入濡肾。及其未舍五藏，急治之。病方今客肾濡，②此所谓'肾痹'也。"宋建曰："然。建故有要脊痛。往四五日，天雨，黄氏诸倩③见建家京下方石，④即弄之，建亦欲效之，效之不能起，即复置之。暮，要脊痛，不得溺，至今不愈。"建病得之好持重。所以知建病者，臣意见其色，太阳色干，肾部上及界要以下者枯四分所，故以往四五日知其发也。臣意即为柔汤使服之，十八日所而病愈。

①[正义]曰：上音免。

②[正义]曰：濡，溺也。病方客在肾，欲弱肾也。

③徐广曰："倩者，女婿也。"骃案：《方言》曰："东齐之间，婿谓之倩。"郭璞曰："言可假倩也。"[正义]曰：倩，音七姓反。

④徐广曰："京者，仓廪之属也。"

济北王侍者韩女病要背痛，寒热，众医皆以为寒热也。臣意诊脉，曰："内寒，月事不下也。"即窜以药，①旋下，病已。病得之欲男子而不可得也。所以知韩女之病者，诊其脉时，切之肾脉也，啬而不属。啬而不属者，其来难。坚，故曰月不下。肝脉弦，出左口，故曰欲男子不可得也。

①[索隐]曰：谓以爊爊之，故云。窜，音七乱反。

临菑氾里女子薄吾病甚，①众医皆以为寒热笃，当死，不治。臣意诊其脉，曰："蛲瘕。"②蛲瘕为病，腹大，上肤黄粗，循之戚戚然。臣意饮以芫华一撮，即出蛲可数升，病已，三十日如故。病蛲得之于寒湿，寒湿气宛③笃不发，化为虫。臣意所以知寒薄吾病者，切其脉，循其尺，④其尺索刺粗，而毛美奉发，⑤是虫气也。其色泽者，中藏无邪气及重病。

①[索隐]曰：氾，音凡。

②徐广曰："蛲，音饶。"[索隐]曰：音饶樌，旧音迻遐。[正义]曰：人腹中短虫。

③音郁。[索隐]曰：又如字。

④[正义]曰：王叔和云："寸，关，尺。寸谓三分，尺谓八分。寸口在关上，尺在关下。寸、关、尺共有一寸九分也。"

⑤徐广曰："奉，一作'奏'，又作'秦'。"[索隐]曰：循，音巡。案：谓手循其尺索也。刺，音七赐反。粗，音七胡反。言循其尺索，刺人手而粗，是妇人之病也。徐氏云："'奉'一作'奏'"，非其义也。又云一作"秦"，秦谓螓首，言发如蛴螬，事盖近也。

齐淳于司马病，臣意切其脉，告曰："当病迵风。迵风之状，饮食下嗌辄后之。[①]病得之饱食而疾走。"淳于司马曰："我之王家食马肝，食饱甚，见酒来即走去驱疾至舍即泄数十出。臣意告曰为火齐米汁饮之七八日而当愈。"时医秦信在旁，臣意去信谓左右阁都尉曰：[②]"意以淳于司马病为何？"曰："以为迵风，可治。"信即笑曰："是不知也。淳于司马病，法当后九日死。"即后九日不死。其家复召臣意。臣意往问之，尽如意诊。臣即为一火齐米汁，使服之，七八日病已。所以知之者，诊其脉时切之，尽如法。其病顺，故不死。

①徐广曰："如厕。"

②[索隐]曰：案：阁者，姓也，为都尉。一云阁即宫阁，都尉掌之，故曰阁都尉也。

齐中郎破石病，臣意诊其脉，告曰："肺伤，不治，当后十日丁亥溲血死。"即后十一日，溲血而死。破石之病，得之堕马僵石上。所以知破石之病者，切其脉，得肺阴气，其来散，数道至而不一也。色又乘之。所以知其堕马者，切之得番阴脉。[①]番阴脉入虚里，乘肺脉。肺脉散者，固色变也，乘之。所以不中期死者，师言曰："病者安谷即过期，不安谷则不及期。"其人嗜黍，黍主肺，故过期。所以溲血者，诊脉法曰："病养喜阴处者顺死，喜养阳处者逆死。"其人喜自静，不躁，又久安坐，伏几而寐，故血下泄。

①[索隐]曰：番，音芳远反。

齐王侍医遂病，自练五石服之。臣意往过之，遂谓意曰："不肖有病，幸诊遂也。"臣意即诊之，告曰："公病中热。论曰：'中热不溲者，不可服五石。'石之为药精悍，公服之不得数溲，亟勿服。色将发臃。"遂曰："扁鹊曰：'阴石以治阴病，阳石以治阳病。'夫药石者，有阴阳水火之齐，故中热，即为阴石柔齐治之；中寒，即为阳石刚齐治之。"臣意曰："公所论远矣！扁鹊虽言若是，然必审诊，起度量，立规矩，称权衡，合色脉，①表里有余不足顺逆之法，参其人动静与息相应，乃可以论。论曰：'阳疾处内，阴形应外者，不加悍药及镵石。'夫悍药入中，则邪气辟矣，②而宛气愈深。③诊法曰：'二阴应外，一阳接内者，不可以刚药。'刚药入则动阳，阴病益衰，阳病益著，邪气流行，为重困于俞，④忿发为疽。"意告之后百余日，果为疽发乳上，入缺盆，死。⑤此谓论之大体也，必有经纪。拙工有一不习，文理阴阳失矣。

①徐广曰："合，一作'占'。"

②[索隐]曰：辟，音必亦反，犹聚也。

③[索隐]曰：愈，音庾。

④徐广曰："音始喻反。"

⑤[索隐]曰：案：按盆，人乳房上骨名也。

齐王故为阳虚侯时，病甚，①众医皆以为蹶。臣意诊脉，以为痺，根在右胁下，大如覆杯，令人喘，逆气不能食。臣意即以火齐粥且饮，六日气下。即令更服丸药，出入六日，病已。病得之内。诊之时不能识其经解，大识其病所在。

①徐广曰："齐悼惠王子也，名将庐，以文帝十六年为齐王，即位十一年卒，谥孝王。"

臣意常诊安阳武都里成开方，开方自言以为不病，臣意谓之病苦沓风，①三岁四支不能自用，使人瘖，②瘖即死。今闻其四支不能用，瘖而未死也。病得之数饮酒以见大风气。所以知成开方病者，诊之，其脉法奇咳言曰“藏气相反者死。”③切之，得肾反肺，④法曰：“三岁死”也。

①[索隐]曰：沓，音徒合反，风病之名也。

②徐广曰：“一作‘脊’，音才亦反。”[索隐]曰：瘖者，失瘖也，读如音。又作“厝”。厝者，置也。言使人运置其手足也。

③徐广曰：“反，一作‘及’。”

④徐广曰：“反，一作‘及’。”

安陵阪里公乘项处病，①臣意诊脉，曰：“牡疝”。②牡疝在鬲下，上连肺。病得之内。臣意谓之：“慎毋为劳力事，为劳力事则必呕血死。”处后蹴鞠③要蹶塞汗出多即呕血。臣意复诊之，曰：“当旦日日夕死。”④即死。病得之内。所以知项处病者，切其脉得番阳。⑤番阳入虚里，处旦日死。一番一络者，⑥牡疝也。

①[索隐]曰：案：公乘，官名也。项，姓；处，名。故上云仓公之师，元里公乘阳庆，亦然也。

②[索隐]曰：上音母，下音色谏反。

③徐广曰：“一作蹹。”[正义]曰：上千六反，下九六反，谓打毬也。

④[索隐]曰：案：旦日，明日也。言明日之夕死也。

⑤[索隐]曰：脉病之名曰番阳者，以言阳脉之翻入虚里也。

⑥徐广曰：“络，一作‘结’。”

臣意曰：“他所诊期决死生及所治已病众多，久颇忘之，不能尽识，不敢以对。”

问臣意：“所诊治病，病名多同而诊异，或死或不死，何也？”对曰：“病名多相类，不可知，故古圣人为之脉法，以起度量，立规矩，县权衡，案绳墨，调阴阳，别人之脉各名之，与天地相应，参合于人，故乃别百病以异之，有数者皆异之，①无数者同之。然脉法不可胜验，诊疾人以度异之，乃可别同名，命病主在所居。今臣意所诊者，皆有诊籍。所以别之者，臣意所受师方适成，师死，以故表籍所诊，期决死生，观所失所得者合脉法，以故至今知之。”

①[索隐]曰：数，音色住反。谓术数之人乃可异其状也。

问臣意曰："所期病决死生，或不应期，何故？"对曰："此皆饮食喜怒不节，或不当饮药，或不当针灸，以故不中期死也。"

问臣意："意方能知病死生，论药用所宜，诸侯王大臣有尝问意者不？及文王病时，[①]不求意诊治，何故？"对曰："赵王、胶西王、济南王、吴王皆使人来召臣意，臣意不敢往。文王病时，臣意家贫，欲为人治病，诚恐吏以除拘臣意也，[②]故移名数，左右[③]不修家生，出行游国中，问善为方数者事之。[④]久矣见事数师，[⑤]悉受其要事，尽其方书，意及解论之。身居阳虚侯国，因事侯。侯入朝，臣意从之长安，以故得诊安陵项处等病也。"

①徐广曰："齐文王也，以文帝十五年卒。"

②徐广曰："时诸侯得自拜除吏。"

③[正义]曰：以名籍属左右之人。

④[索隐]曰：数，音"术数"之"数"。

⑤[正义]曰：上色庚反。

问臣意："知文王所以得病不起之状？"臣意对曰："不见文王病，然窃闻文王病喘，头痛，目不明。臣意心论之，以为非病也。以为肥而蓄精，身体不得摇，骨肉不相任，故喘，不当医治。脉法曰：'年二十脉气当趋，年三十当疾步，年四十当安坐，年五十当安卧，年六十已上气当大董。'[①]文王年未满二十，方脉气之趋也，而徐之，不应天道四时。后闻医灸之即笃，此论病之过也。臣意论之，以为神气争而邪气入，非年少所能复之也，以故死。所谓气者，当调饮食，择晏日，车步广志，以适筋骨肉血脉，以泻气。故年二十是谓'易贺'，[②]法不当砭灸至气逐。"

①徐广曰："董谓深藏之。一作'堇'。"[索隐]曰：堇，音谨。

②徐广曰："一作'贺'，又作'质'。"

问臣意："师庆安受之？闻于齐诸侯不？"对曰："不知庆所师受。庆家富，善为医，不肯为人治病，当以此故不闻。庆又告臣意曰'慎毋令我子孙知若学我方也'。"

问臣意："师庆何见于意而爱意，欲悉教意方？"对曰："臣意不闻师庆为方善也。意所以知庆者，意少时好诸方事，臣意试其方，皆多验，精良。臣意闻菑川唐里公孙光善为古传方，①臣意即往谒之。得见事之，受方化阴阳及传语法，②臣意悉受书之。臣意欲尽受他精方，公孙光曰：‘吾方尽矣，不为爱公所。③吾身已衰，无所复事之。是吾年少所受妙方也，悉与公，毋以教人。’臣意曰：‘得见事侍公前，悉得禁方，幸甚。意死不敢妄传人！’居有间，公孙光间处，④臣意深论方，见言百世为之精也。师光喜曰：‘公必为国工。吾有所善者皆疏，同产处临菑，善为方，吾不若。其方甚奇，非世之所闻也。吾年中时尝欲受其方，⑤杨中倩不肯，⑥曰“若非其人也”。胥与公往见之，⑦当知公喜方也。其人亦老矣，其家给富。’时者未往。会庆子男殷来献马，因师光奏马王所，意以故得与殷善。光又属意于殷曰：‘意好数，⑧公必谨遇之，其人圣儒。’⑨即为书以意属杨庆，以故知庆。臣意事庆谨，以故爱意也。”

①[索隐]曰：谓好能传得古方也。[正义]曰：谓全传写得古人之方书。

②徐广曰：“法，一作‘五’。”

③[索隐]曰：言于意所，不爱惜方术也。

④[正义]曰：上音闲，下昌汝反。

⑤[索隐]曰：案：年中，谓中年时也。中年亦壮年也，古人语自尔。

⑥[索隐]曰：倩，音七见反。人姓名也。

⑦徐广曰：“胥犹言须也。”

⑧[索隐]曰：数，色句反。谓好术数也。

⑨[索隐]曰：言意儒德，慕圣人之道，故云圣儒也。

问臣意曰：“吏民尝有事学意方，及毕尽得意方不？何县里人？”对曰：“临菑人宋邑。①邑学，臣意教以五诊，②岁余。济北王遣太医高期、王禹③学，臣意教以经脉高下及奇络结，④当论俞⑤所居，及气当上下出入邪逆顺，以宜镵石，定砭灸处，岁余。菑川王时遣太仓马长冯信正方，臣意教以案法逆顺，论药法，定五味及和齐汤法。高永侯家丞杜信喜脉，来学，臣意教以上下经脉五诊，二岁余。临菑召里唐安来学，臣意教以五诊上下经脉奇咳，四时应阴阳重，未成，除为齐王侍医。”

①徐广曰："一作'昆'。"

②[正义]曰：谓诊五藏之脉。

③徐广曰："一作'蝺'。"

④[正义]曰：《素问》云："奇经八脉，往来舒时，一止而复来，名之曰结也。"

⑤[正义]曰：式喻反。

问臣意："诊病决死生，能全无失乎？"臣意对曰："意治病人，必先切其脉，乃治之。败逆者不可治，其顺者乃治之。心不精脉，所期死生视可治，时时失之，臣意不能全也。"

太史公曰：女无美恶，居宫见妒；士无贤不肖，入朝见疑。故扁鹊以其伎见殃，仓公乃匿迹自隐而当刑。缇萦通尺牍，父得以后宁。故老子曰"美好者，不祥之器"，岂谓扁鹊等邪？若仓公者，可谓近之矣。

索隐述赞曰：上池秘术，长桑所传。始候赵简，知梦钧天。言占虢嗣，尸蹶起焉。仓公赎罪，阳庆推贤。效验多状，式具于篇。

正义曰：胃大一尺五寸，径五寸，长二尺六寸，横尺，受水谷三斗五升，其中常留谷二斗，水一斗五升。①小肠大二寸半，径八分分之少半，长三丈二尺，受谷二斗四升，水六升三合合之太半。②回肠大四寸，径一寸半，长二丈二尺，受谷一斗，水七升半。广肠大八寸，径二寸半，长二尺八寸，受谷九升三合八寸半之一。故肠胃凡长五丈八尺四寸，合受水谷八斗七升六合八分合之一，此肠胃长短受水谷之数也。③肝重四斤四两，左三叶，右四叶，凡七叶，主藏魂。④心重十二两，中有七孔，三毛，盛精汁三合。主藏神。⑤脾重二斤三两，扁广三寸，长五寸，有散膏半斤，主里血温五藏，主藏荣。⑥肺重三斤三两，六叶两耳，凡八叶，主藏魂魄。⑦肾有两枚，重一斤一两，主藏志。⑧胆在肝之短叶间，重三两三铢，盛精汁三合。⑨胃重二斤十四两，纡曲屈申，长二尺六寸，大一尺五寸，径五寸，盛谷二斗，水一斗五升。⑩小肠重二斤十四两，长三丈二尺，广二寸半，径八分分之少半，回积十六曲，盛谷二斗四升，水六升三合合之太半。⑪大肠重二斤十二两，长二丈一尺，广四寸，径一寸半，当齐，右回十六曲，盛谷一斗，水七升半。⑫膀胱重九两二铢，纵广九寸，盛溺九升九合。⑬口广二寸半。唇至齿长九分。齿已后至会厌，深三寸半，大容五合也。舌重十两，长七寸，广二寸半。⑭咽门重十两，广二寸半，至胃长一尺六寸。⑮喉咙重十二两，广二寸，长一尺二寸九节。⑯肛门重十二两，大八寸，径二寸太半，长二尺八寸，受谷九升三合八分合之一。⑰

①凡人食，入于口而聚于胃中。谷熟，传入小肠也。

②小肠，谓之谷而传入于大肠也。

③《甲乙经》“肠胃凡长丈六尺四寸四分”，从口至肠而数之。此径从胃至肠而数之，故短也。

④肝者，干也。于五行为木，其体状有枝干也。肝之神七人，老子名曰明堂宫、兰台府，从官三千六百人。又云肝神六：童子三，女子三也。

⑤心，纤也。所识纤微也。其神九，太尉公名曰绛宫，太始、南极老人、员光之身，其从官三千六百人。又为帝王，身之王也。

⑥脾，裨也。在助气，主化谷。其神云光玉女子母，其从官三千六百人也。

⑦肺，孛也。言其气孛，故短也，郁也。其神八人，太和君名曰玉堂官，尚书府。其从官三千六百人。又云肺神十四：童子七，女子七也。

⑧肾，引也。肾属水，主引水气，灌注诸脉也。其神六人，司徒、司空、司命、司录、司隶校尉、尉卿也。

⑨胆，敢也。言人有胆气而能果敢也。其神五人，太一道君居紫房宫中，其从官三千六百人也。

⑩胃，围也。言围受食物也。其神十二人，五元之气，谏议大夫也。

⑪肠，畅也。言通畅胃气，牵去秽也。其神二人，元梁使者也。

⑫大肠，即回肠也。其回曲，因以名之。其神二人，元梁使者也。

⑬膀，横也。胱，广也。体短而又名胞。胞，虚空也。主以虚承水液。

⑭舌，泄也。言可舒泄言语也。

⑮咽，嚥也。言咽物也。又谓之咽，主地气。胃为土，故云主地气也。

⑯喉咙，空虚也。言其中空虚，可以通气息焉。心，肺之系也，呼吸之道路。喉咙与咽并行，其实两异，而人多惑也。

⑰肛，釭也。言其处似车釭，故曰釭门。即广肠之门，又名䐜也。

手三阳之脉，从手至头长五尺，五六合三丈。①手三阴之脉，从手至胸中长三尺五寸，三六一丈八尺，五六三尺，合二丈一尺。②足三阳之脉，从足至头长八尺，六八合四丈八尺。③足三阴之脉，从足至胸长六尺五寸，六六三丈六尺，五六三尺，合三丈九尺。④人两足跻脉，从足至目长七尺五寸，二七一丈四尺，二五一尺，合一丈五尺。督脉各长四尺五寸，二四八尺，二五一尺，合九尺。凡脉长一十六丈二尺也。此所谓十二经脉长短之数也。⑤寸口，脉之大会，手太阴之动也。⑥人一呼脉行三寸，一吸脉行三寸，呼吸定息脉行六寸。⑦人一日一夜凡一万三千五百息。脉行五十周于身，漏水下百刻。营卫行阳二十五度，行阴二十五度。度为一周也，故五度复会于手太阴。寸口者，五藏六府之所终始，故法于寸口也。⑧

①一手有三阳，两手为六阳，故云五六三也。

②两手各有三阴，合为六阴，故云三六一丈八尺也。

③两足各有三阳，故曰六八四丈八尺也。

④两足各有阴，故云六六三丈六尺也。按：足太阴、少阴皆至舌下，厥阴至于项上。今言至胸中者，盖据其相接之次者也。

⑤督脉起于胲头，上于面，至口齿缝，计此不止长四尺五寸，当取其上极于风府而言之也。手足各十二脉，为二十四，并督任两跻四脉，都合二十八脉，以应二十八宿。凡长十六丈二尺，营卫行周此数，则一度也。

⑥太阴者，脉之会也。肺，诸藏主，盖主通阴阳，故十二经皆手太阴，所以决吉凶者。十二经有病，皆寸口，知其何经之动浮沉滑濇逆顺，知其死生之兆也。

⑦十二经，十五络，二十七气，皆候于寸口，随呼吸上下。呼脉上行三寸，吸脉下行三寸，二十七气皆逐上下行，无有息时。

⑧人一息行六寸，百息六丈，千息六十丈，一万三千五百息合为八百一十丈。阳脉出行二十五度，阴脉入行二十五度，阴阳出入行二十五度，阴阳呼吸覆行周毕度数也。脉行身毕，即水下百刻亦毕。谓一日一夜刻尽，天明日出东方，脉还得寸口，当更始也。故寸口者，五藏六府之所终始也。

肺气通于鼻，鼻和则知臭香矣。肝气通于目，目和则知白黑矣。脾气通于口，口和则知谷味矣。心气通于舌，舌和则知五味矣。肾气通于耳，耳和则闻五音矣。五藏不和则九窍不通，六府不和则留为痈也。

史记卷一〇六
列传第四六

吴王濞

[索隐]曰:五宗之国,俱享大邦,虽复逆乱萌心,取污朝典,岂可谓非青社之国哉?然淮南犹有后不绝,衡山亦其罪盖轻比三卿之分晋,方暴秦之灭周,可不优乎!安得出其王国,不上同五宗三王,列于世家?其吴濞请与楚元王同为一篇,淮南宜与齐悼惠王为一篇。

吴王濞者,①高帝兄刘仲之子也。②高帝已定天下七年,立刘仲为代王。而匈奴攻代,刘仲不能坚守,弃国亡,间行走雒阳,③自归天子。天子为骨肉故,不忍致法,废以为郃阳侯。④高帝十一年秋,淮南王英布反,东并荆地,劫其国兵;西度淮,击楚。高帝自将往诛之。刘仲子沛侯濞年二十,有气力,以骑将从破布军蕲西会甄,⑤布走。荆王刘贾为布所杀,无后。上患吴、会稽轻悍,无壮王以填之,⑥诸子少,乃立濞于沛为吴王,⑦王三郡五十三城。已拜受印,高帝召濞相之,谓曰:"若状有反相。"心独悔,业已拜,因拊其背,⑧告曰:"汉后五十年东南有乱者,岂若邪?⑨然天下同姓为一家也,慎无反。"濞顿首曰:"不敢!"

①[索隐]曰:案:渟濞字也,音披位反。

②徐广曰:"仲名喜。"

③[索隐]曰:谓独行从他道逃走。间,音纪闲反。

④[索隐]曰:《地理志》冯翊县名,在郃水之阳。音合。[正义]曰:郃阳故城在同州河西县南三十里。

⑤[索隐]曰:地名也。在蕲县之西。会,音古兑反。甄,音锤。

⑥[索隐]曰:填,音镇。

⑦徐广曰:"十二年十月辛丑。"

⑧[索隐]曰:拊,音抚。

⑨徐广曰:"汉元年至景帝三年反,五十有三年。"骃案:应劭曰:"克期五十,占者所知。若秦始皇东巡以厌气,后刘项起东南,疑当如此耳。"如淳曰:"度其贮积足用为难,又吴楚世不宾服。"[索隐]曰:案:应氏之意,以后五十年东南有乱,本是占气者所说,高祖素闻此说,自以前难未弭,恐后灾更生,故说此言,更以戒濞。如淳之说亦合事理。

会孝惠、高后时,天下初定,郡国诸侯各务自拊循其民。吴有豫章郡铜山,①濞则招致天下亡命者益铸钱,煮海水为盐,以故无赋,②国用富饶。③

①韦昭曰:"今故章。"[索隐]曰:案:鄣郡后改曰故章。或称"豫章",为衍字也。[正义]《括地志》云:"秦兼天下,以为鄣郡,今湖州长城县西南八十里,故章城是也。"铜山,今宣州及润州句容县有,并属章也。

②[正义]曰:按:既盗铸钱,何以收其利足国之用?吴国之民又何得无赋?如说非也。言吴国山既出铜,民多盗铸钱,及煮海水为盐,以山海之利不赋之,故言无赋也。其民无赋,国用乃富饶也。

③如淳曰:"铸钱煮盐收其利以足国用,故无赋于民。"

孝文时,吴太子入见,①得侍皇太子饮博。吴太子师傅皆楚人,轻悍,又素骄,博,争道,不恭,皇太子引博局提吴太子,杀之。②于是遣其丧归葬。至吴,吴王愠曰:③"天下同宗,死长安即葬长安,何必来葬为!"复遣丧之长安葬。吴王由此稍失藩臣之礼,称病不朝。京师知其以子故称病不朝,验问实不病。诸吴使来,辄系责治之。吴王恐,为谋滋甚。及后使人为秋请,④上复责问吴使者,使者对曰:"王实不病,汉系治使者数辈,以故遂称病。且夫'察见渊中鱼,不祥'。⑤今王始诈病,及觉,见责急,愈益闭,恐上诛之,计乃无聊。唯上弃之而与更始。"于是天子乃赦吴使者归之,而赐吴王几杖,老不朝。吴得释其罪,谋亦益解。然其居国以铜盐故,百姓无赋。⑥卒践更,辄与平贾。⑦岁时存问茂材,赏赐闾里。佗郡国吏欲来捕亡人者,讼共禁弗予。⑧如此者四十余年,⑨以故能使其众。

①[索隐]曰:姚氏案:《楚汉春秋》云:"吴太子名贤,字德明。"

②[索隐]曰:提,音啼,又音底,又音弟。

③[正义]曰:於问反,怨也。

④应劭曰:"冬当断狱,秋先请择其轻重也。"孟康曰:"律,春曰朝,秋曰请,如古诸侯朝聘也。"如淳曰:"濞不得行,使人代己致请礼也。"[索隐]曰:音净。孟说是也。应劭所云断狱先请,不知何凭。如淳云代己致请,亦是臆说。且文云"使人为秋请",谓使人为此秋请之礼也。

⑤张晏曰:"喻人君不当见尽下之私。"[索隐]曰:案:此语见《韩子》及《文子》。韦昭曰:"知臣下阴私,使忧患生变为不祥。故当赦宥,使自新也。"

⑥[索隐]曰:案:吴国有铸钱煮盐之利,故百姓不别徭赋也。

⑦《汉书音义》曰:"以当为更卒,出钱三百文,谓之'过更'。自行为卒,为之'践更'。吴王欲得民心,为卒雇者其庸随,时月与平贾,如汉桓、灵时有所兴作,以少府钱借民比也。"[索隐]曰:案:汉律,卒更有三:践更、居更、过更也。此言践更辄与平贾者,谓为践更合自出钱,今王欲得人心,乃与平价,官仇之也。[正义]曰:践更,若今唱更、行更者也,言民自著卒。更有三品:有卒更,有践更,有过更。古者正卒无常人,皆当送之,是为卒更。贫者欲故更钱者,次直者出钱顾之,月二千,是为践更。天下人皆直戍边三月,亦各为更,律所谓繇戍也。虽丞相子亦在戍边之调,不可人人自行三月戍,又行者出钱三百入官,官给戍者,是为过更。此汉初因秦法而行之,后改为谪,乃戍边一岁。

⑧徐广曰:"讼,音松。"骃按:如淳曰:"讼,公也。"[正义]曰:讼,音容。言其相容禁止不与也。

⑨[正义]曰:言四十余年者,太史公尽言吴王一代行事也。《汉书》作"三十余年",而班固见其语在孝文之代,乃减十年,是班固不晓其理也。

晁错为太子家令,得幸太子,数从容言吴过可削。数上书说孝文帝,文帝宽,不忍罚,以此吴日益横。及孝景帝即位,错为御史大夫,说上曰:"昔高帝初定天下,昆弟少,诸子弱,大封同姓,故王孽子悼惠王王齐七十余城,庶弟元王王楚四十余城,兄子濞王吴五十余城。封三庶孽,分天下半。今吴王前有太子之郄,诈称病不朝,于古法当诛,文帝弗忍,因赐几杖,德至厚。当改过自新,乃益骄溢,即山铸钱,①煮海水为盐,诱天下亡人,谋作乱。今削之亦反,不削之亦反。削之,其反亟,祸小;不削,反迟,祸大。"三年冬,楚王朝,晁错因言楚王戊往年为薄太后服,私奸服舍,②请诛之。诏赦,罚削东海郡。因削吴之豫章郡、会稽郡。及前二年,赵王有罪,削其河间郡。③胶西王卬以卖爵有奸,削其六县。

①[索隐]曰:案:即山,山名。文即者,就也。

②服虔曰:"服舍,在丧次,而私奸宫中也。"

③[索隐]曰:案:《汉书》作"常山郡"也。

汉廷臣方议削吴,吴王濞恐削地无已,因以此发谋,欲举事。念诸侯无足与计谋者,闻胶西王勇,好气喜兵,诸齐皆惮畏,①于是乃使中大夫应高诽胶西王,②无文书,口报曰:"吴王不肖,有宿夕之忧,不敢自外,使喻其欢心。"王曰:"何以教之?"高曰:"今者主上兴于奸,饰于邪臣,好小善,听谗贼,擅变更律令,侵夺诸侯之地,征求滋多,诛罚良善,日以益甚。里语有之:'舐糠及米'。③吴与胶西,知名诸侯也,一时见察,恐不得安肆矣。吴王身有内病,不能朝请二十余年,尝患见疑,无以自白,今胁肩累足,犹惧不见释。窃闻大王以爵事有适,④所闻诸侯削地,罪不至此,此恐不得削地而已。"王曰:"然,有之。子将奈何?"高曰:"同恶相助,同好相留,同情相成,同欲相趋,同利相死。今吴王自以为与大王同忧,愿因时循理,弃躯以除患害于天下,亿亦可乎?"王瞿然骇曰:⑤"寡人何敢如是?今主上虽急,固有死耳,安得不戴?"高曰:"御史大夫晁错荧惑天子,侵夺诸侯,蔽忠塞贤,朝廷疾怨,诸侯皆有倍畔之意,人事极矣。彗星出,蝗虫数起,此万世一时,而愁劳圣人之所起也。⑥故吴王欲内以晁错为讨,外随大王后车,彷徉天下,所乡者降,所指者下,天下莫敢不服。大王诚幸而许之一言,则吴王率楚王略函谷关,守荥阳敖仓之粟,拒汉兵。治次舍,须大王。大王有幸而临之,则天下可并,两主分割,不亦可乎?"王曰:"善。"高归报吴王,吴王犹恐其不与,乃身自为使,使于胶西,面结之。

①韦昭曰:"故为齐分为国者,胶东、济北之属。"

②[索隐]曰:诽,音徒鸟反。

③[索隐]曰：案：言舐糠尽则至米，谓削土尽则至灭国也。

④[正义]曰：张革反。

⑤[索隐]曰：刘氏瞿，音九具反。又《说文》云："瞿，远视貌。"音九缚反。

⑥[索隐]曰：案：所谓"殷忧以启明圣"也。

胶西群臣或闻王谋，谏曰："承一帝，至乐也。今大王与吴西乡，弟令事成，两主分争，患乃始结。诸侯之地不足为汉郡什二，而为畔逆以忧太后，非长策也。"①王弗听。遂发使约齐、菑川、胶东、济南、济北，皆许诺，而曰："城阳景王有义，攻诸吕，勿与，事定分之耳。"②

①文颖曰："王之太后也。"

②徐广曰："尔时城阳恭王喜，景王之子。"

诸侯既新削罚，振恐，多怨鼂错。及削吴会稽、豫章郡书至，则吴王先起兵，胶西正月丙午诛汉吏二千石以下，胶东、菑川、济南、楚、赵亦然，遂发兵西。齐王后悔，饮药自杀，畔约。济北王城坏未完，其郎中令劫守其王，不得发兵。胶西为渠率，胶东、菑川、济南共攻围临菑。赵王遂亦反，阴使匈奴与连兵。

七国之发也，吴王悉其士卒，下令国中曰："寡人年六十二，①身自将。少子年十四，亦为士卒先。诸年上与寡人比，下与少子等者，皆发。"发二十余万人。南使闽越、东越，东越亦发兵从。

①徐广曰："吴王封吴四十二年矣。"

孝景帝三年正月甲子，初起兵于广陵。①西涉淮，因并楚兵。发使遗诸侯书曰：

①徐广曰："荆王刘贾都吴，吴王移广陵也。"

吴王刘濞敬问胶西王、胶东王、菑川王、济南王、赵王、楚王、淮南王、衡山王、庐江王、故长沙王子：①

①徐广曰："吴芮之玄孙靖王著，以文帝七年卒，无嗣，国除。"骃案：如淳曰："吴芮后四世无子，国除。庶子二人为列侯，不得嗣王，志将不满，故诱与之反也。"

幸教寡人！以汉有贼臣，无功天下侵夺诸侯地，使吏劾系讯治，以僇辱之为故，①不以诸侯人君礼遇刘氏骨肉，绝先帝功臣,进任奸宄,诖乱天下,②欲危社稷。陛下多病志失,不能省察。欲举兵诛之,谨闻教。

①《汉书音义》曰:"故,事也。"[正义]曰:按:专以僇辱诸侯为事。

②[正义]曰:诖,音挂。

敝国虽狭,地方三千里;人虽少,精兵可具五十万。寡人素事南越三十余年,其王君皆不辞分其卒以随寡人,又可得三十余万。寡人虽不肖,愿以身从诸王。越直①长沙者,②因王子定长沙以北,③西走蜀、汉中。④告越、⑤楚王、淮南三王,与寡人西面。⑥齐诸王与赵王定河间、河内,或入临晋关,⑦或与寡人会雒阳。燕王、赵王固与胡王有约,燕王北定代、云中,搏胡众⑧入萧关,⑨走长安,匡正天子,以安高庙。愿王勉之!楚元王子、淮南三王或不沐洗十余年,怨入骨髓,欲一有所出之久矣,寡人未得诸王之意,未敢听。今诸王苟能存亡继绝,振弱伐暴,以安刘氏,社稷之所愿也!敝国虽贫,人节衣食之用,积金钱,修兵革,聚谷食,夜以继日,三十余年矣。凡为此,愿诸王勉用之。

①音值。

②[索隐]曰:谓其境相接也。

③如淳曰:"南越直长沙者,因王子定也。"[索隐]曰:案:谓南越之地与长沙地相接。值者,因长沙王子以定长沙以北也。

④[正义]曰:走,音后,向也。王子,长沙王子也。南越之地对长沙之南者,其民因王子卒而镇定长沙以北,西向蜀及汉中,咸委王子定矣。

⑤如淳曰:"告东越使定之。"

⑥[正义]曰:越,东越也。又告东越、楚、淮南三王,与吴王共西面击之。三王谓淮南、衡山、庐江也。

⑦[正义]曰:今蒲津关。

⑧[索隐]曰:搏,音专。专谓专统领胡兵。

⑨[正义]曰:今名陇山关,在原州平凉县界。

能斩捕大将者,赐金五千斤,封万户;列将三千斤,封五千户;裨将二千斤,封二千户;二千石千斤,封千户;千石五百斤,封五百户：皆为列侯。其以军若城邑降者，卒万人，邑万户，如得大将；人户五千，如得列将；人户三千，如得裨将；人户千，如得二千石；其小吏皆以差次受爵金。佗封赐皆倍军法。①其有故爵邑者，更益勿因。愿诸王明以令士大夫，弗敢欺也。寡人金钱在天下者往往而有，非必取于吴，诸王日夜用之弗能尽。有当赐者告寡人，寡人且往遗之。敬以闻。

①服虔曰："封赐倍汉之常法。"

七国反书闻天子，天子乃遣太尉条侯周亚夫将三十六将军，往击吴楚；遣曲周侯郦寄击赵；将军栾布击齐；大将军窦婴屯荥阳，监齐、赵兵。

吴楚反书闻，兵未发，窦婴未行，言故吴相袁盎。盎时家居，诏召入见。上方与晁错调兵笇军食，上问袁盎曰："君尝为吴相，知吴臣田禄伯为人乎？今吴楚反，于公何如？"曰："不足忧也。今破矣。"上曰："吴王即山铸钱，煮海水为盐，诱天下豪桀，白头举事。若此，其计不百全，岂发乎？何以言其无能为也？"袁盎对曰："吴有铜盐利则有之，安得豪桀而诱之，诚令吴得豪桀亦且辅王为义不反矣，吴所诱皆无赖子弟、亡命铸钱奸人，故相率以反。"晁错曰："袁盎策之善。"上问曰："计安出？"盎对曰："愿并左右。"上屏人，独错在。盎曰："臣所言，人臣不得知也。"乃屏错。错趋避东厢，恨甚。上卒问盎，盎对曰："吴楚相遗书，曰'高帝王子弟各有分地，今贼臣晁错擅適过诸侯，①削夺之地'。故以反为名，西共诛晁错，复故地而罢，方今计独斩晁错，发使赦吴楚七国，复其故削地，则兵可无血刃而俱罢。"于是上嘿然良久，曰："顾诚何如，吾不爱一人以谢天下。"盎曰："臣愚计无出此，愿上孰计之。"乃拜盎为太常，②吴王弟子德侯为宗正。③盎装治行。后十余日，上使中尉召错，绐载行东市。错衣朝衣斩东市。则遣袁盎奉宗庙，宗正辅亲戚，④使告吴如盎策。至吴，吴楚兵已攻梁壁矣。宗正以亲故，先入见，谕吴王使拜受诏。吴王闻袁盎来，亦知其欲说己，笑而应曰："我已为东帝，尚何谁拜？"不肯见盎而留之军中，欲劫使将，盎不肯。使人围守，且杀之。盎得夜出，步亡去，走梁军，遂归报。

①[索隐]曰：適，音直革反，又音宅。

②[正义]曰：今盎为太常，史失奉宗庙之指意。

③徐广曰："名通，其父名广。"骃案：《汉书》曰"吴王弟子德侯广为宗正"也。

④[正义]曰：以亲戚之意辅汉训谕。

条侯将乘六乘传①会兵荥阳。至雒阳，见剧孟，喜曰："七国反，吾乘传至此，不自意全。②又以为诸侯已得剧孟，剧孟今无动。吾据荥阳，以东无足忧者。"至淮阳，问父绛侯故客邓都尉曰："策安出？"客曰："吴兵锐甚，难与争锋。楚兵轻，③不能久。方今为将军计，莫若引兵东北壁昌邑，以梁委吴，吴必尽锐攻之。将军深沟高垒，使轻兵绝淮泗口，塞吴饷道。彼吴梁相敝而粮食竭，乃以全强制其罢极，破吴必矣。"条侯曰："善。"从其策，遂坚壁昌邑南，④轻兵绝吴饷道。

①[正义]曰：上音乘，下竹恋反。

②[正义]曰：言不自意洛阳得全，及见剧孟。

③[正义]曰：轻正反。

④[正义]曰：在曹州城武县东北四十二里也。

吴王之初发也，吴臣田禄伯为大将军。田禄伯曰："兵屯聚而西，无佗奇道，难以就功。臣愿得五万人，别循江淮而上，收淮南、长沙，入武关，与大王会，此亦一奇也。"吴王太子谏曰："王以反为名，此兵难以藉人，藉人亦且反王，奈何？且擅兵而别，多佗利害，未可知也，①徒自损耳。"吴王即不许田禄伯。

①苏林曰："禄伯倘将兵降汉，自为己利，于吴为生患也。"

吴少将桓将军说王曰："吴多步兵，步兵利险；汉多车骑，车骑利平地。愿大王所过城邑不下，直弃去，疾西据雒阳武库，食敖仓粟，阻山河之险以令诸侯，虽毋入关，天下固已定矣。即大王徐行，留下城邑，汉军车骑至，驰入梁楚之郊，事败矣。"吴王问诸老将，老将曰："此少年椎锋之计可耳，安知大虑乎！"于是王不用桓将军计。

吴王专并将其兵，未度淮，诸宾客皆得为将、校尉、候、司马，独周丘不得用。周丘者，下邳人，亡命吴，酤酒无行，吴王濞薄之，弗任。周丘上谒，说王曰："臣以无能，不得待罪行间。臣非敢求有所将，愿得王一汉节，必有以报王。"王乃予之。周丘得节，夜驰入下邳。下邳时闻吴反，皆城守。至传舍，召令。令入户，使从者以罪斩令。遂召昆弟、所善豪吏，告曰："吴反兵且至，至，屠下邳不过食顷。今先下，家室必完，能者封侯矣。"出乃相告，下邳皆下。周丘一夜得三万人，使人报吴王，遂将其兵北略城邑。比至阳城，①兵十余万，破荡城中尉军。闻吴王败走，自度无与共成功，即引兵归下邳。未至，疽发背死。

①[正义]曰：《地理志》云："城阳国，故齐，汉文帝二年别为国，属兖州。"

二月中，吴王兵既破，败走。于是天子制诏将军曰："盖闻为善者，天报之以福；为非者，天报之以殃。高皇帝亲表功德，建立诸侯。幽王、悼惠王绝无后，孝文皇帝哀怜加惠，王幽王子遂、悼惠王子卬等，令奉其先王宗庙，为汉藩国，德配天地，明并日月。吴王濞倍德反义，诱受天下亡命辠人，乱天下币，①称病不朝二十余年。有司数请濞罪，孝文皇帝宽之，欲其改行为善。今乃与楚王戊、赵王遂、胶西王卬、济南王辟光、菑川王贤、胶东王雄渠约从反，为逆无道，起兵以危宗庙，贼杀大臣及汉使者，迫劫万民，夭杀无罪，烧残民家，掘其丘冢，甚为暴虐。今卬等又重逆无道，烧宗庙，卤御物，②朕甚痛之！朕素服避正殿，将军其劝士大夫击反虏。击反虏者，深入多杀为功，斩首捕虏比三百石以上者皆杀之，无有所置。③敢有议诏及不如诏者，皆要斩！"

①如淳曰："币，钱也。以私钱淆乱天下钱也。"

②如淳曰："卤，抄掠也。宗庙在郡县之物，皆为御物。"[正义]曰：颜师古曰："御物，宗庙之服器也。"

③[正义]曰：置，放释也。

初，吴王之度淮，与楚王遂西败棘壁，①乘胜前，锐甚。梁孝王恐，遣六将军击吴，又败梁两将，士卒皆还走梁。梁数使使报条侯求救，条侯不许。又使使恶条侯于上，上使人告条侯救梁，复守便宜不行。梁使韩安国及楚死事相弟张羽为将军,②乃得颇败吴兵。吴兵欲西,梁城守坚,不敢西,即走条侯军,会下邑。③欲战,条侯壁,不肯战。吴粮绝,卒饥,数挑战,遂夜犇条侯壁,惊东南。条侯使备西北,果从西北入。吴大败,士卒多饥死,乃畔散。于是吴王乃与其麾下壮士数千人夜亡去,度江走丹徒,保东越。④东越兵可万余人,乃使人收聚亡卒。汉使人以利啖东越,⑤东越即绐吴王,吴王出劳军,即使人鏦杀吴王,⑥盛其头,驰传以闻。⑦吴王子子华、子驹亡走闽越。吴王之弃其军亡也,军遂溃,往往稍降太尉、梁军。楚王戊军败,自杀。

①[正义]曰:在宋州宁陵县西南七十里。

②徐广曰:“楚相张尚谏王而死。”[正义]曰:按:羽,尚弟也。

③徐广曰:“属梁国。”[正义]曰:宋州砀山县,本汉下邑县。

④[正义]曰:《东越传》云:“独东瓯受汉之购,杀吴王。”丹徒,润州也。东瓯即东越也。东越将兵从吴在丹徒也。

⑤韦昭曰:“啖,音徒览反。”

⑥孟康曰:“《方言》‘戟谓之鏦’。”[索隐]曰:鏦,音七江反。谓以戈刺杀之。邹氏又音春。亦音“从容”之“从”,谓撞杀之也。[正义]曰:《括地志》云:“汉吴王濞冢在润州丹徒县东练辟聚北,今入于江。《吴录》云丹徒有吴王冢,在县北,其处名为相唐。”

⑦《吴地记》曰:“吴王濞葬武进县南,地名相唐。”[索隐]曰:张勃云:“吴王濞葬丹徒县南,其地名相唐。”今云“武进县”,恐错也。

三王之围齐临菑也,三月不能下。汉兵至,胶西、胶东、菑川王各引兵归。胶西王乃袒洗,席槁,饮水,谢太后。王太子德曰:“汉兵远,臣观之已罢,可袭,愿收大王余兵击之,击之不胜,乃逃入海,未晚也。”王曰:“吾士卒皆已坏,不可发用。”弗听,汉将弓高侯穨当①遗王书曰:“奉诏诛不义,降者赦其罪,复故;不降者灭之。王何处,须以从事。”王肉袒叩头汉军壁,谒曰:“臣卬奉法不谨,惊骇百姓,乃苦将军远道至于穷国,敢请菹醢之罪。”弓高侯执金鼓见之,曰:“王苦军事,愿闻王发兵状。”王顿首膝行对曰:“今者,晁错天子用事臣,变更高皇帝法令,侵夺诸侯地。卬等以为不义,恐其败乱天下，七国发兵，且以诛错。今闻错已诛，卬等谨以罢兵归。”将军曰：“王苟以错不善，何不以闻？及未有诏虎符，擅发兵击义国。以此观之，意非欲诛错也。”乃出诏书为王读之。读之讫，曰：“王其自图。”王曰：“如卬等死有余罪。”遂自杀。太后、太子皆死。胶东、菑川、济南王皆死，②国除，纳于汉。郦将军围赵十月而下之，赵王自杀。济北王以劫故，得不诛，徙王菑川。

①徐广曰：“姓韩。”

②徐广曰：“一云‘自杀’。”

初，吴王首反，并将楚兵，连齐、赵。正月起兵，三月皆破，独赵后下。复置元王少子平陆侯礼为楚王，续元王后。徙汝南王非王吴故地，为江都王。

太史公曰：吴王之王，由父省也。①能薄赋敛，使其众，以擅山海利。逆乱之萌，自其子兴。争技发难，②卒亡其本；亲越谋宗，竟以夷陨。晁错为国远虑，祸反近身。袁盎权说，初宠后辱。故古者诸侯地不过百里，山海不以封。“毋亲夷狄，以疏其属”，盖谓吴邪？“毋为权首，反受其咎”，岂盎、错邪？

①言濞之王吴，由父代王被省封郃阳侯。省，音所幸反。[索隐]曰：省，音所景反。省者，减也。谓父仲从代王省封郃阳侯也。

②[索隐]曰：谓与太子争博，是争技也。

索隐述赞曰：吴楚轻悍，王濞倍德。富因采山，衅成提局。骄矜携贰，连结七国。婴命广陵，错诛未塞。天之悔祸，卒取奔北。

史记卷一〇七
列传第四七

魏其武安侯

魏其侯窦婴者，孝文后从兄子也。父世观津人。①喜宾客。孝文时，婴为吴相，病免。孝景初即位，为詹事。②

①[索隐]曰：案：《地理志》观津县属信都。以言其累叶在观津，故云“父世”也。[正义]曰：观津城在冀州武邑县东南二十五里。

②[正义]曰：《百官表》云“詹事，秦官，掌皇后、太子家”也。

梁孝王者，孝景弟也，其母窦太后爱之。梁孝王朝，因昆弟燕饮。是时上未立太子，酒酣，从容言曰：“千秋之后传梁王。”太后欢。窦婴引卮酒进上，曰：“天下者，高祖天下，父子相传，此汉之约也，上何以得擅传梁王？”太后由此憎窦婴。窦婴亦薄其官，因病免。太后除窦婴门籍，不得入朝请。①

①律，诸侯春朝天子曰朝，秋曰请。[正义]曰：才性反。

孝景三年，吴楚反，上察宗室诸窦①毋如窦婴贤，乃召婴。婴入见，固辞谢病不足任。太后亦惭。于是上曰：“天下方有急，王孙宁可以让邪？”②乃拜婴为大将军，赐金千斤。窦婴乃言袁盎、栾布诸名将贤士在家者进之。所赐金陈之廊庑下，军吏过，辄令财取为用，③金无入家者。窦婴守荥阳，监齐、赵兵。④七国兵已尽破，封婴为魏其侯。诸游士宾客争归魏其侯。孝景时，每朝请大事，条侯、魏其侯诸列侯莫敢与亢礼。

①[索隐]曰：案：谓宗室之中及诸窦之宗室也。又姚氏案：《酷吏传》“周阳由，其父赵兼，以淮南王舅侯周阳，故因改氏。由以宗室任为郎。”则似

是与国有亲戚属籍者，亦得呼为宗室也。

②《汉书》曰："窦婴字王孙。"

③苏林曰："自令裁度取为用也。"

④[正义]曰：监，音甲衫反。《吴王濞传》云"窦婴屯荥阳，监齐赵兵"也。

孝景四年，立栗太子，①使魏其侯为太子傅。孝景七年，栗太子废，魏其数争不能得。魏其谢病，屏居田南山之下数月，诸宾客辩士说之，莫能来。梁人高遂乃说魏其曰："能富贵将军者，上也。能亲将军者，太后也。今将军傅太子，太子废而不能争；争不能得，又弗能死。自引谢病，拥赵女，屏间处②而不朝。相提而论，③是自明扬主上之过。有如两宫螫将军，④则妻子毋类矣。"⑤魏其侯然之，乃遂起，朝请如故。

①[正义]曰：栗姬之子，后废之，故书母姓也。

②[正义]曰：上音闲，下昌汝反。

③徐广曰：提，音徒抵反。"[索隐]曰：提，音弟，又音啼。相提犹相抵也。论，音路顿反。

④张晏曰："两宫，太后、景帝也。螫，怒也。毒虫怒必螫人。又火各反。"[索隐]曰：螫，音释。谓怒也。《汉书》作"奭"，奭即螫也。[正义]曰：两宫，太子、景帝也。

⑤[索隐]曰：谓见诛灭无遗类。

桃侯免相，①窦太后数言魏其侯。孝景帝曰："太后岂以为臣有爱，不相魏其？②魏其者，沾沾自喜耳，多易。③难以为相持重。"遂不用，用建陵侯卫绾为丞相。

①服虔曰："刘舍也。"

②[索隐]曰：爱犹惜也。

③徐广曰："沾，一作'怙'。又昌兼反，又当牒反。"张晏曰："沾沾，言自整顿也。多易，多轻易之行也。或曰沾音憺也。"[索隐]曰：小颜："沾，音他兼反。憺，音尺占反。"

武安侯田蚡者，孝景后同母弟也，①生长陵。魏其已为大将军后，方盛，蚡为诸郎，②未贵，往来侍酒魏其，跪起如子侄。及孝景晚节，③蚡益贵幸，为太中大夫。蚡辩有口，学《槃盂》诸书，④王太后贤之。[5]孝景崩，即日太子立，称制，所镇抚多有田蚡宾客计筴。蚡弟田胜，皆以太后弟，孝景后三年[6]封蚡为武安侯，胜为周阳侯。[7]

①[索隐]曰：蚡，音扶粉反。又如“蚡鼠”之“蚡”，音坟。

②徐广曰：“一云‘诸卿’。时人相号长老老者为‘诸公’，年少者为‘诸卿’，如今人相号为‘士大夫’。”

③[索隐]曰：按：谓晚年也。

④应劭曰：“黄帝使孔甲所作铭也。凡二十六篇，书《槃盂》中，所为法戒。诸书，诸子文书也。”孟康曰：“孔甲《槃盂》二十六篇，杂家书，兼儒、墨、名、法。”

⑤徐广曰：“即蚡同母姊者。”

⑥徐广曰：“孝景后三年即是孝武初嗣位之年也。”

⑦[正义]曰：绛州闻喜县东二十里周阳故城也。

武安侯新欲用事为相，卑下宾客，进名士家居者贵之，欲以倾魏其诸将相。建元元年，丞相绾病免，上议置丞相、太尉。籍福说武安侯曰：“魏其贵久矣，天下士素归之。今将军初兴，未如魏其，即上以将军为丞相，必让魏其。魏其为丞相，将军必为太尉。太尉、丞相尊等耳，又有让贤名。”武安侯乃微言太后风上，于是乃以魏其侯为丞相，武安侯为太尉。籍福贺魏其侯，因吊曰：“君侯资性喜善疾恶，方今善人誉君侯，故至丞相。然君侯且疾恶，恶人众，亦且毁君侯。能兼容，则幸久；不能，今以毁去矣。”魏其不听。

魏其、武安俱好儒术，推毂赵绾为御史大夫，[1]王臧为郎中令。迎鲁申公，欲设明堂，令列侯就国，除关，[2]以礼为服制，[3]以兴太平。举適诸窦[4]宗室毋节行者，除其属籍。时诸外家为列侯，列侯多尚公主，皆不欲就国，以故毁日至窦太后。太后好黄老之言，而魏其、武安、赵绾、王臧等务隆推儒术，贬道家言，是以窦太后滋不说魏其等。及建元二年，御史大夫赵绾请无奏事东宫。[5]窦太后大怒，乃罢逐赵绾、王臧等，而免丞相、太尉，以柏至侯许昌为丞相，武强侯庄青翟为御史大夫。魏其、武安由此以侯家居。

①[索隐]曰：案：推毂，谓自卑下之，如为之推车毂也。

②[索隐]曰：谓除关门之税也。

③[索隐]曰:案:其时礼度逾侈,多不依古,令吉凶服制皆法于礼也。

④[索隐]曰:適,音直革反。

⑤韦昭曰:"欲夺其政也。"

武安侯虽不任职,以王太后故,亲幸,数言事多效,天下吏士趋势利者皆去魏其归武安。武安日益横。建元六年,窦太后崩,丞相昌、御史大夫青翟坐丧事不办,免。以武安侯蚡为丞相,以大司农韩安国为御史大夫。天下士郡国诸侯愈益附武安。①

①[索隐]曰:按:谓仕诸郡及仕诸侯王国者,犹言仕郡国也。

武安者,貌侵,①生贵甚。②又以为诸侯王多长,③上初即位,富于春秋,蚡以肺腑为京师相,④非痛折节以礼诎之,天下不肃。⑤当是时,丞相入奏事,坐语移日,所言皆听。荐人或起家至二千石,权移主上。上乃曰:"君除吏已尽未?吾亦欲除吏!"尝请考工地益宅,⑥上怒曰:"君何不遂取武库!"是后乃退。尝召客饮,坐其兄盖侯⑦南乡,自坐东乡,以为汉相尊,不可以兄故私桡。武安由此滋骄,治宅甲诸第。⑧田园极膏腴,而市买郡县器物相属于道。前堂罗钟鼓,立曲旃;⑨后房妇女以百数。诸侯奉金玉狗马玩好不可胜数。

①韦昭曰:"侵,音寝,短小也。又云丑恶也,刻,确也。音核。

②[索隐]曰:小颜云"生贵,谓自尊高示贵宠",其说疏也。按:生谓蚡自生尊贵之势特甚,故下云"又以诸侯王多长年,蚡以肺腑为相,非痛折节以礼屈之,则天下不肃"者也。

③张晏曰:"多长年。"

④[正义]曰:颜师古曰:"旧解云肺腑,如肝肺之相附着也。一说肺,碎木札也,喻其轻薄附着大材。"按:颜此说并是疏谬。又改"腑"为"附",就其义,重谬矣。《八十一难》云:"寸口者,脉之大会,手太阴之动脉也。"吕广云:"太阴者,肺之脉也。肺为诸藏之主,通阴阳,故十二经脉皆会乎太阴,所以决吉凶者。十二经有病皆寸口,知其何经之动浮沉濇滑,春秋逆顺,知其死生。"顾野王云:"肺腑,腹心也。"案:说田蚡为相,若人之肺,知阴阳逆顺,又为帝之腹心亲戚也。

⑤[索隐]曰:案:痛,甚也。欲令士折节屈下于己,不然天下不肃。或解以为蚡欲折节下士,非也。案:下文不让其兄盖侯,知或说为非也。

⑥《汉书·百官表》曰:少府有考工室。如淳曰:"官名也。"

⑦徐广曰:"王后兄王信也。太山有盖县,乐安有益县也。"

⑧徐广曰:"为诸第之上也。"

⑨如淳曰:"旌旗之名。通帛曰旃。曲旃,僭也。"苏林曰:"礼,大夫立曲旃。曲,柄上曲也。"[索隐]曰:《说文》曰曲旃者,所以招士也。

魏其失窦太后,益疏不用,无势,诸客稍稍自引而怠傲,唯灌将军独不失故。魏其日默默不得志,而独厚遇灌将军。

灌将军夫者,颍阴人也。夫父张孟,尝为颍阴侯婴舍人,得幸,因进之至二千石,故蒙灌氏姓为灌孟。吴楚反时,颍阴侯灌何为将军,①属太尉,请灌孟为校尉。夫以千人与父俱。②灌孟年老,颍阴侯强请之,郁郁不得意,故战常陷坚,遂死吴军中。军法,父子俱从军,有死事,得与丧归。灌夫不肯随丧归,奋曰:③"愿取吴王若将军头,以报父之仇!"于是灌夫被甲持戟募军中壮士所善愿从者数十人。及出壁门,莫敢前。独二人及从奴十数骑驰入吴军,至吴将麾下,④所杀伤数十人。不得前,复驰还,走入汉壁,皆亡其奴,独与一骑归。夫身中大创十余,适有万金良药,故得无死。夫创少瘳,又复请将军曰:"吾益知吴壁中曲折请复往。"将军壮义之,恐亡夫,乃言太尉,太尉乃固止之。吴已破,灌夫以此名闻天下。颍阴侯言之上,上以夫为中郎将。

①[索隐]曰:案:何是婴子,《汉书》作"婴",误。

②《汉书音义》曰:"官主千人,如候司马。"

③张晏曰:"自奋励也。"

④[正义]曰:谓大将之旗。

数月,坐法去。后家居长安,长安中诸公莫弗称之。孝景时,至代相。孝景崩,今上初即位,以为淮阳天下交,劲兵处,故徙夫为淮阳太守。建元元年,入为太仆。二年,夫与长乐卫尉窦甫饮,轻重不得,①夫醉,搏甫。②甫,窦太后昆弟也。上恐太后诛夫,徙为燕相。数岁,坐法去官,家居长安。

①晋灼曰:"饮酒轻重不得其平也。"

②[索隐]曰：搏，音博。谓击之。

灌夫为人刚直使酒，不好面谀。贵戚诸有势在己之右，不欲加礼，必陵之；诸士在己之左，愈贫贱，尤益敬，与钧。稠人广众，荐宠下辈。士亦以此多之。夫不喜文学，好任侠，已然诺。①诸所与交通，无非豪杰大猾。家累数千万，食客日数十百人。陂池田园，宗族宾客为权利，横于颍川。颍川儿乃歌之曰："颍水清，灌氏宁；颍水浊，灌氏族。"

①[索隐]曰：已，音以。谓已许诺，必使副其前言也。

灌夫家居虽富，然失势，卿相侍中宾客益衰。及魏其侯失势，亦欲倚灌夫引绳批根生平慕之后弃之者。①灌夫亦倚魏其而通列侯宗室为名高。两人相为引重，②其游如父子然。相得欢甚无厌，恨相知晚也。

①苏林曰："二人相倚，引绳直之意批根宾客也。去之者不与交通。"孟康曰："根，根括。引绳以持弹。"[索隐]曰：案：刘氏云"二人相倚，事如合绳共相依引也。"批，音步结反。批者，排也。《汉书》作"排"。根，小颜根音痕，括音汩。谓人生平慕婴、夫，后见其失职而颇弛慢，如此者共排退之，不复与交也，譬如相对挽绳而根括之也。持弹，案《汉书》本作"抨弹"，音普耕反。

②张晏曰："相荐达为声势。"

灌夫有服，过丞相。丞相从容曰："吾欲与仲孺过魏其侯，①会仲孺有服。"②灌夫曰："将军乃肯幸临况魏其侯，夫安敢以服为解！请语魏其侯帐具，将军旦日蚤临。"武安许诺。灌夫具语魏其侯如所谓武安侯。魏其与其夫人益市牛酒，夜洒埽，早帐具，至旦平明令门下候伺至日中，丞相不来。魏其谓灌夫曰："丞相岂忘之哉？"灌夫不怿，曰："夫以服请，宜往。"③乃驾，自往迎丞相。丞相特前戏许灌夫，殊无意往。及夫至门，丞相尚卧。于是夫入见，曰："将军昨日幸许过魏其，魏其夫妻治具，自旦至今未敢尝食。"武安鄂④谢曰："吾昨日醉，忽忘与仲孺言。"乃驾往，又徐行，灌夫愈益怒。及饮酒酣，夫起舞属丞相，⑤丞相不起，夫从坐上语侵之。魏其乃扶灌夫去，谢丞相。丞相卒饮至夜，极欢而去。

①《汉书》曰:“灌夫字仲孺。”

②[索隐]曰:案:服谓期功之服也。故应璩书曰“仲孺不辞同生之服”也。

③徐广曰:“一云‘以服请,不宜往’。”[索隐]曰:案:徐广云“以服请,不宜往”,其说非也。正言灌夫请不以服为解,蚡不宜忘,故驾自往迎也。

④徐广曰:“一作‘悟’。”

⑤[索隐]曰:属,音之欲反。属犹委也,付也。小颜云:“若今人舞讫相劝也。”

丞相尝使籍福请魏其城南田。魏其大望曰:“老仆虽弃,将军虽贵,宁可以势夺乎!”不许。灌夫闻,怒,骂籍福。籍福恶两人有郄,乃谩自好谢丞相曰:“魏其老且死,易忍。且待之。”已而,武安闻魏其、灌夫实怒不予田,亦怒曰:“魏其子尝杀人,蚡活之。蚡事魏其无所不可,何爱数顷田?且灌夫何与也?吾不敢复求田。”武安由此大怨灌夫、魏其。

元光四年春,①丞相言灌夫家在颍川横甚,民苦之。请案。上曰:“此丞相事,何请。”灌夫亦持丞相阴事,为奸利,受淮南王金与语言。宾客居间,遂止,俱解。

①徐广曰:“疑此当是三年也。其说在后。”

夏,丞相取燕王女为夫人,①有太后诏,召列侯宗室皆往贺。魏其侯过灌夫,欲与俱。夫谢曰:“夫数以酒失得过丞相,丞相今者又与夫有郄。”魏其曰:“事已解。”强与俱。饮酒酣,武安起为寿,②坐皆避席伏。已魏其侯为寿,独故人避席耳,余半膝席。③灌夫不悦,起行酒,至武安,武安膝席曰:“不能满觞。”夫怒,因嘻笑曰:“将军贵人也,属之?”④时武安不肯。行酒次至临汝侯,⑤临汝侯方与程不识耳语,又不避席。夫无所发怒,乃骂临汝侯曰:“生平毁程不识不直一钱,今日长者为寿,乃效女儿呫嗫耳语!”⑥武安谓灌夫曰:“程、李俱东西宫卫尉,⑦今众辱程将军,仲孺独不为李将军地乎?”⑧灌夫曰:“今日斩头陷胸,⑨何知程李乎!”坐乃起更衣,稍稍去。魏其侯去,麾灌夫出。武安遂怒曰:“此吾骄灌夫罪。”乃令骑留灌夫,灌夫欲出不得。籍福起为谢,案灌夫项令谢。夫愈怒,不肯谢。

武安乃麾骑缚夫置传舍，召长史曰："今日召宗室，有诏。"劾灌夫骂坐不敬，系居室。[10]遂按其前事，遣吏分曹逐捕诸灌氏支属，皆得弃市罪。魏其侯大愧，为资使宾客请，莫能解。[11]武安吏皆为耳目，诸灌氏皆亡匿，夫系，遂不得告言武安阴事。

①[索隐]曰：案：蚡娶燕王刘泽子康王嘉之女也。

②如淳曰："上酒为称寿，非大行酒。"

③苏林曰："下席而膝半在席上。"如淳曰："以膝跪席上也。"

④徐广曰："属，一作'毕'。"[索隐]曰：案：《汉书》作"毕"。毕，尽也。

⑤徐广曰："灌婴孙，名贤也。"[索隐]曰：案：《汉书》云临汝侯灌贤，则贤是婴之孙，临汝是改封也。

⑥韦昭曰："呫嗫，附耳小语声。"[索隐]曰：女儿，犹云儿女也。《汉书》作"女曹儿"。曹，辈也，犹言儿女辈。呫，邹氏音蚩辄反。嗫，音汝辄反。

⑦《汉书音义》曰："李广为东宫，程不识为西宫。"

⑧如淳曰："李将军，李广也。犹今人言为除地也。"[索隐]曰：案：小颜云："言今既毁程，令李何地自安处也。"

⑨[索隐]曰：韦昭云："言不避死亡也。"《汉书》作"穴凶"。

⑩如淳曰："《百官表》居室为保宫，今守宫也。"

⑪如淳曰："为出资费，使人为夫言。"

魏其锐身为救灌夫。夫人谏魏其曰："灌将军得罪丞相，与太后家忤，宁可救邪？"魏其侯曰："侯自我得之，自我捐之，无所恨。且终不令灌仲孺独死，婴独生。"乃匿其家，[1]窃出上书。立召入，具言灌夫醉饱事，不足诛。上然之，赐魏其食，曰："东朝廷辩之。"[2]

①晋灼曰："恐其夫人复谏止也。"

②如淳曰："东朝，太后朝。"

魏其之东朝，盛推灌夫之善，言其醉饱得过，乃丞相以他事诬罪之。武安又盛毁灌夫所为横恣，罪逆不道。魏其度不可奈何，因言丞相短。武安曰："天下幸而安乐无事，蚡得为肺腑，所好音乐狗马田宅。蚡所爱倡优巧匠之属，不如魏其、灌夫日夜招聚天下豪桀壮士与论议，腹诽而心谤，不仰视天而俯画地，[1]辟倪两宫间，[2]幸天下有变，而欲有大功。[3]臣乃不知魏其等所为。"于是上问朝臣：

"两人孰是?"御史大夫韩安国曰:"魏其言灌夫父死事,身荷戟驰入不测之吴军,身被数十创,名冠三军,此天下壮士。非有大恶,争杯酒,不足引他过以诛也。魏其言是也。丞相亦言灌夫通奸猾,侵细民家累巨万,横恣颍川,凌轹宗室,侵犯骨肉,此所谓'枝大于本,胫大于股,不折必披',④丞相言亦是。唯明主裁之。"主爵都尉汲黯是魏其,内史郑当时是魏其,后不敢坚对。余皆莫敢对。上怒内史曰:"公平生数言魏其、武安长短,今日廷论,局趣效辕下驹。⑤吾并斩若属矣!"即罢起入,上食太后。太后亦已使人候伺,具以告太后。太后怒,不食,曰:"今我在也,而人皆藉吾弟!⑥令我百岁后,皆鱼肉之矣!且帝宁能为石人邪?⑦此特帝在,即录录,设百岁后,是属宁有可信者乎?"⑧上谢曰:"俱宗室外家,⑨故廷辩之。不然,此一狱吏所决耳。"是时郎中令石建为上分别言两人事。

①张晏曰:"视天,占三光也。画地,知分野所在也。画地谕欲作反事。"

②徐广曰:"辟,音芳细反。倪,音诣。"张晏曰:"占太后与帝吉凶之期。"[索隐]曰:辟,普系反。倪,五系反。《埤苍》云:"睥睨,邪视也。"

③张晏曰:"幸为反者,当得为大将立功也。"瓒曰:"天下有变谓天子崩,因变难之际得立大功。"

④[索隐]曰:案:包恺披,音疋彼反。[正义]曰:铺被反。披,分折也。

⑤张晏曰:"俯头于车辕下,随母而已。"瓒曰:"小马在辕下。"[正义]曰:应劭云:"驹马加着辕。局趣,纤小之貌。"按:应说为长也。

⑥[索隐]曰:案:晋灼云:"藉,蹈也。以言蹂藉也。"

⑦[索隐]曰:谓帝不如石人得长存也。[正义]曰:颜师古云:"言徒有人耳,不知好恶。"按:今俗云人不辨事,骂云杌杌若木人也。

⑧[索隐]曰:案:设者,脱也。

⑨[正义]曰:婴,景帝从舅。蚡,太后同母弟。

武安已罢朝,出止车门,召韩御史大夫载。怒曰:"与长孺共一老秃翁,何为首鼠两端?"①韩御史良久谓丞相曰:"君何不自喜?②夫魏其毁君,君当免冠解印绶归,曰'臣以肺腑幸得待罪,固非其任,魏其言皆是'。如此,上必多君有让,不废君。魏其必内愧,杜门齚舌自杀。③今人毁君,君亦毁人,譬如贾竖女子争言,何其无大体也！”武安谢罪曰：“争时急，不知出此。”

①《汉书音义》曰：“秃老翁，言婴无官位扳援也。首鼠，一前一却也。”[索隐]曰：案：谓共治一老秃翁，指窦婴也。

②苏林曰：“何不自解释为喜乐邪？”[索隐]曰：案：小颜云：“何不自谦逊为可喜之事。”音许既反。

③[索隐]曰：案：《说文》云：“齚，啮也。”士白反。

于是上使御史簿责魏其所言灌夫，颇不雠，①欺谩。劾系都司空。②孝景时，魏其常受遗诏，曰：“事有不便，以便宜论上。”及系，灌夫罪至族，事日急，诸公莫敢复明言于上。魏其乃使昆弟子上书言之，幸得复召见。书奏上，而案尚书大行无遗诏。③诏书独藏魏其家，家丞封。④乃劾魏其矫先帝诏，罪当弃市。五年十月，⑤悉论灌夫及家属。魏其良久乃闻，闻即恚，病痱，⑥不食欲死。或闻上无意杀魏其，魏其复食，治病，议定不死矣。乃有蜚语为恶言闻上，⑦故以十二月晦⑧论弃市渭城。⑨

①[正义]曰：雠，音市周反，对也。言簿责魏其所言灌夫实颍川事，故魏其不对为欺谩者也。

②[索隐]曰：案：《百官表》云宗正属官，主诏狱也。[正义]曰：如淳云：“律，司空主水及罪人。”

③如淳曰：“大行，主诸侯官也。”[索隐]曰：案：尚书无此景帝崩时大行遗诏，乃魏其家臣印封之。如淳说非也。[正义]曰：天子崩曰大行也。按：尚书之中，景帝崩时无遗诏赐魏其也。《百官表》云诸受尚书事也。

④《汉书音义》曰：“以家臣印封遗诏。”

⑤徐广曰：“疑非五年，亦非十月。”[索隐]曰：徐氏云疑非者，案：武帝四年三月蚡薨，窦婴死在前，今云五年故疑非也。[正义]曰：《汉书》云元光四年冬，魏其侯婴有罪弃市。春三月乙卯，丞相蚡薨。按：五年者，误也。

⑥[索隐]曰：痱，音肥，又音扶味反。风病也。

⑦张晏曰：“蚡伪作飞扬诽谤之语。”

⑧徐广曰：“疑非十二月也。”骃案：张晏曰：“月晦者，春垂至也。”[索隐]曰：著日月者，见春垂至，恐遇赦赎也。

⑨[正义]曰：故咸阳也。

其春，武安侯病，①专呼服谢罪。②使巫视鬼者视之，见魏其、灌夫共守，欲杀之。竟死。子恬嗣。③元朔三年，武安侯坐衣襜褕④入宫，不敬。⑤

①[正义]曰：其春，即四年春也。元光四年十月，灌夫弃市。十二月末，魏其弃市。至三月乙卯田蚡薨。则三人死同在一年明矣。汉以十月为岁首故也。《秦楚之际表》云十一月，十二月，端月，二月，三月，至九为终。周建子为正月，十一月为正月，十二月为二月，正月为三月，二月为四月，至十月为岁终。汉初至武帝太初以前，并依秦法，以后改用夏正月，至今不改。然夫子作《春秋》依夏正。

②《汉书音义》曰："言蚡号呼谢服罪也。"

③徐广曰："蚡疾，见魏其、灌夫鬼杀之，则其春，共在一春内邪？《武帝本纪》'四年三月乙卯，田蚡薨'，婴死在蚡薨之前，何复云五年十二月邪？疑十二月当为二月也。"案：《侯表》，蚡事武帝九年而卒，元光四年侯恬之元年，建元元年讫元光三年而九年。《大臣表》蚡以元光四年卒，亦云婴四年弃市，未详此正安在。然蚡薨在婴死后分明。

④[正义]曰：《尔雅》云："今蔽前谓之襜。"郭璞云："蔽膝也。"《说文》、《字林》并谓之短衣。

⑤徐广曰："《表》云坐衣不敬，国除。"[索隐]曰：襜，尺占反。褕，音逾。谓非正朝衣，若妇人服也。

淮南王安谋反觉，治。王前朝，①武安侯为太尉，时迎王至霸上，谓王曰："上未有太子，大王最贤，高祖孙。即宫车晏驾，非大王立当谁哉！"淮南王大喜，厚遗金财物。上自魏其时不直武安，特为太后故耳。②及闻淮南王金事，上曰："使武安侯在者，族矣！"

①徐广曰："建元二年。"

②[索隐]曰：案：武帝以魏其、灌夫事为枉，于武安侯为不直，特为太后故耳。

太史公曰：魏其、武安皆以外戚重，灌夫用一时决筴而名显。魏其之举以吴楚，武安之贵在日月之际。然魏其诚不知时变，灌夫无术而不逊，两人相翼，乃成祸乱。武安负贵而好权，杯酒责望，陷彼两贤。呜呼哀哉！迁怒及人，命亦不延。众庶不载，竟被恶言。呜呼哀哉！祸所从来矣。

索隐述赞曰:窦婴、田蚡,势利相雄。咸倚外戚,或恃军功。灌夫自喜,引重其中。意气杯酒,辟倪两宫。事竟不直,冤哉二公!

史记卷一〇八
列传第四八

韩长孺

御史大夫韩安国者，梁城安人也，①后徙睢阳。②尝受《韩子》、杂家说于驺田生所。③事梁孝王为中大夫。

①徐广曰："在汝、颍之间也。"[索隐]曰：《汉书·地理志》云县名，属陈留。[正义]曰：《括地志》云："成安故城在汝州梁县东二十三里。"《括地志》云："成安属颍川郡。陈留郡又有成安县，亦属梁，未知孰是也。"

②[正义]曰：今宋州宋城。

③[索隐]曰：案：谓安国学《韩子》及杂家说于驺县田生之所。

吴楚反时，孝王使安国及张羽为将，扞吴兵于东界。①张羽力战，安国持重，以故吴不能过梁。吴楚已破，安国、张羽名由此显。

①[索隐]曰：将，音酱。捍，音汗。

梁孝王，景帝母弟，窦太后爱之，令得自请置相、二千石，出入游戏僭于天子。天子闻之心弗善也。太后知帝不善，乃怒梁使者，弗见，案责王所为。韩安国为梁使，见大长公主①而泣曰："何梁王为人子之孝，为人臣之忠，而太后曾弗省也？②夫前日吴、楚、齐、赵七国反时，自关以东皆合从西乡，惟梁最亲为艰难。梁王念太后、帝在中，③而诸侯扰乱，一言泣数行下，跪送臣等六人，将兵击却吴楚，吴楚以故兵不敢西，而卒破亡，梁王之力也。今太后以小节苛礼责望梁王。④梁王父兄皆帝王，所见者大，故出称跸，入言警。车旗皆帝所赐也，即欲以侘鄙县，⑤驱驰国中，以夸诸侯，令天下尽知太后、帝爱之也。今梁使来，辄案责之。梁王恐，日夜涕泣思慕，不知所为。何梁王之为子孝，为臣忠，而太后弗恤也？”大长公主具以告太后，太后喜曰：“为言之帝。”言之，帝心乃解，而免冠谢太后曰：“兄弟不能相教，乃为太后遗忧！”悉见梁使，厚赐之。其后梁王益亲欢。太后、长公主更赐安国可直千余金。名由此显，结于汉。

①徐广曰：“景帝姊。”[索隐]曰：案：即馆陶公主。[正义]曰：如淳云：“景帝妹也。”

②[索隐]曰：省，音仙井反。省者，察也。

③[正义]曰：谓关中也。又云京师在天下之中。

④[索隐]曰：案：谓苛细小礼以责之。

⑤徐广曰：“侘，一作‘绗’也。”骃案：侘，音丑亚反，夸也。[索隐]曰：《汉书》作“嫮”，音火亚反。绗，音寒孟反。

其后安国坐法抵罪，蒙①狱吏田甲辱安国。安国曰：“死灰独不复然乎？”田甲曰：“然即溺之。居无何，梁内史缺，汉使使者拜安国为梁内史，起徒中为二千石。田甲亡走。安国曰：“甲不就官，我灭而宗。”甲因肉袒谢。安国笑曰：“可溺矣！公等足与治乎？”②卒善遇之。”

①蒙，县名。[索隐]曰：抵，音丁礼反。蒙，县名，属梁国也。

②[索隐]曰：案：谓不足与绳持之。治，音持也。

梁内史之缺也，孝王新得齐人公孙诡，说之，欲请以为内史。窦太后闻，乃诏王以安国为内史。

公孙诡、羊胜说孝王求为帝太子及益地事，恐汉大臣不听，乃阴使人刺汉用事谋臣。及杀故吴相袁盎，景帝遂闻诡、胜等计画，乃遣使捕诡、胜，必得。汉使十辈至梁，相以下举国大索，月余不得。内史安国闻诡、胜匿孝王所，安国入见王而泣曰：“主辱臣死。①大王无良臣，故事纷纷至此。今诡、胜不得，请辞赐死。”王曰：“何至此？”安国泣数行下，曰：“大王自度于皇帝，孰与太上皇之与高皇帝及皇帝之与临江王亲？”孝王曰：“弗如也。”安国曰：“夫太上、临江亲父子之间，然而高帝曰‘提三尺剑取天下者朕也’，故太上皇终不得制事，居于栎阳。临江王適长太子也，以一言过，废王临江；②用宫垣事，卒自杀中尉府。何者？治天下终不以私乱公。《语》曰：‘虽有亲父,安知其不为虎?虽有亲兄,安知其不为狼?'今大王列在诸侯,悦一邪臣浮说,③犯上禁,桡明法。天子以太后故,不忍致法于王。太后日夜涕泣,幸大王自改,而大王终不觉寤。有如太后宫车即晏驾,大王尚谁攀乎?"语未卒,孝王泣数行下,谢安国曰:"吾今出诡、胜。"诡、胜自杀。汉使还报,梁事皆得释,安国之力也。于是景帝、太后益重安国。孝王卒,共王即位,安国坐法失官,居家。

①[索隐]曰:此语见《国语》。

②如淳曰:"景帝尝属诸姬,太子母栗姬言不逊,由是废太子,栗姬忧死。"

③[索隐]曰:悦,《汉书》作"怵"。《说文》云:"怵,诱也。"

建元中,武安侯田蚡为汉太尉,亲贵用事,安国以五百金物遗蚡。蚡言安国太后,天子亦素闻其贤,即召以为北地都尉。迁为大司农。闽越、东越相攻,安国及大行王恢将。兵未至越,越杀其王降,汉兵亦罢。建元六年,武安侯为丞相,安国为御史大夫。

匈奴来请和亲,天子下议。大行王恢,燕人也,数为边吏,习知胡事。议曰:"汉与匈奴和亲,率不过数岁即复倍约。不如勿许,兴兵击之。"安国曰:"千里而战,兵不获利。今匈奴负戎马之足,怀禽兽之心,迁徙鸟举,难得而制也。得其地不足以为广,有其众不足以为强,自上古不属为人。①汉数千里争利,则人马罢,虏以全制其敝。且强弩之极,矢不能穿鲁缟;②冲风之末,力不能飘鸿毛。非初不劲,末力衰也。击之不便,不如和亲。"群臣议者多附安国,于是上许和亲。

①[索隐]曰:案:晋灼云:"不内属于汉为人。"

②许慎曰:"鲁之缟尤薄。"

其明年,则元光元年,雁门马邑豪聂翁壹①因大行王恢言上曰:"匈奴初和亲,亲信边,可诱以利。"阴使聂翁壹为间,亡入匈奴,谓单于曰:"吾能斩马邑令丞吏,以城降,财物可尽得。"单于爱信之,以为然,许聂翁壹。聂翁壹乃还,诈斩死罪囚,县其头马邑城,示单于使者为信,曰:"马邑长吏已死,可急来!"于是单于穿塞将十余万骑,入武州塞。②

①张晏曰:“豪犹帅也。”[索隐]曰:聂,姓也;翁壹,名也。《汉书》云“聂壹”。

②徐广曰:“在雁门。”[索隐]曰:崔浩云“今平城直西百里有武州城”是也。

当是时,汉伏兵车骑材官三十余万,匿马邑旁谷中。卫尉李广为骁骑将军,①太仆公孙贺为轻车将军,②大行王恢为将屯将军,③太中大夫李息为材官将军。④御史大夫韩安国为护军将军,诸将皆属护军。约单于入马邑,而汉兵纵发。王恢、李息、李广别从代主击其辎重。⑤于是单于入汉长城武州塞。未至马邑百余里,行掠卤,徒见畜牧于野,不见一人。单于怪之,攻烽燧,得武州尉史。欲刺问尉史,尉史曰:“汉兵数十万伏马邑下。”单于顾谓左右曰:“几为汉所卖!”⑥乃引兵还。出塞,曰:“吾得尉史,乃天也。”命尉史为“天王”。塞下传言单于已引去,汉兵追至塞,度弗及,即罢。王恢等兵三万,闻单于不与汉合,度往击辎重,必与单于精兵战,汉兵势必败,则以便宜罢兵,皆无功。

①《汉书》曰:“北貉燕人来致骁骑。”应劭曰:“骁,健也。”张晏曰:“骁,勇也,若六博之枭矣。”

②[正义]曰:司马《续汉书》云:“轻车,古之战车。”

③[正义]曰:李奇云:“监主诸屯。”

④[正义]曰:臣瓒云:“材官,骑射之官。”

⑤[正义]曰:《释名》云:“辎,厕也。所载衣服杂厕其中。”

⑥[正义]曰:几,音祈。

天子怒王恢不出击单于辎重,擅引兵罢也。恢曰:“始约虏入马邑城,兵与单于接,而臣击其辎重,可得利。今单于闻,不至而还,臣以三万人众不敌,禔取辱耳。①臣固知还而斩,然得完陛下士三万人。”于是下恢廷尉。廷尉当恢逗桡,当斩。②恢私行千金丞相蚡。蚡不敢言上,而言于太后曰:“王恢首造马邑事,今不成而诛恢,是为匈奴报仇也。”上朝太后,太后以丞相言告上。上曰:“首为马邑事者,恢也,故发天下兵数十万,从其言,为此。且纵单于不可得,恢所部击其辎重,犹颇可得,以慰士大夫心。今不诛恢,无以谢天下。”于是恢闻之，乃自杀。

①徐广曰："禔，一作'祇'也。"

②《汉书音义》曰："逗，曲行避敌也。桡，顾望。军法语也。"[索隐]曰：案：如淳云："军法，行而逗留畏桡者，要斩。"逗，音豆，又音住。逗，留也。桡，屈弱也。

安国为人多大略，智足以当世取舍，而出于忠厚焉。①贪嗜于财。所推举皆廉士，贤于己者也。于梁举壶遂、臧固、郅他，皆天下名士，②士亦以此称慕之，唯天子以为国器。安国为御史大夫四岁余，丞相田蚡死，安国行丞相事，奉引堕车蹇。③天子议置相，欲用安国，使使视之，蹇甚，乃更以平棘侯薛泽为丞相。安国病免数月，蹇愈，上复以安国为中尉。岁余，徙为卫尉。

①[索隐]曰：案：出者，去也。言安国为人无忠厚之行。

②[索隐]曰：郅音质，他徒河反。谓三人姓名也，壶遂也、臧固也、郅他也。若《汉书》则云至他言至于他处亦举名士也。

③如淳曰："为天子导引而堕车跛足。"

车骑将军卫青击匈奴，①出上谷，破胡茏城。②将军李广为匈奴所得，复失之；公孙敖大亡卒：皆当斩，赎为庶人。明年，匈奴大入边，杀辽西太守，及入雁门，所杀略数千人。车骑将军卫青击之，出雁门。卫尉安国为材官将军，屯于渔阳。③安国捕生虏，言匈奴远去。即上书言方田作时，请且罢军屯。罢军屯。月余，匈奴大入上谷、渔阳。安国壁乃有七百余人，出与战，不胜，复入壁。匈奴虏略千余人及畜产而去。天子闻之怒，使使责让安国。徙安国益东，屯右北平。④是时匈奴虏言当入东方。

①徐广曰："元光六年也。"

②茏，音龙。

③[正义]曰：幽州县。

④[正义]曰：幽州渔阳县东南七十七里北平城，即汉古北平也。

安国始为御史大夫及护军，后稍斥疏，下迁。而新幸壮将军卫青等有功，益贵。安国既疏远，默默也。将屯又为匈奴所欺，失亡多，甚自愧。幸得罢归，乃益东徙屯，意忽忽不乐。数月，病欧血死。安国以元朔二年中卒。

太史公曰:余与壶遂定律历,观韩长孺之义,壶遂之深中隐厚。①世之言梁多长者,不虚哉!壶遂官至詹事,天子方倚以为汉相,会遂卒。不然,壶遂之内廉行修,斯鞠躬君子也。

①徐广曰:"一云'廉正忠厚'。"

索隐述赞曰:安国忠厚,初为梁将。因事坐法,免徙起相。死灰更然,生虏失防。推贤见重,贿金贻谤。雪泣悟主,臣节可亮。

史记卷一〇九
列传第四九

李将军

李将军广者，陇西成纪人也。①其先曰李信，秦时为将，逐得燕太子丹者也。故槐里，徙成纪。广家世世受射。②

①[正义]曰：成纪，秦州县。

②[索隐]曰：案：小颜云："世受射法。"

孝文帝十四年，匈奴大入萧关。而广以良家子从军击胡，①用善骑射，杀首虏多，为汉中郎。广从弟李蔡亦为郎，皆为武骑常侍，②秩八百石。尝从行，有所冲陷折关及格猛兽，而文帝曰："惜乎！子不遇时。如令子当高帝时，万户侯岂足道哉！"

①[索隐]曰：案：如淳云："非医、巫、商、贾、百工也。"

②[索隐]曰：案：谓为郎而补武骑常侍。

及孝景初立，广为陇西都尉，徙为骑郎将。①吴楚军时，广为骁骑都尉，从太尉亚夫击吴楚军，取旗，显功名昌邑下。以梁王授广将军印，还，赏不行。②徙为上谷太守，匈奴日以合战。典属国公孙昆邪③为上泣曰："李广才气天下无双，自负其能，数与虏敌战，恐亡之。"于是乃徙为上郡太守。后广转为边郡太守，徙上郡。尝为陇西、北地、雁门、代郡、云中太守，皆以力战为名。

①张晏曰："为武骑郎将。"[索隐]曰：小颜云："为骑郎将，谓主骑郎也。"

②文颖曰："广为汉将，私受梁印，故不以赏也。"

③昆，音魂。[索隐]曰：案：典属国，官名。公孙，姓；昆邪，名。服虔云："中国人也。"

匈奴大入上郡，天子使中贵人从广①勒习兵击匈奴。中贵人将骑数十纵，②见匈奴三人，与战。三人还射，③伤中贵人，杀其骑且尽。中贵人走广。广曰："是必射雕者也。"④广乃遂从百骑往驰三人。三人亡马步行，行数十里。广令其骑张左右翼，而广身自射彼三人者，杀其二人，生得一人，果匈奴射雕者也。已缚之上马，望匈奴有数千骑，见广，以为诱骑，皆惊，上山陈。广之百骑皆大恐，欲驰还走。广曰："吾去大军数十里，今如此以百骑走，匈奴追射我立尽。今我留，匈奴必以我为大将军诱之，必不敢击我。"广令诸骑曰："前！"前未到匈奴陈二里所，止，令曰："皆下马解鞍！"其骑曰："虏多且近，即有急奈何？广曰："彼虏以我为走，今皆解鞍以示不走，用坚其意。于是胡骑遂不敢击。"有白马将⑤出护其兵，李广上马与十余骑犇射杀胡白马将，而复还至其骑中，解鞍，令士皆纵马卧。是时会暮，胡兵终怪之，不敢击。夜半时，胡兵亦以为汉有伏军于旁欲夜取之，胡皆引兵而去。平旦，李广乃归其大军。大军不知广所之，故弗从。

①《汉书音义》曰："内官之幸贵者。"[索隐]曰：案：董巴《舆服志》云："黄门丞主密近，使听察天下，天下谓之中贵人使者。"崔浩云："在中而贵幸，非德望，故云中贵也。"

②徐广曰："放纵驰骋。"

③[正义]射，音石。还谓转也。

④文颖曰："雕，鸟也，故使善射者射也。"[索隐]曰：案：服虔云："雕，大鸷鸟也，一名鹫。黑色，多子，可以其毛作矢羽。"韦昭云："雕，一名鹗也。"

⑤[正义]曰：其将乘白马而将监护也。

居久之，孝景崩，武帝立。左右以为广名将也，于是广以上郡太守为未央卫尉，而程不识亦为长乐卫尉。程不识故与李广俱以边太守将军屯。及出击胡，而广行无部伍行阵，①就善水草屯，舍止，人人自便，②不击刁斗以自卫，③莫府省约文书籍事，④然亦远斥候，未尝遇害。⑤程不识正部曲行伍营陈，击刁斗，士吏治军簿至明，军不得休息，然亦未尝遇害。不识曰："李广军极简易，然虏卒犯之，无以禁也。而其士卒亦佚乐，咸乐为之死。我军虽烦扰，然虏亦不得犯我。”是时汉边郡李广、程不识皆为名将，然匈奴畏李广之略，士卒亦多乐从李广而苦程不识。程不识孝景时以数直谏为太中大夫，为人廉，谨于文法。

①[索隐]曰：案：《百官志》云“将军领军皆有部曲。大将军营五部，部校尉一人；部有曲，曲有军候一人”也。

②[索隐]曰：音频面反。

③孟康曰：“以铜作鐎器，受一斗，昼炊饭食，夜击持行，名曰‘刁斗’。”[索隐]曰：刁，音貂。案：荀悦云：“刁斗，小铃，如宫中传夜铃也。”苏林曰：“形如铜，以铜作之，无缘，受一斗，故云刁斗。”鐎即铃也。《埤苍》云：“鐎，温器，有柄斗，似铫无缘。音谯。”

④[索隐]曰：案：大颜云：“凡将军谓之莫府者，盖兵门合施帷帐，故称莫府。古字通用，遂作‘莫’耳。”《小尔雅》训莫为大，非也。

⑤[索隐]曰：案：许慎《淮南》云：“斥，度也。候，视也，望也。”

后汉以马邑城诱单于，使大军伏马邑旁谷，而广为骁骑将军，领属护军将军。是时单于觉之，去，汉军皆无功。其后四岁，广以卫尉为将军，出雁门击匈奴。匈奴兵多，破败广军，生得广。单于素闻广贤，令曰：“得李广必生致之。”胡骑得广，广时伤病，置广两马间，络而盛卧广。行十余里，广佯死，睨其旁有一胡儿骑善马，广暂腾而上胡儿马，因推堕儿，①取其弓，鞭马南驰数十里，复得其余军，因引而入塞。匈奴捕者骑数百追之，广行取胡儿弓，射杀追骑，以故得脱。于是至汉，汉下广吏。吏当广所失亡多，为虏所生得，当斩，赎为庶人。

①徐广曰：“一云‘抱儿鞭马南驰’也。”

顷之，家居数岁。广家与故颍阴侯孙①屏野居蓝田南山中射猎。尝夜从一骑出，从人田间饮。还至霸陵亭，霸陵尉醉，②呵止广。广骑曰：“故李将军。”尉曰：“今将军尚不得夜行，何乃故也！”止广宿亭下。居无何，匈奴入杀辽西太守，败韩将军，韩将军后徙右北平。③于是天子乃召拜广为右北平太守。广即请霸陵尉与俱，至军而斩之。

①孙，灌婴之孙，名强。

②[索隐]曰:案:《百官志》云"尉,大县二人,主盗贼。凡有贼发则推索寻案之"也。

③苏林曰:"韩安国。"

广居右北平,匈奴闻之,号曰"汉之飞将军",避之数岁,不敢入右北平。

广出猎,见草中石,以为虎而射之,中石没镞,①视之石也。因复更射之,终不能复入石矣。广所居郡闻有虎,尝自射之。及居右北平射虎,虎腾伤广,广亦竟射杀之。

①徐广曰:"一作'没羽'。"

广廉,得赏赐辄分其麾下,饮食与士共之。终广之身,为二千石四十余年,家无余财,终不言家产事。广为人长,猿臂,①其善射亦天性也。虽其子孙他人学者,莫能及广。广讷口少言,与人居则画地为军陈,射阔狭以饮。②专以射为戏,竟死。③广之将兵,乏绝之处见水,士卒不尽饮,广不近水;士卒不尽食,广不尝食。宽缓不苛,士以此爱乐为用。其射,见敌急,非在数十步之内,度不中不发,发即应弦而倒。用此,其将兵数困辱,其射猛兽亦为所伤云。

①如淳曰:"臂如猿,通肩。"

②如淳曰:"射戏求疏密,持酒以饮不胜者。"[正义]曰:饮,音于禁反。

③[索隐]曰:谓终竟广身至死,以为恒也。

居顷之,石建卒,于是上召广代建为郎中令。元朔六年,广复为后将军,从大将军军出定襄,击匈奴。诸将多中首虏率以功为侯者,①而广军无功。后三岁,广以郎中令将四千骑出右北平,博望侯张骞将万骑与广俱,异道。行可数百里,匈奴左贤王将四万骑围广。广军士皆恐,广乃使其子敢往驰之,敢独与数十骑驰直贯故骑,出其左右而还,告广曰:"胡虏易与耳!"军士乃安。广为圜陈外向,胡急击之,矢下如雨。汉兵死者过半,汉矢且尽。广乃令士持满毋发,而广身自以大黄射其裨将,②杀数人,胡虏益解。会日暮,吏士皆无人色,而广意气自如,益治军。军中自是服其勇也。明日,复力战,而博望侯军亦至,匈奴军乃解去。汉军罢,弗能追。是时,广军几没,罢归。汉法,博望侯留迟后期,当死,赎为庶人。广军功自如,无赏。

①如淳曰:"中犹充也。本义法得首若干封侯。"

②徐广曰:"《南都赋》曰'黄间机张,善弩之名'。"骃案:郑德曰:"黄肩弩,渊中黄朱之。"孟康曰:"《太公六韬》曰'陷坚败强敌,用大黄连弩'。"韦昭曰:"角弩,色黄而体大也。"[索隐]曰:案:大黄间,弩名。韦昭说是也。

初,广之从弟李蔡与广俱事孝文帝。景帝时,蔡积功劳至二千石。孝武帝时,至代相。以元朔五年为轻车将军,从大将军击右贤王,有功中率,封为乐安侯。①元狩二年中,代公孙弘为丞相。蔡为人在下中,②名声出广下甚远。然广不得爵邑,官不过九卿;而蔡为列侯,位至三公。诸广之军吏及士卒或取封侯。广尝与望气王朔燕语,曰:"自汉击匈奴,而广未尝不在其中,而诸部校尉以下才能不及中人,然以击胡军功取侯者数十人,而广不为后人,③然无尺寸之功以得封邑者,何也?岂吾相不当侯邪?且固命也?"朔曰:"将军自念,岂尝有所恨乎?"广曰:"吾尝为陇西守,羌尝反,吾诱而降,降者八百余人,吾诈而同日杀之。至今大恨独此耳。"朔曰:"祸莫大于杀已降,此乃将军所以不得侯者也。"

①[索隐]曰:中,音丁仲反。率,音律,亦音双笔反。小颜云:"率谓军功封赏之科,著在法令,故云中率。"

②[索隐]曰:案:以九品而论,在下之中,当第八。

③[索隐]曰:案:谓不在人后。

后二岁,大将军、骠骑将军大出击匈奴,广数自请行。天子以为老,弗许,良久乃许之,以为前将军。是岁,元狩四年也。

广既从大将军青击匈奴,既出塞,青捕虏知单于所居,乃自以精兵走之,而令广并于右将军军,①出东道。东道少回远,而大军行水草少,其势不屯行。②广自请曰:"臣部为前将军,今大将军乃徙令臣出东道;且臣结发而与匈奴战,今乃一得当单于。③臣愿居前,先死单于。"大将军青亦阴受上诫,以为李广老。数奇,④毋令当单于,恐不得所欲。而是时公孙敖新失侯,为中将军从大将军,大将军亦欲使敖与俱当单于,故徙前将军广。广时知之,固自辞于大将军。

大将军不听，令长史封书与广之莫府，曰："急诣部，如书。"⑤广不谢大将军而起行，意甚愠怒。而就部引兵，与右将军食其合军出东道。⑥军亡导，或失道，⑦后大将军。大将军与单于接战，单于遁走，弗能得而还。南绝幕，⑧遇前将军、右将军。广已见大将军，还入军。大将军使长史持糒醪遗广，因问广、食其失道状。青欲上书报天子军曲折，⑨广未对。

①徐广曰："主爵赵食其为右将军。"

②张晏曰："以水草少，不可群辈。"

③[索隐]曰：案：广言自少时结发而与匈奴战，唯今者得与单于相当遇也。

④如淳曰："数为匈奴所败，奇为不偶也。"[索隐]曰：案：服虔云："作事数不偶也。"音朔。小颜音所具反。奇，萧该音居宜反。

⑤[正义]曰：令广如其文牒，急引兵徙东道也。

⑥[索隐]曰：食其，音异基。案：赵将军名也。或亦依字读。

⑦[索隐]曰：谓无人导引，军故失道也。

⑧[正义]曰：绝，度也。南归度砂幕。

⑨[正义]曰：言委曲而行回折，使军后大将军也。

大将军使长史急责广之幕府对簿。广曰："诸校尉无罪，乃我自失道。吾今自上簿。"至莫府，广谓其麾下曰："广结发与匈奴大小七十余战，今幸从大将军出接单于兵，而大将军又徙广部行回远，而又迷失道，岂非天哉！且广年六十余矣，终不能复对刀笔之吏！"遂引刀自颈。广军士大夫一军皆哭。百姓闻之，知与不知，无老壮皆为垂涕。而右将军独下吏，当死，赎为庶人。

广子三人，曰当户、椒、敢，为郎。天子与韩嫣戏，①嫣少不逊，当户击嫣，嫣走。于是天子以为勇。当户早死，拜椒为代郡太守，皆先广死。当户有遗腹子名陵。广死军时，敢从骠骑将军。广死明年，李蔡以丞相坐侵孝景园壖地，②当下吏治，蔡亦自杀，不对狱，国除。李敢以校尉从骠骑将军击胡左贤王，力战，夺左贤王鼓旗，斩首多，赐爵关内侯，食邑二百户，代广为郎中令。顷之，怨大将军青之恨其父，③乃击伤大将军，大将军匿讳之。居无何，敢从上雍，④至甘泉宫猎。骠骑将军去病与青有亲,射杀敢。去病时方贵幸,上讳云鹿触杀之。居岁余,去病死。⑤而敢有女为太子中人,爱幸,敢男禹有宠于太子,然好利,李氏陵迟衰微矣。

①[索隐]曰:嫣,或音偃,又音许乾反。

②[索隐]曰:壖,音人绢反,又音乃煅反,又音而宣反。案:壖地,神道之地也。《黄图》云"阳陵阙门西出,神道四通。茂陵神道广四十三丈"也。[正义]曰:《汉书》云:"诏赐冢地阳陵,当得二十亩,蔡盗取三顷,颇卖得四十余万,又盗取神道外壖地一亩,葬其中。当下狱,自杀。"

③[索隐]曰:小颜云:"令其父恨而死。"

④[索隐]曰:刘氏音尚。大颜云:"雍地形高,故云上。"

⑤徐广曰:"元狩六年。"

李陵既壮,选为建章监,监诸骑。善射,爱士卒。天子以为李氏世将,而使将八百骑。尝深入匈奴二千余里,过居延①视地形,无所见虏而还。拜为骑都尉,将丹阳楚人五千人,教射酒泉、张掖以屯卫胡。

①徐广曰:"属张掖。"[正义]曰:《括地志》云:"居延海在甘州张掖县东北六十四里。《地理志》云'居延泽古文以为流沙'。甘州在京西北二千四百六十里。"

数岁,天汉二年秋,贰师将军李广利将三万骑击匈奴右贤王祁连天山,①而使陵将其射士步兵五千人出居延北可千余里,欲以分匈奴兵,毋令专走贰师也。陵既至期还,而单于以兵八万围击陵军。陵军五千人,兵矢既尽,士死者过半。而所杀伤匈奴亦万余人。且引且战,连斗八日。还未到居延百余里,匈奴遮狭绝道,陵食乏而救兵不到,虏急击招降陵。陵曰:"无面目报陛下!"遂降匈奴。其兵尽没,余亡散得归汉者四百余人。

①徐广曰:"出燉煌至天山。"[索隐]曰:案:晋灼云:"在西域,近蒲类。"又《西河旧事》云:"白山冬夏有雪,匈奴谓之天山也。"[正义]曰:《括地志》云:"祁连山在甘州张掖县西南二百里。天山一名白山,今名初罗漫山,在伊吾县北百二十里。伊州在京西北四千四百一十六里。"

单于既得陵,素闻其家声,及战又壮,乃以其女妻陵而贵之。汉闻，族陵母妻子。自是之后，李氏名败，而陇西之士居门下者皆用为耻焉。

太史公曰：《传》曰：“其身正，不令而行；其身不正，虽令不从。”其李将军之谓也？余睹李将军，悛悛如鄙人，①口不能道辞。及死之日，天下知与不知。皆为尽哀。彼其忠实心诚信于士大夫也？谚曰：“桃李不言，下自成蹊。”②此言虽小，可以喻大也。

①[索隐]曰：悛，音七旬反。《汉书》作“恂恂”，音询。

②[索隐]曰：案：姚氏云：“桃李本不能言，但以华实感物，故人不期而往，其下自成蹊径也。以喻广虽不能道辞，能有所感，而忠心信物故也。”

索隐述赞曰：猿臂善射，实负其庸。解鞍却敌，圆阵摧锋。边郡屡守，大军再从。失道见斥，数奇不封。惜哉名将，天下无双！

史记卷一一〇
列传第五〇

匈奴

[正义]曰:此卷或有本次《平津侯》后,第五十二。今第五十者,先生旧本如此。刘伯庄云亦然。若先诸传而次四夷,则《司马》、《汲郑》不合在后也。

匈奴,其先祖夏后氏之苗裔也,曰淳维。①唐虞以上有山戎、②猃狁、荤粥,③居于北蛮,随畜牧而转移。其畜之所多则马、牛、羊,其奇畜则橐驼、④驴、骡、⑤駃騠、⑥騊駼、⑦驒騱。⑧逐水草迁徙,毋城郭常处耕田之业,然亦各有分地。⑨毋文书,以言语为约束。儿能骑羊,引弓射鸟、鼠;少长,则射狐、兔用为食。⑩士力能弯弓,⑪尽为甲骑。其俗:宽则随畜,因射猎禽兽为生业;急则人习战攻以侵伐,其天性也。其长兵则弓矢,短兵则刀铤。⑫利则进,不利则退,不羞遁走。苟利所在,不知礼义。自君王以下咸食畜肉,衣其皮革,披旃裘。壮者食肥美,老者食其余。贵壮健,贱老弱。父死,妻其后母;兄弟死,皆取其妻妻之。其俗有名不讳,而无姓字。⑬

①《汉书音义》曰:"匈奴始祖名。"[索隐]曰:张晏曰:"淳维以殷时奔北边。"又乐彦《括地谱》云:"夏桀无道,汤放之鸣条。三年而死,其子獯粥、妻桀之众妾避居北野,随畜移徙。中国谓之'匈奴',其言夏后苗裔,或当然也。故应劭《风俗通》曰:"殷时曰獯粥,改曰匈奴。"又晋灼云:"尧时曰荤粥,周曰猃狁,秦曰匈奴。"韦昭云:"汉曰匈奴。荤粥,其别名。"则淳维是其始祖,盖与獯粥是一也。

②[正义]曰:《左传》庄三十年"齐人伐山戎",杜预云:"山戎、北戎、无终

三名也。”《括地志》云：“幽州渔阳县，本北戎无终子国。”

③晋灼曰：“尧时曰荤粥，周曰猃狁，秦曰匈奴。”

④[索隐]曰：韦昭曰：“背肉似橐，故云驼。”包恺音托佗。[正义]曰：畜，许又反。

⑤[索隐]曰：按：《古今注》云：“驴特马牝，生骡。”[正义]曰：骡，音力戈反。

⑥徐广曰：“北狄骏马。”[索隐]曰：《说文》云：“駃騠，马父骡子也。”《广志》云：“决蹄也。”《发蒙记》：“刳其母腹而生。”《列女传》云：“生七日超其母。”

⑦徐广曰：“似马而青。”[索隐]曰：按：郭璞注《尔雅》云：“騊駼马，青色，音淘涂。”又《字林》云“野马”。《山海经》云“北海内有兽，其状如马，其名騊駼”也。

⑧徐广曰：“音颠。巨虚之属。”[索隐]曰：《说文》云：“野马属。”一云青骊驎驒，文如鼍鱼。邹诞生本“骙”字作“奚”。

⑨[索隐]曰：分，音扶粪反。

⑩[索隐]曰：少，音式绍反。长，陟两反。少长，谓年稍长。

⑪[索隐]曰：弯，音乌还反。

⑫韦昭曰：“铤形似矛，铁柄。音时年反。”[索隐]曰：音蝉。《埤苍》云：“铤，小矛铁矜。”《古今字诂》云：“矜，矛穳也。”

⑬《汉书》曰：“单于姓挛鞮氏。”[索隐]曰：挛，音六缘反。鞮，音丁啼反。

夏道衰，而公刘失其稷官，①变于西戎，邑于豳。其后三百有余岁，戎狄攻大王亶父，②亶父亡走岐下，而豳人悉从亶父而邑焉，作周。③其后百有余岁，周西伯昌伐畎夷氏。④后十有余年，武王伐纣而营雒邑，复居于酆鄗，放逐戎夷泾、洛之北，⑤以时入贡，命曰“荒服”。

①徐广曰：“后稷之曾孙。”[正义]曰：《周本纪》云“不窋失其官。”此云公刘，未详也。

②徐广曰：“公刘九世孙。”

③[索隐]曰：按：谓始作周国也。

④[索隐]曰：韦昭云：“春秋以为犬戎。”按：畎，音犬，小颜云：“即昆夷也。”《山海经》云：“黄帝生苗，苗生龙，龙生融，融生吾，吾生并明，并明

生白，白生犬。犬有二壮，是为犬戎。”《说文》云：“赤狄本犬种，字从犬。”又《山海经》云：“有人面兽身，名犬夷。”贾逵云：“犬夷，戎之别种也。”

⑤[索隐]曰：晋灼曰：“洛水在冯翊怀德县，东南入渭。”又案：《水经》云出上郡雕阴泰昌山，过华阴入渭，即漆沮水也。

其后二百有余年，周道衰，①而穆王伐犬戎，得四白狼、四白鹿以归。自是之后，荒服不至。于是周遂作《甫刑》之辟。穆王之后二百有余年，周幽王用宠姬褒姒之故，与申侯有隙。②申侯怒而与犬戎共攻杀周幽王于骊山之下，③遂取周之焦获，④而居于泾渭之间，侵暴中国。秦襄公救周，于是周平王去酆鄗而东徙雒邑。当是之时，秦襄公伐戎至岐，⑤始列为诸侯。是后六十有五年，而山戎越燕而伐齐，⑥齐厘公与战于齐郊。⑦其后四十四年，而山戎伐燕。燕告急于齐，齐桓公北伐山戎，山戎走。

①[索隐]曰：案：《周纪》云“懿王时，王室衰，诗人作怨刺之诗”，不能复雅也。

②[正义]曰：故申城在邓州南阳县北三十里，周宣王舅所封。

③韦昭曰：“戎后来居此山，故号曰‘骊戎’。”

④[正义]曰：《括地志》云：“焦获亦名刳口，亦曰刳中，在雍州泾阳县北城十数里。周有焦获也。”

⑤[正义]曰：今岐州。高诱云“秦襄公救周有功，受周故地酆镐，列为诸侯”也。

⑥[索隐]曰：服虔云：“山戎盖今鲜卑。”胡广云：“鲜卑，东胡别种。”又案：应奉云：“秦筑长城，徒士亡出塞外，依鲜卑山，因为号。”

⑦[索隐]曰：釐音僖，名诸儿也。

其后二十有余年，而戎狄至洛邑，伐周襄王，襄王奔于郑之氾邑。①初，周襄王欲伐郑，欲娶戎狄女为后，与戎狄兵共伐郑。已而黜狄后，狄后怨。而襄王后母曰惠后，有子子带，欲立之。于是惠后与狄后、子带为内应，开戎狄，戎狄以故得入，破逐周襄王，而立子带为天子。于是戎狄或居于陆浑，②东至于卫，侵盗暴虐。中国疾之，故诗人歌之曰“戎狄是应”，“薄伐猃狁，至于太原”，③出舆彭彭，城彼朔方。”④周襄王既居外四年，乃使使告急于晋。晋文公初立，欲修霸业，乃兴师伐逐戎翟、诛子带，迎内周襄王，居于雒邑。

①[索隐]曰：苏林汜，音凡。今颍川襄城是。

②徐广曰：“一为‘陆邑’。”[索隐]曰：《春秋左氏》“秦晋迁陆浑之戎于伊川”，杜预以为“九姓之戎居陆，在秦晋之间。二国诱而徙之伊川，遂从戎号，今陆浑县”是也。

③《毛诗传》曰：“言逐出之而已。”

④《毛诗传》曰：“彭彭，四马貌。朔方，北方。”[正义]曰：言猃狁既去，北方安静，乃筑城守之也。

当是之时，秦晋为强国。晋文公攘戎翟，居于河西圁、洛之间，①号曰赤翟、白翟。②秦穆公得由余，西戎八国服于秦，故自陇以西有绵诸、③绲戎、④翟、獂之戎，⑤岐、梁山、泾、漆之北有义渠、⑥大荔、⑦乌氏、⑧朐衍之戎。⑨而晋北有林胡、⑩楼烦之戎，⑪燕北有东胡、山戎。⑫各分散居溪谷，自有君长，往往而聚者百有余戎，然莫能相一。

①徐广曰：“圁在西河，音银。洛在上郡、冯翊间。”[索隐]曰：《三苍》“圁”作“圜”。《地理志》云圜水出上郡白土县西，东流入河。韦昭云：“圜当为‘圁’。”《续郡国志》及《太康地理志》并作“圁”字也。[正义]曰：《括地志》云：“白土故城在盐州白池东北三百九十里。”又云：“近延州、绥州、银州，本春秋时白狄所居，七国属魏，后入秦，秦置三十六郡。”洛，漆沮也。

②[索隐]曰：案：《左氏传》云：“晋师灭赤狄潞氏”，杜氏以“潞，赤翟之别种也，今上党潞县”。又《春秋地名》云“今曰赤涉胡”。又“晋师败翟于箕，郤缺获白翟子”，杜氏以为“白翟之别种，故西河郡有白部胡”。又《国语》云“桓公西征，攘白翟之地，遂至于西河”也。[正义]曰：《括地志》云：“潞州本赤狄地。延、银、绥三州白翟地。”按：《文言》：“圁、潞之间号赤狄”，未详。

③[正义]曰：《括地志》云：“绵诸城，秦州秦岭县北五十六里。汉绵诸道，属天水郡。”

④[正义]曰：上音昆。字当作“混”。颜师古云：“混云夷也。”韦昭云：“春秋以为犬戎。”

⑤徐广曰:“在天水,豲音丸。”[索隐]曰:《地理志》天水有绵诸道、狄道。应劭以豲戎邑,音桓。[正义]曰:《括地志》云:“豲道故城在渭州襄武县东南三十七里,古之豲戎邑、汉豲道,属天水郡。”

⑥[正义]曰:《括地志》云:“宁州、庆州、西戎,即刘拘邑城,时为义渠戎国,秦为北地郡也。”

⑦徐广曰:“后更名临晋,在冯翊。”[索隐]曰:韦昭云:“义渠,本西戎国,有王,秦灭之。今在北地郡。”《秦本纪》厉共公伐大荔,取其王城,后更名临晋。故《地理志》云“临晋故大荔国”也。[正义]曰:《括地志》:“同州冯翊县及朝邑县,本汉临晋县地,古大荔戎国。今朝邑县东三十步故王城,即大荔王城。”荔,力计反。

⑧徐广曰:“在安定。”[正义]曰:氏,音支。《括地志》云:“乌氏故城在泾州安定县东三十里。周之故地,后入戎,秦惠王取之,置乌氏县也。”

⑨徐广曰:“在北地。朐,音项。”[索隐]曰:案:《地理志》“朐衍,县名,在北地。郑氏音吁”。[正义]曰:《括地志》云:“盐州,古戎狄居之,即朐衍戎之地,秦北地郡也。”

⑩[正义]曰:《括地志》云:“朔州,春秋时北地也。如淳云即儋林也,为李牧灭。”

⑪[索隐]曰:如淳云:“林胡即儋林,为李牧所灭也。”《地理志》楼烦,县名,属雁门。应劭云“故楼烦胡也”。[正义]曰:《括地志》云:“岚州,楼烦胡地也。”《风俗通》云:“故楼烦故地也。”

⑫《汉书音义》曰:“乌丸,或云鲜卑。”[索隐]曰:服虔云:“东胡,乌丸之先,后为鲜卑。在匈奴东,故曰东胡。”案:《续汉书》曰:“汉初,匈奴冒顿灭其国,余类保乌桓山,以为号。俗随水草,居无常处。桓以之名,乌号为姓。父子男女悉髡头为轻便也。”

自是之后百有余年,晋悼公使魏绛和戎翟,戎翟朝晋。后百有余年,赵襄子逾句注①而破并代,以临胡貉;②其后既与韩魏共灭智伯,分晋地而有之,则赵有代、句注之北,魏有河西、上郡,以与戎界边。其后义渠之戎筑城郭以自守,而秦稍蚕食,至于惠王,遂拔义渠二十五城。惠王击魏,魏尽入西河及上郡于秦。秦昭王时,义渠戎王与宣太后③乱,有二子。宣太后诈而杀义渠戎王于甘泉,遂起兵伐残义渠。于是秦有陇西、北地、上郡,筑长城以拒胡。而赵武灵王亦变俗胡服，习骑射，北破林胡、楼烦。筑长城，④自代并⑤阴山⑥下，至高阙为塞。⑦而置云中、雁门、代郡。其后燕有贤将秦开，为质于胡，胡甚信之。归而袭破走东胡，东胡却千余里。与荆轲刺秦王秦舞阳者，开之孙也。燕亦筑长城，自造阳⑧至襄平。⑨置上谷、渔阳、右北平、辽西、辽东郡以拒胡。当是之时，冠带战国七，而三国边于匈奴。⑩其后赵将李牧时，匈奴不敢入赵边。后秦灭六国，而始皇帝使蒙恬将十万之众北击胡，悉收河南地。因河为塞，⑪筑四十四县城临河，徙適戍以充之。⑫而通直道，⑬自九原至云阳，⑭因边山险堑溪谷可缮者治之，起临洮至辽东万余里。⑮又度河据阳山北假中。⑯

①音钩。山名，在雁门。[索隐]曰：服虔云："勾，音拘。"韦昭云："山名，在应阴馆。"

②[索隐]曰：案：貉即涉也，音亡格反。

③昭王母也。

④[正义]曰：《括地志》云："赵武灵王长城在朔州善阳县北。案：长城，《水经》云百道长城北山上有长垣，若颓毁焉，沿溪亘岭东西无极，盖赵灵王所筑也。

⑤音傍，白浪反。

⑥[索隐]曰：徐广云："西安阳县北有阴山。阴山在河南，阳山北也。"[正义]曰：《括地志》云："阴山在朔州北塞外突厥界。"

⑦徐广曰："在朔方。"[正义]曰：《地理志》云："朔方临戎县北有连山，险于长城，其山中断，两峰俱峻，土俗名为高阙也。"

⑧韦昭曰："地名，在上谷。"[正义]曰：按：上谷郡，今妫州。

⑨[索隐]曰：韦昭云："今辽东所理也。"

⑩[索隐]曰：案：三国，燕、赵、秦也。

⑪[索隐]曰：案：《太康地记》："秦塞自五原北九里，谓之造阳。东行终利贲山南，汉阳西是也。"

⑫適，音丁革反。

⑬[索隐]曰：苏林云："去长安八千里，正南北相值道也。"

⑭[索隐]曰：韦昭云："九原，县属五原也。"[正义]曰：《括地志》云："胜州连谷县，本秦九原郡，汉武帝更名五原。云阳雍县，秦之林光宫，即汉之

甘泉宫在焉。"又云:"秦故道在庆州华池县西四十五里子午山上。自九原至云阳,千八百里。"

⑮[索隐]曰:"韦昭云:临洮,陇西县。"[正义]曰:《括地志》云:"秦陇西郡临洮县,即今岷州城。本秦长城首,起岷州西十二里,延袤万余里,东入辽水。"

⑯北假,北方田官。主以田假与贫人,故云北假。[索隐]曰:应劭云:"北假在北地阳山北。"韦昭云:"北假,地名也。"[正义]曰:《括地志》云:"汉五原郡河目县故城在北假中。北假,地名也,在河北,今属胜州银城县。《汉书·王莽传》云'五原、北假膏壤殖谷'也。"

当是之时,东胡强而月氏盛。①匈奴单于②曰头曼,③头曼不胜秦,北徙。十余年而蒙恬死,诸侯畔秦,中国扰乱,诸秦所徙適戍边者皆复去,于是匈奴得宽,复稍度河南,与中国界于故塞。

①[正义]曰:氏,音支。《括地志》云:"凉、甘、肃、延、沙、等州地,本月氏国。"

②《汉书音义》曰:"单于者,广大之貌,言其象天单于然。"[索隐]曰:案:单于姓挛鞮氏,其国称之曰"椽黎孤涂单于"。而匈奴谓天为"椽黎",谓子为"孤涂"。单于者,广大之貌也。言其象天,故曰"椽黎孤涂单于"。又《玄晏春秋》云:"士安读《汉书》,不详此言,有胡奴在侧,言之曰:'此胡所谓天子。'与古书所说符会也。"

③韦昭曰:"音瞒。"[索隐]曰:曼,音莫官反。

单于有太子名冒顿。①后有所爱阏氏,②生少子,而单于欲废冒顿而立少子,乃使冒顿质于月氏。冒顿既质于月氏,而头曼急击月氏。月氏欲杀冒顿,冒顿盗其善马,骑之亡归。头曼以为壮,令将万骑。冒顿乃作为鸣镝,③习勒其骑射,令曰:"鸣镝所射而不悉射者,斩之!"行猎鸟兽,有不射鸣镝所射者,辄斩之。已而冒顿以鸣镝自射其善马,左右或不敢射者,冒顿立斩不射善马者。居顷之,复以鸣镝自射其爱妻,左右或颇恐,不敢射,冒顿又复斩之。居顷之,冒顿出猎,以鸣镝射单于善马,左右皆射之。于是冒顿知其左右皆可用。从其父单于头曼猎,以鸣镝射头曼,其左右亦皆随鸣镝而射杀单于头曼。遂尽诛其后母与弟及大臣不听从者。冒顿自立为单于。

①[索隐]曰：冒，音墨，又如字。

②[索隐]曰：阏氏，旧音曷氏。匈奴皇后号也。习凿齿与燕王书云："山下有红蓝，足下先知否？北方人采取其花染绯、黄，采取其上英鲜者作胭脂，妇人采将用为颜色。吾少时再三过见胭脂，今日始亲红蓝，后当足致其种。匈奴名妻作'阏氏'，今可音烟支。想足下先亦不作此读，《汉书》也。"

③《汉书音义》曰："镝，箭也，如今鸣射也。"韦昭曰："矢镝飞则鸣。"[索隐]曰：应劭云："髇，箭也。"

冒顿既立，[①]是时东胡强盛，闻冒顿杀父自立，乃使使谓冒顿，欲得头曼时有千里马。冒顿问群臣，群臣皆曰："千里马，匈奴宝马也，勿与。"冒顿曰："奈何与人邻国而爱一马乎？"遂与之千里马。居顷之，东胡以为冒顿畏之，乃使使谓冒顿，欲得单于一阏氏。冒顿复问左右，左右皆怒曰："东胡无道，乃求阏氏，请击之。"冒顿曰："奈何与人邻国爱一女子乎？"遂取所爱阏氏予东胡。东胡王愈益骄，西侵。与匈奴间，中有弃地，莫居千余里，各居其边为瓯脱。[②]东胡使使谓冒顿曰："匈奴所与我界瓯脱外弃地，匈奴非能至也，吾欲有之。"冒顿问群臣，群臣或曰："此弃地，予之亦可，勿与亦可。"于是冒顿大怒曰："地者国之本也，奈何予之！"诸言予之者皆斩之。冒顿上马，令国中有后者斩，遂东袭击东胡。东胡初轻冒顿，不为备。及冒顿以兵至，击，大破灭东胡王，而虏其民人及畜产。

①徐广曰："秦二世元年壬辰岁立。"

②韦昭曰："界上屯守处。"[索隐]曰：服虔云："作土室以伺汉人。"又《纂文》曰："瓯脱，土穴也。"又云是地名，故下云"生得瓯脱王"。瓯，音一侯反。脱，音同活反。[正义]曰：按：境上斥堠之室为瓯脱也。

既归，西击走月氏，南并楼烦、白羊河南王。[①]侵燕、代，悉复收秦所使蒙恬所夺匈奴地者，与汉关故河南塞，至朝那、肤施，[②]遂侵燕、代。是时汉兵与项羽相距，中国罢于兵革，以故冒顿得自强，控弦之士三十余万。

①[索隐]曰：如淳曰："白羊王居河南。"

②徐广曰："在上郡。"[正义]曰：汉朝那故城在原州百泉县西七十里，属

安定郡。肤施，县，秦因不改，今延州肤施县是。

自淳维以至头曼千有余岁，时大时小，别散分离，尚矣，其世传不可得而次云。然至冒顿而匈奴最强大，尽服从北夷，而南与中国为敌国，其世传国官号乃可得而记云。

置左右贤王、左右谷蠡王、①左右大将、左右大都尉、左右大当户、左右骨都侯。②匈奴谓贤曰“屠耆”，③故常以太子为左屠耆王。自如左右贤以下至当户，大者万骑，小者数千，凡二十四长，立号曰“万骑”。诸大臣皆世官，呼衍氏、④兰氏，⑤其后有须卜氏，⑥此三姓，其贵种也。诸左方王将居东方，直上谷⑦以往者，东接秽貉、朝鲜。右方王将居西方，直上郡⑧以西接月氏、氐、羌。⑨而单于之庭直代、云中。⑩各有分地逐水草移徙。而左右贤王、左右谷蠡王最为大国，左右骨都侯辅政。诸二十四长亦各自置千长、百长、什长、⑪裨小王、相、封、⑫都尉、当户、且渠之属。⑬

①服虔曰：“谷，音鹿。蠡，音离。”[索隐]曰：蠡，又音黎。

②骨都，异姓大臣。[索隐]曰：裴氏所引据《后汉书》，下“呼衍”注亦然。

③徐广曰：“屠，一作‘诸’。”

④呼衍氏、须卜氏常与单于婚姻。

⑤[正义]曰：颜师古云：“呼衍，即今鲜卑姓呼延者也。兰姓今亦有之。”

⑥须卜氏主狱讼。[正义]曰：《后汉书》云：“呼衍氏、须卜氏常与单于婚姻。”

⑦[索隐]曰：案：姚氏云：“古字例以‘直’为‘值’。值者，当也。”[正义]曰：上谷郡，今妫州也。言匈奴东方南出，直当妫州也。

⑧[正义]曰：上郡故城在泾州上县东南五十里。言匈奴西方南直当绥州也。

⑨[索隐]曰：案：《风俗通》云：“氐本西南夷种。《地理志》武都有白马氐。”又鱼豢《魏略》云：“汉置武都郡，排其种人，分窜山谷，或号青氐，或号白氐。”《纂文》云：“氐，亦羊称。”《说文》云：“羌，西方牧羊人。”《续汉书》云：“羌，三苗蒌姓之别，舜徙于三危，今阿关之西南羌是也。”

⑩[索隐]曰：案：谓匈奴所都处为“庭”。乐彦云：“单于无城郭，不知何以国之。穹庐前地若庭，故云庭。”[正义]曰：代郡城，北狄代国，秦汉代县城也，在蔚州羌胡县北百五十里。云中故城，赵云中城，秦云中郡，在胜

州榆林县东北四十里。言匈奴之南直当代云中也。

⑪[索隐]曰:案:《续汉书·郡国志》云:"里有魁又有什伍里魁掌一里百家,什主十家,伍长五家,以相检察。"故贾谊《过秦论》以为"俛起什百之中"是也。

⑫徐广曰:"一作'将'。"

⑬[正义]曰:且,子余反。颜师古云:"今之沮渠姓,盖本因此官。"

岁正月,诸长小会单于庭,祠。五月,大会茏城,①祭其先、天地、鬼神。秋,马肥,大会蹛林,②课校人畜③计其法,拔刃尺者死,坐盗者没入其家;有罪小者轧,④大者死。狱久者不过十日,一国之囚不过数人。而单于朝出营,拜日之始生,夕拜月。其坐,长左而北乡。⑤日上戊巳。其送死,有棺椁金银衣裘,而无封树丧服;⑥近幸臣妾从死者多至数千百人。⑦举事而候星月:月盛壮则攻战,月亏则退兵。其攻战,斩首虏赐一卮酒,而所得卤获因以予之,得人以为奴婢。故其战,人人自为趣利,善为诱兵以冒敌。故其见敌则逐利,如鸟之集;其困败则瓦解云散矣。战而扶舆死者,尽得死者家财。

①[索隐]曰:《汉书》作"龙城",亦"茏"字。崔浩云:"西方胡皆事龙神,故名大会处为龙城。"《后汉书》云:"匈奴俗,岁有三龙祠,祭天神。"

②《汉书音义》曰:"匈奴秋社八月中皆会祭处。蹛,音带。"[索隐]曰:郑氏云:"蹛林,地名也。"晋灼曰"李陵与苏武书云'相竞趍蹛林'。"则服虔说是也。又韦昭音多蓝反。姚氏案:《李牧传》"大破匈奴,灭襜襤,"此字与韦昭音颇同,然林、襤声相近,或以"林"为"襤"也。[正义]曰:颜师古云:"蹛者,绕林木而祭也。鲜卑之俗,自古相传,秋祭无林木者,尚竖柳枝,众骑驰绕三周乃止,此其遗法也。"

③[正义]曰:许又反。

④《汉书音义》曰:"刃刻其面。"[索隐]曰:轧,音乌八反。邓展云:"轧,历也。"如淳云:"挞,杖也。"《三苍》云:"轧,辗也。"《说文》云:"辗,轹也。"[正义]曰:颜师古云:"轧者,谓辗轹其骨节,若今之厌踝者也。"

⑤[正义]曰:其座北向,长者在左,以左为尊也。

⑥张华曰:"匈奴名冢曰逗落。"

⑦[正义]曰:《汉书》作"数十百人。"颜师古云:"或数十人,或百人。"

后北服浑庾、屈射、丁灵、①鬲昆、薪犁之国。②于是匈奴贵人大臣皆服,以冒顿单于为贤。

①[索隐]曰:《魏略》云:"丁灵在康居北,去匈奴庭接习水七千里。"又云:"匈奴北有浑窳国。"射,音亦,又音石。

②[正义]曰:已上五国在匈奴北。

是时,汉初定中国,徙韩王信于代,都马邑。匈奴大攻围马邑,韩王信降匈奴。匈奴得信,因引兵南逾句注,攻太原,至晋阳下。高帝自将兵往击之。会冬大寒,雨雪,卒之堕指者十二三,于是冒顿详败走,诱汉兵。汉兵逐击冒顿,冒顿匿其精兵,见其羸弱,于是汉悉兵,多步兵,三十二万北逐之。高帝先至平城,①步兵未尽到,冒顿纵精兵四十万骑围高帝于白登②七日,汉兵中外不得相救饷。匈奴骑,其西方尽白马,东方尽青駹马,③北方尽乌骊马,④南方尽骍马。⑤高帝乃使使间厚遗阏氏,阏氏乃谓冒顿曰:"两主不相困。今得汉地,而单于终非能居之也。且汉王亦有神,单于察之。"冒顿与韩王信之将王黄、赵利期,而黄利兵又不来,疑其与汉有谋,亦取阏氏之言,乃解围之一角。于是高帝令士皆持满傅矢外乡,⑥从解角直出,竟与大军合,而冒顿遂引兵而去。汉亦引兵而罢,使刘敬结和亲之约。

①徐广曰:"在雁门。"

②[正义]曰:白登台在白登山上,朔州定襄县东三十里。定襄县,汉平城县也。

③[索隐]曰:駹,音武江反。案:青駹,青色马也。[正义]曰:郑玄云:"駹,不纯也。"《说文》云:"駹,面颡皆白。"《尔雅》云:"黑马面白也。"

④[索隐]曰:《说文》云:"骊,黑色。"

⑤[索隐]曰:案:《诗传》曰"赤黄曰骍"。

⑥[索隐]曰:傅,音附。

是后韩王信为匈奴将,及赵利、王黄等数倍约,侵盗代、云中。居无几何,陈豨反,又与韩信合谋击代。汉使樊哙往击之,复拔代、雁门、云中郡县,不出塞。是时匈奴以汉将众往降,故冒顿常往来侵盗代地。于是汉患之,高帝乃使刘敬奉宗室女公主为单于阏氏,岁奉匈奴絮缯酒米食物各有数,约为昆弟以和亲,冒顿乃少止。后燕王卢绾反,率其党数千人降匈奴,往来苦上谷以东。

高祖崩,孝惠、吕太后时,汉初定,故匈奴以骄。冒顿乃为书遗高后,妄言。高后欲击之,①诸将曰:"以高帝贤武,然尚困于平城。"于是高后乃止,②复与匈奴和亲。

①[索隐]曰:案:《汉书》云:"高后时,冒顿寖骄,乃使使遗高后书曰:'孤偾之君,生于沮泽之中,长于平野牛马之域,数至边境,愿游中国。陛下独立,孤偾独居,两主不乐,无以自娱。愿以所有,易其所无。'高后怒,欲击之。"

②[索隐]曰:案:《汉书》,季布谏,高后乃止。

至孝文帝初立,复修和亲之事。其三年五月,匈奴右贤王入居河南地,侵盗上郡葆塞蛮夷,杀略人民。于是,孝文帝诏丞相灌婴发车骑八万五千,诣高奴,①击右贤王,右贤王走出塞。文帝幸太原。是时,济北王反,文帝归,罢丞相击胡之兵。

①[正义]曰:延州城本汉高奴县旧都。

其明年,单于遗汉书曰:"天所立匈奴大单于敬问皇帝无恙。前时皇帝言和亲事,称书意,合欢。汉边吏侵侮右贤王,右贤王不请,听后义卢侯难氏①等计,与汉吏相距,绝二主之约,离兄弟之亲。皇帝让书再至,发使以书报,不来,汉使不至,汉以其故不和,邻国不附。今以小吏之败约故,罚右贤王,使之西求月氏击之。以天之福,吏卒良,马强力,以夷灭月氏,尽斩杀降下之。定楼兰、②乌孙、呼揭,③及其旁二十六国,皆以为匈奴。④诸引弓之民并为一家。北州已定,愿寝兵休士卒养马,除前事,复故约,以安边民,以应始古,使少者得成其长,老者安其处,世世平乐。未得皇帝之志也,故使郎中係雩浅奉书,⑤请献橐他一匹、骑马二匹、驾二驷。⑥皇帝即不欲匈奴近塞,则且诏吏民远舍。使者至,即遣之。"以六月中来至薪望之地。⑦书至,汉议击与和亲孰便。公卿皆曰:"单于新破月氏,乘胜,不可击。且得匈奴地,泽卤,⑧非可居也。和亲甚便。"汉许之。

①徐广曰:"音支。"[索隐]曰:匈奴将名也。

②徐广曰:"一云'楼湟'。"[正义]曰:《汉书》云:"鄯善国名楼兰,去长安

一千六百里也。"

③音桀。[索隐]曰:又音丘列反。[正义]曰:揭,音犁,又其例反。二国皆在瓜州西北。乌孙,战国时居瓜州。

④[索隐]曰:案:谓皆已入匈奴国也。

⑤雩,音火胡反。[索隐]曰:係,音计。雩,《汉书》作"虖"。

⑥[正义]曰:颜师古云:"驾,可驾车也。驷,八匹马也。"

⑦《汉书音义》曰:"塞下地名。"[索隐]曰:服虔云:"汉界上塞下之地,今匈奴使至于此也。"

⑧[正义]曰:上音息。

孝文皇帝前六年,汉遗匈奴书曰:"皇帝敬问匈奴大单于无恙。使郎中係雩浅遗朕书曰:'右贤王不请,听后义卢侯难氏等计,绝二主之约,离兄弟之亲,汉以故不和,邻国不附。今以小吏败约,故罚右贤王使西击月氏,尽定之。愿寝兵休卒养马,除前事,复故约,以安边民,使少者得成其长,老者安其处,世世平乐。'朕甚嘉之,此古圣主之意也。汉与匈奴约为兄弟,所以遗单于甚厚。倍约离兄弟之亲者,常在匈奴。然右贤王事已在赦前,单于勿深诛。单于若称书意,明告诸吏,使无负约,有信,敬如单于书。使者言单于自将伐国有功,甚苦兵事。服绣袷绮衣、绣袷长襦、①锦袷袍各一,比余一,②黄金饰具带一,③黄金胥纰一,④绣十匹,锦三十匹,赤绨、⑤绿缯各四十匹,⑥使中大夫意、谒者令肩遗单于。"

①徐广曰:"一本无'袷'字。"[索隐]曰:案:小颜云:"服者,言天子自所服也。以绣为表,绮为里。以赐冒顿。"《字林》云:"袷,衣无絮也。音公洽反。"

②徐广曰:"或作'疏比'也。"[索隐]曰:案:《汉书》作"比疏一。"比,音鼻。小颜云:"辫发之饰也,以金为之。"《广雅》云:"比,栉也。"《苍颉篇》云:"靡者为比,麄者为梳。"苏林云:"今亦谓之梳。"

③《汉书音义》曰:要中大带。

④徐广曰:"或作'犀毗',而无'一'字。"[索隐]曰:《汉书》见作"犀毗"。此作"胥"者,胥、犀声相近,或误。张晏云:"鲜卑郭落带,瑞兽名也,东胡好服之。"《战国策》云:"赵武灵王赐周绍具带黄金师比。"延笃云:"胡革带钩也。"则此带钩亦名"师比",则"胥"、"犀"与"师"并相近,而说各

异耳。班固,与窦宪笺云"赐犀比金头带"是也。

⑤[正义]曰:音啼。

⑥[索隐]曰:案:《说文》云:"绨,厚缯也。"

后顷之,冒顿死,子稽粥立,①号曰老上单于。老上稽粥单于初立,②孝文皇帝复遣宗室女公主为单于阏氏,使宦者燕人中行说③傅公主。说不欲行,汉强使之。说曰:"必我行也,为汉患者!"中行说既至,因降单于,单于甚亲幸之。

①[索隐]曰:稽,音鸡;粥,音育。

②徐广曰:"一云'稽粥第二单于',自后皆以第别之。"

③[正义]曰:行,音胡郎反。中行,姓;说,名也。

初,匈奴好汉缯絮食物,中行说曰:"匈奴人众不能当汉之一郡,然所以强者,以衣食异,无仰于汉也。今单于变俗好汉物,汉物不过什二,则匈奴尽归于汉矣。①其得汉缯絮,以驰草棘中,衣袴皆裂敝,以示不如旃裘之完善也。得汉食物皆去之,以示不如湩酪之便美也。"②于是说教单于左右疏记,以计课其人众畜物。③

①韦昭曰:"言汉物十中之二入匈奴,匈奴则动心归汉矣。"

②湩,乳汁也,音都奉反。[索隐]曰:《字林》云:"湩,音竹用反。"《穆天子传》云:"牛马之湩,臣菟人所具也。"

③[正义]曰:上许又反。

汉遗单于书,牍以尺一寸,辞曰"皇帝敬问匈奴大单于无恙",所遗物及言语云云。中行说令单于遗汉书以尺二寸牍,及印封皆令广大长,倨傲其辞曰"天地所生,日月所置。匈奴大单于敬问汉皇帝无恙",所以遗物言语亦云云。

汉使或言曰:"匈奴俗贱老。"中行说穷汉使曰:"而汉俗屯戍从军当发者,其老亲岂有不自脱温厚肥美以赍送饮食行戍乎?"汉使曰:"然。"中行说曰:"匈奴明以战攻为事,其老弱不能斗,故以其肥美饮食壮健者,盖以自为守卫,如此父子各得久相保,何以言匈奴轻老也?"汉使曰:"匈奴父子乃同穹庐而卧。①父死,妻其后母;兄弟死,尽取其妻妻之。无冠带之饰,阙庭之礼。"中行说曰:"匈奴之俗,人食畜肉,饮其汁,衣其皮。畜食草饮水,随时转移。故其急则人习骑射,宽则人乐无事,其约束轻,易行也。君臣简易,一国之政犹一身也。父子兄弟死,娶其妻妻之,恶种姓之失也。故匈奴虽乱,必立宗种。今中国虽详不取[②]其父兄之妻,亲属益疏,则相杀,至乃易姓,皆从此类。且礼义之敝,上下交怨望,而室屋之极,生力必屈。[③]夫力耕桑以求衣食,筑城郭以自备,故其民急则不习战功,缓则罢于作业。嗟!土室之人,顾无多辞,令喋喋[④]而占占,[⑤]冠固何当?"[⑥]

①《汉书音义》曰:"穹庐,旃帐。"

②[索隐]曰:详,《汉书》作"阳",此亦音羊。

③[索隐]曰:以言栋宇室屋之作,人尽极其力以营其生,至于气力屈竭也。屈,音其物反。

④音谍,利口也。

⑤昌占反。衣裳貌。

⑥言虽复著冠,固何当所益。[索隐]曰:邓展曰:"占,嗫耳语。"服虔曰:"口舌为喋。"如淳曰:"汝汉人多口居室中,固自宜着冠,且不足贵也。"小颜云:"言汉人且当思念,无为喋喋占占耳。虽自谓着冠,何所当益也。"

自是之后,汉使欲辩论者,中行说辄曰:"汉使无多言!顾汉所输匈奴缯絮米糵,令其量中,必善美而已矣,何以为言乎?且所给备善则已。不备,苦恶,[①]则候秋孰,以骑驰蹂而稼穑耳。"[②]日夜教单于候利害处。

①韦昭曰:"苦,麄也。音若'靡盬'之'盬'。"

②徐广曰:"蹂,音而九反。"

汉孝文皇帝十四年,匈奴单于十四万骑入朝那、萧关,杀北地都尉卬,[①]虏人民畜产甚多,遂至彭阳。[②]使奇兵入烧回中宫,[③]候骑至雍甘泉。[④]于是文帝以中尉周舍、郎中令张武为将军,发车千乘,骑十万,军长安旁以备胡寇。而拜昌侯卢卿为上郡将军,[⑤]宁侯魏遬为北地将军,隆虑侯周灶为陇西将军,东阳侯张相如为大将军,成侯董赤[⑥]为前将军,大发车骑往击胡。[⑦]单于留塞内月余乃去,汉逐出塞即还,不能有所杀。匈奴日已骄,岁入边,杀略人民畜产甚多,云中、辽东最甚,至代郡万余人。汉患之,乃使使遗匈奴书。单于亦使当户报谢,复言和亲事。

①徐广曰:“姓孙。其子单,封为缾侯。白丁反。”[索隐]曰:卬,音五郎反。

②徐广曰:“在安定。”[正义]曰:“城”字误也。《括地志》云:“彭城故城在泾州临城县东二十里。”案:彭城在邠州与北地郡甚远,明非彭城也。

③[索隐]曰:服虔云:“回中在北地,武帝作宫。”《始皇本纪》:“三十七年,巡鸡头山,过回中。武帝元封四年,通回中道。[正义]曰:《括地志》云:“秦回中宫在岐州雍县西四十里,即匈奴所烧者也。”

④[索隐]曰:崔浩云:“候,逻骑。”[正义]曰:《括地志》云:“云阳也。秦之林光宫,汉之甘泉,在雍州云阳西北八十里。秦始皇作甘泉宫,去长安三百里,望见长安。秦皇帝以来祭天团兵处。”

⑤[索隐]曰:案:《表》“卢”作“旅”,古今字异耳。

⑥[正义]曰:音赫。

⑦徐广曰:“内史栾布亦为将军。”

孝文帝后二年,使使遗匈奴书曰:“皇帝敬问匈奴大单于无恙。”使当户且居雕渠难,①郎中韩辽遗朕马二匹,已至,敬受。先帝制:长城以北引弓之国,受命单于;长城以内冠带之室,朕亦制之。使万民耕织射猎衣食,父子无离,臣主相安,俱无暴逆。今闻渫恶民贪降其进取之利,倍义绝约,忘万民之命,离两主之欢,然其事已在前矣。书曰:‘二国已和亲,两主欢悦,寝兵休卒养马,世世昌乐,阖然更始。’②朕甚嘉之。圣人者日新,改作更始,使老者得息,幼者得长,各保其首领而终其天命。朕与单于俱由此道,顺天恤民,世世相传,施之无穷,天下莫不咸便。汉与匈奴邻国之敌,匈奴处北地,寒,杀气早降,故诏吏遗单于秫糵金帛丝絮佗物岁有数。今天下大安,万民熙熙,朕与单于为之父母。朕追念前事,薄物细故,谋臣计失,皆不足以离兄弟之欢。朕闻天不颇覆,地不偏载。朕与单于皆捐往细故,俱蹈大道,堕坏前恶,以图长久,使两国之民若一家子。元元万民,下及鱼鳖,上及飞鸟,跂行喙息蠕动之类,③莫不就安利而辟危殆。故来者不止,天之道也。俱去前事:朕释逃虏民,单于无言章尼等。④朕闻古之帝王,约分明而无食言。单于留志,天下大安,和亲之后，汉过不先。单于其察之。”

①[索隐]曰：《汉书》作“且渠”，匈奴官号。乐彦云：“当户、且渠各自一官。雕渠难为此官也。”[正义]曰：雕渠难者，其姓名也。且，子余反。

②徐广曰：“阘，音揄，安定意也。”

③[索隐]曰：案：跂，音岐，又音企。言虫鸟之类，或以踵而行，或以喙而息，皆得其安也。《三苍》云：“蠕蠕，动貌，音软。”《淮南》云“昆虫蠕动”也。

④[索隐]曰：案：文帝云：“我今日并释放彼国逃亡虏，遣之归本国，汝单于无得更以言词诉于章尼等，责其违逃也。”

单于既约和亲，于是制诏御史曰：“匈奴大单于遗朕书，言和亲已定，亡人不足以益众广地，匈奴无入塞，汉无出塞，犯令约者杀之，可以久亲，后无咎俱便。朕已许之。其布告天下，使明知之。”

后四岁，老上稽粥单于死，子军臣立为单于。既立，①孝文皇帝复与匈奴和亲。而中行说复事之。

①徐广曰：“后元三年立。”

军臣单于立四岁，①匈奴复绝和亲，大入上郡、云中各三万骑，所杀略甚众而去。于是汉使三将军军屯北地，代屯句注，赵屯飞狐口，缘边亦各坚守以备胡寇。又置三将军，军长安西细柳、渭北棘门、霸上以备胡。胡骑入代句注边，烽火通于甘泉、长安。数月，汉兵至边，匈奴亦去远塞，汉兵亦罢。后岁余，孝文帝崩，孝景帝立，而赵王遂乃阴使人于匈奴。吴楚反，欲与赵合谋入边。汉围破赵，匈奴亦止。自是之后，孝景帝复与匈奴和亲，通关市，给遗匈奴，遣公主，如故约。终孝景时，时小入盗边，无大寇。

①徐广曰：“孝文后元七年崩，而二年答单于书，其间五年，而此云‘后四年’，又‘立四岁’，数不容尔也。孝文后六年冬，匈奴入上郡、云中也。”

武帝即位，明和亲约束，厚遇，通关市，饶给之。匈奴自单于以下皆亲汉，往来长城下。汉使马邑下人聂翁壹①奸兰②出物与匈奴交，③详为卖马邑城以诱单于。单于信之，而贪马邑财物，乃以十万骑入武州塞。④汉伏兵三十余万马邑旁，御史大夫韩安国为护军，护军四将军以伏单于。单于既入汉塞，未至马邑百余里，见畜布野而无人牧者，怪之，乃攻亭。是时，雁门尉史行徼⑤见寇，葆此亭，知汉兵谋。单于得，欲杀之，⑥尉史乃告单于汉兵所居。单于大惊曰："吾固疑之。"乃引兵还。出曰："吾得尉史，天也，天使若言。"以尉史为"天王"。汉兵约单于入马邑而纵，单于不至，以故汉兵无所得。汉将军王恢部出代击胡辎重，闻单于还，兵多，不敢出。汉以恢本造兵谋而不进，斩恢。⑦自是之后，匈奴绝和亲，攻当路塞，⑧往往入盗于汉边，不可胜数。然匈奴贪，尚乐关市，嗜汉财物，汉亦尚关市不绝以中之。⑨

①[索隐]曰：《卫青传》唯称"聂壹"。故顾氏云"壹，名也。老，故称翁"，义或然也。

②奸，音干。干兰，犯禁私出物也。

③《汉书音义》曰："私出塞与匈奴交市。"

④[索隐]曰：苏林云："在雁门也。"

⑤[索隐]曰：如淳云："近塞郡皆置尉，百里一人，士史、尉史各二人也"。

⑥徐广曰："一云'乃下，具告单于'。"

⑦《韩长孺传》曰："恢自杀。"

⑧[索隐]曰：苏林云："直当道之塞。"

⑨[正义]曰：如淳云："得具以利中伤之。"

自马邑军后五年之秋，汉使四将军各万骑击胡关市下。将军卫青出上谷，至茏城，得胡首虏七百人。公孙贺出云中，无所得。公孙敖出代郡，为胡所败七千余人。李广出雁门，为胡所败，而匈奴生得广，广后得亡归，汉囚敖、广，敖、广赎为庶人。其冬，匈奴数入盗边，渔阳尤甚。汉使将军韩安国屯渔阳备胡。

其明年秋，匈奴二万骑入汉，杀辽西太守，略二千余人。胡又入败渔阳太守军千余人，围汉将军安国，安国时千余骑亦且尽，会燕救至，匈奴乃去。匈奴又入雁门，杀略千余人。于是汉使将军卫青将三万骑出雁门，李息出代郡，击胡。得首虏数千人。其明年，卫青复出云中以西至陇西，击胡之楼烦、白羊王于河南，得胡首虏数千，牛羊百余万。于是汉遂取河南地，筑朔方，复缮故秦时蒙恬所为塞，因河为固。汉亦弃上谷之什①辟县造阳地以予胡。②是岁，汉之元朔二年也。

①音斗。

②《汉书音义》曰:“言县斗辟,西近胡。”[索隐]曰:“辟,音僻。造阳即斗辟县中地。”[正义]曰:按:曲幽辟县入匈奴界者,造阳地弃与胡也。

其后冬,匈奴军臣单于死。军臣单于弟左谷蠡王伊稚斜自立为单于,①攻破军臣单于太子于单。②于单亡降汉,汉封单于为涉安侯,数月而死。

①[索隐]曰:稚,音持利反。斜,音士嗟反。斜,邹诞生音直牙反。盖稚斜,胡人语,近得其实。

②[索隐]曰:单,音丹。

伊稚斜单于既立,其夏,匈奴数万骑入杀代郡太守恭及略千余人。其秋,匈奴又入雁门,杀略千余人。其明年,匈奴又复入代郡、定襄、①上郡,各三万骑,杀略数千人。匈奴右贤王怨汉夺之河南地而筑朔方,数为寇盗边,及入河南,侵扰朔方,杀略吏民甚众。

①[正义]曰:《括地志》云:“定襄故城在朔州善阳县北三百八十里。”《地理志》:“定襄郡,高帝置也。”

其明年春,汉以卫青为大将军,将六将军,十余万人,出朔方、高阙击胡。右贤王以为汉兵不能至,饮酒醉,汉兵出塞六七百里,夜围右贤王。右贤王大惊,脱身逃走,诸精骑往往随后去。汉得右贤王众男女万五千人,裨小王十余人。其秋,匈奴万骑入杀代郡都尉朱英,略千余人。

其明年春,汉复遣大将军卫青将六将军,兵十余万骑,乃再出定襄数百里击匈奴,得首虏前后凡万九千余级,而汉亦亡两将军,军三千余骑。①右将军建②得以身脱,而前将军翕侯赵信兵不利,降匈奴。赵信者,故胡小王,降汉,汉封为翕侯,以前将军与右将军并军分行,③独遇单于兵,故尽没。单于既得翕侯,以为自次王,④用其姊妻之,与谋汉。信教单于益北绝幕,⑤以诱罢汉兵徼极而取之,⑥无近塞。单于从其计。

①徐广曰:“合有三千耳。”

②[正义]曰:苏武父也。

③[正义]曰：与大军别行也。

④[正义]曰：自次者，尊重次于单于。

⑤应劭曰："幕，沙幕，匈奴之南界。"瓒曰："沙土曰幕，直度曰绝。"

⑥[索隐]曰：罢，音疲。徼，要也，谓要其疲极而取之。[正义]曰：徼，音古尧反。徼，要也，要汉兵疲极则取之，无近塞居止。

其明年，胡骑万人入上谷，杀数百人。

其明年春，汉使骠骑将军去病将万骑出陇西，过焉支山①千余里，击匈奴，得胡首虏骑万八千余级，破得休屠王祭天金人。②其夏，骠骑将军复与合骑侯数万骑出陇西、北地二千里，击匈奴。过居延，③攻祁连山，④得胡首虏三万余人，裨小王以下七十余人。是时，匈奴亦来入代郡、雁门，杀略数百人。汉使博望侯及李将军广出右北平，击匈奴右贤王。右贤王围李将军，卒可四千人。且尽，杀虏亦过当。会博望侯军救至，李将军得脱。汉失亡数千人。合骑侯后骠骑将军期，及与博望侯皆当死，赎为庶人。

①[正义]曰：焉，音烟。《括地志》云："焉支山一名删丹山，在甘州删丹县东南五十里。《西河故事》云'匈奴失祁连、焉支二山，乃识曰："亡我祁连山，使我六畜不蕃息；失我焉支山，使我妇女无颜色。"其慜惜乃如此'。"

②《汉书音义》曰："匈奴祭天处本在云阳甘泉山下，秦夺其地，后徙之休屠王右地，故休屠有祭天金人，象祭天人也。"[索隐]曰：韦昭云："作金人以为祭天主。"崔浩云："胡祭以金人为主，今浮图金人是也。"孟说恐不然。案：得休屠金人，后置之于甘泉也。[正义]曰：《括地志》云："径路祠神在雍州。云阳县西北九十里甘泉山下，本匈奴祭天处，秦夺其地，后徙休屠右地。"按：金人即金佛像，是其遗法，立以为祭天主也。

③[索隐]曰：韦昭曰："张掖县。"

④[索隐]曰：《西河旧事》云："山在张掖、酒泉二界上，东西二百余里，北百里，有松柏五木，美水草，冬温夏凉，宜畜牧养。匈奴失二山，乃歌云：'亡我祁连山，使我六畜不番息；失我燕支山，使我嫁妇无颜色'。"祁连一名天山，亦曰白山也。

其秋，单于怒浑耶王、休屠王居西方为汉所杀虏数万人，欲召诛之。浑耶王与休屠王恐，谋降汉，①汉使骠骑将军往迎之。浑耶王杀休屠王,并将其众降汉。凡四万余人,号十万。于是汉已得浑邪王,则陇西、北地、河西益少胡寇,徙关东贫民处所夺匈奴河南、新秦中以实之,②而减北地以西戍卒半。

①徐广曰:"元狩二年也。"

②[索隐]曰:如淳云:"在长安以北,朔方以南。"《汉书·食货志》云:"徙贫民充朔方以南新秦中"是也。[正义]曰:服虔云:"地名,在北地,广六七百里,长安北,朔方南。《史记》以为秦始皇遣蒙恬斥逐北,故得肥饶之地七百里,徙内郡人民皆往充实之,号曰'新秦中'也。"

其明年,匈奴入右北平、定襄各数万骑,杀略千余人而去。

其明年春,汉谋曰:"翕侯信为单于计,居幕北,以为汉兵不能至。"乃粟马发十万骑,负私从①马凡十四万匹,粮重不与焉。令大将军青、骠骑将军去病中分军,大将军出定襄,骠骑将军出代,咸约绝幕击匈奴。匈奴单于闻之,远其辎重,以精兵待于幕北。与汉大将军接战一日,会暮,大风起,汉兵纵左右翼围单于。单于自度战不能如汉兵,单于遂独身与壮骑数百溃汉围西北遁走,汉兵夜追不得。行斩捕匈奴首虏万九千级,北至阗颜山赵信城而还。②

①[正义]曰:谓负担衣粮,私慕从者,凡十四万匹。

②如淳曰:"信前降匈奴,匈奴筑城居之。"

单于之遁走,其兵往往与汉兵相乱而随单于。单于久不与其大众相得,其右谷蠡王以为单于死,乃自立为单于。真单于复得其众,而右谷蠡王乃去其单于号,复为右谷蠡王。

汉骠骑将军之出代二千余里,与左贤王接战,汉兵得胡首虏凡七万余级,左贤王将皆遁走。骠骑封于狼居胥山,禅姑衍,临翰海而还。①是后,匈奴远遁,而幕南无王庭。汉度河自朔方以西至令居,②往往通渠置田,官吏卒五六万人,稍蚕食,地接匈奴以北。③

①如淳曰:"翰海,北海名。"[正义]曰:按:翰海自一大海名,群鸟解羽伏乳于此,因名也。

②徐广曰:"在金城。"[索隐]曰:《地理志》云:"张掖令居县。"姚氏:"令,音连。"小颜音零。

③[正义]曰:匈奴旧以幕为王庭。今远徙幕北,更蚕食之,汉境连接匈奴

旧地以北也。

初，汉两将军大出围单于，所杀虏八九万，而汉士卒物故亦数万，①汉马死者十余万，匈奴虽病远去，而汉亦马少，无以复往。匈奴用赵信之计，遣使于汉，好辞请和亲。天子下其议，或言和亲，或言遂臣之。丞相长史任敞曰："匈奴新破，困，宜可使为外臣，朝请于边。"汉使任敞于单于。单于闻敞计，大怒，留之不遣。先是，汉亦有所降匈奴使者，单于亦辄留汉使相当。汉方复收士马，会骠骑将军去病死，于是汉久不北击胡。

①[索隐]曰：案：《释名》云："汉以来谓死为'物故'，就朽故也。"又《魏台访议》高堂崇对曰："闻之先师：物，无也；故，事也。言无复所能于事者也"。

数岁，伊稚斜单于立十三年死，子乌维立为单于。是岁，汉元鼎三年也。乌维单于立，而汉天子始出巡郡县。其后汉方南诛两越，①不击匈奴，匈奴亦不侵入边。

①[正义]曰：南越、东越。

乌维单于立三年，汉已灭南越，遣故太仆贺将万五千骑出九原二千余里，至浮苴井而还，①不见匈奴一人。汉又遣故从骠侯赵破奴万余骑出令居数千里，至匈奴河水而还，②亦不见匈奴一人。

①[索隐]曰：苴，音子余反。臣瓒云："去九原二千里，见《汉舆地图》。"

②[索隐]曰：臣瓒云："河水名，去令居千里。"

是时，天子巡边，至朔方，勒兵十八万骑以见武节，而使郭吉风告单于。郭吉既至匈奴，匈奴主客①问所使，郭吉礼卑言好，曰："吾见单于而口言。"单于见吉，吉曰："南越王头已悬于汉北阙。今单于能即前与汉战，天子自将兵待边；单于即不能，即南面而臣于汉。何徒远走，亡匿于幕北寒苦无水草之地？毋为也。"语卒而单于大怒，立斩主客见者，而留郭吉不归，迁之北海上。②而单于终不肯为寇于汉边，休养息士马，习射猎。数使使于汉，好辞甘言求请和亲。

①韦昭曰："主使来客官也。"[正义]官名，若鸿胪卿。

②[正义]曰：北海即上海也，苏武亦迁也。

汉使王乌等窥匈奴。匈奴法：汉使非去节而以墨黥其面者，不得入穹庐。王乌北地人，习胡俗，去其节，黥面，得入穹庐。单于爱之，详许甘言，为遣其太子入汉为质，①以求和亲。汉使杨信于匈奴，是时，汉东拔秽貉、朝鲜以为郡，②而西置酒泉郡，③以鬲绝胡与羌通之路。汉又西通月氏、大夏；④又以公主妻乌孙王，以分匈奴西方之援国。又北益广田至胘靁为塞，⑤而匈奴终不敢以为言。是岁，翕侯信死，汉用事者以匈奴为已弱，可臣从也。杨信为人刚直屈强，素非贵臣，单于不亲。单于欲召入，不肯去节，单于乃坐穹庐外见杨信。杨信既见单于，说曰："即欲和亲，以单于太子为质于汉。"单于曰："非故约。故约，汉常遣公主，给缯絮食物有品，以和亲，而匈奴亦不扰边。今乃欲反古，令吾太子为质，无几矣。"⑥匈奴俗，见汉使非中贵人，其儒先，⑦以为欲说，折其辩；其少年，以为欲刺，折其气。每汉使入匈奴，匈奴辄报偿。汉留匈奴使，匈奴亦留汉使，必得当乃肯止。

①[正义]曰：音致。

②[正义]曰：即玄菟、乐浪二郡。

③[正义]曰：今肃州。

④[正义]曰：《汉书·西域传》云："大月氏国去长安城万一千六百里，本居燉煌、祁连间，冒顿单于破月氏，而老上单于杀月氏王，以头为饮器，月氏乃远去，过大宛而击大夏，而臣之，都妫水北，为王庭也。"

⑤《汉书音义》曰："胘靁，地名，在乌孙北。"

⑥[正义]曰：几，音记。言反古无所冀望也。

⑦先，先生也。《汉书》作"儒生"也。

杨信既归，汉使王乌，而单于复谄以甘言，欲多得汉财物，绐谓王乌曰："吾欲入汉见天子，面相约为兄弟。"王乌归报汉，汉为单于筑邸于长安。匈奴曰："非得汉贵人使，吾不与诚语。"匈奴使其贵人至汉，病，汉予药，欲愈之，不幸而死。而汉使路充国佩二千石印绶往使，因送其丧，厚葬直数千金，曰："此汉贵人也。"单于以为汉杀吾贵使者，乃留路充国不归。诸所言者，单于特空绐王乌，殊无意入汉及遣太子来质。于是匈奴数使奇兵侵犯边。汉乃拜郭昌为拔胡将军，及浞野侯①屯朔方以东，备胡。路充国留匈奴三岁，单于死。

①徐广曰："赵破奴。"

乌维单于立十岁而死，子乌师庐①立为单于。年少，号为儿单于。是岁，元封六年也。自此之后，单于益西北，左方兵直云中，右方直酒泉、燉煌郡。②

①徐广曰："乌，一作'詹'。"

②[正义]曰：《括地志》云："铁勒国，匈奴冒顿之后，在突厥国北。乐胜州经秦长城、太藁长路正北，经砂碛，十三日行至其国。"

儿单于立，汉使两使者，一吊单于，一吊右贤王，欲以乖其国。使者入匈奴，匈奴悉将致单于，单于怒而尽留汉使。汉使留匈奴者前后十余辈，而匈奴使来汉亦辄留相当。

是岁，汉使贰师将军广利西伐大宛，而令因杅①将军敖筑受降城。其冬，匈奴太雨雪，畜多饥寒死。儿单于年少，好杀伐，国人多不安。左大都尉欲杀单于，使人间告汉曰："我欲杀单于降汉，汉远，即兵来迎我，我即发。"初，汉闻此言，故筑受降城，犹以为远。

①[正义]音于。

其明年春，汉使浞野侯破奴将二万余骑，出朔方西北二千余里，期至浚稽山而还。①浞野侯既至期而还，左大都尉欲发而觉，单于诛之，发左方兵击浞野。浞野侯行捕首虏数千人。还，未至受降城四百里，匈奴兵八万骑围之。浞野侯夜自出求水，匈奴间捕，生得浞野侯，因急击其军。军中郭纵为护，维王为渠，②相与谋曰："及诸校尉畏亡将军而诛之，莫相劝归。"军遂没于匈奴。匈奴儿单于大喜，遂遣奇兵攻受降城。不能下，乃寇入边而去。其明年，单于欲自攻受降城，未至，病死。

①[索隐]曰：应劭云："在武威县北。"

②[正义]曰：为渠帅也。

儿单于立三岁而死。子年少，匈奴乃立其季父乌维单于弟右贤王呴①犁湖为单于。是岁，太初三年也。

①音钩，又音吁。

呴犁湖单于立，汉使光禄徐自为出五原塞①数百里，远者千余里，筑城鄣列亭②至庐朐，③而使游击将军韩说、长平侯卫伉屯其旁，使强弩都尉路博德筑居延泽上。④

①[正义]曰：即五原郡榆林塞也，在胜州榆林县四十里也。

②[正义]曰：顾胤云："鄣，山中小城。亭，候望所居也。"

③音衢。匈奴地名，又山名。[正义]曰：《括地志》云："五原郡相阳县北出石门鄣，得光禄城，又西北得支就县，又西北得头曼城，又西北得牢城河，又西北得宿虏城。"按：即筑城鄣列亭至卢朐也。服虔云："卢，匈奴地名也。"张晏云："山名也。"

④[正义]曰：《括地志》云："汉居延县，故城在甘州张掖县东北千五百三十里，有汉遮虏鄣，强弩尉路博德之所筑。李陵败，与士众期至遮虏鄣，即此也。"《长老传》云："鄣北百八十里，直居延之西北，是李陵战地也。"

其秋，匈奴大入定襄、云中，杀略数千人，败数二千石而去。行，破坏光禄所筑城列亭鄣。又使右贤王入酒泉、张掖，略数千人。会任文击救，①尽复失所得而去。是岁，贰师将军破大宛，斩其王而还。匈奴欲遮之，不能至。其冬，欲攻受降城，会单于病死。

①《汉书音义》曰："汉将也。"

呴犁湖单于立一岁死。匈奴乃立其弟左大都尉且鞮侯为单于。①

①[索隐]曰：且，音子余反。鞮，音低。

汉既诛大宛，威震外国。天子意欲遂困胡，乃下诏曰："高皇帝遗朕平城之忧，高后时单于书绝悖逆。昔齐襄公复百世之仇，《春秋》大之。"①是岁，太初四年也。

①《公羊传》曰："九世犹可以复仇乎？虽百世可知也。"

且鞮侯单于既立，尽归汉使之不降者，路充国等得归。单于初立，恐汉袭之，乃自谓："我儿子，安敢望汉天子！汉天子，我丈人行也。"①汉遣中郎将苏武厚币赂遗单于。单于益骄，礼甚倨，非汉所望也。其明年，浞野侯破奴得亡归汉。

①[正义]曰：胡郎反。

其明年，汉使贰师将军广利以三万骑出酒泉。击右贤王于天山，①得胡首虏万余级而还。匈奴大围贰师将军，几不脱。汉兵物故什六七。汉复使因杅将军敖出西河，与强弩都尉会涿涂山，②毋所得。又使骑都尉李陵将步骑五千人，出居延北千余里，与单于会，合战，陵所杀伤万余人，兵及食尽，欲解归，匈奴围陵，陵降匈奴，其兵遂没，得还者四百人。单于乃贵陵，以其女妻之。

①[正义]曰：在伊州。

②徐广曰："涂，音邪。"[索隐]曰：涿，音卓。涂，音以奢反。[正义]曰：匈奴中山也。

后二岁，复使贰师将军将六万骑，步兵十万，出朔方。强弩都尉路博德将万余人，与贰师会。游击将军说将步骑三万人，出五原。因杅将军敖将万骑，步兵三万人，出雁门。匈奴闻，悉远其累重于余吾水北，①而单于以十万骑待水南，与贰师将军接战。贰师乃解而引归，与单于连战十余日。贰师闻其家以巫蛊族灭，因并众降匈奴，②得来还千人一两人耳。③游击说无所得。因杅敖与左贤王战，不利，引归。是岁，④汉兵之出击匈奴者不得言功多少，功不得御。⑤有诏捕太医令随但，言贰师将军家室族灭，使广利得降匈奴。⑥

①徐广曰："余，一作'斜'，音邪。"[索隐]曰：《山海经》云："北鲜之山，鲜水出焉，北流注余吾。"[正义]曰：累，力为反。重，文用反。

②徐广曰："案：《史记·将相年表》及《汉书》，征和二年巫蛊始起。三年，广利与商丘成出击胡军，败，乃降。"

③[正义]曰：自此以下，上至贰师闻其家，非天汉四年事，似错误，人所知。

④徐广曰："天汉四年。"

⑤[正义]曰：御，音语。其功不得相御当也。

⑥[索隐]曰：《汉书》云："明年，且鞮死，长子狐鹿姑单于立。"张晏云："自狐鹿姑单于已下，皆刘向、褚先生所录，班彪又撰而次之，所以《汉书·匈奴传》有上下两卷。"

太史公曰：孔氏著《春秋》，隐桓之间则彰，至定哀之际则微，①为其切当世之文而罔褒，忌讳之辞也。②世俗之言匈奴者，患其徼一时权，③而务谄纳其说，④以便偏指，不参⑤彼己。将率⑥席中国，广大气奋，人，主因以决策，是以建功不深。尧虽贤，兴事业不成，得禹而九州宁。⑦且欲兴圣统，唯在择任将相哉！唯在择任将相哉！

①[索隐]曰：案：《韩国要礼》云："仲尼仕于定哀，故其著《春秋》，不切论当世而微其词也。

②[索隐]曰：案：罔者，无也。谓无其实而褒之是也，忌讳当代故也。

③徐广曰："徼，音皎。"[索隐]曰：徼，音工尧反。言求一时权宠也。刘伯庄音叫，徐音皎，皆非也。

④[索隐]曰：说，音税。

⑤[索隐]曰：案：谓说者谋匈奴，皆患其直徼求一时权幸，但务谄进其说，以自便其偏指，不参详终始利害也。

⑥《诗》云："彼己之子。"[索隐]曰：彼己者，犹诗人讥词云"彼己之子"是也。将率则指樊哙、卫、霍等也。

⑦[正义]曰：言尧虽贤圣，不能独理，得禹而九州安宁。以刺武帝不能择贤将相，而务谄纳小人浮说，多伐匈奴，故坏齐民。故太史公引禹圣成其太平，以攻当代之罪。

索隐述赞曰：猃狁、荤粥，居于北边。既称夏裔，式憬周篇。颇随畜牧，屡扰尘烟。爰自顿冒，尤聚控弦。虽空帑藏，未尽中权。

史记卷一一一
列传第五一

卫将军骠骑

大将军卫青者，平阳人也。①其父郑季，为吏，给事平阳侯家，与侯妾卫媪通，②生青。青同母兄卫长子，而姊卫子夫自平阳公主家得幸天子，③故冒姓为卫氏。字仲卿。长子更字长君，长君母号为卫媪。媪长女卫孺，④次女少儿，次女即子夫。后子夫男弟步、广⑤皆冒卫氏。

①[正义]曰：《汉书》云“其父郑季，河东平阳人，以县吏给事平阳侯之家”也。

②[索隐]曰：卫，姓也。媪，妇人老少通称。《汉书》曰与主家僮卫媪通。案：既云家僮，故知非老。或者媪是年老之称，后追呼耳。然《外戚传》云“薄姬父与魏王宗女魏媪通”，则少亦称媪也。而小颜云“卫者，举其夫家姓也”。然案此云“侯妾卫媪”，则似无夫。下云“同母兄卫长子及姊卫子夫皆冒卫氏”，又似有夫耳。其所冒之姓为父与母，皆未明也。

③徐广曰：“曹参曾孙平阳夷侯，时尚武帝姊平阳公主，生子襄。”[索隐]曰：案：如淳云：“本阳信长公主，为平阳侯所尚，故称平阳公主。”世家及《功臣表》“时”或作“畤”，《汉书》作“寿”，并文字残缺，故不同也。

④[索隐]曰：《汉书》云：“君孺。”

⑤徐广曰：“步，一作‘少’。”

青为侯家人，少时归其父，其父使牧羊。先母之子①皆奴畜之，不以为兄弟数。②青尝从入至甘泉居室，③有一钳徒④相青曰：“贵人也，官至封侯。”青笑曰：“人奴之生，得毋笞骂即足矣，安得封侯事乎！”

①服虔曰：“先母，适妻也，青之适母。”[索隐]曰：《汉书》作“民母”。顾氏云：“郑季本妻编于民户之间，故曰民母。”今本亦或作“民母”也。

②[索隐]曰：音去声。

③[正义]曰：按：居室，署名，武帝改曰保宫。灌夫系居室是也。

④张晏曰：“甘泉中徒所居也。”

青壮，为侯家骑，从平阳主。建元二年春，青姊子夫得入宫幸上。皇后，堂邑大长公主女也，①无子，妒大长公主，闻卫子夫幸有身，妒之，乃使人捕青。青时给事建章，未知名。②大长公主执囚青，欲杀之。其友骑郎公孙敖与壮士篡取之，以故得不死。③上闻，乃召青为建章监，侍中，及同母昆弟贵，赏赐数日间累千金。孺为太仆公孙贺妻。少儿故与陈掌通，④上召贵掌。公孙敖由此益贵。子夫为夫人，青为太中大夫。元光五年，青为车骑将军，击匈奴，出上谷。太仆公孙贺为轻车将军，出云中。太中大夫公孙敖为骑将军，出代郡。卫尉李广为骁骑将军，出雁门。军各万骑。青至笼城，斩首虏数百。骑将军敖亡七千骑；卫尉李广为虏所得，得脱归；皆当斩，赎为庶人。贺亦无功。

①徐广曰：“堂邑安侯陈婴之孙夷侯午，尚景帝姊长公主，生子季须。元鼎年，季须坐奸自杀。”[正义]曰：文颖云：“陈皇后，武帝姑女也。”

②[索隐]曰：案：晋灼云：“建章，上林中宫名也。”

③[索隐]曰：篡，犹劫也，夺也。

④徐广曰：“陈平曾孙，名掌也。”

元朔元年春，卫夫人有男，①立为皇后。其秋，青为车骑将军，出雁门，三万骑击匈奴，斩首虏数千人。明年，匈奴入杀辽西太守，虏略渔阳二千余人，败韩将军军。汉令将军李息击之，出代；令车骑将军青出云中以西，至高阙。②遂略河南地，至于陇西，捕首虏数千，畜数十万，走白羊、楼烦王。遂以河南地为朔方郡，③以三千八百户封青为长平侯。青校尉苏建有功，以千一百户封建为平陵侯。使建筑朔方城。④青校尉张次公有功，封为岸头侯。⑤天子曰：“匈奴逆天理，乱人伦，暴长虐老，以盗窃为务，行诈诸蛮夷，造谋籍兵，数为边害。⑥故兴师遣将，以征厥罪。诗不云乎：'薄伐猃狁，至于太原'，⑦'出车彭彭，城彼朔方。'⑧今车骑将军青度西河，⑨至高阙，获首虏二千三百级，车辎畜产毕收为卤，已封为列侯。"遂西定河南地，按榆谿旧塞，⑩绝梓领，梁北河，⑪讨蒲泥，破符离，⑫斩轻锐之卒，捕服听者三千七十一级，⑬执讯获丑，⑭驱马牛羊百有余万，全甲兵而还。益封青三千户。

①[索隐]曰：即卫太子据也。

②[索隐]曰：高阙，山名。小颜云"一曰塞名，在朔方之北"也。

③[正义]曰：今夏州也。

④[正义]曰：《括地志》云："夏州朔方县北什贲故城是。"按：苏建筑什贲之号，盖出蕃语也。

⑤[索隐]曰：案：晋灼云："河东皮氏县之亭名也。"[正义]曰：服虔云："乡名也。"

⑥张晏曰："从蛮夷借兵钞边也。"

⑦[索隐]曰：此《小雅·六月》诗，美宣王北伐也。薄伐者，言逐出之也。

⑧[索隐]曰：《小雅·出车》之诗也。

⑨[正义]曰：即云中郡之西河，云胜州东河也。

⑩如淳曰："案，行也。榆谿，旧塞名。"或曰按，寻也。[索隐]曰：案：《水经》云"上郡之北有诸次山，诸次水出焉，东经榆林塞为榆谿"，是榆谿旧塞也。

⑪如淳曰："绝，度也。为北河作桥梁。"[正义]曰：《括地志》云："梁北河在灵州界也。"

⑫晋灼曰："二王号。"[索隐]曰：崔浩云："北塞名。"

⑬张晏曰："伏于隐处，听军虚实。"

⑭[正义]曰：讯，问也。丑，众。言执其生口问之，知虏处，获得众类也。

其明年，匈奴入杀代郡太守友，①入略雁门千余人。其明年，匈奴大入代、定襄、上郡，杀略汉数千人。

①徐广曰："友者，太守名也。姓共也。"

其明年，元朔之五年春，汉令车骑将军青将三万骑，出高阙；卫尉苏建为游击将军，左内史李沮①为强弩将军，太仆公孙贺为骑将军，代相李蔡为轻车将军，皆领属车骑将军，俱出朔方；大行李息、岸头侯张次公为将军，出右北平，咸击匈奴。匈奴右贤王当卫青等兵，以为汉兵不能至此，饮醉。汉兵夜至，围右贤王，右贤王惊，夜逃，独与其爱妾一人壮骑数百驰，溃围北去。汉轻骑校尉郭成等逐数百里不及，得右贤裨王十余人，②众男女万五千余人，畜数千百万，于是引兵而还。至塞，天子使使者持大将军印即军中，拜车骑将军青为大将军，诸将皆以兵属大将军，大将军立号而归。③天子曰："大将军青躬率戎士，师大捷，获匈奴王十有余人，益封青六千户。"而封青子伉④为宜春侯，青子不疑为阴安侯，青子登为发干侯。青固谢曰："臣幸得待罪行间，赖陛下神灵，军大捷，皆诸校尉力战之功也。陛下幸已益封臣青。臣青子在襁褓中，⑤未有勤劳，上幸列地封为三侯，非臣待罪行间所以劝士力战之意也。伉等三人何敢受封！"天子曰："我非忘诸校尉功也，今固且图之。"乃诏御史曰："护军都尉公孙敖三从大将军击匈奴，常护军，傅校获王，⑥以千五百户封敖为合骑侯。⑦都尉韩说从大将军出窳浑，⑧至匈奴右贤王庭，为麾下搏战获王，⑨以千三百户封说为龙额侯。骑将军公孙贺从大将军获王，以千三百户封贺为南窌侯。⑩轻车将军李蔡再从大将军获王，以千六百户封蔡为乐安侯。校尉李朔、校尉赵不虞、校尉公孙戎奴各三从大将军获王，以千三百户封朔为涉轵侯，以千三百户封不虞为随成侯，以千三百户封戎奴为从平侯。将军李沮、李息及校尉豆如意有功，赐爵关内侯，食邑各三百户。"

①文颖曰："音俎。"

②[索隐]曰：贾逵云："裨，益也。"小颜云："裨王，小王也，若裨将然。音频移反。"

③[索隐]曰：案：谓立大将军之号令而归也。

④[正义]曰：口浪反。

⑤[正义]曰：襁长尺二寸，阔八寸，以约小儿于背。褓，小儿被也。

⑥[索隐]曰：顾秘监云："傅，领也。五百人谓之校。"小颜云："傅，音附。言敖总护诸军，每附部校，以致克捷而获王也。"

⑦[索隐]曰：案：非邑地，因战功为号。谓军合骠骑，故云"合骑"，若"冠军"、"从骠"然也。

⑧徐广曰："窳浑在朔方，音庾。"[索隐]曰：服虔云："窳浑，塞名。"《汉书》作"寘浑"。寘，音田。

⑨[索隐]曰：搏，音博。搏，击也。小颜同。今《史记》《汉书》本多作"传"，传犹转也。

⑩徐广曰："窌宜作'奅'，音匹孝反。"[索隐]曰：韦昭云县名。或作"窖"。《字林》云"大"下"卯"与"穴"下"卯"，并音匹孝反。

其秋，匈奴入代，杀都尉朱英。

其明年春，大将军青出定襄，合骑侯敖为中将军，太仆贺为左将军，翕侯赵信为前将军，卫尉苏建为右将军，郎中令李广为后将军，左内史李沮为强弩将军，咸属大将军，斩首数千级而还。月余，悉复出定襄击匈奴，斩首虏万余人。右将军建、前将军信并军三千余骑，独逢单于兵，与战一日余，汉兵且尽。前将军故胡人，降为翕侯，见急，匈奴诱之，遂将其余骑可八百奔降单于。右将军苏建尽亡其军，独以身得亡去，自归大将军。大将军问其罪正闳、①长史安、②议郎周霸等：③"建当云何？"霸曰："自大将军出，未尝斩裨将。今建弃军，可斩以明将军之威。"闳、安曰："不然。兵法'小敌之坚，大敌之禽也。'今建以数千当单于数万，力战一日余，士尽，不敢有二心，自归。自归而斩之，是示后无反意也。不当斩。"大将军曰："青幸得以肺腑待罪行间，不患无威，而霸说我以明威，甚失臣意。且使臣职虽当斩将，以臣之尊宠而不敢自擅专诛于境外，而具归天子，天子自裁之，于是以见为人臣不敢专权，不亦可乎？"军吏皆曰："善。"遂囚建诣行在所。④入塞罢兵。

①张晏曰："正，军正也。闳，名也。"

②[正义]曰：律，都军官史一人也。

③徐广曰："儒生。"[索隐]曰：案：《郊祀志》议封禅有周霸，故知儒生也。

④蔡邕曰："天子自谓所居曰'行在所'，言今虽在京师，行所至耳。巡狩天下，所奏事处皆为官。在长安则曰奏长安宫，在泰山则曰奉高宫，唯当时所在。"

是岁也，大将军姊子霍去病①年十八，幸，为天子侍中。善骑射，再从大将军，受诏与壮士，为剽姚校尉。②与轻勇骑八百直奔大军数百里赴利，斩捕首虏过当。③于是天子曰："剽姚校尉去病斩首虏二千二十八级，及相国，当户，斩单于大父行籍若侯产，④生捕季父罗姑比，⑤再冠军，以千六百户封去病为冠军侯。上谷太守郝贤四从大将军，捕斩首虏二千余人，以千一百户封贤为从利侯。"是岁失两将军军，亡翕侯，军功不多，故大将军不益封。右将军建至，天子不诛，赦其罪，赎为庶人。

①徐广曰："姊即少儿也。"

②[索隐]曰：服虔音飘摇。大颜案荀悦《汉纪》作"票鹞"。票鹞，劲疾之貌也。票，音频妙反。鹞，音戈召反。

③[索隐]曰：案：小颜云："计其所将之人数，则捕首虏为多，过于所当也。一云汉军亡失者少，而杀获匈奴数多，故曰过当也。"

④张晏曰："籍若，胡侯。"[索隐]曰：行，音胡浪反。谓藉若侯是匈奴祖之行第。产即大父之名。

⑤[索隐]曰：案：顾氏云："罗姑比，单于季父名。"小颜云："比，频也。"案下既云，再无容更言频也。

大将军既还，赐千金。是时王夫人方幸于上，宁乘说大将军曰："将军所以功未甚多，身食万户，三子皆为侯者，徒以皇后故也。今王夫人幸而宗族未富贵，愿将军奉所赐千金为王夫人亲寿。"大将军乃以五百金为寿。天子闻之，问大将军，大将军以实言，上乃拜宁乘为东海都尉。张骞从大将军，以尝使大夏，①留匈奴中久，导军，知善水草处，军得以无饥渴，因前使绝国功，封骞博望侯。

①[正义]曰：大夏国在大宛西。

冠军侯去病既侯三岁，元狩二年春，以冠军侯去病为骠骑将军，①将万骑出陇西，有功。天子曰："骠骑将军率戎士逾乌盭，②讨遫濮，③涉狐奴，④历五王国，辎重人众慑慴者弗取，⑤冀获单于子。⑥转战六日，过焉支山千有余里，合短兵，杀折兰王，斩庐胡王，⑦诛全甲，⑧执浑邪王子及相国、都尉，首虏八千余级，收休屠祭天金人。⑨益封去病二千户。"

①徐广曰："骠，一亦作'剽'。"[正义]曰：《汉书》云霍去病征匈奴有绝幕之勋，始置骠骑将军，位在三司，品秩同大将军。《说文》云："骠骑，黄马

鬣白色。一曰氂尾。"

②《汉书音义》曰:"音戾,山名也。"

③[索隐]曰:遬,音速。濮,音卜。崔浩云:"匈奴部落名。"案:下有"遬濮王",则是国名也。

④晋灼曰:"水名也。"

⑤文颖曰:"恐惧也。"[索隐]曰:案:《说文》云:"慑慴",失气也。刘氏云:"慑,式涉反。慴,之涉反。"

⑥徐广曰:"一作'与'。"

⑦张晏曰:"折兰、卢胡,国名也。杀者,杀之而已。斩者,获其首。"[正义]曰:颜师古云:"折兰,匈奴中姓也。今鲜卑有其兰姓者,即其种。"

⑧徐广曰:"全,一作'金'。"[正义]曰:全甲谓具足不失落也。

⑨如淳曰:"祭天为主。"[索隐]曰:案:张晏云:"佛徒祠金人也。"屠,音储。

其夏,骠骑将军与合骑侯敖俱出北地,异道;博望侯张骞郎中令李广俱出右北平,异道,皆击匈奴。郎中令将四千骑先至,博望侯将万骑在后至。匈奴左贤王将数万骑围郎中令,与战二日,死者过半,所杀亦过当。博望侯至,匈奴兵引去。博望侯坐行留,当斩,赎为庶人。而骠骑将军出北地,已遂深入,与合骑侯失道,不相得。骠骑将军逾居延,至祁连山,捕首虏甚多。天子曰:"骠骑将军逾居延,①遂过小月氏,②攻祁连山,③得酋涂王,④以众降者二千五百人,斩首虏三万二百级,获五王、五王母、单于阏氏、王子五十九人,相国、将军、当户、都尉六十三人,师大率⑤减什三。⑥益封去病五千户。赐校尉从至小月氏爵左庶长。鹰击司马破奴再从骠骑将军斩遬濮王,⑦捕稽且王,⑧千骑将得王、王母各一人,⑨王子以下四十一人。捕虏三千三百三十人,前行捕虏千四百人。以千五百户封破奴为从骠侯。⑩校尉句王高不识,⑪从骠骑将军捕呼于屠王,⑫王子以下十一人,捕虏千七百六十八人,以千一百户封不识为宜冠侯。⑬校尉仆多有功,封为辉渠侯。"⑭合骑侯敖坐行留不与骠骑会,当斩,赎为庶人。诸宿将所将士马兵亦不如骠骑,骠骑所将常选,⑮然亦敢深入,常与壮骑先其大将军,军亦有天幸,未尝困绝也。然而诸宿将常坐留落不遇。⑯由此骠骑日以亲贵,比大将军。

①张晏曰:"水名也。"

②[索隐]曰:韦昭:"氏,音支。"《西域传》:"大月氏本居敦煌、祁连间,余众保南山,遂号小月氏。"

③[索隐]曰:小颜云:"即天山也。匈奴谓天为祁连。"案:《西河旧事》谓白山即天山,祁连恐非也。

④张晏曰:"胡王也。"[索隐]曰:酋,音才由反。涂,音徒。《汉书》云"杨武平觻得单于单桓、酋涂王",此文省也。

⑤[正义]曰:音律也。

⑥[索隐]曰:案:《汉书》作"减什七"。小颜云:"破匈奴之师,十减其七。一云汉兵亡失之数,下皆类此。"案:一说为是也。

⑦[正义]曰:速卜二音。

⑧[索隐]曰:且,音子余反。

⑨[索隐]曰:《汉书》作"右千骑将王"。然则此云千骑将是汉之将,属赵破奴,得匈奴王及王母也。或云右千骑将即匈奴王号也。

⑩张晏曰:"从骠骑将军有功,因以为号。"

⑪徐广曰:"句,音钩。匈奴以为号。"[索隐]曰:案:二人并匈奴人也。

⑫[索隐]曰:案:三字共为王号。

⑬[正义]曰:孔文祥云:"从冠军将军战故。宜冠,从骠之类者也。"

⑭[索隐]曰:案:《汉表》作"仆明",疑多是误。辉,音晖也。

⑮[索隐]曰:选,音宣变反。谓骠骑常选择取精兵。

⑯[索隐]曰:案:谓迟留零落,不遇合也。

其秋,单于怒浑邪王居西方数为汉所破,亡数万人,以骠骑之兵也。单于怒,欲召诛浑邪王。浑邪王与休屠王等谋欲降汉,使人先遣使向边境要遮汉人,①令报天子要边。是时大行李息将城河上,得浑邪王使,即驰传以闻。天子闻之,于是恐其以诈降而袭边,乃令骠骑将军将兵往迎之。骠骑既渡河,与浑邪王众相望。浑邪王裨将见汉军而多欲不降者,颇遁去。骠骑乃驰入,与浑邪王相见,斩其欲亡者八千人。遂独遣浑邪王乘传先诣行在所,尽将其众渡河,降者数万,号称十万。既至长安,天子所以赏赐者数十巨万。封浑邪王万户,为漯阴侯。②封其裨王呼毒尼③为下摩侯,鹰庇为辉渠侯，④禽梨为河綦侯，⑤大当户铜离⑥为常乐侯。于是天子嘉骠骑之功曰："骠骑将军去病率师攻匈奴西域王浑邪，王及厥众萌咸相奔，率以军粮接食，并将控弦万有余人，诛獟駻，⑦获首虏八千余级，降异国之主三十二人，战士不离伤，十万之众咸怀集服，仍与之劳，爰及河塞，⑧庶几无患，幸既永绥矣，以千七百户益封骠骑将军。"减陇西、北地、上郡戍卒之半，以宽天下之繇。

①[索隐]曰：案：谓先于边境要候汉人，言其欲降。

②[索隐]曰：漯，音他合反。案《地理志》，县名，在平原。

③文颖曰："胡王名。"

④徐广曰："一云'篇訾'。"[索隐]曰：《汉书》鹰作"雁"。庛，音必二反，又音疋履反。案：《汉书·功臣表》元狩二年以辉渠封仆明，至三年又封鹰庛。其地俱属鲁阳，未详所以。[正义]曰：辉渠，表作"顺梁"。

⑤徐广曰："禽，一作'乌'。"[索隐]曰：案：表作"乌梨"。

⑥徐广曰："一作'稠离'也。"[索隐]曰：徐注与《汉书·功臣表》同。此文云"铜"，《汉书》云"调"，字又异也。

⑦晋灼曰："獟，音欺诮反。"[索隐]曰：《说文》"獟"作"绕"，行疾貌。悍，音胡旦反。

⑧[正义]曰：言匈奴右地浑耶王降，而塞外并河诸郡之民无忧患也。

居顷之，乃分徙降者边五郡故塞外，①而皆在河南，因其故俗，为属国。②

①[正义]曰：五郡，谓陇西、北地、上郡、朔方、云中，并是故塞外，又在北海西南。

②[正义]曰：以降来之民徙置五郡，各依本国之俗而属于汉，故言属国也。

其明年，匈奴入右北平、定襄，杀略汉千余人。

其明年，天子与诸将议曰："翕侯赵信为单于划计，常以为汉兵不能度幕，轻留，①今大发士卒，其势必得所欲。"是岁元狩四年也。

①[索隐]曰：案：幕即沙幕，古字少耳。轻留者，谓匈奴以汉军不能至，故轻易留而不去也。

元狩四年春，上令大将军青、骠骑将军去病将各五万骑，步兵转者踵军①数十万，而敢力战深入之士皆属骠骑。骠骑始为出定襄，当单于。捕虏言单于东，乃更令骠骑出代郡，令大将军出定襄。郎中令为前将军，太仆为左将军，主爵赵食其为右将军，平阳侯襄为后将军，皆属大将军。兵即度幕，人马凡五万骑，与骠骑等咸击匈奴单于。赵信为单于谋曰："汉兵既度幕，人马疲，匈奴可坐收虏耳。"乃悉远北其辎重，皆以精兵待幕北。而适值大将军军出塞千余里，见单于兵陈而待，于是大将军令武刚车②自环为营，而纵五千骑往当匈奴。匈奴亦纵可万骑。会日且入，大风起，砂砾击面，两军不相见，汉益纵左右翼绕单于。单于视汉兵多，而士马尚强，战而匈奴不利，薄暮，单于遂乘六赢，壮骑可数百，直冒汉围西北驰去。时已昏，汉匈奴相纷挐，③杀伤大当。④汉军左校捕虏言单于未昏而去，汉军因发轻骑夜追之，大将军军因随其后。匈奴兵亦散走。迟明，⑤行二百余里，⑥不得单于，颇捕斩首虏万余级。遂至寘颜山赵信城，⑦得匈奴积粟食军。军留一日而还，悉烧其城余粟以归。

①［正义］曰：言转军之士及步兵接后又数十万人。

②《孙吴兵法》曰："有巾有盖，谓之武刚车也。"

③［正义］曰：《三苍解诂》云："纷挐，相牵也。"

④［索隐］曰：以言所杀伤大略相当。

⑤［正义］曰：上音值。

⑥徐广曰："迟，一作'黎'。"［索隐］曰：迟，音值。迟者，待也，待天欲明也。《汉书》作"会明"，诸本多作"黎明"。邹氏云黎，迟也。然黎，黑也。候天将明而犹黑也。

⑦徐广曰："寘，音田。"

大将军之与单于会也，而前将军广、右将军食其军别从东道，或失道，后击单于。大将军引还过幕南，乃得前将军、右将军。大将军欲使使归报，令长史簿责前将军广，广自杀。右将军至，下吏，赎为庶人。大将军军入塞，凡斩捕首虏万九千级。是时匈奴众失单于十余日。右谷蠡王闻之，自立为单于。①单于后得其众，右王乃去单于之号。

①［索隐］曰：谷，音禄。蠡，音黎，又音离。

骠骑将军亦将五万骑，车重与大将军军等，而无裨将。悉以李敢等为大校，当裨将。出代、右北平千余里，直左方兵，所斩捕功已多大将军。军既还，天子曰："骠骑将军去病率师，躬将所获荤粥之士，①约轻赍，绝大幕，涉获章渠，②以诛比车耆，③转击左大将，④斩获旗鼓，历涉离侯。⑤济弓闾，⑥获屯头王、⑦韩王等三人，⑧将军、相国、当户、都尉八十三人，封狼居胥山，禅于姑衍，⑨登临翰海。⑩执卤获丑七万有四百四十三级，师率减什三，取食于敌，逴行殊远而粮不绝。⑪以五千八百户益封骠骑将军。右北平太守路博德属骠骑将军，会与城，⑫不失期，从至梼余山，⑬斩首捕虏二千七百级。以千六百户封博德为符离侯。北地都尉邢山⑭从骠骑将军获王，以千二百户封山为义阳侯。故归义因淳王复陆支、楼专王伊即靬皆从骠骑将军有功，⑮以千三百户封复陆支为壮侯，以千八百户封伊即靬为众利侯。从骠侯破奴、昌武侯安稽⑯从骠骑有功，益封各三百户。校尉敢得旗鼓，为关内侯，食邑二百户。⑰校尉自为爵大庶长。"⑱军吏卒为官，赏赐甚多。而大将军不得益封，军吏卒皆无封侯者。

①徐广曰："粥，一作'允'。"骃案：应劭曰："所降士有材力者。"

②徐广曰："获，一作'护'。"[索隐]曰：小颜云："涉谓涉水也。章渠，单于之近臣，谓涉水而破获之。"《汉书》云"涉获单于章渠"也。

③晋灼曰："王号也。"[索隐]曰：比，音必耳反。

④[索隐]曰：案：《汉书》名双。

⑤[索隐]曰：《汉书》作"度难侯"。小颜云："山名。"历，度也。

⑥晋灼曰："水名也。"[索隐]曰：包恺弓，音穹，亦如字读。

⑦《汉书音义》曰："胡王号也。"

⑧徐广曰："王，一作'籍'。"[索隐]曰：李奇云："皆匈奴王号。"

⑨[正义]曰：积土为坛于山上，封以祭天也。除地曰禅。

⑩张晏曰："登海边山以望海也。"[索隐]曰：按：崔浩云："北海名。群鸟之所解羽，故云翰海。"《广志》："在沙漠北。"

⑪[索隐]曰：逴，与"卓"同。卓，远也。

⑫[正义]曰：上音余。

⑬[索隐]曰:梼余,音桃徒。

⑭徐广曰:"作'卫山'。"

⑮[索隐]曰:刘氏复,音伏,小颜音芳福反。《汉书》"专"作"钊",并音专。小颜音之兖反。靬,音九言反。

⑯徐广曰:"姓赵,故匈奴王。"

⑰[索隐]曰:敢,李广子也。

⑱[索隐]曰:案:徐自为也。

两军之出塞,塞阅官及私马凡十四万匹,而复入塞者不满三万匹。乃益置大司马位,大将军、骠骑将军皆为大司马。①定令,令骠骑将军秩禄与大将军等。自是之后,大将军青日退,而骠骑日益贵。举大将军故人门下多去事骠骑,辄得官爵,唯任安不肯。

①如淳曰:"大将军、骠骑将军皆有大司马之号也。"[索隐]曰:案:如淳云:"本无大司马,今新置耳。"案:前谓太尉,其官又省,今武帝始置此位,卫将军、霍骠骑皆加此官。

骠骑将军为人少言不泄,①有气敢任。②天子尝欲教之孙吴兵法,对曰:"顾方略何如耳,不至学古兵法。"天子为治第,令骠骑视之,对曰:"匈奴未灭,无以家为也。"由此上益重爱之。然少而侍中,贵,不省士。其从军,天子为遣太官赍数十乘。既还,重车余弃粱肉,而士有饥者。其在塞外,卒乏粮,或不能自振,而骠骑尚穿域蹋鞠。③事多此类。大将军为人仁善退让,以和柔自媚于上,然天下未有称也。

①[索隐]曰:案:孔文祥云:"谓质重少言,胆气在中也。周仁'阴重不泄',其行亦同也。"

②[索隐]曰:谓果敢任气也。

③徐广曰:"穿地为营域。"[索隐]曰:鞠戏,以皮为之,中实以毛,蹴蹋为戏也。刘向《别录》云:"蹋鞠,兵势,所以陈武事,知有材也。"《三苍》云"鞠毛可蹋以毛为戏",故云鞠戏。鞠,音巨六反。[正义]曰:按:《蹴鞠书》有《域说篇》,即今之打球也。黄帝所作,起战国时。程武士,知其材力也,若讲武。

骠骑将军自四年军后三年,元狩六年而卒。天子悼之,发属国玄甲①军，陈自长安至茂陵，为冢像祁连山。②谥之，并武与广地曰景桓侯。③子嬗代侯。④嬗少，字子侯，上爱之，幸其壮而将之。居六岁，元封元年，嬗卒，谥哀侯。无子，绝，国除。

①[正义]曰：属国，即上分置边五郡者也。玄甲，铁甲也。

②[索隐]曰：案：崔浩云："去病破昆邪于此山，故令为冢象之以旌功也。"姚氏案：冢在茂陵东北，与卫青冢并。西者是青，东者是去病冢。上有竖石，前有石马相对，又有石人也。

③苏林曰："景，武谥也；桓，广地谥也。"张晏曰："《谥法》'布义行刚曰景，辟土服远曰桓'。"[索隐]曰：案：景、桓，两谥也。布义行刚，是武谥也。辟土服远，是广地之谥也。以去病平生有武艺及广边地之功，故云"谥之并武与广地曰景桓也"。

④[索隐]曰：嬗，音市战反。

自骠骑将军死后，大将军长子宜春侯伉坐法失侯。后五岁，伉弟二人，阴安侯不疑及发干侯登皆坐酎金失侯。失侯后二岁，冠军侯国除。其后四年，大将军青卒，①谥为烈侯。子伉代为长平侯。

①徐广曰："元封五年。"

自大将军围单于之后，十四年而卒。竟不复击匈奴者，以汉马少，而方南诛两越，东伐朝鲜，击羌、西南夷，以故久不伐胡。

大将军以其得尚平阳公主①故，长平侯代侯。六岁，坐法失侯。

①[正义]曰：《汉书》云："平阳侯曹寿有恶疾，就国，乃诏青尚平阳公主。"如淳云："本阳信长公主，为平阳侯所尚，故称平阳公主云。"

左方两大将军及诸裨将名：

最①大将军青，凡七出击匈奴，斩捕首虏五万余级。一与单于战，收河南地，遂置朔方郡。再益封，凡万一千八百户。封三子为侯，二千三百户。并之，万五千七百户。其校尉裨将以从大将军侯者九人。其裨将及校尉已为将者十四人。②为裨将者曰李广，自有传。无传者曰：

①[索隐]曰：谓凡计也。

②[索隐]曰：案：《汉书》云"为特将者十五人"，盖通李广也。此李广一人自有传者，《汉书》则七人自有传，八人附见。七人谓李广、张骞、公孙

贺、李蔡、曹襄、韩说、苏建也。

将军公孙贺。贺，义渠人，①其先胡种。贺父浑邪，景帝时为平曲侯，②坐法失侯。贺，武帝为太子时舍人。武帝立八岁，以太仆为轻车将军，军马邑。后四岁，以轻车将军出云中。后五岁，以骑将军从大将军有功，封为南窌侯。后一岁，以左将军再从大将军出定襄，无功。后四岁，以坐酎金失侯。后八岁，③以浮沮将军出五原④二千余里，无功。后八岁，⑤以太仆为丞相，封葛绎侯。贺七为将军，出击匈奴无大功，而再侯，为丞相。坐子敬声与阳石公主奸，⑥为巫蛊，族灭无后。

①[正义]曰：今庆州，本义渠戎国也。《地理志》云北义渠道也。

②徐广曰："为陇西太守。"

③徐广曰："元鼎六年。"

④[索隐]曰：沮，音子余反。

⑤徐广曰："太初二年。"

⑥徐广曰："阳石，一云'德邑'。"

将军李息，郁郅人。①事景帝。至武帝立八岁，为材官将军，军马邑。后六岁，为将军，出代。后三岁，为将军，从大将军出朔方。皆无功。凡三为将军，其后常为大行。

①服虔曰："郅，音窒。"[索隐]曰：小颜音质。案：北地县名也。[正义]曰：之栗反。今庆州弘化县是。

将军公孙敖，义渠人。以郎事武帝。武帝立十二岁，为骠骑将军，出代，亡卒七千人，当斩，赎为庶人。后五岁，以校尉从大将军有功，封为合骑侯。后一岁，以中将军从大将军，再出定襄，无功。后二岁，以将军出北地，后骠骑期，当斩，赎为庶人。后二岁，以校尉从大将军，无功。后十四岁，以因杅将军筑受降城。①七岁，复以因杅将军再出击匈奴，至余吾，②亡士卒多，下吏，当斩，诈死，亡居民间五六岁。后发觉，复系。坐妻为巫蛊，族。凡四为将军出击匈奴，一侯。

①[索隐]曰：杅，音于。

②[索隐]曰：余，音馀，又音徐。案：水名，在朔方。

将军李沮，①云中人。②事景帝。武帝立十七岁，以左内史为强弩将军。后一岁，复为强弩将军。

①[索隐]曰：音俎豆之俎。

②[正义]曰：今岚、胜州也。

将军李蔡，成纪人也。①事孝文帝、景帝、武帝。以轻车将军从大将军有功，封为乐安侯。已为丞相，坐法死。

①[正义]曰：秦州县也。

将军张次公，河东人。以校尉从卫将军青有功，封为岸头侯。其后太后崩，为将军，军北军。后一岁，为将军，从大将军。再为将军，坐法失侯。次公父隆，轻车武射也。以善射，景帝幸近之也。

将军苏建，杜陵人。以校尉从卫将军青有功，为平陵侯。以将军筑朔方。后四岁，为游击将军，从大将军出朔方。后一岁，以右将军再从大将军出定襄，亡翕侯，失军，当斩，赎为庶人。其后为代郡太守，卒，家在大犹乡。

将军赵信，以匈奴相国降，为翕侯。武帝立十七岁，为前将军，与单于战，败，降匈奴。

将军张骞，以使通大夏。还，为校尉。从大将军有功，封为博望侯。三岁，为将军，出右北平，失期，当斩，赎为庶人。其后使通乌孙，为大行而卒，家在汉中。

将军赵食其，祋祤人也。①武帝立二十二岁，以主爵为右将军，从大将军出定襄，迷失道，当斩，赎为庶人。

①[索隐]曰：县名，在冯翊。祋，音都活反，又音丁外反。祤，音诩。[正义]曰：上都诲反。雍州同官县，本汉祋祤县也。

将军曹襄，以平阳侯为后将军，从大将军出定襄。襄，曹参孙也。

将军韩说，弓高侯庶孙也。以校尉从大将军有功，为龙额侯。坐酎金失侯。元鼎六年，以待诏为横海将军，击东越有功，为按道侯。以太初三年为游击将军，屯于五原外列城。为光禄勋，掘蛊太子宫，卫太子杀之。

将军郭昌，云中人也。以校尉从大将军。元封四年，以太中大夫为拔胡将军，屯朔方。还击昆明，毋功，夺印。

将军荀彘，太原广武人。以御见，①侍中。为校尉，数从大将军。以元封三年为左将军击朝鲜，无功。以捕楼船将军坐法死。

①[正义]曰：以善御求见也。

最骠骑将军去病，凡六出击匈奴，其四出以将军。①斩捕虏首十一万余级，及浑邪王以众降数万，遂开河西酒泉之地，②西方益少胡寇。四益封，凡万五千一百户。其校吏有功为侯者凡六人，而后为将军二人。

①徐广曰："再出以剽姚校尉也。"

②[正义]曰：河，谓陇右兰州之西河也。谓凉、肃等州。《汉书·西域传》云骠骑将军击破匈奴右地，置酒泉郡，后分置武威、张掖、敦煌等郡。

将军路博德，平州人。①以右北平太守从骠骑将军有功，为符离侯。骠骑死后，博德以卫尉为伏波将军，伐破南越，益封。其后坐法失侯。为强弩都尉，屯居延，卒。

①[正义]曰：《汉书》云西河平州。按：西河郡，今汾州。

将军赵破奴，故九原人。①尝亡入匈奴，已而归汉，为骠骑将军司马。出北地时有功，封为从骠侯。坐酎金失侯。后一岁，为匈河将军，攻胡至匈河水，无功。后二岁，②击虏楼兰王，复封为浞野侯。后六岁，③为浚稽将军，将二万骑击匈奴左贤王，左贤王与战，兵八万骑围破奴，生为虏所得，遂没其军。居匈奴中十岁，复与其太子安国亡入汉。④后坐巫蛊，族。

①[正义]曰：今胜州。

②徐广曰："元封二年。"

③徐广曰："太初二年。"

④徐广曰："以太初二年入匈奴，天汉元年亡归，涉四年。"

自卫氏兴，大将军青首封，其后枝属为五侯。凡二十四岁而五侯尽夺，卫氏无为侯者。

太史公曰：苏建语余曰："吾尝责大将军至尊重，而天下之贤大夫毋称焉,①愿将军观古名将所招选择贤者,勉之哉。大将军谢曰:‘自魏其、武安之厚宾客,天子常切齿。彼亲附士大夫,招贤绌不肖者,人主之柄也。人臣奉法遵职而已,何与招士!’”②骠骑亦放此意,其为将如此。

①[索隐]曰:谓不为贤士大夫所称誉。

②[索隐]曰:与,音预。

索隐述赞曰:君子豹变,贵贱何常。青本奴虏,忽揔戎行。姊配皇极,身尚平阳。宠荣斯僭,取乱彝章。剽姚继踵,再静边方。

史记卷一一二
列传第五二

平津侯主父

丞相公孙弘者，齐菑川国薛县人也，①字季。少时为薛狱吏，有罪，免。家贫，牧豕海上。四十余，乃学《春秋》杂说。养后母孝谨。

①[索隐]曰：案：薛县本属鲁，汉置菑川国，后割入齐也。[正义]曰：表云菑川国，文帝分齐置，都剧。《括地志》云："故剧城在青州寿光县南三十一里。故薛城在徐州滕县界。《地理志》云薛县属鲁国。"按：薛与剧隔兖州及太山，未详。公孙弘墓又在青州北鲁县西二十里也。

建元元年，天子初即位，招贤良文学之士。是时弘年六十，征以贤良为博士。使匈奴，还报，不合上意，上怒，以为不能，弘乃病免归。

元光五年，有诏征文学，菑川国复推上公孙弘。弘让谢国人曰："臣已尝西应命，以不能罢归，愿更推选。"国人固推弘，弘至太常。太常令所征儒士各对策，百余人，弘第居下。策奏，天子擢弘对为第一。召入见，状貌甚丽，拜为博士。是时通西南夷道，置郡，巴蜀民苦之，诏使弘视之。还奏事，盛毁西南夷无所用，上不听。

弘为人恢奇多闻，常称以为人主病不广大，人臣病不俭节。弘为布被，食不重肉。后母死，服丧三年。每朝会议，开陈其端，令人主自择，不肯面折廷争。于是天子察其行敦厚，辩论有余，习文法吏事，而又缘饰以儒术，上大悦之。①

①[索隐]曰：谓以儒术饰文法，如衣服之有领缘以为饰也。

二岁中，①至左内史。弘奏事，有不可，不廷辩之。尝与主爵都尉汲黯请间，汲黯先发之，弘推其后，天子常说，所言皆听，以此日益亲贵。尝与公卿约议，至上前，皆倍其约以顺上旨。汲黯廷诘弘曰："齐人多诈而无情实，始与臣等建此议，今皆倍之，不忠。"上问弘。弘谢曰："夫知臣者以臣为忠，不知臣者以臣为不忠。"上然弘言。左右幸臣每毁弘，上益厚遇之。

①徐广曰："一云'一岁'。"

元朔三年，张欧免，以弘为御史大夫。是时通西南夷，东置沧海，北筑朔方之郡。弘数谏，以为罢敝中国以奉无用之地，愿罢之。于是天子乃使朱买臣等难弘置朔方之便。发十策，弘不得一。①弘乃谢曰："山东鄙人，不知其便若是，愿罢西南夷、沧海而专奉朔方。"上乃许之。

①韦昭曰："以弘之才，非不能得一也，以为不可，不敢逆上耳。"[正义]曰：颜师古曰："言其利害十条，弘无以应。"

汲黯曰："弘位在三公，奉禄甚多，然为布被，此诈也。上问弘，弘谢曰："有之。夫九卿与臣善者无过黯，然今日庭诘弘，诚中弘之病。夫以三公为布被，诚饰诈欲以钓名。且臣闻管仲相齐，有三归，侈拟于君，桓公以霸，亦上僭于君。晏婴相景公，食不重肉，妾不衣丝，齐国亦治，此下比于民。①今臣弘位为御史大夫，而为布被，自九卿以下至于小吏，无差，诚如汲黯言。且无汲黯忠，陛下安得闻此言。"天子以为谦让，愈益厚之。卒以弘为丞相，封平津侯。②

①[索隐]曰：比，音鼻。比者，近也。小颜音"比方"之"比"。

②徐广曰："《大臣表》曰元朔五年十一月乙丑，公孙弘为丞相。《功臣表》曰元朔三年十一月乙丑，封平津侯。"骃案《汉书》，高成之平津乡也。[索隐]曰：案：《汉书》曰："汉兴，皆以列侯为丞相，弘本无爵，乃诏封弘高成之平津乡六百五十户为平津侯。丞相封侯，自弘始也。"

弘为人意忌，外宽内深。①诸尝与弘有隙者，虽详与善，阴报其祸。杀主父偃，徙董仲舒于胶西，皆弘之力也。食一肉脱粟之饭。②故人所善宾客，仰衣食，弘奉禄皆以给之，家无所余。士亦以此贤之。

①[索隐]曰：谓弘外宽内深，意多有忌害也。

②[索隐]曰:案:一肉,言不兼味也。脱粟,才脱谷而已,言不精凿也。

淮南、衡山谋反,治党与方急。弘病甚,自以为无功而封,位至丞相,宜佐明主填抚国家,使人由臣子之道。今诸侯有畔逆之计,此皆宰相奉职不称,恐窃病死,无以塞责。①乃上书曰:"臣闻天下之通道五,所以行之者三。②曰君臣、父子、兄弟、夫妇、长幼之序,此五者天下之通道也。智、仁、勇,此三者天下之通德,所以行之者也。故曰'力行近乎仁,好问近乎智,知耻近乎勇'。知此三者,则知所以自治;知所以自治,然后知所以治人。天下未有不能自治而能治人者也,此百世不易之道也。今陛下躬行大孝,鉴三王,建周道,兼文武,厉贤予禄,③量能授官。今臣弘罢驽之质,无汗马之劳,陛下过意擢臣弘卒伍之中,封为列侯,致位三公。臣弘行能不足以称,素有负薪之病,恐先狗马填沟壑,终无以报德塞责。愿归侯印,乞骸骨,避贤者路。"天子报曰:"古者赏有功,褒有德,守成尚文,遭遇右武,④未有易此者也。朕宿昔庶几获承尊位,惧不能宁,惟所与共为治者,君宜知之。盖君子善善恶恶,君宜知之,君若谨行,常在朕躬。君不幸罹霜露之病,何恙不已,⑤乃上书归侯,乞骸骨,是章朕之不德也。今事少间,君其省思虑,一精神,辅以医药。"因赐告牛酒杂帛。居数月,病有瘳,视事。

①[索隐]曰:案:人臣委质于君,死生由君。臣若一朝病死,是窃死也。

②[索隐]曰:案:此语出《子思子》,今见《礼记·中庸》篇。

③徐广曰:"厉,一作'广'也。"

④[索隐]曰:小颜云:"右亦上也。言遭遇乱时则上武也。"

⑤《汉书音义》曰:"何恙,喻小疾不以时愈。"[索隐]曰:恙,忧也。言罹霜露寒凉之疾,轻,何忧于病不止。《礼》曰"疾止复初"也。

元狩二年,弘病,竟以丞相终。①子度嗣为平津侯。度为山阳太守十余岁,坐法失侯。②

①《汉书》曰:"年八十。"[索隐]曰:案:弘凡为御史,丞相六岁,年八十终。

②[索隐]曰:《汉书》云坐不遣钜野令史成诣公车,论为城旦。元始中诏复弘后为关内侯也。

主父偃者,齐临菑人也。学长短纵横之术,晚乃学《易》、《春秋》、百家言。游齐诸生间，莫能厚遇也。齐诸儒生相与排摈，不容于齐。家贫，假贷无所得。乃北游燕、赵、中山，皆莫能厚遇，为客甚困。孝武元光元年中，以为诸侯莫足游者，乃西入关见卫将军。卫将军数言上，上不召。资用乏，留久，诸公宾客多厌之，乃上书阙下。朝奏，暮召入见。所言九事，其八事为律令，一事谏伐匈奴。其辞曰：

臣闻明主不恶切谏以博观，忠臣不敢避重诛以直谏，是故事无遗策而功流万世。今臣不敢隐忠避死以效愚计，愿陛下幸赦而少察之。

《司马法》曰："国虽大，好战必亡；天下虽平，忘战必危。"天下既平，天子大凯，①春蒐秋狝，诸侯春振旅，秋治兵，所以不战也。②且夫怒者逆德也，兵者凶器也，争者末节也。古之人君一怒必伏尸流血，故圣王重行之。夫务战胜穷武事者，未有不悔者也。昔秦皇帝任战胜之威，蚕食天下，并吞战国，海内为一，功齐三代。务胜不休，欲攻匈奴，李斯谏曰："不可。夫匈奴无城郭之居，委积之守，迁徙鸟举，难得而制也。轻兵深入，粮食必绝；踵粮以行，重不及事。得其地不足以为利也，遇其民不可役而守也。胜必杀之，非民父母也。靡敝中国，快心匈奴，非长策也。"③秦皇帝不听，遂使蒙恬将兵攻胡，辟地千里，以河为境。地固泽④咸卤，⑤不生五谷。然后发天下丁男以守北河。暴兵露师十又余年，死者不可胜数，终不能逾河而北。是岂人众不足，兵革不备哉？其势不可也。又使天下蜚刍挽粟，⑥起于东陲、⑦琅邪负海之郡，转输北河，率三十钟而致一石。男子疾耕不足于粮饷，女子纺绩不足于帷幕。百姓靡敝，孤寡老弱不能相养，道路死者相望，盖天下始畔秦也。

①应劭曰："大凯，周礼还师振旅之乐。"

②宋均曰："春秋少阳少阴，气弱未全，须人功而后用，士庶法之，教而后成，宗仁本义。天子诸侯必春秋讲武，简阅车徒，以顺时气，不忘战也。"

③［索隐］曰：靡，音縻。敝犹凋敝也。

④徐广曰："一作'斥'。"

⑤瓒曰："其地多水泽，又有卤。"

⑥文颖曰："转刍谷就战是也。"

⑦徐广曰："陲在东莱，音缒。"[索隐]曰：陲，音逐瑞反。注，音缒。其音同也。

及至高皇帝定天下，略地于边，闻匈奴聚于代谷之外而欲击之。御史成进谏曰："不可。夫匈奴之性，兽聚而鸟散，从之如搏影。今以陛下盛德攻匈奴，臣窃危之。"高帝不听，遂北至于代谷，果有平城之围。高皇帝盖悔之甚，乃使刘敬往结和亲之约，然后天下忘干戈之事。故兵法曰"兴师十万，日费千金。"夫秦常积众暴兵数十万人，虽有覆军杀将系虏单于之功，亦适足以结怨深仇，不足以偿天下之费。夫上虚府库，下敝百姓，甘心于外国，非完事也。夫匈奴难得而制，非一世也。行盗侵驱，所以为业也，天性固然。上及虞、夏、殷、周，固弗程督，禽兽畜之，不属为人。夫上不观虞、夏、殷、周之统，而下修近世之失，此臣之所大忧，百姓之所疾苦也。且夫兵久则变生，事苦则虑易。乃使边境之民靡敝愁苦而有离心，将吏相疑而外市，①故尉佗、章邯得以成其私也。夫秦政之所以不行者，权分乎二子，此得失之效也。故《周书》曰"安危在出令，存亡在所用。"愿陛下详察之，少加意而熟虑焉。

①张晏曰："与外国交求利已，若章邯之比。"

是时，赵人徐乐、齐人严安俱上书言世务，各一事。①徐乐曰：

①[索隐]曰：乐，音岳。严，本姓庄者，明帝讳，后并改姓严也。安及徐乐并拜郎中。乐后为中大夫。

臣闻天下之患在于土崩，不在于瓦解，古今一也。何谓土崩？秦之末世是也。陈涉无千乘之尊，尺土之地，身非王公大人名族之后，无乡曲之誉，非有孔、墨、曾子之贤，陶朱、猗顿之富也，然起穷巷，奋棘矜，①偏袒大呼而天下从风，此其故何也？由民困而主不恤，下怨而上不知也，俗已乱而政不脩，此三者陈涉之所以为资也。是之谓土崩。故曰天下之患在于土崩。

何谓瓦解？吴、楚、齐、赵之兵是也。七国谋为大逆，号皆称万乘之君，带甲数十万，威足以严其境内，财足以劝其士民，然不能西攘尺寸之地而身为禽于中原者，此其故何也？非权轻于匹夫而兵弱于陈涉也。当是之时，先帝之德泽未衰，而安土乐俗之民众，故诸侯无境外之助。此之谓瓦解，故曰天下之患不在瓦解。由是观之，天下诚有土崩之势，虽布衣穷处之士或首恶而危海内，陈涉是也。况三晋之君或存乎！天下虽未有大治也，诚能无土崩之势，虽有强国劲兵不得旋踵而身为禽矣，吴、楚、齐、赵是也。况群臣百姓能为乱乎哉！此二体者，安危之明要也，贤主所留意而深察也。

①矜，音勤。

间者，关东五谷不登，年岁未复，民多穷困，重之以边境之事，推数循理而观之，则民且有不安其处者矣。不安故易动。易动者，土崩之势也。故贤主独观万化之原，明于安危之机，修之庙堂之上，而销未形之患。其要，期使天下无土崩之势而已矣。故虽有强国劲兵，陛下逐走兽，射蜚鸟，弘游燕之囿，淫纵恣之观，极驰骋之乐，自若也。金石丝竹之声不绝于耳，帷帐之私俳优侏儒之笑不乏于前，而天下无宿忧。名何必汤武，欲何必成康！虽然，臣窃以为陛下天然之圣，宽仁之资，而诚以天下为务，则汤武之名不难侔，而成康之俗可复兴也。此二体者立，然后处尊安之实，扬名广誉于当世，亲天下而服四夷，余恩遗德为数世隆，南面负扆摄袂而揖王公，此陛下之所服也。臣闻图王不成，其敝足以安。安则陛下何求而不得，何为而不成，何征而不服乎哉！

严安上书曰：

臣闻周有天下，其治三百余岁，成康其隆也，刑措四十余年而不用。及其衰也，亦三百余岁，故五伯更起。五伯者，常佐天子兴利除害，诛暴禁邪，匡正海内，以尊天子。五伯既没，贤圣莫续，天子孤弱，号令不行。诸侯恣行，强凌弱，众暴寡，田常篡齐，六卿分晋，并为战国，此民之始苦也。于是强国务攻，弱国备守，合纵连横，驰车击毂，介胄生虮虱，民无所告愬。

及至秦王，蚕食天下，并吞战国，称号曰皇帝，一海内之政，坏诸侯之城，销其兵，铸以为钟虡，①示不复用。元元黎民得免于战国，逢明天子，人人自以为更生。向使秦缓其刑罚，薄赋敛，省徭役，贵仁义，贱权利，上笃厚，下智巧，②变风易俗，化于海内，则世世必安矣。秦不行是风而修其故俗，为智巧权利者进，笃厚忠信者退，法严政峻，谄谀者众，日闻其美，意广心轶。欲肆威海外，乃使蒙恬将兵以北攻胡，辟地进境，戍于北河，蜚刍挽粟以随其后。又使尉佗屠睢③将楼船之士南攻百越，使监禄④凿渠运粮，深入越，越人遁逃。旷日持久，粮食绝乏，越人击之，秦兵大败。秦乃使尉佗将卒以戍越。当是时，秦祸北构于胡，南挂于越，宿兵无用之地，进而不得退。行十余年，丁男披甲，丁女转输，苦不聊生，自经于道树，死者相望。及秦皇帝崩，天下大叛。陈胜、吴广举陈，⑤武臣、张耳举赵，项梁举吴，田儋举齐，景驹举郢，周市举魏，韩广举燕，穷山通谷豪士并起，不可胜载也。然皆非公侯之后，非长官之吏也。无尺寸之势，起闾巷，杖棘矜，应时而皆动，不谋而俱起，不约而同会，壤长地进，⑥至于霸王，时教使然也。秦贵为天子，富有天下，灭世绝祀者，穷兵之祸也。故周失之弱，秦失之强，不变之患也。

①[索隐]曰：虡，音巨。邹氏本作“鐻”，音同。

②[索隐]曰：上犹尚也，贵也。谓智巧为下也。

③[索隐]曰：案：尉，官也。他，赵他也，音徒何反。屠睢，人姓名。睢，音虽。

④韦昭曰：“监御史名禄也。”

⑤[索隐]曰：谓胜、广举兵据陈。举，音如字，或音据。恐疏也，下同。

⑥张晏曰：“壤，进益也。”

今欲招南夷，朝夜郎，降羌僰，略涉州，①建城邑，深入匈奴，燔其茏城，②议者美之。此人臣之利也，非天下之长策也。

今中国无狗吠之惊，而外累于远方之备，靡敝国家，非所以子民也。行无穷之欲，甘心快意，结怨于匈奴，非所以安边也。祸结而不解，兵休而复起，近者愁苦，远者惊骇，非所以持久也。今天下锻甲砥剑，桥箭累弦，转输运粮，未见休时，此天下之所共忧也。夫兵久而变起，事烦而虑生。今外郡之地或几千里，列城数十，形束壤制，③旁胁诸侯，非公室之利也。上观齐晋之所以亡者，公室卑削，六卿大盛也。下观秦之所以灭者，严法刻深，欲大无穷也。今郡守之权，非特六卿之重也；地几千里，非特闾巷之资也；甲兵器械，非特棘矜之用也；以遭万世之变，则不可称讳也。

①如淳曰："东夷也。"[索隐]曰：薉，音白北反，又皮逼反。涉州，地名，即古涉貊国也。音纡废反。

②[索隐]曰：匈奴城名，音龙。燔，音烦。燔，烧也。

③服虔曰："言所束在郡守，土壤足以专民制。"苏林曰：言其土地形势足以束制其民也。"[索隐]曰：案：谓地形及土壤皆束制在诸侯也。

书奏天子，天子召见三人，谓曰："公等皆安在？何相见之晚也！"①于是上乃拜主父偃、徐乐、严安为郎中。数见，上疏言事，诏拜偃为谒者，迁乐为中大夫。一岁中四迁偃。

①徐广曰："佗《史记》本皆不见严安，此旁所纂者，取《汉书》耳。然《汉书》不宜乃容大异，或写《史记》相承阙脱也。"[索隐]曰：纂，音撰。

偃说上曰："古者诸侯不过百里，强弱之形易制。今诸侯或连城数十，地方千里，缓则骄奢易为淫乱，急则阻其强而合纵以逆京师。今以法割削之，则逆节萌起，前日晁错是也。今诸侯子弟或十数，而适嗣代立，余虽骨肉，无尺寸地封，则仁孝之道不宣。愿陛下令诸侯得推恩分子弟，以地侯之。彼人人喜得所愿，上以德施，实分其国，不削而稍弱矣。"于是上从其计。①

①徐广曰："元朔二年，始令诸侯王分封子弟也。"

又说上曰："茂陵初立，天下豪杰并兼之家，乱众之民，皆可徙茂陵，内实京师，外销奸猾，此所谓不诛而害除。"上又从其计。

尊立卫皇后，及发燕王定国阴事，盖偃有功焉。大臣皆畏其口，赂遗累千金。人或说偃曰："太横矣。"主父曰："臣结发游学四十余年，身不得遂，亲不以为子，昆弟不收，宾客弃我，我厄日久矣。且丈夫生不五鼎食，死即五鼎烹耳！吾日暮途远，故倒行暴施之。"①

①[索隐]曰：按偃言吾日暮途远，恐赴前途不跌，故须倒行而逆施，乃可及耳。今此本作"暴"。暴者，言已困久得申，当须急暴行事以快意也。暴者，卒也，急也。

偃盛言朔方地肥饶，外阻河，蒙恬城之以逐匈奴，内省转输戍漕，广中国，灭胡之本也。上览其说，下公卿议，皆言不便。公孙弘曰："秦时常发三十万众筑北河，终不可就，已而弃之。"主父偃盛言其便，上竟用主父计，立朔方郡。

元朔二年，主父言齐王内淫佚行僻，上拜主父为齐相。至齐，遍召昆弟宾客，散五百金予之，数之曰："始吾贫时，昆弟不我衣食，宾客不我内门。今吾相齐，诸君迎我或千里。吾与诸君绝矣，毋复入偃之门！"乃使人以王与姊奸事动王，王以为终不得脱罪，恐效燕王论死，乃自杀。有司以闻。

主父始为布衣时，尝游燕、赵，及其贵，发燕事。赵王恐其为国患，欲上书言其阴事，为偃居中，不敢发。及为齐相，出关，即使人上书，告言主父偃受诸侯金，以故诸侯子弟多以得封者。及齐王自杀，上闻大怒，以为主父劫其王令自杀，乃征下吏治。主父服受诸侯金，实不劫王令自杀。上欲勿诛，是时公孙弘为御史大夫，乃言曰："齐王自杀无后，国除为郡，入汉，主父偃本首恶，陛下不诛主父偃，无以谢天下。"乃遂族主父偃。

主父方贵幸时，宾客以千数，及其族死，无一人收者，唯独洨孔车①收葬之。天子后闻之，以为孔车长者也。

①徐广曰："孔车，洨人也。沛有洨县。"[索隐]曰：洨，户交反。车，尺奢反。

太史公曰：公孙弘行义虽修，然亦遇时。汉兴八十余年矣，①上方向文学，招俊乂，以广儒墨，弘为举首。主父偃当路，诸公皆誉之，及名败身诛，士争言其恶。悲夫！”

①徐广曰：“汉初至元朔二年八十年也。”

太皇太后诏大司徒大司空：①盖闻治国之道，富民为始；富民之要，在于节俭。《孝经》曰‘安上治民，莫善于礼’。‘礼，与奢也宁俭。’昔者管仲相齐桓，霸诸侯，有九合一匡之功，而仲尼谓之不知礼，以其奢泰侈拟于君故也。夏禹卑宫室，恶衣服，后圣不循。由此言之，始之盛也，德优矣，莫高于俭。俭化俗民，则尊卑之序得，而骨肉之恩亲，争讼之源息。斯乃家给人足，刑错之本也欤？可不务哉！夫三公者，百僚之率，万民之表也。未有树直表而得曲影者也。孔子不云乎：‘子率而正，孰敢不正！’‘举善而教不能则劝。’维汉兴以来，股肱宰臣身行俭约，轻财重义，较然箸明，②未有若故丞相平津侯公孙弘者也。位在丞相而为布被，脱粟之饭，不过一肉。故人所善宾客皆分奉禄以给之，无有所余。诚内自克约而外从制。汲黯诘之，乃闻于朝，此可谓减于制度③而可施行者也。德优则行，否则止，与内奢泰而外为诡服以钓虚誉者殊科。以病乞骸骨，孝武皇帝即制曰‘赏有功，褒有德，善善恶恶，君宜知之。其省思虑，存精神，辅以医药’。赐告治病，牛酒杂帛。居数月，有瘳，视事。至元狩二年，竟以善终至相位。夫知臣莫若君，此其效也。弘子度嗣爵，后为山阳太守，坐法失侯。夫表德章义，所以率俗厉化，圣王之制，不易之道也。其赐弘后子孙之次当为后者爵关内侯，食邑三百户，征诣公车，上名尚书，朕亲临拜焉。”

①徐广曰：“此诏是平帝元始中王元后诏，后人写此及班固所称，以续卷后。”[索隐]曰：徐广云：“则又非褚先生所录也。”

②[索隐]曰：较，音角。较，明也。

③应劭曰：“礼，贵有常尊，衣服有常品。”

班固称曰：公孙弘、卜式、儿宽皆以鸿渐之翼困于燕雀，①远迹羊豕之间，②非遇其时，焉能致此位乎？是时汉兴六十余载，海内乂安，③府库充实，而四夷未宾，制度多阙，上方欲用文武，求之如弗及。始以蒲轮迎枚生，④见主父而叹息。⑤群臣慕响，异人并出。卜式试于刍牧，弘羊擢于贾竖，卫青奋于奴仆，日磾出于降虏，斯亦曩时版筑饭牛之明矣。汉之得人，于兹为盛。儒雅则公孙弘、董仲舒、儿宽，笃行则石建、石庆，质直则汲黯、卜式，推贤则韩安国、郑当时，定令则赵禹、张汤，文章则司马迁、相如，滑稽则东方朔、枚皋，应对则严助、朱买臣，历数则唐都、落下闳，协律则李延年，运筹则桑弘羊，奉使则张骞、苏武，将帅则卫青、霍去病，受遗则霍光、金日磾。其余不可胜记。是以兴造功业，制度遗文，后世莫及。孝宣承统，纂修洪业，亦讲论《六艺》，招选茂异，而萧望之、梁丘贺、夏侯胜、韦玄成、严彭祖、尹更始以儒术进，刘向、王褒以文章显。将相则张安世、赵充国、魏相、邴吉、于定国、杜延年，治民则黄霸、王成、龚遂、郑弘、邵信臣、韩延寿、尹翁归、赵广汉之属，皆有功绩见述于后。累其名臣，亦其次也。

①李奇曰："渐，进也，鸿一举而进千里者，羽翼之才也。弘等皆以大才，初为俗所薄，若燕雀不知鸿鹄之志也。"[索隐]曰：案：谓公孙等未遇，为时所轻，若飞鸿之未渐，受困于燕雀也。

②韦昭曰："远迹，谓耕牧在于远方。"[索隐]曰：案：公孙弘牧豕，卜式牧羊也。

③[索隐]曰：乂，理也。

④[索隐]曰：案：谓枚乘也。汉始诏申公，亦以蒲轮。谓以蒲裹车轮，恐伤草木也。且蒲是草之美者，故《礼》有"蒲璧"，盖或画蒲于轮以为荣饰也。

⑤[索隐]曰：案：上文严安等上书，上曰："公等安在，何相见之晚"是也。

索隐述赞曰：平津巨儒，晚年始遇。外示宽俭，内怀嫉妒。宠备荣爵，身受肺腑。主父推恩，观时设度。生食五鼎，死非时蠹。

史记卷一一三
列传第五三

南越

南越王①尉佗者，真定人也，②姓赵氏。秦时已并天下，略定杨越，③置桂林、南海、象郡，④以谪徙民，⑤与越杂处十三岁。⑥佗，秦时用为南海龙川令。⑦至二世时，南海尉任嚣病且死，⑧召龙川令赵佗语曰："闻陈胜等作乱，秦为无道，天下苦之，项羽、刘季、陈胜、吴广等州郡各共兴军聚众，虎争天下，中国扰乱，未知所安，豪杰畔秦相立。南海僻远，吾恐盗兵侵地至此，吾欲兴兵绝新道，⑨自备，待诸侯变，会病甚。且番禺负山险，阻南海，东西数千里，颇有中国人相辅，此亦一州之主也。可以立国。郡中长吏无足与言者，故召公告之。"即被佗书，⑩行南海尉事。⑪嚣死，佗即移檄告横浦、阳山、湟谿关曰⑫："盗兵且至，急绝道聚兵自守！"因稍以法诛秦所置长吏，以其党为假守。⑬秦已破灭，佗即击并桂林、象郡，自立为南越武王。⑭高帝已定天下，为中国劳苦，故释佗弗诛。汉十一年，遣陆贾因立佗为南越王，与剖符通使，和集百越，毋为南边患害，与长沙接境。

①[正义]曰：都广州南海县。

②[索隐]曰：尉，官也，佗，名也；姓赵。佗，音徒河反。又《十三州记》云："大郡曰守，小郡曰尉。"韦昭云："真定，故郡名，后更为县，在常山。"

③张晏曰："杨州之南越也。"[索隐]曰：案：《战国策》云吴起为楚收杨越。[正义]曰：夏禹九州本属杨州，故云杨越。

④[索隐]曰：《地理志》武帝更名桂林曰郁林。《秦本纪》始皇三十三年略

陆梁地,以为南海、郁林、象郡。《地理志》云“武帝更名日南。”

⑤[索隐]曰:谪,音陟革反。

⑥徐广曰:“秦并天下,至二世元年十三年。并天下八岁,乃平越地,至二世元年六年耳。”

⑦[索隐]曰:《地理志》云龙川属南海也。[正义]曰:颜师古云:“龙川南海县也,即今之循州也。”裴氏《广州记》云:“本博罗县之东乡,有龙穿地而出,即穴流东泉,因以为号也。”

⑧徐广曰:“尔时未言都尉也。”[索隐]曰:嚣,音五刀反。

⑨[索隐]曰:案:苏林云“秦所通越道。”

⑩韦昭曰:“被之以书。音‘光被’之‘被’。”[索隐]曰:被,音皮义反。

⑪[索隐]曰:服虔云:“嚣诈作诏书,使为南海尉。”

⑫徐广曰:“在桂阳,通四会也。”[索隐]曰:案:《南康记》云:“南野县大庾岭三十里至横浦,有秦时关,其下谓为‘塞上’。”姚氏案:《地理志》云揭阳有阳山县。今此县上流百余里有骑田岭,当是阳山关。邹氏、刘氏本“湟”并作“涅”,音年结反。《汉书》作“湟溪”,音皇。又《卫青传》云“出桂阳,下湟水”是也。而姚察云《史记》作“涅”。今本作“湟”、“涅”及“涅”,不同,盖由随闻辄改故也。《水经》云含汇县南有汇浦关,未知孰是。然邹诞作“涅”,《汉书》作“湟”,盖近于古。

⑬[索隐]曰:案:谓佗立其所党为郡县之职或假守也。

⑭韦昭曰:“生以‘武’为号,不稽于古也。”

高后时,有司请禁南越关市铁器。佗曰:“高帝立我,通使物,今高后听谗臣,别异蛮夷,隔绝器物,此必长沙王计也,欲倚中国,击灭南越而并王之,自为功也。”于是佗乃自尊号为南越武帝,发兵攻长沙边邑,败数县而去焉。高后遣将军虑虑侯灶往击之。①会暑湿,士卒大疫,兵不能逾岭。②岁余,高后崩,即罢兵。佗因此以兵威边,财物赂遗闽越、西瓯、骆,役属焉,③东西万余里。乃乘黄屋左纛,称制,与中国侔。

①[索隐]曰:韦昭云:“灶姓周。隆虑,县名,属河内。音林间。”

②[索隐]曰:按:即阳山岭也。

③《汉书音义》曰:“骆越也。”[索隐]曰:姚氏案:《广州记》云:“交趾有骆田,仰潮水上下,人食其田,名为骆侯。诸县自名为骆将,铜印青绶,即

今之令。后蜀王子将兵讨骆侯,自称为安阳王,治封溪县。后南越王尉佗攻破安阳王,令二使典主交趾、九真二郡,即瓯骆也。”

及孝文帝元年,初镇抚天下,使告诸侯四夷从代来即位意,喻盛德焉。乃为佗亲冢在真定,置守邑,岁时奉祀。召其从昆弟,尊官厚赐宠之。诏丞相陈平等举可使南越者,平言好畤陆贾,先帝时习使南越。乃召贾以为太中大夫,往使。因让佗自立为帝,曾无一介之使报者。陆贾至南越,王甚恐,为书谢,称曰:“蛮夷大长老夫臣佗,前日高后隔异南越,窃疑长沙王谗臣,又遥闻高后尽诛佗宗族,掘烧先人冢,以故自弃,犯长沙边境。且南方卑湿,蛮夷中间,其东闽越千人众号称王,其西瓯骆裸国亦称王。①老臣妄窃帝号,聊以自娱,岂敢以闻天王哉!乃顿首谢,愿长为藩臣,奉贡职。于是乃下令国中曰:“吾闻两雄不俱立,贤不并世。皇帝,贤天子也。自今以后,去帝制黄屋左纛。”陆贾还报,孝文帝大悦。遂至孝景时,称臣,使人朝请。然南越其居国窃如故号名,其使天子,称王朝命如诸侯。至建元四年卒。

①[索隐]曰:裸,音和寡反。裸露形也。

佗孙胡为南越王。①此时闽越王郢兴兵击南越边邑,胡使人上书曰:“两越俱为藩臣,毋得擅兴兵相攻击。今闽越兴兵侵臣,臣不敢兴兵,唯天子诏之。”于是天子多南越义,守职约,为兴师,遣两将军往讨闽越。②兵未逾岭,闽越王弟余善杀郢以降,于是罢兵。

①徐广曰:“皇甫谧曰越王赵佗以建元四年卒,尔时汉兴七十年,佗盖百岁矣。”

②[索隐]曰:王恢,韩安国。

天子使庄助往谕意南越王,胡顿首曰:“天子乃为臣兴兵讨闽越,死无以报德!”遣太子婴齐入宿卫。谓助曰:“国新被寇,使者行矣。胡方日夜装入见天子。”助去后,其大臣谏胡曰:“汉兴兵诛郢,亦行以惊动南越。且先王昔言:事天子期无失礼,要之不可以说好语入见。①入见则不得复归,亡国之势也。”于是胡称病,竟不入见。后十余岁,胡实病甚,太子婴齐请归。胡薨,谥为文王。

①[索隐]曰:《汉书》"悦"作"怵"。韦昭云:"诱怵好语。"

婴齐代立,即藏其先武帝玺。①婴齐其入宿卫在长安时,取邯郸樛氏女,生子兴。②及即位,上书请立樛氏女为后,兴为嗣。汉数使使者风谕婴齐,婴齐尚乐擅杀生自恣,惧入见要用汉法,比内诸侯,固称病,遂不入见。遣子次公入宿卫。婴齐薨,谥为明王。

①[索隐]曰:李郃云:"藏其僭号之玺也。"

②徐广曰:"一作'典'。"[索隐]曰:樛,音纪虬反。樛,姓,出邯郸。

太子兴代立,其母为太后。太后自未为婴齐姬时,尝与霸陵人安国少季通。①及婴齐薨后,元鼎四年,汉使安国少季往谕王、王太后以入朝,比内诸侯。令辩士谏大夫终军等宣其辞,勇士魏臣等辅其缺。②卫尉路博德将兵屯桂阳,待使者。王年少,太后中国人也,尝与安国少季通,其使复私焉。国人颇知之,多不附太后。太后恐乱起,亦欲倚汉威,数劝王及群臣求内属。即因使者上书,请比内诸侯,三岁一朝,除边关。于是天子许之,赐其丞相吕嘉银印,及内史、中尉、太傅印,余得自置。除其故黥劓刑,用汉法,比内诸侯。使者皆留填抚之。王、王太后饬治行装重赍,为入朝具。

①[索隐]曰:安国,姓也,少季,名也。

②徐广曰:"一作'决'。"

其相吕嘉年长矣,相三王,宗族官仕为长吏者七十余人,男尽尚王女,女尽嫁王子兄弟宗室,及苍梧秦王有连。①其居国中甚重,越人信之,多为耳目者,得众心愈于王。王之上书,数谏止王,弗听。有畔心,数称病不见汉使者。使者皆注意嘉,势未能诛。王、王太后亦恐嘉等先事发,乃置酒,介汉使者权,②谋诛嘉等。使者皆东向,太后南向,王北向,相嘉、大臣皆西向,侍坐饮。嘉弟为将,将卒居宫外。酒行,太后谓嘉曰:"南越内属,国之利也,而相君苦不便者,何也?"以激怒使者。使者狐疑相杖,遂莫敢发。嘉见耳目非是,即起而出。太后怒,欲鏦嘉以矛,③王止太后。嘉遂出,分其弟兵就舍,④称病,不肯见王及使者。乃阴与大臣作乱。王素无意诛嘉,嘉知之,以故数月不发。太后有淫行,国人不附,欲独诛嘉等,力又不能。

①《汉书音义》曰:“苍梧越中王自名为秦王,连亲婚也。”[索隐]曰:案:苍梧秦王,即下赵光是也。“有连”者,连姻也。赵与秦同姓,故称秦王。

②韦昭曰:“恃使者为介胄也。”[索隐]曰:《志林》云:“介者,因也,欲因使者权诛吕嘉也。”韦昭以介为恃。介者间也。以言间恃汉使之权,意即得矣。然云恃为介胄,则非也。虞喜以介为因,亦有所由。案:介者,宾主所由也。

③韦昭曰:“鏦,撞也。”[索隐]曰:案:《字林》鏦,音七凶反。又《吴王濞传》“鏦杀吴王”,与此同。

④[索隐]曰:案:谓分取其兵也。《汉书》作“介”。介,被也,恃也。

天子闻嘉不听王,王、王太后弱孤不能制,使者怯无决。又以为王、王太后已附汉,独吕嘉为乱,不足以兴兵,欲使庄参以二千人往使。参曰:“以好往,数人足矣;以武往,二千人无足以为也。”辞不可,天子罢参也。郏壮士①故济北相韩千秋奋曰:“以区区之越,又有王、太后应,独相吕嘉为害,愿得勇士二百人,必斩嘉以报。”于是天子遣千秋②与王太后弟樛乐将二千人往,入越境。吕嘉等乃遂反,下令国中曰:“王年少。太后,中国人也,又与使者乱,专欲内属,尽持先王宝器入献天子以自媚,多从人,行至长安,虏卖以为僮仆。取自脱一时之利,无顾赵氏社稷,为万世虑计之意。”乃与其弟将卒攻杀王、太后及汉使者。遣人告苍梧秦王及其诸郡县,立明王长男越妻子术阳侯建德为王。③而韩千秋兵入,破数小邑。其后越直开道给食,未至番禺四十里,越以兵击千秋等,遂灭之。使人函封汉使者节置塞上,④好为谩辞谢罪,发兵守要害处。于是天子曰:“韩千秋虽无成功,亦军锋之冠。”封其子延年为成安侯。⑤樛乐,其姊为王太后,首愿属汉,封其子广德为龙亢侯。⑥乃下赦曰:“天子微,诸侯力政,讥臣不讨贼。今吕嘉、建德等反,自立晏如,令罪人及江淮以南⑦楼船十万师⑧往讨之。”

①徐广曰:“县属颍川。音古洽反。”[正义]曰:今汝州郏城县。

②徐广曰:“为校尉。”

③徐广曰:“元鼎四年,以南越王兄越封高昌侯。”[索隐]曰:案《功臣表》,术阳属下邳。

④[索隐]曰:案:《南康记》以为大庾岭名"塞上"也。

⑤[索隐]曰:案《功臣表》,成安属郏。

⑥[索隐]曰:案:龙亢属谯国。《汉书》作"龔侯",服虔作"邛"晋灼云"龔"古"龙"字。

⑦徐广曰:"淮,一作'汇'也。"

⑧应劭曰:"时欲击越,非水不至,故作大船。船上施楼,故号曰'楼船'也。"

元鼎五年秋,卫尉路博德为伏波将军,出桂阳,下汇水。①主爵都尉杨仆为楼船将军,出豫章,下横浦。故归义越侯二人②为戈船、下厉将军,③出零陵,或下离水,④或抵苍梧。使驰义侯⑤因巴蜀罪人,发夜郎兵,⑥下牂柯江。⑦咸会番禺。

①徐广曰:"一作湟。"骃案:《地理志》曰桂阳有汇水,通四会。或作"淮"字。[索隐]曰:刘氏云:"'汇'当作'湟'。"《汉书》云"下湟水"也。

②张晏曰:"故越人,降为侯。"

③徐广曰:"厉,一作'濑'。骃案:张晏曰:"越人于水中负人船,又有蛟龙之害,故置戈于船下,因以为名也。"应劭曰:"濑,水流涉上也。"瓒曰:《伍子胥书》有戈船,以载干戈,因谓之'戈船'也。"

④徐广曰:"在零陵,通广信。"[正义]曰:《地理志》云零陵县有离水,东至广信入郁林,九百八十里。

⑤徐广曰:"越人也,名遗。"

⑥[正义]曰:曲州、协州以南是夜郎国。

⑦[正义]曰:江出南徼外,东通四会,至番禺入海也。

元鼎六年冬,楼船将军将精卒先陷寻陕,破石门,①得越船粟。因推而前,挫越锋,以数万人待伏波。伏波将军将罪人,道远,会期后,与楼船会乃有千余人,遂俱进。楼船居前,至番禺。建德、嘉皆城守。楼船自择便处,居东南面;伏波居西北面。会暮,楼船攻败越人,纵火烧城。越素闻伏波名,日暮,不知其兵多少。伏波乃为营,遣使者招降者,赐印,复纵令相招。楼船力攻烧敌,反驱而入伏波营中。犁旦,城中皆降伏波。②吕嘉、建德已夜与其属百人亡入海,以船西去。伏波又因问所得降者贵人,以知吕嘉所之,遣人追之。以其故校尉司马苏弘得建德,封为海常侯;③越郎④都稽⑤得嘉,封为临蔡侯。⑥

①[索隐]曰:姚氏云:"寻陕在始兴西三百里,近连口也。"《广州记》"石门在番禺县北二十里。昔吕嘉拒汉,积石于江,名曰石门。又俗云石门水名'贪泉',饮之则令人变。故吴隐之至石门,酌水饮,乃为歌也"。

②徐广曰:"吕静曰犁,结也,音力奚反。结犹连及、逮至也。"《汉书》"犁旦"为"迟旦",谓待明也。[索隐]曰:邹氏云:"犁,一作'比'。比,音必至反。"然犁即比义,不烦更释。又解犁,黑也,天未明而尚黑也。《汉书》《史记》亦作"迟明"。迟,音稚。迟,待也,亦犁之义也。

③徐广曰:"在东莱。"

④徐广曰:"南越之郎官。"

⑤徐广曰:"表曰孙都。"

⑥[索隐]曰:案:表属河内。

苍梧王赵光者,越王同姓,闻汉兵至,及越揭阳令定①自定属汉;越桂林监居翁②谕瓯骆属汉;③皆得为侯。④戈船、下厉将军兵及驰义侯所发夜郎兵未下,南越已平矣。遂为九郡。⑤伏波将军益封。楼船将军兵以陷坚为将梁侯。

①韦昭曰:"揭,音其逝反。"[索隐]曰:《地理志》揭阳县属南海。揭,音桀。刘氏音求例反。定者,令之名也。案:《汉功臣表》云"定揭阳令",意又别。

②《汉书音义》曰:"桂林郡中监,姓居,名翁也。"

③[索隐]曰:案:《汉书》,瓯骆三十余万口降汉。

④[索隐]曰:案:《汉书》云:"光闻汉兵至,降,封为桃侯。揭阳令为安道侯,越将毕取为膫侯,桂林监居翁为湘城侯。"韦昭云:"湘城属堵阳。桃、安道、膫三县皆属南阳。膫,音辽也。"

⑤徐广曰:"儋耳,珠崖,南海,苍梧,九真,郁林,日南,合浦,交址。"[索隐]曰:徐广皆据《汉书》为说。

自尉佗初王后,五世九十三岁而国亡焉。

太史公曰:尉佗之王,本由任嚣。遭汉初定,列为诸侯。隆虑离湿疫,佗得以益骄。瓯骆相攻,南越动摇。汉兵临境,婴齐入朝。其后亡国，征自樛女。吕嘉小忠，令佗无后。楼船纵欲，怠傲失惑。伏波困穷，智虑愈殖，因祸为福。成败之转，譬若纠墨。

索隐述赞曰：中原鹿走，群雄莫制。汉事西驰，越推南裔。陆贾骋说，尉佗去帝。嫪后内朝，吕嘉狼戾。君臣不协，卒从剿绝。

史记卷一一四
列传第五四

东越

闽越王无诸①及越东海王摇者，其先皆越王勾践之后也，姓驺氏。②秦已并天下，皆废为君长，以其地为闽中郡。③及诸侯畔秦，无诸、摇率越归鄱阳令吴芮，所谓鄱君者也。从诸侯灭秦。当是之时，项籍主命，弗王，④以故不附楚。汉击项籍，无诸、摇率越人佐汉。汉五年，复立无诸为闽越王，王闽中故地，都东冶。孝惠三年，举高帝时越功，曰闽君摇功多，其民便附，乃立摇为东海王，⑤都东瓯，⑥世俗号为东瓯王。

①韦昭曰："闽，音武巾反。东越之别名。"[索隐]曰：按：《说文》云"闽，东越蛇种也"，故字从虫。闽，声音旻。

②徐广曰："驺，一作'骆'。"[索隐]曰：徐广说是上云"瓯骆"，此别云"闽"，不姓驺也。

③徐广曰："今建安候官是。"[索隐]曰：小颜以为即今之泉州建安也。[正义]曰：今闽州又改为福也。

④《汉书音义》曰："主号令诸侯，不王无诸、摇等。"

⑤应劭曰："在吴郡东南滨海云。"

⑥徐广曰："今之永宁也。"[索隐]曰：姚氏云："瓯，水名。"《永喜记》："水出宁山，行三十余里去郡城五里入江。昔有东瓯王都城，有亭，积石为道，今犹在也。"

后数世，至孝景三年，吴王濞反，欲从闽越，闽越未肯行，独东瓯从吴。及吴破，东瓯受汉购，杀吴王丹徒，以故皆得不诛，归国。

吴王子子驹亡走闽越，怨东瓯杀其父，常劝闽越击东瓯。至建元三年，闽越发兵围东瓯。东瓯食尽，困，且降，乃使人告急天子。天子问太尉田蚡，蚡对曰："越人相攻击，固其常，又数反覆，不足以烦中国往救也。自秦时弃弗属。"于是中大夫庄助诘蚡曰："特患力弗能救，德弗能覆。诚能何故弃之？且秦举咸阳而弃之，何乃越也！今小国以穷困来告急天子，天子弗振，当安所告愬？又何以子万国乎？"上曰："太尉未足与计。吾初即位，不欲出虎符发兵郡国。"乃遣庄助以节发兵会稽。会稽太守欲距不为发兵，助乃斩一司马，谕意诣，遂发兵浮海救东瓯。未至，闽越引兵而去。东瓯请举国徙中国，乃悉举众来，处江淮之间。①

①徐广曰："年表曰东瓯王广武侯望，率其众四万余人来降，家庐江郡。"［索隐］曰：徐广据年表而为说。

至建元六年，闽越击南越。南越守天子约，不敢擅发兵击而以闻。上遣大行王恢出豫章，大农韩安国出会稽，皆为将军。兵未逾岭，闽越王郢发兵距险。其弟余善乃与相、宗族谋曰："王以擅发兵击南越，不请，故天子兵来诛。今汉兵众强，今即幸胜之，后来益多，终灭国而止。今杀王以谢天子。天子听，罢兵，固一国完；不听，乃力战，不胜即亡入海。"皆曰："善。"即鏦杀王，①使使奉其头致大行。大行曰："所为来者诛王。今王头至，谢罪，不战而耘，②利莫大焉。"乃以便宜案兵告大农军，而使使奉王头驰报天子。诏罢两将兵，曰："郢等首恶，独无诸孙繇君丑不与谋焉。"③乃使郎中将立丑为越繇王，奉闽越先祭祀。

①［索隐］曰：刘氏鏦，音窗。鏦，撞也。

②徐广曰："《汉书》作'运'。耘义当取'耘除'。或言耘，音于粉反，此楚人声重耳。陨、耘当同音，但字有假借，声有轻重。"

③［索隐］曰：繇，音摇。繇者，邑号。丑，名也。

余善已杀郢，威行于国，国民多属，窃自立为王。繇王不能矫其众持正。天子闻之，为余善不足复兴师，曰："余善数与郢谋乱，而后首诛郢，师得不劳。"因立余善为东越王，与繇王并处。

至元鼎五年，南越反，东越王余善上书，请以卒八千人从楼船将军击吕嘉等。兵至揭杨，以海风波为解，不行，持两端，阴使南越。及汉破番禺，不至。是时楼船将军杨仆使使上书，愿便引兵击东越。上曰士卒劳倦，不许，罢兵，令诸校屯豫章梅岭待命。①元鼎六年秋，余善闻楼船请诛之，汉兵临境，且往，乃遂反，发兵距汉道。号将军驺力等为“吞汉将军”，入白沙、武林、②梅岭，杀汉三校尉。是时汉使大农张成、故山州侯齿③将屯，弗敢击，却就便处，皆坐畏懦诛。余善刻“武帝”玺自立，诈其民，为妄言。天子遣横海将军韩说出句章，④浮海从东方往；楼船将军杨仆出武林；中尉王温舒出梅岭；越侯为戈船、下濑将军，出若邪、白沙。⑤元封元年冬，咸入东越。东越素发兵距险，使徇北将军守武林，败楼船军数校尉，杀长吏。楼船将军率钱唐辕终古⑥斩徇北将军，为御儿侯。⑦自兵未往。

①徐广曰：“在会稽界。”[索隐]曰：徐说非也。案：今豫章三十里有梅岭，在供崔山当古驿道此文云“豫章梅岭”，知非会稽也。[正义]曰：《括地志》云：“梅岭，在虔化县东北二十八里。虔州汉亦属豫章郡，二所未详。”

②徐广曰：“在豫章界。”[索隐]曰：案：今豫章北二百里，接鄱阳界，地名白沙，有小水入湖，名曰白沙沙。东南八十里有武阳亭，亭东南三十里地名武林。此白沙、武林，今当闽越之京道。

③徐广曰：“成阳共王子。”

④[索隐]曰：郑氏句，音钩。会稽县也。[正义]曰：句章故城在越州鄮县西一百里，汉县。

⑤[索隐]曰：案：姚氏云：“若邪，地名，今阙。”[正义]曰：越州有若耶山、若耶溪。“若”、“如”一。预州有白沙山。盖从“如此耶”。白沙东故闽州。

⑥[正义]曰：钱唐，杭州县。辕，姓；终古，名。

⑦《汉书音义》曰：“今吴南亭是也。”[正义]曰：御字今作“语”。语儿乡在苏州嘉兴县南七十里，临官道也。

故越衍侯吴阳前在汉，汉使归谕余善，余善弗听。及横海将军先至，越衍侯吴阳以其邑七百人反，攻越军于汉阳。从建成侯敖，①与其率，从繇王居股谋曰：“余善首恶，劫守吾属。今汉兵至，众强，计杀余善，自归诸将，傥幸得脱。”乃遂俱杀余善，以其众降横海将军。故封繇王居股为东成侯，②万户；封建成侯敖为开陵侯；③封越衍侯吴阳为北石侯；封横海将军说为按道侯；封横海校尉福为缭荌侯。④福者，成阳共王子，故为海常侯，坐法失侯。旧从军无功，以宗室故侯。诸将皆无成功，莫封。东越将多军，⑤汉兵至，弃其军降，封为无锡侯。于是天子曰东越狭多阻，闽越悍，数反覆，诏军吏皆将其民徙处江淮间。东越地遂虚。

①徐广曰："亦东越臣。"

②[索隐]曰：韦昭云："在九江。"

③[索隐]曰：徐广云："敖，东越臣。"韦昭云："开陵属临淮。"

④《汉书音义》曰："音辽萦。"[索隐]曰：缭荌，县名。服虔莹，音莹。刘伯庄音纡营反。

⑤《汉书音义》曰："多军，名也。"[索隐]曰：韦昭云："多，姓；军，名也。"

太史公曰：越虽蛮夷，其先岂尝有大功德于民哉，何其久也！历数代常为君王，勾践一称伯。然余善至大逆，灭国迁众，其先苗裔繇王居股等犹尚封为万户侯，由此知越世世为公侯矣。盖禹之余烈也。

索隐述赞曰：勾践之裔，是曰无诸。既席汉宠，实因秦余。驺骆为姓，闽中是居。王摇之立，爰处东隅。后嗣不道，自相诛锄。

史记卷一一五
列传第五五

朝鲜

张晏曰："朝鲜有湿水、洌水、汕水，三水合为洌水，疑乐浪、朝鲜取名于此也。"[索隐]曰：案：朝，音潮，直骄反。鲜，音仙。以有汕水，故名也。汕，一音讪。

朝鲜①王满者，故燕人也。②自始全燕时，尝略属真番、③朝鲜，为置吏，筑鄣塞。秦灭燕，属辽东外徼，汉兴，为其远难守，复修辽东故塞，至浿水为界，④属燕。燕王卢绾反，入匈奴。满亡命，⑤聚党千余人，魋结蛮夷服而东走出塞，渡浿水，居秦故空地上下鄣，⑥稍役属真番、朝鲜蛮夷及故燕、齐亡命者王之，都王险。⑦

①[正义]曰：潮仙二音。《括地志》云："高骊都平壤城，本汉乐浪郡王险城，又古云朝鲜地也。"

②[索隐]曰：案《汉书》，满，燕人，姓卫，击破朝鲜王而自王之。

③徐广曰："一作'莫'。辽东有番汗县。番，音普寒反。"[索隐]曰：始全燕时，谓六国燕方全盛之时，常略二国以属已也。应劭云："玄菟本真番国。"徐氏云辽东有番汗县者，据《地理志》而知也。

④《汉书音义》曰："浿，音滂沛反。"[正义]曰：《地理志》云浿水出辽东塞外，西南至乐浪县西入海。浿，普大反。

⑤[正义]曰：命谓教令。

⑥[索隐]曰：案：《地理志》乐浪有云鄣。

⑦徐广曰："昌黎有险渎县也。"[索隐]曰：韦昭云："古邑名。"应劭注《地理志》云辽东有险渎县，朝鲜王旧都。臣瓒云"险城在乐浪郡浿水之东"也。

会孝惠、高后时，天下初定，辽东太守即约满为外臣，保塞外蛮夷，无使盗边；诸蛮夷君长欲入见天子，勿得禁止。以闻，上许之，以故满得兵威财物侵降其旁小邑，真番、临屯皆来服属，①方数千里。②

①[索隐]曰：东夷小国，后以为郡。

②[正义]曰：《括地志》云："朝鲜、高骊、貊、东沃沮五国之地，国东西千三百里，南北二千里，在京师东，东至大海四百里，北至营州界九百二十里，南至新罗国六百里，北至靺鞨国千四百里。"

传子至孙右渠，①所诱汉亡人滋多，又未尝入见。真番旁众国欲上书见天子，又拥阏不通。元封二年，汉使涉何诱谕右渠，②终不肯奉诏。何去至界上，临浿水，使御刺杀送何者③朝鲜裨王长，④即渡，驰入塞，⑤遂归报天子曰"杀朝鲜将。"上为其名美，即不诘，⑥拜何为辽东东部都尉。⑦朝鲜怨何，发兵袭攻杀何。

①[正义]曰：其孙名也。

②[索隐]曰：诱，一作"诮"。《说文》云："诮，让也。"谕，晓也。诮，音才笑反。

③[索隐]曰：即送何之御也。

④[正义]曰：颜师古云："长者，裨王名也。送何至浿水，何因刺杀也。"按：裨王及将士长，恐颜非也。

⑤[正义]曰：入平州榆林关也。

⑥[索隐]曰：有杀将之美名。

⑦[正义]曰：《地理志》云辽东郡武次县，东部都尉所理也。

天子募罪人击朝鲜。其秋，遣楼船将军杨仆从齐浮渤海；兵五万人，左将军荀彘出辽东：讨右渠。右渠发兵距险。左将军卒正多率辽东兵先纵，败散，多还走，坐法斩。楼船将军将齐兵七千人先至王险。右渠城守。窥知楼船军少，即出城击楼船，楼船军败散走。将军杨仆失其众，遁山中十余日，稍求收散卒，复聚。左将军击朝鲜浿水西军，未能破自前。

天子为两将未有利，乃使卫山因兵威往谕右渠。右渠见使者顿首谢："愿降，恐两将诈杀臣。今见信节，请服降。"遣太子入谢，献马五千匹，及馈军粮。人众万余，持兵，方渡浿水，使者及左将军疑其为变，谓太子已服降，宜命人毋持兵。太子亦疑使者左将军诈杀之，遂不渡浿水，复引归。山还报天子，天子诛山。左将军破浿水上军，乃前，至城下，围其西北。楼船亦往会，居城南。右渠遂坚守城，数月未能下。

左将军素侍中，幸，将燕代卒，悍，乘胜，军多骄。楼船将齐卒，入海，固已多败亡；其先与右渠战，困辱亡卒，卒皆恐，将心惭，其围右渠，常持和节。左将军急击之，朝鲜大臣乃阴间使人私约降楼船，往来言，尚未肯决。左将军数与楼船期战，楼船欲急就其约，不会，左将军亦使人求间却降下朝鲜，朝鲜不肯，心附楼船：以故两将不相能。左将军心意楼船前有失军罪，今与朝鲜私善而又不降，疑其有反计，未敢发。天子曰将率不能，前及使卫山谕降右渠，右渠遣太子，山使不能剸决，与左将军计相误，卒沮约。今两将围城，又乖异，以故久不决。使济南太守公孙遂往征之，有便宜得以从事。

遂至，左将军曰："朝鲜当下久矣，不下者有状。"言楼船数期不会，具以素所意告遂，曰："今如此不取，恐为大害。非独楼船，又且与朝鲜共灭吾军。"遂亦以为然，而以节召楼船将军入左将军营计事，即命左将军麾下执捕楼船将军，并其军，以报天子。天子诛遂。

左将军已并两军，即急击朝鲜。朝鲜相路人、相韩阴、尼谿相参、将军王唊[①]相与谋曰："始欲降楼船，楼船今执，独左将军并将，战益急，恐不能与，战王又不肯降。"阴、唊、路人皆亡降汉。路人道死。

①《汉书音义》曰："凡五人也。戎狄不知官纪，故皆称相。唊，音颊。"[索隐]曰：路人，渔阳县人。如淳云："相，其国相，路人，名也。唊，一音协。"

元封三年夏，尼谿相参乃使人杀朝鲜王右渠来降。王险城未下，故右渠之大臣成巳又反，复攻吏。左将军使右渠子长降、[①]相路人之子最[②]告谕其民，诛成巳，以故遂定朝鲜，为四郡。[③]封参为澅清侯，[④]阴为荻苴侯，[⑤]唊为平州侯，[⑥]长为几侯。[⑦]最以父死颇有功，为温阳侯。[⑧]

①徐广曰:“表云‘长路’。”《汉书》表云“‘长路’,音各。”

②[索隐]曰:最,名;路人之子也。

③真番、临屯、乐浪、玄菟也。

④韦昭曰:“属齐。”[索隐]曰:顾氏澅,音获。

⑤韦昭曰:“属渤海。”[索隐]曰:萩,音秋。苴,音子余反。

⑥韦昭曰:“属梁父。”

⑦韦昭曰:“属河东。”[索隐]曰:几,县名。

⑧韦昭曰:“属齐。”

左将军征至,坐争功相嫉,乖计,弃市。楼船将军亦坐兵至列口,当待左将军,擅先纵,失亡多,当诛,赎为庶人。①

①[索隐]曰:苏林云:“列口,县名。渡海先得之。”

太史公曰:右渠负固,国以绝祀。涉何诬功,为兵发首。楼船将狭,①及难离咎。悔失番禺,乃反见疑。荀彘争劳,与遂皆诛。两军俱辱,将率莫侯矣。

①徐广曰:“言其所将卒狭少。”

索隐述赞曰:卫满燕人,朝鲜是王。王险置都,路人作相。右渠首差,涉何调上。兆祸自斯,狐疑二将。山遂伏法,纷纭无状。

史记卷一一六
列传第五六

西南夷

西南夷君长①以什数，夜郎最大。②其西靡莫之属③以什数，滇最大。④自滇以北君长以什数，邛都最大。此皆魋结，耕田，有邑聚。⑤其外西自同师以东，⑥北至楪榆，⑦名为嶲、昆明，⑧皆编发，随畜迁徙，⑨毋常处，毋君长，地方可数千里。自嶲以东北，君长以什数，徙、筰都最大。⑩自筰以东北，君长以什数，冉駹最大。⑪其俗或土箸，或移徙，在蜀之西。自冉駹以东北，君长以什数，白马最大，⑫皆氐类也。此皆巴蜀西南外蛮夷也。

①[正义]曰：在蜀之南。

②[索隐]曰：刘氏数，音所具反。邹氏音所主反。荀悦云："夜郎，犍为属国也。"韦昭云："汉为县，属牂牁。"案：《后汉书》云："夜郎，东接交趾，其地在胡南，其君长本出于竹，以竹而为姓也。"[正义]曰：今泸州南大江南岸协州、曲州，本夜郎国。

③[正义]曰：在蜀南以下及西也，靡非在姚州，北去京西南四千九百三十五里，即靡莫之夷。

④如淳曰："滇，音颠。颠马出其国也。"[索隐]曰：靡莫夷邑名。滇与同姓也。崔浩云："滇后为县，属越嶲太守所理也。"[正义]曰：昆州、郎州等本滇国，去京西五千三百七十里也。

⑤[索隐]曰：魋，《汉书》作"椎"，音直追反。结，音计。

⑥韦昭曰："邑名也。"[索隐]曰：《汉书》作"桐乡"。

⑦韦昭曰："在益州。楪，音叶。"[正义]曰：上音楪。楪泽在靡北百余里。汉

楪榆县在泽西益都，靡非，本桑榆生王国也。

⑧徐广曰："永昌有嶲唐县。"[索隐]曰：崔浩云："嶲、昆明，二国名。"韦昭云："益州县。"[正义]曰：嶲，音髓。今体州也。昆明，嶲州县，盖南接昆明之地，因名也。

⑨[正义]曰：编，步典反。畜，许又反。皆嶲、昆明之俗也。

⑩徐广曰："徙在汉嘉筰，音昨，在越嶲。"[索隐]曰：服虔云："徙筰，二国名。"韦昭云："徙县在蜀。笮县在越嶲。"[正义]曰：徙，音斯。《括地志》云："筰州本西蜀徼外，曰猫羌嶲。《地理志》云徙县也。《华阳国志》雅州邛郲山本名邛筰山，故邛人、筰人界。"

⑪[索隐]曰：案：应劭云："汶江郡本冉駹。自亡江反。"[正义]曰：《括地志》云："蜀西徼外羌，茂州、冉州本冉駹国地也。《后汉书》云冉駹其山有六夷、七羌、九蛮，各有部落也。"

⑫[索隐]曰：案：夷邑名，即白马氐也。[正义]曰：《括地志》云："陇右成州、武州皆白马氏，其豪族杨氏居成州仇池山上。"

始楚威王时，使将军庄蹻①将兵循江上，略巴、蜀黔中以西。庄蹻者，故楚庄王苗裔也。②蹻至滇池，地方三百里，③旁平地，肥饶数千里，以兵威定属楚。欲归报，会秦击夺楚巴、黔中郡，道塞不通，因还，以其众王滇，变服从其俗，以长之。秦时常頞④略通五尺道，⑤诸此国颇置吏焉。十余岁，秦灭。及汉兴，皆弃此国而开蜀故徼。巴蜀民或窃出商贾，取其笮马、僰僮、⑥髦牛，以此巴蜀殷富。⑦

①[正义]曰：其略反。郎州、昆州即庄蹻所王。

②[索隐]曰：蹻，音矩灼反。楚庄王弟，为盗者。

③[索隐]曰：《地理志》益州滇池县，泽在西北。《后汉书》云："其池水源深广，而更浅狭，有似倒流，故谓滇池也。"[正义]曰：《括地志》云："滇池泽在昆州晋宁县西南三十里。其水源深广而更浅狭，有似倒流，故谓滇池。"

④音案。

⑤[索隐]曰：谓栈道广五尺。[正义]曰：《括地志》云："五尺道在郎州。颜师古云其处险厄，故道才广五尺。如淳云道广五尺。"

⑥[正义]曰：今益州南戎州北临大江，古僰国。

⑦[索隐]曰：韦昭云："僰属犍为，音蒲北反。"服虔云："旧京师有棘婢。"

建元六年，大行王恢击东越，东越杀王郢以报。恢因兵威使番阳令①唐蒙风指晓南越。南越食蒙蜀枸酱，②蒙问所从来，曰："道西北牂牁，牂牁江③广数里，出番禺城下。"蒙归至长安，问蜀贾人。贾人曰："独蜀出枸酱，多持窃出市夜郎。夜郎者，临牂牁江，江广百余步，足以行船。南越以财物役属夜郎，西至同师，然亦不能臣使也。"蒙乃上书说上曰："南越王黄屋左纛，地东西万余里，名为外臣，实一州主也。今以长沙、豫章往，水道多绝，难行。窃闻夜郎所有精兵，可得十余万，浮船牂牁江，出其不意，此制越一奇也。诚以汉之强，巴蜀之饶，通夜郎道，为置吏，易甚。"上许之。乃拜蒙为郎中将，将千人，食重万余人，④从巴蜀筰关入，遂见夜郎侯多同。蒙厚赐，喻以威德，约为置吏，使其子为令。夜郎旁小邑皆贪汉缯帛，以为汉道险，终不能有也，乃且听蒙约。还报，乃以为犍为郡。发巴蜀卒治道，自僰道指牂牁江。⑤蜀人司马相如亦言西夷邛、筰可置郡。使相如以郎中将往喻，皆如南夷，为置一都尉，十余县，属蜀。

①[正义]曰：番，音婆。

②徐广曰："枸，一作'蒟'，音窭。"骃案：《汉书音义》曰："枸木似谷树，其叶如桑叶。用其叶作酱酢，美，蜀人以为珍味。"[索隐]曰：案：晋灼，枸，音矩。刘德云："枸树如桑，其椹长二三寸，味酢。取其实以为酱，美。"小颜云："枸者，缘木而生，非树也。今蜀土家出枸，实不长二三寸，味辛似姜，不酢。"刘说非也。《广志》云："枸，色黑，味辛，下气消谷。"窭，音求羽反。

③[正义]曰：崔浩云："牂牁，系船杙也。"常氏《华阳国志》云："楚顷襄王时，遣庄跻伐夜郎，军至且兰，椓船于岸而步战。既灭夜郎，以且兰有椓船柯处，改其名为牂柯。"

④[索隐]曰：案：食粮及辎重车也。音持用反。

⑤[索隐]曰：崔浩云："牂牁，系船杙。以为地名。"道犹从也。《地理志》夜郎又有豚水，东至南海四会入海，此牂牁江也。

当是时，巴蜀四郡①通西南夷道，戍转相饷。数岁，道不通，士罢饿离湿死者甚众。西南夷又数反，发兵兴击，耗费无功。上患之，使公孙弘往视问焉。还对,言其不便。及弘为御史大夫,是时方筑朔方以据河逐胡,弘因数言西南夷害,可且罢,专力事匈奴。上罢西夷,独置南夷夜郎两县一都尉,②稍令犍为自葆就。③

①徐广曰:"汉中、巴郡、广汉、蜀郡。"

②徐广曰:"元光六年,南夷始置邮亭。"

③[正义]曰:令犍为自葆守,而渐修成其郡县也。

及元狩元年,博望侯张骞使大夏来,言居大夏时见蜀布、邛竹杖,①使问所从来,曰"从东南身毒国,②可数千里,得蜀贾人市。"或闻邛西可二千里有身毒国。骞因盛言大夏在汉西南,慕中国,患匈隔其道,诚通蜀,身毒国道便近,有利无害。于是天子乃令王然于、柏始昌、吕越人等,使间出西夷西,指求身毒国。至滇,滇王尝羌③乃留,为求道西十余辈。岁余,皆闭昆明,④莫能通身毒国。

①韦昭曰:"邛县之竹,属蜀。"瓒曰:"邛,山名。此竹节高实中,可作杖。"

②徐广曰:"字或作'竺'。《汉书》直云'身毒',《史记》一本作'乾毒'。"骃案:《汉书音义》曰:"一名'天竺',则浮屠胡是也。"[索隐]曰:身,音捐。毒,音笃。小颜亦曰捐笃也。

③徐广曰:"尝,一作'赏'。"

④如淳曰为昆明所闭道。[正义]曰:昆明在今嶲州南,昆县是也。

滇王与汉使者言曰:"汉孰与我大?"及夜郎侯亦然。以道不通故,各自以为一州主,不知汉广大。使者还,因盛言滇大国,足事亲附。天子注意焉。

及至南越反,上使驰义侯因犍为发南夷兵。且兰君恐远行,旁国虏其老弱,①乃与其众反,杀使者及犍为太守。汉乃发巴蜀罪人尝击南越者八校尉击破之。会越已破,汉八校尉不下,即引兵还,行诛头兰。②头兰,常隔滇道者也。已平头兰,遂平南夷为牂牁郡。夜郎侯始倚南越,南越已灭,会还诛反者,夜郎遂入朝。上以为夜郎王。

①[索隐]曰:且,音子余反。小国名也。后为县,属牂牁。

②[索隐]曰:即且兰也。

南越破后,及汉诛且兰、邛君,并杀筰侯,冉駹皆振恐,请臣置吏。乃以邛都为越嶲郡，筰都为沈犁郡，冉駹为汶山郡，①广汉西白马为武都郡。

①应劭曰："今蜀郡岷江。"

上使王然于以越破及诛南夷兵威风喻滇王入朝。滇王者，其众数万人，其旁东北有劳浸、靡莫，皆同姓相扶，未肯听。劳浸、靡莫数侵犯使者吏卒。元封二年，天子发巴蜀兵击灭劳浸、靡莫，①以兵临滇。滇王始首善，以故弗诛。滇王离难西南夷，举国降，请置吏入朝。于是以为益州郡，赐滇王王印，复长其民。西南夷君长以百数，独夜郎、滇受王印。滇小邑，最宠焉。

①[索隐]曰：二国与滇王同姓。

太史公曰：楚之先岂有天禄哉？在周为文王师，封楚。及周之衰，地称五千里。秦灭诸侯，唯楚苗裔尚有滇王。汉诛西南夷，国多灭矣，唯滇复为宠王。然南夷之端，见枸酱番禺，大夏杖邛竹。西夷后揃，剽分二方，①卒为七郡。②

①《史记音义》曰："音翦。"[索隐]曰：揃谓被分割也。剽，音疋妙反。言西夷后被揃割，遂剽居西南二方，各属郡县。剽亦分义。

②徐广曰："犍为、牂牁、越嶲、益州、武都、沈犁、汶山地也。"

索隐述赞曰：西南外徼，庄跻首通。汉因大夏，乃命唐蒙。劳浸靡莫，异俗殊风。夜郎最大，邛筰称雄。及置郡县，万代推功。

史记卷一一七
列传第五七

司马相如

[索隐]曰:右不宜在西南夷之下。

司马相如者,蜀郡成都人也,字长卿。少时好读书,学击剑,① 故其亲名之曰犬子。②

①[索隐]曰:《吕氏春秋》剑伎云:“持短入长,倏忽纵横之术也。”魏文《典论》云“余好击剑,以短乘长”是也。

②[索隐]曰:孟康云:“爱而字之也。”

相如既学,①慕蔺相如之为人,更名相如。以赀为郎,事孝景帝,为武骑常侍,②非其好也。会景帝不好辞赋,是时梁孝王来朝,从游说之士齐人邹阳、淮阴枚乘、吴庄忌夫子之徒。③相如见而说之,因病免,客游梁。梁孝王令与诸生同舍,相如得与诸生游士居数岁,乃著《子虚之赋》。

①[索隐]曰:案:秦密云:“文翁遣相如受七经。”

②[索隐]曰:张揖曰:“秩六百石,常侍从格猛兽。”

③徐广曰:“名忌,字夫子。”[索隐]曰:案:《邹阳传》云枚先生、严夫子,则此夫子是美称,时人以为号尔。而徐广云字为非。《汉书》作“严忌”者,案忌本姓庄,避明帝讳改姓严也。

会梁孝王卒,相如归,而家贫无以自业。素与临邛令王吉相善,吉曰:“长卿久宦游不遂,而来过我。”于是相如往,舍都亭。①临邛令缪为恭敬,日往朝相如。相如初尚见之,后称病,使从者谢吉,吉愈益谨肃。

①[索隐]曰：案：临邛郭下之亭也。

临邛中多富人，而卓王孙家僮八百人，程郑亦数百人。二人乃相谓曰："令有贵客，为具召之。"并召令。令既至，卓氏客以百数。至日中，谒司马长卿，长卿谢病不能往，临邛令不敢尝食，自往迎相如。相如不得已，强往，一坐尽倾。酒酣，临邛令前奏琴曰："窃闻长卿好之，愿以自娱。"相如辞谢，为鼓一再行。①是时卓王孙有女文君新寡，好音，故相如缪与令相重，而以琴心挑之。②相如之临邛，从车骑，雍容闲雅甚都；③及饮卓氏，弄琴，文君窃从户窥之，心悦而好之，恐不得当也。既罢，相如乃使人重赐文君侍者，通殷勤。文君夜亡奔相如，④相如乃与驰归。家居徒四壁立。⑤卓王孙大怒曰："女至不材，我不忍杀，不分一钱也！"人或谓王孙，王孙终不听。

①[索隐]曰：案：古乐府长歌行、短歌行，皆曲引也。此言"鼓一再行"，谓一两曲。

②郭璞曰：以"琴中音挑动之"。[索隐]曰：张揖云："挑，娆也。以琴中娆之。"挑，音徒了反。娆，音如了反。其诗曰"凤兮凤兮归故乡，游遨四海求其皇，有一艳女在此堂，室迩人遐毒我肠，何由交接为鸳鸯"也。又曰"凤兮凤兮从皇栖，得托子尾永为妃。交情通体必和谐，中夜相从别有谁。"

③韦昭曰："间，读曰'闲'，甚得都邑之容也。"郭璞曰："都犹姣也。诗曰'恂美且都'。"

④[索隐]曰：郭璞云："婚不以礼为节也。"

⑤郭璞曰："言贫穷也。"[索隐]曰：案：孔文祥云："徒，空也。家空无资储，但有四壁而已，言就此中以安立也。"

文君久之不乐，曰："长卿第俱如临邛，①从昆弟假贷犹足为生，何至自苦如此！"相如与俱之临邛，尽卖其车骑，买一酒舍酤酒，而令文君当炉。②相如身自著犊鼻裈，③与保庸杂作，④涤器于市中。⑤卓王孙闻而耻之，为杜门不出。昆弟诸公⑥更谓王孙曰："有一男两女，所不足者非财也。今文君已失身于司马长卿，长卿故倦游，⑦虽贫，其人材足依也，且又令客，独奈何相辱如此！"卓王孙不得已，分予文君僮百人，钱百万，及其嫁时衣被财物，文君乃与相如归成都,买田宅,为富人。

①[索隐]曰:文颖云:"第,且也。"郭璞云:"第,发语之急耳。如,往也。"

②韦昭曰:"炉,酒肆也。以土为堕,边高似炉。"

③韦昭曰:"今三尺作布形如犊鼻矣。称此者,言其无耻也。今铜印言犊纽,此其类矣。"

④《方言》曰:"保庸调之,南方奴婢贱称也。"

⑤韦昭曰:"瓦器也。每食必涤溉者。"

⑥郭璞曰:"诸公,父行也。"

⑦郭璞曰:"厌游宦也。"

居久之,蜀人杨得意为狗监侍上。①上读《子虚赋》而善之,曰:"朕独不得与此人同时哉!"得意曰:"臣邑人司马相如自言为此赋。"上惊,乃召问相如。相如曰:"有是。然此乃诸侯之事,未足观也。请为天子游猎赋,赋成奏之。"上许,令尚书给笔札。相如以"子虚",虚言也,为楚称;②"乌有先生"者,③乌有此事也,为齐难;④"无是公"者,无是人也,明天子之义。⑤故空藉此三人为辞,⑥以推天子诸侯之苑囿。其卒章归之于节俭,因以风谏。奏之天子,天子大说。其辞曰:

①郭璞曰:"主猎犬也。"

②郭璞曰:"称说楚之美。"

③徐广曰:"乌,一作'恶'。"

④郭璞曰:"诘难楚事也。"

⑤郭璞曰:"以为折中之谈也。"

⑥[索隐]曰:藉,音假借,与积同音。

楚使子虚使于齐,齐王悉发境内之士,备车骑之众,与使者出田。田罢,子虚过诧乌有先生,①而无是公在焉。坐定,乌有先生问曰:"今日田乐乎?"子虚曰:"乐。""获多乎?"曰:"少。""然则何乐?"曰:"仆乐齐王之欲夸仆以车骑之众,而仆对以云梦之事也。"曰:"可得闻乎?"

①郭璞曰:"诧,夸也。音托夏反。"[索隐]曰:"过,音戈。诧,音敕亚反。

子虚曰:"可。王驾车千乘,选徒万骑,田于海滨。列卒满泽,罘罔弥山,①掩兔辚鹿,射麋脚麟。②鹜于盐浦,割鲜染轮。③射中获多,矜而自功。顾谓仆曰:'楚亦有平原广泽游猎之地饶乐若此者乎?楚王之猎何与寡人?'④仆下车对曰:'臣,楚国之鄙人也。幸得宿卫十有余年,时从出游,游于后园,览于有无,然犹未能遍睹也,又恶足以言其外泽者乎!'齐王曰:'虽然,略以子之所闻见而言之。'

①郭璞曰:"罘,罝也。音浮。"[正义]曰:《说文》云:"罘,兔罟也。"今幡车罟也。弥,竟也。

②徐广曰:"辚,音吝。"骃案:郭璞曰:"脚,掎足。辚,车轹。"[索隐]曰:韦昭云:"脚,谓持一脚也。"司马彪曰:"脚,掎也。"《说文》云:"掎,偏引一脚也。"

③郭璞曰:"盐浦,海边地多盐卤。鲜,生肉也。染,擩也。音而沿反,又音而悦反。擩之于轮,盐而食之。鹜,驰也。音务。"[索隐]曰:染,或为"淬",与下文"脟割轮淬"意同也。

④郭璞曰:"与犹如也。"

"仆对曰:'唯唯。臣闻楚有七泽,尝见其一,未睹其余也。臣之所见,盖特其小小者耳,①名曰云梦。②云梦者方九百里,其中有山焉。其山则盘纡岪郁,隆崇嵂崒;岑岩参差,日月蔽亏;③交错纠纷,上干青云;罢池陂陁,下属江河。其土则丹青赭垩,④雌黄白坿,⑤锡碧金银,⑥众色炫耀,照烂龙鳞。⑦其石则赤玉玫瑰,⑧琳珉琨珸,⑨瑊玏玄厉,⑩瑌石武夫。⑪其东则有蕙圃衡兰,芷若射干,穹穷昌蒲,⑫江离麋芜,诸蔗猼且。⑬其南则有平原广泽,登降陁靡,⑭案衍坛曼,⑮缘以大江,限以巫山。⑯其高燥则生葴蔪苞荔,⑰薛莎青薠。⑱其卑湿则生藏莨蒹葭,东蘠雕胡,⑲莲藕觚芦,⑳菴闾轩芋,㉑众物居之,不可胜图。㉒其西则有涌泉清池,激水推移;外发芙蓉菱华,内隐巨石白沙。其中则有神龟蛟鼍,㉓玳瑁㉔鳖鼋。其北则有阴林巨树,㉕楩楠豫章,㉖桂椒㉗木兰,㉘蘖离朱杨,㉙樝梨楟栗，橘柚芬芳。㉚其上则有赤猿蠗蝚，㉛鹓雏孔鸾，腾远射干。㉜其下则有白虎玄豹，蟃蜒貙豻，㉝兕象野犀，㉞穷奇獌狿。

①[索隐]曰：郭璞曰："特，独也。"

②[索隐]曰：褚诠音亡栋反，又音莫风反。裴骃云："孙叔敖激沮水作此泽。"张揖云："楚薮也，在南郡华容县。"郭璞曰："江夏安陆有云梦城，南郡枝江亦有云梦城。华容县又有巴丘湖，俗云即古云梦泽也。"则张揖云在华容者，指此湖也。今案：安陆东见有云梦城、云梦县，而枝江亦有者，盖县名远取此泽，故有城也。

③《汉书音义》曰："高山壅蔽，日月亏缺半见。"[索隐]曰：案：《汉书》注此卷多不题注者姓名，解者云是张揖，亦兼有余人也。

④徐广曰："一作'瑕'。"[索隐]曰：张揖云："赭，赤土，出少室山。垩，白垩，《本草》云一名白垩也。"

⑤徐广曰："音符。"骃案：《汉书音义》曰："白符，白石英也。"[索隐]曰：白附出鲁阳山。苏林音附。[正义]曰：《药对》曰："雌黄出武都山谷，与雄黄同山。"

⑥[正义]曰：颜云："锡，青金也。碧谓玉之青白色者也。"

⑦郭璞曰："如龙之鳞采。"

⑧郭璞曰："赤瑾也。见《楚辞》。玫瑰，石珠也。"

⑨《汉书音义》曰："琳，球也。珉，石次玉者。琨珸，山名也，出善金，《尸子》曰'昆吾之金'者。"[索隐]曰：司马彪曰："琨珸，石之次玉也。"《河图》云："流州多积石，名琨珸石，炼之成铁，以作剑，光明如水精。"案：字或作"昆吾"也。

⑩徐广曰："㻞，音古咸反。玏，音勒。皆次玉者。"骃案：《汉书音义》曰："玄厉，黑石可用磨者。"

⑪徐广曰："石似玉。"骃案：《汉书音义》曰："瑌石出雁门，武夫出长沙也。"

⑫《汉书音义》曰："衡，杜衡也。其状若葵，其臭如蘼芜。芷，白芷。若，杜若。"[索隐]曰：司马彪云："蕙，香草也。"《本草》云："薰草一名蕙。"《广志》云："蕙草绿叶紫茎，魏武帝以此烧香，今东下田有草茎叶似麻，其华正紫也。"张揖云："衡，杜衡。东下田有草生天帝之山。"案：《山海经》

云:“叶如葵,臭如蘼芜,可以走马。”《博物志》云:“一名土杏,味乱细辛,叶似葵。”故《药对》亦以为似细辛也。兰,秋兰。《本草》云:“芷,一名茝。”《埤苍》云:“齐茝一曰嚣。”《字林》曰:“茝,音昌亥反,又音昌里反。嚣,音火高反。”《本草》又曰:“杜若,一名杜衡。”今杜若叶似姜而有文理,茎叶皆有长毛。古今名号不同,故其所呼别也。《广雅》云:“乌蓬,射干。”《本草》名乌扇也。司马彪云:“芎劳似藁本。”郭璞云:“今历阳呼为江离。”《淮南子》云:“夫乱人者,若芎藭之与藁本也。”

⑬徐广曰:“猼,音匹沃反。”骃案:《汉书音义》曰:“江离,香草。蘼芜,蕲芷也,似蛇床而香。诸蔗,甘柘也。猼且,蘘荷也。”[索隐]曰:《吴录》曰:“临海县开水中生江离,正青似乱发,即《离骚》所云者是也。”《广志》云“赤叶红华”,则与张勃所说又别。案:今芎劳苗曰江离,绿叶白华,又不同。樊光曰:“藁本一名蘼芜,根名蕲芷。”《药对》以为蘼芜一名江离,芎劳苗也。则芎劳、藁本、江离、蘼芜并相似,备是一物也。猼,音普各反。且,音子余反。《汉书》作“巴且”,文颖云“巴蕉也”。郭璞以为蘘荷属。未知孰是。

⑭音移靡。

⑮[索隐]曰:司马彪云:“案衍,窳下;坛曼,平博也。”衍,音弋单反。坛,音徒旦反。

⑯郭璞曰:“巫山今在建平巫县也。”

⑰徐广曰:“葴,音针,马蓝也。菥,或曰草,生水中,华可食。荔,音力诣反。草,似蒲。”骃案:《汉书音义》曰:“苞,藨也。”[索隐]曰:菥,音斯。郭璞云:“葴,酸酱,江东名乌葴。”析,《汉书》作“斯”。孟康云:“斯,禾,似燕麦。”《广志》云:“凉州地生析草,皆中国苗燕麦”是也。

⑱徐广曰:“薛,音先结反。”骃案:《汉书音义》曰:“薛,赖蒿也。莎,镐侯也。青薠,似莎而大也。音烦。”

⑲徐广曰:“乌桓国有蔷,似蓬草,实如葵子,十月熟。”骃案:《汉书音义》曰:“藏,似薍而叶大。莨,莨尾草也。蒹,薕也。葭,芦也。”[索隐]曰:卑,音婢。卑,下也。郭璞云:“莨尾,似茅。”蒹葭,音兼加。孟康云:“蒹葭似芦也。”郭璞云:“蒹,蔽也。似萑而细小。江东人呼为蒹蒿。”又云:“葭,芦也。似苇而细小,江东人呼为乌燕。”薍,音五患反。蔽,音敌。《广志》云:“东蔷,子色青黑,《河西记》云‘贷我东蔷,偿我白粱’也。雕胡,谓菰米。”

⑳徐广曰:“生水中。”[索隐]曰:郭璞云:“菰,蒋也。芦,苇也。”

㉑《汉书音义》曰:“奄间,蒿也。轩芋,莸草也。”[索隐]曰:郭璞云:“菴蕳,子可疗病也。轩芋生水中,今扬州有也。”

㉒郭璞曰:“图,画也。”

㉓[正义]曰:郭注《山海经》云:“蛟,似蛇而四脚小细,头有白婴,大者数十围,卵生,子如一二斛瓮,吞人。鼍,似蜥蜴而大,身有甲,皮可以冒鼓。”

㉔[正义]曰:似觜蠵,甲有文,出南海,可以饰器物也。

㉕郭璞曰:“林在山北阴地。”

㉖郭璞曰:“楩,杞也,似梓。楠,叶似桑。豫章,大木也,生七年乃可知也。”[正义]曰:按:《温活人》云:“豫,今之枕木也。章,今之樟木也。二木生至七年,枕樟乃可分别。”

㉗[正义]曰:郭云:“桂似枇杷叶而大,白花,花而不著子,藂生岩岭间,无杂木,冬夏常青。”按:今诸寺有桂树,叶若枇杷而小,光静,冬夏常青,其皮不中食,盖二色桂树。

㉘[正义]曰:《广雅》云:“似桂,皮辛可食,叶冬夏常似冬,其实如小甘,辛美,南人以为梅也。”

㉙徐广曰:“蘗,音扶戾反。”骃案:郭璞曰:“木兰,树,皮辛香可食。”《汉书音义》曰:“离,山梨。朱杨,赤杨也。”[索隐]曰:郭璞云:“朱杨,赤茎柳,生水边。”《尔雅》云柽河柳是也。

㉚徐广曰:“樗,音郢。”骃案:《汉书音义》曰:“樗,樗枣也。”[正义]曰:小曰橘,大曰柚。树有刺,冬不凋,叶青,花白,子黄赤。二树相似,非橙也。

㉛徐广曰:“音劬柔。”[正义]曰:蠷,�劬;蝚,蝚柔;皆猿猴类。

㉜郭璞曰:“鹓雏,凤属也。孔,孔雀。鸾,鸾鸟也。”《汉书音义》曰:“腾远,鸟名。射干,似狐,能缘木。”[索隐]曰:孟康云“腾远,鸟名”,非也。司马彪云:“腾远,蛇也。”郭璞云:“腾蛇,龙属,能兴云雾。”

㉝郭璞曰:“蝿蜒,大兽,长百寻。貙,似貍而大。”《汉书音义》曰:“豻,胡地野犬,似狐而小也。”[索隐]曰:应劭云:“豻,音颜。”韦昭一音岸。邹诞生音苦奸反,协音,是。

㉞[正义]曰:兕,状如水牛。象,大兽,长鼻,牙长一丈,俗呼为江猿。犀,头似猿,一角在额。《汉书》无此一句。

"'于是乃使专诸之伦,手格此兽。楚王乃驾驯驳之驷,①乘雕玉之舆;靡鱼须之桡旃,②曳明月之珠旗;③建干将之雄戟,④左乌嗥之雕弓,⑤右夏服之劲箭;⑥阳子骖乘,纤阿为御;⑦案节未舒,⑧即陵狡兽,辚邛邛,蹴距虚,⑨轶野马而穗騊駼,⑩乘遗风而射游骐;⑪倏眒凄浰,⑫雷动熛至,星流霆击,弓不虚发,中必决眦,⑬洞胸达腋,绝乎心系,获若两兽,掩草蔽地。于是楚王乃弭节裴回,⑭翱翔容与,⑮览乎阴林,观壮士之暴怒,与猛兽之恐惧,徼谻受诎,⑯殚睹众物之变态。

①《汉书音义》曰:"驯,扰也。驳,如马,白身黑尾,一角,锯牙,食虎,而驾之以当驷马也。"

②郭璞曰:"以海鱼须为旒旌,言桡弱也。通帛为旃也。"

③《汉书音义》曰:"以明月珠缀饰旗。"

④《汉书音义》曰:"干将,韩王剑师。雄戟,胡中有鮔,干将所造也。"[索隐]曰:应劭曰:"干将,吴善冶者姓。"如淳曰:"干将,铁所出。"晋灼曰:"阖闾铸干将剑。"应劭说是。《方言》云:"戟中小孑刺者,所谓雄戟也。"周处《风土记》云:"戟为五兵雄也。"鮔,音巨。案:《周礼》"冶氏为戈,胡三之",注云"胡其孑"也。又《周礼图》谓"戟反曲下为胡"也。

⑤[索隐]曰:张揖云:"黄帝乘龙上仙,小臣不得上,挽持龙髯,髯拔,堕黄帝弓,群臣抱弓而号,故名乌号。见《封禅书》及《郊祀志》文。"又《韩诗外传》云弓工之妻曰"此弓是太山南乌号之柘。"案:《淮南子》云:"乌号,柘桑,其材坚劲,乌栖其上,将飞,枝劲复起,摽呼其上。伐取其材为弓,因曰'乌号'。"《古史考》、《风俗通》皆同此说也。

⑥徐广曰:"韦昭云夏,夏羿也。矢室名曰服。"吕静曰:"步义谓之服也。"[索隐]曰:案:夏羿,善射者。又服,箭之室,故云"夏服"。又夏后氏有良弓名"繁弱",其矢亦良,即"繁弱箭服"也。

⑦《汉书音义》曰:"阳子,仙人阳陵子。纤阿,月御也。"韦昭曰:"阳子,古贤也。"[索隐]曰:张揖云:"阳子,伯乐也。孙阳字伯乐,秦缪公臣,善御者也。"或曰纤阿,美女姣好貌。又乐彦曰:"纤阿,山名,有女子处其岩,月历数度,跃入月中,因为月御也。"郭璞云:"纤阿,古之善御者。"

⑧[索隐]曰:郭璞曰:"言顿辔也。"司马彪云"案辔而行得节,故曰案节,马足未展,故曰未舒",亦为得也。

⑨郭璞曰："邛邛，似马而而青。距虚即邛邛，变文互言之。《穆天子传》曰'邛邛距虚，日走五百里'也。"

⑩徐广曰："轊，音锐。"骃案：郭璞曰："野马，如马而小。騊駼，似马。轊，车轴头。"[索隐]曰：轊，音卫。谓轴头轊而杀之。騊，音陶。駼，音涂。

⑪《汉书音义》曰："遗风，千里马。《尔雅》曰嶲，如马，一角。不角者骐也。"[索隐]曰：《吕氏春秋》云："遗风之乘。"《古今注》曰："秦始皇马名。"韦昭曰："骐如马，无角。"非麒麟之骐。嶲，音携。

⑫徐广曰："凄，音七见反。浰，音力诣反。"骃案：《汉书音义》曰："皆疾貌。"

⑬韦昭曰："在目所指，中必决于眼眦也。"

⑭郭璞曰："或云节，今之所杖信节也。"[索隐]曰：司马彪云："弭犹低也。"

⑮[索隐]曰：郭璞曰："言自得。"

⑯徐广曰："谻，音剧。"骃案：郭璞曰："谻，疲极也。诎，尽也。言兽有倦游者，则徼而取之。"[索隐]曰：司马彪云："徼，遮也。谻，倦也。谓遮其倦者。"谻，音剧。诎，音屈。《说文》云："谻，劳也。燕人谓劳为谻。"徼，音古尧反。

"'于是郑女曼姬，①被阿锡，②揄纻缟，③杂纤罗，垂雾縠；④襞积褰绉，纡徐委曲，郁桡谿谷，⑤衯衯裶裶，⑥扬袘恤削，⑦蜚纤垂髾；⑧扶与猗靡，⑨噏呷萃蔡，⑩下摩兰蕙，上拂羽盖，错翡翠之威蕤，⑪缪绕玉绥；⑫缥乎忽忽，若神仙之仿佛。⑬

①郭璞曰："曼姬，谓邓曼。姬，妇人之总称。"[正义]曰：文颖云："郑国出好女。曼者，其色理曼泽也。"如淳云："郑女，夏姬也。曼姬，楚武王夫人邓。"

②《汉书音义》曰："阿，细缯也。锡，布也。"[正义]曰：按：东阿出缯也。

③徐广曰："揄，音臾。"[正义]曰：揄，曳也。韦云："纻之色若缟也。"颜云："纻，织纻也。缟，鲜支也。"

④郭璞曰："言细如雾，垂以覆头。"

⑤《汉书音义》曰："襞积，简䊵也。褰，缩也。绉，栽也。其绉中文理，茀郁回曲，有似于谿谷也。"[索隐]曰：小颜云："此说非也。襞积，今之裙摄，

古谓之皮弁素积是也。”苏林曰“襞绉，缩蹙之”也。绉，音侧救反。䃂，音助革反。裁，音在代反。曲，《字林》音丘欲反。

⑥[索隐]曰：郭璞曰：“衣长貌。”[正义]曰：上芳云反，下方非反。

⑦徐广曰：“袘，音迤。衣袖也。”骃案：《汉书音义》曰：“恤削，裁制貌也。”[索隐]曰：张揖云：“扬，举也。恤削，刻除貌也。”

⑧徐广曰：“纤，音芟。”骃案：郭璞曰：“纤，袿衣饰；髾，髻髾也。”

⑨郭璞曰：“《淮南》所谓‘曾折摩地，扶与猗委’也。”[正义]曰：舆，音余。猗，于绮反。谓郑女曼姬侍从王者，扶其车舆而猗靡。

⑩《汉书音义》曰：“噏呷，衣裳张起也。萃蔡，衣声也。”[索隐]曰：韦昭云：“呷，音呼甲反。”郭璞云：“萃蔡，犹璀璨也。”[正义]曰：呷，火甲反。萃，音翠。蔡，千贿反。

⑪徐广曰：“错，音措。或作‘错纷翠蕤’。”

⑫郭璞曰：“绥，所执以登车。”[正义]曰：颜云：“下靡兰蕙，谓垂髾也。上拂羽盖，谓飞襳也。玉绥，以玉饰绥也。”言飞襳垂髾，错杂翡翠之旌幡，或绕玉绥也。张揖云：“翡翠大小一如雀，雄赤曰翡，雌青曰翠。”《博物志》云：“翡身通黑，唯胸前背上翼后有赤毛。翠身通青黄，唯六翮上毛长寸余青。其飞则羽鸣翠翡翠翡然，因以为名也。”

⑬[正义]曰：佛，言似神仙也。《战国策》云：“郑之美女粉白黛黑而立于衢，不知者谓之神仙。”

“‘于是乃相与獠于蕙圃，①媻珊勃窣上金堤，②掩翡翠，射鵔鸃，③微矰出，纤缴施，④弋白鹄，连驾鹅，⑤双鸧下，玄鹤加。⑥怠而后发，游于清池；浮文鹢，⑦杨桂枻，⑧张翠帷，建羽盖，罔玳瑁，钓紫贝；⑨摐金鼓，吹鸣籁，⑩榜人歌，⑪声流喝，⑫水虫骇，波鸿沸，涌泉起，奔扬会，礧石相击，琅琅礚礚，若雷霆之声，闻乎数百里之外。

①郭璞曰：“獠，猎也。音辽。”[索隐]曰《尔雅》云：“宵猎曰獠。”

②[索隐]曰：媻珊，匍匐上下也。窣，音素忽反。

③《汉书音义》曰：“鵔鸃，鸟，似凤也。”[索隐]曰：司马彪曰：“鵔鸃，山鸡也。”许慎云：“鷩鸟也。”郭璞曰：“似凤，有光彩。音浚宜。”李彤云：“鵔鸃，神鸟，飞光竟天也。”

④徐广曰：“缴，音斫。”

⑤郭璞曰:"野鹅也。驾,音加。"[索隐]曰:《尔雅》云:"舒雁,鹅也。"[正义]曰:鹄,水鸟也。驾鹅连谓兼获也。《抱朴子》云:"千岁之鹄纯白,能登于木。"

⑥郭璞曰:"《诗》云'弋言加之'是也。"[正义]曰:司马彪云:"鸧似雁而黑,亦呼为鸧括。《韩诗外传》云胎生也。"《相鹤经》云:"鹤寿二百六十岁则色纯黑。"按:弋双鸧既下,又加玄鸟之上也。

⑦《汉书音义》曰:"鹢,水鸟也。画其象于船首。《淮南子》曰'龙舟鹢首,天子之乘也'。"

⑧徐广曰:"音曳。"骃案:韦昭曰:"枻,楫也。"

⑨郭璞曰:"紫质黑文也。"[正义]曰:《毛诗虫鱼疏》云:"贝,水之介虫。大者蚢,音下郎反。小者为贝,其白质如玉,紫点为文,皆成行列。当大者径一尺,小者七八寸。今九真、交趾以为杯盘实物也。"《货殖传》云"贝宝龟"是。

⑩《汉书音义》曰:"摐,撞也。籁,箫也。"

⑪郭璞曰:"唱櫂歌也。榜,船也,音谤。"

⑫徐广曰:"乌迈反。"

"'将息獠者,击灵鼓,[①]起烽燧,车案行,骑就队,纚乎淫淫,班乎裔裔。[②]于是楚王乃登阳云之台,[③]泊乎无为,澹乎自持,勺药之和具而后御之。[④]不若大王终日驰骋而不下舆,脟割轮淬,自以为娱[⑤]。臣窃观之,齐殆不如。'于是王默然无以应仆也。"

①郭璞曰:"灵鼓,六面也。"

②郭璞曰:"皆群行貌也。"

③徐广曰:"宋玉云楚王游于阳云之台。"骃案:郭璞曰:"在云梦之中。"

④郭璞曰:"勺药,五味也。"

⑤徐广曰:"淬,千内反。"骃案:郭璞曰:"脟,膊;淬,染也。脟,音脔也。"

乌有先生曰:"是何言之过也!足下不远千里,来况齐国,[①]王悉发境内之士,而备车骑之众,以出田,乃欲戮力致获,以娱左右也,何名为之夸哉!问楚地之有无者。愿闻大国之风烈,先生之余论也。今足下不称楚王之德厚,而盛推云梦以为高,奢言淫乐而显侈靡,窃为足下不取也。必若所言,固非楚国之美也。有而言之，是章君之恶；无而言之，是害足下之信。章君之恶而伤私义，二者无一可，而先生行之，必且轻于齐而累于楚矣。且齐东有巨海，②南有琅邪，③观乎成山，④射乎之罘，⑤浮勃澥，⑥游孟诸，⑦邪与肃慎为邻，⑧右以汤谷为界，⑨秋田乎青丘，彷徨乎海外，⑩吞若云梦者八九，其于胸中曾不蒂芥。⑪若乃俶傥瑰伟，异方殊类，珍怪鸟兽，万端鳞萃，充仞其中者不可胜记，禹不能名，契不能计。⑫然在诸侯之位，不敢言游戏之乐，苑囿之大；先生又见客，⑬是以王辞而不能复，⑭何为无用应哉！”

①郭璞曰：“言有惠况也。”

②[索隐]曰：“有”作“陼”。苏林云：“陼，音渚。”小洲曰渚。谓东有大海之渚也。

③郭璞曰：“山名，在琅邪县界。”[正义]曰：山名，在密州东南百三十里。琅耶台在山上。

④徐广曰：“在东莱不夜县。”[索隐]曰：张揖云：“观，阙也。于山上筑宫阙。”郭璞：“言在小游。观，音一唤反。”[正义]曰：《封禅书》云“成山斗入海”，言上山观也。《括地志》云：“成山在莱州文登县东北百八十里也。”

⑤《汉书音义》曰：“之罘山在牟平县。射猎其上也。”[正义]曰：《括地志》云：“罘山在莱州文登县西北百九十里。”言射猎其上也。罘，音浮。

⑥《汉书音义》曰：“海别枝名也。”[索隐]曰：案：《齐都赋》云“海傍曰勃，断水曰澥”也。

⑦郭璞曰：“宋之薮泽名。”[正义]曰：《周礼·职方氏》“青州薮曰望诸”，郑玄云：“望孟猪也。”

⑧[正义]曰：邪谓东北接之。《括地志》云：“靺鞨国，古肃慎也。亦曰挹娄，在京东北八千四百里，南去扶余千五百里，东及北各抵大海也。”

⑨[正义]曰：言右者，北向天子也。《海外经》云：“汤谷在黑齿北，上有扶桑木，水中十日所落。”张揖云：“日所出也。”许慎云：“热如汤。”

⑩[正义]曰：服虔云：“青丘国东海东三百里。”郭云：“青丘，山名。上有田，亦有国，出九尾狐，在海外。”

⑪[索隐]曰：张揖云：“蒂芥，刺鲠也。”郭璞云：“言不觉有也。”

⑫[正义]曰:禹为尧司空,辨九州土地山川草木禽兽,契为司徒,敷五教,主四方会计。言二人犹不能名计其数。

⑬[索隐]曰:先生,指子虚也。如淳曰:"见宾客礼待故也。"李善曰:"言见先生是宾客之也。"

⑭[索隐]曰:郭璞曰:"复,答也。"

无是公听然而笑,①曰:"楚则失矣,齐亦未为得也。夫使诸侯纳贡者,非为财币,所以述职也;②封疆画界者,非为守御,所以禁淫也。③今齐列为东藩,而外私肃慎,捐国逾限,越海而田,其于义故未可也。且二君之论,不务明君臣之义而正诸侯之礼,徒事争游猎之乐,苑囿之大;欲以奢侈相胜,荒淫相越;此不可以扬名发誉,而适足以贬君自损也。且夫齐楚之事又焉足道邪!君未睹夫巨丽也,独不闻天子之上林乎?

①郭璞曰:"听,笑貌也。"[索隐]曰:听,音断,又音牛隐反。

②郭璞曰:"诸侯朝于天子曰述职,言述所职。见《孟子》。"

③郭璞曰:"禁绝淫放也。"

"左苍梧,右西极,①丹水更其南,②紫渊径其北;③终始霸浐,出入泾渭;④酆鄗潦潏,⑤纡余委蛇,经营乎其内。荡荡兮八川分流,相背而异态。⑥东西南北驰骛往来,出乎椒丘之阙,行乎洲淤之浦,⑦径乎桂林之中,⑧过乎泱莽之野。⑨汩乎浑流,顺阿而下,⑩赴隘陕之口。触穹石,激堆埼,⑪沸乎暴怒,汹涌滂湃,⑫滭浡滵汩,⑬湢测泌瀄,⑭横流逆折,转腾潎洌,⑮澎濞沆瀣,⑯穹隆云挠,⑰蜿灗胶戾,⑱逾波趋浥,⑲莅莅下濑,⑳批岩冲壅,㉑奔扬滞沛,㉒临坻注壑,㉓瀺灂霣坠,㉔湛湛㉕隐隐,砰磅訇礚,㉖潏潏淈淈,湁潗鼎沸,㉗驰波跳沫,㉘汩急漂疾,㉙悠远长怀,㉚寂漻无声,肆乎永归。然后灝溔潢漾,㉛安翔徐徊,翯乎滈滈,㉜东注大湖,㉝衍溢陂池。

①郭璞曰:"西极,国也。"[正义]曰:文颖云:"苍梧郡属交州,在长安东南,故言左。《尔雅》云西至于豳国为极。在长安西,故言右。"

②《汉书音义》曰:"丹水出上洛冢领山。"

③郭璞曰:"紫渊所未详。"[正义]曰:《山海经》云:"紫渊水出根耆之山,

西流注河。"文颖云:"西河谷罗县有紫泽,其水紫色,注亦紫,在县北,于长安为北。"

④[索隐]曰:张揖曰:"霸出蓝田西北而入渭。浐亦出蓝田谷,北至霸陵入霸。霸浐二水尽于苑中不出,故云终始也。泾渭二水从苑外来,又出苑去也。泾水出安定泾阳县开头山,东至阳陵入渭。渭水出陇西首阳县鸟鼠山,东北至华阴入河。"

⑤郭璞曰:"皆水流貌,音决。"[索隐]曰:张揖曰:"酆水出鄠县南山丰谷,北入泾渭。镐水在昆明池北。"郭璞云:"镐水,丰水下流也。"应劭云:"潦,流也。潏,涌出声也。"案:张揖云:"潏水出南山。"姚氏云:"潦,或作'涝'。涝水出鄠县,北注渭。潏水出杜陵,今名沆水,自南山皇子陂西北流注昆明池入渭。"案:此下文"八川分流",则从泾、渭、霸、浐、丰、镐、潦、潏为八。晋灼则云"计从丹水以下至潏,除潦为行潦,凡九。从霸浐以下为数凡七。"案:今潏既是水名,除丹水、紫渊,自霸以下通数,适足八川,是经营乎其内也。又潘岳《关中记》曰:"泾、渭、霸、浐、丰、镐、涝、潏,《上林赋》所谓'八川分流'也。"

⑥郭璞曰:"八川名在上。"

⑦郭璞曰:"椒丘,丘名。言有岩阙也,见《楚辞》。淤亦洲名,蜀人云,见《方言》。"[索隐]曰:服虔云:"丘名也。"案:两山俱起,象双阙,故云"椒丘之阙"。《楚词》曰:"驰椒丘且焉止息"是也。如淳云:"丘多椒也。"

⑧郭璞曰:"桂林,林名也,见《南海经》也。"

⑨《汉书音义》曰:"《山海经》所谓大荒之野。"

⑩郭璞曰:"阿,大陵。"

⑪郭璞曰:"穹隆,大石貌。堆,沙堆。埼,曲岸头,音祈。"

⑫汹,音许勇反。涌,音勇。滂,音浦横反。湃,音浦拜反。[索隐]曰:司马彪曰:"汹涌,跳起貌。滂湃,波相捩也。"涌,或作"容"。滂,或作"滂"。

⑬[索隐]曰:司马彪云:"滭沸,盛貌。滵汩,去疾也。"[正义]曰:毕渤密三音。汩,于笔反。

⑭郭璞曰:"逼侧笔栉四音。"[索隐]曰:司马彪曰:"湢测,相迫也。泌㴹,相楔也。"

⑮[索隐]曰:苏林曰:"流轻疾也。"

⑯[索隐]曰:瀣,亦作"溉"。司马彪云:"滂濞,水声。沆溉,徐流也。"郭璞云:"鼓怒郁鲠之貌也。"[正义]曰:滂,普彭反。濞,普秘反。沆,胡朗反。

溉,胡代反。

⑰[索隐]曰:服虔云:"水急旋回如云屈曲也。"郭璞云:"水陇起回窳也。"

⑱[索隐]曰:司马彪云:"蜿灗,展转也。胶戾,邪曲也。"音宛善交戾四音。[正义]曰:蜿,音婉。灗,音善。

⑲徐广曰:"乌狭反。"[索隐]曰:司马彪云:"逾波,后陵前也。趋浥,输于深泉也。"

⑳[索隐]曰:司马彪云:"莅莅,声也。"音利。

㉑[正义]曰:批,白结反。坧,岩。司马彪云:"批,反击也。壅,曲隈也。"

㉒[索隐]曰:郭璞云:"滞沛,水洒散貌。"滞,音丑制反。

㉓[正义]曰:坻,音迟。坻,水中沙微起出水者也。《尔雅》云:"水趾曰坻。"壑,墟也。

㉔[索隐]曰:瀺,音士湛反。灂,音士卓反。《说文》云:"水之小声也。"[正义]曰:霣,音陨。隧,直类反。

㉕徐广曰:"湛,音沈。"

㉖[正义]曰:砰,披萌反。磅,蒲黄反。訇,呼宏反。礚,苦盖反。皆水流鼓怒之声也。

㉗郭璞曰:"潝,音敕立反。濈,音缉。"[索隐]曰:郭璞云:"皆水微转细涌貌。"潏淈,音决骨。《广雅》云:"淈淈,决流也。"周成《杂字》云:"潝濈,水沸之貌也。"

㉘徐广曰:"一云'吸呷'。"

㉙[索隐]曰:晋灼云:"滃,音华给反。"郭璞云:"许立反。"汩滃,急转貌也。

㉚[正义]曰:放散貌也。

㉛[正义]曰:晃养二音。郭璞云:"皆水无涯际也。"

㉜[索隐]曰:翯,音鹤。高,音缟。《诗》曰"白鸟翯翯"。郭璞云"水白光貌"。翯,音皛。滈,音昊也。

㉝[正义]曰:太湖在苏州西南。

"于是乎蛟龙赤螭,①𩶘鳝蜥离,②鰅鳙鰬魠,③禺禺鱋鳎,④揵鳍擢尾,振鳞奋翼,潜处于深岩;鱼鳖欢声,万物众伙,明月珠子,玓瓅江靡,⑤蜀石黄碝,⑥水玉磊砢,⑦磷磷烂烂,采色澔旰,丛积乎其中。鸿鹔鹄鸨,驾鹅属玛,⑧䴔䴖鹮目,⑨

烦鹜鷛䴘,⑩䴋䴇鸡鸬,⑪群浮乎其上。泛淫泛滥,⑫随风澹淡,与波摇荡,掩薄草渚,⑬唼喋菁藻,⑭咀嚼菱藕。

①[正义]曰:螭,丑知反。文颖云:"龙子为螭。"张揖曰:"雌龙也。"二说皆非。《广雅》云:"有角曰虬,无角曰螭。"按:此皆龙类而非龙。

②徐广曰:"蜥,音渐。"骃案:郭璞曰:"鲠鳍,鲔也。"音亘瞢。蜥未闻。[正义]曰:鲠,古邓反。鳍,末邓反。李奇云:"周洛曰鲔,蜀曰鲠鳍。出巩山穴中,三月溯河上,能度龙门之限则为龙矣。"

③徐广曰:"鳎,音娱。皮有文,出乐浪。鲅,音虔。魠,音托,哆口鱼。"骃案:郭璞曰:"鳙似鲢而黑。"《汉书音义》曰:"鲅似鲤而大也。"

④徐广曰:"禺禺,鱼牛也。鱸,一作'魼',音榻。魶,音纳,一作'鳎'。"骃案:《汉书音义》曰:"魼,比目鱼也。魶,鳀鱼。"

⑤郭璞曰:"靡,崖也。"[索隐]曰:应劭云:"明月珠子生于江中,其光耀乃照于江边"也。[正义]曰:揵,音乾。鳍,音祁。揵,举也。鳍者,鱼背上鬣也。

⑥郭璞曰:"碝石黄色也。"

⑦郭璞曰:"水玉,水精也。"

⑧郭璞曰:"鹔,鹔霜。鸀鳿,似鸭而大,长颈赤目,紫绀色也。"[索隐]曰:鸨,音保。郭璞云:"鸨似雁,而无后指。"《毛诗鸟兽疏》云:"鸨似雁而虎文也。"[正义]曰:鸀鳿,烛玉二音。郭璞云:"似鸭而大,长颈赤目,紫绀色。辟水毒,生子在深谷涧中。若时有雨,鸭。雌者生子,善斗。江东呼为烛玉。"

⑨徐广曰:"鹮,音环。"[索隐]曰:郭璞云:"鹮目,未详。"小颜云:"荆郢间有水鸟,大如鹭而短尾,色红白,深目,目旁毛皆长而旋,此其是乎?"鹮,音旋。《汉书》亦作"旋目"。[正义]曰:郭云:"交青似凫而脚高,有毛冠,辟火灾。"

⑩徐广曰:"烦鹜,一作'番蠓'。鷛,音容。"骃案:《汉书音义》曰:"烦鹜,凫也。鷛䴘似鹜,灰色而鸡足。"[索隐]曰:郭璞云:"烦鹜,鸭属。鷛䴘,一名章渠也。"

⑪徐广曰:"䴋,音斟。水鸟也。䴇,音斯。鸡,音火交反。"骃案:《汉书音义》曰:"䴋䴇,苍黑色。"郭璞曰:"鸡,鱼鸡也,脚近尾。鸬,鸬䴇也。"[索隐]曰:张揖曰:"䴋䴇似鱼虎而苍黑。"邹诞本作"鹅䴇"也。

⑫[索隐]曰:郭璞云:"皆鸟任风波自纵漂貌。"汎,音冯。泛,音芳剑反。

《广雅》云："泛泛，氾氾，群浮也。"

⑬[正义]曰：掩，覆也。薄，依也。言或依草渚而游戏也。

⑭郭璞曰："菁，水草。《吕氏春秋》曰'太湖之菁'也。"[索隐]曰：《左传》云"苹蘩蕴藻"，蕴即聚也。[正义]曰：唼，疏甲反。喋，丈甲反。鸟食之声也。

"于是乎崇山巃嵸，崔巍嵯峨，①深林巨木，崭岩嵾嵳；②九嵕巀嶭、南山峨峨，③岩陁甗锜，④摧崣崛崎，⑤振溪通谷，⑥蹇产沟渎，⑦谽呀豁閜，⑧阜陵别岛，⑨崴磈嵔瘣，⑩丘墟堀礨，⑪隐辚郁㠥，⑫登降施靡，⑬陂池貏豸，⑭沇溶淫鬻，⑮散涣夷陆，⑯亭皋千里，靡不被筑。⑰掩以绿蕙，⑱被以江离，糅以蘼芜，⑲杂以流夷。⑳尃结缕，㉑欑戾莎，㉒揭车衡兰，槀本射干，㉓茈姜蘘荷，㉔葴橙若荪，㉕鲜枝黄砾，㉖蒋芧青薠，㉗布濩闳泽，延曼太原，丽靡广衍，应风披靡，吐芳扬烈，㉘郁郁斐斐，众香发越，肸蚃布写，晻暧苾勃。㉙

①[正义]曰：巃，力孔反。嵸，子孔反。崔，在回反。巍，五回反。郭云："皆峻貌。"

②[正义]曰：崭，音咸，又仕衔反。嵾，音楚林反。嵳，楚宜反。颜云："崭岩，尖锐貌。嵾嵳，不齐也。"

③《汉书音义》曰："九嵕山在左冯翊谷口县西。巀嶭山在池阳县北。"[正义]曰：嵕，子公反。巀，才切反。嶭，五结反。

④音迟。

⑤郭璞曰："陁，崖际。甗，音鱼晚反。锜，音蚁，摧，音作罪反。"[索隐]曰：陁，音豸。皆隆屈众折貌。崎，音倚。崛，音掘。

⑥[索隐]曰：张揖云："振，拔也。水注川曰溪，注溪曰谷。"郭璞云："振犹洒之也。"

⑦《汉书音义》曰："蹇产，屈折也。"

⑧郭璞曰："皆涧谷之形容也。谽，音呼含反。呀，音呼加反。閜，音呼下反。"[索隐]曰：司马彪云："谽呀，大貌。豁閜，空虚也。"

⑨[正义]曰：高平曰陆，大陆曰阜，大阜曰陵，水中山曰岛。

⑩[正义]曰：崴，于鬼反。磈，鱼鬼反。嵔，乌罪反。瘣，胡罪反。皆高峻貌。

⑪[正义]曰：虚，音墟。堀，口忽反，又口罪反。㠥，力罪反。皆堆垄不平貌。

⑫[正义]曰:崛,音律。郭云:"皆其形势也。"

⑬[正义]曰:郭云:"施靡犹连延。"

⑭郭璞曰:"�,音衣被。豸,音虫豸也。"[索隐]曰:"郭璞云:"陂池,旁颓貌。陂,音皮。猈,音被。"

⑮[索隐]曰:郭璞云:"游激淖衍貌。"[正义]曰:溶,音容。鬻,音育。张云:"水流溪谷之间。"

⑯[索隐]曰:司马彪曰:"夷,平也。广平曰陆。"

⑰郭璞曰:"言为亭候于皋隰,皆筑地令平,贾山所谓'隐以金椎'也。"

⑱[正义]曰:张云:"绿,王刍也。蕙,薰草也。"颜云:"绿蕙,言蕙草色绿耳,非王刍也。"《尔雅》云绿一名王刍。

⑲[正义]曰:糅,女又反。

⑳《汉书音义》曰:"流夷,新夷也。"

㉑徐广曰:"尃,古'布'字,一作'怖'。"骃案:《汉书音义》曰:"结缕似白茅,蔓联而生,布种之者。"

㉒徐广曰:"草,可染紫。"

㉓徐广曰:"揭,音桀。"骃案:郭璞曰:"揭车,一名乞舆。槁本,槁茇;射干,十月生;皆香草。"[索隐]曰:案:桐君《药录》:"藁本,苗似穹穷。"

㉔[索隐]曰:张揖云:"茈姜,子姜也。"案:《四民月令》:"生姜谓之茈。姜,音紫。"[正义]曰:蘘,人羊反。柯根旁生笋,若芙蓉,可以为菹,又治虫毒也。

㉕郭璞曰:"葴,未详。橙,柚。若荪,香草也。"[索隐]曰:姚氏以为此前后皆草,非橙柚也。《汉书》作"葴持"。小颜云:"葴,寒浆也。持当为'符'字之误尔。符,鬼目也。"案:今读者亦呼为登草也。姚氏云:"荪草似昌蒲而无脊也,生溪涧中。荪,音孙。"

㉖郭璞曰:"皆未详。"[索隐]曰:张楫云:"皆草也。"司马彪云:"鲜支,即今支子。或云鲜支亦香草也。"小颜云:"黄砾者,黄屑木",恐非也。

㉗徐广曰:"苧,音伫。"骃案:《汉书音义》曰:"蒋,菰也。苧,三棱。"[索隐]曰:薠,音烦。

㉘郭璞曰:"香酷烈也。"

㉙[正义]曰:晻暧,奄爱二音。皆芳香之盛也。《诗》云"苾苾芬芬",气也。

"于是乎周览泛观,瞋盼轧沕,①芒芒恍忽,视之无端,察之无崖。日出东沼,入于西陂。②其南则隆冬生长,踊水跃波;

兽则㺎旄貘犛，③沈牛麈麋，④赤首圜题，⑤穷奇象犀。⑥其北则盛夏含冻裂地，涉冰揭河；⑦兽则麒麟角觿，⑧騊駼橐驼，蛩蛩驒騱，駃騠驴骡。⑨

①徐广曰："瞋，音丑人反。盼一作缗。"骃案：郭璞曰："皆不可分貌。"

②[索隐]曰：张揖云："日朝出苑之东池，暮入于苑西陂中也。"

③徐广曰："㺎，音容。兽类也。犛，音狸，一音茅。"骃案：郭璞曰："旄，旄牛。貘似熊，庳脚锐头。犛牛，黑色，出西南徼外也。"[索隐]曰：郭璞云："㺎，㺎牛，领有肉堆，即今之犛牛也。"张揖云："旄，旄牛，其状如牛而四节生毛。貘，白豹也，似熊，庳脚锐鬐，骨无髓，食铜铁。音陌。犛，音狸，又音茅。或以为猫牛，毛可为翿是也。"

④《汉书音义》曰："沈牛，水牛也。"[正义]曰：麈似鹿而大。按：麋似水牛。

⑤郭璞曰："题，额也，所未详。"

⑥《汉书音义》曰："穷奇状如牛而蝟毛，其音如嗥狗，食人也。"[索隐]曰：郭璞云："象，大兽，长鼻，牙长一丈。犀，头似猪，庳脚，一角在头也。"

⑦郭璞曰："言水漫冻不解，地拆裂也。揭，褰衣。"

⑧郭璞曰："角觿，音端，似猪，角在鼻上，堪作弓。李陵尝以此弓十张遗苏武也。"[索隐]曰：张揖曰："雄曰骐，雌曰驎。其状麋身，牛尾，狼蹄，一角。"郭璞云："麒似麟而无角。"《毛诗疏》云："麟黄色，角端有肉。"京房《传》云："麟有五彩，腹下有黄色也。"张揖云："角端似牛，角可以为弓。"

⑨[正义]曰：騊駼，桃徒二音。橐，音托。驼，徒河反。蛩，音其恭反。驒騱，颠奚二音。駃騠，决啼。

"于是乎离宫别馆，弥山跨谷，①高廊四注，重坐曲阁。②华榱璧珰，③辇道纚属，步櫩周流，长途中宿。④夷嵕筑堂，累台增成，岩突洞房。⑤俯杳眇而无见，仰攀橑而扪天；奔星更于闺闼，宛虹拖于楯轩。⑥青虬蚴蟉于东箱，⑦象舆婉蝉于西清，⑧灵圄燕于间观，⑨偓佺之伦暴于南荣，⑩醴泉涌于清室，通川过乎中庭。槃石裖崖，⑪嵚岩倚倾，嵯峨磼碰，⑫刻削峥嵘，⑬玫瑰碧琳，珊瑚丛生，⑭珉玉旁唐，⑮玢豳文鳞，⑯赤瑕驳荦，⑰杂臿其间，⑱垂绥琬琰，和氏出焉。⑲

①[正义]曰:弥,满也。跨犹骑也。言宫馆满山,又跨豁谷也。

②郭璞曰:“重坐,重轩也。曲阁,阁道曲也。”

③[索隐]曰:韦昭曰:“裁玉为璧,以当榱头。”司马彪曰:“以璧为瓦之当也。”

④郭璞曰:“途,楼阁间陛道。中宿,言长远也。”

⑤郭璞曰:“嵏,山名。平之以安堂其上。成亦重也。《周礼》曰‘为坛三成。’在岩穴底为室,潜通台上者。”[索隐]曰:服虔曰:“平嵏山以为堂”也。张揖云:“重累而成之,故曰增成。”突,音一吊反。《释名》以为突,幽也。《楚词》云“冬有突厦室寒”,王逸以为复室也。

⑥徐广曰:“楯,音食尹反。”[正义]曰:拖,音徒我反。颜云:“宛虹,屈曲之虹。拖谓中加于上也。楯,轩之阑板也。言室宇之高,故星虹得经加之。”

⑦[正义]曰:蚴,一纠反。蟉,力纠反。

⑧《汉书音义》曰:“山出象舆,瑞应车也。”郭璞曰:“西清,西箱清净地也。”[正义]曰:婉蝉,宛善二音。颜云:“蚴蟉婉蝉,皆行动之貌也。”

⑨郭璞曰:“灵圄,淳圄,仙人名也。”[索隐]曰:张揖云:“灵圄,众仙号。”《淮南子》云“骑飞龙,从淳圄”是也。

⑩《汉书音义》曰:“偓佺,仙人名也。”[索隐]曰:韦昭曰:“古仙人,姓偓。”《列仙传》云:“槐里采药父也,食松,形体生毛数寸,方眼,能行逮走马也。”应劭曰:“南荣,屋檐两头如翼也。”故郑玄云“荣,屋翼也”。《七诱》云“飞荣似鸟舒”是也。暴,偃卧日中也。

⑪徐广曰:“裖,音唇。”[索隐]曰:如淳曰:“裖,音振。裖,盛多也。”李奇云:“裖,整也,整顿池外之厓。音之忍反。”

⑫徐广曰:“峨,一作‘池’。磼,音杂。碟,音五合反。”[索隐]曰:《埤苍》云:“磼碟,高貌也。”磼,音士劫反。碟,鱼楫反。又《字林》音磼,才匝反;碟五匝反。

⑬[正义]曰:郭云:“言自然若雕刻也。”

⑭[正义]曰:郭云:“珊瑚生水底石边,大者树高三尺余,枝格交错,无有叶。”

⑮[索隐]曰:郭璞云:“旁唐言盘薄。”

⑯徐广曰:“瑸,音彬。斒,音班。”

⑰[索隐]曰:《说文》云:“瑕,玉之小赤色。”张揖曰:“赤玉也。”司马彪云:“驳荦,采点也。荦,音洛角反。”

⑱徐广曰："杂，一云'插'。插，一云'遝'。"

⑲徐广曰："垂绥，一作'朝采'。"骃案：郭璞曰："《汲冢竹书》曰'桀伐岷山，得女二人，曰琬曰琰。桀爱二女，斫其名于苕华之玉'。苕是琬，华是琰也。"

"于是乎卢橘夏孰，①黄甘橙楱，②枇杷撚柿，③楟榛厚朴，④樗枣杨梅，⑤樱桃蒲陶，⑥隐夫郁棣，榙㭼荔枝，⑦罗乎后宫，列乎北园。貤丘陵，⑧下平原，杨翠叶，杌紫茎，⑨发红华，秀朱荣，煌煌扈扈，照曜巨野。沙棠栎槠，⑩华氾檘栌，⑪留落胥余，仁频并闾，⑫欃檀木兰，豫章女贞，⑬长千仞，大连抱，夸条直畅，实叶葰茂，攒立丛倚，连卷累佹，崔错癹骫，⑭阬衡閜砢，⑮垂条扶於，落英幡纚，⑯纷容萧蔘，旖旎从风，⑰浏莅卉吸，⑱盖象金石之声，⑲管籥之音。⑳柴池茈虒，㉑旋环后宫，杂遝累辑，㉒被山缘谷，循阪下隰，视之无端，究之无穷。

①郭璞曰："今蜀中有给客橙，似橘而非，若柚而芬香，冬夏华实相继，或如弹丸，或如拳，通岁食之，即卢橘也。"[索隐]曰：应劭云："《伊尹书》曰：'果之美者，箕山之东，青马之所，有卢橘，夏孰'。"晋灼曰："此虽赋上林，博引异方珍奇，不系于一也。"案：《广州记》云："卢橘皮厚，大小如甘，酢多，九月结实，正赤，明年二月更青黑，孰。"《吴录》云："建安有橘，冬月树上覆裹，明年夏色变青黑，其味甚甘美。"卢即黑色是也。

②徐广曰："音凑，橘属。"

③徐广曰："撚，音而善反。果也。"[索隐]曰：张揖云："撚，撚支，香草也。"韦昭曰："撚，音汝萧反。"郭璞云："撚支，木也。撚，音烟。"此说为近。《说文》曰："撚，酸小枣也。"《淮南子》云："伐撚枣以为矜。"音勤。

④徐广曰："楟，音亭。山梨。"[索隐]曰：司马彪曰："上党谓之楟榛。"《齐都赋》云"楟榛熟"也。厚朴，药名也。

⑤徐广曰："樗，音弋井反。樗枣似柿。"[索隐]曰：张揖曰："杨梅实似谷子，而有核，其味酢。出江南。"《荆杨异物志》："其实外内著核，熟时正赤，味甘酸也。"

⑥郭璞曰："蒲陶似燕薁，可作酒也。"[索隐]曰：张揖曰："樱桃，一名含桃。"《吕氏春秋》云："莺鸟所含，故曰含桃。"《尔雅》谓之荆桃也。

⑦徐广曰："郁，一作'薁'。榙，音答。"骃案：郭璞曰："郁，车下李也。棣，实

似樱桃。答樑似李。棣,音逮。樑,音沓。隐夫未闻。"[索隐]曰:晋灼曰:"荔枝大如鸡子,皮粗,剥去皮,肌如鸡子中黄,其味甘多酢少。"《广志》云:"树高五六丈,如桂树,绿叶,冬夏青茂,有华朱色。"荔字或作"离",音力致反。

⑧郭璞曰:"貤犹延也,音施。"

⑨郭璞曰:"杌,摇也。"

⑩《汉书音义》曰:"沙棠似棠,黄华赤实,其味如李。《吕氏春秋》曰'果之美者沙棠之实'。栎,果名。槠似櫨,叶冬不落也。"

⑪徐广曰:"氾,一作'枫'。"骃案:《汉书音义》曰:"华,木,皮可以为索也。"[索隐]曰:《古今字林》云:"栌,合桦也。"郭璞云:"枫似白杨,素圆而歧,有脂而香。犍为舍人曰'枫为树厚叶弱茎,大风则鸣,故曰摄擗'。摄擗,平仲木也,亦云火櫜木,一云玉精。食其子得仙也。"

⑫徐广曰:"频,一作'宾'。"骃案:郭璞曰:"落,檴也。胥余似并闾。并闾,棕也,皮可作索。余未详。"[索隐]曰:晋灼曰:"留,阙未详。"司马彪云:"胥邪,树高十寻,叶在其末。"《异物志》:"实大如瓠,系在颠,若挂物。实外有皮,中有核,如胡桃。核里有肤,厚半寸,如猪膏。里有汁斗余,清如水,味美于蜜也。"孟康曰:"仁频,棕也。"姚氏云:"槟,一名棕,即仁频也。"《林邑记》云:"树叶似甘焦。"频,音宾。

⑬《汉书音义》曰:"欃檀,檀别名也。女贞,木,叶冬不落。"[索隐]曰:欃,音谗。《皇览》云"孔子墓后有欃檀树"也。《荆州记》:"宜都有乔木,丛生,名为女贞。"

⑭古"委"字。

⑮徐广曰:"癹,音拔。"骃案:郭璞曰:"骩,音委。问,音恶可反。砢,音鲁可反。"[索隐]曰:郭璞云:"崔错癹骩,蟠戾相樛也。阬衡问砢者,揭孽倾欹貌也。"

⑯郭璞曰:"扶於,犹扶疏也。幡纚,偏幡也,音洒。"[索隐]曰:皆飞扬貌也。纚,音所绮反。

⑰[索隐]曰:张揖云:"旖旎,犹阿那也。"

⑱徐广曰:"莅,音栗。"[索隐]曰:郭璞云:"皆林木鼓动之声。浏,音留。莅如字。卉,古'卉'字。吸,音翕。"

⑲[正义]曰:金,钟;石,磬。

⑳[正义]曰:《广雅》云:"象篪长一尺,围一寸,有六孔,无底。龠谓之笛,

有七孔。”《说文》云:“龠,三孔籥也。”

㉑徐广曰:“柴,音差。虒,音豸。”[索隐]曰:张揖云:“柴池,参差也。茈虒,不齐也。茈,音差。虒,音侧氏反。”

㉒徐广曰:“杂,一作‘插’。”

“于是玄猿素雌,蜼玃飞鸓,①蛭蜩蠗蝚,②蜥胡豰蛫,③栖息乎其间。长啸哀鸣,翩幡互经,④夭矫枝格,偃蹇杪颠。⑤于是乎隃绝梁,⑥腾殊榛,⑦捷垂条,⑧踔稀间,⑨牢落陆离,烂曼远迁。⑩

①徐广曰:“蜼,音于季反。”骃案:《汉书音义》曰:“蜼似猕猴,仰鼻而长尾。玃似猕猴而大。飞鸓,飞鼠也。其状如兔而鼠首,以其髯飞也。”[索隐]曰:郭璞曰:“鸓,鼯鼠也。紫毛赤色。飞旦生,一名飞生。蜼,音‘赠遗’之‘遗’。鸓,音诔。玄猿,猿之雄者黑色也。素雌,猿之雌者素色也。”玃,音古约反。蜼,今狖,尾端为两岐,天雨便以尾插鼻两孔。郭璞云:“玃色苍黑,能攫搏人,故云玃也。”

②徐广曰:“蛭,音质。”骃案:《汉书音义》曰:“《山海经》曰‘不咸之山有飞蛭,四翼’。郭璞曰‘蠗蝚似猕猴而黄。蜩未闻’。”[索隐]曰:张揖云:“蛭,虮也。蜩,蝉也。蠗猱,猕猴也。”顾氏云:“獾,音涂卓反。《山海经》云‘鼻涂山下有兽,似鹿,马足人首,四角,名为獾’。獾猱即此也。字或作‘玃’。郭璞云獾,非也。上已有蜼玃,此不应重见。又《神异经》云‘西方深山有兽,毛色如猴,能缘高木,其名为蜩’。《字林》云蠗,音狄。蛭蜩,二兽名。”

③徐广曰:“蜥,音在廉反。似猿,黑身。豰,音呼谷反。蛫,音诡。骃案:《汉书音义》曰:“豰,白狐子也。”[索隐]曰:张揖云:“蜥胡似猕猴,头上有发,腰以后黑。”郭璞曰:“豰似鼬而大,腰以后黄,一名黄腰,食猕猴。蛫未闻。”姚氏案:《山经》云:“即山有兽,状如龟,白身赤首,其名曰蛫。”又《说文》云:“蜥胡黑身,白腰若带,手有长白毛,似掘板也。”

④[正义]曰:郭云:“互经,互相经过。”

⑤[正义]曰:夭,音妖。蟜,音矫。杪,音弭沼反。郭云:“皆猿猴在树共戏姿态也。夭蟜,频申也。”

⑥[正义]曰:张云:“绝梁,断桥也。”郭云:“梁,厚石绝水也。”

⑦[正义]曰:榛,仕斤反。《尔雅》云:“木蘖生为榛”也。殊,异也。

⑧[正义]曰：捷，音才业反。张云："捷特悬垂之条。"

⑨郭璞曰："踔，县蹢也，托钓反。"

⑩[正义]曰：郭云："奔走崩腾走也。"颜云："言其聚散不常，杂乱移徙。"

"若此辈者数千百处。嬉游往来，宫宿馆客，庖厨不徙，后宫不移，①百官备具。

①[正义]曰：《说文》云："庖，厨屋。"郑玄注《周礼》云："庖之言苞也。苞裹肉曰苞苴也。"后宫，内人也。言宫馆各自有。

"于是乎背秋涉冬，天子校猎。乘镂象，六玉虯，①拖霓旌，②靡云旗，③前皮轩，后道游；④孙叔奉辔，卫公骖乘，⑤扈从横行，出乎四校之中。⑥鼓严簿，纵獠者，⑦江河为阹，泰山为橹，⑧车骑雷起，隐天动地，先后陆离，离散别追，淫淫裔裔，缘陵流泽，云布雨施。

①徐广曰："以玉为饰。"骃案：郭璞曰："镂象山所出舆，言有雕镂。虯，龙属也。《韩子》曰'黄帝驾象车六交龙'是也。"

②[正义]曰：拖，音徒可反。张云："析毛羽，染以五彩，缀以缕为旌，有似虹霓气。"

③[正义]曰：张云："画熊虎于旌似云气也。"

④郭璞曰："皮轩，革车也。或曰即《曲礼》'前有士师，则载虎皮'者也。道，道车；游，游车。皆见《周礼》也。"

⑤《汉书音义》曰："孙叔者，大仆公孙贺也。卫公者，卫青也。大仆御，大将军骖乘也。"

⑥郭璞曰："言跋扈从恣，不安卤簿矣。"[索隐]曰：晋灼曰："扈，大也。"文颖曰："凡五校。今言四者，一随天子乘舆也。"

⑦《汉书音义》曰："鼓严，严鼓也。簿，卤簿也。"骃谓鼓严于林簿之中，然后纵獠也。

⑧郭璞曰："橹，望楼也。因山谷遮禽兽为阹者。去车反。"

"生貔豹，①搏豺狼，②手熊罴，③足野羊，④蒙鹖苏，⑤绔白虎，⑥被豳文，⑦跨野马。⑧陵三嵏之危，⑨下碛历之坻；⑩径陵赴险，越壑厉水。推蜚廉，⑪弄解豸，⑫格瑕蛤，鋋猛氏，⑬罥騕褭，射封豕。⑭箭不苟害，解脰陷脑；⑮弓不虚发，应声而倒。

于是乎乘舆弥节裴回，翱翔往来，睨部曲之进退，览将率之变态。然后浸潭促节，⑯倏夐远去，⑰流离轻禽，蹴履狡兽，轊白鹿，捷狡兔，⑱轶赤电，遗光耀，⑲追怪物，出宇宙，⑳弯繁弱，㉑满白羽，㉒射游枭，栎蜚虡，㉓择肉后发，先中命处，弦矢分，艺殪仆。㉔

①郭璞曰："貔，执夷，虎属也。音毗。"

②[正义]曰：搏，击也。杜林云："豻似狛，白色。"《说文》云："狼爪。"

③[正义]曰：张云："熊，犬身人足，黑色。罴大于熊，黄白色。皆能攀沿上高树。冬至入穴而蛰，沿春而出也。"

④郭璞曰："野羊如羊，千斤。手足，谓拍蹋杀人。"

⑤徐广曰："苏，尾也。"[索隐]曰：孟康云："鹖，鹖尾也。苏，析羽也。"张揖曰："鹖似雉，鸡斗死不却。"案：蒙谓覆而取之。鹖以苏为奇，故特言之以成文耳。鹖，音曷。《决疑注》云"鸟尾为苏"也。

⑥徐广曰："绔，音袴。"骃案：郭璞曰："绔谓绊络之。"[索隐]曰：张揖曰："著白虎文绔也。"

⑦郭璞曰："著斑衣。"[索隐]曰：《舆服志》云"虎贲骑鹖冠，武文单衣"，即此斑文也。

⑧[索隐]曰：跨，乘之也。

⑨《汉书音义》曰："三嵏，三成之山。"

⑩郭璞曰："碛历，阪名也。"[正义]曰：坻，音迟。碛历，浅水中沙石也。坻，水中高处。言猎人下此也。

⑪郭璞曰："飞廉，龙雀也，鸟身鹿头者。"

⑫《汉书音义》曰："解豸，似鹿而一角。人君刑罚得中则生于朝廷，主触不直者。可得而弄也。"[索隐]曰：解，音蟹。豸，音丈妳反。

⑬《汉书音义》曰："瑕蛤，猛氏皆兽名。"[索隐]曰：晋灼曰："虾蛤阙。"郭璞曰："今蜀中有兽，状如熊而小，毛浅有光泽，名猛氏。"《说文》："鋋，小矛也。"音蝉。

⑭郭璞曰："骙裒，神马，日行万里。封豕，大猪。两音窈袅。"

⑮[索隐]曰：张揖云："脰，项也。"陷，音苦念反，亦依字读也。

⑯[索隐]曰：浸潭犹渐冉也。《汉书》作"浸淫"。或作"乘舆案节"也。

⑰郭璞曰：夐，音诩盛反。"

⑱徐广曰："犗，音锐。一作'惠'也。"[正义]曰：犗，音卫。《抱朴子》云："白鹿寿千岁，满五百岁色纯白也。"《晋征祥记》云："白鹿色若霜，不与他鹿为群。"

⑲徐广曰："超陵赤电，电光不及，言去速也。"

⑳[正义]曰：怪物，谓游枭飞虡也。张云"天地四方曰宇，往古来今曰宙。"许慎云："宙，舟舆所极也。"按：许说宙是也。

㉑[正义]曰：上乌繁反。文颖云："弯，牵也。繁弱，夏后氏良弓名。《左传》云'分鲁公以夏后之璜、封父之繁弱'。"

㉒[正义]曰：文颖云："引弓尽箭镝为满。以白羽羽箭，故云白羽也。"

㉓郭璞曰："枭，枭羊也。似人，长唇，反踵，被发食人。飞虡，鹿头龙身，神兽。栎，梢也。"

㉔徐广曰："射准的曰艺。仆，音赴。"

"然后扬节而上浮，陵惊风，历骇飚①，乘虚无，与神俱，②辚玄鹤，乱昆鸡，③遒孔鸾，促鵔鸃，拂翳鸟，捎凤皇，④捷鸳鸰，掩焦明。⑤道尽涂殚，回车而还。招摇乎襄羊，⑥降集乎北纮。⑦率乎直指，闇乎反乡。蹶石阙，历封峦，过鳷鹊，望露寒，⑧下棠梨，⑨息宜春，⑩西驰宣曲，濯鹢牛首，⑪登龙台，⑫掩细柳，⑬观士大夫之勤略，钧獠者之所得获。⑭观徒车之所辚轹，⑮乘骑之所蹂若，⑯人民之所蹈籍，与其穷极倦谻，⑰惊惮慑伏；不被创刃而死者，佗佗籍籍，填坑满谷，掩平弥泽。

①[正义]曰：上音必遥反。《小雅》云：扶暴风，从下升上，故曰猋。

②[正义]曰：张云："虚无寥廓，与元通灵，言其所乘气之高，故能出飞鸟之上而与神俱也。"

③徐广曰："辚，音蔺。"[正义]曰：辚，音吝。鹤二百六十岁则浅黑色也。

④《汉书音义》曰："遒，秦由反。翳，乌鸡反。张云'《山海经》云九疑之山有五采之鸟，名曰翳鸟'也。"[正义]曰：捎，山交反。京房《易传》云："凤皇，雁前麟后，鸡喙燕颔，蛇颈龟背，鱼尾骈翼，高丈二尺。"《东山经》云："其状如鹤，五彩，而首文曰经，翼文曰顺，背文曰义，膺文曰仁，股文曰信，是鸟自歌自舞，雄曰凤，雌曰皇。"

⑤鹪明似凤。[索隐]曰：张揖云："鹪明，西方之鸟也。"《乐叶图征》曰："鹪明状似凤皇。"宋衷曰水鸟也。[正义]曰：按长喙，疏翼，觅尾，非幽闲不

集,非珍物不食。

⑥[索隐]曰:郭璞曰:"襄羊犹彷徉。"

⑦郭璞曰:"纮,维也。北方之纮曰委羽。"

⑧徐广曰:"鳷,音支。"骃案:《汉书音义》曰:"皆甘泉宫左右观名也。"

⑨《汉书音义》曰:"宫名也。在云阳县东南三十里。"

⑩[正义]曰:《括地志》云:"宜春宫在雍州万年西南三十里。"

⑪《汉书音义》曰:"宣曲,宫名,在昆明池西。牛首,池名,在上林苑西头。"

⑫《汉书音义》曰:"观名,在丰水西北,近渭。"

⑬[正义]曰:郭云:"观名,在昆明南柳市。"

⑭徐广曰:"钩,一作'诊'也。"

⑮[正义]曰:辚,践也。轹,辗也。

⑯徐广曰:"蹂,音人久反。"

⑰徐广曰:"音剧。"

"于是乎游戏懈怠,置酒乎昊天之台,①张乐乎轇輵之宇;②撞千石之钟,立万石之巨;建翠华之旗,树灵鼍之鼓;③奏陶唐氏之舞,听葛天氏之歌,④千人唱,万人和,山陵为之震动,⑤川谷为之荡波。巴俞宋蔡,淮南于遮,⑥文成颠歌,⑦族举递奏,⑧金鼓迭起,铿铃铛礚,洞心骇耳。⑨荆吴郑卫之声,《韶》、《护》、《武》、《象》之乐,阴淫案衍之音,鄢郢缤纷,《激楚》结风;⑩俳优侏儒,狄鞮之倡,⑪所以娱耳目而乐心意者,丽靡烂漫于前,⑫靡曼美色于后。⑬

①[索隐]曰:张揖曰:"台高上干皓天也。"

②徐广曰:"輵,音葛。"[索隐]曰:郭璞云:"言旷远深貌也。"

③郭璞曰:"木贯鼓中,加羽葆其上,所谓树鼓。"

④《汉书音义》曰:"葛天氏,古帝王号也。《吕氏春秋》曰'葛天氏之乐,三人操牛尾,投足以歌'。"[索隐]曰:张揖曰:"葛天氏,三皇时君号也。《吕氏春秋》云'其乐三人持牛尾,投足以歌'。八阕:一曰《戴民》,二曰《玄身》,三曰《遂草木》,四曰《奋五谷》,五曰《敬天常》,六曰《建帝功》,七曰《依地德》,八曰《总禽兽之极》。"

⑤徐广曰:"一作'勋'。"

⑥郭璞曰:"巴西阆中有俞水,獠人居,其人皆刚勇好舞,汉高募此以平三

秦。后使乐府习之,因名'巴俞舞'也。"《汉书音义》曰:"于遮,歌曲名。"[索隐]曰:张揖曰:"《礼乐记》云'宋音宴女溺志'。蔡人讴,员三人。《楚词》云'吴谣蔡讴'。淮南,员四人,《于遮曲》是其意也。"

⑦郭璞曰:"未闻也。"[索隐]曰:文颖曰:"文成,辽西县名,其县人善歌。颠,益州颠县,其人能作西南夷歌。颠即滇字。"

⑧徐广曰:"举,一作'居'。"

⑨郭璞曰:"铛鼛,鼓音。"

⑩郭璞曰:"《激楚》,歌曲也。《列女传》曰'听《激楚》之遗风'也。"[索隐]曰:激楚,急风也。结风,回风,亦急风也。楚地风气既自漂疾,然歌乐者犹复依激结之急风以为节,其乐促迅哀切也。

⑪徐广曰:"韦昭云狄鞮,地名,在河内,出善倡者。"

⑫[索隐]曰:郭璞云:"言恣其观也。《列女传》曰'桀造烂漫之乐'。"

⑬[索隐]曰:张揖曰:"靡,细;曼,泽也。《韩子》曰'曼服皓齿也。"

"若夫青琴宓妃之徒,①绝殊离俗,②妖冶娴都,③靓庄刻饬,便嬛婥约,④柔桡嫚嫚,⑤妩媚姌嫋,⑥抴独茧之褕袘,⑦眇阎易以戌削,⑧媥姺徶㣯,⑨与世殊服,芬香沤郁,酷烈淑郁,皓齿粲烂,宜笑的皪,⑩长眉连娟,微睇绵藐,⑪色授魂与,心愉于侧。⑫

①《汉书音义》曰:"皆古神女名。"[索隐]曰:伏俨曰:"青琴,古神女也。"如淳曰:"宓妃,伏羲女,溺死洛水,遂为洛水之神。"宓,音伏。

②[索隐]曰:郭璞曰:"俗无双也。"

③[索隐]曰:郭璞云:"姣,好也。都,雅也。"《诗》云:"姣人嫽兮。"《方言》云:"自关而东,河济之间,凡好或谓之姣。"音绞。《说文》曰:"娴,雅也。"或作"闲"。《汉书》本作"闲。"

④郭璞曰:"靓庄,粉白黛黑也。"

⑤徐广曰:"音娟。"[索隐]曰:柔桡嫚嫚,皆骨体软弱长艳貌也。《广雅》云:"嫚嫚,容也。"张揖曰:"嫚嫚,犹婉婉也。"

⑥徐广曰:"姌,音乃冉反。嫋,音弱。"[索隐]曰:《埤仓》云:"妩媚,悦也。"《通俗文》云:"颊辅谓之妩媚。"郭璞云:"姌嫋,细弱也。"小颜曰:"细弱总谓骨体也。"

⑦徐广曰:"抴,音曳。襜褕。"[索隐]曰:张揖曰:"袘,袖也。"郭璞曰:"独

茧，茧丝也。"《埤仓》云："袘，衣长貌也。"

⑧徐广曰："阎易，衣长貌。戌削，言如刻画作之。"

⑨郭璞曰："衣服婆娑貌。"[正义]曰：媥，白服反。姺，音先。徶，音白结反。㣯，音屑。

⑩[索隐]曰：郭璞曰："鲜明貌也。"《楚词》曰："美人皓齿以姱。"又曰："娥眉笑以的皪。"音砾也。

⑪[索隐]曰：郭璞曰："连娟，眉曲细也。绵藐，视远貌也。"娟，音一全反。睇，音大计反。藐，音邈。

⑫[索隐]曰：张揖曰："彼色来授我，我魂往与接也。"愉，音逾，往也，悦也。二义并通。

"于是酒中乐酣，天子芒然而思，似若有亡。曰：'嗟乎，此泰奢侈！朕以览听余间，无事弃日，顺天道以杀伐，时休息于此，恐后世靡丽，遂往而不反，非所以为继嗣创业垂统也。'于是乃解酒罢猎，而命有司曰：'地可以垦辟，悉为农郊，以赡萌隶；隤墙填堑，使山泽之民得至焉。实陂池而勿禁，①虚宫观而勿仞。②发仓廪以振贫穷，补不足，恤鳏寡，存孤独。出德号，省刑罚，改制度，易服色，更正朔，与天下为始。'

①[正义]曰：实，满也。言人满陂池，任采捕所取也。

②[正义]曰：仞，音刃，亦满也。言离宫别馆勿令人居上，并废罢也。

"于是历吉日以齐戒，袭朝衣，乘法驾，建华旗，鸣玉鸾，游乎《六艺》之囿，①骛乎仁义之涂，览观《春秋》之林，②射《狸首》，兼《驺虞》，③弋玄鹤，建干戚，载云罕，掩群《雅》，④悲《伐檀》，⑤乐《乐胥》，⑥修容乎《礼》园，⑦翱翔于《书》圃，⑧述《易》道，⑨放怪兽，⑩登明堂，坐清庙，⑪恣群臣，奏得失，四海之内靡不受获。⑫

①[正义]曰：《六艺》，云言田猎讫，则遍游《六艺》，而疾驱于仁义之道也。

②郭璞曰："《春秋》，所以观成败、明善恶者。"

③《礼·射义》曰："天子以《驺虞》为节，诸侯以《狸首》为节。《驺虞》者，乐官备也。《狸首》者，乐会时也。"

④《汉书音义》曰："大雅、小雅也。"[索隐]曰：张揖曰："罕，车也。前有九

旒云罕之车。”说者以云罕为旌旗，皆非也。且案：《中朝卤簿图》云“云罕驾驷”，不兼言九旒，罕车与九旒车别也。掩，捕也。张揖曰：“《诗·小雅》之材七十四人，《大雅》之材三十一人，故曰群雅也。”

⑤[索隐]曰：张揖曰：“其诗刺贤者不遇明主。”

⑥[索隐]曰：《毛诗·桑扈》云：“君子乐胥，受天之祜。”言王者乐得贤材之人，使在位，故天与之福禄也。胥，音先吕反。乐，音洛。

⑦[正义]曰：《礼》所以自修饰整威仪也。

⑧[正义]曰：《尚书》所以明帝王君臣之道也。

⑨[正义]曰：《易》所以洁静微妙，上辨二仪阴阳，中知人事，下明地理也。言田猎乃射讫，又历涉《六经》之要也。

⑩[正义]曰：张云：“苑中奇怪之兽不复猎也。”

⑪[正义]曰：明堂有五帝庙，故言“清庙”，王者朝诸侯之处。

⑫[正义]曰：言天下之人无不受恩惠。

“于斯之时，天下大说，向风而听，随流而化，喟然兴道而迁义，①刑错而不用，德隆乎三皇，功羡于五帝。②若此，故猎乃可喜也。

①[索隐]曰：《汉书》作“芔然”，犹欻然也，音许贵反。

②[索隐]曰：司马彪云：“羡，溢也。”音怡战反。

“若夫终日暴露驰骋，劳神苦形，罢车马之用，抏士卒之精，①费府库之财，而无德厚之恩，务在独乐，不顾众庶，忘国家之政，而贪雉兔之获，则仁者不由也。”从此观之，齐楚之事岂不哀哉！地方不过千里，而囿居九百，是草木不得垦辟，而民无所食也。夫以诸侯之细，而乐万乘之所侈，仆恐百姓之被其尤也。”

①[索隐]曰：抏，音五官反。

于是二子愀然改容，①超若自失，逡巡避席曰：“鄙人固陋，不知忌讳，乃今日见教！谨闻命矣。”

①[索隐]曰：郭璞云：“愀，变色貌。”音作酉反。

赋奏，天子以为郎。无是公言天子上林广大，山谷水泉万物，及子虚言楚云梦所有甚众，侈靡过其实，且非义理所尚，故删取其要，归正道而论之。①

①[索隐]曰:大颜云:"不取其夸奢靡丽之论,唯取终篇归于正道耳。"小颜云:"删取,非谓削除其词,而说者谓此赋已经史家刊剟,失其意也。"

相如为郎数岁,会唐蒙使略通夜郎西僰中,①发巴蜀吏卒千人,②郡又多为发转漕万余人,用兴法③诛其渠帅,巴蜀民大惊恐。上闻之,乃使相如责唐蒙,因喻告巴蜀民以非上意。檄曰:

①徐广曰:"羌之别种也。音扶逼反。"[索隐]曰:张揖曰:"蒙,故鄱阳令,为郎中,使行略取之。"文颖曰:"夜郎,僰中,皆西南夷。"后以为牂牁、犍为二郡。僰,音步比反。

②[索隐]曰:案:巴、蜀,二郡名。

③《汉书》曰"用军兴法"也。

告巴蜀太守:蛮夷自擅不讨之日久矣,时侵犯边境,劳士大夫。陛下即位,存抚天下,辑安中国。然后兴师出兵,北征匈奴,单于怖骇,交臂受事,诎膝请和。康居西域,重译请朝,稽首来享。移师东指,闽越相诛。右吊番禺,太子入朝。①南夷之君,西僰之长,常效贡职,不敢怠堕,延颈举踵,喁喁然②皆争归义,欲为臣妾,道里辽远,山川阻深,不能自致。夫不顺者已诛,而为善者未赏,故遣中郎将往宾之,③发巴蜀士民各五百人,以奉币帛,卫使者不然,靡有兵革之事,战斗之患。今闻其乃发军兴制,惊惧子弟,忧患长老,④郡又擅为转粟运输,皆非陛下之意也。当行者或亡逃自贼杀,亦非人臣之节也。

①[索隐]曰:文颖曰:"番禺,南海郡理也。吊,至也。东伐闽越,后至番禺,故言右至",非也。案:姚氏吊读如字。小颜云:"两国相伐,汉发兵救之。南越蒙天子德惠,故遣太子入朝,所以云吊尔,非训至也。"

②[正义]曰:喁,五恭反,口向上也。

③[索隐]曰:贾逵云:"宾,伏也。"

④[索隐]曰:张揖曰:"发军,谓发三军之众。兴制,谓起军法诛渠帅也。"案:唐蒙为使,而用军兴法制,故惊惧蜀人也。

夫边郡之士,闻烽举燧燔,①皆摄弓而驰,②荷兵而走,流汗相属，唯恐居后；触白刃，冒流矢，义不反顾，计不旋踵，人怀怒心，如报私仇。彼岂乐死恶生，非编列之民，而与巴蜀异主哉？计深虑远，急国家之难，而乐尽人臣之道也。故有剖符之封，析珪而爵，③位为通侯，居列东第；④终则遗显号于后世，传土地于子孙，行事甚忠敬，居位甚安佚，名声施于无穷，功烈著而不灭。是以贤人君子，肝脑涂中原，膏液润野草而不辞也。今奉币役至南夷，即自贼杀，或亡逃抵诛，身死无名，谥为至愚，耻及父母，为天下笑。人之度量相越，岂不远哉！然此非独行者之罪也，父兄之教不先，子弟之率不谨也；寡廉鲜耻，而俗不长厚也。其被刑戮不亦宜乎！

①《汉书音义》曰："烽如覆米䉛，县著桔槔头，有寇则举之。燧，积薪，有寇则燔然之。"[索隐]曰：《字林》云："䉛，漉米薮也，音一六反。"《纂要》云："䉛，浙箕也。"烽见敌则举，燧有难则焚。烽主昼，燧主夜。

②[索隐]曰：摄，音女颊反。

③[索隐]曰：如淳曰："析，中分也。白藏天子，青在诸侯也。"

④[索隐]曰：列甲第在帝城东，故云东第也。

陛下患使者有司之若彼，悼不肖愚民之如此，故遣信使晓喻百姓以发卒之事，因数之以不忠死亡之罪，让三老孝弟以不教诲之过。方今田时，重烦百姓，①已亲见近县，恐远所谿谷山泽之民不遍闻，檄到，亟下县道，②使咸知陛下之意，唯毋忽也。

①[索隐]曰：重犹难也。

②《汉书·百官表》曰："县有蛮夷曰道。"[索隐]曰：亟，音纪力反。亟，急也。

相如还报。唐蒙已略通夜郎，因通西南夷道，发巴、蜀、广汉卒，作者数万人。治道二岁，道不成，士卒多物故，费以巨万计。①蜀民及汉用事者多言其不便。②是时邛筰之君长③闻南夷与汉通，得赏赐多，多欲愿为内臣妾，请吏，比南夷。④天子问相如，相如曰："邛、筰、冉、駹者近蜀，道亦易通，秦时尝通为郡县，至汉兴而罢。今诚复通，为置郡县，愈于南夷。"⑤天子以为然，乃拜相如为中郎将，⑥建节往使。副使王然于、壶充国、⑦吕越人驰四乘之传,因巴蜀吏币物以赂西夷。至蜀,蜀太守以下郊迎,县令负弩矢先驱,⑧蜀人以为宠。⑨于是卓王孙、临邛诸公皆因门下献牛酒以交欢。卓王孙喟然而叹,自以得使女尚司马长卿晚,⑩而厚分与其女财,与男等同。司马长卿便略定西夷,邛、筰、冉、駹、斯榆之君皆请为内臣。⑪除边关,关益斥,⑫西至沬、若水,⑬南至牂牁为徼,⑭通零关道,⑮桥孙水,⑯以通邛都。⑰还报天子,天子大说。

①[索隐]曰:案:巨万,犹万万也。数有大小二法。张揖曰:"算法万万为亿",是小数也。

②[索隐]曰:案:谓公卿所言也。

③[索隐]曰:文颖曰:"邛者,今为邛都县。筰者,今为定筰县。皆属越嶲郡也。"

④[索隐]曰:谓请置汉吏,与南夷为比例也。

⑤[索隐]曰:张揖曰:"愈,差也。"又云:"愈犹胜也。"晋灼曰:"南夷谓犍为、牂牁也。西夷谓越嶲、益州也。"

⑥[索隐]曰:四百石,五岁迁补大县令。

⑦[索隐]曰:案:《汉书·公卿表》太初元年为大鸿胪卿也。

⑧[索隐]曰:案:亭吏名亭长,弩矢合是亭长负之,今县令自负矢,则亭长当负弩也。且负弩是守宰无定,或随时轻重耳。按:霍去病出击匈奴,河东太守郊迎负弩。又魏公子救赵击秦,秦军解去,平原君负韊矢迎公子于界上是也。

⑨[索隐]曰:《华阳国志》云:"蜀大城北十里有升仙桥、送客观。相如初入长安,题其门云'不乘赤车驷马不过汝下'也。"

⑩[索隐]曰:小颜云:"尚犹配也。"本或作"当",盖后人改尔。

⑪[索隐]曰:郑氏斯,音曳。张揖云:"斯俞,才俞国也。"案:今斯读如字,《益部耆旧传》谓之"斯叟"。《华阳国志》云邛都县有四部,斯叟一也。

⑫[索隐]曰:张揖曰:"斥,广也。"

⑬[索隐]曰:张揖曰:"沬水出蜀广平徼外,与青衣水合也。若水出旄牛徼外,至僰道入江。"《华阳国志》汉嘉县有沬水。音妹,又音末。

⑭[索隐]曰:张揖曰:"徼,塞也。以木栅水为蛮夷界。"

⑮徐广曰:"越嶲有零关县。"

⑯韦昭曰："为孙水作桥。"

⑰[索隐]曰：案：《华阳国志》云"相如卒开僰道通南中，置越嶲郡。韩说开益州，唐蒙开牂牁，斩筰王首，置牂牁郡"也。

相如使时，蜀长老多言通西南夷不为用，唯大臣亦以为然。相如欲谏，业已建之，不敢，①乃著书，籍以蜀父老为辞，而己诘难之，以风天子，且因宣其使指，令百姓知天子之意。其辞曰：

①[索隐]曰：案：业者，本也。本由相如立此事，故不敢更谏。

汉兴七十有八载，①德茂存乎六世，②威武纷纭，湛恩汪涉，③群生澍濡，洋溢乎方外。于是乃命使西征，随流而攘，④风之所被，罔不披靡。因朝冉从駹，定筰存邛，略斯榆，举苞满，⑤结轨还辕，⑥东乡将报，至于蜀都。

①徐广曰："元光六年也。"

②[正义]曰：高祖、惠帝、高后、孝文、孝景、孝武。

③[索隐]曰：韦昭云："湛，音沉。"

④[索隐]曰：攘，却也，音女羊反。

⑤[索隐]曰：服虔云："夷种也。""满"也或作"蒲"也。

⑥[索隐]曰：张揖云："结，屈也。轨，车迹也。"

耆老大夫荐绅先生之徒二十有七人，俨然造焉。辞毕，因进曰："盖闻天子之于夷狄也，其义羁縻勿绝而已。①今罢三郡之士，通夜郎之涂，三年于兹，而功不竟，士卒劳倦，万民不赡，今又接以西夷，百姓力屈，恐不能卒业，此亦使者之累也，窃为左右患之。且夫邛、筰、西僰之与中国并也，历年兹多，不可记已。仁者不以德来，强者不以力并，意者其殆不可乎！今割齐民以附夷狄，弊所恃以事无用，鄙人固陋，不识所谓。"

①[索隐]曰：案：羁，马络头也。縻，牛纼也。《汉官仪》云："马云羁，牛云縻。"言制四夷如牛马之受羁縻也。

使者曰："乌谓此邪？必若所云，则是蜀不变服而巴不化俗也。余尚恶闻若说。①然斯事体大，固非观者之所觏也。余之行急，其详不可得闻已，请为大夫粗陈其略。

①[索隐]曰：张揖云："恶闻若曹之言也。"包恺音一故反。又音乌。乌者，

安也。

"盖世必有非常之人,然后有非常之事;有非常之事,然后有非常之功。非常者,固常之所异也。①故曰非常之原,黎民惧焉;②及臻厥成,天下晏如也。昔者鸿水浡出,泛滥衍溢,民人登降移徙,陭陁而不安。夏后氏戚之,乃堙鸿水,决江疏河,漉沉赡菑,③东归之于海,而天下永宁。当斯之勤,岂唯民哉?④心烦于虑而身亲其劳,躬胝无胈,肤不生毛。⑤故休烈显乎无穷,声称浃乎于兹。

①[索隐]曰:案:常人见之以为异也。

②[索隐]曰:张揖云:"非常之事,其本难知,众人惧也。"

③徐广曰:"漉,一作'洒'。"[索隐]曰:漉,音鹿。菑,音灾。《汉书》作"洒沉澹灾",解者云洒,分也,音所宜反。澹,安也。沉,深也。澹,音徒暂反。

④[索隐]曰:案:谓非独人勤,禹亦亲其劳也。

⑤徐广曰:"胝,音竹移反。胈,种也。一作'腠',音凑。肤,理也。胈,音魃。"[索隐]曰:张揖曰:"腠,一作'戚'。躬,体也。戚,凑理也。"韦昭曰:"胈,戚中小毛也。"胝,音真尸反。《庄子》云:"禹胝无胈,胫不生毛。"李颐云:"胈,白肉也,音蒲末反。"

"且夫贤君之践位也,岂特委琐握龊,①拘文牵俗,循诵习传,当世取说云尔哉!必将崇论闳议,创业垂统,为万世规。故驰骛乎兼容并包,而勤思乎参天贰地。②且《诗》不云乎:'普天之下,莫匪王土;率土之滨,莫非王臣。'③是以六合之内,八方之外,浸浔衍溢,④怀生之物有不浸润于泽者,贤君耻之。今封疆之内,冠带之伦,咸获嘉祉,靡有阙遗矣。而夷狄殊俗之国,辽绝异党之地,舟舆不通,人迹罕至,政教未加,流风犹微。内之则犯义侵礼于边境,外之则邪行横作,放弑其上。君臣易位,尊卑失序,父兄不辜,幼孤为奴,系累号泣,内向而怨,曰:'盖闻中国有至仁焉,德洋而而恩普,物靡不得其所,今独曷为遗已!'举踵思慕,若枯旱之望雨。盭夫为之垂涕,⑤况乎上圣,又恶能已?故北出师以讨强胡,南驰使以诮劲越。四面风德,二方之君鳞集仰流,⑥愿得受号者以亿计。故乃关沫、若,⑦徼牂牁、镂零山，梁孙原。创道德之涂，垂仁义之统。将博恩广施，远抚长驾，使疏逖不闭，⑧阻深暗昧得耀乎光明，⑨以偃甲兵于此，而息诛伐于彼。遐迩一体，中外提福，⑩不亦康乎？

①[索隐]曰：孔文祥云："委琐，细碎。握龊，局促也。"

②[索隐]曰：案：天子比德于地，是二地也。地与己并天为三，是参天也。故《礼》曰"天子与天地参"是也。

③《毛诗传》曰："滨，涯也。"

④[索隐]曰：案：浸浔犹渐浸也。

⑤徐广曰："盭，音戾。[索隐]曰：张揖云："狼戾之夫也。"字或作"戾"。盭，古"戾"字。

⑥[索隐]曰：二方谓西夷邛、僰，南夷牂牁、夜郎也。

⑦《汉书音义》曰："以沫、若水为关。"

⑧[索隐]曰：逖，远。言其疏远者不被闭绝也。

⑨[索隐]曰：阻深，《汉书》"昒爽"。《三苍》云："昒爽，早朝也。昒，音妹。"案：《字林》又音忽也。

⑩徐广曰："提，作'禔'，音支。"[索隐]曰：《说文》云："禔，安也。"音市支反。

"夫拯民于沉溺，奉至尊之休德，反衰世之陵迟，继周氏之绝业，斯乃天子之急务也。百姓虽劳，又恶可以已哉？且夫王事固未有不始于忧勤，而终于佚乐者也。然则受命之符合在于此矣。①方将增泰山之封，加梁父之事，鸣和鸾，扬乐颂，上咸五，下登三。②观者未睹指，听者未闻音，犹鷦明已翔乎寥廓，而罗者犹视乎薮泽。悲夫！"

①[索隐]云：张揖云"合在于忧勤佚乐之中也。"

②徐广曰："咸，一作'函'。"骃案：韦昭曰："咸同于五帝，登三王之上。"[索隐]曰：李奇曰："五帝之德，汉比为减；三王之德，汉出其上。故云'减五登三'。"此说非也。虞喜《志林》云："相如欲减五帝之一，以汉盈之。然以汉为五帝之数，自然是登于三王之上也。"今本"减"或作"咸"，是与韦昭之说符也。

于是诸大夫芒然丧其所怀来而失厥所以进，喟然并称曰："允哉汉德！此鄙人之所愿闻也。百姓虽怠，请以身先之。"敞罔靡徙，因迁延而辞避。①

①[索隐]曰：案：敞罔，失容也。靡徙，失正也。

其后人有上书，言相如使时受金，失官。居岁余，复召为郎。

相如口吃而善著书。常有消渴疾。与卓氏婚，饶于财。其进仕宦，未尝肯与公卿国家之事，称病间居，不慕官爵。常从上至长杨猎，①是时天子方好自击熊彘，驰逐野兽。相如上疏谏之。其辞曰：

①[正义]曰：《括地志》云："秦长杨宫在雍州盩厔县东南三里。上起以宫，内有长杨树，以为名。"

臣闻物有同类而殊能者，故力称乌获，①捷言庆忌，②勇期贲、育。③臣之愚，窃以为人诚有之，兽亦宜然。今陛下好陵阻险，射猛兽，卒然遇轶材之兽，④骇不存之地，⑤犯属车之清尘，⑥舆不及还辕，人不暇施巧，虽有乌获、逢蒙之伎力不得用，⑦枯木朽株尽为害矣。是胡越起于毂下，而羌夷接轸也，岂不殆哉！虽万全无患，然本非天子之所宜近也。

①[索隐]曰：张揖曰："秦武王力士，举龙文鼎者也。"

②[索隐]曰：张揖曰："吴王僚之子。"

③[正义]曰：贲，音奔。贲，古之勇士，水行不避蛟龙，陆行不避豺狼，发怒吐气声音动天。夏育亦古之猛士也。

④[索隐]曰：《广雅》云："卒，暴也，音仓没反。"

⑤[索隐]曰：谓所不虑而猛兽骇发也。

⑥蔡邕曰："古者诸侯贰车九乘。秦灭九国，兼其车服，故大驾属车八十一乘。"

⑦《吴越春秋》曰："羿传射于逢蒙。"[索隐]曰：《孟子》云："逢蒙学射于羿，尽羿之道"是也。

且夫清道而后行，中路而后驰，犹时有衔橛之变；①而况涉乎蓬蒿，驰乎丘坟，前有利兽之乐而内无存变之意，其为祸也不亦难矣！夫轻万乘之重不以为安，而乐出于万有一危之涂以为娱，臣窃为陛下不取也。盖明者远见于未萌，而智者避危于无形；祸固多藏于隐微，而发于人之所忽者也。故鄙谚曰"家累千金者坐不垂堂。"②此言虽小，可以喻大。臣愿陛下之留意幸察。

①徐广曰："橛，音巨月反。钩逆者谓之橛矣。"[索隐]曰：张揖曰："衔，马勒衔也。橛，騑马口长衔也。"周迁《舆服志》云："钩逆上者为橛。橛在衔中，以铁为之，大如鸡子。"《盐铁论》云："无衔橛而御悍马"是也。

②[索隐]曰：张揖曰："畏檐瓦堕中人。"乐彦云："垂，边也。近堂边，恐其堕坠也，非谓畏檐瓦。"

上善之。还过宜春宫，①相如奏赋以哀二世行失也。其辞曰：

①[正义]曰：《括地志》云："秦宜春宫在雍州万年县西南三十里。宜春苑在宫之东，杜之南。"《始皇本纪》云"葬二世杜南宜春苑中"。按：今宜春宫见二世陵，故作赋以哀也。

登陂阤之长阪兮，①坌入曾宫之嵯峨。②临曲江之隑州兮，③望南山之参差。岩岩深山之谾谾兮，④通谷豁兮谽谺。⑤汩淢噏习以永逝兮，⑥注平皋之广衍。观众树之塕薆兮，览竹林之榛榛。东驰土山兮，北揭石濑。弥节容与兮，历吊二世。持身不谨兮，亡国失势。信谗不悟兮，宗庙灭绝。呜呼哀哉！操行之不得兮，坟墓芜秽而不修兮，魂无归而不食。夐邈绝而不齐兮，弥久远而愈佅。精罔阆而飞扬兮，拾九天而永逝。呜呼哀哉！

①[索隐]曰：陂，普何反。阤，徒何反。

②《汉书音义》曰："坌，并也。"[索隐]曰：坌，步寸反。

③《汉书音义》曰："隑，长也。苑中有曲江之象，泉中有长洲也。"[索隐]曰：隑，音祈。隑即"碕"字，谓曲岸头也。有宫阁路今犹谓之曲江，在杜陵西北五里。又《三辅旧事》云"乐游原在西北"是也。

④徐广曰："谾，音力工反。"[索隐]曰：谾，古江反。晋灼曰："硿，音笼，古'巃'字。"萧该云："谾，或作'巃'，长大貌也。"

⑤[索隐]曰：谽，音呼含反。谺，音呼加反。

⑥[索隐]曰：汩，于笔反。汩淢，疾貌也。噏，音许及反。《汉书》作"靸"。靸然轻举意也。

相如拜为孝文园令。①天子既美子虚之事，相如见上好仙道，因曰："上林之事未足美也，尚有靡者。臣尝为《大人赋》，②未就，请

具而奏之。"相如以为列仙之传居山泽间,③形容甚臞,④此非帝王之仙意也。乃遂就《大人赋》。其辞曰:

①[索隐]曰:《百官志》云"陵园令,六百石掌按行扫除"也。

②[索隐]曰:张揖曰:"大人喻天子。"向秀云:"圣人在位谓之大人。"张华云:"相如作《远游》之体,以大人赋之也。"

③[索隐]曰:案:传者,谓相传以列仙居山泽间,音持全反。小颜及刘氏并作"儒"读,云儒,柔术士之称非也。

④徐广曰:"臞,瘦也。"[索隐]曰:韦昭曰:"臞,瘠也。"《文子》云:"尧臞瘦。"音巨俱反。

世有大人兮,在于中州。宅弥万里兮,曾不足以少留。悲世俗之迫隘兮,朅轻举而远游。①垂绛幡之素蜺兮,载云气而上浮。建格泽之长竿兮,总光耀之采旄。②垂旬始以为幓兮,抴彗星而为髾。③掉指桥以偃蹇兮,又旖旎以招摇。④揽搀抢以为旌兮,⑤靡屈虹而为绸。⑥红杳渺以眩湣兮,猋风涌而云浮。⑦驾应龙象舆之蠖略逶丽兮,骖赤螭青虬之蚴蟉蜿蜒。低卬夭蟜据以骄骜兮,诎折隆穷⑧躩以连卷。⑨沛艾赳螑仡以佁儗兮,⑩放散畔岸骧以孱颜。⑪跮踱輵辖容以委丽兮,绸缪偃蹇怵臭以梁倚。⑫纠蓼叫奡蹋以艐路兮,⑬蔑蒙踊跃腾而狂趭。⑭莅飒卉翕熛至电过兮,焕然雾除,霍然云消。邪绝少阳而登太阴兮,与真人乎相求。⑮互折窈窕以右转兮,横厉飞泉以正东。⑯悉征灵圉而选之兮,部乘众神于瑶光。⑰使五帝先导兮,⑱反太一而从陵阳。⑲左玄冥而右含雷兮,⑳前陆离而后潏湟。㉑斯征北侨㉒而役羡门兮,㉓属岐伯使尚方。㉔祝融惊而跸御兮,㉕清氛气而后行。屯余车其万乘兮,綷云盖而树华旗。㉖使勾芒其将行兮,㉗吾欲往乎南嬉。

①[索隐]曰:如淳曰:"武帝云'诚得如黄帝,去妻子如脱屣',是悲世俗迫隘也。"

②《汉书音义》曰:"格泽之气如炎火状,黄白色,起地上至天,以此气为竿。旄,葆也。总,系也。系光耀之气于长竿,以为葆者。"

③《汉书音义》曰："旬始气如雄鸡，县于葆下以为旒也。髾，燕尾也。拙彗星，缀著旒以为燕尾。"

④《汉书音义》曰："指桥，随风指靡。"[索隐]曰：悼，音徒吊反。桥，音居夭反。偃蹇，高貌。

⑤[正义]曰：《天官书》云："天搀长四丈，末锐。天抢长数丈，两头锐，其形类彗也。"

⑥《汉书音义》曰"绸，韬也。以断虹为旌杠之韬。"[索隐]曰：应劭云："旌旗屈桡之貌。"绸，音直留反，或音韬。屈虹，断虹也。

⑦《汉书音义》曰："旬始，屈虹，气色。红杳眇，眩湣，暗冥无光也。"[索隐]曰：苏林曰："眩，音炫。湣，音面。"晋灼云："红，赤色貌。杳渺，深远；眩湣，混合也。"红或作"虹"。

⑧[索隐]曰：张揖曰："据，直须也。骄骜，纵恣也。"据，音据。骄，音居召反。骜，音五到反。

⑨[索隐]曰：韦昭曰："蠼龙之形貌也。"音起碧反。连卷，音辇卷。

⑩《汉书音义》曰："赳蜈，申颈低卬也。儗，不前也。"[索隐]曰：张揖曰："赳蜈，牙跳也。"赳，音居幼反。蜈，音许救反。仡，举头也。仡，音鱼乙反。佁，音敕吏反。儗，音鱼吏反。

⑪[索隐]曰：服虔曰："马仰头，其口开，正屏颜也。"韦昭曰："颜，音吾板反。《诗》云"两服上骧"，注云"骧，马"是也。

⑫徐广曰："蛭蠖，乍前乍却也。蛭，音丑栗反。蠖，音敕略反。辐，乌葛反。辖，音曷。绸，一作'雕'。毚，音他略反。"骃案：《汉书音义》曰："怵臭，走也。梁倚，相著也。"[索隐]曰：张揖曰："跮踱，疾行互前却也。辐辖，摇目吐舌也。"跮，音褚栗反。踱，音褚略反。辐，音遏。辖，音曷。蜩，音徒吊反。张揖曰："偃蹇，却器也。"《广雅》曰："偃蹇，夭矫也。"韦昭曰："毚，音答略反。《相如传》云'修臭远去'，臭，袂也。"

⑬徐广曰："艐，音介，至也。"[索隐]曰：蓼，音了。奡，音五到反。小颜云："叫奡，高举之貌。"踏，音徒答反。�，音届。《三仓》云："踏，著地。"孙炎云："艐，古'界'字也。"

⑭《汉书音义》曰："蔑蒙，飞扬也。趡，走。"

⑮《汉书音义》曰："少阳，东极。太阴，北极。邪度，东极而升北极者也。"

⑯[正义]曰：厉，渡也。张云："泉飞，谷也，在昆仑山西南。"

⑰《汉书音义》曰："摇光，北斗杓头第一星。"

⑱[正义]曰:遵,导。应云:"五帝,五时,帝太皓之属也。"

⑲《汉书音义》曰:"仙人陵阳子明也。"[正义]曰:《天官书》云:"中宫天极星,其一明者,太一常居也。"《列仙传》云:"子明于沛铚县旋溪钓得白龙,放之,后白龙来迎子明去,止陵阳山上百余年,遂得仙也。"

⑳《汉书音义》曰:"含雷,黔赢也,天上造化神名也。或曰水神。"

㉑《汉书音义》曰:"皆神名。"

㉒徐广曰:"燕人也,形解而仙也。"[索隐]曰:应劭曰:"厮,役也。"张揖曰:"王子乔也。"《汉书·郊祀志》作"正伯侨",此当是别人,恐非王子乔也。

㉓[正义]曰:张云:"羡门,碣石山上仙人羡门高也。"

㉔徐广曰:"歧伯,黄帝臣。"骃案:《汉书音义》曰:"尚,主也。歧伯,黄帝太医属,使主方药。"

㉕[正义]曰:张云:"祝融,南方炎帝之佐也。兽身人面,乘两龙,应火正也。火正祝融警跸清氛气也。"

㉖[索隐]曰:绛,音祖内反。如淳云:"盖有五彩也。"

㉗[正义]曰:张云:"勾芒,东方青帝之佐也。鸟身人面,乘两龙。"颜云:"将行,领从者也。"

历唐尧于崇山兮,过虞舜于九疑。①纷湛湛其差错兮,②杂遝胶葛以方驰。③骚扰冲苁其相纷挐兮,④滂濞泱轧洒以林离。钻罗列聚丛以茏茸兮,衍曼流烂坛以陆离。⑤径入雷室之砰磷郁律兮,洞出鬼谷之崫礨嵬磈。⑥遍览八纮而观四荒兮,朅渡九江而越五河。⑦经营炎火而浮弱水兮,⑧杭绝浮渚而涉流沙。⑨奄息总极⑩氾滥水嬉兮,使灵娲鼓瑟而舞冯夷。⑪时若薆薆将混浊兮,召屏翳⑫诛风伯⑬而刑雨师。⑭西望昆仑之轧⑮沕洸忽兮,直径驰乎三危。⑯排阊阖而入帝宫兮,⑰载玉女而与之归。⑱舒阆风而摇集兮,⑲亢乌腾而一止。⑳低回阴山翔以纡曲兮,㉑吾乃今目睹西王母皬然白首。㉒载胜而穴处兮,㉓亦幸有三足乌为之使。㉔必长生若此而不死兮,虽济万世不足以喜。

①[正义]曰:张云:"崇山,狄山也。《海外经》云'狄山,帝尧葬其阳'。九疑

山，零陵营道县，舜所葬处。”

②[索隐]曰：湛，音徒感反。

③[索隐]曰：《广雅》云：“胶葛，驱驰也。”

④[索隐]曰：冲，音昌勇反。苁，音息冗反。

⑤徐广曰：“坛，音坦。”

⑥《汉书音义》曰：“鬼谷在北辰下，众鬼之所聚也。《楚辞》曰‘赘鬼谷于北辰’也。”[正义]曰：崫，口骨反。礨，音力罪反。嵬，音乌回反。磈，音回。张云：“崫礨嵬磈，不平也。”

⑦[正义]曰：颜云：“五色之河也。仙云紫、碧、绛、青、黄之河也。”

⑧[正义]曰：姚丞云：“《大荒西经》云昆仑之岳，其外有炎火之山，投物辄物然。”《括地志》云：“弱水有二原，俱出女国北阿傉达山，南流会于国北，又南历国北，东去一里，深丈余，阔六十步，非乘舟不可济，流入海。阿傉达山一名昆仑山，其主为主，在雍州西南一万五千三百七十里。”又云：“弱水在甘州张掖县南山下也。”

⑨《汉书音义》曰：“杭，船也。绝，渡也。浮渚，流沙中渚也。”

⑩《汉书音义》曰：“总极，葱岭山也，在西域中。”

⑪徐广曰：“娲，一作‘贻’。”骃案：《汉书音义》曰：“灵娲，女娲也。冯夷，河伯字也。《淮南子》曰‘冯夷得道，以潜大川’。”[正义]曰：姓冯名夷，以庚日溺死。河常以庚日好溺死人。

⑫[正义]曰：应云：“屏翳，天神使也。”韦昭云：“雷师也。”

⑬[正义]曰：张云：“风伯字飞廉。”

⑭[正义]曰：沙州有雨师祠。

⑮[正义]曰：张云：“《海内经》云昆仑去中国五万里，天帝之下都也。其山广袤百里，高八万仞，增城九重，面九井，以玉为槛，旁有五门，开明兽守之。”《括地志》云：“在昆仑肃州酒泉县南八十里。《十六国春秋》后魏昭成帝建国十年，凉张骏酒泉太守马岌上言：‘酒泉南山即昆仑之体，周穆王见西王母，乐而忘归，即谓此山。有石室，王母堂，珠玑镂饰，焕若神宫。’又删丹西河名云弱水，《禹贡》昆仑在临羌之西，即此明矣。”《括地志》云：“又阿傉达山亦名建末达山，亦名昆仑山。恒河出其南吐师子口，经天竺入达山。妫水今名为浒海，出书于西河北隅吐马口，经安息大夏国入西海。黄海出东北隅吐牛口，东北流经滥泽，潜出大积石山，至华山北，东入海。其三河去山入海各三万里。此谓大昆仑，肃州谓

小昆仑也。《禹本纪》云:'河出昆仑二千五百余里,日月所相隐避为光明也'。"

⑯三危,山名也。[正义]曰:《括地志》云:"三危山在沙州东南三十里。"

⑰[正义]曰:韦昭云:"阊阖,天门也。《淮南子》曰'西方曰西极之山,阊阖之门'。"

⑱[正义]曰:张云:"玉女,青要、乘弋等也。"

⑲[正义]曰:张云:"阆风在昆仑阊阖之中。《楚辞》云'登阆风而绁马'也。"

⑳《汉书音义》曰:"亢然高飞,如鸟之腾也。"

㉑[正义]曰:张云:"阴山在大昆仑西二千七百里。"

㉒徐广曰:"皬,音下沃反。"[索隐]曰:皬,音鹤。[正义]曰:张云:"西王母其状如人,豹尾,虎齿,蓬鬓,皬然白首。石城金穴,居其中。"

㉓郭璞曰:"胜,玉胜也。"[正义]曰:颜云:"胜代,妇人首饰也,汉代谓之华胜也。"

㉔[正义]曰:张云:"三足乌,青鸟也。主为西王母取食,在昆墟之北。"

回车朅来兮,绝道不周,①会食幽都。呼吸沆瀣餐朝霞兮,噍咀芝英兮叽琼华。②嬐侵浔而高纵兮,纷鸿涌而上厉。③贯列缺之倒景兮,涉丰隆之滂沛。④驰游道而循降兮,⑤骛遗雾而远逝。迫区中之隘陕兮,舒节出乎北垠。遗屯骑于玄阙兮,轶先驱于寒门。⑥下峥嵘而无地兮,上寥廓而无天。视眩眠而无见兮,听惝恍而无闻。乘虚无而上假兮,超无友而独存。⑦

①《汉书音义》曰:"不周山在昆仑东南。"

②徐广曰:"叽,音祈,小食也。"骃案:韦昭曰:"琼华,玉英。"

③徐广曰:"嬐,音孅。"[索隐]曰:《汉书》"嬐"作"襟"。襟,仰也,音禁。嬐,音鱼锦反。

④《汉书音义》曰:"列缺,天闪也。倒景,日在下。"[正义]曰:张云:"丰崇,云师也。《淮南子》云'季春三月,丰崇乃出以将雨'。"按:丰崇将云雨,故云"滂沛"。

⑤[正义]曰:游,游车也。道,道车也。修,长也。降,下也。

⑥《汉书音义》曰:"玄阙,北极之山。寒门,天北门。"

⑦徐广曰:"假,音古下反,至也。"

相如既奏《大人之颂》,天子大说,飘飘有凌云之气,似游天地之间意。

相如既病免,家居茂陵。天子曰:"司马相如病甚,可往从悉取其书。若不然,后失之矣。"使所忠往,①而相如已死,家无书。问其妻,对曰:"长卿固未尝有书也。时时著书,人又取去,即空居。长卿未死时,为一卷书,曰有使者来求书,奏之。无他书。"其遗札书言封禅事,奏所忠。忠奏其书,天子异之。其书曰:

①[正义]曰:姓所,名忠也。《风俗通·姓氏》云:"《汉书》有谏大夫所忠氏。"

伊上古之初肇,自昊穹兮生民,历撰列辟,以迄于秦。①率迩者踵武,②逖听者风声。③纷纶葳蕤,堙灭而不称者,不可胜数也。④续《韶》《夏》,崇号谥,略可道者七十有二君。⑤罔若淑而不昌,畴逆失而能存?⑥

①徐广曰:"撰,一作'选'。"[索隐]曰:文颖曰:"选,数也。"

②徐广曰:"率,循也。迩,近也。武,迹也。循省世近之遗迹。"[索隐]曰:言循览近代之事,则踵蹈者可知也。

③徐广曰:"逖,远也。听察远古之风声。"[索隐]曰:风声,《风》《雅》之声,以言听远古之事,则著在《风》《雅》之声也。

④[索隐]曰:胡广曰:"纷,乱也。沦,没也。葳蕤,委顿也。"张揖曰:"乱貌。"

⑤《汉书音义》曰:"昭,明也。夏,大也。德明大,相继封禅于泰山者七十有二人。"[索隐]曰:见《韩诗外传》及《封禅书》也。

⑥徐广曰:"若,顺也。"骃案:韦昭曰:"畴,谁也。言顺善必昌,逆失必亡。"

轩辕之前,遐哉邈乎,其详不可得闻也。五三《六经》载籍之传,维见可观也。①《书》曰:"元首明哉,股肱良哉。"因斯以谈,君莫盛于唐尧,臣莫贤于后稷。后稷创业于唐,公刘发迹于西戎。文王改制,爰周郅隆,②大行越成。③而后陵夷衰微,千载无声,④岂不善始善终哉。然无异端,慎所由于前,谨遗教于后耳。故轨迹夷易,易遵也;湛恩蒙涌,易丰也;宪度著明,易则也;垂统理顺,易继也。是以业隆于襁褓,而崇冠于二后。⑤揆厥所元，终都攸卒，⑥未有殊尤绝迹可考于今者也。然犹躡梁父，登泰山，建显号，施尊名。

①[索隐]曰：胡广云："五，五帝也。三，三王也。"案：《六经》，《诗》、《书》、《礼》、《乐》、《易》、《春秋》也。

②徐广曰："'郅'盖字误。皇甫谧曰'王季宅程'，故《周书》曰'维王季宅程'。《孟子》称'文王生于毕程'。或者'郅'字宜为'程'乎？或为'胵'，北地有郁郅县。胵，大也，音质。"骃案：《汉书音义》曰："郅，至也。"[索隐]曰：爰，于，及也。郅，大也，盛也。樊光云："郅，可见之大也。"徐及皇甫之说皆非也。以言文王改制，及周而大盛也。

③《汉书音义》曰："行，道也。文王始开王业，改正朔，易服色，太平之道于是成矣。"[索隐]曰：应劭云："大行，谓以言道德大行也。"

④徐广曰："周之王四海，千载之后声教乃绝。"骃案：韦昭曰："无恶声。"

⑤《汉书音义》曰："襁褓，谓成王也。二后，谓文、武也。周公负成王致太平，功德冠于文武者，道成法易故也。"

⑥《汉书音义》曰："都，于；卒，终也。"

大汉之德，烽涌原泉，①沕潏漫衍，旁魄四塞，云尃雾散，②上畅九垓，下溯八埏。③怀生之类沾濡浸润协气横流，武节飘逝，迩陕游原，迥阔泳沫，④首恶湮没，暗昧昭晰，⑤昆虫凯泽，回首面内。⑥然后囿驺虞之珍群，徼麋鹿之怪兽，⑦晰一茎六穗于庖，⑧牺双觡共抵之兽，⑨获周余珍收龟于岐，⑩招翠黄乘龙于沼。⑪鬼神接灵圉，宾于间馆。⑫奇物谲诡，俶傥穷变。钦哉！符瑞臻兹，犹以为薄，不敢道封禅。盖周跃鱼陨杭，休之以燎，⑬微夫斯之为符也，以登介丘，不亦恧乎！⑭进让之道，其何爽与！⑮

①韦昭曰："汉德烽涌如泉原也。"[索隐]曰：张揖曰："逢，遇也。喻其德盛若遇泉原之流也。"又作"峰"读。徐广曰："自此已下，论汉家之德也。"

②徐广曰："尃，音布。"

③徐广曰："音衍。"骃案：《汉书音义》曰："畅，达；垓，重也。溯，流也。埏，若八埏，地之际也。言其德上达于九重之天，下流于地之八际也。"

④《汉书音义》曰："迩，近；原，本也。迥，远；阔，广也。泳，浮也。恩德比之于水，近者游其原，远者浮其沫。"

⑤《汉书音义》曰:"始为恶者皆湮灭。暗昧,喻夷狄皆化。"
⑥韦昭曰:"面,向也。"
⑦《汉书音义》曰:"徼,遮也。麇鹿得其奇怪者,谓获白麟也。"
⑧徐广曰:"䆃,瑞禾也。"骃案:《汉书音义》曰:"谓嘉禾之米,于庖厨以供祭祀。"[索隐]曰:郑德云:"䆃,择也。"《说文》:"嘉禾一名䆃。"《字林》云:"禾一茎六穗谓之䆃也。"
⑨徐广曰:"抵,音底。"骃案:《汉书音义》曰:"牺,牲也。觡,角也。底,本也。武帝获白麟,两角共一本,因以为牲也。"
⑩徐广曰:"一作'放龟'。"骃案:《汉书音义》曰:"余珍,得周鼎也。岐,水名也。"
⑪《汉书音义》曰:"翠黄,乘黄也。龙翼马身,黄帝乘而登仙。言见乘黄而招呼之。《礼乐志》曰'紫黄湛河不下来'。余吾渥洼水中出神马,故曰乘龙于沼。"[索隐]曰:服虔云:"乘龙,四龙也。翠黄,孟说是也。《周书》云'乘黄似狐,背上有两角'也。"
⑫徐广曰:"言至德与神明通接,故灵圉为宾旅于闲馆矣。"郭朴曰:"灵圉,仙人名也。"
⑬[索隐]曰:杭,舟也。胡广云:"武王渡河,白鱼入王舟,俯取以燎。陨,坠之于舟中也。"
⑭《汉书音义》曰:"介,大;丘,山也。言周以白鱼为瑞,登太山封禅,不亦惭乎。"
⑮徐广曰:"爽,差异也。"骃案:《汉书音义》曰:"进,周也。让,汉也。言周未可封禅为进,汉可封禅而不封禅为让也。"[索隐]曰:爽,犹差也。言汉、周进让之道皆差也。

于是大司马进曰:"陛下仁育群生,义征不憓,①诸夏乐贡,百蛮执贽,德侔往初,功无与二,休烈浃洽,符瑞众变,期应绍至,不特创见。②意者泰山、梁父设坛场望幸,盖号以况荣,③上帝垂恩储祉,将以荐成,④陛下谦让而弗发也。挈三神之欢,⑤缺王道之仪,群臣恧焉。或谓且天为质暗,珍符固不可辞;⑥若然辞之,是泰山靡记而梁父靡几也。⑦亦各并时而荣,咸济世而屈,⑧说者尚何称于后,⑨而云七十二君乎?⑩夫修德以锡符,奉符以行事,不为进越。⑪故圣王弗替,而修礼地祇，谒款天神，[12]勒功中岳，以彰至尊，舒盛德，发号荣，受厚福，以浸黎民也。皇皇哉斯事！天下之壮观，王者之丕业，不可贬也。愿陛下全之。而后因杂荐绅先生之略术，使获耀日月之末光绝炎，以展采错事，[13]犹兼正列其义，校饬厥文，作《春秋》一艺，[14]将袭旧六为七，[15]摅之无穷，[16]俾万世得激清流，扬微波，蜚英声，腾茂实。[17]前圣之所以永保鸿名而常为称首者用此，[18]宜命掌故悉奏其义而览焉。"[19]

①《汉书音义》曰："大司马上公也，故先进议。憓，音惠，顺也。"

②徐广曰："不但初显符瑞而已，盖将终以封禅之事。"[索隐]曰：文颖云："不独一物，初创见也。"胡广云："符瑞众多，应期相继而至也。"

③徐广曰："以况受上天之荣为名号。"[索隐]曰：案：本或作"望华盖"。华盖，星名，在紫微大帝之上。今言望圣帝之临幸也，义亦两通。而孟康、服虔注本皆"幸"下有"华"字，而虞挚《流别集》则唯云"幸"。幸当是也，于义亦通。直以后人见"幸"下有"盖"字，又"幸"字似"华"，故因疑惑，遂定"华"字，使误也。文颖云："盖，合也。言考合前代之君，揆其荣而相比况以为号也。"大颜云："盖，欲也，言欲化功立号，受天之况赐荣名也。"于义为惬。然其文云"盖"，词义典质，又上与"幸"字连文，致令有"华盖"之谬也。

④徐广曰："以众瑞物初至封禅处，荐之上天，告成功也。"[索隐]曰：案：《汉书》作"庆成"，义亦通也。

⑤徐广曰："挈，犹言垂也。"骃案：韦昭曰："挈，缺也。三神，上帝、泰山、梁父也。"[索隐]曰：徐氏云"挈犹垂"，非也。应劭作"绝"，李奇、韦昭作"缺"，意亦不远。三神，如淳谓地祇、天神、山岳也，与韦不同。

⑥《汉书音义》曰："言天道质昧，以符瑞见意，不可辞让也。"

⑦《汉书音义》曰："太山之上无所表记，梁父坛场无所庶几。"[索隐]曰：案：几，音冀。

⑧《汉书音义》曰："屈，绝之也。言古帝王但作一时之荣，毕代而绝也。"

⑨徐广曰："若无封禅之遗迹，则荣尽于当时，至于历世之后，人何所述？"

⑩[索隐]曰：言古封禅之帝王，是各并时而荣贵，盛有济世之勋。而屈者，谓言抑屈总不封禅，使说者尚何称述后代，而云"七十二君"乎？

⑪[索隐]曰：文颖云："越，逾也。不为苟进逾礼也。"

⑫《汉书音义》曰："款，诚也。谒告之报诚也。"

⑬徐广曰："错，音厝。"骃案：《汉书音义》曰："采，官也。使诸儒记功著业，得睹日月末光殊绝之用，以展其官职，设厝其事业者也。"

⑭徐广曰："校，一作'祓'。祓犹拂也，音废也。"骃案：《汉书音义》曰："《春秋》者，正天时，列人事，诸儒既得展事业，因兼正天时，列人事，叙述大义为一经。"

⑮韦昭曰："今《汉书》增一，仍旧六为七也。"

⑯徐广曰："摅，一作'胪'。胪，叙也。"[索隐]曰：《广雅》云："摅，张舒也。"

⑰[索隐]曰：徐广曰："飞扬英伟之声，腾驰茂盛之实也。"

⑱[索隐]曰：案：谓用此封禅也。

⑲《汉书音义》曰："掌故，太史官属，主故事也。"

于是天子沛然改容，曰："愉乎，朕其试哉。"乃迁思回虑，总公卿之议，询封禅之事，诗大泽之博，广符瑞之富。①乃作颂曰：

①《汉书音义》曰："诗，歌咏功德也，下四章之颂也。大泽之博，谓'自我天覆，云之油油'。广符瑞之富，谓'斑斑之兽'以下三章，言符瑞广大富饶也。"

自我天覆，云之油油。①甘露时雨，厥壤可游。滋液渗漉，何生不育？②嘉谷六穗，我穑曷蓄。③

①《汉书音义》曰："油油，云行貌。《孟子》曰'油然作云，沛然下雨'。"

②徐广曰："渗，音色荫反。"[索隐]曰：案：《说文》云："渗漉，水下流之貌也。"

③徐广曰："何所畜邪？畜嘉谷。"

非唯雨之，又润泽之；非唯濡之，氾尃濩之。①万物熙熙，怀而慕思。名山显位，望君之来。②君乎君乎，侯不迈哉！③

①徐广曰："古'布'字作'尃'。"[索隐]曰：胡广曰："氾，普也。言雨泽非偏于我，普遍布散，无所不濩也。"

②韦昭曰："名山，大山也。显位，封禅也。"

③[索隐]曰：小颜云："侯，何也。迈，行也。言君何不行封禅。"

般般之兽，乐我君囿。①白质黑章，其仪可嘉。旼旼睦睦，君子之能。②盖闻其声，今观其来。厥涂靡踪，天瑞之征。③兹亦于舜，虞氏以兴。④

①[索隐]曰：案：般般，文彩之貌也，音班。胡广曰："谓驺虞也。"

②徐广曰："旼，音旻，和貌也。能，一作'熊'。"骃案：《汉书音义》曰："旻和穆敬，言和且敬，有似君子。"

③徐广曰："其所来路非有迹，盖自天降瑞，不行而至也。"

④[索隐]曰：文颖曰："舜百兽率舞，则驺虞亦在其中也。"

濯濯之麟，游彼灵畤。①孟冬十月，君徂郊祀。驰我君舆，帝以享祉。三代之前，盖未尝有。

①《汉书音义》曰："武帝祠五畤，获白麟，故言游灵畤。"[索隐]曰：诗人云"麀鹿濯濯"，注云"濯濯，嬉游也。"

宛宛黄龙，兴德而升；①采色炫耀，煌炳辉煌。②正阳显见，觉寤黎烝。③于传载之，云受命所乘。④

①[索隐]曰：胡广曰："宛宛，屈伸也。"

②徐广曰："煌，音晃。辉，音魂。"

③[索隐]曰：文颖云："正阳，阳明也。谓南面受朝也。"

④[索隐]曰：如淳曰："书传所载，揆其比类，以为汉土德，黄龙为之应，见之于成纪，故云受命所乘也。"

厥之有章，不必谆谆。①依类记寓，谕以封峦。②

①徐广曰："谆，止纯反。告之丁宁。"骃案：《汉书音义》曰："天之所命，表以符瑞，章明其德，不必谆谆然有语言也。"

②《汉书音义》曰："寓，寄也。峦，山也。言依事类托寄，以喻封禅者。"

披艺观之，天人之际已交，上下相发允答。圣王之德，兢兢翼翼也。故曰"兴必虑衰，安必思危。"是以汤武至尊严，不失肃祗；舜在假典，顾省厥遗；此之谓也。①

①徐广曰："假，大也。"

司马相如既卒。①五岁，天子始祭后土。八年而先礼中岳，②封于太山，③至梁父禅肃然。④

①徐广曰："元狩五年。"

②[正义]曰：嵩高也，在洛州阳城县西北二十二里。

③[正义]曰：在兖州博城县西北三十里。

④徐广曰："小山，在泰山下趾东北。"

相如他所著，若《遗平陵侯书》、①《与五公子相难》、《草木书》篇不采，采其尤著公卿者云。

①徐广曰："苏建也。"

太史公曰：《春秋》推见至隐，①《易》本隐之以显，②《大雅》言王公大人而德逮黎庶，③《小雅》讥小己之得失，其流及上。④所以言虽外殊，其合德一也。相如虽多虚辞滥说，然其要归引之节俭，此与《诗》之风谏何异。扬雄以为靡丽之赋，劝百风一，犹驰骋郑卫之声，曲终而奏雅，不已亏乎？余采其语可论者著于篇。

①韦昭曰："推见事至于隐讳，谓若晋文召天子，经言'狩河阳'之属。"[索隐]曰：李奇曰："隐犹微也。言其义彰而文微，若隐公见弑，而经不书，讳之也。"

②韦昭曰："《易》本隐微妙，出为人事乃显著也。"[索隐]曰：虞喜《志林》曰："《春秋》以人事通天道，是推见至隐也。《易》以天道接人事，索隐以之明显也。"

③韦昭曰："先言王公大人之德，乃后及众庶也。"[索隐]曰：张揖曰："谓文王、公刘在位，大人之德下及众民者也。"

④韦昭曰："《小雅》云人志狭小，先道己之忧苦，其流乃及上政之得失者。"[索隐]曰：张揖云："己，诗人自谓也。己小有得失，不得其所作诗，流言以讽其上也。故《诗纬》云《小雅》讥己得失，及之于上也。"

索隐述赞曰：相如纵诞，窃赀卓氏。其学无方，其才足倚。《子虚》过吒，《上林》非侈。驷马还邛，百金献伎。惜哉封禅，遗文悼尔。

史记卷一一八
列传第五八

淮南衡山

淮南厉王长者,高祖少子也。其母故赵王张敖美人。高祖八年,从东垣过赵,①赵王献之美人。厉王母得幸焉,有身。赵王敖弗敢内宫,为筑外宫而舍之。及贯高等谋反柏人事发觉,并逮治王,尽收捕王母兄弟美人,系之河内。厉王母亦系,告吏曰:"得幸上,有身。"吏以闻上,上方怒赵王,未理厉王母。厉王母弟赵兼因辟阳侯言吕后,吕后妒,弗肯白,辟阳侯不强争。及厉王母已生厉王,恚,即自杀。吏奉厉王诣上,上悔,②令吕后母之,而葬厉王母真定。真定,厉王母之家在焉,父世县也。③

①[正义]曰:赵张耳所都,今邢州也。

②[正义]曰:悔不理厉王母。

③[索隐]曰:案:《汉书》作"母家县"。谓父祖代居真定也。

高祖十一年十月,淮南王黥布反,立子长为淮南王,王黥布故地,凡四郡。①上自将兵击灭布,厉王遂即位。厉王早失母,常附吕后,孝惠、吕后时以故得幸无患害。而常心怨辟阳侯,弗敢发。及孝文帝初即位,淮南王自以为最亲,骄蹇,数不奉法。上以亲故,常宽赦之。

①徐广曰:"九江、庐江、衡山、豫章也。"

三年,入朝。甚横。从上入苑囿猎,与上同车,常谓上"大兄"。厉王有材力,力能扛鼎,乃往请辟阳侯。辟阳侯出见之,即自袖铁椎椎辟阳侯,①令从者魏敬刭之。②厉王乃驰走阙下,肉袒谢曰:"臣母不当坐赵事,其时辟阳侯力能得之吕后,弗争,罪一也。赵王如意子母无罪,吕后杀之,辟阳侯弗争,罪二也。吕后王诸吕,欲以危刘氏,辟阳侯弗争,罪三也。臣谨为天下诛贼臣辟阳侯,报母之仇,谨伏阙下请罪!"孝文伤其志,为亲故弗治,赦厉王。当是时,薄太后及太子诸大臣皆惮厉王。厉王以此归国益骄恣,不用汉法,出入称警跸,称制,自为法令,拟于天子。

①[索隐]曰:《汉书》作"袖金椎之"。案:信陵君使朱亥袖四十斤铁锤也。

②[正义]曰:刭,古鼎反。刭谓刺刭。

六年,令男子但等七十人与棘蒲侯柴武太子奇谋,以辇车四十乘①反谷口,②令人使闽越、匈奴。事觉,治之,使使召淮南王。淮南王至长安。

①徐广曰:"大车驾马曰辇。音己足反。"

②《汉书音义》曰:"谷口在长安北,故县也,处多险阻。"[正义]曰:《括地志》云:"谷口故城在雍州醴泉县东北四十里,汉谷口县也。"

"丞相臣张仓、典客臣冯敬、行御史大夫事宗正臣逸、廷尉臣贺、备盗贼中尉臣福昧死言:淮南王长废先帝法,不听天子诏,居处无度,为黄屋盖乘舆,出入拟于天子,擅为法令,不用汉法。及所置吏,以其郎中春为丞相,聚收汉诸侯人及有罪亡者,匿与居,为治家室,赐其财物爵禄田宅,爵或至关内侯,奉以二千石,所不当得,欲以有为。①大夫但、②士五开章等七十人③与棘蒲侯太子奇谋反,④欲以危宗庙社稷。使开章阴告长,与谋使闽越及匈奴发其兵。开章之淮南见长,长数与坐语饮食,为家室娶妇,以二千石俸奉之。开章使人告但,已言之王。春使使报但等。吏觉知,使长安尉奇等往捕开章。长匿不予,与故中尉蕳忌谋,杀以闭口,⑤为棺椁衣衾葬之肥陵邑。⑥谩吏曰'不知安在'。⑦又佯聚土,树表其上,曰'开章死,埋此下'。及长身自贼杀无罪者一人;令吏论杀无罪者六人;为命弃市罪诈捕命者以除罪;⑧擅罪人,罪人无告劾,系治城旦舂以上十四人;赦免罪人死罪十八人,城旦舂以下五十八人;赐人爵关内侯以下九十四人。前日长病,陛下忧苦之,使使者赐书、枣脯。长不欲受赐,不肯见拜使者。南海民处庐江界中者反,淮南吏卒击之。陛下以淮南民贫苦,遣使者赐长帛五千匹,以赐吏卒劳苦者。长不欲受赐,谩言曰'无劳苦者'。南海民王织上书献璧皇帝,忌擅燔其书,不以闻。⑨吏请召治忌,长不遣,谩言曰'忌病'。春又请长,愿入见,长怒曰'女欲离我自附汉'。长当弃市,臣请论如法。"

①如淳曰:"赐亡叛来者如赐其国二千石也。"瓒曰:"奉以二千石之秩禄。"

②张晏曰:"大夫,姓也。上云'男子但',明其姓大夫也。"瓒曰:"官为大夫,名但者也。"[索隐]曰:张晏云大夫姓,非也。案:上文云"男子但",此云"大夫但"及"士五开章",则知大夫是官也。

③如淳曰:"律'有罪失官爵称士五'者也。开章,名。"

④徐广曰:"棘蒲侯柴武以文帝后元年卒,谥刚。嗣子谋反,不得置后,国除。"

⑤[索隐]曰:蔄,姓也,音奸。《严助传》则作"间忌",字音亦同。[正义]曰:谋杀开章,以闭绝谋反之口也。

⑥[正义]曰:《括地志》云:"肥陵故县在寿州安丰县东六十里,在故六城东北百余里。"

⑦[索隐]曰:谩,音慢。慢,诳也。实葬肥陵,诳云不知处。按:肥陵,地名,在肥水之上也。

⑧晋灼曰:"亡命者当弃市,而王藏之,诈捕不命者而言命,以脱命者之罪。"

⑨文颖曰:"忌,蔄忌。"

制曰:"朕不忍致法于王,其与列侯二千石议。"

"臣仓、臣敬、臣逸、臣福、臣贺昧死言:臣谨与列侯吏二千石臣婴等四十三人议,皆曰'长不奉法度,不听天子诏,乃阴聚徒党及谋反者,厚养亡命,欲以有为'。臣等议论如法。"

制曰:"朕不忍致法于王,其赦长死罪,废勿王。"

"臣仓等昧死言:长有大死罪,陛下不忍致法,幸赦,废勿王。臣请处蜀郡严道邛邮,①遣其子母从居,②县为筑盖家室,皆廪食给薪菜盐豉炊食器席蓐。臣等昧死请,请布告天下。"

①徐广曰:"严道有邛僰九折阪,又有邮置。"骃案:张晏曰:"严道,蜀郡县。"[索隐]曰:县有蛮夷曰道。严道有邛来山,有邮置,故曰"严道邛邮"也。

②[索隐]曰:案:乐彦云:"妆媵之有子者从去也。"

制曰:"计食长给肉日五斤,酒二斗。令故美人才人得幸者十人从居。他可。"①尽诛所与谋者。

①[索隐]曰:谓他事可其制也。

于是乃遣淮南王,载以辎车,令县以次传。是时袁盎谏上曰:"上素骄淮南王,弗为置严傅相,以故至此。且淮南王为人刚,今暴摧折之,臣恐卒逢雾露病死,陛下为有杀弟之名,奈何!"上曰:"吾特苦之耳,今复之。"县传淮南王者皆不敢发车封。①淮南王乃谓侍者曰:"谁谓乃公勇者?②吾安能勇!吾以骄故,不闻吾过至此。人生一世间,安能邑邑如此!"乃不食死。至雍,③雍令发封,以死闻。上哭甚悲,谓袁盎曰:"吾不听公言,卒亡淮南王!"盎曰:"不可奈何,愿陛下自宽。"上曰:"为之奈何?"盎曰:"独斩丞相、御史以谢天下,乃可。"④上即令丞相、御史遂考诸县传送淮南王不发封馈侍者,皆弃市。乃以列侯葬淮南王于雍,守冢三十户。

①《汉书音义》曰:"槛车有槛封也。"

②[索隐]曰:乃,汝也。汝公,淮南王自谓也。

③[正义]曰:今岐州雍县也。

④[索隐]曰:案:刘氏云"袁盎此言亦太过也"。

孝文八年,上怜淮南王,淮南王有子四人,皆七八岁,乃封子安为阜陵侯,子勃为安阳侯,子赐为周阳侯,子良为东成侯。

孝文十二年,民有作歌歌淮南厉王曰:"一尺布,尚可缝;一斗粟,尚可舂。兄弟二人不能相容。"①上闻之,乃叹曰:"尧舜放逐骨肉,②周公杀管蔡,天下称圣。何者?不以私害公。天下岂以我为贪淮南王地邪?"乃徙城阳王王淮南故地,③而追尊谥淮南王为厉王，④置园复如诸侯仪。

①《汉书音义》曰："尺布斗粟犹尚不弃，况于兄弟而更相逐乎！"瓒曰："一尺布尚可缝而共衣，一斗粟尚可舂而共食也。况以天下之广而不能相容。"

②[正义]曰：《帝系》云尧，黄帝之后；舜，颛顼之后。四凶之内有承黄帝、颛瑞者，而尧舜窜之，故放逐骨肉耳。四凶者，共工、三苗、伯鲧及谨兜，皆尧舜之同姓，故云骨肉也。

③徐广曰："景王章之子。"

④[正义]曰：《谥法》云："暴慢无亲曰厉。"

孝文十六年，徙淮南王喜复故城阳。①上怜淮南厉王废法不轨，自使失国早死，乃立其三子：阜陵侯安为淮南王，安阳侯勃为衡山王，周阳侯赐为庐江王，皆复得厉王时地，叁分之。东城侯良前薨，无后也。

①[索隐]曰：故城阳景王章子也。

孝景三年，吴楚七国反。吴使者至淮南，淮南王欲发兵应之。其相曰："大王必欲发兵应吴，臣愿为将。"王乃属相兵。淮南相已将兵，因城守，不听王而为汉，汉亦使曲城侯①将兵救淮南，淮南以故得完。吴使者至庐江，庐江王弗应，而往来使越。吴使者至衡山，衡山王坚守无二心。孝景四年，吴楚已破，衡山王朝，上以为贞信，乃劳苦之曰："南方卑湿。"徙衡山王王济北，所以褒之。及薨，遂赐谥为贞王。庐江王边越，数使使相交，故徙为衡山王，王江北。淮南王如故。

①徐广曰："曲城侯姓虫名捷，其父名逢，高祖功臣。"

淮南王安为人好读书鼓琴，不喜弋猎狗马驰骋，亦欲以行阴德拊循百姓，流誉天下。时时怨望厉王死，时欲叛逆，未有因也。及建元二年，淮南王入朝。素善武安侯，武安侯时为太尉，乃逆王霸上，与王语曰："方今上无太子，大王亲高皇帝孙，①行仁义，天下莫不闻。即宫车一日晏驾，非大王当谁立者！"淮南王大喜，厚遗武安侯金财物。阴结宾客，②拊循百姓，为叛逆事。

①[正义]曰:《汉书》云:“武帝以安属为诸侯。”

②[索隐]曰:《淮南要略》云养士数千,高材者八人:苏非、李尚、左吴、田由、雷被、伍被、毛被、晋昌,号曰“八公”。

建元六年,彗星见,淮南王心怪之。或说王曰:“先吴军起时,慧星出长数尺,然尚流血千里。今彗星长竟天,天下兵当大起。”王心以为上无太子,天下有变,诸侯并争,愈益治器械攻战具,积金钱赂遗郡国诸侯游士奇材。诸辩士为方略者,妄作妖言谄谀王,王喜,多赐金钱,而谋反滋甚。

淮南王有女陵,彗,有口辩。王爱陵,常多予金钱,为中诇长安,①约结上左右。元朔三年,上赐淮南王几杖,不朝。淮南王王后荼,王爱幸之。王后生太子迁,迁取王皇太后外孙修成君女为妃。②王谋为反具,畏太子妃知而内泄事,乃与太子谋,令诈弗爱,三月不同席。王乃详为怒太子,闭太子,使与妃同内三月,太子终不近妃。妃求去,王乃上书谢归去之。王后荼、太子迁及女陵得爱幸王,擅国权,侵夺民田宅,妄致系人。③

①徐广曰:“诇,伺候采察之名也。音空政反。安平侯鄂千秋玄孙伯与淮南王女陵通而中绝,又遗淮南王书称臣尽力,故弃市。”[索隐]曰:邓展曰:“诇,捕也。”孟康曰:“诇,音侦。西方人以反间为侦。”刘氏及包恺并音丑政反。服虔云:“侦,候之也。”

②应劭曰:“王太后先适金氏女也。”

③徐广曰:“一云‘殴击’。”

元朔五年,太子学用剑,自以为人莫及,闻郎中雷被巧,①乃召与戏。被一再辞让,②误中太子。太子怒,被恐。此时有欲从军者辄诣京师,被即愿奋击匈奴。太子迁数恶被于王,王使郎中令斥免,欲以禁后,③被遂亡至长安,上书自明。诏下其事廷尉、河南。④河南治,逮淮南太子,⑤王、王后计欲无遣太子,遂发兵反,计犹豫,十余日未定。会有诏,即讯太子。⑥当是时,淮南相怒寿春丞留太子逮不遣,⑦劾不敬。王以请相,相弗听。王使人上书告相,事下廷尉治。踪迹连王,王使人候伺汉公卿,公卿请逮捕治王。王恐事发,太子迁谋曰:“汉使即逮王,王令人衣卫士衣,持戟居庭中,王旁有非是,则刺杀之,臣亦使人刺杀淮南中尉,乃举兵,未晚。”是时上不许公卿请,而遣汉中尉宏即讯验王。⑧王闻汉使来,即如太子谋计。汉中尉至,王视其颜色和,讯王以斥雷被事耳,王自度无何,⑨不发。中尉还,以闻。公卿治者曰:“淮南王安拥阏奋击匈奴者雷被等,废格明诏,当弃市。”⑩诏弗许。公卿请废勿王,诏弗许。公卿请削五县,诏削五县。使中尉宏赦淮南王罪,罚以削地。中尉入淮南界,宣言赦王。王初闻汉公卿请诛之,未知得削地,闻汉使来,恐其捕之,乃与太子谋刺之如前计。及中尉至,即贺王,王以故不发。其后自伤曰:“吾行仁义见削,甚耻之!”然淮南王削地之后,其为反谋益甚。诸使道从长安来,为妄妖言,⑪言上无男,汉不治,即喜;即言汉廷治,有男,王怒,以为妄言非也。

①[索隐]曰:案:巧者,谓善用剑也。

②[索隐]曰:乐彦云:“初一让王,至二让,后遂不让,故云一再让而误中太子也。”

③[正义]曰:言屏斥免郎中令官,而令后人不敢效也。

④[正义]曰:雷被告章下廷尉及河南共治之。

⑤[正义]曰:逮,谓追赴河南也。

⑥[索隐]曰:案:乐彦云“即就淮南案之,不逮诣河南也”。

⑦如淳曰:“丞主刑狱囚徒,丞顺王意,不遣太子应逮书。”

⑧[索隐]曰:案:《百官表》云宏姓殷也。

⑨如淳曰:“无何罪。”

⑩[索隐]曰:崔浩云:“诏书募击匈奴,而被雍遏应募者,汉律所谓废格。”案:如淳注《梁孝王传》云“谓岐阁不行也。音各”。

⑪[索隐]曰:如淳曰:“道犹言路。由长安来。”姚承云:“道,或作‘从’。”

王日夜与伍被、①左吴等案舆地图,②部署兵所从入。王曰:“上无太子,宫车即晏驾,廷臣必征胶东王,不即常山王,③诸侯并争,吾可以无备乎?且吾高祖孙,亲行仁义,陛下遇我厚,吾能忍之;万世之后,吾宁能北面臣事竖子乎!”

①《汉书》曰:“伍被,楚人。或言其先伍子胥后。”

②苏林曰："舆，犹尽载之意。"[索隐]曰：《志林》云："舆地图汉家所画，非出远也。"

③徐广曰："皆景帝子也。"

王坐东宫，召伍被与谋，曰："将军上。"被怅然曰："上宽赦大王，王复安得此亡国之语乎？臣闻子胥谏吴王，吴王不用，乃曰'臣今见麋鹿游姑苏之台也'。今臣亦见宫中生荆棘、露沾衣也。"王怒，系伍被父母，囚之三月。复召曰："将军许寡人乎？"被曰："不，直来为大王画耳。臣闻聪者听于无声，明者见于未形，故圣人万举万全。昔文王一动而功显于千世，列为三代，此所谓因天心以动作者也，故海内不期而随。此千岁之可见者。夫百年之秦，近世之吴楚，亦足以喻国家之存亡矣。臣不敢避子胥之诛，愿大王毋为吴王之听。昔秦绝先王之道，杀术士，燔《诗》、《书》，弃礼义，尚诈力，任刑罚，转负海之粟致之西河。当是之时，男子疾耕不足于糟糠，女子纺绩不足于盖形。遣蒙恬筑长城，东西数千里，暴兵露师常数十万，死者不可胜数，僵尸千里，流血顷亩，百姓力竭，欲为乱者十家而五。又使徐福入海求神异物，还为伪辞曰：'臣见海中大神，言曰："汝西皇之使邪？"臣答曰："然。""汝何求？"曰："愿请延年益寿药。"神曰："汝秦王之礼薄，得观而不得取。"即从臣东南至蓬莱山，见芝成宫阙，有使者铜色而龙形，光上照天。于是臣再拜问曰："宜何资以献？"海神曰："以令名男子若振女①与百工之事，即得之矣。"'秦皇帝大说，遣振男女三千人，资之五谷种种百工而行。徐福得平原广泽，止王不来。②于是百姓悲痛相思，欲为乱者十家而六。又使尉佗逾五岭攻百越。尉佗知中国劳极，止王不来，使人上书，求女无夫家者三万人，以为士卒衣补。秦皇帝可其万五千人。于是百姓离心瓦解，欲为乱者十家而七。客谓高皇帝曰：'时可矣。'高皇帝曰：'待之，圣人当起东南间。'不一年，陈胜吴广发矣。高皇始于丰沛，一倡天下，不期而响应者不可胜数也。此所谓蹈瑕候间，因秦之亡而动者也。百姓愿之，若旱之望雨，故起于行陈之中而立为天子，功高三王，德传无穷。今大王见高皇帝得天下之易也，独不观近世之吴楚乎？夫吴王赐号为刘氏祭酒，③复不朝，王四郡之众，地方数千里，内铸消铜以为钱，东煮海水以为盐，上取江陵木以为船，一船之载当中国数十两车，国富民众。行珠玉金帛赂诸侯宗室大臣，独窦氏不与。计定谋成，举兵而西。破于大梁，败于狐父，④奔走而东，至于丹徒，越人禽之，身死绝祀，为天下笑！夫以吴越之众不能成功者何？诚逆天道而不知时也。方今大王之兵众不能十分吴楚之一，天下安宁有万倍于吴楚之时，愿大王从臣之计。大王不从臣之计，今见大王事必不成而语先泄也。臣闻微子过故国而悲，于是作《麦秀之歌》，是痛纣之不用王子比干也。故《孟子》曰‘纣贵为天子，死曾不若匹夫’。是纣先自绝于天下久矣，非死之日而天下去之。今臣亦窃悲大王弃千乘之君，必且赐绝命之书，为群臣先，死于东宫也。”⑤于是王气怨结而不扬，涕满眶而横流，即起历阶而去。

①徐广曰：“《西京赋》曰‘振子万童’。”骃案：薛综曰“振子，童男女。”

②[正义]曰：《括地志》云：“亶州在东海中，秦始皇遣徐福将童男女，遂止此州。其后复有数洲万家，其上人有至会稽市易者。”阙文。

③应劭曰：“礼：‘饮酒必祭，示有先也’，故称祭酒，尊也。”

④徐广曰：“在梁砀之间。”

⑤如淳曰：“王时所居也。”

王有孽子不害，最长，王弗爱，王、王后、太子皆不以为子兄数。①不害有子建，材高有气，常怨望太子不省其父；②又怨时诸侯皆得分子弟为侯，而淮南独二子，一为太子，建父独不得为侯。建阴结交，欲告败太子，以其父代之。太子知之，数捕系而榜笞建。建具知太子之谋欲杀汉中尉，即使所善寿春庄芷③以元朔六年上书于天子曰：“毒药苦于口利于病，忠言逆于耳利于行。今淮南王孙建，材能高，淮南王王后荼、荼子太子迁常疾害建。建父不害无罪，擅数捕系，欲杀之。今建在，可征问，具知淮南阴事。”书闻，上以其事下廷尉，廷尉下河南治。是时故辟阳侯孙审卿善丞相公孙弘，怨淮南厉王杀其大父，乃深购淮南事于弘，弘乃疑淮南有叛逆计谋，深穷治其狱。河南治建，辞引淮南太子及党与。

①如淳曰："不以为子兄秩数。"

②服虔曰："不省录著兄弟数中。"

③[索隐]曰：《汉书》作"严正"。

淮南王患之，欲发，问伍被曰："汉廷治乱？"伍被曰："天下治。"王意不说，谓伍被曰："公何以言天下治也？"被曰："被窃观朝廷之政，君臣之义，父子之亲，夫妇之别，长幼之序，皆得其理，上之举错遵古之道，风俗纪纲未有所缺也。重装富贾，周流天下，道无不通，故交易之道行。南越宾服，羌僰入献，东瓯入降，广长榆，①开朔方，匈奴折翅伤翼，失援不振。虽未及古太平之时，然犹为治也。"王怒，被谢死罪。王又谓被曰："山东即有兵，汉必使大将军将而制山东，公以为大将军何如人也？"被曰："被所善者黄义从大将军击匈奴，还，告被曰：'大将军遇士大夫有礼，于士卒有恩，众皆乐为之用。骑上下山若蜚，材干绝人。'被以为材能如此，数将习兵，未易当也。及谒者曹梁使长安来，言大将军号令明，当敌勇敢，常为士卒先。休舍，穿井未通，须士卒尽得水，乃敢饮。军罢，卒尽已渡河，乃渡。皇太后所赐金帛，尽以赐军吏。虽古名将弗过也。"王默然。

①如淳曰："广谓拓大之也。长榆，塞名，王恢所谓'树榆为塞'。"

淮南王见建已征治，恐国阴事且觉，欲发，被又以为难，乃复问被曰："公以为吴兴兵是邪非也？"被曰："以为非也。吴王至富贵也，举事不当，身死丹徒，头足异处，子孙无遗类。①臣闻吴王悔之甚。愿王孰虑之！无为吴王之所悔。"王曰："男子之所死者一言耳。②且吴何知反，③汉将一日过成皋者四十余人。④今我令楼缓⑤先要成皋之口，⑥周被下颍川兵塞环辕、伊阙之道，⑦陈定发南阳兵守武关。⑧河南太守独有雒阳耳，何足忧！然此北尚有临晋关、河东、上党与河内、赵国。人言曰'绝成皋之口，天下不通'。据三川之险，⑨招山东之兵，举事如此，公以为何如？"被曰："臣见其祸，未见其福也。"王曰："左吴、赵贤、朱骄如皆以为有福，什事九成，公独以为有祸无福，何也？"被曰："大王之群臣近幸素能使众者，皆前系诏狱，余无可用者。”王曰:“陈胜、吴广无立锥之地,千人之聚,起于大泽,奋臂大呼而天下响应,西至于戏而兵百二十万。今吾国虽小,然而胜兵者可得十余万,非直適戍之众、钒凿棘矜也,⑩公何以言有祸无福?”被曰:“往者秦为无道,残贼天下。兴万乘之驾,作阿房之宫,收太半之赋,发闾左之戍,⑪父不宁子,兄不便弟,政苛刑峻,天下熬然若焦,⑫民皆引领而望,倾耳而听,悲号仰天,叩心而怨上,故陈胜大呼天下响应。当今陛下临制天下,一齐海内,泛爱蒸庶,布德施惠。口虽未言,声疾雷霆,令虽未出,化驰如神,心有所怀,威动万里;下之应上,犹影响也。而大将军材能不特章邯、杨熊也。大王以陈胜、吴广谕之,被以为过矣。”王曰:“苟如公言,不可徼幸邪?”被曰:“被有愚计。”王曰:“奈何?”被曰:“当今诸侯无异心,百姓无怨气。朔方之郡田地广,水草美,民徙者不足以实其地。臣之愚计,可伪为丞相御史请书,徙郡国豪杰任侠及有耐罪以上,⑬赦令除其罪,产五十万以上者,皆徙其家属朔方之郡,益发甲卒,急其会日。又伪为左右都司空上林中都官诏狱逮书,诸侯太子幸臣。⑭如此则民怨,诸侯惧,即使辩武⑮随而说之,倘可徼幸什得一乎?”王曰:“此可也。虽然,吾以为不至若此。”于是王乃令官奴入宫,作皇帝玺,丞相、御史、大将军、军吏、中二千石、都官令、丞印,及旁近郡太守、都尉印,汉使节法冠,⑯欲如伍被计。使人伪得罪而西,⑰事大将军、丞相;一日发兵,⑱使人即刺杀大将军青,而说丞相下之,如发蒙耳。⑲

①徐广曰:“一作‘噍’,音寂笑反。”

②徐广曰:“一本无此‘言’字。”骃案:张晏曰“不成则死,一计耳”。瓒曰:“或有一言之,云以死执之矣。”

③瓒曰:“言吴王不知举兵反。”[索隐]曰:案:知犹解也。

④如淳曰:“言吴不塞成皋口,而令汉将得出之。”

⑤《汉书》直云“缓”,无“楼”字。楼缓乃六国时人,疑此后人所益也。李奇曰:“缓,似人姓名。”韦昭曰:“淮南臣名。”

⑥[正义]曰:成皋故在河南渑水县东南二里。

⑦[正义]曰:轘辕故关在河南缑氏县南四十里。伊阙故关在河南县南十

九里。

⑧[正义]曰:故武关在商州商洛县东九十里。春秋时。阙文。

⑨[正义]曰:即成皋关也。

⑩徐广曰:“大镰谓之剀,音五哀反。或是钒乎?”[索隐]曰:刘氏钒,音吾褰反;凿,音自各反。又钒,邹音机。镰,音廉。

⑪[正义]曰:闾左边不役之民,秦则役之也。

⑫[索隐]曰:即消反。

⑬应劭曰:“轻罪不至于髡,完其耏鬓,故曰耐。字与‘彡’,发肤之意。苏林以为法度之字皆从‘寸’,后改如是。耐,音若能。”如淳曰:“律:‘耐为司寇,耐为鬼薪、白粲’。耐犹任也。”苏林曰:“一岁为罚作,二岁刑已上为耐。耐,能任其罪。”

⑭晋灼曰:“《百官表》宗正有左右都司空,上林有水司空,皆主囚徒官也。”

⑮徐广曰:“淮南人,名士,曰武。”

⑯蔡邕曰:“法冠,楚王冠也。秦灭楚,以其君冠赐御史。”[索隐]曰:崔浩云:“一名獬豸冠也。”

⑰苏林曰:“诈作罪人而西也。”

⑱如淳曰:“发淮南兵也。”[索隐]曰:崔浩云:“一日犹一朝,卒然无定时也。”

⑲如淳曰:“以物蒙覆其头,而为发去,其人欲之耳。”韦昭曰:“如蒙巾,发之甚易。”

王欲发国中兵,恐其相、二千石不听。王乃与伍被谋,先杀相、二千石:伪失火宫中,相、二千石救火,至即杀之。计未决,又欲令人衣求盗衣,①持羽檄从东方来,呼曰“南越兵入界”,欲因以发兵。乃使人至庐江、会稽为求盗,未发。

①《汉书音义》曰:“卒衣也。”

王问伍被曰:“吾举兵西乡,诸侯必有应我者。即无应,奈何?”被曰:“南收衡山以击庐江,有寻阳之船,守下雉之城,①结九江之浦,绝豫章之口,②强弩临江而守,以禁南郡之下,东收江都、会稽,③南通劲越,屈强江淮间,犹可得延岁月之寿。”王曰:“善,无以易此。急则走越耳。

①徐广曰:“在江夏。”骃案:苏林曰:“下雉,县名。”[索隐]曰:雉,音全尔反。县名,在江南。

②[正义]曰:即彭蠡湖口,北流出大江者。

③[正义]曰:江都,扬州也。会稽,苏州也。

于是廷尉以王孙建辞连淮南王太子迁闻。上遣廷尉监因拜淮南中尉,逮捕太子。至淮南,淮南王闻,与太子谋召相、二千石,欲杀而发兵。召相,相至;内史以出为解。中尉曰:“臣受诏使,不得见王。”王念独杀相而内史中尉不来,无益也,即罢相。王犹豫计未决。太子念所坐者谋刺汉中尉,所与谋者已死,以为口绝,乃谓王曰:“群臣可用者皆前系,今无足与举事者。王以非时发,恐无功,臣愿会逮。”王亦偷欲休,①即许太子。太子即自刭,不殊。②

①徐广曰:“偷,苟且也。”

②晋灼曰:“不殊,不死。”

伍被自诣吏,因告与淮南王谋反,反踪迹具如此。吏因捕太子、王后,围王宫,尽求捕王所与谋反宾客在国中者,索得反具以闻。上下公卿治,所连引与淮南王谋反列侯二千石豪杰数千人,皆以罪轻重受诛。衡山王赐,淮南王弟也,当坐收,有司请逮捕衡山王。天子曰:“诸侯各以其国为本,不当相坐。与诸侯王列侯会肄丞相诸侯议。”①赵王彭祖、列侯臣让等四十三人议,皆曰:“淮南王安甚大逆无道,谋反明白,当伏诛。”胶西王臣端议曰:“淮南王安废法行邪,怀诈伪心,以乱天下,荧惑百姓,倍畔宗庙,妄作妖言。《春秋》曰‘臣无将,将而诛。’安罪重于将,谋反形已定。臣端所见其书节印图及他逆无道事验明白,甚大逆无道,当伏其法。而论国吏二百石以上及比者,②宗室近幸臣不在法中者,不能相教,当皆免削爵为士伍,毋得宦为吏。其非吏,他赎死金二斤八两。③以章臣安之罪,使天下明知臣子之道,毋敢复有邪僻倍畔之意。”丞相弘、廷尉汤等以闻,天子使宗正以符节治王。未至,淮南王安自刭杀。④王后荼、太子迁诸所与谋反者皆族。天子以伍被雅辞多引汉之美,欲勿诛。廷尉汤曰:“被首为之画反谋,被罪无赦。”遂诛被。国除为九江郡。⑤

①徐广曰:"诣都座就丞相共议也。"[索隐]曰案:肄,习也,音异。

②徐广曰:"比吏而非真。"

③苏林曰:"非吏,故曰他。"

④徐广曰:"即位凡四十二年,元狩元年十月死。"

⑤徐广曰:"又为六安国,以陈县为都。"

衡山王赐,王后乘舒①生子三人,长男爽为太子,次男孝,次女无采。又姬徐来生子男女四人,美人厥姬生子二人。衡山王、淮南王兄弟相责望礼节,间不相能。衡山王闻淮南王作为畔逆反具,亦心结宾客以应之,恐为所并。

①[正义]曰:衡山王后名也。

元光六年,衡山王入朝,其谒者卫庆有方术,欲上书事天子,王怒,故劾庆死罪,强榜服之。衡山内史以为非是,却其狱。王使人上书告内史,内史治,言王不直。王又数侵夺人田,坏人冢以为田。有司请逮治衡山王。天子不许,为置吏二百石以上。①衡山王以此恚,与奚慈、张广昌谋,求能为兵法候星气者,日夜从容王密谋反事。②

①如淳曰:"《汉仪注》吏四百石已下,自调除国中。今王恶,天子皆为置之。"

②徐广曰:"密,豫作计校。"

王后乘舒死,立徐来为王后。厥姬俱幸。两人相妒,厥姬乃恶王后徐来于太子曰:"徐来使婢蛊道杀太子母。"太子心怨徐来。徐来兄至衡山,太子与饮,以刃刺伤王后兄。王后怨怒,数毁恶太子于王。太子女弟无采,嫁弃归,与奴奸,又与客奸。太子数让无采,无采怒,不与太子通。王后闻之,即善遇无采。无采及中兄孝少失母,附王后,王后以计爱之,与只毁太子,王以故数击笞太子。

元朔四年中,人有贼伤王后假母者,①王疑太子使人伤之,笞太子。后王病,太子时称病不侍。孝、王后、无采恶太子:"太子实不病,自言病,有喜色。"王大怒,欲废太子,立其弟孝。王后知王决废太子,又欲并废孝。王后有侍者,善舞,王幸之,王后欲令侍者与孝乱以污之，欲并废兄弟，而立其子广代太子。太子爽知之，念后数恶己无已时，欲与乱以止其口。王后饮，太子前为寿，因据王后股，求与王后卧。王后怒，以告王。王乃召，欲缚而笞之。太子知王常欲废己立其弟孝，乃谓王曰："孝与王御者奸，无采与奴奸，王强食，请上书。"即倍王去。王使人止之，莫能禁，乃自驾追捕太子。

①《汉书音义》曰："傅母属。"

太子妄恶言，王械系太子宫中。孝日益亲幸。王奇孝材能，乃佩之王印，号曰将军，令居外宅，多给金钱，招致宾客。宾客来者，微知淮南、衡山有逆计，日夜从容劝之。王乃使孝客江都人救赫、陈喜作辆车鍭矢，①刻天子玺、将相军吏印。王日夜求壮士如周丘等，数称引吴楚反时计画，以约束。衡山王非敢效淮南王求即天子位，畏淮南起并其国，以为淮南已西，发兵定江淮之间而有之，望如是。

①徐广曰："辆车，战车也，音扶萌反。"[索隐]曰：救，《汉书》作"枚"。刘向《别录》云"《易》家有救民之法"也。

元朔五年秋，衡山王当朝，六年过淮南，淮南王乃昆弟语，除前郤，约束反具。衡山王即上书谢病，上赐书不朝。

元朔六年中，衡山王使人上书请废太子爽，立孝为太子。爽闻，即使所善白嬴之长安上书，①言孝作辆车鍭矢，与王御者奸，欲以败孝。白嬴至长安，未及上书，吏捕嬴，以淮南事系。王闻爽使白嬴上书，恐言国阴事，即上书反告太子爽所为不道弃市罪事，事下沛郡治。

①[索隐]曰：嬴，音盈，人姓名也。

元朔七年冬，有司公卿下沛郡求捕所与淮南谋反者，未得，得陈喜于衡山王子孝家。吏劾孝首匿喜。孝以为陈喜雅数与王计谋反，恐其发之，闻律先自告除其罪，又疑太子使白嬴上书发其事，即先自告，告所与谋反者救赫、陈喜等。廷尉治验，公卿请逮捕衡山王治之。天子曰："勿捕。"遣中尉安、①大行息②即问王，王具以情实对。吏皆围王宫而守之。中尉大行还，以闻，公卿请遣宗正、大行与沛郡杂治王。王闻，即自刭杀。孝先自告反，除其罪；坐与王御婢奸，弃市。王后徐来亦坐蛊杀前王后乘舒，及太子爽王告不孝，皆弃市。诸与衡山王谋反者皆族。国除为衡山郡。

①[索隐]曰：案：《汉书》表司马安也。

②[索隐]曰：按：《汉书》表李息。

太史公曰：《诗》之所谓"戎狄是膺，荆舒是惩"，信哉是也！淮南、衡山亲为骨肉，疆土千里，列为诸侯，不务遵蕃臣职以承辅天子，而专挟邪僻之计，谋为畔逆，仍父子再亡国，各不终其身，为天下笑。此非独王过也，亦其俗薄，臣下渐靡使然也。夫荆楚僄勇轻悍，好作乱，乃自古记之矣。

索隐述赞曰：淮南多横，举事非正。天子宽仁，其过不更。辎车致祸，斗粟成咏。王安好学，女陵作诇。兄弟不和，倾国殒命。

史记卷一一九
列传第五九

循吏

[索隐]曰:谓本法循理之吏也。

太史公曰:法令,所以导民也;刑罚,所以禁奸也。文武不备,良民惧然身修者,官未曾乱也。奉职循理亦可以为治,何必威严哉?

孙叔敖者,①楚之处士也。虞丘相进之于楚庄王,以自代也。三月为楚相,施教导民,上下和合,世俗盛美,政缓禁止,吏无奸邪,盗贼不起。秋冬则劝民山采,春夏以水,②各得其所便,民皆乐其生。

①[正义]曰:《说苑》云:"孙叔敖为令尹,一国吏民皆来贺。有一老父衣粗衣,冠白冠,后来,吊曰:'有身贵而骄人者,民亡之;位已高而擅权者,君恶之;禄已厚而不知足者,患处之。'叔敖再拜,敬受命,愿闻余教。父曰:'位已高而意益下,官益大而心益小,禄已厚而慎不取。君谨守此三者,足以治楚。'"

②徐广曰:"乘多水时而出材竹。"

庄王以为币轻,更以小为大,百姓不便,皆去其业。市令言之相曰:"市乱,民莫安其处,次行不定。"相曰:"如此几何顷乎?"市令曰:"三月顷。"相曰:"罢,吾今令之复矣。"后五日,朝,相言之王曰:"前日更币,以为轻。今市令来言曰'市乱,民莫安其处,次行之不定'。臣请遂令复如故。"王许之,下令三日而市复如故。

楚民俗好庳车,①王以为庳车不便马,欲下令使高之。相曰:令数下,民不知所从,不可。王必欲高车,臣请教闾里使高其梱。②乘车者皆君子,君子不能数下车。”王许之。居半岁,民悉自高其车。此不教而民从其化,近者视而效之,远者四面望而法之。故三得相而不喜,知其材自得之也;三去相而不悔,知非己之罪也。③

①[索隐]曰:庳,下也,音婢。

②[索隐]曰:梱,门限也。音口本反。

③《皇览》曰:“孙叔敖冢在南郡江陵故城中,曰土里。民传孙叔敖曰‘葬我庐江陂,后当为万户邑’。去故楚都郢城北二十里所。或曰孙叔敖激沮水作云梦大泽之池也。”

子产者,郑之列大夫也。①郑昭君之时,以所爱徐挚为相,②国乱,上下不亲,父子不和。大宫子期言之君,以子产为相。③为相一年,竖子不戏狎,斑白不提挈,僮子不犁畔。二年,市不豫贾。④三年,门不夜关,⑤道不拾遗。四年,田器不归。五年,士无尺籍,⑥丧期不令而治。治郑二十六年而死,丁壮号哭,老人儿啼,曰:“子产去我死乎!民将安归?”⑦

①[索隐]曰:按:有《管晏列传》,其国侨、羊舌肸等,亦古之贤大夫,合著在管晏之下,不宜散入循吏之篇。

②[索隐]曰:案:《郑系家》云子产,郑成公之少子。事简公、定公。封以六邑,子产不事昭君,亦无徐挚作相之事。抑别有所出,太史记异耳。

③[索隐]曰:子期,亦郑之公子也。《左传》、《国语》亦无其说。按:系家郑相子西,子驷之子,与子产同时,盖亦子期之兄弟也。

④[索隐]曰:贾,音价。谓临时评其贵贱,不豫定贾。

⑤徐广曰:“一作‘闭’。”

⑥[正义]曰:言士民无一尺方板之籍书。什伍,什伍相保也。

⑦《皇览》曰:“子产冢在河南新郑,城外大冢是也。”[索隐]曰:案:《左传》及系家云子产死,孔子泣曰“子产,古之遗爱也”。又《韩诗》称子产卒,郑人耕者辍耒,妇人捐其佩玦也。

公仪休者,鲁博士也。以高弟为鲁相。奉法循理,无所变更,百官自正。使食禄者不得与下民争利,受大者不得取小。

客有遗相鱼者,相不受。客曰:“闻君嗜鱼,遗君鱼,何故不受也?”相曰:“以嗜鱼,故不受也。今为相,能自给鱼。今受鱼而免,谁复给我鱼者?吾故不受也。”食茹而美,拔其园葵而弃之。见其家织布好,而疾出其家妇,燔其机,云“欲令农士工女安所仇其货乎”?

石奢者,楚昭王相也。坚直廉正,无所阿避。行县,道有杀人者,相追之,乃其父也。纵其父而还自系焉。使人言之王曰:“杀人者,臣之父也。夫以父立政,不孝也;废法纵罪,非忠也;臣罪当死。”王曰:“追而不及,不当伏罪,子其治事矣。”石奢曰:“不私其父,非孝子也;不奉主法,非忠臣也。王赦其罪,上惠也;伏诛而死,臣职也。”遂不受令,自刎而死。

李离者,晋文公之理也。①过听杀人,自拘当死。文公曰:“官有贵贱,罚有轻重。下吏有过,非子之罪也。”李离曰:“臣居官为长,不与吏让位;受禄为多,不与下分利。今过听杀人,传其罪下吏,非所闻也。”辞不受令。文公曰:“子则自以为有罪,寡人亦有罪邪?”李离曰:“理有法,失刑则刑,失死则死。公以臣能听微决疑,②故使为理。今过听杀人,罪当死。”遂不受令,伏剑而死。

①[正义]曰:理,狱官也。

②[索隐]曰:言能听察微理,以决疑狱。故《周礼》司寇以五听察狱,词气色耳目也。又《尚书》曰“服念五六日,至于旬时”是也。

太史公曰:孙叔敖出一言,郢市复。子产病死,郑民号哭。公仪子见好布而家妇逐。石奢纵父而死,楚昭名立。李离过杀而伏剑,晋文以正国法。

索隐述赞曰:奉职循理,为政之先。恤人体国,良史述焉。叔孙、郑产,自昔称贤。拔葵一利,赦父非愆。李离伏剑,为法而然。

史记卷一二〇
列传第六〇

汲郑

汲黯字长孺，濮阳人也。其先有宠于古之卫君。①至黯七世，世为卿大夫。黯以父任，孝景时为太子洗马，以庄见惮。②孝景帝崩，太子即位，黯为谒者。

①文颖曰："六国时卫但称君。"

②[索隐]曰：庄者严也，谓严威也。自汉明帝讳庄，故已后"庄"皆云"严"。

东越相攻，上使黯往视之。不至，至吴而还，报曰："越人相攻，固其俗然，不足以辱天子之使。"河内失火，延烧千余家，上使黯往视之。还报曰："家人失火，屋比延烧，①不足忧也。臣过河南，河南贫人伤水旱万余家，或父子相食，臣谨以便宜，持节发河南仓粟以振贫民。臣请归节，伏矫制之罪。"上贤而释之，迁为荥阳令。黯耻为令，病归田里。上闻，乃召拜为中大夫。以数切谏，不得久留内，迁为东海太守。

①[索隐]曰：比，音鼻。

黯学黄老之言，治官理民好清静，择丞史而任之。①其治，责大指而已，不苛小。黯多病，卧闺阁内不出。岁余，东海大治，称之。上闻，召以为主爵都尉，列于九卿。治务在无为而已，弘大体，不拘文法。

①如淳曰："律，太守、都尉、诸侯内史史各一人，卒史书佐各十人。今总言'丞史'，或以为择郡丞及史使任之。郑当时为大农，推官属丞史，亦是也。"

黯为人性倨，少礼，面折，不能容人之过。合己者善待之，不合己者不能忍见，士亦以此不附焉。然好学，游侠，任气节，内行修洁，好直谏，数犯主之颜色。常慕傅柏、袁盎之为人也。①善灌夫、郑当时及宗正刘弃。②亦以数直谏，不得久居位。

①应劭曰："傅柏，梁人，为孝王将，素伉直。"[索隐]曰：傅，音付，人姓。柏，名。

②徐广曰："一云名弃疾。"[索隐]曰：《汉书》见名弃疾。

当是时，太后弟武安侯蚡为丞相，中二千石来拜谒，蚡不为礼。然黯见蚡未尝拜，常揖之。天子方招文学儒者，上曰吾欲云云，①黯对曰："陛下内多欲而外施仁义，奈何欲效唐虞之治乎！"上默然，怒，变色而罢朝。公卿皆为黯惧。上退，谓左右曰："甚矣，汲黯之戆也！"②群臣或数黯，黯曰："天子置公卿辅弼之臣，宁令从谀承意，陷主于不义乎？且已在其位，纵爱身，奈辱朝廷何！"

①张晏曰："所言欲施仁义也。"

②[索隐]曰：戆，愚也。音陟降反。

黯多病，病且满三月，上常赐告者数，①终不愈。最后病，庄助为请告。②上曰："汲黯何如人哉？"助曰："使黯任职居官，无以逾人。③然至其辅少主，守城深坚，招之不来，麾之不去，虽自谓贲育亦不能夺之矣。"上曰："然。古有社稷之臣，至如黯，近之矣。"

①如淳曰："杜钦所谓'病满赐告诏恩'也。数者，非一也。或曰赐告，得去官归家；与告，居官不视事。"[索隐]曰：数，音所角反。

②徐广曰："最，一作'其'也。"

③[索隐]曰：逾，音庾。案：《汉书》作"愈"，愈犹胜也。

大将军青侍中，上踞厕而视之。①丞相弘燕见，上或时不冠。至如黯见，上不冠不见也。上尝坐武帐中，②黯前奏事，上不冠，望见黯，避帐中，使人可其奏。其见敬礼如此。

①如淳曰："厕，音侧。谓床边，踞床视之。一云溷厕也。厕，床边侧。"

②应劭曰："武帐，织成为武士象也。"孟康曰："今御武帐，置兵兰五兵于帐中。"韦昭曰："以武名之，示威。"

张汤方以更定律令为廷尉，黯数质责汤于上前，曰："公为正卿，上不能褒先帝之功业，下不能抑天下之邪心，安国富民，使囹圄空虚，二者无一焉。非苦就行，放析就功，何乃取高皇帝约束纷更之为？①公以此无种矣。”黯时与汤论议，汤辩常在文深小苛，黯伉厉守高不能屈，忿发骂曰：“天下谓刀笔吏不可以为公卿，果然！必汤也，令天下重足而立，侧目而视矣！”

①如淳曰：“纷，乱也。”

是时汉方征匈奴，招怀四夷。黯务少事，承上间，常言与胡和亲，无起兵。上方向儒术，尊公孙弘。及事益多，吏民巧弄。①上分别文法，汤等数奏决谳以幸。②而黯常毁儒，面触弘等徒怀诈饰智，以阿人主取容；而刀笔吏专深文巧诋，③陷人于罪，使不得反其真，以胜为功。上愈益贵弘、汤，弘、汤深心疾黯，唯天子亦不说也，欲诛之以事。弘为丞相，乃言上曰：“右内史界部中多贵人宗室，难治，非素重臣不能任，请徙黯为右内史。”为右内史数岁，官事不废。

①[索隐]曰：音路洞反。

②[索隐]曰：谳，音鱼列反。

③[索隐]曰：音丁礼反。

大将军青既益尊，姊为皇后，然黯与亢礼。人或说黯曰：“自天子欲群臣下大将军，大将军尊重益贵，君不可以不拜。”黯曰：“夫以大将军有揖客，反不重邪？”大将军闻，愈贤黯，数请问国家朝廷所疑，遇黯过于平生。

淮南王谋反，惮黯，曰：“好直谏，守节死义，难惑以非。至如说丞相弘，如发蒙振落耳。”

天子既数征匈奴有功，黯之言益不用。

始黯列为九卿，而公孙弘、张汤为小吏。及弘、汤稍益贵，与黯同位，黯又非毁弘、汤等。已而弘至丞相，封为侯；汤至御史大夫；故黯时丞相史皆与黯同列，或尊用过之。黯褊心，不能无少望，见上，前言曰：“陛下用群臣如积薪耳，后来者居上。”上默然。有间黯罢，上曰：“人果不可以无学，观黯之言也日益甚。”

居无何，匈奴浑邪王率众来降，汉发车二万乘。县官无钱，从民贳马。①民或匿马，马不具。上怒，欲斩长安令。黯曰："长安令无罪，独斩黯，民乃肯出马。且匈奴叛其主而降汉，汉徐以县次传之，何至令天下骚动，罢弊中国而以事夷狄之人乎！"上默然。及浑邪至，贾人与市者，坐当死者五百余人。黯请间，见高门，②曰："夫匈奴攻当路塞，绝和亲，中国兴兵诛之，死伤者不可胜计，而费以巨万百数。臣愚以为陛下得胡人，皆以为奴婢以赐从军死事者家；所虏获因予之，以谢天下之苦，塞百姓之心。今纵不能，浑邪率数万之众来降，虚府库赏赐，发良民侍养，譬若奉骄子。愚民安知市买长安中物而文吏绳以为阑出财物于边关乎？③陛下纵不能得匈奴之资以谢天下，又以微文杀无知者五百余人，是所谓'庇其叶而伤其枝'者也，臣窃为陛下不取也。"上默然，不许，曰："吾久不闻汲黯之言，今又复妄发矣。"

①[索隐]曰：贳，音时夜反。贳，赊也。邹氏音势。

②如淳曰："黄图未央宫中有高门殿。"

③应劭曰："阑，妄也。律，胡市，吏民不得持兵器出关。虽于京师市买，其法一也。"瓒曰："无符传出入为阑。"

后数月，黯坐小法，会赦免官。于是黯隐于田园。

居数年，会更五铢钱，①民多盗铸钱，楚地尤甚。上以为淮阳楚地之郊，乃召拜黯为淮阳太守。黯伏谢不受印，诏数强予，然后奉诏。诏召见黯，黯为上泣曰："臣自以为填沟壑，不复见陛下，不意陛下复收用之。臣常有狗马病，力不能任郡事，臣愿为中郎，出入禁闼，补过拾遗，臣之愿也。"上曰："君薄淮阳邪？吾今召君矣。②顾淮阳吏民不相得，吾徒得君之重，卧而治之。"黯既辞行，过大行李息，曰："黯弃居郡，不得与朝廷议也。然御史大夫张汤智足以拒谏，诈足以饰非，务巧佞之语、辩数之辞，非肯正为天下言，专阿主意。主意所不欲，因而毁之；主意所欲，因而誉之。好兴事，舞文法，③内怀诈以御主心，外挟贼吏以为威重。公列九卿，不早言之，公与之俱受其僇矣。"息畏汤，终不敢言。黯居郡如故治，淮阳政清。后张汤果败，上闻黯与息言，抵息罪。令黯以诸侯相秩居淮阳。④七岁而卒。⑤

①徐广曰:“元狩五年行五铢钱。”

②[索隐]曰:今犹即今也。谓今日后即召君。

③如淳曰:“舞犹弄也。”

④如淳曰:“诸侯王相在郡守上,秩真二千石。律,真二千石奉月二万,二千石月万六千。”

⑤徐广曰:“元鼎五年。”

卒后,上以黯故,官其弟汲仁至九卿,子汲偃至诸侯相。黯姑姊子司马安亦少与黯为太子洗马。安文深巧善宦,官四至九卿,以河南太守卒。昆弟以安故,同时至二千石者十人。濮阳段宏①始事盖侯信,②信任宏,宏亦再至九卿。然卫人仕者皆严惮汲黯,出其下。

①[索隐]曰:案:《汉书》作“段宏”。

②徐广曰:“太后兄王信。”

郑当时者,字庄,陈人也。其先郑君①尝为项籍将。籍死,已而属汉。高祖令诸故项籍臣名籍,郑君独不奉诏。诏尽拜名籍者为大夫,而逐郑君。郑君死孝文时。

①《汉书音义》曰:“当时父。”

郑庄以任侠自喜,脱张羽于厄,①声闻梁楚之间。孝景时,为太子舍人。每五日洗沐,常置驿马长安诸郊,②存诸故人,请谢宾客,夜以继日,至其明旦,常恐不遍。庄好黄老之言,其慕长者如恐不见。年少官薄,然其游知交皆其大父行,天下有名之士也。武帝立,庄稍迁为鲁中尉、济南太守、江都相,至九卿为右内史。以武安侯、魏其时议,贬秩为詹事,迁为大农令。

①服虔曰:“梁孝王之将,楚相之弟。”

②如淳曰:“交道四通处也,请宾客便。”瓒曰:“诸郊,谓长安四面郊祀之处,闲静可以请宾客。”[索隐]曰:置即驿,马谓于置著马也。

庄为太史,诫门下:“客至,无贵贱无留门者。”执宾主之礼,以其贵下人。庄廉,又不治其产业,仰奉赐以给诸公。然其馈遗人,不过算器食。①每朝,候上之间,说未尝不言天下之长者。其推毂士及官属丞史，诚有味其言之也，常引以为贤于己。未尝名吏。与官属言，若恐伤之。闻人之善言，进之上，唯恐后。山东士诸公以此翕然称郑庄。

①徐广曰："算，音先管反，竹器。"[索隐]曰：算谓竹器，以言无铜漆也。《汉书》作"具器食"。

郑庄使视决河，自请治行五日。①上曰："吾闻'郑庄行，千里不赍粮'，请治行者何也？"然郑庄在朝，常趋和承意，不敢甚引当否。及晚节，汉征匈奴，招四夷，天下费多，财用益匮。庄任人宾客为大农僦人，②多逋负。司马安为淮阳太守，发其事，庄以此陷罪，赎为庶人。顷之，守长史。③上以为老，以庄为汝南太守。数岁，以官卒。

①如淳曰："治行谓庄严也。"

②徐广曰："一作'入'。一云宾客为大农僦人，僦人盖兴生财利，如今方宜矣。"骃案：晋灼曰："当时为大农，而任使其宾客辜较任僦也。"赞曰："任人，谓保任见举者。"[索隐]曰：僦，音即僦反。辜较，音姑角。谓当时作大农，任宾客僦人取庸直也。或者贳物以应官取庸，故下云"多逋负"也。"辜较"字亦作"酤榷"。榷者，独也。言国家独榷酤也。此云"辜较"，亦谓令宾客任人专其利，故云辜较也。

③如淳曰："丞相长史也。"

郑庄、汲黯始列为九卿，廉，内行修洁。此两人中废，家贫，宾客益落。①及居郡，卒后家无余资财。庄兄弟子孙以庄故，至二千石六七人焉。

①[索隐]曰：落，零落，犹散落也。

太史公曰：夫以汲、郑之贤，有势则宾客十倍，无势则否，况众人乎！下邽翟公有言，①始翟公为廷尉，宾客阗门。及废，门外可设雀罗。翟公复为廷尉，宾客欲往，翟公乃大署其门曰："一死一生，乃知交情。一贫一富，乃知交态。一贵一贱，交情乃见。"汲、郑亦云，悲夫！

①徐广曰："邽，一作'邳'。"[索隐]曰：邽，音圭。县名，属京兆。

索隐述赞曰：河南矫制，自古称贤。淮南卧理，天子伏焉。积薪兴叹，伉直愈坚。郑庄推士，天下翕然。交道势利，翟公怆旃。

史记卷一二一
列传第六一

儒林

[正义]曰:姚承云:"儒谓博士,为儒雅之林,综理古文,宣明旧艺,咸劝儒者,以成王化者也。"

太史公曰:余读功令,①至于广厉学官之路,未尝不废书而叹也。曰:嗟乎!夫周室衰而《关雎》作,幽厉微而礼乐坏。诸侯恣行,政由强国。故孔子闵王路废而邪道兴,于是论次《诗》、《书》,修起礼乐,适齐闻《韶》,三月不知肉味。自卫返鲁,然后乐正,《雅》、《颂》各得其所。②世以混浊莫能用,是以仲尼干七十余君无所遇,③曰"苟有用我者,期月而已矣"。西狩获麟,曰"吾道穷矣"。故因史记作《春秋》,以当王法,以辞微而指博,后世学者多录焉。④

①[索隐]曰:案:谓学者课功著之于令,即今之学令是也。

②[正义]曰:郑玄云:"鲁哀公十一年。是时道衰乐废,孔子还,修正之,故《雅》、《颂》各得其所也。"

③[索隐]曰:后之记者失辞也。案:《家语》等说,则孔子历聘,国莫能用,谓周、郑、齐、宋、曹、卫、陈、楚、杞、莒、匡等尔。纵历小国,亦无七十余君也。

④徐广曰:"录,一作'缪'。"

自孔子卒后,七十子之徒散游诸侯,大者为师傅卿相,①小者友教士大夫,或隐而不见。故子路居卫,②子张居陈,③澹台子羽居楚,④子夏居西河,⑤子贡终于齐。如田子方,段干木、吴起、禽滑釐之属，皆受业于子夏之伦，为王者师。是时独魏文侯好学。⑥后陵迟以至于始皇，天下并争于战国，儒术既绌焉，然齐鲁之门学者独不废也。于威、宣之际，孟子、荀卿之列，咸遵夫子之业而润色之，以学显于当世。

①[索隐]曰：案：子夏为魏文侯师。子贡为齐、鲁聘吴、越，盖亦卿也。而宰予亦仕齐为卿。余则未闻也。

②案：《仲尼弟子列传》子路死于卫，时孔子尚存也。

③[正义]曰：今陈州。

④[正义]曰：今苏州城南五里有澹台湖，湖北有澹台。

⑤[正义]曰：今汾州。

⑥[正义]曰：今青州。

及至秦之季世，焚《诗》、《书》，坑术士，①《六艺》从此缺焉。陈涉之王也，而鲁诸儒持孔氏之礼器往归陈王。于是孔甲为陈涉博士，②卒与涉俱死。陈涉起匹夫，驱瓦合適戍，③旬月以王楚，不满半岁竟灭亡，其事至微浅，然而缙绅先生之徒负孔子礼器往委质为臣者，何也？以秦焚其业，积怨而发愤于陈王也。

①[正义]曰：颜云："今新丰县温汤之处号愍儒乡。温汤西南三百里有马谷，谷之西岸有坑，古相传以为秦坑儒处也。卫宏《诏定古文尚书序》云'秦既焚书，恐天下不从所改更法，而诸生到者拜为郎，前后七百人，乃密种瓜于骊山陵谷中温处，瓜实成，诏博士诸生说之，人言不同，乃令就视。为伏机，诸生贤儒皆至焉，方相难不决，因发机，从上填之以土，皆压，终乃无声'也。"

②徐广曰："孔子八世孙，名鲋，字甲也。"

③[索隐]曰：適，音丁革反。

及高皇帝诛项籍，举兵围鲁，鲁中诸儒尚讲诵习礼乐，弦歌之音不绝，岂非圣人之遗化，好礼乐之国哉？故孔子在陈，曰"归与归与！吾党之小子狂简，斐然成章，不知所以裁之"。夫齐鲁之间于文学，自古以来其天性也。故汉兴，然后诸儒始得修其经艺，讲习大射乡饮之礼。叔孙通作汉礼仪，因为太常，诸生弟子共定者，咸为选首，于是喟然叹兴于学。然尚有干戈，平定四海，①亦未暇遑庠序之事也。孝惠、吕后时,公卿皆武力有功之臣。孝文时颇征用,[2]然孝文帝本好刑名之言。及至孝景,不任儒者,而窦太后又好黄老之术,故诸博士具官待问,未有进者。

①[正义]曰:颜云:"陈豨、卢绾、韩信、黥布之徒相次反叛,征讨也。"

②[正义]曰:言孝文稍用文学之士居位。

及今上即位,赵绾、王臧之属明儒学,而上亦乡之,于是招方正贤良文学之士。自是之后,言《诗》于鲁则申培公,[1]于齐则辕固生,[2]于燕则韩太傅。[3]言《尚书》自济南伏生。[4]言《礼》自鲁高堂生。[5]言《易》自菑川田生。言《春秋》于齐鲁自胡毋生,[6]于赵自董仲舒。及窦太后崩,武安侯田蚡为丞相,绌黄老、刑名百家之言,延文学儒者数百人,而公孙弘以《春秋》白衣为天子三公,[7]封以平津侯。天下之学士靡然乡风矣。

①徐广曰:"一作'陪'。"韦昭曰:"培,申公名,音扶尤反。"[索隐]曰:邹氏音普来反。

②[正义]曰:申、辕,姓;培、固,名。公、生,其处号也。

③[索隐]曰:韩婴也。为常山王太傅也。

④[索隐]曰:按:张华云名胜,《纪年》云字子贱。

⑤[索隐]曰:谢承云"秦氏季代有鲁人高堂伯",则"伯"是其字。云"生"者,自汉已来儒者皆号"生",亦"先生"者省字呼之耳。

⑥[索隐]曰:毋,音无。胡毋,姓也,字子都。

⑦徐广曰:"一云'自齐为天子三公'。"

公孙弘为学官,悼道之郁滞,乃请曰:"丞相御史言:[1]制曰'盖闻导民以礼,风之以乐。婚姻者居室之大伦也。今礼废乐崩,朕甚愍焉。故详延天下方正博闻之士,咸登诸朝。其令礼官劝学,讲议洽闻兴礼,以为天下先。太常议,与博士弟子崇乡里之化,以广贤材焉'。谨与太常臧、[2]博士平等议曰:闻三代之道,乡里有教,夏曰校,[3]殷曰序,[4]周曰庠。[5]其劝善也显之朝廷,其惩恶也加之刑罚。故教化之行也,建首善自京师始,由内及外。今陛下昭至德,开大明,配天地,本人伦,劝学修礼,崇化厉贤,以风四方,太平之原也。古者政教未洽，不备其礼，请因旧官而兴焉。为博士官置弟子五十人，复其身。太常择民年十八已上，仪状端正者，补博士弟子。郡国县道邑有好文学，敬长上，肃政教，顺乡里，出入不悖所闻者，令相长丞上属所二千石，⑥二千石谨察可者，当与计偕，诣太常，⑦得受业如弟子。一岁皆辄试，能通一艺以上，补文学掌故缺；其高第可以为郎中者，太常籍奏。即有秀才异等，辄以名闻。其不事学若下材及不能通一艺，辄罢之，而请诸不称者罚。臣谨案诏书律令下者，明天人分际，通古今之义，文章尔雅，训辞深厚，⑧恩施甚美。小吏浅闻，不能究宣，无以明布谕下。治礼次治掌故，⑨以文学礼义为官，迁留滞。请选择其秩比二百石以上，及吏百石通一艺以上，补左右内史、⑩大行卒史，比百石已下，补郡太守卒史：皆各二人，边郡一人。先用诵多者，若不足，乃择掌故补中二千石属，文学掌故补郡属，⑪备员。请著功令。佗如律令。"制曰："可。"自此以来，则公卿大夫士吏斌斌多文学之士矣。

①[正义]曰：自此已下，皆弘奏请之辞。

②《汉书·百官表》孔臧也。

③[正义]曰：校，教也。可教道艺也。

④[正义]曰：序，舒也。言舒礼教。

⑤[正义]曰：庠，详也。言详审经典。

⑥[索隐]曰：上音时两反。属，音烛。属，委也。所二千石，谓于所部之郡守相也。

⑦[索隐]曰：计，计吏也。偕，俱也。谓令与计吏俱诣太常也。

⑧[索隐]曰：谓诏书文章雅正，训辞深厚也。

⑨徐广曰："一云'次治礼学掌故'。"

⑩[正义]曰：补左右内史，后改为左冯翊、右扶风。

⑪[索隐]曰：如淳云："《汉仪》弟子射策，甲科百人补郎中，乙科二百人补太子舍人，皆秩比二百石；次郡国文学，秩百石也。"

申公者，鲁人也。高祖过鲁，申公以弟子从师入见高祖于鲁南宫。①吕太后时，申公游学长安，与刘郢同师。②已而郢为楚王，令申公傅其太子戊。[③]戊不好学，疾申公。及王郢卒，戊立为楚王，胥靡申公。[④]申公耻之，归鲁，退居家教，终身不出门，复谢绝宾客，独王命召之乃往。[⑤]弟子自远方至受业者百余人。申公独以《诗》经为训以教，无传疑，疑者则阙不传。[⑥]

①[索隐]曰：案：《汉书》云"申公少与楚元王俱事齐人浮丘伯，受诗"。[正义]曰：《括地志》云："泮宫在兖州曲阜县西南二百里鲁城内宫之内。郑云泮之言半也，其制半于天子之璧雍。"

②[索隐]曰：案：《汉书》云"吕太后时，浮丘伯在长安，申公与元王子郢俱卒学"也。郢即郢客。

③徐广曰："楚元王刘交以文帝元年薨，子夷王郢立，四岁薨，子戊立。郢以吕后二年封上邽侯，文帝元年立为楚王。"

④徐广曰："腐刑。"

⑤徐广曰："鲁恭王也。"

⑥[索隐]曰：谓申公不作《诗》传，但教授，有疑则阙耳。

兰陵王臧既受《诗》，以事孝景帝为太子少傅，免去。今上初即位，臧乃上书宿卫上，累迁，一岁中为郎中令。及代赵绾亦尝受《诗》申公，绾为御史大夫。绾、臧请天子，欲立明堂以朝诸侯，不能就其事，乃言师申公。于是天子使使束帛加璧，安车驷马迎申公，弟子二人乘轺传从。[①]至见天子。天子问治乱之事，申公时已八十余，老，对曰："为治者不至多言，顾力行何如耳。"是时天子方好文词，见申公对，默然。然已招致，则以为太中大夫，舍鲁邸，议明堂事。太皇窦太后好老子言，不说儒术，得赵绾、王臧之过以让上，上因废明堂事，尽下赵绾、王臧吏，后皆自杀。申公亦疾免以归，数年卒。

①徐广曰："马车。"

弟子为博士者十余人：孔安国至临淮太守，[①]周霸至胶西内史，夏宽至城阳内史，砀鲁赐至东海太守，兰陵缪生至长沙内史，[②]徐偃为胶西中尉，邹人阙门庆忌为胶东内史。[③]其治官民皆有廉节，称其好学。学官弟子行虽不备，而至于大夫、郎中、掌故以百数。言《诗》虽殊，多本于申公。

①徐广曰："孔鲋之弟子襄为惠帝博士，迁为长沙太傅，生忠，忠生武及安

国。安国为博士，临淮太守。”

②[索隐]曰：缪音亡救反。缪氏出兰陵。一音穆。所谓穆生，为楚元王所礼也。

③《汉书音义》曰：“姓阙门，名庆忌。”

清河王太傅辕固生者，齐人也。以治《诗》孝景时为博士。与黄生争论景帝前。黄生曰：“汤武非受命，乃弑也。”辕固生曰：“不然。夫桀纣虐乱，天下之心皆归汤武，汤武与天下之心而诛桀纣，桀纣之民不为之使而归汤武，汤武不得已而立，非受命为何？”黄生曰：“冠虽敝，必加于首；履虽新，必关于足。何者？上下之分也。今桀纣虽失道，然君上也；汤武虽圣，臣下也。夫主有失行，臣下不能正言匡过以尊天子，反因过而诛之，代立践南面，非弑而何也？”辕固生曰：“必若所云，是高帝代秦即天子之位，非邪？”于是景帝曰：“食肉不食马肝，①不为不知味。言学者无言汤武受命，不为愚。”遂罢。是后学者莫敢明受命放杀者。

①[正义]曰：《论衡》云：“气热而毒盛，故食马肝杀人。又盛夏马行多渴死，杀气为毒也。”

窦太后好《老子》书，召辕固生问《老子》书。固曰：“此是家人言耳。”①太后怒曰：“安得司空城旦书乎？”②乃使固入圈刺豕。景帝知太后怒而固直言无罪，乃假固利兵，下圈刺豕，正中其心，一刺，豕应手而倒。太后默然，无以复罪，罢之。居顷之，景帝以固为廉直，拜为清河王太傅。③久之，病免。

①[索隐]曰：服虔云：“如家人言也。”案：《老子道德篇》虽微妙难通，然近而观之，理国理身而已，故言此家人之言也。

②徐广曰：“司空，主刑徒之官也。”骃案：《汉书音义》曰：“道家以儒法为急，比之于律令。”

③徐广曰：“哀王乘也。”

今上初即位，复以贤良征固。诸谀儒多疾毁固，曰“固老”，罢归之。时固已九十余矣。固之征也，薛人公孙弘亦征，①侧目而视固。固曰：“公孙子，务正学以言，无曲学以阿世！”自是之后，齐言《诗》

皆本辕固生也。诸齐人以《诗》显贵,皆固之弟子也。

①徐广曰:"薛县在菑川。"

韩生者,①燕人也。孝文帝时为博士,景帝时为常山王太傅。②韩生推《诗》之意而为《内外传》数万言,其语颇与齐鲁间殊,然其归一也。淮南贲生受之。③自是之后,而燕赵间言《诗》者由韩生。韩生孙商为今上博士。

①《汉书》曰:"名婴。"

②徐广曰:"宪王舜也。"

③[索隐]曰:贲,音肥。

伏生者,①济南人也。故为秦博士。孝文帝时,欲求能治《尚书》者,天下无有,乃闻伏生能治,欲召之。是时伏生年九十余,老不能行,于是乃诏太常使掌故朝错往受之。秦时焚书,伏生壁藏之。其后兵大起,流亡。汉定,伏生求其书,亡数十篇,独得二十九篇,即以教于齐鲁之间。学者由是颇能言《尚书》,诸山东大师无不涉《尚书》以教矣。

①张晏曰:"伏生名胜,伏氏碑云。"

伏生教济南张生及欧阳生,①欧阳生教千乘兒宽。兒宽既通《尚书》,以文学应郡举,诣博士受业,受业孔安国。兒宽贫无资用,常为弟子都养,②及时时间行佣赁,以给衣食。行常带经,止息则诵习之。以试第次,补廷尉史。是时张汤方乡学,以为奏谳掾,以古法议决疑大狱,而爱幸宽。宽为人温良,有廉智,自持,而善著书、书奏,敏于文,口不能发明也。汤以为长者,数称誉之。及汤为御史大夫,以兒宽为掾,荐之天子。天子见问,说之。张汤死后六年,兒宽位至御史大夫。③九年而以官卒。宽在三公位,以和良承意从容得久,然无有所匡谏。于官,官属易之,不为尽力。

①《汉书》曰:"字和伯,千乘人。"

②[索隐]曰:谓兒宽家贫,为弟子造食也。何休注《公羊》"炊烹为养"。案:有厮养卒,厮掌马,养造食也。

③徐广曰："元狩元年。"

张生亦为博士。而伏生孙以治《尚书》征，不能明也。

自此之后，鲁周霸、孔安国，雒阳贾嘉，颇能言《尚书》事。孔氏有古文《尚书》，而安国以今文读之，因以起其家。逸《书》得十余篇，盖《尚书》滋多于是矣。①

①[索隐]曰：案：孔臧与安国书云："旧《书》潜于壁室，欻尔复出，古训复申。臧闻《尚书》二十八篇取象二十八宿，河图乃有百篇耶。知以今文雠古，篆隶推科斗，以定五十余篇，并为之传也。"《艺文志》曰："安国悉得其书，以考二十九篇，得多十六篇。"起者，谓起发以出也。

诸学者多言《礼》，而鲁高堂生最本。《礼》固自孔子时而其经不具，及至秦焚书，书散亡益多，于今独有《士礼》，高堂生能言之。

而鲁徐生善为容。①孝文帝时，徐生以容为礼官大夫。传子至孙徐延、徐襄。襄其天姿善为容，不能通《礼经》；延颇能，未善也。襄以容为汉礼官大夫，至广陵内史。延及徐氏弟子公户满意、②桓生、单次，③皆常为汉礼官大夫。而瑕丘萧奋④以《礼》为淮阳太守。是后能言《礼》为容者，由徐氏焉。

①[索隐]曰：《汉书》作"颂"，亦音容也。

②[索隐]曰：公户，姓；满意，名也。案：邓展云二人姓字，非也。

③[索隐]曰：单，音善。单，姓；次，名也。

④徐广曰："属山阳也。"

自鲁商瞿受《易》孔子，①孔子卒，商瞿传《易》，六世至齐人田何，字子庄，②而汉兴。田何传东武人王同子仲，子仲传菑川人杨何。③何以《易》元光元年征。官至中大夫。齐人即墨成以《易》至城阳相。广川人孟但以《易》为太子门大夫。鲁人周霸、莒人衡胡、④临菑人主父偃，皆以《易》至二千石。然要言《易》者本于杨何之家。

①[索隐]曰：案：商，姓；瞿，名；字子木。瞿，音劬。

②[索隐]曰：案：《汉书》云"商瞿授东鲁桥庇子庸，子庸授江东馯臂子弓，子弓授燕周丑子家，子家授东武孙虞子乘，子乘授何"，六代也。《仲尼

弟子传》作“瞿传馯臂子弘，弘传江东人矫子庸疵，疵传燕人周子家竖，竖传淳于人光子乘羽，羽传齐人田子庄何”，与《汉书》不同。馯，音寒。庇，音必利反。疵，音自移反。”

③[索隐]曰：案：田何传东武王同，传菑川杨何。

④徐广曰：“莒，一作‘吕’。”

董仲舒，广川人也。以治《春秋》，孝景时为博士。下帷讲诵，弟子传以久次相受业，或莫见其面，盖三年董仲舒不观于舍园，其精如此。进退容止非礼不行，学士皆师尊之。

今上即位，为江都相。[①]以《春秋》灾异之变推阴阳所以错行，故求雨闭诸阳，纵诸阴，其止雨反是。行之一国，未尝不得所欲。中废为中大夫，居舍，著《灾异之记》。是时辽东高庙灾，主父偃疾之，取其书奏之天子。[②]天子召诸生示其书，有刺讥。董仲舒弟子吕步舒[③]不知其师书，以为下愚。于是下董仲舒吏，当死，诏赦之。于是董仲舒竟不敢复言灾异。

①[索隐]曰：案：仲舒事易王。王，武帝兄。

②徐广曰：“建元六年。”[索隐]曰：案：《汉书》以为辽东高庙及长陵园殿灾也。仲舒为《灾异记》，草而未奏，主父偃窃而奏之。

③徐广曰：“一作‘荼’，亦音舒。”

董仲舒为人廉直。是时方外攘四夷，公孙弘治《春秋》不如董仲舒，而弘希世用事，位至公卿。董仲舒以弘为从谀，弘疾之，乃言上曰：“独董仲舒可使相胶西王。”胶西王素闻董仲舒有行，亦善待之。董仲舒恐久获罪，疾免居家。至卒，终不治产业，以修学著书为事。故汉兴至于五世之间，唯董仲舒名为明于《春秋》，其传公羊氏也。

胡毋生，[①]齐人也。孝景时为博士，以老归教授。齐之言《春秋》者多受胡毋生，公孙弘亦颇受焉。

①《汉书》曰：“字子都。”

瑕丘江生为谷梁《春秋》。自公孙弘得用，尝集比其义，卒用董仲舒。

仲舒弟子遂者：兰陵褚大，广川殷忠，①温吕步舒。褚大至梁相。步舒至长史，持节使决淮南狱，于诸侯擅专断，不报，以《春秋》之义正之，天子皆以为是。弟子通者至于命大夫，为郎、谒者、掌故者以百数。而董仲舒子及孙皆以学至大官。

①徐广曰："殷，一作'段'，又作'瑕'也。"

索隐述赞曰：孔氏之衰，经书绪乱。言诸六学，始自炎汉。著令立官，四方扼腕。曲台坏壁，《书》《礼》之冠。传《易》言《诗》，云蒸雾散。兴化致理，鸿猷克赞。

史记卷一二二
列传第六二

酷吏

孔子曰:“导之以政,齐之以刑,民免而无耻。①导之以德,齐之以礼,有耻且格。”②老氏称:“上德不德,是以有德;下德不失德,是以无德。法令滋章,盗贼多有。”太史公曰:信哉是言也!法令者治之具,而非制治清浊之源也。昔天下之网尝密矣,③然奸伪萌起;其极也,上下相遁,至于不振。当是之时,吏治若救火扬沸,④非武健严酷,恶能胜其任而愉快乎!言道德者,溺其职矣。故曰“听讼,吾犹人也,必也使无讼乎”,“下士闻道大笑之。非虚言也。汉兴,破觚而为圜,⑤斲雕而为朴,⑥网漏于吞舟之鱼,而吏治烝烝,不至于奸,黎民艾安。由是观之,在彼不在此。⑦

①孔安国曰:“免,苟免也。”

②何晏曰:“格,正也。”

③[索隐]曰:案:《盐铁论》云“秦法密于凝脂”。

④[索隐]曰:言本弊不除,则其末难止也。

⑤《汉书音义》曰:“觚,方。”[索隐]曰:应劭云:“觚,八棱有隅者。高祖反秦之政,破觚为圜,谓除其严法,约三章耳。”

⑥[索隐]曰:应劭云:“削雕为璞也。”晋灼云:“凋,弊也。斲理凋弊之俗,使反质朴也。”

⑦韦昭曰:“在道德,不在严酷。”

高后时,酷吏独有侯封,刻轹宗室,侵辱功臣。吕氏已败,遂禽侯封之家。

孝景时，晁错以刻深颇用术辅其资，而七国之乱，发怒于错，错卒以被戮。其后有郅都、宁成之属。

郅都者，杨人也。①以郎事孝文帝。孝景时，都为中郎将，敢直谏，面折大臣于朝。尝从入上林，贾姬如厕，②野彘卒入厕。上目都，都不行。上欲自持兵救贾姬，都伏上前曰："亡一姬复一姬进，天下所少宁贾姬等乎？陛下纵自轻，奈宗庙太后何！"上还，彘亦去。太后闻之，赐都金百斤，由此重郅都。

①徐广曰："属河东。"[索隐]曰：郅，音质。《汉书》云"河东大杨人"。[正义]曰：《括地志》云："故杨城本秦时杨国，汉杨县城也，今晋州洪洞县也。至隋为杨，唐初改为洪县，北故洪洞镇为名也。秦及汉皆属河东郡。郅都墓在洪洞县东南二十里。"《汉书》云"郅都，河东大阳人"，班固失之甚也。大阳，今陕州河北县是，亦属河东郡也。

②[索隐]曰：案：姬生赵王彭祖也。

济南瞷氏①宗人三百余家，豪猾，二千石莫能制，于是景帝乃拜都为济南太守。至则族灭瞷氏首恶，余皆股栗。②居岁余，郡中不拾遗。旁十余郡守畏都如大府。

①《汉书音义》曰："瞷音闲，小儿痫病也。"[索隐]曰：荀悦音闲，邹氏刘氏音并同。

②徐广曰："髀脚战摇也。"

都为人勇，有气力，公廉，不发私书，问遗无所受，请寄无所听。常自称曰："已倍亲而仕，身固当奉职死节官下，终不顾妻子矣。"

郅都迁为中尉。丞相条侯至贵倨也，而都揖丞相。是时民朴，畏罪自重，而都独先严酷，致行法不避贵戚，列侯宗室见都侧目而视，号曰"苍鹰"。

临江王征诣中尉府对簿，临江王欲得刀笔为书谢上，而都禁吏不予。魏其侯使人以间与临江王。临江王既为书谢上，因自杀。窦太后闻之，怒，以危法中都，①都免归家。孝景帝乃使使持节拜都为雁门太守，而便道之官，得以便宜从事。匈奴素闻郅都节，居边，为引兵去,竟郅都死不近雁门。匈奴至为偶人象郅都,②令骑驰射,莫能中,见惮如此。匈奴患之。窦太后乃竟中都以汉法。景帝曰:"都忠臣。"欲释之。窦太后曰:"临江王独非忠臣邪?"于是遂斩郅都。

①[索隐]曰:案:中,如字读。谓以法中伤之。

②[索隐]曰:《汉书》作"寓人象"。案:寓即偶也,谓刻木偶类人形也。一云寄人形于木也。

宁成者,①穰人也。②以郎谒者事景帝。好气,为人小吏,必陵其长吏;为人上,操下如束湿薪。③滑贼任威。稍迁至济南都尉,④而郅都为守。始前数都尉⑤皆步入府,因吏谒守如县令,其畏郅都如此。及成往,直陵都出其上。都素闻其声,于是善遇,与结欢。久之,郅都死,后长安左右宗室多暴犯法,于是上召宁成为中尉。⑥其治效郅都,其廉弗如,然宗室豪杰皆人人惴恐。

①徐广曰:"宁,一作'甯'。"

②徐广曰:"属南阳。"

③徐广曰:"一无此字。"骃案:韦昭曰"言急也"。[索隐]曰:操,音七刀反。操,执也。

④[正义]曰:《百官表》云:"都尉,秦官,掌佐守典武职甲卒,秩比二千石,有丞,秩皆六百石,景帝中二年更名都尉。"若周之司马。

⑤[索隐]曰:数,音所注反。

⑥[正义]曰:《百官表》云:"中尉,秦官,掌徼循京师,武帝太初元年更名执金吾。"颜云:"金吾,鸟名也,主辟不祥。天子出行,职主先道,以御非常,故执此鸟之象,因以名官。"

武帝即位,徙为内史。外戚多毁成之短,抵罪髡钳。是时九卿罪死即死,少被刑,而成极刑,自以为不复收,于是解脱,诈刻传出关①归家。称曰:"仕不至二千石,贾不至千万,安可比人乎!"乃贳贷买陂田千余顷,②假贫民,役使数千家。数年,会赦。致产数千金,为任侠,持吏长短,出从数十骑。其使民威重于郡守。

①[索隐]曰:解,音纪买反。脱,音他活反。谓脱钳釱也。

②[索隐]曰:贳,音食夜反。贳,赊也。又音势。贷,音天得反。

周阳由者，其父赵兼以淮南王舅父侯周阳，故因姓周阳氏。① 由以宗家任为郎，② 事孝文及景帝。景帝时，由为郡守。武帝即位，吏治尚循谨甚，然由居二千石中，最为暴酷骄恣。所爱者挠法活之，所憎者曲法诛灭之。所居郡，必夷其豪。为守，视都尉如令。为都尉，必陵太守，夺之治。与汲黯俱为忮，③ 司马安之文恶，④ 俱在二千石列，同车未尝敢均茵伏。⑤

①徐广曰："侯五年，孝文六年国除。"[正义]曰：周阳故城在绛州闻喜县东二十九里。

②[索隐]曰：案：与国家有外戚姻属，比于宗室，故曰"宗家"也。

③《汉书音义》曰："坚忮也。"

④《汉书音义》曰："以文法伤害人。"

⑤徐广曰："《汉书》作'冯'。伏者，轼。"[索隐]曰：案：均，等也。茵，车蓐也。言二人与由同载一车，上不敢与之均茵轼也，谓下之也。冯，音凭。

由后为河东都尉，时与其守胜屠公争权，相告言罪。① 胜屠公当抵罪，义不受刑，自杀；而由弃市。

①[索隐]曰：《风俗通》云："胜屠，即申屠也。"

自宁成、周阳由之后，事益多，民巧法，大抵吏之治类多成、由等矣。

赵禹者，斄人。① 以佐史补中都官，② 用廉为令史，事太尉亚夫。亚夫为丞相，禹为丞相史，府中皆称其廉平。然亚夫弗任，曰："极知禹无害，然文深，③ 不可以居大府。"

①徐广曰："属扶风，音台。"[正义]曰：音胎。故斄城在雍武功县西南二十二里。古邰国，后稷所封，汉斄县也。

②[正义]曰：若京都府史。

③《汉书音义》曰："禹持文法深刻。"

今上时，禹以刀笔吏积劳，稍迁为御史。上以为能，至太中大夫。与张汤论定诸律令，① 作见知，吏传得相监司。用法益刻，盖自此始。

①徐广曰:"论,一作'编'。"

张汤者,杜人也。①其父为长安丞,出,汤为儿守舍。还而鼠盗肉,其父怒,笞汤。汤掘窟得盗鼠及余肉,劾鼠掠治,传爰书,讯鞫论报,②并取鼠与肉,具狱磔堂下。③其父见之,视其文辞如老狱吏,大惊,遂使书狱。④父死后,汤为长安吏,久之。

①徐广曰:"尔时未为陵。"

②苏林曰:"谓传囚也。爰,易也。以此书易其辞处。鞫,穷也。"张晏曰:"传,考证验也。爰书,自证不如此言,反受其罪,讯考三日复问之,知与前辞同不也。鞫,一吏为读状,论其报行也。"[索隐]曰:韦昭云:"爰,换也。古者重刑,嫌有爱恶,故移换狱书,使他官考实之,故曰'传爰书'也。"

③邓展曰:"罪备具。"

④如淳曰:"决狱之书,谓律令也。"

周阳侯始为诸卿时,①尝系长安,汤倾身为之。②及出为侯,大与汤交,遍见汤贵人。汤给事内史,为宁成掾,以汤为无害,言大府,调为茂陵尉,治方中。③

①徐广曰:"田胜也。武帝母王太后之同母弟也。武帝始立而封为周阳侯。"

②韦昭曰:"为之先后。"

③《汉书音义》曰:"方中,陵上土作方也。汤主治之。"苏林曰:"天子即位,豫作陵,讳之,故言'方中'。"如淳曰:"大府,幕府也。茂陵尉,主作陵之尉也。"韦昭曰:"大府,公府。"

武安侯为丞相,征汤为史,时荐言之天子,补御史,使案事。治陈皇后蛊狱,深竟党与。于是上以为能,稍迁至太中大夫。与赵禹共定诸律令,务在深文,拘守职之吏。①已而赵禹迁为中尉,徙为少府,而张汤为廷尉,两人交欢,而兄事禹。禹为人廉倨,为吏以来,舍毋食客。公卿相造请禹,禹终不报谢,务在绝知友宾客之请,孤立行一意而已。见文法辄取,亦不覆案,求官属阴罪。汤为人多诈,舞智以御人。②始为小吏,乾没,③与长安富贾田甲、鱼翁叔之属交私。④及列九卿，收接天下名士大夫，己心内虽不合，然阳浮慕之。

①苏林曰："拘刻于守职之吏。"

②韦昭曰："制御人。"

③徐广曰："随势沉浮也。"骃案：服虔曰"射成败也"。如淳曰："得利为乾，失利为没"。[正义]曰：此二说非也。按：乾没谓无润及之而取他人也。又云阳浮慕为乾，心内不合为没也。

④徐广曰："姓鱼也。"

是时上方乡文学，汤决大狱，欲傅古义，①乃请博士弟子治《尚书》、《春秋》补廷尉史，亭疑法。②奏谳疑事，必豫先为上分别其原，上所是，受而著谳决法廷尉洁令，③扬主之明。奏事即谴，汤应谢，④乡上意所便，必引正、监、掾史贤者，⑤曰："固为臣议，如上责臣，臣弗用，愚抵于此。"⑥罪常释。闻。⑦即奏事，上善之，曰："臣非知为此奏，乃正、监、掾史某为之。"其欲荐吏，扬人之善蔽人之过如此。所治即上意所欲罪，予监史深祸者；即上意所欲释，与监史轻平者。所治即豪，必舞文巧诋；即下户羸弱，时口言，虽文致法，上财察。⑧于是往往释汤所言。⑨

①[索隐]曰：傅，音附。

②李奇曰："亭，平也。"[索隐]曰：使之平疑事也。

③韦昭曰："在板洁。"[正义]曰：按：谓律令也。古以板书之。言上所是，著之为正狱，以廷尉法令决平之，扬主之明监也。

④徐广曰："应，一作'权'。"

⑤[正义]曰：《百官表》云："廷尉，秦官。有正、左、右监，皆秩千石也。"按：上即责，汤应对谢之如上意，必引正、监等贤者本为臣建议如上意，臣不用，愚昧不从至此也。

⑥苏林曰："主坐不用诸掾语，故至于此。"

⑦徐广曰："诏，答闻也，如今制曰'闻'矣。"骃案：瓒曰"谓常见原"。

⑧李奇曰："先见上，口言之，欲与轻平也。"

⑨李奇曰："汤口所先言，皆见原释。"

汤至于大吏，内行修也。通宾客饮食。于故人子弟为吏及贫昆弟，调护之尤厚。其造请诸公，不避寒暑。是以汤虽文深意忌不专平，然得此声誉。而刻深吏多为爪牙用者，依于文学之士。丞相弘数称其美。及治淮南、衡山、江都反狱，皆穷根本。严助及伍被，上欲释之。汤争曰："伍被本画反谋，而助亲幸出入禁闼爪牙臣，乃交私诸侯如此，弗诛，后不可治。"于是上可论之。其治狱所排大臣自为功，多此类。于是汤益尊任，迁为御史大夫。①

①徐广曰："元狩二年。"

会浑邪等降，汉大兴兵伐匈奴，山东水旱，贫民流徙，皆仰给县官，县官空虚。于是丞上指，请造白金及五铢钱，笼天下盐铁，排富商大贾，出告缗令，①锄豪强并兼之家，舞文巧诋以辅法。汤每朝奏事，语国家用，日晏，天子忘食。丞相取充位，②天下事皆决于汤。百姓不安其生，骚动，县官所兴未获其利，奸吏并侵渔，于是痛绳以罪。则自公卿以下，至于庶人，咸指汤。汤尝病，天子至自视病，其隆贵如此。

①[正义]曰：缗，音岷，钱贯也。武帝伐四夷，国用不足，故税民田宅船乘畜产奴婢等，皆平作钱数，每千钱一算，出一等，贾人倍之；若隐不税，有告之，半与告人，余半入官，谓缗。出此令，用锄筑豪强兼并富商大贾之家也。一算，百二十文也。

②徐广曰："时李蔡、庄青翟为丞相。"

匈奴来请和亲，群臣议上前。博士狄山曰："和亲便。"上问其便，山曰："兵者凶器，未易数动。高帝欲伐匈奴，大困平城，乃遂结和亲。孝惠、高后时，天下安乐。及孝文欲事匈奴，北边萧然苦兵矣。孝景时吴楚七国反，景帝往来两宫间，寒心者数月。吴楚已破，竟景帝不言兵，天下富实。今自陛下举兵击匈奴，中国以空虚，边民大困贫。由此观之，不如和亲。"上问汤，汤曰："此愚儒，无知。"狄山曰："臣固愚忠，若御史大夫汤乃诈忠。若汤之治淮南、江都，以深文痛诋诸侯，别疏骨肉，使蕃臣不自安。臣固知汤之为诈忠。"于是上作色曰："吾使生居一郡，能无使虏入盗乎？"曰："不能。"曰："居一县？"对曰："不能。"复曰："居一障间？"①山自度辩穷且下吏，曰："能。"于是上遣山乘鄣。至月余，匈奴斩山头而去。自是以后，群臣震慑。

①[正义]曰:障,谓塞上要险之处别筑城,置吏上,守之以捍寇盗也。

汤之客田甲,虽贾人,有贤操。始汤为小吏时,与钱通,[1]及汤为大吏,甲所以责汤行义过失,亦有烈士风。

①徐广曰:"以利交。"

汤为御史大夫七岁,败。

河东人李文尝与汤有郤,已而为御史中丞,恚,数从中文书事有可以伤汤者,不能为地。汤有所爱史鲁谒居,知汤不平,使人上蜚变告文奸事,下汤,汤治论杀文,而汤心知谒居为之。上问曰:"言变事,踪迹安起?"汤详惊曰:"此殆文故人怨之。"谒居病卧闾里主人,汤自往视疾,为谒居摩足。赵国以冶铸为业,王数讼铁官事,汤常排赵王。赵王求汤阴事。谒居尝案赵王,赵王怨之,并上书告:"汤大臣也,史谒居有病,汤至为摩足,疑与为大奸。"事下廷尉。谒居病死,事连其弟,弟系导官。[1]汤亦治他囚导官,见谒居弟,欲阴为之,而详不省。谒居弟弗知,怨汤,使人上书告汤与谒居谋,共变告李文。事下减宣。宣尝与汤有郤,及得此事,穷竟其事,未奏也。会人有盗发孝文园瘗钱,[2]丞相青翟朝,与汤约俱谢,至前,汤念独丞相以四时行园,当谢,汤无与也,不谢。丞相谢,上使御史案其事。汤欲致其文丞相见知,[3]丞相患之。三长史皆害汤,欲陷之。

①如淳曰:"太官之别也,主酒。"

②如淳曰:"瘗埋钱于园陵以送死。"

③张晏曰:"见知故纵,以其罪罪之。"

始长史朱买臣,会稽人也。[1]读《春秋》。庄助使人言买臣,买臣以《楚辞》与助俱幸,侍中,为太中大夫,用事。而汤乃为小吏,跪伏使买臣等前。已而汤为廷尉,治淮南狱,排挤庄助,买臣固心望。及汤为御史大夫,买臣以会稽守为主爵都尉,列于九卿。数年,坐法废,守长史,见汤,汤坐床上,丞史遇买臣弗为礼。买臣楚士,[2]深怨,常欲死之。王朝,齐人也,以术至右内史。边通,学长短,[3]刚暴强人也,官再至济南相,故皆居汤右,已而失官,守长史,诎体于汤。

汤数行丞相事,知此三长史素贵,常凌折之。以故三长史合谋曰:“始汤约与君谢,已而卖君;今欲劾君以宗庙事,此欲代君耳。吾知汤阴事。”使吏捕案汤左田信等,④曰汤且欲奏请,信辄先知之,居物致富,与汤分之,及他奸事。事辞颇闻。上问汤曰:“吾所为,贾人辄先知之,益居其物,是类有以吾谋告之者。”汤不谢。汤又详惊曰:“固宜有。”减宣亦奏谒居等事。天子果以汤怀诈面欺,使使八辈簿责汤。⑤汤具自道无此,不服。于是上使赵禹责汤。禹至,让汤曰:“君何不知分也!君所治夷灭者几何人矣?今人言君皆有状,天子重致君狱,欲令君自为计,何多以对簿为?”汤乃为书谢曰:“汤无尺寸功,起刀笔吏,陛下幸致为三公,无以塞责。然谋陷汤罪者,三长史也。”遂自杀。

①[正义]曰:朱买臣,吴人也,此时苏州为会稽郡也。

②[正义]曰:周末越王勾践灭吴,楚威王灭越,吴之地总属楚,故谓朱买臣为楚士。

③《汉书音义》曰:“长短术兴于六国时。行长入短,其语隐谬,用相激怒。”

④《汉书音义》曰:“左,证左也。”[正义]曰:言汤与田信为左道之交,故言左田信等。

⑤苏林曰:“簿,音‘主簿’之‘簿’,悉责也。”

汤死,家产值不过五百金,皆所得奉赐,无他业。昆弟诸子欲厚葬汤,汤母曰:“汤为天子大臣,被污恶言而死,何厚葬乎!”载以牛车,有棺无椁。天子闻之,曰:“非此母不能生此子。”乃尽案诛三长史。丞相青翟自杀。出田信。上惜汤,稍迁其子安世。

赵禹中废,已而为廷尉。始条侯以为禹贼深,弗任。及禹为少府,比九卿。禹酷急,至晚节,事益多,吏务为严峻,而禹治加缓,而名为平。王温舒等后起,治酷于禹。禹以老,徙为燕相。数岁,乱悖有罪,免归。后汤十余年,以寿卒于家。

义纵者,河东人也。为少年时,尝与张次公俱攻剽,为群盗。①纵有姊姁,②以医幸王太后。王太后问:“有子兄弟为官者乎?”姊曰:“有弟无行,不可。”太后乃告上,拜义姁弟纵为中郎,③补上党郡中令。④治敢行，少蕴藉，⑤县无逋事，举为第一。迁为长陵及长安令，直法行治，不避贵戚。以捕案太后外孙修成君子仲，⑥上以为能，迁为河内都尉。至则族灭其豪穰氏之属，河内道不拾遗。而张次公亦为郎，以勇悍从军，敢深入，有功，为岸头侯。⑦

①徐广曰："剽，音扶召反。"[索隐]曰：《说文》云："剽，刺也。"一云剽劫人，音敷妙反。

②[索隐]曰：李奇音吁，孟康音诩。

③《汉书音义》曰："姁，音煦，纵姊名也。"

④[索隐]曰：案：谓补上党郡中之令，史失其县名。

⑤《汉书音义》曰："敢行暴政而少蕴藉也。"[索隐]曰：蕴，音愠。藉，音才夜反。张晏云："为人无所避，故少所假借也。"

⑥[索隐]曰：案：王太后之女号修成君，其子名仲。

⑦徐广曰："受封五年，与淮南王女凌奸及受财物，国除。"

宁成家居，上欲以为郡守。御史大夫弘曰："臣居山东为小吏时，宁成为济南都尉，其治如狼牧羊。成不可使治民。"上乃拜成为关都尉。岁余，关东吏隶郡国出入关者①号曰"宁见乳虎，无值宁成之怒。"义纵自河内迁为南阳太守，闻宁成家居南阳。及纵至关，宁成侧行送迎，然纵气盛，弗为礼。至郡，遂案宁氏，尽破碎其家。成坐有罪，及孔、暴之属皆奔亡，②南阳吏民重足一迹。而平氏朱强、杜衍、杜周为纵爪牙之吏，任用，迁为廷史。军数出定襄，定襄吏民乱败，于是徙纵为定襄太守。纵至，掩定襄狱中重罪轻系二百余人，及宾客昆弟私入相视亦二百余人。纵一捕鞠，曰"为死罪解脱。"③是日皆报杀四百余人。其后郡中不寒而栗，猾民佐吏为治。④

①《汉书音义》曰："隶，阅也。"

②徐广曰："孔、暴三姓，大族。"

③《汉书音义》曰："一切皆捕之也。律，诸囚徒私解脱桎梏钳赭加罪一等，为人解脱与同罪，纵鞠相赡饷者二百人为解脱死罪，尽杀也。"

④[索隐]曰：案：谓豪猾之人干豫吏政，故云"佐吏为理"也。

是时赵禹、张汤以深刻为九卿矣，然其治尚宽，辅法而行，而纵以鹰击毛挚为治。①后会五铢钱白金起，民为奸，京师尤甚，乃以纵为右内史，王温舒为中尉。温舒至恶，其所为不先言纵，纵必以气凌之，败坏其功。其治，所诛杀甚多，然取为小治，奸益不胜，直指始出矣。吏之治以斩杀缚束为务，阎奉以恶用矣。纵廉，其治放郅都。上幸鼎湖，病久，已而卒起幸甘泉，②道多不治。上怒曰："纵以我为不复行此道乎？"嗛之。③至冬，杨可方受告缗，④纵以为此乱民，部吏捕其为可使者。⑤天子闻，使杜式治，以为废格沮事，⑥弃纵市。后一岁，张汤亦死。

①徐广曰："鸷鸟将击，必张羽毛也。"

②[索隐]曰：卒，音七忽反。

③徐广曰："嗛，音衔。"

④韦昭曰："人有告言不出缗者，可方受之。"[索隐]曰：缗，钱贯也。汉氏有告缗令，杨可主之。谓缗钱出等人有不以钱通者，令得告之也。

⑤[索隐]曰：谓求杨可之使。

⑥《汉书音义》曰："武帝使杨可主告缗，没入其财物，纵捕为可使者，此为废格诏书，沮已成之事。"[索隐]曰：格，音阁。

王温舒者，阳陵人也。①少时椎埋为奸。②已而试补县亭长，数废。为吏，以治狱至廷史。事张汤，迁为御史。督盗贼，杀伤甚多，稍迁至广平都尉。择郡中豪敢任吏十余人，以为爪牙，皆把其阴重罪，而纵使督盗贼。快其意所欲得。此人虽有百罪，弗法；即有避，因其事夷之，亦灭宗。以其故齐赵之郊盗贼不敢近广平，广平声为道不拾遗。

①徐广曰："属冯翊。"

②徐广曰："椎杀人而埋之。或谓发冢。"

上闻，迁为河内太守。素居广平时，皆知河内豪奸之家。及往，九月而至。令郡具私马五十匹，为驿自河内至长安，部吏如居广平时方略，捕郡中豪猾，郡中豪猾相连坐千余家。上书请，大者至族，小者乃死，家尽没入偿臧。奏行不过二三日，得可事。论报，至流血十余里。河内皆怪其奏，以为神速。尽十二月，郡中毋声，毋敢夜行，野无犬吠之盗。其颇不得，失之旁郡国，梨来，①会春，温舒顿足叹曰："嗟呼！令冬月益展一月，足吾事矣！"其好杀伐行威不爱人如此。天子闻之以为能，迁为中尉。其治复放河内，徙诸名祸猾吏[②]与从事，河内则杨皆、麻戊，[③]关中杨赣、成信等。

①[索隐]曰：梨，音犁。犁，比也。

②徐广曰："有残刻之名。"[索隐]曰：案：《汉书》作"徒请召猜祸吏"。服虔曰"徒，但也。猜，恶也"。应劭曰"猜，疑也。取吏好猜疑人作祸败者而使之。"

③徐广曰："一云'麻成'。"

义纵为内史，惮未敢恣治。及纵死，张汤败后，徙为廷尉，而尹齐为中尉。

尹齐者，东郡茌平人。[①]以刀笔稍迁至御史。事张汤，张汤数称以为廉武，使督盗贼，所斩伐不避贵戚。迁为关内都尉，声甚于宁成。上以为能，迁为中尉，吏民益凋敝。尹齐木强少文，豪恶吏伏匿而善吏不能为治，以故事多废，抵罪。上复徙温舒为中尉，而杨仆以严酷为主爵都尉。

①[索隐]曰：茌，音仕疑反。

杨仆者，宜阳人也。以千夫为吏。[①]河南守案举以为能，迁为御史，使督盗贼关东。治放尹齐，以为敢挚行。稍迁至主爵都尉，列九卿。天子以为能。南越反，拜为楼船将军，有功，封将梁侯。为荀彘所缚。[②]居久之，病死。

①《汉书音义》曰："千夫若五大夫。武帝军用不足，令民出钱谷为之。"

②徐广曰："受封四年，征朝鲜还，赎为庶人。"[索隐]曰：案：《汉书》云"与左将军荀彘俱击朝鲜，为彘所缚。还，免为庶人，病死"。

而温舒复为中尉。为人少文，居廷惛惛不辩，[①]至于中尉则心开。督盗贼，素习关中俗，知豪恶吏，豪恶吏尽复为用，为方略。吏苛察，盗贼恶少年投缿[②]购告言奸，置伯格长[③]以牧司奸盗贼。温舒为人谄，善事有势者；即无势者，视之如奴。有势家虽有奸如山，弗犯；无势者贵戚必侵辱。舞文巧诋下户之猾，以焄大豪。④其治中尉如此。奸猾穷治，大抵尽靡烂狱中，行论无出者。其爪牙吏虎而冠。于是中尉部中中猾以下皆伏，有势者为游声誉，称治。治数岁，其吏多以权富。

①[索隐]曰：惛，音昏。

②徐广曰："音项，器名也，如今之投书函中。"[索隐]曰：缿，受投书之器，入不可出。《三仓》音胡江反。

③徐广曰："一作'落'。古'村落'字亦作'格'。街陌屯落皆设督长也。"[索隐]曰：伯，音阡陌，格，音村落。言阡陌村落皆置长也。

④焄，音熏。[索隐]曰：案：熏，犹熏炙之。谓下户之中有奸猾之人，令案之，以熏逐大奸也。

温舒击东越还，①议有不中意者，坐小法抵罪免。是时天子方欲作通天台，②而未有人，温舒请覆中尉脱卒，得数万人作。上说，拜为少府。徙为右内史，治如其故，奸邪少禁。坐法失官。复为右辅，行中尉事，如故操。

①徐广曰："元鼎六年，出会稽破东越。"

②[正义]曰：《汉书》元封三年。《三辅旧事》云："起甘泉通天台，高五十丈。"

岁余，会宛军发，①诏征豪吏。温舒匿其吏华成，及人有变告温舒受员骑钱，他奸利事，罪至族，自杀。其时两弟及两婚家亦各自坐他罪而族。光禄徐自为曰："悲夫，夫古有三族，而王温舒罪至同时而五族乎！"温舒死，家值累千金。

①《汉书音义》曰："发兵伐大宛。"

后数岁，尹齐亦以淮阳都尉病死，家直不满五十金。所诛灭淮阳甚多，及死，仇家欲烧其尸，尸亡去归葬。①

①徐广曰："尹齐死，未及敛，恐怨家欲烧之，尸亦飞去。"

自温舒等以恶为治，而郡守、都尉、诸侯二千石欲为治者，其治大抵尽放温舒，而吏民益轻犯法，盗贼滋起。南阳有梅免、白政，楚有殷中、①杜少，齐有徐勃，燕赵之间有坚卢、范生之属。大群至数千人，擅自号，攻城邑，取库兵，释死罪，缚辱郡太守、都尉，杀二千石，为檄告县趣具食。小群盗以百数，掠卤乡里者不可胜数也。于是天子始使御史中丞、丞相长史督之。犹弗能禁也，乃使光禄大夫范昆、诸辅都尉及故九卿张德等衣绣衣，持节，虎符发兵以兴击，斩首大部，或至万余级，及以法诛通饮食，坐连诸郡，甚者数千人。数岁，乃颇得其渠率。散卒失亡，复聚党阻山川者，往往而群居，无可奈何。于是作"沈命法"，②曰群盗起不发觉，发觉而捕弗满品者，二千石以下至小吏主者皆死。其后小吏畏诛，虽有盗不敢发，恐不能得，坐课累府，府亦使其不言。故盗贼浸多，上下相为匿，以文辞避法焉。③

①徐广曰："殷，一作'假'，人亦有姓假者也。"

②《汉书音义》曰："沈，藏匿也。命，亡逃也。"[索隐]曰：服虔云："沈匿不发觉之法。"韦昭云："沈，没也。"

③徐广曰："诈为虚文，言无盗贼也。"

减宣者，杨人也。以佐史无害给事河东守府。卫将军青使买马河东，见宣无害，言上，征为大厩丞。①官事办，稍迁至御史及中丞。使治主父偃及治淮南反狱，所以微文深诋，杀者甚众，称为敢决疑。数废数起，为御史及中丞者几二十岁。王温舒免中尉，而宣为左内史。其治米盐，事大小皆关其手，自部署县名曹实物，官吏令丞不得擅摇，痛以重法绳之。居官数年，一切郡中为小治办，然独宣以小致大，能因力行之，难以为经。中废。为右扶风，坐怨成信，②信亡藏上林中，宣使郿令③格杀信，吏卒格信时射中上林苑门，宣下吏诋罪，以为大逆，当族，自杀。而杜周任用。

①[正义]曰：《百官表》云太仆属官有大厩，各五丞一尉也。

②《汉书》曰："成信，宣吏。"

③[正义]曰：今岐州岐县北，时属右扶风。

杜周者，①南阳杜衍人。②义纵为南阳守，以为爪牙，举为廷尉史。事张汤，汤数言其无害，至御史。使案边失亡，③所论杀甚众。奏事中上意,任用,与减宣相编,更为中丞十余岁。其治与宣相放,然重迟,外宽,内深次骨。④宣为左内史,周为廷尉,其治大放张汤而善候伺。上所欲挤者,因而陷之;上所欲释者,久系待问而微见其冤状。客有让周曰:“君为天子决平,不循三尺法,⑤专以人主意指为狱。狱者固如是乎?”周曰:“三尺安出哉?前主所是著为律,后主所是疏为令,当时为是,何古之法乎!”

①[正义]曰:《杜氏谱》云字长孺。

②[索隐]曰:地名也。

③文颖曰:“边卒多亡也。或曰郡县主守有所亡失也。”

④李奇曰:“其用罪深刻至骨。”[索隐]曰:次,至也。

⑤《汉书音义》曰:“以三尺竹简书法律也。”

至周为廷尉,诏狱亦益多矣。二千石系者新故相因,不减百余人。郡吏大府举之廷尉,①一岁至千余章。章大者连逮证案数百,小者数十人;远者数千,近者数百里。会狱,吏因责如章告劾,不服以笞掠定之。于是闻有逮皆亡匿。狱久者至更数赦②十有余岁,而相告言大抵尽诋以不道③以上。廷尉及中都官诏狱逮至六七万人,吏所增加十万余人。

①如淳曰:“郡吏,郡太守也。”孟康曰:“举之廷尉,以章劾付廷尉治之。”

②张晏曰:“诏书赦,或有不从此令。”

③[索隐]曰:案:大抵,犹大都也。尽诋者,尽至也。

周中废,后为执金吾,逐盗,捕治桑弘羊、卫皇后昆弟子刻深,天子以为尽力无私,迁为御史大夫。①家两子,夹河为守。其治暴酷皆甚于王温舒等矣。杜周初征为廷史,有一马,且不全;及身久任事,至三公列,子孙尊官,家赀累数巨万矣。

①徐广曰:“天汉三年为御史大夫。四岁,太始三年卒。”

太史公曰:自郅都、杜周十人者,此皆以酷烈为声。然郅都伉直,引是非,争天下大体。张汤以知阴阳,人主与俱上下,时数辩当否,国家赖其便。赵禹时据法守正。杜周从谀,以少言为重。自张汤死后,网密,多诋严,官事浸以耗废。九卿碌碌奉其官,救过不赡,何暇论绳墨之外乎！然此十人中，其廉者足以为仪表，其污者足以为戒；①方略教导，禁奸止邪，一切亦皆彬彬质有其文武焉。虽惨酷，斯称其位矣。至若蜀守冯当暴挫，广汉李贞擅磔人，东郡弥仆锯项，天水骆壁推减，②河东褚广妄杀，京兆无忌、冯翊殷周蝮鸷，③水衡阎奉扑击卖请，何足数哉！何足数哉！

①徐广曰："一本无此四字。"

②徐广曰："一作'成'。"[索隐]曰：推，音直追反。"减"作"成"是也，谓推系之以成狱也。

③[索隐]曰：蝮，音蝮蛇。鸷，音至。以言苛酷比之蝮毒焉。

索隐述赞曰：太上失德，法令滋起。破觚为圆，禁暴不止。奸伪斯炽，惨酷爰始。乳兽扬威，苍鹰侧视。舞文巧诋，怀生何恃！

史记卷一二三
列传第六三

大宛

[索隐]曰:案:此传合在西南夷下,不宜在酷吏、游侠之间。斯盖并司马公之残缺,褚先生补之失也,幸不深尤焉。

大宛之迹,①见自张骞。张骞,汉中人。②建元中为郎。是时天子问匈奴降者,皆言匈奴破月氏王,③以其头为饮器,④月氏遁逃,而常怨仇匈奴,无与共击之。汉方欲事灭胡,闻此言因欲通使。道必更匈奴中,⑤乃募能使者。骞以郎应募,使月氏,与堂邑氏故胡奴甘父⑥俱出陇西。经匈奴,⑦匈奴得之,传诣单于。单于留之,曰:"月氏在吾北,汉何以得往使?吾欲使越,汉肯听我乎?"留骞十余岁,与妻,有子。然骞持汉节不失。

①[正义]曰:《汉书》云:"大宛国去长安万二千五百五十里,东至都护治,西南至大月氏,南亦至大月氏,北至康居。"《括地志》云:"率都沙那国亦名苏对沙那国,本汉大宛国。"[索隐]曰:宛,音苑,又于袁反。

②[索隐]曰:陈寿《益部耆旧传》云:"骞,汉中成固人。"

③[正义]曰:氏,音支。凉、甘、肃、爪、涉等州,本月氏国之地。《汉书》云"本居敦煌、祈连间"是也。

④韦昭曰:"饮器,椑榼也。单于以月氏王头为饮器。"晋灼曰:"饮器,虎子之属也。或曰饮酒器也。"[正义]曰:《汉书·匈奴传》云:"元帝遣车骑都尉韩昌、光禄大夫张猛与匈奴盟,以老上单于所破月氏王头为饮器者,共饮血盟。"

⑤[索隐]曰:更,经也。音羹。

⑥《汉书音义》曰："堂邑氏，姓；胡奴甘父，字。"[索隐]曰：案：谓堂邑县人家胡奴名甘父也。下云"堂邑父"者，盖后史家徒省，唯称"堂邑父"而略甘字。或甘，其姓号也。

⑦[索隐]曰：谓道经匈奴。

居匈奴中，益宽，骞因与其属亡乡月氏，西走数十日至大宛。大宛闻汉之饶财，欲通不得，见骞喜，问曰："若欲何之？"骞曰："为汉使月氏，而为匈奴所闭道。今亡，唯王使人导送我。诚得至，反汉，汉之赂遗王财物不可胜言。"大宛以为然，遣骞，①为发导驿，抵康居，②康居传致大月氏。③大月氏王已为胡所杀，立其太子为王。④既臣大夏而居，⑤地肥饶，少寇，志安乐，又自以远汉，殊无报胡之心。骞从月氏至大夏，竟不能得月氏要领。⑥

①[索隐]曰：谓大宛发遣骞西也。

②[索隐]曰：发导，谓发驿令人导引而至康居也。导，音道。抵，至也。居，音渠。[正义]曰：抵，至也。居，其居反。《括地志》云："康居国在京西一万六百里。其西北可二千里有奄蔡，酒国也。"

③[正义]曰：此大月氏在大宛西南，于妫水北为王庭。《汉书》云去长安万一千六百里。

④徐广曰："一云：'夫人为王'，夷狄亦或女主。"[索隐]曰：案：《汉书·张骞传》云"立其夫人为王"也。

⑤[索隐]曰："居"作"君"，谓月氏以大夏为臣，而为之作君也。[正义]曰：既，尽也。大夏国在妫水南。

⑥《汉书音义》曰："要领，要契。"[索隐]曰：小颜以为要，衣；要领，衣领。凡持衣者必执要与领，言骞不能得月氏意趣，无以持归于汉。刘氏云"不得其要害"，然颇是其意，于文字为疏者也。

留岁余，还，並南山，①欲从羌中归，②复为匈奴所得。留岁余，单于死，③左谷蠡王攻其太子自立，国内乱，骞与胡妻及堂邑父俱亡归汉。汉拜骞为太中大夫，堂邑父为奉使君。④

①[正义]曰：並，白浪反。南山即连终南山，从京南东至华山过河，东北连延至海，即中条山也。从京南连接至葱领万余里，故云"並南山"也。《西域传》云"其南山东出金城，与汉南山属焉"。

②[正义]曰：《说文》云："羌，西方牧羊人也。南方蛮闽从虫，北方狄从犬，

东貊从豸，西方羌从羊。”

③徐广曰：“元朔三年。”

④[索隐]曰：堂邑父之官号也。

骞为人强力，宽大信人，蛮夷爱之。堂邑父故胡人，善射，穷急射禽兽给食。初骞行时百余人，去十三岁，唯二人得还。

骞身所至者大宛、大月氏、大夏、康居，而传闻其旁大国五六，具为天子言之。曰：

大宛在匈奴西南，在汉正西，去汉可万里。其俗土著，耕田，田稻麦。有蒲陶酒。多善马，①马汗血，其先天马子也。②有城郭屋室。其属邑大小七十余城，众可数十万。其兵弓矛骑射。其北则康居，西则大月氏，西南则大夏，东北则乌孙，东则扜罙、③于寘。于寘之西则水皆西流，注西海；其东水东流，注盐泽。④盐泽潜行地下，其南则河源出焉。⑤多玉石，河注中国。而楼兰、姑师⑥邑有城郭，临盐泽。盐泽去长安可五千里。匈奴右方居盐泽以东，至陇西长城，南接羌，鬲汉道焉。

①[索隐]曰：案：《外国传》云“外国称天下有三众：中国人众，大秦宝众，月氏马众”。

②《汉书音义》曰：“大宛国有高山，其上有马，不可得，因取五色母马置其下，与交，生驹汗血，因号曰天马子。”

③徐广曰：“《汉纪》曰拘弥国去于寘三百里。”[索隐]曰：扜罙，国名也，音汗弥。寘，音田，又音殿。《汉纪》，谓荀悦所说。《汉纪》。拘音俱，弥即罙也，则拘弥与扜罙是一名也。

④[索隐]曰：盐水也。《太康地记》云“河北得水为河，塞外得水为海”也。[正义]曰：《汉书》云：“盐泽，玉门关三百余里，广袤三四百里。其水皆潜行地下，南出于积石山为中国河。”《括地志》云：“蒲昌海一名泑泽，一名盐泽，亦名辅日海，亦名穿兰，亦名临海，在沙州西南。玉门关在沙州寿昌县西六里。”

⑤[索隐]曰：案：《汉书·西南夷》传云：“河有两源，一出葱岭山，一出于寘。”《山海经》云：“河出昆仑东北隅。”郭璞云：“河出昆仑，潜行地下，至葱岭山于寘国，复分流歧出，合而东注泑泽。已而复行积石，为中国河。”泑泽即盐泽也，一名蒲昌海。《西域传》云“于寘在南山下”，与郭璞

注《山海经》不同。《广志》云“蒲昌海在蒲类海东”也。

⑥[正义]曰:二国名。姑师即车师也。

乌孙在大宛东北可二千里,行国,①随畜,与匈奴同俗。控弦者数万,敢战。故服匈奴,及盛,取其羁属,不肯往朝会焉。

①徐广曰:“不土著。”

康居在大宛西北可二千里,行国,与月氏大同俗。控弦者八九万人。与大宛邻国。国小,南羁事月氏,东羁事匈奴。

奄蔡①在康居西北可二千里,行国,与康居大同俗。控弦者十余万。临大泽,无崖,盖乃北海云。

①[正义]曰:《汉书解诂》云:“奄蔡即阖苏也。”《魏略》云:“西与大秦通,东南与康居接。其国多貂,畜牧水草,故时羁属康居也。”

大月氏,①在大宛西可二三千里,居妫水北。其南则大夏,西则安息,北则康居。行国也,随畜移徙,与匈奴同俗。控弦者可一二十万,故时强,轻匈奴。及冒顿立,攻破月氏;至匈奴老上单于,杀月氏王,以其头为饮器。始月氏居敦煌、祁连间,②及为匈奴所败,乃远去,过宛,西击大夏而臣之,遂都妫水北,为王庭。其余小众不能去者,保南山羌,号小月氏。

①[正义]曰:万震《南州志》云:“在天竺北可七千时,地高燥而远。国王称‘天子’,国中骑乘常数十万匹,城郭宫殿与大秦国同。人民赤白色,便习弓马。土地所出,及奇玮珍物,被服鲜好,天竺不及也。”康泰《外国传》云:“外国称天下有三众:中国为人众,大秦为宝众,月氏为马众也。”

②[正义]曰:初,月氏居敦煌以东,祁连山以西。敦煌郡今沙州。祁连山在甘州西南。

安息①在大月氏西可数千里。其俗土著,耕田,田稻麦,蒲陶酒。城邑如大宛。其属小大数百城,地方数千里,最为大国。临妫水,有市,民商贾用车及船,行旁国或数千里。以银为钱,钱如其王面,②王死辄更钱,效王面焉。画革旁行以为书记。③其西则条枝,北有奄蔡、黎轩。④

①[正义]曰:《地理志》云:“安息国京西万一千二百里。自西关西行三千

四百里至阿蛮国，西行三千六百里至斯宾国，从宾南行渡河又西南行，至于罗国九百六十里，安息西界极矣。自乘海乃通大秦国。”《汉书》云：“北康居，东乌弋山离，西条枝。国临妫水。土著。以银为钱，如其王面，王死辄更钱，效王面焉。”

②[索隐]曰：《汉书》云：“文独为王面，幕为夫人面。”荀悦云：“幕，音漫，无文面也。”张晏云：“钱之文面作人乘马，钱之幕作人面形。”韦昭云：“幕，钱背也。”包恺音慢。

③《汉书音义》曰：“横行为书记。”[索隐]曰：画，音获。小颜云：“革，皮之不柔者。”韦昭云：“外夷书皆旁行，今南方林邑之徒，书皆旁行，不直下也。”

④[正义]曰：上力奚反。下巨言反，又巨连反。《后汉书》云：“大秦一名犁鞬，在西海之西，东西南北各数千里。有城四百余所。土地金银奇宝，有夜光璧、明月珠、骇鸡犀、火浣布、珊瑚、琥珀、琉璃、琅玕、朱丹、青碧，珍怪之物率出大秦。”康氏《外国传》云：“其国城郭皆青水精为，及五色水精为壁。人民多巧，能化银为金。国土市买皆金银钱。”万震《南州志》云：“大家屋舍，以珊瑚为柱，琉璃为墙壁，水精为础舄。海中斯调州上有木，冬月往剥取其皮，绩以为布，极细，手巾齐数匹，与麻焦布无异，色小青黑。若垢污欲浣之，则入火中，便更精洁，世谓之火浣布。秦云定重参问门树皮也。”《括地志》云：“火山国在扶风南东大湖海中。其国中山皆火，然火中有白鼠皮及树皮，绩为火浣布。《魏略》云大秦在安条支西大海之西，故俗谓之海西。从安息界乘船直载海西，遇风利时三月到，风迟或一二岁。其公私宫室为重屋，邮驿亭置如中国。从安息绕海北陆到其国，人民相属，十里一亭，三十里一置。无盗贼。其俗人长大平正，似中国人而胡服。宋膺《异物志》云秦之北附庸小邑，有羊黑自然生于土中，候其欲萌，筑墙绕之，恐兽所食。其脐与地连，割绝则死。击物惊之，乃惊鸣，脐遂绝，则逐水草为群。又大秦金二枚，皆大如瓜，掷之滋息无极，观之如用则真金也。”《括地志》云：“小人国在大秦南，人裁三尺。其耕稼之时，惧鹤所食，大秦卫助之。即焦侥国，其人穴居也。”

条枝，①在安息西数千里，临西海。暑湿。耕田，田稻。有大鸟，卵如瓮。②人众甚多，往往有小君长。而安息役属之，以为外国。国善眩。③安息长老传闻条枝有弱水、西王母，而未尝见。④

①[索隐]曰:《汉书》作"犁靬",《续汉书》名"大秦"。三国并临西海,《后汉书》云西海环其西,惟西北通陆道。然汉使自乌弋以还,莫有至条枝者。

②[正义]曰:《汉书》云:"条支出师子、犀牛、孔雀、大雀,其卵如瓮。和帝永元十三年,安息王满屈献师子、大鸟,世谓之'安息雀'。"《广志》云:"鸟,鸡鹰身,蹄骆,色苍,举头八九尺,张翅丈余,食大麦,卵大如瓮。"

③应劭曰:"眩,相诈惑。"[正义]曰:颜云:"今吞刀、吐火、殖瓜、种树、屠人、截马之术皆是也。"

④[索隐]曰:《魏略》云:"弱水在大秦西。"《玄中记》云:"天下之弱者,有昆仑之弱水,鸿毛不能载也。"《山海经》云:"玉山,西王母所居。"《穆天子传》云:"天子觞西王母瑶池之上。"《括地图》云:"昆仑弱水非乘龙不至。有三足神鸟,为王母取食也。"[正义]曰:此弱水、西王母既是安息长老传闻而未曾见,《后汉书》云桓帝时大秦国王安敦遣使自日南徼外来献,或云其国西有弱水、流水,近西王母处,几于日所入也。然先儒多引《大荒西经》云弱水云有二源,俱出女国北阿褥达山,南流会于女国东,去国一里,深丈余,阔六十步,非毛舟不可济,南流入海。阿褥达山即昆仑山也,与《大荒西经》合矣。然大秦国在西海中岛上,从安息西界过海,好风用三月乃到,弱水又在其国之西。昆仑山弱水流在女国北,出昆仑山南。女国在于寘国南二千七百里。于寘去京九千六百七十里。计大秦与大昆仑山相去几四五万里,非所论及,而前贤误矣。此皆据汉括地论之,犹恐未审,然弱水二所说皆有也。

大夏在大宛西南二千余里妫水南。其俗土著,有城屋,与大宛同俗。无大王长,往往城邑置小长。其兵弱,畏战。善贾市。及大月氏西徙,攻败之,皆臣畜大夏。大夏民多,可百余万。其都曰蓝市城,有市贩贾诸物。其东南有身毒国。①

①徐广曰:"身,或作'毗',又作'讫'。"[索隐]曰:身,音乾。毒,音笃。孟康云:"即天竺也,所谓浮图胡也。"[正义]曰:一名身毒,在月氏东南数千里。俗与月氏同,而卑湿暑热。其国临大水,乘象以战。其民弱月氏。修浮图道,不杀伐,遂以成俗。土有象、犀、玳瑁、金、银、铁、锡、铅。西与大秦通,有大秦珍物。明帝梦金人长大,顶有光明,以问群臣。或曰:西方有神,名曰"佛",其形长丈六尺而黄金色。帝于是遣使天竺问佛道法,遂至中国,画形像焉。万震《南州志》云:"地方三万里,佛道所出。其国

王居城郭，殿皆雕文刻镂。街曲市里，各有行列。左右诸大国凡十六，皆共奉之，以天地之中也。”浮屠经云：“临儿国王生隐屠太子。父曰屠头邪，母曰莫邪屠。身色黄，发如青丝，乳有青色，爪赤如铜。始莫邪梦白象而孕，及生，从母右胁出。生有发，随地能行七步。”又云：“太子生时，有二龙王夹左右吐水，一龙水暖，一龙水冷。遂成二池，今犹一冷一暖。初行七步处，琉璃上有太子脚迹见在。生处名祇洹精舍，在舍卫国南四里，是长者须达所起。又有阿输迦树，是夫人所攀生太子树也。”《括地志》云：“沙祇大国即舍卫国也，在月氏南万里，即波斯匿王浚处。此国共九十种。知身后事。城有祇树给孤园。”又云：“天竺国有东、西、南、北、中央天竺国，国方三万里，去月氏七千里。大国隶属凡二十一。天竺在昆仑山南，大国也。治城临恒水。”又云：“阿耨达山亦名建末达山，亦名昆仑山。水出，一名拔扈利水，一名恒伽阿，即经称河者也。自昆仑山以南多是平地而下湿。土肥良，多种稻，岁四熟，留役驼马，米粒亦极大。”又云：“佛上忉利天，为母说法九十日。波斯匿王思饮见佛，即刻牛头旃檀象，置精舍内佛坐。此像是众像之始，后人所法也。佛上天青梯今变为石，没入地，唯余十二蹬，蹬间二尺余。彼耆老言：梯入地尽，佛法灭。”又云：“王舍国，胡语曰罪悦祇国。其国灵鹫山，胡语曰耆阇崛山。山是青石，石头似鹫。鸟名耆阇，鹫也。崛，山石也。山周四十里，外周围水，佛于此坐禅，及诸阿难等俱在此坐。”又云：“小孤石，石上有石室者，佛坐其中，天帝释以四十二事问佛，佛一一以指画名，其迹尚存。又于山上起塔，佛昔将阿难在此上山四望，见福田疆畔，因制七条衣割截之法于此，今袈裟衣是也。”

骞曰：“臣在大夏时，见邛竹杖、蜀布。①问曰：‘安得此？’大夏国人曰：‘吾贾人往市之身毒。身毒在大夏东南可数千里。其俗土著，大与大夏同，而卑湿暑热云。其人民乘象以战，其国临大水焉。’②以骞度之，大夏去汉万二千里，居汉西南。今身毒国又居大夏东南数千里，有蜀物，此其去蜀不远矣。今使大夏，从羌中险，羌人恶之；少北，则为匈奴所得；从蜀宜径，③又无寇。”

①[正义]曰：邛都邛山出此竹，因名“邛竹”。节高实中，或奇生，可为杖。布，土芦布。

②[正义]曰：大水，河也。

③如淳曰："径，疾也。"或曰径，直。

天子既闻大宛及大夏、安息之属皆大国，多奇物，土著，颇与中国同业，而兵弱，贵汉财物；其北有大月氏、康居之属，兵强，可以赂遗设利朝也。且诚得而以义属之，则广地万里，重九译，①致殊俗，威德遍于四海。天子欣然，以骞言为然，乃令骞因蜀犍为②发间使，四道并出：出駹，出冉，③出徙，出邛、僰，④皆各行一二千里。其北方闭氐、筰，⑤南方闭嶲、昆明。⑥昆明之属无君长，善寇盗，辄杀略汉使，终莫能通。然闻其西可千余里有乘象国，名曰滇越，而蜀贾奸出物或至焉，于是汉以求大夏道始通滇国。⑦初汉欲通西南夷，费多，道不通，罢之。及张骞言可以通大夏，乃复事西南夷。

①[正义]曰：言重重九遍译语而致。

②[正义]曰：犍，其连反。犍为郡今戎州也，在益州南一千余里。

③徐广曰："属汉嘉。"[索隐]曰：李奇云："徙，音斯。蜀郡有徙县也。"[正义]曰：茂州、向州等，冉、駹之地，在戎州西北也。

④[正义]曰：僰，蒲北反。徙在嘉州；邛，今邛州；僰，今雅州；皆在戎州西南也。

⑤服虔曰："皆夷名。汉使见闭于夷也。"[索隐]曰：韦昭云"筰县属越嶲，音胙。"案：南越破后煞筰侯，作筰都为沈黎郡，又有定筰县。[正义]曰：氐，今成州及武等州也。筰，白狗羌也。皆在戎州西北也。

⑥[正义]曰：嶲州及南昆明夷也，皆在戎州西南。

⑦徐广曰："一作'城'。"[正义]曰：昆、郎等州皆滇国也。其西南滇越、越嶲则通号越，细分而有嶲、滇等名也。

骞以校尉从大将军击匈奴，知水草处，军得以不乏，乃封骞为博望侯。①是岁，元朔六年也。

①[索隐]曰：案：张骞封号耳，非地名。小颜云"取其能博广瞻望"也。寻武帝置博望苑，亦取斯义也。[正义]曰：《地理志》南阳博望县。

其明年，骞为卫尉，与李将军俱出右北平击匈奴。匈奴围李将军军，失亡多；而骞后期，当斩，赎为庶人。是岁，汉遣骠骑破匈奴西城数万人，至祁连山。其明年，浑邪王率其民降汉，而金城、河西西并南山至盐泽空无匈奴。匈奴时有候者到，而希矣。其后二年，汉击走单于于幕北。

是后，天子数问骞大夏之属。骞既失侯，因言曰："臣居匈奴中，闻乌孙王号昆莫，昆莫之父，匈奴西边小国也。匈奴攻杀其父，①而昆莫生，弃于野。乌嗛肉蜚其上，②狼往乳之。单于怪以为神，而收长之。及壮，使将兵，数有功，单于复以其父之民予昆莫，令长守于西城。昆莫收养其民，攻旁小邑，控弦数万，习攻战。单于死，昆莫乃率其众远徙，中立，不肯朝会匈奴。匈奴遣奇兵击，不胜，以为神而远之，因羁属之，不大攻。今单于新困于汉，而故浑邪地空无人。蛮夷俗贪汉财物，今诚以此时而厚币赂乌孙，招以益东，居故浑邪之地，与汉结昆弟，其势宜听，听则是断匈奴右臂也。既连乌孙，自其西大夏之属皆可招来而为外臣。"天子以为然，拜骞为中郎将，将三百人，马各二匹，牛羊以万数，赍金币帛值数千巨万，多持节副使，道可使，使遗之他旁国。

①[索隐]曰：《汉书》父名难兜靡，为大月氏所杀。

②徐广曰："读'嗛'与'衔'同。《酷吏传》'义纵不治道，上忿衔之'，《史记》亦作'嗛'字。"[索隐]曰：嗛，音衔。蜚，亦"飞"字。

骞既至乌孙，乌孙王昆莫见汉使如单于礼，骞大惭，知蛮夷贪，乃曰："天子致赐，王不拜则还赐。"昆莫起拜赐，其他如故。骞谕使指曰："乌孙能东居浑邪地，则汉遣翁主为昆莫夫人。"乌孙国分，王老，而远汉，未知其大小，素服属匈奴日久矣，且又近之，其大臣皆畏胡，不欲移徙，王不能专制。骞不得其要领。昆莫有十余子，其中子曰大禄，强，善将众，将众别居万余骑。大禄兄为太子，太子有子曰岑娶，而太子早死。临死谓其父昆莫曰："必以岑娶为太子，无令他人代之。"昆莫哀而许之，卒以岑娶为太子。大禄怒其不得代太子也，乃收其诸昆弟，将其众叛，谋攻岑娶及昆莫。昆莫老，常恐大禄杀岑娶，予岑娶万余骑别居，而昆莫有万余骑自备，国众分为三，而其大总取羁属昆莫，昆莫亦以此不敢专约于骞。

骞因分遣副使使大宛、康居、大月氏、大夏、安息、身毒、于寘、扜罙及诸旁国。乌孙发导译送骞还，骞与乌孙遣使数十人，马数十匹报谢，因令窥汉，知其广大。

骞还到，拜为大行，列于九卿。岁余，卒。

乌孙使既见汉人众富厚，归报其国，其国乃益重汉。其后岁余，骞所遣使通大夏之属者皆颇与其人俱来，①于是西北国始通于汉矣。然张骞凿空，②其后使往者皆称博望侯，以为质于外国，③外国由此信之。

①晋灼曰："其国人。"

②苏林曰："凿，开；空，通也。骞开通西域道。"[索隐]曰：案：谓西域险厄，本无道路，今凿空而通之也。

③如淳曰："质，诚信也。博望侯有诚信，故后使称其意以喻外国。"李奇曰："质，信也。"

自博望侯骞死后，匈奴闻汉通乌孙，怒欲击之。及汉使乌孙，若①出其南，抵大宛、大月氏相属，乌孙乃恐，使使献马，愿得尚汉女翁主为昆弟。天子问群臣议计，皆曰："必先纳聘，然后乃遣女"。初，天子发书《易》，②云"神马当从西北来"。得乌孙马好，名曰"天马"。及得大宛汗血马，益壮，更名乌孙马曰"西极"，名大宛马曰"天马"云。而汉始筑令居以西，③初置酒泉郡以通西北国。因益发使抵安息、奄蔡、黎轩、条枝、身毒国。而天子好宛马，使者相望于道。诸使外国一辈大者数百，少者百余人，人所赍操大放博望侯时。其后益习而衰少焉。汉率一岁中使多者十余，少者五六辈，远者八九岁，近者数岁而反。

①徐广曰："《汉书》作'及'，若意义亦及也。"

②《汉书音义》曰："发《易》书以卜。"

③徐广曰："属金城。"

是时汉既灭越，而蜀、西南夷皆震，请吏入朝。于是置益州、越巂、牂牁、沈黎、汶山郡，欲地接以前通大夏。①乃遣使柏始昌、吕越人等岁十余辈，出此初郡②抵大夏，皆复闭昆明，为所杀，夺币财，终莫能通至大夏焉。于是汉发三辅罪人，因巴蜀士数万人，遣两将军郭昌、卫广等往击昆明之遮汉使者，[3]斩首虏数万人而去。其后遣使，昆明复为寇，竟莫能得通。而北道酒泉抵大夏，使者既多，而外国益厌汉币，不贵其物。

①李奇曰："欲地界相接至大夏。"

②[索隐]曰：初郡，谓越嶲、岐山等郡也。谓之"初"者，后皆叛而并废之也。

③徐广曰："元封二年。"

自博望侯开外国道以尊贵，其后从吏卒皆争上书言外国奇怪利害，求使。天子为其绝远，非人所乐往，听其言，予节，募吏民毋问所从来，为具备人众遣之，以广其道。来还不能毋侵盗币物，及使失指，天子为其习之，辄覆案致重罪，以激怒令赎，复求使。使端无穷，而轻犯法。其吏卒亦辄复盛推外国所有，言大者予节，言小者为副，故妄言无行之徒皆争效之。其使皆贫人子，私县官赍物，欲贱市以私其利外国。外国亦厌汉使人人有言轻重，[1]度汉兵远不能至，而禁其食物以苦汉使。汉使乏绝积怨，至相攻击。而楼兰、姑师小国耳，[2]当空道，攻劫汉使王恢等尤甚。[3]而匈奴奇兵时时遮击使西国者。使者争遍言外国灾害，皆有城邑，兵弱易击。于是天子以故遣从骠侯破奴将属国骑及郡兵数万，至匈河水，欲以击胡，胡皆去。其明年，击姑师，破奴与轻骑七百余先至，虏楼兰王，遂破姑师。因举兵威以困乌孙、大宛之属。还，封破奴为浞野侯。[4]王恢[5]数使，为楼兰所苦，言天子，天子发兵令恢佐破奴击破之，封恢为浩侯。[6]于是酒泉列亭鄣至玉门矣。[7]

①服虔曰："汉使言于外国，人人轻重不实。"如淳曰："外国人人自言数为汉使所侵易。"

②徐广曰："即车师。"

③徐广曰："恢，一作'怪'。"

④徐广曰："元封三年。"

⑤徐广曰："为中郎将。"

⑥徐广曰："捕得车师王，元封四年封浩侯。"

⑦韦昭曰："玉门关在龙勒界。"[索隐]曰：韦昭又云："玉门，县名，在酒

泉。"[正义]曰:《括地志》云:"沙州龙勒山在县南百六十五里。玉门关在县西北百一十八里。"

乌孙以千匹马聘汉女,汉遣宗室女江都翁主①往妻乌孙,乌孙王昆莫以为右夫人。匈奴亦遣女妻昆莫,昆莫以为左夫人。昆莫曰"我老",乃令其孙岑娶妻翁主。乌孙多马,其富人至有四五千匹马。

①《汉书》曰:"江都王建女。"

初,汉使至安息,安息王令将二万骑迎于东界,东界去王都数千里。行比至,过数十城,人民相属甚多。汉使还,而后发使随汉使来观汉广大,以大鸟卵及黎轩善眩人献于汉。①及宛西小国驩潜、大益,宛东姑师、扜罙、苏薤之属,皆随汉使献见天子。天子大悦。而汉使穷河源,河源出于寘,其山多玉石,采来,②天子案古图书,名河所出山曰昆仑云。

①[索隐]曰:韦昭云:"眩人,变化惑人也。"《魏略》云"犁轩多奇幻,口中吹火,自缚自解"。小颜亦以为今之吞刀、吐火、植瓜、种树、屠人、截马之术皆是也。

②瓒曰:"汉使采取,将持来至汉。"

是时,上方数巡狩海上,乃悉从外国客,大都多人则过之,散财帛以赏赐,厚具以饶给之,以览示汉富厚焉。于是大觳抵,出奇戏诸怪物,多聚观者,行赏赐,酒池肉林,令外国客遍观名仓库府藏之积,见汉之广大,倾骇之。及加其眩者之工,而觳抵奇戏岁增变,甚盛益兴,自此始。

西北外国使更来更去。宛以西皆自以远,尚骄恣晏然,未可诎以礼羁縻而使也。自乌孙以西至安息,以近匈奴,匈奴困月氏也,匈奴使持单于一信,则国国传送食,不敢留苦;及至汉使,非出币帛不得食,不市畜不得骑用。所以然者,远汉,而汉多财物,故必市乃得所欲,然以畏匈奴于汉使焉。

宛左右以蒲陶为酒,富人藏酒至万余石,久者数十岁不败。俗嗜酒,马嗜苜蓿。汉使取其实来,于是天子始种苜蓿、蒲陶肥饶地。

及天马多，外国使来众，则离宫别观旁尽种蒲萄、苜蓿极望。

自大宛以西至安息，国虽颇异言，然大同俗，相知言。其人皆深眼，多须髯，善市贾，争分铢。俗贵女子，女子所言而丈夫乃决正。其地皆无丝漆，不知铸钱器。①及汉使亡卒降，教铸作他兵器。得汉黄白金，辄以为器，不用为币。

①徐广曰："多作'钱'字，又或作'铁'字。"

而汉使者往既多，其少从率多进熟于天子，①言曰："宛有善马在贰师城，匿不肯与汉使。"天子既好宛马，闻之甘心，使壮士车令等持千金及金马以请宛王贰师城善马。宛国饶汉物，相与谋曰："汉去我远，而盐水中数败，②出其北有胡寇，出其南乏水草。又且往往而绝邑，乏食者多。汉使数百人为辈来，而常乏食，死者过半，是安能致大军乎？无奈我何。且贰师马，宛宝马也。"遂不肯予汉使。汉使怒，妄言，③椎金马而去。宛贵人怒曰："汉使至轻我！"遣汉使去，令其东边郁成遮攻杀汉使，取其财物。于是天子大怒，诸尝使宛姚定汉等言宛兵弱，诚以汉兵不过三千人，强弩射之，即尽虏破宛矣。天子已尝使浞野侯攻楼兰，以七百骑先至，虏其王，以定汉等言为然，而欲侯宠姬李氏，拜李广利为贰师将军，发属国六千骑，及郡国恶少年数万人，以往伐宛。期至贰师城取善马，故号"贰师"将军。赵始成为军正，故浩侯王恢使导军，④而李哆为校尉，制军事。⑤是岁太初元年也。而关东蝗大起，蜚西至敦煌。

①《汉书音义》曰："少从，不如计也。或云从行之微者也。进熟，美语如成熟者也。"

②服虔曰："水名，道从外水中。"如淳曰："道绝远，无谷草。"[正义]曰：孔文祥云："盐，盐泽也。言水广远，或致风没而数败也。"裴矩《西域记》云："在西州高昌县东，东南去瓜州一千三百里，并沙碛之地，水草难行，四面危，道路不可准记，行人唯以人畜骸骨及驼马粪为标验。以其地道路恶，人畜即不约行，曾有人于碛内时闻人唤声，不见形，亦有歌哭声，数失人，瞬息之间不知所在，由此数有死亡。盖魑魅魍魉也。"

③如淳曰："骂詈。"

④徐广曰："恢先受封，一年，坐使酒泉矫制，国除。"

⑤[索隐]曰：哆，音尺奢反，又尺者反。

贰师将军军既西过盐水，当道小国恐，各坚城守，不肯给食。攻之不能下。下者得食，不下者数日则去。比至郁成，士至者不过数千，皆饥罢。攻郁成，郁成大破之，所杀伤甚众。贰师将军与哆、始成等计："至郁成尚不能举，况至其王都乎？"引兵而还。往来二岁。还至敦煌，士不过什一二。使使上书言："道远多乏食；且士卒不患战，患饥。人少，不足以拔宛。愿且罢兵，益发而复往。"天子闻之大怒，而使使遮玉门，曰军有敢入者辄斩之！贰师恐，因留敦煌。

其夏，汉亡浞野之兵二万余于匈奴。①公卿及议者皆愿罢击宛军，专力攻胡。天子已业诛宛，宛小国而不能下，则大夏之属轻汉，而宛善马绝不来，乌孙、仑头易苦汉使矣，②为外国笑。乃案言伐宛尤不便者邓光等，赦囚徒材官，益发恶少年及边骑，岁余而出敦煌者六万人，负私从者不与。牛十万，马三万余匹，驴骡橐它以万数。多赍粮，兵弩甚设，天下骚动，传相奉伐宛凡五十余校尉。宛王城中无井，皆汲城外流水，于是乃遣水工徙其城下水空以空其城。③益发戍甲卒十八万，酒泉、张掖北，至居延、休屠以卫酒泉，④而发天下七科適，⑤及载精给贰师。转车人徒相连属至敦煌。而拜习马者二人为执驱校尉，备破宛择取其善马云。

①徐广曰："太初二年，赵破奴为浚稽将军，二万骑击匈奴，不还也。"

②晋灼曰："易，轻。"

③徐广曰："空，一作'穴'。盖以水荡败其城也。言'空'者，令城中渴乏。"

④如淳曰："立二县以卫边也。或曰置二部都尉，以卫酒泉。"

⑤[正义]曰：音谪。张晏云："吏有罪一，亡命二，赘婿三，贾人四，故有市籍六，父母有市籍六，大父母有籍七，凡七科。武帝天汉四年，发天下七科谪出朔方也。"

于是贰师后复行，兵多，而所至小国莫不迎，出食给军。至仑头，仑头不下，攻数日，屠之。自此而西，平行至宛城，汉兵到者三万人。宛兵迎击汉兵，汉兵射败之，宛走入葆乘其城。贰师兵欲行攻郁成，恐留行而令宛益生诈，乃先至宛，决其水源，移之，则宛固已忧困。围其城，攻之四十余日，其外城坏，虏宛贵人勇将煎靡。宛大恐,走入中城。宛贵人相与谋曰:“汉所为攻宛,以王毋寡匿善马而杀汉使。今杀王毋寡而出善马,汉兵宜解。即不解,乃力战而死未晚也。”宛贵人皆以为然,共杀其王毋寡。持其头遣贵人使贰师,约曰:“汉毋攻我。我尽出善马,恣所取,而给汉军食。即不听,我尽杀善马,而康居之救且至。至,我居内,康居居外,与汉军战。汉军熟计之,何从?”是时康居候视汉兵,汉兵尚盛,不敢进。贰师与赵始成、李哆等计:“闻宛城中新得秦人,知穿井,而其内食尚多。所为来,诛首恶者毋寡。毋寡头已至,如此而不许解兵,则坚守,而康居候汉罢而来救宛,破汉军必矣。”军吏皆以为然,许宛之约。宛乃出其善马,令汉自择之,而多出食食给汉军。汉军取其善马数十匹,中马以下牡牝三千余匹,而立宛贵人之故待遇汉使善者为昧蔡以为宛王,①与盟而罢兵。终不得入中城。乃罢而引归。

①[索隐]曰:昧蔡,大宛将。昧,音末。蔡,先葛反。

初,贰师起敦煌西,以为人多,道上国不能食,乃分为数军,从南北道。校尉王申生、故鸿胪壶充国等千余人别到郁成。郁成城守,不肯给食其军。王申生去大军二百里,偵而轻之,责郁成。郁成食不肯出,窥知申生军日少,晨用三千人攻,戮杀申生等,军破,数人脱亡,走贰师。贰师令搜粟都尉上官桀往攻破郁成。郁成王亡走康居,桀追至康居。康居闻汉已破宛,乃出郁成王予桀,桀令四骑士缚守诣大将军。①四人相谓曰:“郁成王汉国所毒,今生将去,卒失大事。”欲杀,莫敢先击。上邽骑士赵弟最少,拔剑击之,斩郁成王,赍头。弟、桀等逐及大将军。

①如淳曰:“时多别将,故谓贰师为大将军。”

初,贰师后行,天子使使告乌孙,大发兵并力击宛。乌孙发二千骑往,持两端,不肯前。贰师将军之东,诸所过小国闻宛破,皆使其子弟从军入献,见天子,因以为质焉。

贰师之伐宛也,而军正赵始成力战,功最多;及上官桀敢深入,李哆为谋计,军入玉门者万余人,军马千余匹。贰师后行,军非乏食,战死不能多,而将吏贪,多不爱士卒,侵牟之,以此物故众。天子为万里而伐宛，不录过，封广利为海西侯。又封身斩郁成王者骑士赵弟为新畤侯。军正赵始成为光禄大夫，上官桀为少府，李哆为上党太守。军官吏为九卿者三人，诸侯相、郡守、二千石者百余人，千石以下千余人。奋行者官过其望，①以適过行者皆绌其劳。②士卒赐直四万金。伐宛再反，凡四岁而得罢焉。

①《汉书音义》曰："奋，迅。自乐入行者。"

②徐广曰："奋行者及以適行者虽俱有功劳，今行赏计其前有罪而减其赐，故曰'绌其劳'也。绌，抑退也。此卒以適行，故功劳不足重，所以绌降之，不得与奋行者齐赏之。"

汉已伐宛，立昧蔡为宛王而去。岁余，宛贵人以为昧蔡善谀，使我国遇屠，乃相与杀昧蔡，立毋寡昆弟曰蝉封为宛王，而遣其子入质于汉。汉因使使赂赐，以镇抚之。而汉发使十余辈至宛西诸外国，求奇物，因风览以伐宛之威德。而敦煌置①酒泉都尉。②西至盐水，往往有亭。而仑头有田卒数百人，因置使者护田积粟，以给使外国者。

①徐广曰："一本无'置'字。"

②徐广曰："一云'置都尉'。又云敦煌有渊泉县，或者'酒'字当为'渊'字。"

太史公曰：《禹本纪》言"河出昆仑。昆仑其高二千五百余里，日月所相避隐为光明也。其上有醴泉、瑶池"。今自张骞使大夏之后也，穷河源，恶睹本纪所谓昆仑者乎？①故言九州山川，《尚书》近之矣。至《禹本纪》、《山海经》所有怪物，余不敢言之也。②

①邓展曰："汉以穷河源，于何见昆仑乎？《尚书》曰'导河积石'，是为河源出于积石，积石在金城河关，不言出于昆仑也。"[索隐]曰：恶，音乌。乌，于何也。睹，见也。言张骞穷河源，至大夏、于寘，于何见河出昆仑乎？谓《禹本纪》及《山海经》为虚妄也。然案《山海经》"河出昆仑东北隅"。《西域传》云"南出磧石山为中国河"。积石本非河之发源，犹《尚书》"导洛自熊耳"，然其实出于葱岭，乃东经熊耳。今推此义，河亦然矣。则河源本昆仑而潜流至于阗，又东流至积石，始入中国，则《山海

经》及《禹贡》各互举耳。

②[索隐]曰:案:《汉书》作"所有放哉"。如淳云"放荡迂阔,言不可信也"。余不敢言者,亦谓《山海经》难可即信耳。而荀悦作"放效",失之矣。

索隐述赞曰:大宛之迹,元因博望。始究河源,旋窥海上。条枝西入,天马内向。葱岭无尘,盐池息浪。旷哉绝域,往往亭障。

史记卷一二四
列传第六四

游侠

荀悦曰:“立气齐,作威福,结私交,以立强于世者,谓之游侠。”

韩子曰:“儒以文乱法,①而侠以武犯禁。”二者皆讥,②而学士多称于世云。至如以术取宰相卿大夫,辅翼其世主,功名俱著于《春秋》,③固无可言者。及若季次、原宪,闾巷人也,④读书怀独行君子之德,⑤义不苟合当世,当世亦笑之。故季次、原宪终身空室蓬户,⑥褐衣疏食不厌。死而已⑦四百余年,而弟子志之不倦。今游侠,其行虽不轨于正义,然其言必信,其行必果,已诺必诚,不爱其躯,赴士之厄困,既已存亡死生矣,⑧而不矜其能,羞伐其德,盖亦有足多者焉。且缓急,人之所时有也。太史公曰:昔者虞舜窘于井廪,伊尹负于鼎俎,傅说匿于傅险,吕尚困于棘津,⑨夷吾桎梏,百里饭牛,仲尼畏匡,菜色陈、蔡。此皆学士所谓有道仁人也,犹然遭此灾,况以中材而涉乱世之末流乎?其遇害何可胜道哉!

①[正义]曰:言文之蔽,小人以僿。谓细碎苛法乱政。

②[正义]曰:讥,非言也。儒敝乱法,侠盛犯禁,二道皆非,而学士多称于世者,故太史公引《韩子》,欲陈游侠之美。

③[索隐]曰:案:《春秋》,谓国史也。以言人臣有功名则见记于其国之史,是俱著《春秋》者也。

④徐广曰:“《仲弟子传》曰公皙哀字季次,未尝仕,孔子称之。”

⑤[索隐]曰:行,音下孟反。

⑥[正义]曰:《庄子》云“原宪处居环堵之室,蓬户不完。以桑为枢而瓮牖,

上漏下湿，独坐而弦歌”也。

⑦[索隐]曰：厌，饱也，于艳反。

⑧[索隐]曰：厄阸，音厄。

⑨徐广曰：“在广川。”[正义]曰：《尉缭子》云太公望行年七十，卖食棘津云。古亦谓之石济津，故南津。

鄙人有言曰：“何知仁义，已飨其利者为有德。”①故伯夷丑周，饿死首阳山，而文武不以其故贬王；跖、蹻暴戾，其徒诵义无穷。由此观之，“窃钩者诛，②窃国者侯，侯之门仁义存”，③非虚言也。今拘学或抱咫尺之义，久孤于世，岂若卑论侪俗，与世沉浮而取荣名哉！④而布衣之徒，设取予然诺，千里诵义，为死不顾世，此亦有所长，非苟而已也。故士穷窘而得委命，此岂非人之所谓贤豪间者邪？诚使乡曲之侠，予季次、原宪比权量力，效功于当世，不同日而论矣。要以功见言信，侠客之义又曷可少哉！

①[索隐]曰：已，音以。飨，音享，受也。言已受其利则为有德，何知必仁义也。

②[索隐]曰：以言小窃则为盗而受诛也。

③[索隐]曰：言人臣委质于侯王门，则须存于仁义。若游侠径挺，亦何必肯存仁义也。

④[索隐]曰：言拘学守义之士或抱咫尺纤微之事，遂久以当代，孤负我志，而不若卑论侪俗以取荣宠也。

古布衣之侠，靡得而闻已。近世延陵、①孟尝、春申、平原、信陵之徒，皆因王者亲属，藉于有土卿相之富厚，招天下贤者，显名诸侯，不可谓不贤者矣。比如顺风而呼，声非加疾，其势激也。至如闾巷之侠，修行砥名，声施于天下，②莫不称贤，是为难耳。然儒、墨皆排摈不载。自秦以前，匹夫之侠湮灭不见，余甚恨之。以余所闻，汉兴有朱家、田仲、王公、剧孟、郭解之徒，虽时扞当世之文罔，③然其私义廉洁退让，有足称者。名不虚立，士不虚附。至如朋党宗强比周，设财役贫，豪暴侵凌孤弱，恣欲自快，游侠亦丑之。余悲世俗不察其意，而猥以朱家、郭解等令与暴豪之徒同类而共笑之也。

①徐广曰：“代郡亦有延陵县。”骃案：《韩子》云“赵襄子召延陵生，令车骑

先至晋阳。”襄子时赵已并代，可有延陵之号，但未详是此人非耳。

②[索隐]曰：施，音以豉反。

③[索隐]曰：扞即捍也。违扞当代之法网，谓犯法禁也。

鲁朱家者，与高祖同时。鲁人皆以儒教，而朱家用侠闻。所藏活豪士以百数，其余庸人不可胜言。然终不伐其能，歆其德，诸所尝施唯恐见之。振人不赡，先从贫贱始。家无余财，衣不完采，食不重味，乘不过軥牛。①专趋人之急，甚己之私。既阴脱季布将军之厄，及布尊贵，终身不见也。②自关以东，莫不延颈愿交焉。

①徐广曰：“音雏。”骃案：《汉书音义》曰“小牛。”[索隐]曰：軥，音古豆反。案：大牛当轭。

②[索隐]曰：案：季布为汉所购求，朱家以布髡钳为奴，载以广柳车而出之，及布尊贵终不见之，亦高介至义之士。然布竟亦不报朱家之恩。

楚田仲以侠闻，喜剑，父事朱家，自以为行弗及。田仲已死，而雒阳有剧孟。周人以商贾为资，而剧孟以任侠显诸侯。吴楚反时，条侯为太尉，乘传车将至河南，得剧孟，喜曰：“吴楚举大事而不求孟，吾知其无能为已矣。”天下骚动，宰相得之若得一敌国云。剧孟行大类朱家，而好博，①多少年之戏。然剧孟母死，自远方送丧盖千乘。及剧孟死，家无余十金之财。而符离人王孟亦以侠称江淮之间。

①[索隐]曰：好六博之戏也。

是时济南瞷氏、①陈周庸②亦以豪闻。景帝闻之，使使尽诛此属。其后代诸白、梁韩无辟、阳翟薛况、陕韩孺③纷纷复出焉。

①[索隐]曰：瞷，音闲。案：为郅都所诛。

②[索隐]曰：陈国人，姓周名庸。

③徐广曰：“陕，疑当作‘郏’字，颍川有郏县。《南越传》曰‘郏壮士韩千秋’也。”[索隐]曰：代，代郡。人有白氏，豪侠非一，故言“诸”。梁，梁国人。韩姓，无辟名。辟，音避。陕当为“郏”。陕，音如冉反。郏，音纪洽反。《汉书》作“寒孺”。

郭解，轵人也。①字翁伯，善相人者许负外孙也。解父以任侠，孝文时诛死。解为人短小精悍，不饮酒。少时阴贼，②慨不快意，身所杀甚众。以躯借交报仇，藏命作奸，③剽攻不休，及铸钱掘冢，固不可胜数。适有天幸，窘急常得脱，若遇赦。及解年长，更折节为俭，以德报怨，厚施而薄望。然其自喜为侠益甚。④既已振人之命，不矜其功，其阴贼著于心，卒发于睚眦如故云。而少年慕其行，亦辄为报仇，不使知也。解姊子负解之势，⑤与人饮，使之嚼。⑥非其任，强必灌之。人怒，拔刀刺杀解姊子，亡去。解姊怒曰："以翁伯之义，人杀吾子，贼不得！"弃其尸于道，弗葬，欲以辱解。解使人微知贼处，贼窘，自归，具以实告解。解曰："公杀之固当，吾儿不直。"遂去其贼，⑦罪其姊子，乃收而葬之。诸公闻之，皆多解之义，益附焉。

①[索隐]曰：《汉书》云河内轵人也。

②[索隐]曰：以内心忍害。

③[索隐]曰：案：谓亡命也。

④[索隐]曰：苏林云："言性喜为侠也。"

⑤[索隐]曰：负，恃也。

⑥徐广曰："音子妙反，尽酒也。"

⑦徐广曰："遣使去。"

解出入，人皆避之。有一人独箕倨视之，解遣人问其名姓。客欲杀之。解曰："居邑屋至不见敬，是吾德不修也，彼何罪！"乃阴属尉史曰："是人，吾所急也，①至践更时脱之。"每至践更，数过，吏弗求。②怪之问其故，乃解使脱之。箕倨者乃肉袒谢罪。少年闻之，愈益慕解之行。

①[索隐]曰：案：谓吾心中所急，言情切急也。《汉书》作"重"。

②如淳曰："更有三品：有卒更，有践更，有过更。古有正卒无常人，皆当迭为之，一月一更，是为卒更也。贫者欲得顾更践者，次直者出钱顾之，月二千，是为践更也。《律说》卒更、践更者，居县中五月乃更也。后从《尉律》，卒践更一月休十一月也。"[索隐]曰：数，音朔。数，频也。谓频免之也。又音色主反。

雒阳人有相仇者，邑中贤豪居间者以十数，①终不听。客乃见郭解。解夜见仇家，仇家曲听解。②解乃谓仇家曰："吾闻雒阳诸公在此间，多不听者。今子幸而听解，解奈何乃从他县夺人邑中贤大夫权乎！”乃夜去，不使人知，曰：“且无用待我。待我去，令雒阳豪居其间，③乃听之。”

①[索隐]曰：色具反。

②[索隐]曰：谓屈曲听解也。

③[索隐]曰：《汉书》作“无庸”。苏林曰：“且无便用吾言，待我去，令洛阳豪居其间也”。

解执恭敬，不敢乘车入其县廷。之旁郡国，为人请求事，事可出，出之；不可者，各厌其意，然后乃敢尝酒食。诸公以故严重之，争为用。邑中少年及旁近县贤豪，夜半过门常十余车，请得解客舍养之。①

①[索隐]曰：如淳云：“解多藏亡命者，故喜事年少与解同志者，知亡命者多归解，故多持车来，欲为解迎亡者而藏之。”

及徙豪富茂陵也，解家贫，不中赀，①吏恐，不敢不徙。卫将军为言：“郭解家贫不中徙。”上曰：“布衣权至使将军为言，此其家不贫。”解家遂徙。诸公送者出千余万。轵人杨季主子为县掾，举徙解。解兄子断杨掾头。由此杨氏与郭氏为仇。

①[索隐]曰：案：赀不满三百万已上为不中。

解入关，关中贤豪知与不知，闻其声，争交欢解。解为人短小，不饮酒，出未尝有骑。已又杀杨季主。杨季主家上书，人又杀之阙下。上闻，乃下吏捕解。解亡，置其母家室夏阳，①身至临晋。②临晋籍少公素不知解，解冒，因求出关。籍少公已出解，解转入太原，所过辄告主人家。吏逐之，迹至籍少公。少公自杀，口绝。久之，乃得解。穷治所犯，为解所杀皆在赦前。轵有儒生侍使者坐，客誉郭解，生曰：“郭解专以奸犯公法，何谓贤！”解客闻，杀此生，断其舌。吏以此责解，解实不知杀者。杀者亦竟绝，莫知为谁。吏奏解无罪。御史大夫公孙弘议曰：“解布衣为任侠行权，以睚眦杀人，解虽弗知，此罪甚于解杀之。当大逆无道。”遂族郭解翁伯。

①徐广曰：“属冯翊。”[正义]曰：故城在同州韩城县南二十里，汉夏阳也。

②[正义]曰：故城在同州冯翊县西南二里。

自是之后，为侠者极众，敖而无足数者。①然关中长安樊仲子，槐里赵王孙，长陵高公子，西河郭公仲，太原卤公孺，②临淮兒长卿，东阳田君孺，③虽为侠，而逡逡有退让君子之风。至若北道姚氏，④西道诸杜，南道仇景，东道赵他、羽公子，⑤南阳赵调之徒，此盗跖居民间者耳，曷足道哉！此乃乡者朱家之羞也。

①徐广曰："敖，倨也。"

②徐广曰："雁门有卤城也。"[索隐]曰：《汉书》作"鲁公孺"。鲁，姓也，与徐广之说不同。

③[索隐]曰：《汉书》作"陈君孺"。然陈、田声相近，亦本同姓也。[正义]曰：其东阳盖贝州历亭县者，为近齐故也。

④[索隐]曰：苏林云："道，犹方也。"如淳云："京师四出道也。"

⑤[索隐]曰：旧解以赵他与公子为人。今案：此姓赵，名他羽，字公子也。

太史公曰：吾视郭解，状貌不及中人，言语不足采者。然天下无贤与不肖，知与不知，皆慕其声，言侠者皆引以为名。谚曰："人貌荣名，岂有既乎！"①於戏，惜哉！

①徐广曰："人以颜状为貌者，则貌有衰落矣。唯用荣名为饰表，则称誉无极也。既，尽也。"

索隐述赞曰：游侠豪倨，籍籍有声。权行州里，力折公卿。朱家脱季，剧孟定倾。急人之难，免仇于更。伟哉翁伯，人貌荣名。

史记卷一二五
列传第六五

佞幸

谚曰“力田不如逢年，善仕不如遇合”，①固无虚言。非独女以色媚，而士宦亦有之。

①徐广曰：“遇，一作‘偶’。”

昔以色幸者多矣。至汉兴，高祖至暴抗也，①然籍孺以佞幸。孝惠时有闳孺。②此两人非有材能，徒以婉佞贵幸，与上卧起，公卿皆因关说。③故孝惠时郎侍中皆冠鵕鸃，贝带，④傅脂粉，⑤化闳、籍之属也。两人徙家安陵。⑥

①[索隐]曰：抗，音苦浪反。言暴猛抗直也。

②[正义]曰：籍、闳，皆名也。孺，幼小也。

③[索隐]曰：关，通也。谓公卿因之而通其词说。刘氏云：“有所言说，皆关由之”。

④《汉书音义》曰：“鵕鸃，鸟名。以毛羽饰冠，以贝饰带。”[索隐]曰：许慎云：“鵕鸃，鷩鸟也。”《淮南子》云：“赵武灵王服贝鵕鸃。”《汉官仪》云：“秦破赵，以其冠赐侍中。”《三仓》云：“鵕鸃，神鸟也，飞光映天者也。”

⑤[索隐]曰：傅，音付。

⑥[正义]曰：惠帝陵邑。

孝文时中宠臣，士人则邓通，宦者则赵同、①北宫伯子。②北宫伯子以爱人长者；而赵同以星气幸，常为文帝参乘；邓通无伎能。

①[索隐]曰：案：《汉书》作“赵谈”，此云“同”者，避太史公父名也。

②[正义]曰:颜云:“姓北宫,名伯子”也。按:百子,名。北宫之宦者也。

邓通,蜀郡南安人也,①以濯船为黄头郎。②孝文帝梦欲上天,不能,有一黄头郎从后推之上天,顾见其衣裻③带后穿。觉而之渐台,④以梦中阴自求推者郎,即见邓通,其衣后穿,梦中所见也。召问其名姓,姓邓氏,名通,文帝说焉,⑤尊幸之日异。通亦愿谨,不好外交,虽赐洗沐不欲出。于是文帝赏赐通巨万以十数,⑥官至上大夫。文帝时时如邓通家游戏。然邓通无他能,不能有所荐士,独自谨其身以媚上而已。上使善相者相通,曰:“当贫饿死。”文帝曰:“能富通者在我也。何谓贫乎?”于是赐邓通蜀严道铜山,⑦得自铸钱,邓氏钱⑧布天下。其富如此。

①徐广曰:“后属犍为。”

②徐广曰:“着黄帽也。”骃案:《汉书音义》曰:“善濯船池中也。一说能持棹行船也。土,水之母,故施黄旄于船头,因以名其郎曰黄头郎。”[索隐]曰:濯,音棹,迟教反。

③徐广曰:“一无此字。”[索隐]曰:裻,音笃。裻,衫襦之横者。

④[索隐]曰:觉,音教。[正义]曰:《括地志》云:“渐台在长安故城中。《关中记》云未央宫西有苍池,池中有渐台,王莽死于此台。”

⑤[索隐]曰:《汉书》云:“上曰‘邓犹登也’,悦之。”

⑥[正义]曰:言赐通巨万以至于十也。

⑦[正义]曰:《括地志》云:“雅州荣经县北三里有铜山,即邓通得赐铜山铸钱者。”邑荣经即严道。

⑧[正义]曰:《钱谱》云:“文字称两,同汉四铢文。”

文帝尝病痈,邓通常为帝唶吮之。①文帝不乐,从容问通曰:“天下谁最爱我者乎?”通曰:“宜莫如太子。”太子入问病,文帝使唶痈,唶痈而色难之。已而闻邓通常为帝唶吮之,心惭,由此怨通矣。及文帝崩,景帝立,邓通免,家居。居无何,人有告邓通盗出徼外铸钱。下吏验问,颇有之,遂竟案,尽没入邓通家,尚负责数巨万。长公主赐邓通,②吏辄随没入之,③一簪不得著身。于是长公主乃令假衣食。④竟不得名一钱,⑤寄死人家。

①[索隐]曰:唶,音任格反。吮,仕兖反。

②韦昭曰："景帝姊也。"[索隐]曰：案：即馆陶公主也。

③[索隐]曰：谓长公主别有物，吏辄没入以充赃也。

④[索隐]曰：谓公主令人假与衣食。

⑤[索隐]曰：始天下名"邓氏钱"，今皆没入，卒竟无一钱名之也。

孝景帝时中无宠臣，然独郎中令周文仁。①仁宠最过庸，不乃甚笃。②

①[索隐]曰：案：《汉书》称"周仁"，此上称"周文"，今兼"文仁"，恐后人加耳。案：仁字文。

②[索隐]曰：案：庸，常也。言仁最被恩宠，过于常人，乃不甚笃，如韩嫣也。

今天子中宠臣，士人则韩王孙嫣，①宦者则李延年。

①[索隐]曰：音偃，又音于建反。

嫣者，弓高侯孽孙也。①今上为胶东王时，嫣与上学书相爱。及上为太子，愈益亲嫣。嫣善骑射，善佞。上即位，欲事伐匈奴，而嫣先习胡兵，以故益尊贵，官至上大夫，赏赐拟于邓通。时嫣常与上卧起。江都王入朝，有诏得从入猎上林中。天子车驾跸道未行，而先使嫣乘副车，从数十百骑，骛驰视兽。江都王望见，以为天子，辟从者，伏谒道傍。嫣驱不见。既过，江都王怒，为皇太后泣曰："请得归国入宿卫，比韩嫣。"②太后由此嗛嫣。③嫣侍上，出入永巷不禁，以奸闻皇太后。皇太后怒，使使赐嫣死。上为谢，终不能得，嫣遂死。而案道侯韩说，其弟也，亦佞幸。④

①徐广曰："韩王信之子颓当也。"

②[索隐]曰：谓还爵封于天子，而请入宿卫。

③徐广曰："嗛，读与'衔'同。《汉书》作'衔'字。"

④[索隐]曰：说，音悦。

李延年，中山人也。父母及身兄弟及女，皆故倡也。延年坐法腐，给事狗中。①而平阳公主言延年女弟善舞，上见，心说之。及入永巷，而召贵延年。延年善歌，为变新声，而上方兴天地祠，欲造乐诗歌弦之。延年善承意，弦次初诗。[2]其女弟亦幸，有子男。延年佩二千石印，号协声律。与上卧起，甚贵幸，埒如韩嫣也。[3]久之，浸与中人乱，[4]出入骄恣。及其女弟李夫人卒后，爱弛，则禽诛延年昆弟也。

①徐广曰："主猎犬也。"[索隐]曰：或犬监。

②[索隐]曰：初诗，即新造乐章。

③徐广曰："埒，等也。《蜀都赋》曰'卓郑埒名'。又云埒者，畤等之名。"

④徐广曰："一云坐弟季与中人乱。"

自是之后，内宠嬖臣大底外戚之家，然不足数也。卫青、霍去病亦以外戚贵幸，然颇用材能自进。

太史公曰：甚哉爱憎之时！弥子瑕之行，足以观后人佞幸矣。虽百世可知也。[1]

①[索隐]曰：弥子瑕，卫灵公之臣，事见《说苑》也。

索隐述赞曰：《传》称令色，《诗》刺巧言。冠鵔入侍，傅粉承恩。黄头赐蜀，宦者同轩。新声都尉，挟弹王孙。泣鱼窃驾，著自前论。

史记卷一二六
列传第六六

滑稽

[索隐]曰:滑,谓乱也。稽,同也。以言辩捷之人,言非若是,说是若非,能乱同异也。《楚词》云"将突梯滑稽,如脂如韦"。崔浩云:"滑,音骨。稽,流酒器也。"转注吐酒,终日不已,言出口成章,词不穷竭,若滑稽之吐酒。故杨雄《酒赋》云"鸱夷滑稽,腹大如壶,尽日盛酒,人复籍沽"是也。又姚察云:"滑稽,犹俳谐也。滑,读如字。稽,音计也。以言谐语滑利,其知计疾出,故云滑稽也。"

孔子曰:"六艺于治一也。①《礼》以节人,《乐》以发和,《书》以道事,《诗》以达意,《易》以神化,《春秋》以义。"

①[正义]曰:言《六艺》之文虽异,《礼》节《乐》和,导民立政,天下平定,其归一揆。至于谈言微中,亦以解其纷乱,故治一也。

太史公曰:天道恢恢,岂不大哉!谈言微中,亦可以解纷。

淳于髡者,齐之赘婿①也。长不满七尺,滑稽多辩,数使诸侯,未尝屈辱。

①[索隐]曰:髡,苦魂反。赘婿,女之夫也,比于子,如人疣赘,是余剩之物也。

齐威王之时喜隐,①好为淫乐长夜之饮,沉湎不治,委政卿大夫。百官荒乱,诸侯并侵,国且危亡在于旦暮,左右莫敢谏。淳于髡说之以隐曰:"国中有大鸟,止王之庭,三年不蜚又不鸣。王知此鸟何也?”王曰:“此鸟不飞则已,一飞冲天;不鸣则已,一鸣惊人。”于是乃朝诸县令长七十二人,赏一人,诛一人。奋兵而出。诸侯振惊,皆还齐侵地。威行三十六年,语在《田完世家》中。

①[索隐]曰:喜,许既反。喜,好也。喜隐,谓好隐语。

威王八年,楚大发兵加齐。齐王使淳于髡之赵请救兵,赍金百斤,车马十驷。淳于髡仰天大笑,冠缨索绝。①王曰:“先生少之乎?”髡曰:“何敢!”王曰:“笑岂有说乎?”髡曰:“今者臣从东方来,见道傍有禳田者,②操一豚蹄,酒一盂,而祝曰:‘瓯窭满篝,③污邪满车,④五谷蕃熟,穰穰满家。’臣见其所持者狭而所欲者奢,故笑之。”于是齐威王乃益赍黄金千镒,白璧十双,车马百驷。髡辞而行,至赵。赵王与之精兵十万,革车千乘。楚闻之,夜引兵而去。

①[索隐]曰:案:索训尽,言冠缨尽绝也。孔衍《春秋后语》亦作“冠缨尽绝”也。

②[索隐]曰:案:谓为田求福禳。

③徐广曰:“篝,笼也。”[索隐]曰:案:瓯窭,犹杯楼也。窭,音如娄,古字少耳。言丰年收掇易,可满篝笼也。[正义]曰:窭,音楼。篝,音沟,笼也。瓯楼,谓高地狭小之区,得满篝笼也。

④司马彪曰:“污邪,下地田也。”[索隐]曰:即下田之中有薪,可满车。[正义]曰:污,音乌。

威王大说,置酒后宫,召髡赐之酒。问曰:“先生能饮几何而醉?”对曰:“臣饮一斗亦醉,一石亦醉。”威王曰:“先生饮一斗而醉,恶能饮一石哉!其说可得闻乎?”髡曰:“赐酒大王之前,执法在傍,御史在后,髡恐惧俯伏而饮,不过一斗径醉矣。若亲有严客,髡帣韝鞠跽,①侍酒于前,时赐余沥,奉觞上寿,数起,饮不过二斗径醉矣。若朋友交游,久不相睹,卒然相睹,欢然道故,私情相语,饮可五六斗径醉矣。若乃州闾之会,男女杂坐,行酒稽留,六博投壶,相引为曹,握手无罚,目眙不禁,②前有堕珥,后有遗簪,髡窃乐此,饮可八斗而醉二参。③日暮酒阑,合尊促坐,男女同席,履舄交错,杯盘狼藉,堂上烛灭,主人留髡而送客,④罗襦襟解,微闻芗泽,当此之时髡心最欢,能饮一石。故曰酒极则乱,乐极则悲,万事尽然。”言不可极，极之而衰，以讽谏焉。齐王曰："善。"乃罢长夜之饮，以髡为诸侯主客。[5]宗室置酒，髡尝在侧。

①徐广曰："桊，收衣袖也。袖，衿也。韝，臂捍也，音沟。鞠，曲也。跽，音其纪反，又与'跽'同，谓小跪也。"[索隐]曰：桊，音卷，纪免反，谓收袖也。

②徐广曰："眙，吐甑反，直视貌。"[索隐]曰：眙，音与"瞪"同，谓直视也，丑甑反，音丑二反。

③[索隐]曰：案：上云"五六斗径醉矣"，则此为乐亦甚，饮可八斗而未径醉，故云"窃乐"。二参，言十有二参醉也。

④徐广曰："一本云'留髡坐，起送客'。"

⑤[正义]曰：今鸿胪卿也。

其后百余年，楚有优孟。

优孟者，故楚之乐人也。[1]长八尺，多辩，常以谈笑讽谏。

①[索隐]曰：优者，倡优也。孟者，字也。优旃亦同，旃其字耳。优孟在楚，旃在秦也。

楚庄王之时，有所爱马，衣以文绣，置之华屋之下，席以露床，啖以枣脯。马病肥死，使群臣丧之，欲以棺椁大夫礼葬之。左右争之，以为不可。王下令曰："有敢以马谏者，罪至死！"优孟闻之，入殿门，仰天大哭。王惊而问其故。优孟曰："马者王之所爱也，以楚国堂堂之大，何求不得，而以大夫礼葬之？薄，请以人君礼葬之。"王曰："何如？"对曰："臣请以雕玉为棺，文梓为椁，楩枫豫章为题凑，[1]发甲卒为穿圹，老弱负土，齐赵陪位于前，韩魏翼卫其后，[2]庙食太牢，奉以万户之邑。诸侯闻之，皆知大王贱人而贵马也。"王曰："寡人之过一至此乎！为之奈何？"优孟曰："请为大王六畜葬之。以垅灶为椁，[3]铜历为棺，[4]赍以姜枣，[5]荐以木兰，祭以粳稻，衣以火光，葬之于人腹肠。"[6]于是王乃使以马属太官，无令天下久闻也。

①苏林曰："以木累棺外，木头皆内向，故曰题凑。"[正义]曰：楩，频绵反。

②楚庄王时，未有赵、韩、魏三国。[索隐]曰：案：此辩说者之词，后人所增

饰之矣。

③[索隐]曰:《皇览》亦说此事,以“垅灶”为“砻突”也。

④[索隐]曰:历,即釜鬲也。

⑤[索隐]曰:古者食肉用姜枣,《礼·内则》云“实枣于其腹中,屑桂与姜,以洒诸上而盐之”也。

⑥[索隐]曰:《皇览》云:“火送之著端,葬之肠中。”

楚相孙叔敖知其贤人也,善待之。病且死,属其子曰:“我死,汝必贫困。若往见优孟,言我孙叔敖之子也。”居数年,其子穷困负薪,逢优孟,与言曰:“我,孙叔敖之子也。父且死时,属我贫困往见优孟。”优孟曰:“若无远有所之。”①即为孙叔敖衣冠,抵掌谈语。②岁余,像孙叔敖,楚王及左右不能别也。庄王置酒,优孟前为寿。庄王大惊,以为孙叔敖复生也,欲以为相。优孟曰:“请归与妇计之,三日而为相。”庄王许之。三日后,优孟复来,王曰:“妇言谓何?”孟曰:“妇言慎无为,楚相不足为也。如孙叔敖之为楚相,尽忠为廉以治楚,楚王得以霸。今死,其子无立锥之地,贫困负薪以自饮食。必如孙叔敖,不如自杀。”因歌曰:“山居耕田苦,难以得食。起而为吏,身贪鄙者余财,不顾耻辱。身死家室富,又恐受赇枉法,为奸触大罪,身死而家灭。贪吏安可为也!念为廉吏,奉法守职,竟死不敢为非。廉吏安可为也!楚相孙叔敖持廉至死,方今妻子穷困,负薪而食。不足为也!”于是庄王谢优孟,乃召孙叔敖子,封之寝丘③四百户,以奉其祀。后十世不绝。此知可以言时矣。

①[索隐]曰:案:谓优孟语孙叔敖之子曰“汝无远有所之,适他境,恐王后求汝不得”者也。

②《战国策》曰:“苏秦说赵王华屋之下,抵掌而言。”张载曰:“谈说之容则也。”

③徐广曰:“在固始。”[正义]曰:今光州固始县,本寝丘邑也。《吕氏春秋》云:“楚孙叔敖有功于国,疾将死,戒其子曰:‘王数欲封我,我辞不受。我死,必封汝。汝无受利地,荆楚间有寝丘者,其为地不利,而前有妒谷,后有戾丘,其名恶,可长有也。’其子从之。楚功臣封二世而收,唯寝丘不夺也。”

其后二百余年，秦有优旃。

优旃者，秦倡朱儒也。善为笑言，然合于大道。

秦始皇时，置酒而天雨，陛盾者沾寒。优旃见而哀之，谓之曰："汝欲休乎？"陛盾者皆曰："幸甚。"优旃曰："我即呼汝，汝疾应曰诺。"居有顷，殿上上寿呼万岁。优旃临槛①大呼曰："陛盾郎！"郎曰："诺"。优旃曰："汝虽长，何益？幸雨立。我虽短也，幸休居。"于是始皇使陛盾者得半相代。

①[正义]曰：御览反。

始皇尝议欲大苑囿，东至函谷关，西至雍、陈仓。①优旃曰："善。多纵禽兽于其中，寇从东方来，令麋鹿触之足矣。"始皇以故辍止。

①[正义]曰：今岐州雍县及陈仓县也。

二世立，又欲漆其城。优旃曰："善。主上虽无言，臣固将请之。漆城虽于百姓愁费，然佳哉！漆城荡荡，寇来不能上。即欲就之，易为漆耳，顾难为荫室。"于是二世笑之，以其故止。居无何，二世杀死，优旃归汉，数年而卒。

太史公曰：淳于髡仰天大笑，齐威王横行。优孟摇头而歌，负薪者以封。优旃临槛疾呼，陛盾得以半更。岂不亦伟哉！

褚先生曰：臣幸得以经术为郎，而好读外家传语。窃不逊让，复作故事滑稽之语六章，编之于左。可以览观扬意，以示后世好事者读之，以游心骇耳，以附益上方太史公之三章。

武帝时有所幸倡郭舍人者，发言陈辞虽不合大道，然令人主和说。武帝少时，东武侯母①常养帝，②帝壮时号之曰："大乳母。"率一月再朝。朝奏入，有诏使幸臣马游卿以帛五十匹赐乳母，又奉饮糒飧养乳母。乳母上书曰："某所有公田，愿得假倩之。"帝曰："乳母欲得之乎?”以赐乳母。乳母所言未尝不听。有诏得令乳母乘车行驰道中。当此之时,公卿大臣皆敬重乳母。乳母家子孙奴从者横暴长安中,当道掣顿人车马,夺人衣服。闻于中,不忍致之法。有司请徙乳母家室,处之于边,奏可。乳母当入至前,面见辞。乳母先见郭舍人,为下泣。舍人曰:“即入见辞去,疾步数还顾。”乳母如其言,谢去,疾步数还顾。郭舍人疾言骂之曰:“咄!老女子,何不疾行!陛下已壮矣,宁尚须汝乳而活邪?尚何还顾!”于是人主怜焉悲之,乃下诏止无徙乳母,罚谪谮之者。③

①[索隐]曰:案:东武,县名;侯,乳母姓也。

②[正义]曰:《高祖功臣表》云东武侯郭家,高祖六年封,子他,孝景六年弃市,国除。盖他母常养武帝。

③[索隐]曰:谓武帝罚谪谮乳母之人也。

武帝时,齐人有东方生名朔,①以好古传书,爱经术,多所博观外家之语。②朔初入长安,至公车上书,③凡用三千奏牍。公车令两人共持举其书,仅然能胜之。人主从上方读之,止辄乙其处,读之二月乃尽。诏拜以为郎,常在侧侍中。数召至前谈语,人主未尝不说也。时诏赐之食于前,饭已,尽怀其余肉持去,衣尽污。数赐缣帛,担揭而去。徒用所赐钱帛,取少妇于长安中好女。率取妇一岁所者即弃去,更取妇。所赐钱财尽索之于女子。人主左右诸郎半呼之“狂人”。人主闻之,曰:“令朔在事无为是行者,若等安能及之哉!

①[索隐]曰:仲长统云迁为《滑稽传》,叙优旃事,不称东方朔,非也。朔之行事,岂直旃、孟之比哉!而桓谭亦以迁内为是,又非也。[正义]曰:《汉书》云:“平原厌次人也。”《舆地志》云:“厌次,宜是富平县之乡聚名也。”《括地志》云:“富平故城在仓州阳信县东南四十里,汉县也。”

②[索隐]曰:案:东方朔亦多博观外家之语,则外家非止经史,即传记杂说之书。

③[正义]曰:《百官表》云卫尉属官有公车司马。《汉仪注》云:“公车司马掌殿司马门,夜徼官,天下上事及阙下,凡所征召皆总领之。秩六百石。”

朔任其子为郎，又为侍谒者，常持节出使。朔行殿中，郎谓之曰："人皆以先生为狂。"朔曰："如朔等，所谓避世于朝廷间者也。古之人乃避世于深山中。"时坐席中，酒酣，据地歌曰："陆沉于俗，①避世金马门。宫殿中可以避世全身，何必深山之中蒿庐之下。"金马门者，宦署门也，门旁有铜马，故谓之曰"金马门"。

①［索隐］曰：司马彪云："谓无水而沉之。"

时会聚宫下博士诸先生与论议，共难之①曰："苏秦、张仪一当万乘之主，而都卿相之位，泽及后世。今子大夫修先王之术，慕圣人之义，讽诵《诗》《书》百家之言不可胜数，著于竹帛，自以为海内无双，即可谓博闻辩智矣。然悉力尽忠以事圣帝，旷日持久积数十年，官不过侍郎，位不过执戟，意者尚有遗行邪？其故何也？"东方生曰："是固非子所能备也。彼一时也，此一时也，岂可同哉！夫张仪、苏秦之时，周室大坏，诸侯不朝，力政争权，相禽以兵，并为十二国，未有雌雄，得士者强，失士者亡，故说听行通，身处尊位，泽及后世，子孙长荣。今非然也。圣帝在上，德流天下，诸侯宾服，威振四夷，连四海之外以为席，安于覆盂，天下平均，合为一家，动发举事犹如运之掌中。贤与不肖何以异哉？方今以天下之大，士民之众，竭精驰说并进辐凑者不可胜数。悉力慕义，困于衣食，或失门户。使张仪、苏秦与仆并生于今之世，曾不能得掌故，安敢望常侍侍郎乎！传曰：'天下无害灾，虽有圣人，无所施其才；上下和同，虽有贤者，无所立功。'故曰时异则事异。虽然，安可以不务修身乎？《诗》曰：'鼓钟于宫，声闻于外。''鹤鸣九皋，声闻于天。'苟能修身，何患不荣！太公躬行仁义七十二年，逢文王，得行其说，封于齐，七百岁而不绝。此士之所以日夜孜孜，修学行道，不敢止也。今世之处士时虽不用，崛然独立，块然独处，上观许由，下察接舆，策同范蠡，忠合子胥，天下和平，与义相扶，寡偶少徒，固其常也。子何疑于余哉！"于是诸先生默然无以应也。

①［索隐］曰：案：谓朔设词对之，即下文是答客难是也。

建章宫①后阁重栎中有物出焉，②其状似麋。以闻，武帝往临视之。问左右群臣习事通经术者，莫能知。诏东方朔视之。朔曰："臣知之，愿赐美酒粱饭大飧臣，臣乃言。"诏曰："可。"已飧，又曰："某所有公田鱼池蒲苇数顷，陛下以赐臣，臣朔乃言。"诏曰："可。"于是朔乃肯言，曰："所谓驺牙者也。③远方当来归义，而驺牙先见。其齿前后若一，齐等无牙，故谓之驺牙。"其后一岁所，匈奴混邪王果将十万众来降汉。乃复赐东方生钱财甚多。

①[正义]曰：在长安县西北二十里长安故城中。

②[索隐]曰：重，音逐龙反。栎，音历。重栎，栏楯之下有重栏处也。

③[索隐]曰：驺，音邹。此朔以意自立名而偶中也。以有九牙齐等，故谓之驺牙，犹驺骑然也。

至老，朔且死时，谏曰："《诗》云'营营青蝇，止于蕃。恺悌君子，无信谗言。谗言罔极，交乱四国'。愿陛下远巧佞，退谗言。"帝曰："今顾东方朔多善言？"怪之。居无几何，朔果病死。传曰："鸟之将死，其鸣也哀；人之将死，其言也善。"此之谓也。

武帝时，大将军卫青者，卫后兄也，①封为长平侯。从军击匈奴，至余吾水上而还，斩首捕虏有功，来归，诏赐金千斤。将军出宫门，齐人东郭先生以方士待诏公车，当道遮卫将军车，拜谒曰："愿白事。"②将军止车前，东郭先生旁车言曰："王夫人新得幸于上，家贫。今将军得金千斤，诚以其半赐王夫人之亲，人主闻之必喜。此所谓奇策便计也。"卫将军谢之曰："先生幸告之以便计，请奉教。"于是卫将军乃以五百金为王夫人之亲寿。王夫人以闻武帝，帝曰："大将军不知为此。"问之安所受计策，对曰："受之待诏者东郭先生。"诏召东郭先生，拜以为郡都尉。东郭先生久待诏公车，贫困饥寒，衣敝，履不完。行雪中，履有上无下，足尽践地。道中人笑之，东郭先生应之曰："谁能履行雪中，令人视之其上履也，其履下处乃似人足者乎？"及其拜为二千石，佩青娲③出宫门，行谢主人。故所以同官待诏者，等比祖道于都门外。荣华道路，立名当世。④此所谓衣褐怀宝者也。⑤当其贫困时人莫省视，至其贵也，乃争附之。谚曰：

"相马失之瘦,相士失之贫。"其此之谓邪?

①徐广曰:"《卫青传》曰子夫之弟也。"

②徐广曰:"《卫青传》云宁乘说青,而拜为东海都尉。"

③徐广曰:"音瓜,一音螺,青绶。"

④徐广曰:"东郭先生也。"

⑤[索隐]曰:此指东郭先生也,言其身衣褐而怀宝玉也。

王夫人病甚,人主至自往问之曰:"子当为王,欲安所置之?"对曰:"愿居洛阳。"人主曰:"不可。洛阳有武库、敖仓,当关口,天下咽喉。自先帝以来,传不为置王。然关东国莫大于齐,可以为齐王。"王夫人以手击头,呼"幸甚"。王夫人死,号曰"齐王太后薨"。

昔者,齐王使淳于髡献鹄于楚。①出邑门道飞其鹄,徒揭空笼,造诈成辞,往见楚王曰:"齐王使臣来献鹄,过于水上,不忍鹄之渴,出而饮之,去我飞亡。吾欲刺腹绞颈而死,恐人之议吾王以鸟兽之故令士自伤杀也。鹄,毛物,多相类者,吾欲买而代之,是不信而欺吾王也。欲赴他国奔亡,痛吾两主使不通。故来服过,叩头受罪大王。"楚王曰:"善。齐王有信士若此哉!"厚赐之,财倍鹄在也。

①[索隐]曰:案:《韩诗外传》齐使人献鹄于楚,不言髡。又《说苑》云魏文侯使舍人无择献鹄于齐,皆略同而事异,殆相涉乱也。

武帝时,征北海太守诣行在所。①有文学卒史王先生者,自请与太守俱:"吾有益于君。"君许之。诸府掾功曹白云:"王先生嗜酒,多言少实,恐不可与俱。"太守曰:"先生意欲行,不可逆。"遂与俱。行至宫下,待诏宫府门。王先生徒怀钱沽酒,与卫卒仆射饮,日醉,不视其太守。太守入跪拜。王先生谓户郎曰:"幸为我呼吾君至门内遥语。"户郎为呼太守,太守来,望见王先生。王先生曰:"天子即问君何以治北海②令无盗贼,君对曰何哉?"对曰:"选择贤材,各任之以其能,赏异等,罚不肖。"王先生曰:"对如是,是自誉自伐功,不可也。愿君对言:非臣之力,尽陛下神灵威武所变化也。"太守曰:

"诺。"召入,至于殿下。有诏问之曰:"何以治北海,令盗贼不起?"叩头对言:"非臣之力,尽陛下神灵威武之所变化也。"武帝大笑,曰:"於呼!安得长者之语而称之!安所受之?"传曰:"受之文学卒史。"帝曰:"今安在?"对曰:"在宫府门外。"有诏召拜王先生为水衡丞,以北海太守为水衡都尉。传曰:"美言可以市,尊行可以加人。君子相送以言,小人相送以财。

①[索隐]曰:《汉书》宣帝征勃海太守龚遂,非武帝时,此褚先生记谬耳。

②[正义]曰:今青州。

魏文侯时,西门豹为邺令。①豹往到邺,会长老,问之民所疾苦。长老曰:"苦为河伯娶妇,②以故贫。"豹问其故,对曰:"邺三老、廷掾常岁赋敛百姓,收取其钱得数百万,用其二三十万为河伯娶妇,与祝巫共分其余钱持归。当其时,巫行视人家女好者,云是当为河伯妇,即娉取。洗沐之,为治新缯绮縠衣,间居斋戒。为治斋宫河上,张缇绛帷,③女居其中。为具牛酒饭食,行十余日。共粉饰之,如嫁女床席,令女居其上,浮之河中。始浮,行数十里乃没。其人家有好女者,恐大巫祝为河伯取之,以故多持女远逃亡。以故城中益空无人,又困贫,所从来久远矣。民人俗语曰'即不为河伯娶妇,水来漂没,溺其人民'云。"西门豹曰:"至为河伯娶妇时,愿三老、④巫祝、父老送女河上,幸来告语之,吾亦往送女。"皆曰:"诺。"

①[正义]曰:今相州县也。

②[正义]曰:河伯,华阴潼乡人,姓冯氏,名夷。浴于河中而溺死,遂为河伯娶妇也。

③[正义]曰:缇,他礼反。顾野王云:"黄赤色也。又音啼,厚缯也。"

④[正义]曰:亭三老。

至其时,西门豹往会之河上。三老、官属、豪长者、里父老皆会,以人民往观之者三二千人。其巫,老女子也,已年七十。从弟子女十人所,皆衣缯单衣,立大巫后。西门豹曰:"呼河伯妇来,视其好丑。"即将女出帷中,来至前。豹视之,顾谓三老、巫祝、父老曰:"是女子不好，烦大巫妪为入报河伯，得更求好女，后日送之。”即使吏卒共抱大巫妪，投之河中。有顷曰：“巫妪何久也？弟子趣之！”复以弟子一人投河中。有顷曰：“弟子何久也？复使一人趣之！”复投一弟子河中。凡投三弟子。西门豹曰：“巫妪弟子是女子也，不能白事，烦三老为入白之。”复投三老河中。西门豹簪笔磬折，①向河立待良久。长老、吏旁观者皆惊恐。西门豹顾曰：“巫妪、三老不来还，奈之何？”欲复使廷掾与豪长者一人入趣之。皆叩头，叩头且破，额血流地，色如死灰。西门豹曰：“诺，且留待之须臾。”须臾，豹曰：“廷掾起矣。状河伯留客之久，若皆罢去归矣。”邺吏民大惊恐，从是以后不敢复言为河伯娶妇。

①[正义]曰：簪笔，谓以毛装簪头，长五寸，插在冠前，谓之为笔，言插笔备礼也。磬折，谓曲体揖之，若石磬之形曲折也。磬，一片黑石；凡十二片，树在虡上击之。其形皆中曲，垂两头，言人腰则似也。

西门豹即发民凿十二渠，引河水灌民田，①田皆溉。当其时，民治渠少烦苦，不欲也。豹曰：“民可以乐成，不可与虑始。今父老子弟虽患苦我，然百岁后期令父老子孙思我言。”至今皆得水利，民人以给足富。十二渠经绝驰道，到汉之立。而长吏以为十二渠桥绝驰道，相比近，不可。欲合渠水，且至驰道合三渠为一桥。邺民人父老不肯听长吏，以为西门君所为也，贤君之法式不可更也。长吏终听置之。故西门豹为邺令，名闻天下，泽流后世，无绝已时，几可谓非贤大夫哉！

①[正义]曰：《括地志》云：“按：横渠首接漳水，盖西门豹、史起所凿之渠也。《沟洫志》云：‘魏文侯时，西门豹为邺令，有令名。至文侯曾孙襄王，与群臣饮，祝曰：“令吾为臣皆非西门豹之为人臣也。”史起进曰：“魏氏之行田也以百亩，邺独二百亩，是田恶也。漳水在其傍，西门不知用，是不智；知而不与，是不仁。仁智豹未之尽，何足法也？”于是史起为邺令，遂引漳水溉邺，以富漳魏之河名’。左思《魏赋》云‘西门溉其前，史起灌其后’也。”

传曰：“子产治郑，民不能欺。子贱治单父，民不忍欺。西门豹治邺，民不敢欺。”三子才能谁最贤哉？辩治者当能别之。①

①魏文帝问群臣："三不欺，于君德孰优？"太尉钟繇、司徒华歆、司空王朗对曰："臣以为君任德，则臣感义而不忍欺；君任察，则臣畏觉而不能欺；君任刑，则臣畏罪而不敢欺。任德感义，与夫寻德齐礼有耻且格等趋者也。任察畏罪，与夫导政齐刑免而无耻同归者也。孔子曰：'为政以德，譬如北辰，居其所而众星共之。'考以斯言，论以斯义，臣等以为不忍欺不能欺，优劣之县在于权衡，非徒低卬之差，乃钧铢之觉也。且前志称'仁者安仁，智者利仁，畏罪者强仁'。校其仁者，功则无以殊；核其为仁者，则不得不异。安仁者性善者也，利仁者力行者也，强仁者不得已者也。三仁相比，则安仁优矣。《易》称'神而化之，使民宜之'。若君化使民然也。然则安仁之化与夫强仁之化，优劣亦不得不相县绝也。然则三臣之不欺虽同，所以不欺异矣。则纯以恩义崇不欺，与以威察成不欺，既不可同概而比量，又不得错综而易处。"[索隐]曰：案：此三不欺自古传记先达共所称述，今褚先生因记西门豹而称之以成说也。《循吏传》记子产相郑，仁而且明，故人不能欺之。子贱为政清静，唯弹琴，三年不下堂而化，是人见斯，故不忍欺之。豹以威化御俗，故人不敢欺之。其德优劣，钟、华之评实为允当也。

索隐述赞曰：滑稽鸱夷，如脂如韦。敏捷之变，学不失词。淳于索绝，赵国兴师。楚优拒相，寝丘获祠。伟哉方朔！三章纪之。

史记卷一二七
列传第六七

日者

《墨子》曰："墨子北之齐，遇日者。日者曰：'帝以今日杀黑龙于北方，而先生之色黑，不可以北。'墨子不听，遂北，至淄水。墨子不遂而反焉。日者曰：'我谓先生不可以北。'"然则古人占候卜筮，通谓之"日者"。《墨子》亦云，非但史记也。[索隐]曰：案：名卜筮曰日者以墨，所以卜筮占候时日通名"日者"故也。

自古受命而王。王者之兴，何尝不以卜筮决于天命哉！其于周尤甚，及秦可见。代王之入任，于卜者。太卜之起，由汉兴而有。①

①[索隐]曰：案：《周礼》有太卜之官。此云由汉兴者，谓汉自文帝卜大横之后，其卜官更兴盛焉。

司马季主者，楚人也。①卜于长安东市。

①[索隐]曰：按：云楚人而太史公不序其系，盖楚相司马子期、子反后，姓也。季主见《列仙传》。

宋忠为中大夫，贾谊为博士，同日俱出洗沐，①相从论议，诵易先王圣人之道术，究遍人情，，相视而叹。贾谊曰："吾闻古之圣人不居朝廷，必在卜医之中。今吾已见三公九卿朝士大夫，皆可知矣。试之卜数中以观采。"②二人即同舆而之市，游于卜肆中。天新雨，道少人。司马季主间坐，弟子三四人侍，方辩天地之道，日月之运，阴阳吉凶之本。二大夫再拜谒。司马季主视其状貌，如类有知者，即礼之，使弟子延之坐。坐定，司马季主复理前语，分别天地之终始，日月星辰之纪，差次仁义之际，列吉凶之符，语数千言，莫不顺理。

①[正义]曰：汉官五日一假洗沐也。

②[索隐]曰：卜数，犹术数也。音所具反。刘氏云“具数筮之”，亦通。筮必以《易》，《易》用大衍之数也。

宋忠、贾谊瞿然而悟，猎缨正襟危坐，[①]曰：“吾望先生之状，听先生之辞，小子窃观于世，未尝见也。今何居之卑，何行之污？”[②]

①[索隐]曰：猎，揽也。揽其冠缨而正其衣襟，谓变而自饰也。危，一作“免”，谓俯俛为敬。

②[索隐]曰：音乌故反。

司马季主捧腹大笑曰：“观大夫类有道术者，今何言之陋也，何辞之野也！今夫子所贤者何也？所高者谁也？今何以卑污长者？”二君曰：“尊官厚禄，世之所高也，贤才处之。今所处非其地，故谓之卑。言不信，行不验，取不当，故谓之污。夫卜筮者，世俗之所贱简也。世皆言曰‘夫卜者多言夸严以得人情，[①]虚高人禄命以说人志，擅言祸灾以伤人心，矫言鬼神以尽人财，厚求拜谢以私于已。’此吾之所耻，故谓之卑污也。”

①[索隐]曰：谓卜者自矜夸而庄严，以得人情也。

司马季主曰：“公且安坐。公见夫被发童子乎？日月照之则行，不照则止，问之日月疵瑕吉凶则不能理。由是观之，能知别贤与不肖者寡矣！

“贤之行也，直道以正谏，三谏不听则退。其誉人也不望其报，恶人也不顾其怨，以便国家利众为务。故官非其任不处也，禄非其功不受也；见人不正，虽贵不敬也；见人有污，虽尊不下也；得不为喜，去不为恨；非其罪也，虽累辱而不愧也。

“今公所谓贤者，皆可为羞矣。卑疵而前，[①]孅趋而言；[②]相引以势，相导以利；比周宾正，[③]以求尊誉，以受公奉；事私利，枉主法，猎农民；以官为威，以法为机，求利逆暴；譬无异于操白刃劫人者也。初试官时，倍力为巧诈，饰虚功执空文以调主上，用居上为右；试官不让贤陈功，见伪增实，以无为有，以少为多，以求便势尊位；食饮驱驰，从姬歌儿，不顾于亲，犯法害民，虚公家。此夫为盗不操矛弧者也，攻而不用弦刃者也，欺父母未有罪而弑君未伐者也。何以为高贤才乎？

①[索隐]曰：疵，音赀。

②[索隐]曰：孅，音纤。纤趋犹足恭也。

③徐广曰："客旅谓之宾，人求长官谓之正。"

"盗贼发不能禁，夷貊不服不能摄，奸邪起不能塞，官耗乱不能治，四时不和不能调，岁谷不熟不能适。①才贤不为，是不忠也；才不贤而托官位，利上奉，妨贤者处，是窃位也；②有人者进，有财者礼，是伪也。

①[索隐]曰：音释。适犹调也。

②[索隐]曰：奉，音扶用反。

"子独不见鸱枭之与凤皇翔乎？兰芷芎䓖弃于广野，蒿萧成林，使君子退而不显众，公等是也。

"述而不作，君子义也。今夫卜者，必法天地，象四时，顺于仁义，分策定卦，旋式正棋，①然后言天地之利害，事之成败。昔先王之定国家，必先龟策日月，而后乃敢代；正时日，乃后入家；产子必先占吉凶，后乃有之。②自伏羲作《八卦》，周文王演三百八十四爻而天下治。越王勾践仿文王《八卦》③以破敌国，霸天下。由是言之，卜筮有何负哉！

①徐广曰："式，音栻。"[索隐]曰：按：式即栻也。旋，转也。栻之形上圆象天，下方法地，用之则转天网加地之辰，故云旋式。棋者，筮之状。正棋，盖谓卜以作卦也。

②[索隐]曰：谓若卜之不祥，则式不收也。卜吉而后有，故云"有之"。

③[索隐]曰：仿，音方往反。

"且夫卜筮者，扫除设坐，正其冠带，然后乃言事，此有礼也。言而鬼神或以飨，忠臣以事其上，孝子以养其亲，慈父以畜其子，此有德者也。而以义置数十百钱，病者或以愈，且死或以生，患或以免，事或以成，嫁子娶妇或以养生。此之为德，岂直数十百钱哉！此夫老子所谓'上德不德，是以有德'。今夫卜筮者利大而谢少，老子之云岂异于是乎？

“庄子曰：‘君子内无饥寒之患，外无劫夺之忧，居上而敬，居下不为害，君子之道也。’今夫卜筮者之为业也，积之无委聚，藏之不用府库，徙之不用辎车，负装之不重，止而用之无尽索之时。持不尽索之物，游于无穷之世，虽庄氏之行未能增于是也，子何故而云不可卜哉？天不足西北，星辰西北移；地不足东南，以海为池；日中必移，月满必亏；先王之道，乍存乍亡。公责卜者言必信，不亦惑乎！

“公见夫谈士辩人乎？虑事定计，必是人也，然不能以一言说人主意，故言必称先王，语必道上古；虑事定计，饰先王之成功，语其败害，以恐喜人主之志，以求其欲。多言夸严①莫大于此矣。然欲强国成功，尽忠于上，非此不立。今夫卜者，导惑教愚也。夫愚惑之人岂能以一言而知之哉！言不厌多。

①徐广曰：“一作‘险’。”

“故骐骥不能与罢驴为驷，而凤皇不与燕雀为群，而贤者亦不与不肖者同列。故君子处卑隐以辟众，自匿以辟伦，微见德顺以除群害，以明天性，助上养下，多其功利，不求尊誉。公之等喁喁者也，何知长者之道乎！”

宋忠、贾谊忽而自失，芒乎无色，①怅然噤口不能言。②于是摄衣而起，再拜而辞。行洋洋也，出市门仅能自上车，伏轼低头，卒不能出气。

①[索隐]曰：芒，音莫郎反。

②[索隐]曰：怅，音畅。噤，音禁。刘氏音其锦反。

居三日，宋忠见贾谊于殿门外，乃相引屏语，相谓自叹曰：“道高益安，势高益危。居赫赫之势，失身且有日矣。夫卜而有不审，不见夺糈，①为人主计而不审，身无所处。②此相去远矣，犹天冠地屦也。此老子之所谓‘无名者万物之始’也。天地旷旷，物之熙熙，或安或危，莫知居之。我与若，何足预彼哉！彼久而愈安，虽曾氏之义③未有以异也。”

①徐广曰：“音所。”骃案：《离骚经》曰“怀椒糈而要之”，王逸云：“糈，精米，所以享神”。

②[索隐]曰：糈者，卜求神之米也。言卜之不中，乃可见夺其糈米。若为人主计不审，则身无所处也。

③徐广曰："曾，一作'庄'。"

久之，宋忠使匈奴，不至而还，抵罪。而贾谊为梁怀王傅，王堕马薨，谊不食，毒恨而死。此务华绝根者也。①

①[索隐]曰：言宋忠、贾谊皆务华而丧其身，是绝其根本也。

太史公曰：古者卜人所以不载者，多不见于篇。及至司马季主，余志而著之。

褚先生曰：臣为郎时，游观长安中，见卜筮之贤大夫。观其起居行步，坐起自动，誓正其衣冠而当乡人也，有君子之风。见性好解妇来卜，对之颜色严振，未尝见齿而笑也。从古以来，贤者避世，有居止舞泽者，有居民间闭口不言，有隐居卜筮间以全身者。

夫司马季主者，楚贤大夫，游学长安，通《易经》，术黄帝、老子，博闻远见。观其对二大夫贵人之谈，言称引古明王圣人道，固非浅闻小数之能。及卜筮立名声千里者，各往往而在。传曰："富为上，贵次之；既贵各各学一伎能立其身。"

黄直，丈夫也；陈君夫，妇人也：以相马立名天下。齐张仲、曲成侯以善击刺学用剑，立名天下。留长孺以相彘立名。荥阳褚氏以相牛立名。能以伎能立名者甚多，皆有高世绝人之风，何可胜言。故曰："非其地，树之不生；非其意，教之不成。"夫家之教子孙，当视其所以好，好含苟生活之道，因而成之。故曰："制宅命子，足以观士；子有处所，可谓贤人。"

臣为郎时，与太卜待诏为郎者同署，言曰："孝武帝时，聚会占家问之，某日可取妇乎？五行家曰可，堪舆家曰不可，建除家曰不吉，丛辰家曰大凶，历家曰小凶，天人家曰小吉，太一家曰大吉。辩讼不决，以状闻。制曰：'避诸死忌，以五行为主。'"人取于五行者也。

索隐述赞曰：日者之名，有自来矣。吉凶占候，著于《墨子》。齐楚异法,书亡罕纪。后人斯继,季主独美。取免暴秦,此焉终否。

史记卷一二八
列传第六八

龟策

[索隐]曰:《龟策传》有录无书,褚先生所补。其叙事烦芜陋略,无可取。[正义]曰:史记至元成间十篇有录无书,而褚少孙补《景》、《武》纪,《将相年表》,《礼书》、《乐书》、《律书》,《三王世家》、《蒯成侯》、《日者》、《龟策列传》。《日者》、《龟策》言辞最鄙陋,非太史公之本意也。

太史公曰:自古圣王将建国受命,兴动事业,何尝不宝卜筮以助善唐。虞以上不可记已。自三代之兴,各据祯祥。涂山之兆从而夏启世,飞燕之卜顺故殷兴,百谷之筮吉故周王。王者决定诸疑,参以卜筮,断以蓍龟,不易之道也。蛮夷氐羌虽无君臣之序,亦有决疑之卜。或以金石,或以草本,①国不同俗。然皆可以战伐攻击,推兵求胜,各信其神,以知来事。

①徐广曰:"一作'革'。"

略闻夏殷欲卜者,乃取蓍龟,已则弃去之,以为龟藏则不灵,蓍久则不神。至周室之卜官,常宝藏蓍龟;又其大小先后各有所尚,要其归等耳。或以为圣王遭事无不定,决疑无不见,其设稽神求问之道者,以为后世衰微,愚不师智,人各自安,化分为百室,道散而无垠,故推归之至微,要洁于精神也。或以为昆虫之所长,圣人不能与争。其处吉凶,别然否,多中于人。至高祖时,因秦太卜官。天下始定兵革未息。及孝惠享国日少,吕后女主,孝文、孝景因袭掌故,未遑讲试,虽父子畴官世世相传,其精微深妙多所遗失。

至今上即位，博开艺能之路，悉延百端之学，通一伎之士咸得自效，绝伦超奇者为右，无所阿私，数年之间太卜大集。会上欲击匈奴，西攘大宛，①南收百越，卜筮至预见表象，先图其利。及猛将推锋执节，获胜于彼，而蓍龟时日亦有力于此。上尤加意，赏赐至或数千万。如丘子明之属，富溢贵宠，倾于朝廷。至以卜筮射蛊道，巫蛊时或颇中。素有眦睚不快，因公行诛，恣意所伤，以破族灭门者不可胜数。百僚荡恐，皆曰龟策能言。后事觉奸穷，亦诛三族。

①徐广曰："攘，一作'襄'。襄，除也。"

夫摓策定数，①灼龟观兆，变化无穷，是以择贤而用占焉，可谓圣人重事者乎！周公卜三龟，而武王有瘳。纣为暴虐，而元龟不占。晋文将定襄王之位，卜得黄帝之兆，②卒受彤弓之命。献公贪骊姬之色，卜而兆有口象，其祸竟流五世。楚灵将背周室，卜而龟逆，③终被乾溪之败。兆应信诚于内，而时人明察见之于外，可不谓两合者哉！君子谓：夫轻卜筮、无神明者，悖；背人道，④信祯祥者，鬼神不得其正。故《书》建稽疑，五谋而卜筮居其二，五占从其多，明有而不专之道也。

①徐广曰："摓，音逢。一作'达'。"[索隐]曰：摓谓两手执蓍分而扐之，故云摓策。

②《左传》曰遇黄帝战于阪泉之兆。

③《左传》曰："灵王卜，曰'余尚得天下'，不吉。投龟诟天而呼曰：'是区区者而不余畀，余必自取之。'"[索隐]曰：诟，音火候反。

④[索隐]曰：悖，音倍。背，音佩。

余至江南，观其行事，问其长老，云龟千岁乃游莲叶之上，①蓍百茎共一根。②又其所生，兽无虎狼，草无毒螫。江傍家人常畜龟饮食之，以为能导引致气，有益于助衰养老，岂不信哉！

①徐广曰："莲，一作'领'。领与莲声相近，或假借字也。"

②徐广曰："刘向云龟千岁而灵，蓍百年而一本生百茎。"

褚先生曰：臣以通经术，受业博士，治《春秋》，以高第为郎，幸得宿卫，出入宫殿中十有余年。窃好《太史公传》。《太史公之传》曰："三王不同龟，四夷各异卜，然各以决吉凶。略窥其要，故作《龟策列传》。”臣往来长安中,求《龟策列传》不能得,故之太卜官,问掌故文学长老习事者,写取龟策卜事,编于下方。

闻古五帝、三王发动举事,必先决蓍龟。传曰:①“下有伏灵,上有兔丝;上有稠蓍,②下有神龟。”所谓伏灵者,在兔丝之下,状似飞鸟之形。新雨已,天清静无风,以夜捎兔丝去之,即以篝烛此地,③烛之火灭,即记其处,以新布四丈环置之,明即掘取之,入四尺至七尺,得矣,过七尺不可得。伏灵者,千岁松根也,食之不死。闻蓍生满百茎者,其下必有神龟守之,其上常有青云覆之。传曰:“天下和平,王道得,而蓍茎长丈,其丛生满百茎。”方今世取蓍者,不能中古法度,不能得满百茎长丈者,取八十茎已上,蓍长八尺,即难得也。人民好用卦者,取满六十茎已上,长满六尺者,即可用矣。记曰:“能得名龟者,财物归之,家必大富至千万。”一曰“北斗龟”,二曰“南辰龟”,三曰“五星龟”,四曰“八风龟”,五曰“二十八宿龟”,六曰“日月龟”,七曰“九州龟”,八曰“玉龟”,凡八名龟。龟图各有文在腹下,文云云者,此某之龟也。略记其大指,不写其图。取此龟不必满尺二寸,民人得长七八寸,可宝矣。今夫珠玉宝器虽有所深藏,必见其光,必出其神明,其此之谓乎?故玉处于山而木润,渊生珠而岸不枯者,④润泽之所加也。明月之珠出于江海,藏于蚌中,蚗龙伏之。⑤王者得之,长有天下,四夷宾服。能得百茎蓍,并得其下龟以卜者,百言百当,足以决吉凶。

①[索隐]曰:此传即太卜所得古龟之说也。

②[索隐]曰:稠,音逐留反。稠蓍,即从蓍。㨖,古“稠”字。

③徐广曰:“篝,笼也。盖然火而笼罩其上也。音沟。《陈涉世家》曰‘夜篝火’也。”

④徐广曰:“一无‘不’字。许氏说《淮南》以为滋润钟于明珠,致令岸枯也。”

⑤徐广曰:“许氏说《淮南》云蚗龙,龙属也。音决。”[索隐]曰:蚗当为“蛟”。蛩,音龙,注音决,误也。

神龟出于江水中,庐江郡常岁时生龟长尺二寸者二十枚输太卜官，太卜官因以吉日剔取其腹下甲。龟千岁乃满尺二寸。王者发军行将，必钻龟庙堂之上，以决吉凶。今高庙中有龟室，藏内以为神宝。

传曰："取前足臑骨穿佩之，①取龟置室西北隅悬之，以入深山大林中，不惑。"臣为郎时，见《万毕·石朱方》，传曰："有神龟在江南嘉林中。②嘉林者，兽无虎狼，鸟无鸱枭，草无毒螫，野火不及，斧斤不至，是为嘉林。龟在其中，常巢于芳莲之上。左胁书文曰：'甲子重光，③得我者匹夫为人君，有土正，④诸侯得我为帝王。'求之于白蛇蟠杅⑤林中者，斋戒以待，譺然⑥状如有人来告之，因以醮酒佗发，⑦求之三宿而得。"由是观之，岂不伟哉！故龟可不敬欤？

①徐广曰："臑，音乃毛反。臑，臂。"[索隐]曰：臑，音乃高反，一音乃导反。

②[索隐]曰：按：《万毕术》中有《石朱方》，方中说嘉林中，故云传曰。

③徐广曰："子，一作'于'。"

④徐广曰："正，长也。为有土之官长。"

⑤徐广曰："一孤反。"

⑥[索隐]曰：按：林名白蛇蟠杅林，龟藏其中。杅，音乌。谓白蛇尝蟠杅此林中也。譺，音嶷。言求龟者斋戒以待，恒譺然也。

⑦徐广曰："佗，一作'被'。"[索隐]曰：佗，音徒我切。谓被发也。

南方老人用龟支床足，行二十余岁，老人死，移床，龟尚生不死。龟能行气导引。

问者曰："龟至神若此，然太卜官得生龟，何为辄杀取其甲乎？"近世江上人有得名龟，畜置之，家因大富。与人议，欲遣去。人教杀之勿遣，遣之破人家。龟见梦曰："送我水中，无杀吾也。"其家终杀之。杀之后，身死，家不利。人民与君王者异道。人民得名龟，其状类不宜杀也。以往古故事言之，古明王圣主皆杀而用之。

宋元王时得龟，亦杀而用之。谨连其事于左方，令好事者观择其中焉。

宋元王二年，江使神龟使于河，至于泉阳，渔者豫且举网得而囚之，①置之笼中。夜半，龟来见梦于宋元王曰："我为江使于河，而幕网当吾路。泉阳豫且得我，我不能去。身在患中，莫可告语。王有德义,故来告诉。”元王惕然而悟。乃召博士卫平而问之②曰:“今寡人梦见一丈夫,延颈而长头,衣玄绣之衣而乘辎车,来见梦于寡人曰:‘我为江使于河,而幕网当吾路。泉阳豫且得我,我不能去。身在患中,莫可告语。王有德义,故来告诉。’是何物也?”卫平乃援式而起,③仰天而视月之光,观斗所指,定日处乡。规矩为辅,副以权衡。四维已定,八卦相望。视其吉凶,介虫先见。乃对元王曰:“今昔壬子,④宿在牵牛。河水大会,鬼神相谋。汉正南北,⑤江河固期,南风新至,江使先来。白云壅汉,万物尽留。斗柄指日,使者当囚。玄服而乘辎车,其名为龟。王急使人问而求之。”王曰:“善。”

①[索隐]曰:且,音子余切。泉阳人,网元龟者。

②[索隐]曰:宋元君之臣也。

③徐广曰:“式音敕。”

④[索隐]曰:今昔犹昨夜也。以今日言之,谓昨夜为今昔。

⑤[正义]曰:汉,天河。

于是王乃使人驰而往问泉阳令曰:“渔者几何家?名谁为豫且?豫且得龟,见梦于王,王故使我求之。”泉阳令乃使吏案籍视图,水上渔者五十五家,上流之庐名为豫且。泉阳令曰:“诺。”乃与使者驰而问豫且曰:“今昔汝渔何得?”豫且曰:“夜半时举网得龟。”①使者曰:“今龟安在?”曰:“在笼中。”使者曰:“王知子得龟,故使我求之。”豫且曰:“诺。”即系龟而出之笼中,献使者。

①《庄子》曰:得白龟圆五尺。

使者载行,出于泉阳之门。正昼无见,风雨晦冥。云盖其上,五采青黄;雷雨并起,风将而行。入于端门,见于东箱。身如流水,润泽有光。望见元王,延颈而前,三步而止,缩颈而却,复其故处。元王见而怪之,问卫平曰:“龟见寡人,延颈而前,以何望也?缩颈而复,是何当也?”卫平对曰:“龟在患中,而终昔囚,王有德义,使人活之。今延颈而前,以当谢也;缩颈而却,欲亟去也。”元王曰:“善哉!神至如此乎!不可久留,趣驾送龟,勿令失期。”

卫平对曰:“龟者是天下之宝也,先得此龟者为天子,且十言十当,十战十胜。生于深渊,长于黄土。知天之道,明于上古。游三千岁,不出其域。安平静正,动不用力。寿蔽天地,莫知其极。与物变化,四时变色。居而自匿,伏而不食。春苍夏黄,秋白冬黑。明于阴阳,审于刑德。先知利害,察于祸福。以言而当,以战而胜。王能宝之,诸侯尽服。王勿遣也,以安社稷。”

元王曰:“龟甚神灵,降于上天,陷于深渊。在患难中。以我为贤,德厚而忠信,故来告寡人。寡人若不遣也,是渔者也。渔者利其肉,寡人贪其力,下为不仁,上为无德。君臣无礼,何从有福?寡人不忍,奈何勿遣?”

卫平对曰:“不然。臣闻盛德不报,重寄不归;天与不受,天夺之宝。今龟周流天下,还复其所,上至苍天,下薄泥涂。还遍九州,未尝愧辱,无所稽留。今至泉阳,渔者辱而囚之。王虽遣之,江河必怒,务求报仇。自以为侵,因神与谋。淫雨不霁,水不可治。若为枯旱,风而扬埃,蝗虫暴生,百姓失时。王行仁义,其罚必来。此无他故,其祟在龟。后虽悔之,岂有及哉?王勿遣也。”

元王慨然而叹曰:“夫逆人之使,绝人之谋,是不暴乎?取人之有,以自为宝,是不强乎?寡人闻之:暴得者必暴亡,强取者必后无功。桀纣暴强,身死国亡。今我听子,是无仁义之名而有暴强之道。江河为汤武,我为桀纣。未见其利,恐离其咎。寡人狐疑,安事此宝?趣驾送龟,勿令久留!”

卫平对曰:“不然,王其无患。天地之间,累石为山。高而不坏,地得为安。故云物或危而顾安,或轻而不可迁;人或忠信而不如诞谩,①或丑恶而宜大官,或美好佳丽而为众人患。非神圣人,莫能尽言。春秋冬夏,或暑或寒。寒暑不和,贼气相奸。同岁异节,其时使然。故令春生夏长,秋收冬藏。或为仁义,或为暴强。暴强有乡,仁义有时。万物尽然,不可胜治。大王听臣,臣请悉言之。天出五色,以辨白黑。地生五谷,以知善恶。人民莫知辨也,与禽兽相若。谷居而穴处,不知田作。天下祸乱,阴阳相错。匆匆疾疾,②通而不相择。妖孽数见,③传为单薄。圣人别其生,使无相获。禽兽有牝牡,置之山原。鸟有雌雄，布之林泽。有介之虫，置之溪谷。故牧人民，为之城郭，内经闾术，外为阡陌。夫妻男女，赋之田宅，列其室屋。为之图籍，别其名族。立官置吏，劝以爵禄。衣以桑麻，养以五谷。耕之耰之，④锄之耨之。⑤口得所嗜，目得所美，身受其利。以是观之，非强不至。故曰：田者不强，囷仓不盈；⑥商贾不强，不得其赢；妇女不强，布帛不精；官御不强，其势不成；大将不强，卒不使令；侯王不强，没世无名。故云强者事之始也，分之理也，物之纪也。所求于强，无不有也。王以为不然，王独不闻玉椟只雉⑦出于昆山，明月之珠出于四海，镌石拌蚌，⑧传卖于市，圣人得之以为大宝？大宝所在，乃为天子。今王自以为暴，不如拌蚌于海也；自以为强，不过镌石于昆山也。取者无咎，宝者无患。今龟使来抵网，而遭渔者得之，见梦自言，是国之宝也，王何忧焉。"

①徐广曰："诞，一作'弛'。音土和反。"[索隐]曰：诞，音田烂切。谩，音漫。又并如字。

②徐广曰："一作'病'。"

③[正义]曰：《说文》云"衣服歌谣草木之怪谓之妖，禽兽虫蝗之怪谓之孽"也。

④徐广曰："音忧。"[正义]曰：耰，覆种也。《说文》云："耰，摩田器。"

⑤徐广曰："耨，除草也。"

⑥[正义]曰：《说文》云："圆者谓之囷，方者谓之廪。"

⑦徐广曰："只，一作'双'。"

⑧徐广曰："镌，音子旋反。拌，音判。"[索隐]曰：拌，割也。

元王曰："不然。寡人闻之：谏者福也，谀者贼也。人主听谀，是愚惑也。虽然，祸不妄至，福不徒来。天地合气，以生百财。阴阳有分，不离四时。十有二月，日至为期。圣人彻焉，身乃无灾。明王用之，人莫敢欺。故云福之至也，人自生之；祸之至也，人自成之。祸与福同，刑与德双。圣人察之，以知吉凶。桀纣之时，与天争功，拥遏鬼神，使不得通。是固已无道矣，谀臣有众。桀有谀臣，名曰赵梁。教为无道，劝以贪狼。系汤夏台，杀关龙逢。左右恐死，偷谀于傍。国危于累卵，皆曰无伤。称乐万岁，或曰未央。蔽其耳目，与之诈狂。

汤卒伐桀，身死国亡。听其谀臣，身独受殃。《春秋》著之，至今不忘。纣有谀臣，名为左强。夸而目巧，教为象郎。①将至于天，又有玉床。犀玉之器，象箸而羹。②圣人剖其心，壮士斩其胻。③箕子恐死，被发佯狂。杀周太子历，囚文王昌。投之石室，④将以昔至明。阴兢活之，⑤与之俱亡。入于周地，得太公望。兴卒聚兵，与纣相攻。文王病死，载尸以行。太子发代将，号为武王。战于牧野，破之华山之阳。纣不胜败而还走，围之象郎。自杀宣室，⑥身死不葬。头悬车轸，四马曳行。寡人念其如此，肠如涫汤。⑦是人皆富有天下而贵至天子，然而大傲。欲无厌时，举事而喜高，贪狠而骄。不用忠信，听其谀臣，而为天下笑。今寡人之邦居诸侯之间，曾不如秋毫。举事不当，又安亡逃！”

①《礼记》曰："目巧之室。"郑玄曰："但用目巧善意作室，不由法度。"许慎曰："象牙郎。"

②[索隐]曰：箸，音持虑反。则箸即箸，为与羹连，或非箸，樽也。《记》曰："羹之有菜者用筴。"筴者，箸也。

③胻，音衡，脚胫也。

④[索隐]曰：按："杀周太子历"在"囚文王昌"之上，则近是季历。季历不被纣诛，则其言近妄，无容周更别有太子名历也。

⑤徐广曰："兢，一作'竟'。"[索隐]曰：阴，姓；兢，名。

⑥徐广曰："天子之居名曰宣室。"

⑦徐广曰："涫，音馆。一作'沸'。"[索隐]曰：涫，沸也。

卫平对曰："不然。河虽神贤，不如昆仑之山；江之源理，不如四海；而人尚夺取其宝，诸侯争之，兵革为起。小国见亡，大国危殆，杀人父兄，虏人妻子，残国灭庙，以争此宝。战攻分争，是暴强也。故云取之以暴强而治以文理，无逆四时，必亲贤士；与阴阳化，鬼神为使；通于天地，与之为友。诸侯宾服，民众殷喜。邦家安宁，与世更始。汤武行之，乃取天子；《春秋》著之，以为经纪。王不自称汤武，而自比桀纣。为暴强也，固以为常。桀为瓦室，①纣为象郎。征丝灼之，务以费民。②赋敛无度，杀戮无方。杀人六畜，以韦为囊。囊盛其血，与人悬而射之，与天帝争强。逆乱四时，先百鬼尝。谏者辄死，谀者在傍。圣人伏匿，百姓莫行。天数枯旱，国多妖祥。螟虫岁生，五谷不成。民不安其处，鬼神不享。飘风日起，正昼晦冥，日月并蚀，灭息无光。列星奔乱，皆绝纪纲。以是观之，安得久长！虽无汤武，时固当亡。故汤伐桀，武王克纣，其时使然。乃为天子，子孙续世，终身无咎，后世称之，至今不已。是皆当时而行，见事而强，乃能成其帝王。今龟，大宝也，为圣人使，传之贤士。不用手足，雷电将之，风雨送之，流水行之。侯王有德，乃得当之。今王有德而当此宝，恐不敢受；王若遣之，宋必有咎。后虽悔之，亦无及已。”

①《世本》曰："昆吾作陶。"张华《博物记》亦云"桀作瓦"。盖是昆吾为桀作也。

②[索隐]曰：灼，谓燔也。烧丝以当薪，务费人也。

元王大悦而喜。于是元王向日而谢，①再拜而受。择日斋戒，甲乙最良。乃刑白雉，及与骊羊。以血灌龟，于坛中央。以刀剥之，身全不伤。脯酒礼之，横其腹肠。荆支卜之，必制其创。②理达于理，文相错迎。使工占之，所言尽当。邦福重宝，③闻于傍乡。杀牛取革，被郑之桐。④草木毕分，化为甲兵。战胜攻取，莫如元王。元王之时，卫平相宋，宋国最强，龟之力也。

①[索隐]曰：盖欲神之以谢天之质。向日者，天之光明著见者也。

②[正义]曰：音疮。

③徐广曰："福，音副，藏也。"

④徐广曰："牛革桐为鼓也。"

故云神至能见梦于元王，而不能自出渔者之笼。身能十言尽当，不能通使于河，还报于江。贤能令人战胜攻取，不能自解于刀锋，免剥刺之患。圣能先知亟见，而不能令卫平无言。言事百全，至身而挛。当时不利，又焉事贤！贤者有恒常，士有适然。是故明有所不见，听有所不闻。人虽贤，不能左画方，右画圆。日月之明，而时蔽于浮云。羿名善射，不如雄渠、蜂门。①禹名为辩智，而不能胜鬼神。地柱折，天故毋椽，又奈何责人于全？

①《新序》曰："楚雄渠子夜行，见伏石当道，以为虎而射之，应弦没羽。"《淮南子》曰："射者重以逢蒙门子之巧。"刘歆《七略》有《蜂门射法》也。

孔子闻之曰："神龟知吉凶，而骨直空枯。①日为德而君于天下，辱于三足之乌。月为刑而相佐，见食于虾蟆。蝟辱于鹊，②腾蛇之神而殆于即且。③竹外有节理，中直空虚；松柏为百木长，而守门闾。日辰不全，故有孤虚。④黄金有疵，白玉有瑕。事有所疾，亦有所徐。物有所拘，亦有所据。罔有所数，亦有所疏。人有所贵，亦有所不如。何可而适乎？物安可全乎？天尚不全，故世为屋，不成三瓦而陈之，⑤以应之天。天下有阶，物不全⑥乃生也。"

①[正义]曰：凡龟，其骨空中而枯也。直，语发声也，今河东亦然。

②郭璞曰："蜎能制虎，见鹊仰地。"《淮南》、《万毕》曰："鹊令蜎反腹者，蜎憎其意而心恶之也。"

③郭璞曰："腾蛇，龙属也。蝍蛆，似蝗，大腹，食蛇脑也。"[正义]曰：即，津日反。且，则余反。即吴公也，状如蚰蜒而大，黑色。

④甲乙谓之日，子丑谓之辰。《六甲孤虚法》：甲子旬中无戌亥，戌亥为孤，辰巳即为虚。甲戌旬中无申酉，申酉为孤，寅卯为虚。甲申旬中无午未，午未为孤，子丑即为虚。甲午旬中无辰巳，辰巳为孤，戌亥即为虚。甲辰旬中无寅卯，寅卯为孤，申酉即为虚。甲寅旬中无子丑，子丑为孤，午未即为虚。刘歆《七略》有《风后孤虚》二十卷。[正义]曰：按：岁月日时孤虚，并得上法也。

⑤徐广曰："一云为屋成，欠三瓦而栋之也。"[索隐]曰：刘氏云："陈犹居也。"注作"栋"，音都贡反。[正义]曰：言为屋不成，欠三瓦以应天，犹陈列而居之。

⑥[正义]曰：言万物及日月天地皆不能全，喻龟之不全也。

褚先生曰："渔者举网而得神龟，龟自见梦宋元王，元王召博士卫平告以梦龟状，平运式定日月，分衡度，视吉凶，占龟与物色同，平谏王留神龟以为国重宝，美矣！古者筮必称龟者，以其令名，所从来久矣。余述而为传。

三月　二月　正月　①十二月　十一月　②四月　首仰③足开　肣开④首俛大　⑤五月　横吉　首俛大　⑥六月　七月　八月　九月　十月。

①[正义]曰：言正月、二月、三月右转周环终十二月者，日月之龟，腹下十

二黑点为十二月也，若二十八宿龟也。

②中关内高外下。[正义]曰：此等下至“首俛大”者，皆卜兆之状也。

③[索隐]曰：音鱼两反。[正义]曰：谓兆首仰起。

④[索隐]曰：音琴。肣谓兆足敛也。

⑤[索隐]曰：俛音免，兆首伏也。

⑥[正义]曰：俛音免，谓兆首伏而大。

卜禁曰：“子亥戌不可以卜及杀龟。日中如食已卜。暮昏龟之徼也，①不可以卜。庚辛可以杀，及以钻之。常以月旦祓龟，②先以清水澡之，以卵祓之，③乃持龟而遂之，若尝以为祖。④人若已卜不中，皆祓之以卵，东向立，灼以荆若刚木，土⑤卵指之者三，⑥持龟以卵周环之，祝曰：“今日吉，谨以粱卵㶲黄⑦祓去玉灵之不祥。”玉灵必信以诚，知万事之情，辩兆皆可占。不信不诚，则烧玉灵，扬其灰，以征后龟。其卜必北向，龟甲必尺二寸。

①[索隐]曰：徼，音叫。谓徼绕不明也。

②[索隐]曰：祓，音废，又音拂。拂洗之以水，鸡卵摩之而咒。

③[正义]曰：以常月朝清水洗之，以鸡卵摩而祝之。

④徐广曰：“一作‘视’。”[索隐]曰：祖，法也。言以为常法。

⑤徐广曰：“一作‘十一’。”[索隐]曰：按：古之灼龟，取生荆枝及生坚木烧之，斩断以灼龟。按：“土”字合依刘氏说，当连下句。

⑥[正义]曰：言卜不中，以土为卵，三度指之，三周绕之，用厌不祥也。

⑦[索隐]曰：粱，米也。卵，鸡子也。㶲，龟木也，音“次第”之“第”。言烧荆枝更递而灼，故有㶲名。一音梯，言灼之以渐，如有阶梯也。黄者，以黄绢裹粱卵以祓龟也。必以黄者，中之色，主土而信，故用鸡也。[正义]曰：㶲，音题。㶲，焦也。言以粱米鸡卵祓去龟之不祥，令灼之不焦不黄。若色焦及黄，卜之不中也。

卜先以造①灼钻，②钻中已，又灼龟首，各三；又复灼所钻中曰正身，灼首曰正足，③各三。即以造三周龟，祝曰：“假之玉灵夫子。④夫子玉灵，荆灼而心，令而先知。而上行于天，下行于渊，诸灵数蓛，⑤莫如汝信。今日良日，行一良贞。⑥其欲卜某，即得而喜，不得而悔。即得，发乡我身长大，手足收人皆上偶。不得，发乡我身挫折，中外不相应，手足灭去。”

①徐广曰：“音灶也。”

②[索隐]曰：造，谓烧荆之处，物若木也。

③徐广曰：“一作‘止’。”

④[索隐]曰：尊神龟而为之作号。

⑤徐广曰：“音策。”[索隐]曰：数，音所具反。莿，音近策。或莿是策之别名。此卜筮之书，其字亦无可核，他皆放此。

⑥徐广曰：“行，一作‘身’。”

灵龟卜祝曰：“假之灵龟，五巫五灵，不如神龟之灵，知人死，知人生。某身良，某欲求某物。即得也，头见足发，内外相应；即不得也，头仰足肸，内外自随。可得占。”

卜占病者祝曰：“今某病困。死，首上开，内外交骇，身节折；不死，首仰足肸。”

卜病者祟曰：“今病有祟无呈，无祟有呈。兆有中祟有内，外祟有外。”

卜系者出不出。不出，横吉安；若出，足开首仰有外。

卜求财物，其所当得。得，首仰足开，内外相应；即不得，呈兆首仰足肸。

卜有卖若买臣妾马牛。得之，首仰足开，内外相应；不得，首仰足肸，呈兆若横吉安。

卜击盗聚若干人在某所，今某将卒若干人往击之。当胜，首仰足开身正，内自桥，外下；不胜，足肸首仰，身首①内下外高。

①徐广曰：“一作‘简’。”

卜求当行不行。行，首足开；不行，足肸首仰，若横吉安，安不行。

卜往击盗，当见不见。见，首仰足肸有外；不见，足开首仰。

卜往候盗，见不见。见，首仰足肸，肸胜有外；不见，足开首仰。

卜闻盗来不来。来，外高内下，足肸首仰；不来，足开首仰，若横吉安，期之自次。

卜迁徙去官不去。去，足开有肸外首仰；不去，自去，即足肸，呈兆若横吉安。

卜居官尚吉不。吉，呈兆身正，若横吉安；不吉，身节折，首仰足开。

卜居室家吉不吉。吉，呈兆身正，若横吉安；不吉，身折节，首仰足开。

卜岁中禾稼孰不孰。孰，首仰足开，内外自桥外自垂；不孰，足肣首仰有外。

卜岁中民疫不疫。疫，首仰足肣，身节有强外；不疫，身正首仰足开。

卜岁中有兵无兵。无兵，呈兆若横吉安；有兵，首仰足开，身作外强情。

卜见贵人吉不吉。吉，足开首仰，身正，内自桥；不吉，首仰，身节折，足肣有外若无渔。

卜请谒于人得不得。得，首仰足开，内自桥；不得，首仰足肣有外。

卜追亡人当得不得。得，首仰足肣，内外相应；不得，首仰足开，若横吉安。

卜渔猎得不得。得，首仰足开，内外相应；不得，足肣首仰，若横吉安。

卜行遇盗不遇。遇，首仰足开，身节折，外高内下；不遇，呈兆。

卜天雨不雨。雨，首仰有外，外高内下；不雨，首仰足开，若横吉安。

卜天雨霁不霁。霁，呈兆足开首仰；不霁，横吉。

命曰横吉安。以占病，病甚者一日不死；不甚者卜曰瘳，不死。系者重罪不出，轻罪环出；过一日不出，久毋伤也。求财物买臣妾马牛，一日环得；过一日不得。不得行者不行。来者环至，过食时不至不来。击盗不行，行不遇，闻盗不来。徙官不徙。居官家室皆吉。岁稼不孰。民疾疫无疾。岁中无兵。见人行，不行不喜。请谒人不行不得。追亡人渔猎不得。行不遇盗。雨不雨。霁不霁。

命曰呈兆。病者不死。系者出。行者行。来者来。市买得。追亡人得,过一日不得。问行者不到。

命曰柱彻。卜病不死。系者出。行者行。来者来。而市买不得。忧者毋忧。追亡人不得。

命曰首仰足肣有内无外。占病,病甚不死。系者解。求财物买臣妾马牛不得。行者闻言不行。来者不来。闻盗不来。闻言不至。徙官闻言不徙。居官有忧。居家多灾。岁稼中孰。民疾疫多病。岁中有兵。闻言不开。见贵人吉。请谒不行,行不得善言。追亡人不得。渔猎不得。行不遇盗。雨不雨甚。霁不霁。故其莫字皆为首备。问之曰,备者仰也,故定以为仰,此私记也。

命曰首仰足肣有内无外。占病,病甚不死。系者不出。求财买臣妾不得。行者不行。来者不来。击盗不见。闻盗来,内自惊,不来。徙官不徙。居官家室吉。岁稼不孰。民疾疫有病甚。岁中无兵。见贵人吉。请谒追亡人不得。亡财物,财物不出得。渔猎不得。行不遇盗。雨不雨。霁不霁。凶。

命曰呈兆首仰足肣。以占病,不死。系者未出。求财物买臣妾马牛不得。行不行。来不来。击盗不相见。闻盗来不来。徙官不徙。居官久多忧。居家室不吉。岁稼不孰。民病疫。岁中毋兵。见贵人不吉。请谒不得。渔猎得少。行不遇盗。雨不雨。霁不霁。不吉。

命曰呈兆首仰足开。以占病,病笃死。系囚出。求财物买臣妾马牛不得。行者行。来者来。击盗不见盗。闻盗来不来。徙官徙。居官不久。居家室不吉。岁稼不熟。民疾疫有而少。岁中无兵。见贵人不见吉。请谒追亡人渔猎不得。行遇盗。雨不雨。霁。小吉。

命曰首仰足肣。以占病,不死。系者久,毋伤也。求财物买臣妾马牛不得。行者不行。击盗不行。来者来。闻盗来。徙官闻言不徙。居家室不吉。岁稼不孰。民疾疫少。岁中毋兵。见贵人得见。请谒追亡人渔猎不得。行遇盗。雨不雨。霁不霁。吉。

命曰首仰足开有内。以占病者，死。系者出。求财物买臣妾马牛不得。行者行。来者来。击盗行不见盗。闻盗来不来。徙官徙。居官不久。居家室不吉。岁孰。民疾疫有而少。岁中毋兵。见贵人不吉。请谒追亡人渔猎不得。行不遇盗。雨霁。霁小吉，不霁吉。

命曰横吉内外自桥。以占病，卜曰毋瘳死。系者毋罪出。求财物买臣妾马牛得。行者行。来者来。击盗合交等。闻盗来来。徙官徙。居家室吉。岁孰。民疫无疾。岁中无兵。见贵人请竭追亡人渔猎得。行遇盗。雨霁。雨霁大吉。

命曰横吉内外自吉。以占病，病者死。系不出。求财物买臣妾马牛追亡人渔猎不得。行者不来。击盗不相见。闻盗不来。徙官徙。居官有忧。居家室见贵人请谒不吉。岁稼不孰。民疾疫。岁中无兵。行不遇盗。雨不雨。霁不霁。不吉。

命曰渔人。以占病者，病者甚，不死，系者出。求财物买臣妾马牛击盗请谒追亡人渔猎得。行者行来。闻盗来不来。徙官不徙。居家室吉。岁稼不孰。民疫疾。岁中毋兵。见贵人吉。行不遇盗。雨不雨，霁不霁。吉。

命曰首仰足�内高外下。以占病，病者甚，不死。系者不出。求财物买臣妾马牛追亡人渔猎得。行不行。来者来。击盗胜。徙官不徙。居官有忧，无伤也。居家室多忧病。岁大孰。民疾疫。岁中有兵不至。见贵人请谒不吉。行遇盗。雨不雨。霁不霁。吉。

命曰横吉上有仰下有柱。病久不死。系者不出。求财物买臣妾马牛追亡人渔室见贵人吉。岁大孰。民疾疫。岁中毋兵。行不遇盗。雨不雨。霁不霁。大吉。

命曰横吉榆仰。以占病，不死。系者不出。求财物买臣妾马牛至不得，行不行。来不来。击盗不行，行不见，闻盗来不来。徙官不徙。居官家室见贵人吉。岁孰。岁中有疾疫，毋兵。请谒退亡人不得。渔猎至不得。行不得。行不遇盗，雨霁不霁。小吉。

命曰横吉下有柱。以占病，病甚不环有瘳无死。系者出。求财物买臣妾马牛请谒追亡人渔猎不得。行来不来。击盗不合。闻盗来来。徙官居官吉,不久。居家室不吉。岁不孰,民毋疾疫。岁中毋兵。见贵人吉。行不遇盗。雨不雨。霁小吉。

命曰载所。以占病,环有瘳无死。系者出。求财物买臣妾马牛请谒追亡人渔猎得。行者行。来者来。击盗相见不相合。闻盗来来。徙官徙。居家室忧。见贵人吉。岁孰。民毋疾疫。岁中毋兵。行不遇盗。雨不雨。霁霁。吉。

命曰根格。以占病者,不死。系久毋伤。求财物买臣妾马牛请谒追亡人渔猎不得。行不行。来不来。击盗盗行不合。闻盗不来。徙官不徙。居家室吉。岁稼中。民疾疫无死。见贵人不得见。行不遇盗。雨不雨。大吉。

命曰首仰足肣外高内下。卜有忧,无伤也。行者不来。病久死。求财物不得。见贵人者吉。

命曰外高内下。卜病不死,有祟。而市买不得。居官家室不吉。行者不行。来者不来。系者久,毋伤。吉。

命曰头见足发有内外相应。以占病者,起。系者出。行者行。来者来。求财物得。吉。

命曰呈兆首仰足开。以占病,病甚死。系者出,有忧。求财物买臣妾马牛请谒追亡人渔猎不得。行不行。来不来。击盗不合。闻盗来来。徙官居官家室不吉。岁恶。民疾疫无死。岁中毋兵。见贵人不吉。行不遇盗。雨不雨。霁。不吉。

命曰呈兆首仰足开外高内下。以占病,不死,有外祟。系者出,有忧。求财物买臣妾马牛相见不会。行行。来闻言不来。击盗胜。闻盗来不来。徙官居官家室见贵人不吉。岁中民疾疫,有兵。请谒追亡人渔猎不得。闻盗遇盗。雨不雨。霁。凶。

命曰首仰足肣身折内外相应。以占病,病甚不死。系者久不出。求财物买臣妾马牛渔猎不得。行不行。来不来。击盗有用胜。闻盗来来。徙官不徙。居官家室不吉。岁不孰。民疾疫。岁中有兵不至。见贵人喜。请谒追亡人不得。遇盗。凶。

命曰内格外垂。行者不行。来者不来。病者死。系者不出。求财物不得。见人不见。大吉。

命曰横吉内外相自桥榆仰上柱足肣.以占病,病甚不死。系久,不抵罪。求财物买臣妾马牛请谒追亡人渔猎不得。行不行。来不来。居官家室见贵人吉。徙官不徙。岁不大孰。民疾疫,有兵。有兵不会。行遇盗。闻言不见。雨不雨。霁霁。大吉。

命曰头仰足肣内外自随。卜忧病者甚,不死。居官不得居。行者行。来者不来。求财物不得。求人不得。吉。

命曰横吉下有柱。卜来者来。卜日即不至,未来。卜病者过一日毋瘳死。行者不行。求财物不得。系者出。

命曰横吉内外自举,以占病者,久不死。系者久不出。求财物得而少。行者不行。来者不来。见贵人见。吉。

命曰内高外下疾轻足发。求财物不得。行者行。病者有瘳。系者不出。来者来。见贵人不见。吉。

命曰外格。求财物不得。行者不行。来者不来。系者不出。不吉。病者死。求财物不得。见贵人见。吉。

命曰内自举外来正足发者行。来者来。求财物得。病者久,不死。系者不出。见贵人见。吉。

此横吉上柱外内内自举足肣。以卜有求得。病不死。系者毋伤,未出。行不行。来不来。见人不见。百事尽吉。

此横吉上柱外内自举柱足以作。以卜有求得。病死环起。系留毋伤,环出。行不行,来不来。见人不见。百事吉,可以举兵。

此挺诈有外。以卜有求不得。病不死。数起。系祸罪。闻言毋伤。行不行。来不来。

此挺诈有内。以卜有求不得。病不死,数起。留祸罪无伤。系出。行不行。来者不来。见人不见。

此挺诈内外自举。以卜有求得。病不死,系毋罪。行行。来来。田贾市渔猎尽喜。

此狐狢。以有卜求不得。病死。难起。系留毋罪难出。可居宅。可娶妇、嫁女。行不行。来不来。见人不见。有忧不忧。

此狐彻。以卜有求不得。病者死。系留有抵罪。行不行。来不来。见人不见。言语定。百事尽不吉。

此首俯足肣身节折。以卜有求不得。病者死。留系有罪。望行者不来。行行。来不来。见人不见。

此挺内外自垂。以卜有求不晦。病不死,难起。系留毋罪,难出。行不行。来不来。见人不见。不吉。

此横吉榆仰首俯。以卜有求难得。病难起,不死。系难出,毋伤也。可居家室,以娶妇嫁女。

此横吉上柱载正身节折内外自举。以卜病者,卜日不死,其一日乃死。

此横吉上柱足肣内自举外自垂。以卜病者,卜日不死,其一日乃死。

为人病首俯足诈有外无内。病者占龟未已,急死。卜轻失大,一日不死。

首仰足肣。以卜有求不得。以系有罪。人言语恐之,毋伤。行不行。见人不见。

大论曰:①外者人也,内者自我也;外者女也,内者男也。首俛者忧。大者身也,小者枝也。大法,病者足肣者生,足开者死。行者足开至,足肣者不至。行者足肣不行,足开行。有求足开得,足肣者不得。系者足肣不出,开出。其卜病也,足开而死者,内高而外下也。

①[索隐]曰:按:褚先生所取太卜杂占卦体及命召之辞,义芜,辞重,殆无足采,凡此六十七条别是也。

索隐述赞曰:三王异龟,五帝殊卜。或长或短,若瓦若玉。其记已亡,其繇后续。江使触网,见留宋国。神能托梦,不卫其足。

史记卷一二九
列传第六九

货殖

[索隐]曰:《论语》云:"赐不受命而货殖焉。"《广雅》云:"殖,立也。"孔安国注《尚书》云:"殖,生也。生资货财利也。"

《老子》曰:"至治之极,邻国相望,①鸡狗之声相闻,民各甘其食,美其服,安其俗,乐其业,至老死不相往来。"必用此为务,挽近世涂民耳目,则几无行矣。②

①[正义]曰:音亡。

②[索隐]曰:挽,音晚。古字通用。

太史公曰:夫神农以前,吾不知已。至若《诗》、《书》所述虞夏以来,耳目欲极声色之好,口欲穷刍豢之味,身安逸乐,而心夸矜势能之荣。使俗之渐民久矣,虽户说以眇论,终不能化。①故善者因之,其次利道之,其次教诲之,其次整齐之,最下者与之争。

①[索隐]曰:眇,音妙。论,如字。

夫山西饶材、竹、榖、纑、①旄、玉石;山东多鱼、盐、漆、丝、声色;江南出楠、梓、②姜、桂、金、锡、连、③丹沙、犀、玳瑁、珠玑、齿革;龙门、碣石④北多马、牛、羊、旃裘、筋角;铜、铁则千里往往山出棋置。⑤此其大较也。⑥皆中国人民所喜好,谣俗被服饮食奉生送死之具也。故待农而食之,虞而出之,工而成之,商而通之。此宁有政教发征期会哉?人各任其能,竭其力,以得所欲。故物贱之征贵,⑦贵之征贱。各劝其业,乐其事,若水之趋下,日夜无休时,不召王堂字敬伯，广汉郪人也。初举光禄茂才，①迁谷城令，治有名迹。②永初中，西羌寇巴郡，为民患，诏书遣中郎将尹就攻讨，连年不克。三府举堂治剧，拜巴郡太守。堂驰兵赴贼，斩虏千余级，巴、庸清静，吏民生为立祠。③刺史张乔表其治能，迁右扶风。

①光禄举之为茂才也。

②故城，县，属东郡，故城在今济州东阿县东。

③庸即上庸县也，故城在今房州清水县西也。

安帝西巡，阿母王圣、中常侍江京等并请属于堂，堂不为用。掾吏固谏之，堂曰："吾蒙国恩，岂可为权宠阿意，以死守之！"①即日遣家属归，闭阁上病。果有诬奏堂者，会帝崩，京等悉诛，堂以守正见称。永建二年，征入为将作大匠。四年，坐公事左转议郎。②复拜鲁相，政存简一，至数年无辞讼。迁汝南太守，搜才礼士，不苟自专，乃教掾吏曰："古人劳于求贤，逸于任使，故能化清于上，事缉于下。其宪章朝右，简核才职，委功曹陈蕃。匡政理务，拾遗补阙，任主簿应嗣。庶循名责实，察言观效焉。"自是委诚求当，不复妄有辞教，郡内称治。时大将军梁商及尚书令袁汤，以求属不行，并恨之。后庐江贼进入弋阳界，堂勒兵追讨，即便奔散，而商、汤犹因此风州奏堂在任无警，免归家。

①阿，曲也。

②《续汉志》曰："议郎，秩六百石，无员。"

年八十六卒。遗令薄敛，瓦棺以葬。子稚，清行不仕。曾孙商，益州牧刘焉以为蜀郡太守，有治声。

苏章字孺文，扶风平陵人也。八世祖建，武帝时为右将军。①祖父纯，字桓公，有高名，性强切而持毁誉，②士友咸惮之，至乃相谓曰："见苏桓公，患其教责人，不见又思之。"三辅号为"大人"。③永平中，为奉车都尉窦固军，出击北匈奴、车师有功，封中陵乡侯，官至南阳太守。

①《前书》曰，建以校尉从大将军青击匈奴，封平陵侯。中子武最知名也。

②持，执也。执毁誉之论，谓品藻其臧否。

③大人，长老之称，言尊事之也。

章少博学，能属文。安帝时，举贤良方正，对策高第，为议郎。数陈得失，其言甚直。出为武原令，①时岁饥，辄开仓廪，活三千余户。顺帝时，迁冀州刺史。故人为清河太守，章行部案其奸臧。乃请太守，为设酒肴，陈平生之好甚欢。太守喜曰："人皆有一天，我独有二天。"章曰："今夕苏孺文与故人饮者，私恩也；明日冀州刺史案事者，公法也。"遂举正其罪。州境知章无私，望风畏肃。换为并州刺史，以摧折权豪忤旨，坐免。隐身乡里，不交当世。后征为河南尹，不就。时天下日敝，民多悲苦，论者举章有干国才，朝廷不能复用，卒于家。兄曾孙不韦。

①武原，县，属楚国，故城在今泗州下邳县北。

不韦字公先。父谦，初为郡督邮。时魏郡李暠为美阳令，与中常侍具瑗交通，贪暴为民患，前后监司畏其势援，莫敢纠问。及谦至部，案得其臧，论输左校。谦累迁至金城太守，去郡归乡里。汉法，免罢守令，自非诏征，不得妄到京师。而谦后私至洛阳，时暠为司隶校尉，必谦诘掠，死狱中，暠又因刑其尸，以报昔怨。

不韦时年十八，征诣公车，会谦见杀，不韦载丧归乡里，瘗而不葬，仰天叹曰："伍子胥独何人也！"①乃藏母于武都山中，②遂变名姓，尽以家财募剑客，邀暠于诸陵间，不克。会暠迁大司农，时右校刍廥在寺北垣下，③不韦与亲从兄弟潜入廥中，夜则凿地，昼则逃伏。如此经月，遂得傍达暠之寝室，出其床下。值暠在厕，因杀其妾并及小儿，留书而去。暠大惊惧，乃布棘于室，以板籍地，一夕九徙，虽家人莫知其处。每出，辄剑戟随身，壮士自卫。不韦知暠有备，乃日夜飞驰，径到魏郡，掘其父阜冢，断取阜头，以祭父坟，又标之于市曰："李君迁父头。"暠匿不敢言，而自上退位，归乡里，私掩塞冢椁。捕求不韦，历岁不能得，愤恚感伤，发病欧血死。

①子胥父伍奢为楚王所杀，子胥复仇，鞭平王之尸。解具《寇荣传》。

②武都，郡名，其地在今成州上禄县界。有仇池山，东西悬绝，壁立百仞，故藏于其中也。

③《说文》云："庩，刍藁藏。"音工外反。垣，墙也。

不韦后遇赦还家，乃始改葬，行丧。士大夫多讥其发掘冢墓，归罪枯骨，不合古义，唯任城何休方之伍员。太原郭林宗闻而论之曰："子胥虽云逃命，而见用强吴，凭阖庐之威，因轻悍之众，雪怨旧郢，曾不终朝，而但鞭墓戮尸，以舒其愤，竟无手刃后主之报。岂如苏子单特孑立，靡因靡资，强仇豪援，据位九卿，城阙天阻，宫府幽绝，埃尘所不能过，雾露所不能沾。不韦毁身燋虑，出于百死，冒触严禁，陷族祸门，虽不获逞，为报已深。况复分骸断首，以毒生者，①使暠怀忿结，不得其命，犹假手神灵以毙之也。力唯匹夫，功隆千乘，比之于员，不以优乎！"议者于是贵之。

①毒，苦也。

后太傅陈蕃辟，不应，为郡五官掾。初，弘农张奂睦于苏氏，而武威段颎与暠素善，后奂、颎有隙。及颎为司隶，以礼辟不韦，不韦惧之，称病不诣。颎既积愤于奂，因发怒，乃追咎不韦前报暠事，以为暠表治谦事，被报见诛，君命天也，而不韦仇之。又令长安男子告不韦多将宾客，夺舅财物，遂使从事张贤等就家杀之。乃先以鸩与贤父曰："若贤不得不韦，便可饮此。"贤到扶风，郡守使不韦奉谒迎贤，即时收执，并其一门六十余人尽诛灭之，诸苏以是衰破。及段颎为阳球所诛，天下以为苏氏之报焉。

羊续字兴祖，太山平阳人也。其先七世二千石卿校。祖父侵，安帝时司隶校尉。父儒，桓帝时为太常。

续以忠臣子孙拜郎中，去官后，辟大将军窦武府。及武败，坐党事，禁锢十余年，幽居守静。及党禁解，复辟太尉府，四迁为庐江太守。后扬州黄巾贼攻舒，焚烧城郭，续发县中男子二十以上，皆持兵勒陈，其小弱者悉使负水灌火，会集数万人，并势力战，大破之，郡界平。后安风贼戴风等作乱，①续复击破之，斩首三千余级，生获渠帅,其余党辈原为平民,②赋与佃器,使就农业。

①安风,县,属庐江郡。

②原,免也。

中平三年,江夏兵赵慈反叛,杀南阳太守秦颉,攻没六县。拜续为南阳太守。当入郡界,乃羸服间行,侍童子一人,观历县邑,采问风谣,然后乃进。其令长贪絜,吏民良猾,悉逆知其状,郡内惊竦,莫不震慑。乃发兵与荆州刺史王敏共击慈,斩之,获首五千余级。属县余贼并诣续降,续为上言,宥其枝附。贼既清平,乃班宣政令,候民病利,①百姓欢服。时权豪之家多尚奢丽,续深疾之,常敝衣薄食,车马羸败。府丞尝献其生鱼,续受而悬于庭;丞后又进之,续乃出前所悬者以杜其意。续妻后与子秘俱往郡舍,续闭门不内,妻自将秘行,其资藏唯有布衾、敝祗裯、盐、麦数斛而已,②顾敕秘曰:"吾自奉若此,何以资尔母乎?"使与母俱归。

①损于人曰病,益于人曰利。

②《说文》曰:"祗裯,短衣也。"《广雅》云,即襜褕也。祗音丁奚反,裯音丁劳反。

六年,灵帝欲以续为太尉。时拜三公者,皆输东园礼钱千万,令中使督之,名为"左驺"。①其所之往,辄迎致礼敬,厚加赠赂。续乃坐使人于单席,举缊袍以示之,②曰:"臣之所资,唯斯而已。"左驺白之,帝不悦,以此故不登公位。而征为太常,未及行,会病卒,时年四十八。遗言薄敛,不受赗遗。旧典,二千石卒,官赙百万,府丞焦俭遵续先意,一无所受。诏书褒美,敕太山太守以府赙钱赐续家云。

①驺,骑士也。

②缊,故絮也。

贾琮字孟坚,东郡聊城人也。①举孝廉,再迁为京兆令,有政理迹。

①聊城,今博州县。

旧交阯土多珍产,明玑、翠羽、犀、象、瑇瑁、异香、美木之属,莫不自出。①前后刺史率多无清行,上承权贵,下积私赂,财计盈给,辄复求见迁代，故吏民怨叛。中平元年，交阯屯兵反，执刺史及合浦太守，自称“柱天将军”。灵帝特敕三府精选能吏，有司举琮为交阯刺史。琮到部，讯其反状，咸言赋敛过重，百姓莫不空单，京师遥远，告冤无所，民不聊生自活，故聚为盗贼。琮即移书告示，各使安其资业，招抚荒散，蠲复徭役，诛斩渠帅为大害者，简选良吏试守诸县，岁间荡定，百姓以安。巷路为之歌曰：“贾父来晚，使我先反；今见清平，吏不敢饭。”在事三年，为十三州最，征拜议郎。

①《说文》曰：“玑，珠之不圆者。”《异物志》曰：“翠鸟形似燕，翡赤而翠青，其羽可以为饰。”《广雅》曰“瑇瑁形似龟，出南海巨延州”也。

时黄巾新破，兵凶之后，郡县重敛，因缘生奸。诏书沙汰刺史、二千石，更选清能吏，乃以琮为冀州刺史。旧典，传车骖驾，垂赤帷裳，迎于州界。及琮之部，升车言曰：“刺史当远视广听，纠察美恶，何有反垂帷裳以自掩塞乎？”乃命御者褰之。百城闻风，自然竦震。其诸臧过者，望风解印绶去，唯瘿陶长济阴董昭、观津长梁国黄就当官待琮，于是州界翕然。

灵帝崩，大将军何进表琮为度辽将军，卒于官。

陆康字季宁，吴郡吴人也。祖父续，在《独行传》。父褒，有志操，连征不至。

康少仕郡，以义烈称，刺史臧旻举为茂才，除高成令。①县在边垂，旧制，令户一人具弓弩以备不虞，不得行来。②长吏新到，辄发民缮修城郭。康至，皆罢遣，百姓大悦，以恩信为治，寇盗亦息，州郡表上其状。光和元年，迁武陵太守，转守桂阳、乐安二郡，所在称之。

①高成，县，属渤海郡也。

②行来犹往来也。

时灵帝欲铸铜人，而国用不足，乃诏调民田，亩敛十钱。而比水旱伤稼，百姓贫苦。康上疏谏曰：“臣闻先王治世，贵在爱民。省徭轻赋，以宁天下，除烦就约，以崇简易，①故万姓从化，灵物应德。末世衰主，穷奢极侈，造作无端，兴制非一，劳割自下，以从苟欲，②故黎民吁嗟，阴阳感动。陛下圣德承天，当隆盛化，而卒被诏书，亩敛田钱，铸作铜人，伏读惆怅，悼心失图。夫十一而税，周谓之彻。③彻者通也，言其法度可通万世而行也。故鲁宣税亩，而蝝灾自生；④哀公增赋，而孔子非之。⑤岂有聚夺民物以营无用之铜人，捐舍圣戒，自蹈亡王之法哉！⑥传曰：'君举必书，书而不法，后世何述焉？'陛下宜留神省察，改敝从善，以塞兆民怨恨之望。"书奏，内幸因此谮康援引亡国，以譬圣明，大不敬，槛车征诣廷尉。侍御史刘岱典考其事，岱为表陈解释，免归田里。复征拜议郎。

①《易》曰："《乾》以易知，《坤》以简能，而天下之理得矣。"

②劳苦割剥于下人也。

③《孟子》曰："夏后氏五十而贡，殷人七十而助，周人百亩而彻，其实皆十一也。"

④《公羊传》曰："初税亩者何？履亩而税也。"何休注云："宣公无恩信于人，人不肯尽力于公田，起履践案行，择其亩谷好者税取之。"蝝，蠡子也。《公羊传》："冬蝝生。此言蝝生何？上变古易常也。"注云："上谓宣公，变易公田旧制而税亩。"

⑤《左传》曰："季孙欲以田赋，使冉有访诸仲尼。仲尼私于冉有曰：'子季孙若欲行而法，则周公之典在；若欲苟而行之，又何访焉！'"

⑥谓秦始皇铸铜人十二，卒致灭亡也。

会庐江贼黄穰等与江夏蛮连结十余万人，攻没四县，拜康庐江太守。康申明赏罚，击破穰等，余党悉降。帝嘉其功，拜康孙尚为郎中。献帝即位，天下大乱，康蒙险遣孝廉计吏奉贡朝廷，诏书策劳，加忠义将军，秩中二千石。时袁术屯兵寿春，部曲饥饿，遣使求委输兵甲。康以其叛逆，闭门不通，内修战备，将以御之。术大怒，遣其将孙策攻康，围城数重。康固守，吏士有先受休假者，皆遁伏还赴，暮夜缘城而入。受敌二年，城陷。月余，发病卒，年七十。宗族百余人，遭离饥厄，死者将半。朝廷愍其守节，拜子俊为郎中。

少子绩，仕吴为郁林太守，博学善政，见称当时。幼年曾谒袁术，怀橘堕地者也，有名称。①

①绩字公纪，《吴志》有传。

赞曰：伋牧朔藩，信立童昏。诗守南楚，民作谣言。奋驰单乘，堪驾毁辕。范得其朋，①堂任良肱。②二苏劲烈，羊、贾廉能。季宁拒策，城陨冲棚。③

①《易》曰："西南得朋。"廉范迁蜀郡太守，百姓便之，蜀在西南，故云得朋也。

②谓委任功曹陈蕃、主簿应嗣，郡中大化也。

③棚，兵车也，音彭，协韵音普胜反。

后汉书卷三二
列传第二二

樊宏 子儵　族曾孙准　　阴识 弟兴

樊宏字靡卿，南阳湖阳人也，世祖之舅。其先周仲山甫，封于樊，因而氏焉，①为乡里著姓。父重，字君云，世善农稼，好货殖。重性温厚，有法度，三世共财，子孙朝夕礼敬，常若公家。其营理产业，物无所弃，课役童隶，各得其宜，故能上下戮力，财利岁倍，至乃开广田土三百余顷。其所起庐舍，皆有重堂高阁，陂渠灌注。②又池鱼牧畜，有求必给。尝欲作器物，先种梓漆，时人嗤之，然积以岁月，皆得其用，向之笑者咸求假焉。赀至巨万，而赈赡宗族，恩加乡闾。外孙何氏兄弟争财，重耻之，以田二顷解其忿讼。县中称美，推为三老。年八十余终。其素所假贷人间数百万，遗令焚削文契。责家闻者皆惭，争往偿之，③诸子从敕，竟不肯受。

①樊，今襄州安养县也。

②郦元《水经注》曰："湖水支分，东北为樊氏陂，东西十里，南北五里，亦谓之凡亭。陂东樊氏故宅，樊氏既灭，庾氏取其陂，故谚曰：'陂汪汪，下田良，樊氏失业庾氏昌。'"其陂至今犹名为樊陂，在今邓州新野县之西南也。

③责音侧界反。

宏少有志行。王莽末，义兵起，刘伯升与族兄赐俱将兵攻湖阳，城守不下。赐女弟为宏妻，湖阳由是收系宏妻子，令出譬伯升，宏因留不反。湖阳军帅欲杀其妻子，长吏以下共相谓曰："樊重子父，礼义恩德行于乡里，虽有罪，且当在后。"会汉兵日盛，湖阳惶急，未敢杀之，遂得免脱。更始立，欲以宏为将，宏叩头辞曰："书生不习兵事。”竟得免归，与宗家亲属作营堑自守，老弱归之者千余家。时赤眉贼掠唐子乡，多所残杀，欲前攻宏营，宏遣人持牛酒米谷，劳遗赤眉。赤眉长老先闻宏仁厚，皆称曰：“樊君素善，且今见待如此，何心攻之。”引兵而去，遂免寇难。

世祖即位，拜光禄大夫，位特进，次三公。建武五年，封长罗侯。①十三年，封弟丹为射阳侯，②兄子寻玄乡侯，族兄忠更父侯。十五年，定封宏寿张侯。十八年，帝南祠章陵，过湖阳，祠重墓，追爵谥为寿张敬侯，立庙于湖阳。车驾每南巡，常幸其墓，赏赐大会。

①长罗，县名，属陈留郡，故城在今滑州匡城县东北。

②在射水之阳。《水经注》曰：“沘水西南流，射水注之，水出射城北。建武十三年，封樊重少子丹为射阳侯，即其国也。”案：临淮郡别有射阳县，疑远，非此地也。

宏为人谦柔畏慎，不求苟进。常戒其子曰：“富贵盈溢，未有能终者。吾非不喜荣势也，天道恶满而好谦，前世贵戚皆明戒也。①保身全已，岂不乐哉！”每当朝会，辄迎期先到，俯伏待事，时至乃起。帝闻之，常敕驺骑临朝乃告，勿令豫到。宏所上便宜及言得失，辄手自书写，毁削草本。公朝访逮，不敢众对。宗族染其化，未尝犯法。帝甚重之。及病困，车驾临视，留宿，问其所欲言。宏顿首自陈：“无功享食大国，诚恐子孙不能保全厚恩，令臣魂神惭负黄泉，愿还寿张，食小乡亭。”帝悲伤其言，而竟不许。

①《易》曰“天道亏盈而益谦，人道恶盈而好谦”也。

二十七年，卒。遗敕薄葬，一无所用，以为棺柩一臧，不宜复见，如有腐败，伤孝子之心，使与夫人同坟异臧。帝善其令，以书示百官，因曰：“今不顺寿张侯意，无以彰其德。且吾万岁之后，欲以为式。”赙钱千万，布万匹，谥为恭侯，赠以印绶，车驾亲送葬。子鯈嗣。帝悼宏不已，复封少子茂为平望侯。①樊氏侯者凡五国。明年，赐鯈弟鲔及从昆弟七人合钱五千万。

①平望，县，属北海郡，故城在今青州北海县西北，俗名平望台也。

论曰：昔楚顷襄王问阳陵君曰："君子之富何如？"对曰："假人不德不责，食人不使不役，亲戚爱之，众人善之。"①若乃樊重之折契止讼，其庶几君子之富乎！分地以用天道，实廪以崇礼节，②取诸理化，则亦可以施于政也。与夫爱而畏者，何殊间哉！③

①假贷人者不自以为德，不责其报也。食善人者不使役之，故众人称善也。《说苑》曰楚王问庄辛之言也。

②《管子》曰："仓廪实而知礼节。"

③《左传》曰："是以其人畏而爱之，何殊间哉！"言不异也。间音古苋反。

鯈字长鱼，谨约有父风。事后母至孝，及母卒，哀思过礼，毁病不自支，世祖常遣中黄门朝暮送饘粥。①服阕，就侍中丁恭受《公羊严氏春秋》。②建武中，禁网尚阔，诸王既长，各招引宾客，以鯈外戚，争遣致之，而鯈清静自保，无所交结。及沛王辅事发，贵戚子弟多见收捕，鯈以不豫得免。帝崩，鯈为复土校尉。③

①饘，糜也。

②严彭祖也。

③复土校尉主葬事，复土于圹也。

永平元年，拜长水校尉，与公卿杂定郊祠礼仪，以谶记正《五经》异说。北海周泽、琅邪承宫并海内大儒，鯈皆以为师友而致之于朝。上言郡国举孝廉，率取年少能报恩者，耆宿大贤多见废弃，宜敕郡国简用良俊。又议刑辟宜须秋月，以顺时气。显宗并从之。二年，以寿张国益东平王，徙封鯈燕侯。①其后广陵王荆有罪，帝以至亲悼伤之，诏鯈与羽林监南阳任隗杂理其狱。事竟，奏请诛荆。引见宣明殿，帝怒曰："诸卿以我弟故，欲诛之，即我子，卿等敢尔邪！"鯈仰而对曰："天下高帝天下，非陛下之天下也。《春秋》之义，'君亲无将，将而诛焉'。②是以周公诛弟，季友鸩兄，经传大之。③臣等以荆属托母弟，陛下留圣心，加恻隐，故敢请耳。如令陛下子，臣等专诛而已。"④帝叹息良久。鯈益以此知名。其后弟鲔为子赏求楚王英女敬乡公主，鯈闻而止之，曰："建武时，吾家并受荣宠，一宗五侯。⑤

时特进一言,女可以配王,男可以尚主,[6]但以贵宠过盛,即为祸患,故不为也。且尔一子,奈何弃之于楚乎?”鲔不从。

①燕,县名,属东郡。

②《公羊传》之文也。将者,将为弑逆之事也。

③周公之弟管、蔡二叔,流言于国,云周公摄政将不利于成王,故周公诛之。《左传》曰:“周公杀管叔而槃蔡叔,夫岂不爱,王室故也。”杜预注曰“槃,放也。”又曰,鲁庄公有疾,叔牙欲立庆父为后,牙弟季友欲立公子般,友遂鸩叔牙杀之。《公羊传》曰:“季子杀母兄,何善?其诛不得避兄,君臣之义也。”上槃音萨。

④专谓不请也。

⑤谓宏封长罗侯,弟丹射阳侯,兄子寻玄乡侯,族兄忠更父侯,宏又封寿张侯也。

⑥宏为特进。

十年,儵卒,赗赠甚厚,谥曰哀侯。帝遣小黄门张音问所遗言。先是河南县亡失官钱,典负者[1]坐死及罪徙者甚众,遂委责于人,以偿其耗。乡部吏司因此为奸,儵常疾之。又野王岁献甘醪、膏饧,[2]每辄扰人,吏以为利。儵并欲奏罢之,疾病未及得上。音归,具有闻,帝览之而悲叹,敕二郡并令从之。

①典谓主典,负谓欠负。

②醪,醇酒,汁滓相将也。

长子汜嗣。以次子郴、梵为郎。其后楚事发觉,帝追念儵谨恪,又闻其止鲔婚事,故其诸子得不坐焉。

梵字文高,为郎二十余年,三署服其重慎。[1]悉推财物二千余万与孤兄子,官至大鸿胪。

①三署解见《和帝纪》也。

汜卒,子时嗣。时卒,子建嗣。建卒,无子,国绝。永宁元年,邓太后复封建弟盼。盼卒,子尚嗣。

初,儵删定《公羊严氏春秋》章句,世号“樊侯学”,教授门徒前后三千余人。弟子颍川李修、九江夏勤,皆为三公。勤字伯宗,为京、宛二县令,零陵太守,所在有理能称。安帝时,位至司徒。

准字幼陵，宏之族曾孙也。①父瑞，好黄老言，清静少欲。准少励志行，修儒术，以先父产业数百万让孤兄子。永元十五年，和帝幸南阳，准为郡功曹，召见，帝器之，拜郎中，从车驾还宫，特补尚书郎。邓太后临朝，儒学陵替，准乃上疏曰：

①"准"或作"淮"。

臣闻贾谊有言，"人君不可以不学"。故虽大舜圣德，孳孳为善；①成王贤主，崇明师傅。②及光武皇帝受命中兴，群雄崩扰，旌旗乱野，东西诛战，不遑启处，然犹投戈讲艺，息马论道。至孝明皇帝，兼天地之姿，用日月之明，庶政万机，无不简心，而垂情古典，游意经艺，每飨射礼毕，正坐自讲，诸儒并听，四方欣欣。虽阙里之化，矍相之事，诚不足言。③又多征名儒，以充礼官，如沛国赵孝、琅邪承宫等，或安车结驷，告归乡里；④或丰衣博带，从见宗庙。其余以经术见优者，布在廊庙。故朝多皤皤之良，华首之老。⑤每宴会，则论难衎衎，共求政化。⑥详览群言，响如振玉。⑦朝者进而思政，罢者退而备问。小大随化，雍雍可嘉。期门、羽林介胄之士，悉通《孝经》。博士议郎，一人开门，徒众百数。⑧化自圣躬，流及蛮荒，匈奴遣伊秩訾王大车且渠来入就学。八方肃清，上下无事。是以议者每称盛时，咸言永平。

①《孟子》曰："鸡鸣而起，孜孜为善者，舜之徒。"

②《尚书》曰"召公为保，周公为师，相成王为左右"也。

③孔子，阙里人也。《礼记》云，孔子射于矍相之圃，盖观者如堵墙也。

④安车，坐乘之车也。告归谓休假归也。

⑤皤皤，白首貌也，音步河反。《书》曰："皤皤良士。"华首谓白首也。

⑥衎衎，和乐貌也。

⑦《孟子》曰"金声而玉振"也。

⑧开门谓开一家之说。

今学者盖少，远方尤甚。博士倚席不讲，儒者竞论浮丽，忘謇謇之忠，习諓諓之辞。①文吏则去法律而学诋欺，②锐锥刀之锋，断刑辟之重，德陋俗薄，以致苛刻。③昔孝文窦后性好黄老，而清静之化流景、武之间。臣愚以为宜下明诏，博求幽隐，发扬岩穴，宠进儒雅，有如孝、宫者征诣公车，以俟圣上讲习之期。公卿各举明经及旧儒子孙，进其爵位，使缵其业。复召郡国书佐，使读律令。如此，则延颈者日有所见，倾耳者月有所闻。伏愿陛下推述先帝进业之道。④

①諓諓，谄言也，音践。《前书》曰“昔秦穆公说諓諓之言”也。

②诋亦欺也。

③《左传》曰，郑人铸刑书，叔向使贻子产书曰：“今子相郑，立谤政，铸刑书，人知争端矣。将弃礼而征于书，锥刀之末，将尽争之，郑其败乎！”杜预注云：“锥刀喻小事也。”

④《周易》曰：“君子进德修业。”

太后深纳其言，是后屡举方正、敦朴、仁贤之士。

准再迁御史中丞。永初之初，连年水旱灾异，郡国多被饥困，准上疏曰：

臣闻传曰：“饥而不损兹曰太，厥灾水。”①《春秋谷梁传》曰：“五谷不登，谓之大侵。大侵之礼，百官备而不制，②群神祷而不祠。”③由是言之，调和阴阳，实在俭节。朝廷虽劳心元元，事从省约，而在职之吏，尚未奉承。夫建化致理，由近及远，故《诗》曰“京师翼翼，四方是则。”④今可先令太官、尚方、考功、上林池籞诸官，实减无事之物，⑤五府调省中都官吏京师作者。⑥如此，则化及四方，人劳省息。

①《洪范五行传》之文也。言下人饥馑，君上不能损减，谓之为太。太犹甚也。

②官职备列，不造作也。

③祷请而已，无祭祀也。

④《韩诗》之文也。翼翼然，盛也。

⑤《前书·百官表》曰，少府掌山海池泽之税，属官有太官、考工、尚方、上林中十池监也。太官掌御膳饮食，考工主作器械，尚方主作刀剑器物。籞者，于池苑中以竹绵联之为禁籞也。实减谓实覆其数减之也。

⑥五府谓太傅、太尉、司徒、司空、大将军也。调,征发也。省,减也。中都官吏,在京师之官吏也。作谓营作者也。

伏见被灾之郡,百姓凋残,恐非赈给所能胜赡,虽有其名,终无其实。可依征和元年故事,①遣使持节慰安。尤困乏者,徙置荆、扬孰郡,既省转运之费,且令百姓各安其所。今虽有西屯之役,宜先东州之急。②如遣使者与二千石随事消息,悉留富人守其旧土,转尤贫者过所衣食,诚父母之计也。③愿以臣言下公卿平议。

①武帝征和元年诏曰:"当今务在禁苛暴,止擅赋,力本农桑,无乏武备而已。"

②时先零羌断陇道,大为寇害,遣车骑将军邓骘、征西校尉任尚讨之,故曰"西屯役"也。东州谓冀、兖州,时又遣光禄大夫樊准、吕仓分冀、兖二州廪贷流人也。

③衣音于既反,食音饲。

太后从之,悉以公田赋与贫人。即擢准与议郎吕仓并守光禄大夫,准使冀州,仓使兖州。准到部,开仓廪食,①慰安生业,流人咸得苏息。还,拜巨鹿太守。时饥荒之余,人庶流迸,家户且尽,准课督农桑,广施方略,期年间,谷粟丰贱数十倍。而赵、魏之郊数为羌所钞暴,准外御寇虏,内抚百姓,郡境以安。

①廪,给。

五年,转河内太守。时羌复屡入郡界,准辄将兵讨逐,修理坞壁,①威名大行。视事三年,以疾征,三转为尚书令,明习故事,遂见任用。元初三年,代周畅为光禄勋。五年,卒于官。

①《说文》曰:"坞,小障也。"

阴识字次伯,南阳新野人也,光烈皇后之前母兄也。其先出自管仲,管仲七世孙修,自齐适楚,为阴大夫,因而氏焉。秦汉之际,始家新野。

及刘伯升起义兵,识时游学长安,闻之,委业而归,率子弟、宗族、宾客千余人往诣伯升。伯升乃以识为校尉。更始元年,迁偏将军，从攻宛，别降新野、淯阳、杜衍、冠军、胡阳。①二年，更始封识阴德侯，行大将军事。

①五县并属南阳郡也。

建武元年，光武遣使迎阴贵人于新野，并征识。识随贵人至，以为骑都尉，更封阴乡侯。二年，以征伐军功增封，识叩头让曰："天下初定，将帅有功者众，臣托属掖廷，仍加爵邑，不可以示天下。"帝甚美之，以为关都尉，镇函谷。迁侍中，以母忧辞归。十五年，定封原鹿侯。①及显宗立为皇太子，以识守执金吾，辅导东宫。帝每巡郡国，识常留镇守京师，委以禁兵。入虽极言正议，及与宾客语，未尝及国事。帝敬重之，常指识以敕戒贵戚，激厉左右焉。识所用掾史皆简贤者，如虞延、傅宽、薛愔等，多至公卿校尉。

①原鹿，县，属汝南郡。俗本"鹿"作"庆"者误。

显宗即位，拜为执金吾，位特进。永平二年，卒，赠以本官印绶，谥曰贞侯。

子躬嗣。躬卒，子璜嗣。永初七年，为奴所杀，无子，国绝。永宁元年，邓太后以璜弟淑绍封。淑卒，子鲔嗣。

躬弟子纲女为和帝皇后，封纲吴房侯，位特进，三子轶、辅、敞，皆黄门侍郎。后坐巫蛊事废，纲自杀，辅下狱死，轶、敞徙日南。识弟兴。

兴字君陵，光烈皇后母弟也，为人有膂力。建武二年，为黄门侍郎，守期门仆射，典将武骑，从征伐，平定郡国。兴每从出入，常操持小盖，障翳风雨，躬履涂泥，率先期门。光武所幸之处，辄先入清宫，甚见亲信。虽好施接宾，然门无侠客。与同郡张宗、上谷鲜于裒不相好，知其有用，犹称所长而达之；友人张汜、杜禽与兴厚善，以为华而少实，但私之以财，终不为言。是以世称其忠平。第宅苟完，裁蔽风雨。

九年，迁侍中，赐爵关内侯。帝后召兴，欲封之，置印绶于前，兴固让曰："臣未有先登陷阵之功，而一家数人并蒙爵土，令天下觖望,诚为盈溢。①臣蒙陛下、贵人恩泽至厚,富贵已极,不可复加,至诚不愿。"帝嘉兴之让,不夺其志。贵人问其故,兴曰:"贵人不读书记邪?'亢龙有悔。'②夫外戚家苦不知谦退,嫁女欲配侯王,取妇眄睨公主,愚心实不安也。富贵有极,人当知足,夸奢益为观听所讥。"贵人感其言,深自降挹,卒不为宗亲求位。十九年,拜卫尉,亦辅导皇太子。明年夏,帝风眩疾甚,后以兴领侍中,受顾命于云台广室。③会疾瘳,召见兴,欲以代吴汉为大司马。兴叩头流涕,固让曰:"臣不敢惜身,诚亏损圣德,不可苟冒。"至诚发中,感动左右,帝遂听之。

①觖音羌志反。《前书音义》曰:"觖犹冀也。一音决,犹望之也。"

②《易·乾卦·上九爻》曰:"亢龙有悔,穷之灾也。"亢,极也。龙以喻君。言居上体之极,则有悔吝之灾也。

③《尚书》曰,成王将崩,命召公作《顾命》。孔安国注云:"临终之命曰顾命。"洛阳南宫有云台广德殿。

二十三年,卒,时年三十九。兴素与从兄嵩不相能,然敬其威重。兴疾病,帝亲临,问以政事及群臣能不。兴顿首曰:"臣愚不足以知之。然伏见议郎席广、谒者阴嵩,并经行明深,逾于公卿。"兴没后,帝思其言,遂擢广为光禄勋;嵩为中郎将,监羽林十余年,以谨敕见幸。显宗即位,拜长乐卫尉,迁执金吾。

永平元年诏曰:"故侍中、卫尉关内侯兴,典领禁兵,从平天下,当以军功显受封爵,又诸舅比例,应恩泽,兴皆固让,安乎里巷。辅道朕躬,有周昌之直,①在家仁孝,有曾、闵之行。不幸早卒,朕甚伤之。贤者子孙,宜加优异。其以汝南之鲖阳封兴子庆为鲖阳侯,②庆弟博为滍强侯。"③博弟员、丹并为郎,庆推田宅财物悉与员、丹。帝以庆义让,擢为黄门侍郎。庆卒,子琴嗣。建初五年,兴夫人卒,肃宗使五官中郎将持节即墓赐策,追谥兴曰翼侯。琴卒。子万全嗣。万全卒,子桂嗣。

①《前书》曰,周昌,沛人也。为御史大夫,为人强力,敢直言极谏也。

②鲖阳故城在今豫州新蔡县北,在鲖水之阳也。音纣。

②徐广曰："高祖功臣有宣曲侯。"[索隐]曰：《上林赋》云"西驰宣曲"，当在京辅，今阙其地也。

③《汉书音义》曰："若今吏督租谷吏上道输在所也。"韦昭曰："督道，秦边县名。"

④徐广曰："窖，音校，穿地以藏也。"

⑤[索隐]曰：晋灼云："争取贱贾金玉也。"[正义]曰：音价也。

⑥[索隐]曰：谓买物必取贵而善者，不争贱价也。

塞之斥也，①唯桥姚已致马千匹，牛倍之，羊万头，粟以万钟计。②

①[正义]曰：孟康云："边塞主斥候卒也。唯此人能致富若此。"颜云："塞斥者，言国斥开边塞。更令宽广，故桥姚得恣其畜牧也。"[正义]曰：姓桥，名姚也。

②《汉书音义》曰："边塞主斥候卒也。唯此人能致富若此。"[索隐]曰：孟说非也。按斥，开也。《相如传》云"边塞益斥"是也。桥，姓；姚，名也。言桥姚因斥塞而致此资。《风俗通》云：马称匹者，俗说云相马及君子与人相匹，故云匹。或说马夜行目照前四丈，故云一匹。或说度马从横适得一匹。"《韩诗外传》云："孔子与颜回登山，望见一匹练，前有蓝，视之果马，光景一匹长也。"

吴楚七国兵起时，长安中列侯封君行从军旅，赍贷子钱，①子钱家以为侯邑国在关东，关东成败未决，莫肯与。唯无盐氏出捐千金贷，②其息什之。③三月，吴楚平。一岁之中，则无盐氏之息什倍，用此富埒关中。

①[索隐]曰：赍，音子稽反。贷，假也，音吐得反。与人物云赍。《周礼》注"赍所给与"也。

②[索隐]曰：贷，音吐代反。

③[索隐]曰：谓出一得十倍。

关中富商大贾，大抵尽诸田，田啬、田兰。韦家栗氏，安陵、杜杜氏，①亦巨万。

①徐广曰云："安陵及杜，二县名，各有杜姓也。宣帝以杜为杜陵。"

此其章章尤异者也。①皆非有爵邑奉禄弄法犯奸而富，尽椎埋去就，与时俯仰，获其赢利，以末致财，用本守之，以武一切，用文持之;变化有概,故足术也。若至力农畜,工虞商贾,为权利以成富,大者倾郡,中者倾县,下者倾乡里者,不可胜数。

①徐广曰:"异,一作'淑',又作'较'。"

夫纤啬筋力,治生之正道也,而富者必用奇胜。田农,拙业,①而秦阳以盖一州。②掘冢,奸事也,而曲叔以起。博戏,恶业也,而桓发用之富。③行贾,丈夫贱行也,而雍乐成以饶。贩脂,④辱处也,而雍伯千金。⑤卖浆,小业也,而张氏千万。洒削,薄技也,⑥而郅氏鼎食。胃脯,简微耳,浊氏连骑。⑦马医,浅方,张里击钟。此皆诚壹之所致。由是观之,富无经业,则货无常主;能者辐凑,不肖者瓦解。千金之家比一都之君,巨万者乃与王者同乐。岂所谓"素封"者邪?非也?

①徐广曰:"古'拙'字,亦作'掘'也。"

②[索隐]曰:《汉书》作"甲一州"。服虔云:"富为州中之第一。"

③[索隐]曰:《汉书》"桓"作"稽"。[正义]曰:桓发,人姓名。

④[正义]曰:《说文》云"载角者脂,无角者膏"也。

⑤徐广曰:"雍,一作'翁'。"[索隐]曰:雍,音于恭反。《汉书》作"翁伯"也。

⑥徐广曰:"洒,或作'细'。"骃案:《汉书音义》曰:"治刀剑名。"[索隐]曰:洒,音先礼反,削刀者名。洒削,谓摩刀以水洒之。又《方言》云:"剑削,关东谓之削,鞘。"亦依字读。

⑦[索隐]曰:晋灼云:"太官常以十月作沸汤焊羊胃,以末椒姜粉之讫,暴使燥,则谓之脯。故易售而致富也。"[正义]曰:案:胃脯谓和五味而脯美,故易售。

索隐述赞曰:货殖之利,工商是营。废居善积,倚市邪赢。白圭富国,计然强兵。倮参朝请,女筑怀清。素封千户,卓、郑齐名。

史记卷一三〇
自序第七〇

太史公自序

昔在颛顼，命南正重以司天，北正黎以司地。①唐虞之际，绍重黎之后，使复典之，至于夏商。故重黎氏世序天地。其在周，程伯休甫其后也。②当周宣王时，失其守而为司马氏。③司马氏世典周史。④惠襄之间，司马氏去周适晋。⑤晋中军随会奔秦，而司马氏入少梁。⑥

①[索隐]曰：张晏云“南方，阳也。火，水配也。水为阴，故命南方正重司天，火正黎兼地职”。臣瓒以为重黎氏是司天地之官，然司地者宜曰北正，古文作“北”字，非也。案：《国语》“黎为火正，以淳曜敦大，光照四海”，又《幽通赋》云“黎淳耀于高辛”，则“火正”为是也。

②应劭曰：“封为程国伯，休甫，字也。”[索隐]曰：重司天而黎司地，是代序天地也。据《左氏》，重是少昊之子，黎乃颛顼之胤，二氏二正所出各别，而史迁意欲合二氏为一，故总云“在周，程伯休甫其后”，非也。然后按彪之序及干宝皆云司马氏，黎之后是也。今总称伯休甫是重黎之后者，凡言地即举天，称黎则兼重，自是相对之文，其实二官亦通职。然休甫则黎之后也，亦是太史公欲以史为己任，故言先代天官，所以兼称重耳。[正义]曰：《括地志》云：“南正，黎后世为司马氏。”

③[正义]曰：司马彪序云：“南正，黎后世为司马氏。”

④[索隐]曰：案：司马，夏官卿，不掌国史，自是先代兼为史。卫宏云“司马氏，周史佚之后”，恐或有所据。

⑤张晏曰：“周惠王、襄王有子颓、叔带之难，故司马氏奔晋。”

⑥[索隐]曰:《左氏》随会自晋奔秦,后乃奔魏,自魏还晋,故《汉书》云会奔秦、魏也。少梁,古梁国也,秦灭之,改曰少梁,后名夏阳也。[正义]曰:按《春秋》,随会奔秦,其后自秦入魏而还晋也。随会为晋中军将。少梁,古梁国也,嬴姓,在同州韩城县南二十二里,是时属晋。

自司马氏去周适晋,分散,或在卫,或在赵,①或在秦。其在卫者相中山。②在赵者③以传剑论显,④蒯聩其后也。⑤在秦者名错,与张仪争论,于是惠王使错将,伐蜀,遂拔,因而守之。⑥错孙靳,⑦事武安君白起。而少梁更名曰夏阳。靳与武安君坑赵长平军,⑧还而与之俱赐死杜邮,⑨葬于华池。⑩靳孙昌,昌为秦主铁官,当始皇之时。蒯聩玄孙卬,为武信君将⑪而徇朝歌。诸侯之相王,王卬于殷。⑫汉之伐楚,卬归汉,以其地为河内郡。昌生无泽,⑬无泽为汉市长。无泽生喜,喜为五大夫。卒,皆葬高门。⑭喜生谈,谈为太史公。⑮

①[索隐]曰:何法盛《晋书》及《司马氏系本》名凯。

②徐广曰:"名喜也。"

③[正义]曰:何法盛《晋书》及晋谯王司马无忌《司马氏系本》皆云名凯。

④服虔曰:"世善传剑也。"苏林曰:"传手搏论而释之。"晋灼曰:"《史记》吴起赞曰'非信仁廉勇,不能传剑论兵书'也。"[索隐]曰:服虔云"善剑,"解所以称传也。苏林作"搏",言手搏论而知名也。

⑤[正义]曰:五怪反。如淳云:"《刺客传》之蒯聩也。"

⑥苏林曰:"郡守也。"

⑦徐广曰:"一作'蕲'。"[索隐]曰:错,音七各反。靳音纪衅反。

⑧文颖曰:"赵孝成时。"

⑨[索隐]曰:邮,音尤。李奇曰:"地名,在咸阳西十里。"《三秦记》其地后改为里李也。

⑩晋灼曰:"地名,在鄠县。"[索隐]曰:晋灼非也。案司马迁碑在夏阳西北四里。[正义]曰:《括地志》云:"华池在同州韩城县西南七十里,在夏阳故城西北四里。"

⑪徐广曰:"《张耳传》云武臣自号武信君。"[索隐]曰:按:晋谯国司马无忌作《司马氏系本》,云蒯聩生昭预,昭预生宪,宪生卬也。

⑫[索隐]曰:《汉书》云项羽封卬为殷王。

⑬[索隐]曰:《汉书》作“毋怿”,并音亦。

⑭苏林曰:“长安北门也。”瓒曰:“长安城无高门。”[索隐]曰:苏说非也。案迁碑,高门在夏阳西北,去华池三里。[正义]曰:《括地志》云:“高门原俗名马门原,在同州韩城县西南十八里。汉司马迁墓在韩城县南二十二里。夏阳县故东南有司马迁冢,在高门原上也。”

⑮如淳曰:“《汉仪注》太史公,武帝置,位在丞相上。天下计书先上太史公,副上丞相,序事如古《春秋》。迁死后,宣帝以其官为令,行太史公文书而已。”瓒曰:“《百官表》无太史公。《茂陵中书》司马谈以太史丞为太史令。”[索隐]曰:“公”者,迁所著书尊其父云“公”也。然迁虽称述其父所作,其实亦迁之词,而如淳引卫宏《仪注》称“位在丞相上”,谬矣。按《百官表》又无其官。且修史之官,国家别有著撰,则令州县所上国书皆先上之,而后人不晓,误以为在丞相上耳。[正义]曰:虞喜《志林》云:“古者主天官者皆上公,自周至汉其职转卑,然朝会坐位犹居公上,尊天之道。其官属仍以旧名尊而称也。”按:下文“太史公既掌天官,不治民,有子曰迁”,又云“卒三岁而迁为太史公”,又云“太史公遭李陵之祸”,又云“汝复为太史,则续吾祖矣”,观此文,虞喜说为长。乃书谈及迁为“太史公”者,皆迁自书之。《汉旧仪》云“太史公秩二千石,卒史皆秩二百石”。然瓒及韦昭、桓谭之说皆非也。以桓谭之说释在《武本纪》也。

太史公学天官于唐都,①受《易》于杨何,②习道论于黄子。③太史公仕于建元元封之间,愍学者之不达其意而师悖,④乃论六家之要指曰:

①[正义]曰:《天官书》云“星则唐都”也。

②徐广曰:“菑川人。”

③徐广曰:“《儒林传》曰黄生,好黄老之术。”

④[正义]曰:布内反。颜云:“悖,惑也。各习师书,或于所见也。”

《易大传》:①“天下一致而百虑,同归而殊途。”夫阴阳、儒、墨、名、法、道德,此务为治者也,直所从言之异路,有省不省耳。②尝窃观阴阳之术,大祥③而众忌讳,使人拘而多所畏。④然其序四时之大顺,不可失也。儒者博而寡要,劳而少功,是以其事难尽从。然其序君臣父子之礼,列夫妇长幼之别,不可易也。墨者⑤俭而难遵,是以其事不可遍循。⑥然其强本节用，不可废也。法家严而少恩，然其正君臣上下之分不可改矣。名家使人俭而善失真，⑦然其正名实不可不察也。道家使人精神专一，动合无形，赡足万物。⑧其为术也，因阴阳之大顺，采儒墨之善，撮名法之要，与时迁移，应物变化，立俗施事，无所不宜，指约而易操，事少而功多。儒者则不然。以为人主天下之仪表也，主倡而臣和，主先而臣随。如此则主劳而臣逸。至于大道之要，去健羡，⑨绌聪明，⑩释此而任术。夫神大用则竭，形大劳则敝。形神骚动，欲与天地长久，非所闻也。

①[正义]曰：张晏云："谓《易·系辞》。"案：下二句是《系辞》文也。

②[索隐]曰：案：六家同归于正，然所从之道殊途，学或有传习省察，或有不省之耳。

③徐广曰："一作'详'。"骃案：李奇曰："月令星官，是其枝叶也。"[索隐]曰：《汉书》作"大详"，言我观阴阳之术大详。今此作"祥"，于义为疏。[正义]曰：顾野王云："祥，善也，吉凶之先见也。"

④[正义]曰：言拘束于日时，令人有所忌畏也。

⑤[正义]曰：韦云："墨翟之术也尚俭，后有后巢子传其术也。"

⑥[索隐]曰：遍，音遍。遍循，言难尽用也。

⑦[索隐]曰：刘向《别录》云名家流出于礼官。古者名位不同，礼亦异数。孔子曰："必也正名乎。"按：名家知礼亦异数，是俭也；受命不受辞，或失其真也。

⑧[索隐]曰：赡，音市艳反。《汉书》作"澹"，古今字异也。

⑨如淳曰："'知雄守雌'，是去健也。'不见可欲，使心不乱'，是去羡也。"

⑩[索隐]曰：如淳云："'不尚贤'，'绝圣弃智'也。"

夫阴阳四时、八位、十二度、二十四节①各有教令，顺之者昌，逆之者不死则亡。未必然也，故曰"使人拘而多畏"。夫春生夏长，秋收冬藏，此天道之大经也，弗顺则无以为天下纲纪，故曰"四时之大顺，不可失也"。

①张晏曰："八位，八卦位也。十二度，十二次也。二十四节，就中气也。各有禁忌，谓日月也。"

夫儒者以《六艺》为法。《六艺》经传以千万数，累世不能通其学，当年不能究其礼，故曰“博而寡要，劳而少功”。若夫列君臣父子之礼，序夫妇长幼之别，虽百家弗能易也。

墨者亦尚尧舜道，言其德行曰：“堂高三尺，①土阶三等，茅茨不翦，②采椽不刮。③食土簋，④啜土刑，粝粱之食，⑤藜藿之羹。⑥夏日葛衣，冬日鹿裘。”其送死，桐棺三寸，⑦举音不尽其哀。教丧礼，必以此为万民之率。使天下法若此，则尊卑无别也。夫世异时移，事业不必同，故曰“俭而难遵”。要曰强本节用，则人给家足之道也。此墨子之所长，虽百家弗能废也。

①[索隐]曰：自此已下《韩子》之文，故称“曰”也。

②[正义]曰：屈盖曰茨，以茅覆屋。

③[索隐]曰：韦昭云：“采椽，栎榱也。”[正义]曰：采取为椽，不刮削也。

④徐广曰：“一作‘溜’。”骃案：服虔曰：“土簋，用土作此器。”

⑤张晏曰：“一斛粟七斗米为粝。”瓒曰：“五斗粟三斗米为粝。音剌。”韦昭曰：“粝，砻也。”[索隐]曰：服虔云：“粝，粗米也。”《三苍》云：“粱，好粟也。”[正义]曰：颜云：“簋所以盛饭也，刑所以盛羹也。土谓烧土为之，即瓦器也。”粝，粗米也，脱粟也。粱，粟也。谓食脱粟之粗饭也。

⑥[正义]曰：藜，似藿而表赤。藿，豆叶也。

⑦[正义]曰：以桐木为棺，厚三寸也。

法家不别亲疏，不殊贵贱，一断于法，则亲亲尊尊之恩绝矣。①可以行一时之计，而不可长用也，故曰“严而少恩”。若尊主卑臣，明分职不得相逾越，虽百家弗能改也。

①[索隐]曰：按：礼，亲亲父为首，尊尊君为首也。

名家苛察缴绕，①使人不得反其意，专决于名而失人情，故曰“使人俭而善失真”。若夫控名责实，参伍不失，②此不可不察也。

①服虔曰：“缴，音近叫呼，谓烦也。”如淳曰：“缴绕，犹缠绕，不通大体也。”

②晋灼曰：“引名责实，参错交互，明知事情。”

道家无为，又曰无不为，①其实易行，②其辞难知。③其术以虚无为本，以因循为用。④无成势，无常形，故能究万物之情。不为物先，不为物后，⑤故能为万物主。有法无法，因时为业；⑥有度无度，因物与合。⑦故曰“圣人不朽，时变是守。⑧虚者道之常也，因者君之纲”也。⑨群臣并至，使各自明也。其实中其声者谓之端，实不中其声者谓之窾。⑩窾言不听，奸乃不生，贤不肖自分，白黑乃形。在所欲用耳，何事不成！乃合大道，混混冥冥。⑪光耀天下，复反无名。凡人所生者神也，所托者形也。神大用则竭，形大劳则敝，形神离则死。死者不可复生，离者不可复反，故圣人重之。由是观之，神者生之本也，形者生之具也。⑫不先定其神，而曰“我有以治天下”，何由哉？

①[正义]曰：无为者，守清净也。无不为者，生育万物也。

②[正义]曰：各守其分，故易行也。

③[正义]曰：幽深微妙，故难知也。

④[正义]曰：任自然也。

⑤韦昭曰：“因物为制。”

⑥[正义]曰：因时之物，成法为业。

⑦[正义]曰：因其万物之形成度与合也。

⑧[索隐]曰：此出《鬼谷子》，迁引之以成其章，故称“故曰”也。[正义]曰：言圣人教迹不朽灭者，顺时变化。

⑨[正义]曰：言因百姓之心以教，唯执其纲而已。

⑩徐广曰：“音款，空也。”骃案：李奇曰：“声别名也。”[索隐]曰：款，空也。《申子》云“款言无成”是也。声者，名也。以言实不称名，则谓之空，空有声也。

⑪[正义]曰：上胡本反。混混者，元气神著之貌也。

⑫韦昭曰：“声气者，神也。枝体者，形也。”

太史公既掌天官，不治民。有子曰迁。

迁生龙门，①耕牧河山之阳。②年十岁则诵古文。③二十而南游江、淮。上会稽，探禹穴，④窥九疑，⑤浮于沅湘；⑥北涉汶、泗，⑦讲业齐、鲁之都，观孔子之遗风，乡射邹、峄；⑧厄困鄱、⑨薛、⑩彭城，过梁、楚以归。

①徐广曰：“在冯翊夏阳县。”骃案：苏林曰：“禹所凿龙门也。”[正义]曰：《括地志》云：“龙门在同州韩城县北五十里。其山更黄河，夏禹所凿者

也。龙门山在夏阳县,迁即汉夏阳县人也,至唐改曰韩城县。”

②[正义]曰:河之北,山之南也。案:在龙门山南也。

③[索隐]曰:迁及事伏生,是学诵《古文尚书》。刘氏以为《左传》、《国语》、《系本》等书,是亦名之古文也。

④张晏曰:“禹巡狩至会稽而崩,因葬焉。上有孔穴,民间云禹入此穴。”[索隐]曰:《越绝书》云:“禹上茅山大会计,更名曰会稽。”张勃《吴录》云:“本名苗山,一名覆釜,禹会诸侯计功,改曰会稽。”[正义]曰:《括地志》云:“石箐山一名玉笥山,又名宛委山,即会稽山一峰也,在会稽县东南十八里。《吴越春秋》云:‘禹案《黄帝中经》九山,东南天柱,号曰宛委,赤帝左阙之填,承以文玉,覆以盘石,其书金简青玉为字,编以白银,皆瑑其文。禹乃东巡,登衡山,血白马以祭。禹乃登山,仰天而笑,忽然而卧,梦见绣衣男子自称玄夷苍水使者,却倚覆釜之山,东顾谓禹曰:“欲得我山神书者,齐于黄帝之岳,岩之下,三月季庚,登山发石。”禹乃登宛委之山,发石。乃得金简玉字,以水泉之脉。山中又有一穴,深不见底,谓之禹穴’。史迁云‘上会稽,探禹穴’,即此穴也。”

⑤[索隐]曰:《山海经》云:“南方苍梧之丘,苍梧之泉,在营道南,其山九峰皆似,故曰九疑。”张晏云:“九疑舜葬,故窥之。”寻上探禹穴,盖以先圣所葬处有古册文,故探窥之,亦搜采远矣。[正义]曰:九疑山在道州。

⑥[正义]曰:沅水出朗州。湘水出道州北,东北入海。

⑦[正义]曰:两水出兖州东北而南历鲁。

⑧[正义]曰:邹,县名。峄,山名。峄山在邹县名二十二里,地近曲阜,于此行乡射之礼。

⑨[正义]曰:《括地志》云:“徐州滕县,汉蕃县,音翻。汉末,陈蕃子逸为鲁相,改音皮。田褒《鲁记》曰‘灵帝汝南子游为鲁相,陈蕃子也,国人为讳而改焉’。”

⑩徐广曰:“峄,音亦,县名,有山也。鄱,音皮。邹、鄱、薛三县属鲁。”[索隐]曰:鄱,本音蕃。案:田褒《鲁记》云“灵帝末,有汝南陈子游为鲁相。子游,太尉陈蕃子也,国人讳而改焉”。若如其说,则“蕃”改“鄱”,鄱皮声相近,后渐讹耳。然《地理志》鲁国蕃县,应劭曰邾国也,音皮。

于是迁仕为郎中,奉使西征巴、蜀以南,南略邛、笮、昆明,还报命。①

①徐广曰："元鼎六年平西南夷，以为五郡。其明年，元封元年是也。"

是岁，天子始建汉家之封，而太史公留滞周南，①不得与从事，②故发愤且卒。而子迁适使反，见父于河洛之间。太史公执迁手而泣曰："余先周室之太史也。自上世尝显功名于虞夏，典天官事。后世中衰，绝于予乎？汝复为太史，则续吾祖矣。今天子接千岁之统，封泰山，而余不得从行，是命也夫，命也夫！余死，汝必为太史，为太史无忘吾所欲论著矣。且夫孝始于事亲，中于事君，终于立身。扬名于后世，以显父母，此孝之大者。夫天下称诵周公，言其能论歌文武之德，宣周邵之风，达太王王季之思虑，爰及公刘，以尊后稷也。幽厉之后王道缺，礼乐衰，孔子修旧起废，论《诗》、《书》，作《春秋》，则学者至今则之。自获麟以来四百余岁，③而诸侯相兼，史记放绝。今汉兴，海内一统，明主贤君忠臣死义之士，余为太史而弗论载，废天下之史文，余甚惧焉，汝其念哉！"迁俯首流涕曰："小子不敏，请悉论先人所次旧闻，弗敢阙。"

①徐广曰："挚虞曰古之周南，今之洛阳。"[索隐]曰：张晏云："自陕已东，皆周南之地也。"

②[正义]曰：与，音预。

③案：《年表》鲁哀公十四年获麟，至汉元封元年三百七十一年。

卒三岁，而迁为太史令，①䌷史记②石室金匮之书。③五年而当太初元年，④十一月甲子朔旦冬至，天历始改，建于明堂，诸神受纪。⑤

①[索隐]曰：《博物志》："太史令茂陵显武里大夫司马，年二十八，三年六月乙卯除，六百石也。"

②徐广曰："䌷，音抽。"[索隐]曰：如淳云："抽彻旧书故事而次述之。"小颜云："䌷谓缀集之也。"

③[索隐]曰：按：石室、金匮皆国家藏书之处。

④李奇曰："迁为太史后五年，适当于武帝太初元年，此时述《史记》。"[正义]曰：案：迁年四十二岁。

⑤徐广曰："《封禅序》曰'封禅则万灵罔不禋祀'。"骃案：韦昭曰："告于百神，与天下更始，著纪于是"。[索隐]曰：虞喜《志林》云："改历于明堂，

班之于诸侯。诸侯群神之主，故曰‘诸神受纪’。”孟康云：“句芒、祝融之属皆受瑞纪也。”

太史公曰：先人有言：①‘自周公卒五百岁而有孔子。孔子卒后至于今五百岁，②有能绍明世，正《易传》，继《春秋》，本《诗》、《书》、《礼》《乐》之际？’意在斯乎！意在斯乎！小子何敢让焉。”③

①[索隐]曰：先人，谓先代贤人也。[正义]曰：太史公，司马迁也。先人，司马谈也。

②[索隐]曰：案：《孟子》称尧舜至汤五百余岁，汤至文王五百余岁，文王至孔子五百余岁。太史公此言略取于《孟子》，而扬雄、孙盛深所不然，所谓多见不知量也。以为淳气育才，岂有常数，五百之期，何异一息。是以上皇相次，或以万龄为间，而唐尧、舜、禹比肩并列。降及周室，圣贤盈朝；孔子之没，千载莫嗣；安在于千年五百年乎？具述作者，盖记注之志士耳，岂圣人之论哉！

③[索隐]曰：《汉书》“让”作“攘”。晋灼云：“此古‘让’字，言已当述先人之成业，何敢自嫌值五百岁而让之也。”

上大夫壶遂曰：①“昔孔子何为而作《春秋》哉？”太史公曰：余闻董生曰：②‘周道衰废，孔子为鲁司寇，诸侯害之，大夫壅之。孔子知言之不用、道之不行也，是非二百四十二年之中，③以为天下仪表，贬天子，退诸侯，讨大夫，以达王事而已矣。’子曰：‘我欲载之空言，④不如见之于行事之深切著明也。’夫《春秋》上明三王之道，下辨人事之纪，别嫌疑，明是非，定犹豫，善善恶恶，⑤贤贤贱不肖，存亡国继绝世，补敝起废，王道之大者也。《易》著天地阴阳四时五行，故长于变；《礼》经纪人伦，故长于行；《书》记先王之事，故长于政；《诗》记山川溪谷禽兽草木牝牡雌雄，故长于风；《乐》乐所以立，故长于和；《春秋》辩是非，故长于治人。是故《礼》以节人，《乐》以发和，《书》以道事，《诗》以达意，《易》以道化，《春秋》以道义。拨乱世反之正，莫近于《春秋》。《春秋》文成数万，其指数千。⑥万物之散聚皆在《春秋》。《春秋》之中，弑君三十六，亡国五十二，诸侯奔走不得保其社稷者不可胜数。察其所以，皆失其本已。⑦故《易》曰：‘失之毫厘，差以千里’。[8]故曰‘臣弑君，子弑父，非一旦一夕之故也，其渐久矣。’故有国者不可以不知《春秋》，前有谗而弗见，后有贼而不知。为人臣者不可以不知《春秋》，守经事而不知其宜，遭变事而不知其权。为人君父而不通于《春秋》之义者，必蒙首恶之名。为人臣子而不通于《春秋》之义者，必陷篡弑之诛，死罪之名。其实皆以为善，为之不知其义，[9]被之空言而不敢辞。[10]夫不通礼义之旨，至于君不君，臣不臣，父不父，子不子。夫君不君则犯，[11]臣不臣则诛，父不父则无道，子不子则不孝。此四行者，天下之大过也。以天下之大过予之，则受而弗敢辞。故《春秋》者，礼义之大宗也。夫礼，禁未然之前，法施已然之后。法之所为用者易见，而礼之所为禁者难知。”

①[索隐]曰：案：遂为詹事，秩二千石，故位为上大夫也。

②服虔曰：“仲舒也。”

③[索隐]曰：是非谓褒贬诸侯之得失也。

④[索隐]曰：案：孔子之言见《春秋纬》，太史公引之以成说也。空言，谓褒贬是非也。空立此文，而乱臣贼子惧也。案：孔子言我徒欲立空言，设褒贬，则不如附见于当时所因之事。人臣有僭侈篡逆，因就此笔削以褒贬，深切著明而书之，以为将来之诫也。

⑤[索隐]曰：《公羊传》曰“善善及子孙，恶恶止其身”也。

⑥张晏曰：“《春秋》万八千字，当言‘减’，而云‘成数’，字误也。”骃谓太史公此辞是述董生之言。董仲舒自治《公羊春秋》、《公羊经传》凡有四万四千余字，故云“文成数万”也。不得如张议，但论经万八千字，便为之误。[索隐]曰：注非也。小颜云：“史迁岂以《公羊》之《传》为《春秋》乎？《春秋》经一万八千，亦足称数万，非字之误。”

⑦[索隐]曰：案：弑君亡国及奔走者，皆是失仁义之道本耳。已者，语终之辞也。

⑧徐广曰：“一云‘差以毫厘’，一云‘谬以千里’。”骃案：今《易》无此语，《易纬》有之。

⑨[正义]曰：其心实善，为之不知其义理，则陷于罪咎。

⑩张晏曰：“赵盾不知讨贼，而不敢辞其罪也夫。”

⑪[正义]曰：颜云：“为臣下所干犯也。一云违犯礼义。”

壶遂曰："孔子之时，上无明君，下不得任用，故作《春秋》，垂空文以断礼义，当一王之法。今夫子上遇明天子，下得守职，万事既具，咸各序其宜，夫子所论欲以何明？"

太史公曰：唯唯，否否，①不然。余闻之先人曰：'伏羲至纯厚，作《易・八卦》。尧舜之盛，《尚书》载之，礼乐作焉。汤武之隆，诗人歌之。《春秋》采善贬恶，推三代之德，褒周室，非独刺讥而已也。'汉兴以来，至明天子，获符瑞，封禅，改正朔，易服色，受命於穆清，②泽流罔极，海外殊俗，重译款塞，③请来献见者，不可胜道。臣下百官力诵圣德，犹不能宣尽其意。且士贤能而不用，有国者之耻；主上明圣而德不布闻，有司之过也。且余尝掌其官，废明圣盛德不载，灭功臣世家贤大夫之业不述，堕先人所言，罪莫大焉。余所谓述故事，整齐其世传，非所谓作也，而君比之于《春秋》，谬矣！"于是论次其文。

①晋灼曰："唯唯，谦应也。否否，不通者也。"

②如淳曰："受天命清和之气。"[正义]曰：於，音乌。颜云："於，叹辞也。穆，美也。言天子有美德而教化清也。"

③应劭曰："款，叩也。皆叩塞门来服从也。"如淳曰："款，宽也。请除守塞者，自保不为寇害。"[正义]曰：重译，更译其言也。

七年①而太史公遭李陵之祸，②幽于缧绁。乃喟然而叹曰："是余之罪也夫！是余之罪也夫！身毁不用矣。"退而深惟曰："夫《诗》、《书》隐约者，③欲遂其志之思也。昔西伯拘羑里，④演《周易》；孔子厄陈蔡，作《春秋》；屈原放逐，著《离骚》；左丘失明，厥有《国语》；孙子膑脚，而论兵法；不韦迁蜀，世传《吕览》；⑤韩非囚秦，《说难》、《孤愤》；《诗》三百篇，大抵贤圣发愤之所为作也。此人皆意有所郁结，不得通其道也，故述往事，思来者。"于是卒述陶唐以来，至于麟止，⑥自黄帝始。

①徐广曰："天汉三年。"[正义]曰：按：从太初元年至天汉三年，乃七年也。

②[正义]曰:太史公举李陵,李陵降也。

③[索隐]曰:案:谓其义隐微而言约也。[正义]曰:《诗》、《书》隐微而约省者,迁深惟欲依其隐约而成其志意也。

④徐广曰:"在汤阴。"

⑤[正义]曰:即《吕氏春秋》也。

⑥张晏曰:"武帝获麟,迁以为述事之端。上纪黄帝,下至麟止,犹《春秋》止于获麟也。"[索隐]曰:服虔云:"武帝至雍获白麟,而铸金作麟足形,故云'麟止'。迁作《史记》止于此,犹《春秋》终于获麟然也。"《史记》以黄帝为首,而云"述陶唐"者,案《五帝本纪》赞云"五帝尚矣,然《尚书》载尧以来。百家言黄帝,其文不雅训",故述黄帝为本纪之首,而以《尚书》雅正,故称"起于陶唐也"。

维昔黄帝,法天则地,四圣遵序,①各成法度。唐尧逊位,虞舜不台。②厥美帝功,万世载之。作《五帝本纪》第一。③

①徐广曰:"颛瑞,帝喾,尧,舜。"

②[索隐]曰:台,音怡,悦也。或音昭,非也。

③[索隐]曰:应劭云:"有本则纪,有家则代,有年则表,有名则传。"

维禹之功,九州攸同,光唐虞际,德流苗裔。夏桀淫骄,乃放鸣条。作《夏本纪》第二。

维契①作商,爰及成汤。太甲居桐,德盛阿衡。武丁得说,乃称高宗。帝辛湛湎,诸侯不享。作《殷本纪》第三。

①[正义]曰:音薛也。

维弃作稷,德盛西伯。武王牧野,实抚天下。幽厉昏乱,既丧酆镐。陵迟至赧,洛邑不祀。作《周本纪》第四。

维秦之先,伯翳佐禹。穆公思义,悼豪之旅;①以人为殉,诗歌《黄鸟》。昭襄业帝。作《秦本纪》第五。

①[索隐]曰:豪即"崤"之异音。旅,师旅也。[正义]曰:穆公封崤山军旅之尸。

始皇既立,并兼六国。销锋铸鐻,①维偃干革。尊号称帝,矜武任力。二世受运,子婴降虏。作《始皇本纪》第六。

①徐广曰:"严安上书,销其兵铸以为钟鐻也。"[索隐]曰:鐻,音巨。鐻,钟也。

秦失其道,豪杰并扰。项梁业之,子羽接之。杀庆救赵,①诸侯立之。诛婴背怀,天下非之。作《项羽本纪》第七。

①徐广曰:"宋义为上将,号庆子冠军。"

子羽暴虐,汉行功德。愤发蜀汉,还定三秦。诛籍业帝,天下惟宁,改制易俗。作《高祖本纪》第八。

惠之早霣,①诸吕不台。②崇强禄产,诸侯谋之。杀隐幽友,③大臣洞疑,④遂及宗祸。作《吕太后本纪》第九。

①[正义]曰:音殒。

②徐广曰:"无台辅之德也。一曰怡,怿也,不为百姓所说。"[索隐]曰:案:此赞本韵,则怡怿为是也。

③徐广曰:"赵隐王如意,赵幽王友。"

④[索隐]曰:洞是洞达,义所共疑。

汉既初兴,继嗣不明。迎王践祚,天下归心。蠲除肉刑,开通关梁。广恩博施,厥称太宗。作《孝文本纪》第十。

诸侯骄恣,吴首为乱。京师行诛,七国伏辜。天下翕然,大安殷富。作《孝景本纪》第十一。

汉兴五世,隆在建元。外攘夷狄,内修法度。封禅,改正朔,易服色。作《今上本纪》第十二。

维三代尚矣,年纪不可考,盖取之谱牒旧闻,本于兹。于是略推,作《三代世表》第一。

幽厉之后,周室衰微,诸侯专政,《春秋》有所不纪。而谱牒经略,五霸更盛衰,欲睹周世相先后之意,作《十二诸侯年表》第二。

春秋之后,陪臣秉政,强国相王。以至于秦,卒并诸夏,灭封地,擅其号。作《六国年表》第三。

秦既暴虐,楚人发难,项氏遂乱。汉乃扶义征伐。八年之间天下三擅,事繁变众,故详著《秦楚之际月表》第四。

汉兴已来,至于太初百年,诸侯废立分削,谱纪不明。有司靡踵,强弱之原云以世。①作《汉兴已来诸侯年表》第五。

①徐广曰:“一作‘云已’也。《天汉序》曰‘敞、义依霍,庶几云已’。”[索隐]曰:踵,继也。“以”字当作“已”,“世”当作“也”,并误之耳。云、已、也,皆语助之辞。[正义]曰:言汉兴已来百年,诸侯废立分削,谱纪不能明其嗣。有司无所踵继其后,乃云强弱之原云以世相代,相不能有所录纪也。

维高祖元功,辅臣股肱。剖符而爵,泽流苗裔,忘其昭穆,或杀身陨国。作《高祖功臣侯者年表》第六。

惠景之间,维申功臣宗属爵邑,作《惠景间侯者年表》第七。

北讨强胡,南诛劲越,征伐夷蛮,武功爰列。作《建元以来侯者年表》第八。

诸侯既强,七国为从。子弟众多,无爵封邑。推恩行义,其势销弱,德归京师。作《王子侯者年表》第九。

国有贤相良将,民之师表也。维见汉兴以来将相名臣年表,贤者记其治,不贤者彰其事。作《汉兴以来将相名臣年表》第十。

维三代之礼,所损益各殊务。然要以近情性,通王道,故礼因人质为之节文,略协古今之变。作《礼书》第一。

乐者,所以移风易俗也。自《雅》《颂》声兴,则已好《郑》《卫》之音,郑卫之音所从来久矣。人情之所感,远俗则怀。①比《乐书》以述来古,②作《乐书》第二。

①徐广曰:“乐者,所以感和人情。人情既感,则远方殊俗莫不怀柔向化也。”

②[索隐]曰:来古,即古来也。言此《乐书》以述自古已来乐之兴衰也。

非兵不强,①非德不昌。黄帝、汤、武以兴,②桀、纣、二世以崩,可不慎欤?《司马法》所从来尚矣,③太公、孙、吴、王子④能绍而明之,切近世,极人变。作《律书》第三。

①[索隐]曰:此《律书》之赞,而云“非兵不强”者,则此《律书》即《兵书》也。古者师出以律,则凡出军皆听律声,故云“闻声效胜负,望敌知吉凶”也。

②[索隐]曰:黄帝有阪泉之师,汤、武有鸣条、牧野之战,而克桀、纣。

③[正义]曰:古者师出以律,凡军出皆吹律听声。《律书》云:“六律为万事

根本,其于兵械尤所重。望敌知吉凶,闻声效胜负。”故云“《司马兵法》所从来尚矣乎?”

④徐广曰:“王子成甫。”

律居阴而治阳,历居阳而治阴。律历更相治,间不容翲忽。①五家之文怫异,②维太初之元论。作《历书》第四。③

①[索隐]曰:案:忽者,总文之征也。翲者,轻也。言律历穷阴阳之妙,其间不容轻忽也。言“翲”恐衍字耳。[正义]曰:翲,匹遥反,今音匹沼反。字当作“秒”。秒,禾芒表也。忽,一蚕口出丝也。言律历相治之间,不容此微细之物也。

②[索隐]曰:怫,音悖,一音扶物反。怫亦悖也。案:言金木水火土五家之文,各相悖异不同也。[正义]曰:五家谓黄帝、颛顼、夏、殷、周之历。其文相戾,乖异不同,维太初之元论历律为是,故《历书》自太初之元论之也。

③徐广曰:“论,一作‘编’。”

星气之书多杂机祥,不经;推其文,考其应,不殊。比集论其行事,验于轨度以次,作《天官书》第五。

受命而王,封禅之符罕①用,用则万灵罔不禋祀。追本诸神名山大川礼,作《封禅书》第六。

①徐广曰:“一云‘答应’。”

维禹浚川,九州攸宁;爰及宣防,决渎通沟。作《河渠书》第七。

维币之行,①以通农商;其极则玩巧,并兼兹②殖,争于机利,去本趋末。作《平准书》以观事变,第八。

①[索隐]曰:币,钱也。

②[索隐]曰:玩,音五官反。巧,音苦孝反。

太伯避历江,蛮是适。文武攸兴,古公王迹。阖庐弑僚,宾服荆楚。夫差克齐,子胥鸱夷;信嚭亲越,吴国既灭。嘉伯之让,作《吴世家》第一。

申、吕肖矣,①尚父侧微,卒归西伯,文武是师。功冠群公,缪权于幽;②番番黄发,③爰飨营丘。不背柯盟,桓公以昌,九合诸侯,霸功显彰。田阚争宠,姜姓解亡。④嘉父之谋,作《齐太公世家》第二。

①徐广曰:“肖,音痟。痟犹衰微。”[索隐]曰:徐广音训不可知从出。案:肖谓微弱而省少,所谓“申吕虽衰”也。[正义]曰:肖,音痟。吕尚之祖封于申。申、吕后痟微,故尚父微贱也。

②徐广曰:“缪,错也,犹云缠结也。权智潜谋幽昧不显,所谓太公阴谋。”[索隐]曰:缪谓绸缪也,音亡又反。谓太公绸缪,为权谋于幽昧不时著也。[正义]曰:缪,音武彪反。言吕尚绸缪于幽权之策,谓《六韬》、《三略》、《阴符》、《七术》之属也。

③番,音婆。毛苌云“番番,威勇武貌”也。案:黄发,言老人发白而更黄也。

④徐广曰:“阚,一云‘监’。解,一作‘迁’。”

依之违之,周公绥之。愤发文德,天下和之。辅翼成王,诸侯宗周。隐桓之际,是独何哉?三桓争强,鲁乃不昌。嘉旦《金縢》,作《周公世家》第三。

武王克纣,天下未协而崩。成王既幼,管蔡疑之,淮夷叛之。于是召公率德,安集王室,以宁东土。燕易之禅,乃成祸乱。[①]嘉《甘棠》之诗,作《燕世家》第四。

①[索隐]曰:谓王哙禅其相子之,后卒危乱也。

管、蔡相武庚,将宁旧商。及旦摄政,二叔不飨。杀鲜放度,[①]周公为盟。太任十子,周以宗强。[②]嘉仲悔过,[③]作《管蔡世家》第五。

①[索隐]曰:案:系家云管叔名鲜,蔡叔名度,霍叔名处也。

②[索隐]曰:太任,文王妃。十子,伯邑考、武王、管、蔡、霍、鲁、卫、毛、聃、曹是也。

③[正义]曰:蔡叔度之子蔡仲也。

王后不绝,舜禹是说。维德休明,苗裔蒙烈。百世享祀,爰周陈杞,楚实灭之。齐田既起,舜何人哉?作《陈杞世家》第六。

牧殷余民,叔封始邑。申以商乱,《酒材》是告。及朔之生,卫倾不宁。[①]南子恶蒯聩,子父易名。周德卑微,战国既强,卫以小弱,角独后亡。嘉彼《康诰》,作《卫世家》第七。

①[索隐]曰:卫倾公也。

嗟箕子乎,嗟箕子乎!正言不用,乃反为奴。武庚既死,周封微子。襄公伤于泓,[①]君子孰称。景公谦德,荧惑退行。剔成暴虐,[②]

宋乃灭亡。嘉微子问太师，作《宋世家》第八。

①[正义]曰：泓，水名。《公羊传》云："宋与楚人期战于泓之阳，宋师大败，君子大其不鼓不成列，临大事而不忘礼，虽文王之战亦不过此也。"

②徐广曰："一云'偃'，宋剔成君生偃。"[索隐]曰：剔音逿。

武王既崩，叔虞邑唐。君子讥名，①卒灭武公。骊姬之爱，乱者五世。重耳不得意，乃能成霸。六卿专权，②晋国以耗。嘉文公锡珪鬯，作《晋世家》第九。

①[正义]曰：谓晋穆侯太子名仇，少子名成师也。

②[正义]曰：智伯、范、中行、韩、魏，赵。

重黎业之，吴回接之。殷之季世，粥子牒之。周用熊绎，熊渠是续。庄王之贤，乃复国陈。①既赦郑伯，班师华元。怀王客死，兰咎屈原。好谀信谗，楚并于秦。嘉庄王之义，作《楚世家》第十。

①[正义]曰：楚庄王都陈。

少康之子，实宾南海，①文身断发，鼋鳝与处，②既守封禺，③奉禹之祀。勾践困彼，乃用种、蠡。嘉句践夷蛮能修其德，灭强吴以尊周室，作《越王勾践世家》第十一。

①[正义]曰：《吴越春秋》云："启使岁时祭禹于越，立宗庙南山之上，封少康庶子无余于越，使祠禹。至勾践迁都山阴，立禹庙为始祖庙，越亡遂废也。"案：今禹庙在会稽山下。

②[索隐]曰：鼋，音元。鳝，音鼍。

③徐广曰："封禺山在武康县南。"

桓公之东，太史是庸。及侵周禾，王人是议。祭仲要盟，郑久不昌。子产之仁，绍世称贤。三晋侵伐，郑纳于韩。嘉厉公纳惠王，作《郑世家》第十二。

维骥騄耳，乃章造父。赵夙事献，衰续厥绪。①佐文尊王，卒为晋辅。襄子困辱，乃禽智伯。主父生缚，饿死探爵。王迁辟淫，良将是斥。嘉鞅讨周乱，作《赵世家》第十三。

①[正义]曰：衰，楚为反。

毕万爵魏，卜人知之。及绛戮干，戎翟和之。文侯慕义，子夏师之。惠王自矜，齐秦攻之。既疑信陵，诸侯罢之。卒亡大梁，王假厮之。嘉武佐晋文申霸道，作《魏世家》第十四。

韩厥阴德，赵武攸兴。绍绝立废，晋人宗之。昭侯显列，申子庸之。疑非不信，秦人袭之。嘉厥辅晋匡周天子之赋，作《韩世家》第十五。

完子避难，适齐为援。阴施五世，齐人歌之。成子得政，田和为侯。王建动心，乃迁于共。嘉威、宣能拨浊世而独宗周，作《田敬仲完世家》第十六。

周室既衰，诸侯恣行。仲尼悼礼废乐崩，追修经术，以达王道。匡乱世反之于正，见其文辞，为天下制仪法，垂《六艺》之统纪于后世。作《孔子世家》第十七。

桀、纣失其道而汤、武作，周失其道而《春秋》作。①秦失其政，而陈涉发迹，诸侯作难，风起云蒸，卒亡秦族。天下之端，自涉发难。作《陈涉世家》第十八。

①[正义]曰：周失其道，至秦之时，诸侯力事乎争强。

成皋之台，薄氏始基。诎意适代，厥崇诸窦。栗姬偩贵，王氏乃遂。陈后太骄，卒尊子夫。嘉夫德若斯，作《外戚世家》第十九。

汉既谲谋，禽信于陈。越荆剽轻，乃封弟交为楚王，爰都彭城。以强淮泗，为汉宗藩。戊溺于邪，礼复绍之。嘉游辅祖，①作《楚元王世家》第二十。

①[正义]曰：游，楚王交字也。祖，高祖也。

维祖师旅，刘贾是与，为布所袭，丧其荆、吴。营陵激吕，乃王琅邪。怵午①信齐，往而不归。遂西入关，遭立孝文，获复王燕。天下未集，贾、泽以族，为汉藩辅。作《荆燕世家》第二十一。

①[正义]曰：谓祝午也。

天下已平，亲属既寡。悼惠先壮，实镇东土。哀王擅兴，发怒诸吕。驷钧暴戾，京师弗许。厉之内淫，祸成主父。嘉肥股肱，作《齐悼惠王世家》第二十二。

楚人围我荥阳，相守三年。萧何填抚山西，①推计踵兵，给粮食不绝，使百姓爱汉，不乐为楚。作《萧相国世家》第二十三。

①[正义]曰:谓华山之西也。

与信定魏,破赵拔齐,遂弱楚人。续何相国,不变不革,黎庶攸宁。嘉参不伐功矜能,作《曹相国世家》第二十四。

运筹帷幄之中,制胜于无形。子房计谋其事,无知名,无勇功,图难于易,为大于细。作《留侯世家》第二十五。

六奇既用,诸侯宾从于汉。吕氏之事,平为本谋,终安宗庙,定社稷。作《陈丞相世家》第二十六。

诸吕为从,谋弱京师,而勃反经合于权。吴楚之兵,亚夫驻于昌邑,以厄齐赵,而出委以梁。作《绛侯世家》第二十七。

七国叛逆,蕃屏京师,唯梁为扞。偩爱矜功,几获于祸。嘉其能距吴楚,作《梁孝王世家》第二十八。

五宗既王,亲属洽和。诸侯大小为藩,爰得其宜,僭拟之事稍衰贬矣。作《五宗世家》第二十九。

三子之王,文辞可观。作《三王世家》第三十。

末世争利,维彼奔义。让国饿死,天下称之。作《伯夷列传》第一。

晏子俭矣,夷吾则奢。齐桓以霸,景公以治。作《管晏列传》第二。

李耳无为自化,清净自正。韩非揣事情,循势理。作《老子韩非列传》第三。

自古王者而有《司马法》,穰苴能申明之。作《司马穰苴列传》第四。

非信廉仁勇不能传兵论剑。与道同符,内可以治身,外可以应变,君子比德焉。作《孙子吴起列传》第五。

维建遇谗,爰及子奢。尚既匡父,伍员奔吴。作《伍子胥列传》第六。

孔氏述文,弟子兴业。咸为师傅,崇仁厉义。作《仲尼弟子列传》第七。

鞅去卫适秦,能明其术。强霸孝公,后世遵其法。作《商君列传》第八。

天下患衡秦毋餍，而苏子能存诸侯，约从以抑贪强。作《苏秦列传》第九。

六国既从亲，而张仪能明其说，复散解诸侯。作《张仪列传》第十。

秦所以东攘①雄诸侯，樗里、甘茂之策。作《樗里甘茂列传》第十一。

①徐广曰："一作'襄'。"

苞河山，①围大梁，使诸侯敛手而事秦者，魏冉之功。作《穰侯列传》第十二。

①徐广曰："苞，一作'施'。"

南拔鄢郢，北摧长平；遂围邯郸，武安为率。破荆灭赵，王翦之计。作《白起王翦列传》第十三。

猎儒墨之遗文，明礼义之统纪，绝惠王利端，列往世兴衰。①作《孟子荀卿列传》第十四。

①徐广曰："一作'坏'。"

好客喜士，士归于薛，为齐扞楚魏。作《孟尝君列传》第十五。

争冯亭以权，①如楚以救邯郸之围，使其君复称于诸侯。作《平原君虞卿列传》第十六。

①徐广曰："以，一作'反'。太史公讥平原曰'利令智昏'，故云争冯亭反权。"

能以富贵下贫贱，贤能诎于不肖，唯信陵君为能行之。作《魏公子列传》第十七。

以身徇君，遂脱强秦，使驰说之士南乡走楚者，黄歇之义。作《春申君列传》第十八。

能忍诟于魏齐，①而信威于强秦，推贤让位，二子有之。作《范雎蔡泽列传》第十九。

①徐广曰："诟，音逅。"[索隐]曰：诟，音火候反。诟，辱也。

率行其谋，连五国兵，为弱燕报强齐之仇，雪其先君之耻。作

《乐毅列传》第二十。

能信意强秦，而屈体廉子，用徇其君，俱重于诸侯。作《廉颇蔺相如列传》第二十一。

湣王既失临淄而奔莒，唯田单用即墨破走骑劫，遂存齐社稷。作《田单列传》第二十二。

能设诡说解患于围城，轻爵禄，乐肆志。作《鲁仲连邹阳列传》第二十三。

作辞以讽谏，连类以争义，《离骚》有之。作《屈原贾生列传》第二十四。

结子楚亲，使诸侯之士斐然争入事秦。作《吕不韦列传》第二十五。

曹子匕首，鲁获其田，齐明其信。豫让义不为二心。作《刺客列传》第二十六。

能明其画，因时推秦，遂得意于海内，斯为谋首。作《李斯列传》第二十七。

为秦开地益众，北靡匈奴，据河为塞，因山为固，建榆中。作《蒙恬列传》第二十八。

填赵塞常山以广河内，弱楚权，明汉王之信于天下。作《张耳陈余列传》第二十九。

收西河、上党之兵，从至彭城。越之侵掠梁地以苦项羽。作《魏豹彭越列传》第三十。

以淮南叛楚归汉，汉用得大司马殷，卒破子羽于垓下。[1]作《黥布列传》第三十一。

[1]徐广曰："堤塘之名也。"

楚人迫我京索，而信拔魏赵，定燕齐，使汉三分天下有其二，以灭项籍。作《淮阴侯列传》第三十二。

楚汉相距巩洛，而韩信为填颍川，卢绾绝籍粮饷。作《韩信卢绾列传》第三十三。

诸侯叛项王，唯齐连子羽城阳，汉得以间遂入彭城。作《田儋列传》第三十四。

攻城野战，获功归报，哙、商有力焉。非独鞭策，又与之脱难。作《樊郦列传》第三十五。

汉既初定，文理未明，苍为主计，整齐度量，序律历。作《张丞相列传》第三十六。

结言通使，约怀诸侯。诸侯咸亲，归汉为藩辅。作《郦生陆贾列传》第三十七。

欲详知秦楚之事，唯周绁常从高祖，平定诸侯。作《傅靳蒯成列传》第三十八。①

①[索隐]曰：蒯，音裴。其字从崩邑，又音浮。

徙强族，都关中，和约匈奴。明朝廷礼，次宗庙仪法。作《刘敬叔孙通列传》第三十九。

能摧刚作柔，卒为列臣。栾公不劫于势而倍死。作《季布栾布列传》第四十。

敢犯颜色以达主义，不顾其身，为国家树长画。作《袁盎朝错列传》第四十一。

守法不失大理，言古贤人，增主之明。作《张释之冯唐列传》第四十二。

敦厚慈孝，讷于言，敏于行，务在鞠躬，君子长者。作《万石张叔列传》第四十三。

守节切直，义足以言廉，行足以厉贤，任重权不可以非理挠。作《田叔列传》第四十四。

扁鹊言医，为方者宗，守数精明。后世修序弗能易也，而仓公可谓近之矣。作《扁鹊仓公列传》第四十五。

维仲之省，①厥濞王吴。遭汉初定，以填抚江淮之间。作《吴王濞列传》第四十六。

①徐广曰："吴王之王由父省。"

吴楚为乱，宗属唯婴贤而喜士，士乡之，率师抗山东荥阳。作《魏其武安列传》第四十七。

智足以应近世之变,宽足用得人。作《韩长孺列传》第四十八。

勇于当敌,仁爱士卒,号令不烦,师徒乡之。作《李将军列传》第四十九。

自三代以来,匈奴常为中国患害。欲知强弱之时,设备征讨,作《匈奴列传》第五十。

直曲塞,广河南,破祁连,通西国,靡北胡。作《卫将军骠骑列传》第五十一。

大臣宗室以侈靡相高,唯弘用节衣食为百吏先。作《平津侯列传》第五十二。

汉既平中国,而佗能集杨越以保南藩,纳贡职。作《南越列传》第五十三。

吴之叛逆,瓯人斩濞,①葆守封禺为臣。②作《东越列传》第五十四。

①徐广曰:"今之永宁,是东瓯也。"

②[索隐]曰:葆,音保。言东瓯被越攻破之后,保封禺之山,今在武康县也。

燕丹散乱辽间,蒲收其亡民,厥聚海东,以集真藩,①葆塞为外臣。作《朝鲜列传》第五十五。

①徐广曰:"一作'莫'。蕃,音普寒反。"

唐蒙使略通夜郎,而邛笮之君请为内臣受吏。作《西南夷列传》第五十六。

《子虚》之事,《大人》赋说,靡丽多夸,然其指风谏,归于无为。作《司马相如列传》第五十七。

黥布叛逆,子长国之,以填江淮之南,安剽楚庶民。作《淮南衡山列传》第五十八

奉法循理之吏,不伐功矜能,百姓无称,亦无过行。作《循吏列传》第五十九。

正衣冠立于朝廷,而群臣莫敢言浮说,长孺矜焉。好荐人,称长者,壮有溉。①作《汲郑列传》第六十。

①徐广曰："一作'慨'。"

自孔子卒，京师莫崇庠序，唯建元元狩之间，文辞粲如也。作《儒林列传》第六十一。

民倍本多巧，奸轨弄法，善人不能化，唯一切严削为能齐之。作《酷吏列传》第六十二。

汉既通使大夏，而西极远蛮，引领内乡，欲观中国。作《大宛列传》第六十三。

救人于厄，振人不赡，仁者有乎。不既信，[1]不倍言，义者有取焉。作《游侠列传》第六十四。

①徐广曰："一云'不慨信'。"

夫事人君能说主耳目，和主颜色，而获亲近，非独色爱，能亦各有所长。作《佞幸列传》第六十五。

不流世俗，不争势利，上下无所凝滞，人莫之害，以道之用。作《滑稽列传》第六十六。

齐、楚、秦、赵为日者，各有俗[1]所用。欲循[2]观其大旨，作《日者列传》第六十七。

①[索隐]曰：按：《日者传》亡，无以知诸国之俗，今褚先生唯记司马季主之事也。

②徐广曰："一作'总'。"

三王不同龟，四夷各异卜。然各以决吉凶。略窥其要，作《龟策列传》[1]第六十八。

①[索隐]曰：其书既亡，无以知其异。今褚少孙唯取太卜占龟之杂说，词甚烦芜，不能裁剪，妄加穿凿，此篇不才之甚也。

布衣匹夫之人，不害于政，不妨百姓，取与以时而息财富，智者有采焉。作《货殖列传》第六十九。

维我汉继五帝末流，接三代统业。周道废，秦拨去古文，焚灭《诗》、《书》，故明堂石室金匮玉版[1]图籍散乱。于是汉兴，萧何次律令，韩信申军法，张苍为章程，[2]叔孙通定礼仪，则文学彬彬稍进，《诗》、《书》往往间出矣。自曹参荐盖公[3]言黄老，而贾生、晁错明申、商，公孙弘以儒显，百年之间，天下遗文古事靡不毕集太史公。太史公乃父子相续纂其职。曰："於戏！余维先人尝掌斯事，显于唐虞，至于周复典之，故司马氏世主天官。④至于余乎，钦念哉！钦念哉！"罔罗天下放失旧闻，⑤王迹所兴，原始察终，见盛观衰，论考之行事，略推三代，录秦汉，上记轩辕，下至于兹，著十二本纪，既科条之矣。并时异世，年差不明，作十表。⑥礼乐损益，律历改易，兵权山川鬼神，⑦天人之际承敝通变，作《八书》。二十八宿环北辰，三十辐共一毂，⑧运行无穷，辅拂股肱之臣配焉，忠信行道以奉主上，作《三十世家》。扶义俶傥，不令己失时，立功名于天下，⑨作《七十列传》。凡百三十篇，五十二万六千五百字，为《太史公书》。序⑩略，以拾遗补艺⑪成一家之言，厥协《六艺》异传，⑫整齐百家杂语，⑬藏之名山，副在京师，⑭俟后世圣人君子。⑮第七十。⑯

①如淳曰："刻玉版以为文字。"

②如淳曰："章，历数之章术也。程者，权衡丈尺斛斗之平法也。"瓒曰："《茂陵书》'丞相为工用程数其中'，言百工用材多少之量及制度之程品者是也。"

③[索隐]曰：盖，姓也，古盍反。

④[索隐]曰：案：此天官非《周礼》冢宰天官，乃广知天文星历之事天官。且迁实黎之后，而黎氏后亦总称重黎，以重本司天，故太史公代掌天官，盖天官统太史之职。言史是历代之职，恐非实事。然卫宏以为司马氏周史佚之后，故太史谈云"予之先人周之太史"，盖或得其实也。

⑤[索隐]曰：案：旧闻有遗失放逸者，网罗而考论之。

⑥[索隐]曰：案：并时则年历差殊，则亦略言，难以明辨，故作表。

⑦[索隐]曰：案：兵权，即兵书也。迁没之后，亡，褚少孙以《律书》补之，今《律书》亦略言兵也。山川，即《河渠书》也；鬼神，即《封禅书》也；故云山川鬼神也。

⑧《汉书音义》曰"象黄帝已下三十世家，《老子》言车三十辐，运行无穷，以象王者如此也。"[正义]曰：颜云："此说非也。言众星共绕北辰，诸辐咸归车，群臣尊辅天子也。"

⑨[索隐]曰：己，音纪。言扶义倜傥之士，能立功名于当代，不后于时也。

⑩[索隐]曰：桓谭云："迁所著书成，以示东方朔，朔皆署曰'太史公'，则

谓‘太史公’是朔称。亦恐其说未实。盖迁自尊其父著述,称之曰‘公’。或云迁外孙杨恽所称,事或当尔也。”

⑪李奇曰:“《六艺》也。”[索隐]曰:《汉书》作“补阙”,此作“艺”,谓补《六义》之阙也。

⑫[索隐]曰:迁言以所撰取协于《经》异传诸家之说耳,谦不敢比经艺也。异传者,如子夏《易传》、毛公《诗》、及韩婴《外传》、伏生《尚书大传》之流者也。

⑬[正义]曰:太史公撰《史记》,言其协于《六经》异文,整齐诸子百家杂说之语,谦不敢比经艺也。异传,谓如丘明《春秋外传国语》、子夏《易传》、毛公《诗传》、韩《诗外传》、伏生《尚书大传》之流也。

⑭[索隐]曰:言正本藏之书府,副本留京师也。《穆天子传》云:“天子北征,至于群玉之山,河平无险,四彻中绳,先王所谓策府。”郭璞云“古帝王藏策之府”,则此谓藏之名山是也。

⑮[索隐]曰:此语出《公羊传》。言夫子制《春秋》之义以俟后圣、君子,以君子之为亦有乐乎此也。

⑯卫宏《汉书旧仪注》曰:“司马迁作《景帝本纪》,极言其短及武帝过,武帝怒而削去之。后坐举李陵,陵降匈奴,故下迁蚕室。有怨言,下狱死。”

太史公曰:余述历黄帝以来至太初而讫,百三十篇。①

①《汉书音义》曰:“十篇缺,有录无书。”张晏曰:“迁没之后,亡《景纪》,《武纪》、《礼书》、《乐书》、《律书》、《汉兴已来将相年表》、《日者列传》,《三王世家》,《龟策列传》、《傅靳蒯列传》。元成之间,褚先生补缺,作《武帝纪》、《三王世家》、《龟策》、《日者列传》,言辞鄙陋,非迁本意也。”[索隐]曰:案:《景纪》取班书补之,《武纪》专取《封禅书》,《礼书》取荀卿《礼论》,《乐书》取《礼乐记》;《兵书》亡不补,略述律而言兵,遂分历述以次之。《三王系家》空取其策文以续此篇,何率略且重,非当也。《日者》不能记诸国之同异,而论司马季主。《龟策》直太卜所得占龟兆杂说,而无笔削功,何芜鄙也!

索隐述赞曰:太史良才,寔纂先德。周游历览,东西南北。事核词简,是称实录。报任投书,申李下狱。惜哉残缺,非才妄续。